本书为2011年度国家社会科学基金项目
"现代汉语动趋式致使性研究"(11CYY045)的成果，
并获得上海财经大学"中央高校建设世界一流大学学科和特色发展引导专项资金"
和"中央高校基本科研业务费"资助。

汉语动趋式的认知语义研究

周 红 著

HANYU

DONGQUSHI

上海人民出版社

序 一

我先后在华东师范大学和暨南大学招收的博士生大约 30 个，要数姓周的最多了，居然有六个。其中女生有四位，而且有趣的都是单名。她们是：周静、周红（华东师大）；周芍、周娟（暨南大学）。从省籍来说，要算山东、湖南、江苏、河南的居多，其中山东的有赵春利、刘雪春、周红、王宜广。这样一看，周红这两点都占着了。我相信，人跟人是有缘分的：有缘分，千里来相会；没缘分，当面会错过。周红就属于比较有缘的了。当年之所以录取她，不外乎这么几条理由：一是著名的山东大学毕业生，基础扎实；二是山东女孩子，显得精明强干，头脑清楚；三是年龄偏小，可塑性大；四是面试时回答比较讨巧，有灵性。坦率地说，我比较喜欢挑选聪慧灵巧的学生，用上海话来形容，那就是"脑子灵光"！我一直觉得，要做语法研究，必须有点儿天分，必须时时处处有新点子。应该说，周红基本上达到了我的要求，但是，真正在学问上对周红有感觉，还是逐渐深化的，可能经历了好几个阶段。

她是 2001 年入学的，是我在华东师大招收的第三批博士生，跟马清华、刘雪春同届，他们两位硕士毕业后都工作多年，而且都是副教授了，只有周红是地地道道"一介女书生"。周红考上博士生的时候，因为是直接从本科生、硕士生，到博士生，中间没有去工作过，跟两位大哥、大姐一比，显得特别年轻，甚至于显得稚嫩。第一年也看不出有什么特别的过人之处，给我最深的印象：一是好问，百问不腻。二是好辩，不满意想不通就跟你辩论，有时候还略显得有点儿"蛮"。看得出，人小志气大，特别有一股不服输的劲儿。

由于我在 2002 年 10 月调到暨南大学去了，周红她们这一届，尽管我个人多次表态愿意带完送她们毕业，尽管学生们强烈要求跟随我学到毕业，但是，学校断然拒绝了。实际上只带了他们一年多，尽管不是我的缘故，但是我心里一直对他们这一届博士生抱有某种歉意。不过庆幸的是，

1

我的老朋友、接任的刘大为教授很负责任,这才使这届博士生能够如期顺利毕业。刘雪春去了北京语言大学,马清华回到温州师院(很快就调到南京大学去了),而周红则如愿进入上海财经大学。

一方面华东师大不要我管还没毕业的博士生了,另一方面,我刚调到暨南大学,担任 211 学科建设的带头人,千头万绪需要处理,而且马上就招收了近十位新博士生,说实话也顾不上留在华东师大的旧学生了。晃晃悠悠过去了两年,只知道周红他们非常努力。突然传来喜讯:她的博士论文《现代汉语致使范畴研究》一举入选上海市社会科学第七届博士文库,当年同时入选的还有她的师兄马清华的《并列结构的自组织研究》,那可是在全市打擂台打出来的呀!可谓双喜临门,我为之大喜,真所谓皇天不负苦心人,辛勤的耕耘终于结出了丰硕的果实。20 世纪开头那些年,我比较关注现代汉语的语义范畴及其句法表现,华东师大好几个博士的论文题目都是跟这一选题有关的,比如周有斌的"选择范畴"、徐默凡的"工具范畴"、刘雪春的"等同范畴",等等,周红的选题也属于这一范围。马清华能够入选,我倒是不惊讶,因为他早在 80 年代就已经在《中国语文》上发表过论文了,功底深厚,早就预料他能一鸣惊人。对周红,我确实感到有点儿意外。一个女孩子,几乎没踏出过校门,一路走来,顺顺当当,却也平平淡淡,没有经历过风浪,也没有见过世面,也没有发过什么像样的论文,竟然能够打败众多对手,脱颖而出,真是难得,不得不让人刮目相待。

不记得是 2009 年还是 2010 年,我正巧到上海,周红专程邀请我去上海财经大学国际文化交流学院讲学,那里有两位教授,一位是黄锦章,80年代"现代语言学研究会"(俗称 XY)的老朋友;一位叫王永德,是我的同事濮侃教授的研究生,因为听过我的课,我又参加过他的论文答辩,也算是我的学生吧。接着就是我的两个博士生先后毕业都在那里工作:先到的是刘焱,后去的就是周红。让我特别惊讶的是,学院的几位领导一见到我,就纷纷又夸奖又感谢:感谢你培养了周红这么好的学生!我们非常满意。说实话,当时我心里真是有一种满满的暖暖的幸福感油然而生,当老师真好!

据我所知,这些年来,周红主要从事国际汉语教学,她在"商务汉语"以及"对外汉语写作"这两个方面,结合教学需求,花了大量的时间钻研,还出版了好几本教材,成绩斐然。除了《商务汉语》《汉语写作》等教材之外,她还出版了一部力作:《语篇知识建构与对外汉语写作教学研究》(上海人民出版社,2016),这是本体研究与应用研究相结合的一个大胆而有益的尝试，一头抓住了语法学中的语篇知识，一头抓住了对外汉语教学中的写作。并且获得上海市第28次哲学社会科学学术著作出版资助。同时她也没有放弃自己的立身之本，非常关注汉语语法的本体研究，这些年来发表了好多篇质量上乘的论文。特别是2011年还获得了国家社科基金项目，更是"锦上添花"，"猛虎添翼"，在"动趋式"研究方面迈出了扎实的一步，其代表作就是这部刚刚杀青的新著《汉语动趋式的认知语义研究》。

众所周知，汉语"动趋式"的语义结构相当精细、复杂而且多变，也是汉语语法研究的难题之一。所谓的趋向动词在补语位置上，实际上已经发生了许多微妙的变化，语义从具体的位移，一步一步虚化，有的甚至变得非常抽象。比如"走上台阶"，大家都明白在往上移动；可是"合上了书""看上了她""吃上了瘾"，补语都是"上"，情况却变得很微妙了。即使汉语是母语的人，有时也说不出其中奥妙来，更何况是老外呢。其实，问题复杂难解，正为我们提供了解题的必要性、可能性和神秘性。

该研究最大的特色就是从"动趋式"这一句法结构入手，紧紧抓住语义分析，寻找形式验证，试图建立一个认知模式来进行解释，并且进行了语义双向选择分析，从而将动趋式这一句法构式置于致使语义范畴的连续统中，运用基于图式的范畴化、隐喻、转喻、主观化和语义泛化、虚化等理论方法，对动趋式的认知语义类别、动词小类、语义演变、语义对称与不对称、动趋式的共性与个性等多个方面进行了深入的分析和进一步的解释。

最为可贵的是建立起"驱动—路径"图式，该图式由空间域隐喻扩展至时间域和状态域，为趋向补语在认知域上从空间向时间、状态的隐喻映射指明方向。这样，就得以全面定位不同趋向补语的方向坐标，并且根据移动路径将趋向动词重新分类，分出"聚焦终点型（到／上／来／进／回）"、"聚焦经过点＋终点型（过）"、"聚焦终点＋起点型（下）"、"聚焦起点＋终点型（出／去／起）"、"聚焦起点型（开）"等五类。在此基础上，进一步提出以认知域为主线，结合原型范畴特征多寡、主观性强弱、动词小类扩展和句法位置变化等句法语义表现，通过共时拟构与历时验证，探讨动趋式的语义泛化与虚化机制。

我觉得，该著作是近年来有关动趋结构研究最好的一本书。其特色在于：一、综合运用各种有用的理论与方法，而不是单纯依赖于某种理论。这就使得其理论背景丰满而有效。其中主要是语义双向选择与验证的理论、认知语法理论、原型范畴理论、主观性理论、框架语义学理论。其比较有价值的结论在于：

1. 指出空间义、时间义和状态义是动趋式的三大语义类别。

2. 指出移动路径"起点—过程—终点"则会影响语义的表达。

3. 其根源就在于动趋式的语义泛化与虚化过程主要体现为致使性逐渐减弱以及主观性的不断增强。

4. 解释动趋式致使性的对称与不对称，必须从方向性特征入手，即分析动词、形容词与趋向补语的搭配能力。

5. 提出"方向"可以是空间上的方向，也可以是时间上的方向和状态上的方向；"方向"可以是过程性方向，也可以是结果性方向。

6. 动趋式存在从强致使、弱致使到非致使的连续统，可通过三个层次将移动路径分为空间路径、时间路径和状态路径，从而提出空间义、时间义与状态义三分的意义体系。

7. 移动路径在形状变化、远近距离、移动方向、起止标点和移动视角上具有形量、距量、向量、标量和参量等"五维量度"特征，依此可以进行意义细分类。

这一研究无疑将推动现代汉语趋向结构的研究，对国际汉语教学中有关难题的解答也有重要的应用价值。当然，该研究还是存在一些不足之处。主要是因为涉及面太宽，影响其语义的因素比较复杂，尽管分析细腻，但是最后的结论似乎不够简明，尤其是如果运用在教学上，显得有点拖泥带水。我一直认为，真理总是应该比较简明的、清晰的。

前面的路还很长很长，有关的研究还很多很多。我相信，周红她们赶上了一个好时代，一定会做得比我们这一代更加出色。世界是你们的，也是我们的，但归根结底是大家的。大家都要珍惜眼前的一切，更要珍惜灿烂的明天。我的中国梦，就是汉语将在 21 世纪走向世界，汉语研究也将登上国际舞台。我期盼周红他们这一代人能够具备国际视野，拥有世界胸怀，并且展现中国情怀。

邵敬敏

2018 年 4 月

序 二

　　手中的这份书稿，沉甸甸的竟有 40 余万字！其实书稿原先的字数还要多，记不起是 2013 年底还是 2014 年初了，周红从英国访学归来后不久，就带了一叠沉重的书稿来看我。我还开玩笑地说，一个社科项目 20 来万字也就够了，这么长的篇幅将来的评审专家还有耐心看下去吗？会不会一个不耐烦就把它给否了？她说她还是要修改压缩的。可几年过去了，眼看她修改压缩花费的时间精力真投入了不少，书稿面貌也有了很大的变化，可结果却还是这沉甸甸的 40 余万字！不过平心而论，周红关于动趋式用心之深涉及之广，造就了一个体大思精的构架，没有这 40 万字确实还容纳不下。只要沉浸书稿之中，就会发现这 40 万字扎扎实实、厚厚重重，一路读下来只觉得处处是见解，字字有根据，融进了她多少心血。在如今人心浮夸事急求成的年代里，能这样不计成本不避艰难地探求学术之真，更何况正是在教学工作行政工作以及家庭重担齐齐压在肩上的人生阶段，不容易啊。

　　细读这部书稿，就会发现周红进行学术研究是有她自己的独特追求的，从当年的博士论文开始就在有意识地尝试走出一条属于自己的路径并将它保持下去。尝试替她归纳一下，这条路径的特点就在于，对所研究的任何一种语言现象都不想支离地只涉及其中的某一些，而是雄心勃勃地将它们作为一个整体来探究，这就要从自己已经关注到的现象出发，尽可能多地去发现同类现象，甚至那边缘的、要通过引申或是隐喻等途径才能进入这个整体的现象。然后就不得不高屋建瓴，去为这一整体构建一个宏大的理论框架，然后从中引出解释这些现象所必需的原则，分析这些现象离不开的方法。

　　构建这样一个理论框架绝非易事，关键就在于这个框架解释力的包容度和强度。看看周红的做法其实是很有创意的：先从基于图式的范畴化理论出发，提出了汉语动趋式的认知基础都源于一个驱动—路径图式，由

1

于动趋式的特征集中体现在趋向补语上，为控制这些补语，她的做法是穷尽性分析驱动—路径图式中的路径可能有的变化方式，提出了形状变化、远近距离、移动方向、起止标点和移动视角的五维量度，从而让"每个趋向补语每个意义都能找到相应的坐标"，力图做到系统而全面。当这个驱动—路径图式带着五维量度概念化为一个致移情景时，就为驱动式提供了一个语义结构和构成要素的全面描述，也为趋向动词确定了范围。

进一步的问题，就在于如何将这样一个句法语义框架与各种类型的动趋式联系起来。周红的做法延续了她之前成功的尝试，方法是为这一致移情景添加各种客观变量和主观变量，客观变量从移动路径的认知类型、作用力传递方向等方面获得，而主观变量的设定，我觉得是这一节的一个亮彩，有观察视角、扫描方式、图形与背景的顺序关系、归因，非常贴切地把我们在使用动趋式时可能主观选择的认知方式都概括了出来，从这些变量延伸下去，就充分显示出了动趋式在句法语义上的多样性。煌煌 40 万字中最见功力的，是作为本书稿主体部分的动趋式各种类型的具体分析，其独到之处在于为动趋式找到了三条描写的路径：泛化与虚化、对称与不对称以及方向性特征，从而将汉语动趋式蔚为壮观的类型悉数囊括其中而又各自显示出自己的独特之处。读着这一部分我真是非常感动和感慨，每一段每一节，字里行间你都可以感受到一种孜孜不懈全力以赴而志在必得的心志，一种唯恐一言不精全盘皆毁而如履薄冰的心态，为的是让每一种类型都能描写细致入微、分析深刻有据、见解独特超拔，为此有些还加入了历时的考察。要做到这样的程度简直是在拿生命做拼搏啊，难怪好几次遇见周红，都见她心力交瘁的模样而不得不劝慰一番，也难怪这部书稿没有40 万字就难以承载她的宏图大愿。

不过这样的研究范式也带来一个问题，就是别人要进入她的思维宫殿领略一番风光就并非易事了。因为从事学术研究当然是为了得到同行的理解、认同和采纳，这样就会产生一种影响力而推动某一学科领域的发展。可我们面对的现实却是，一项成果的学术影响力与它自身的学术价值却往往并不等价。学术成果能自立于世当然靠的是它自身的学术价值，但是要让人们认识它理解它认同它就不得不考察一下它的传播力了。如果谁有志于建立一门学术社会学，就一定会发现一种理论一部著作甚至一种观点一篇论文能否产生与它的学术价值对等的学术影响，涉及的因素实在是太复杂了，往往会让一些平庸粗浅的见解风行天下，也会让一种博大精深的学说深囚冷宫。于是走偏道的聪明人就会趋风追势迎合一时需求，走正道的聪明人也会审时度势确定自己的方向，当然傻傻地执着于自己的理念而甘守青灯黄卷的也大有人在。于是有人风起云涌有人默默耕耘，有人风流云散有人叶茂根深。学术人大群体，真有这样一部学术社会学帮助我们探秘每一位学术人走过的道路，倒是很有利于青年学者在选择课题以至如何走上学术道路时的深思的。不过这只是学术传播力的一个方面，其实就是如何把握住学术社会的各种有利因素而占尽天时地利人和之势。

　　然而一部呕心沥血的著作诞生，作者和他周围关爱这部著作的人总希望它能产生最大的学术影响力和最大的社会效应。所以我想最理想的是有人对本书进行商榷而作者进行回应，或者作者主动运用本书的观点与研究相同现象的论文商榷。

　　一本著作的出版意味着一段学术历程已经告一段落，但是对周红这样于学术孜孜不倦奋力以求的学者来说更意味着新的学术进程正在开始。我们期待新的进程中她在学术理念研究方法上会有更大的变革出现，会有更具学术影响力的著作出现。

刘大为

2018 年 7 月

中文摘要

动趋式使用频率高，语义丰富，句法形式多样，是汉语中重要的语言结构。前人研究尚未从范畴角度对动趋式进行研究。本书以认知语言学理论为指导，将动趋式置于致使连续统中，对动趋式的认知语义类别、动词小类、语义演变、语义对称与不对称、方向性特征等进行了较为系统全面的分析，以期总结出语义关联性规律，揭示共性与个性，进而推动汉语动词及动词性结构的基础理论研究。全书共分为九章。具体内容如下：

第一章：绪论。对研究进展进行回顾和述评，指出本书的研究目标，提出了研究内容、研究思路与研究框架。

第二章：动趋式致使性的认知语义基础。运用基于图式的范畴化理论，提出动趋式源于驱动—路径图式，建构移动路径在形状变化、远近距离、移动方向、起止标点和移动视角上的五维量度为趋向补语在认知域上从空间向时间、状态的隐喻映射指明方向，旨在系统全面地定位不同趋向补语的方向坐标。驱动—路径图式概念化为致移情景，其语义结构及其构成要素具有了认知语义特征，并据此确定了趋向动词的范围。

第三章：动趋式致使性的句法语义框架。通过制约致移情景的客观变量（移动路径的认知类型、作用力传递的方向和作用力传递的意图）和主观变量（观察视角、扫描方式、图形-背景顺序、归因）分析动趋式的句法语义多样性。并将趋向动词分为聚焦终点类（到/上/来/进/回）、聚焦经过点＋终点类（过）、聚焦终点＋起点类（下）、聚焦起点＋终点类（出/去/起）、聚焦起点类（开）。

第四～五章：动趋式致使性的语义泛化与虚化。以认知域为纵轴，以移动路径五维量度为横轴，结合原型范畴特征多寡、主观性强弱、动词小类扩展和句法搭配变化等句法语义表现，通过共时拟构与历时验证，探讨不同动趋式的语义泛化与虚化过程，认为空间义到时间义、状态义致使性逐渐减弱，主观性不断增强。

第六章：动趋式致使性的对称与不对称现象分析。从认知域、语言经济性原则、"来/去"的主观性特征（近向/远向、可见/不可见、预期/非预期）、驱动-图式特征等因素解释具有近义或反义的简单动趋式、立足点不同的复合动趋式、复合动趋式与相应简单动趋式在语义、动词搭配、句法和使用频率等上的对称与不对称。

第七章：动词的方向性特征与小类研究。借鉴框架语义学理论，在认知语义判断的基础上，通过动词/形容词的语义框架，利用动趋组合的原型搭配，提取动词的结果性方向特征。依托《汉语动词用法词典》和《汉语形容词用法词典》，详尽调查动趋式的语义双向选择限制条件，建立相应的动词词表和形容词词表。

第八章：动趋式特殊构式的表达功用分析。重点探讨"V上去/V起来/V来+AP/VP""V来V去""话（又，再）说回来"等特殊构式的致使性表现，分析动词与构式之间的互动关系，进一步说明构式的产生机制与语用功能。

第九章：结语。总结全书创新点和研究成果。本书着重解决了动趋式的语义关联性与双向组合关系等问题，但在比较分析与历时演变方面还有待深入研究。

关键词：动趋式；驱动—路径图式；致使性；方向性特征；泛化与虚化；对称与不对称

Abstract

Directional verb phrase is an important pattern in Chinese. It is featured of high frequency, rich semantic meanings, and various syntactic forms. Previous research has not studied the directional verb phrase from the categorization perspective. Guided by the theories of cognitive linguistics, this book positions the directional verb phrase in the continuum of causatives. Through systematic analysis of its cognitive semantic categorizations, sub-groups of verbs, semantic transfer, and the symmetry and the asymmetry of the semantics, directional characteristics, this book aims to summarize the rules of semantic connections and reveal their similarities and particularities, thus contributing to the foundational theoretical research on verbs and verb structures. The book is consisted of nine chapters as below.

Chapter 1. Introduction. This chapter reviews and comments the current progress of relevant research. The goal, content, methodology and framework of this study are also stated.

Chapter 2. The cognitive semantic foundations of the causativity of directional verb phrase. In this chapter, we use the schema-based categorization theory to explore the cognitive foundation of the directional verb phrase, and propose that the directional verb phrase originates from the motion-path schema. We argue that the five-dimensioned moving path in shape change, distance, direction, source point-the end punctuation and mobile perspective shows the metaphorical mapping from space to time and status dimension. Based on this, we can locate coordinates of different directional complements in a holistic and systematical manner. The motion-path schema is conceptualized as causative motion scenarios, which are mapped into languages, thus endowing the semantic structures and components with features of cognitive semantics,

1

and defining the scope of a directional verb.

Chapter 3. The syntactic semantics framework of the causativity of directional verb phrase. Through restricting the objective variables(the cognitive patterns of motion and path, the direction of causative force, and its intention), as well as the subjective variables(observation perspective, forms of scanning, sequence of figure and ground, attributions) in causative scenarios, we analyze the syntactic semantic diversity of directional verb phrase. According to the motion-path, we categorize directional verbs into destination focused group(dao 到 /shang 上 /lai 来 /jin 进 /hui 回), passing point focused and destination focused group(guo 过), destination focused and starting-point group(xia 下), starting-point and destination focused group(chu 出 /qu 去 /qi 起), and starting-point focused group（kai 开）.

Chapter 4, 5: The generalization and grammaticalization of the causativity of directional verb phrase. In these chapters, with the cognitive domain as the axis, combined with the syntactic semantic attributions such as the amount of the features of prototype categorizations, the extent of subjectivity, the expansion of verb sub-categories, and the change in syntactic collocations, we will discuss the process of generalization and grammaticalization of different directional verb phrase through synchronized simulation and diachronic verification. We argue that the causativity of directional verb phrase gradually decreases from space to time and status dimension, while the subjectivity increases. Meanwhile, limited by the five dimensions of motion and path, various cognitive semantic categories have been generated.

Chapter 6. Analysis of symmetry and asymmetry of the causativity of directional verb phrase. From the perspectives of semantics, verb collocations, syntax, use frequency, and etc., this chapter discusses simple directional verb phrases that have synonyms and antonyms, complex directional verb phrases that have different standpoints, and symmetry and asymmetry of complex directional verb phrases and their corresponding simple directional verb phrases. We hope to explain such phenomenon considering the factors such as cognitive domain, principles of language economy, the subjective features of "lai 来 /qu 去 "（ close/ remote, visible/invisible, expected/unexpected ）, motion-schema features, and etc.

Chapter 7. Study of directional features of verbs and its subcategories. Drawing from the theory of frame semantics and based on the judgment of cognitive semantics, this chapter summarizes the features of resultative direction of verbs through the semantic framework of verb/adjective, and the prototype collocation of verbs and directions. Relying on *The Dictionary of Verb Usages of Chinese* and *The Dictionary of Adjective Usages of Chinese*, we explore the bidirectional restrictions on semantic choices of directional verb phrases in details, and create the corresponding glossaries of verbs and adjectives.

Chapter 8. Analysis of the expressional functions of special forms of directional verb phrases. Focusing on the causativity expressed by the special forms such as "V+shangqu 上去 / V+ qilai 起来 /V+ lai 来 + AP/ VP" "V lai 来 V qu 去" "hua 话 (you 又, zai 再) shuo hui lai 说回来", this chapter analyzes the interaction between verb and construction, and explain the mechanism of constructions and their pragmatic functions.

Chapter 9. Conclusion. This chapter summarizes the breakthroughs and achievements of this study. The book mainly solves the issues of the semantic correlation of directional verb phrase and its two-way collocation, but more in-depth research is required in the fields of comparative analysis and historical evolutions.

Keywords: directional verb phrase, motion-path Schema, causativity, directional features, generalization and grammaticalization, symmetry and asymmetry

目　录

第一章 绪 论

1 汉语动趋式研究现状

所谓"动趋式",是指"动词 + 趋向补语"构成的结构。动趋式是汉语中语义类型丰富、句法类别多样的结构,引起了学界的极大关注。

1.1 主要观点

如何判断动趋式? 动趋式表达哪些意义? 这些意义之间是什么关系? 动趋式包括哪些句法类别? 动词与趋向补语如何匹配? 等等,这些是研究动趋式必须要思考的问题。对此,学界进行了不少探索,也取得了不少研究成果。

1.1.1 动趋式的范围

动趋式中的趋向补语具有一定的封闭性,但具体包括哪些? 目前仍存在一定分歧,存在争议的主要有 11 个:开、开来、开去、到、到……来、到……去、走[2]、拢、拢来、拢去、起去。覃盛发(1987)、邢福义(2002)认为"起去"也是现代汉语中的趋向补语[1]。其他如表 1-1 所示:

表 1-1 各家有关趋向补语认识分歧一览

	开	开来	开去	到	到……来	到……去	走[2]	拢	拢来	拢去
赵元任[2]	○	○							○	○
吕叔湘[3]	○	○		○	○	○				
刘月华[4]	○	○	○			○				
孙绪武[5]	○	○	○	○	○	○	○	○	○	○

(注:"○"表示认定为趋向补语,空格表示不被认定为趋向补语)

---

1 覃盛发:《略说趋向动词"起去"》,《广西民族学院学报(哲学社会科学版)》,1987 年第 2 期。邢福义:《"起去"的普方古检视》,《方言》,2002 年第 2 期。

2 赵元任:《汉语口语语法》,北京:商务印书馆,1979 年,第 233—234 页。

3 吕叔湘:《现代汉语八百词》,北京:商务印书馆,1980 年,第 10—11 页。

4 刘月华:《趋向补语通释》,北京:北京语言大学出版社,1998 年,第 30—32 页。

5 孙绪武:《趋向动词的范围及意义》,《湖南科技大学学报(社会科学版)》,2004 年第 1 期。

有学者认为"在""往"也表示趋向意义，可以看成趋向补语[1]。为了弄清楚趋向补语的范围，人们开始探究趋向补语的判定标准，主要有三种观点：

① "语义特征"判定法。孙绪武（2004）提出趋向补语的三个语义特征：[＋位移][＋方向][±立足点]，得到33个趋向补语[2]，这是目前较大范围的趋向补语。然而仅凭语义特征来确定，容易引起争议。

② "意象图式"判定法。马玉汴（2005）提出用意象图式理论来观察趋向补语，简单趋向补语"上/下/进/出/回/过"表述运动图式与所处环境的关系，"来、去"表述运动图式与观察主体的关系，复合趋向补语表述运动图式与环境、观察主体二者的关系，由此得出18个原型趋向补语，其他如"起、开"不具有原型性，"起来/起去/开来/开去"更是为了趋向补语系统的相对匀整而产生的[3]。这种方法具有一定的说服力，但缺乏句法验证。

③ "语义句法"判定法。辛承姬（2000）认为语义上是否具有位移趋向性特征是辨别趋向补语的基础性条件，并提出五个检测条件："能不能用在 V 的后面，作表示趋向的补语""能不能构成复合趋向补语""能不能带方所宾语"、动趋式"能不能带方所宾语"和复合趋向结构"能不能带宾语，并且带宾语的时候，它的语序只有三种情况"等。依此得出典型趋向补语20个（"来、去、上、下、进、出、过、回"以及相应的复合趋向补语）、准趋向补语2个（"开、起"）和趋向义非趋向补语（"到、往、退、拉"等）[4]。这种观点强调形式和意义相结合的分类标准，更有说服力。但如何更准确地界定趋向补语的内涵与外延仍需进一步探讨。

1.1.2 动趋式的意义归类

研究多着眼于整体趋向补语的意义归纳。主要有两种观点：

① 结果/状态义"二分法"。孟琮（1987）认为趋向补语表动作的结果和状态，并将结果义分析为"趋向、得到、呈现、脱离、接触、附着、完成、容纳、成功、持续、超过"等11类[5]。但一些义项并不是趋向补语的意义，如"连媳妇都娶不上啦！"中的"上"解释为"得到"，这割裂了与趋向义的语

1　宋文辉：《现代汉语动结式的认知研究》，北京：北京大学出版社，2007年，第73页。
2　孙绪武：《趋向动词的范围及意义》，《湖南科技大学学报（社会科学版）》，2004年第1期。
3　马玉汴：《趋向动词的认知分析》，《汉语学习》，2005年第6期。
4　辛承姬：《汉语趋向动词系统》，《汉语学报》，2000年第1期。
5　孟琮：《动趋式语义举例》，载中国社会科学院语言研究室编：《句型和动词》，语文出版社，1987年，第242—266页。

义关联性。

②　趋向/结果/状态义"三分法"。刘月华（1988、1998）提出从趋向义到结果义再到状态义不断虚化，并把结果意义分为基本结果意义与非基本结果意义，前者作为自然结果与其趋向意义有内在的联系；后者与实现动作结果的主观条件与客观条件有关[1]。这种分法得到了学界的普遍认同，但对于三者之间的关联与差异仍存在较大分歧。

至于具体趋向补语的意义归纳，主要也是在刘月华研究的基础上进行的详细分类：一是根据动趋式中动词与其所搭配宾语的语义关系来确定趋向补语的意义，如邱广君（1995、1997）[2]；二是根据动趋式中动词的语义特征来确定趋向补语的意义，如房玉清（1992）、邢福义（2002）、李敏（2005）和唐正大（2006）[3]；三是通过动趋式结构的整体意义来归纳趋向补语的义项，如宋玉柱（1980）、徐静茜（1983）、杉村博文（1983）、吴洁敏（1984）、史锡尧（1993）、高顺全（2005）和陈忠（2006）[4]。这些研究很好地关注到了动趋式内部语义要素之间的关联性，但意义归类缺乏充分的形式验证，如蒋华（2003）把"痛痛快快地玩上一天"中的"上"归为"轻松的语气"[5]，很显然，这是把句子的语境义加在趋向补语上面了。陈昌来（1994）力求将形式和意义相结合，将"上"的语义分化为趋向义、结果义和动态义，并分析了三类意义在形式上的异同，如能否构成可能式、句法

1　刘月华：《几组意义相关的趋向补语语义分析》，《语言研究》，1988年第1期。
　　刘月华：《趋向补语通释》，北京：北京语言大学出版社，1998年，第16—18页。
2　邱广君：《谈"V上"所在句式中的"上"意义》，《汉语学习》，1995年第4期。
　　邱广君：《谈"V下+宾语"中宾语的类、动词的类和"下"的意义》，《语文研究》，1997年第4期。
3　房玉清：《"起来"的分布和语义特征》，《世界汉语教学》，1992年第1期；邢福义：《"起去"的普方古检视》，《方言》，2002年第2期；李敏：《论"V起来"结构中"起来"的分化》，《烟台师范学院学报（哲社版）》，2005年第3期；唐正大：《从独立动词到话题标记——"起来"语法化模式的理据性》，载沈家煊、吴福祥、马贝加主编：《语法化与语法研究（二）》，北京：商务印书馆，2006年，第252—266页。
4　宋玉柱：《说"起来"及与之有关的一种句式》，《语言教学与研究》，1980年第1期；徐静茜：《说"·来"、"·去"》，《语言教学与研究》，1983年第1期；杉村博文：《试论趋向补语"·下"、"·下来"、"·下去"的引申用法》，《语言教学与研究》，1983年第4期；吴洁敏：《谈谈非谓语动词"起来"》，《语言教学与研究》，1984年第2期；史锡尧：《动词后"上"、"下"的语义和语用》，《汉语学习》，1993年第4期；高顺全：《对外汉语教学探新》，北京：北京大学出版社，2005年，第86—104页；陈忠：《"起来"的句法变换条件及其理据》，《山东社会科学》，2006年第2期。
5　蒋华：《趋向动词"上"语法化初探》，《东方论坛》，2003年第5期。

替换形式和宾语搭配情况等[1]，意义归类较有说服力。郭家翔等（2002）、卢英顺（2006）和曾传禄（2009）[2]开始从认知角度对义项之间的关联性进行分析，研究不断走向深化。我们认为，关于趋向补语义项的归纳应充分关注句法、语义和认知三个方面，语义起决定作用，句法上要进行充分验证，并进行科学合理的认知动因分析，只有这样，才能更好地探讨趋向补语的意义扩展规律。

1.1.3　动趋式的语义类别

范晓（1991）根据形式特征和语法意义差异分出动趋式、准动趋式、动结式和动态式四类[3]，这一分类体现了动趋式语义演变的连续统，具有较强的解释力。

语义类别研究多采取结构主义，如李冠华（1985）根据是否能带处所宾语，将动趋式分为位移结构和非位移结构两类，前者又可分为联系施事、受事和处所的位移结构、联系施事和处所的位移结构两类[4]。李冠华（1986）将谓宾动趋结构分为表示感知、心理活动的 A 类结构和其他意义的 B 类结构，前者分为"内知"和"外示"，后者分为"遇到""结束""容纳"和"存余"等类别[5]。今井敬子（1987）认为"V 出"结构内分为四类：（S+V）（S+ 出）、（S+V+O）（O+ 出）、（S+V+O）（S+ 出）（O+ 出）、（S+V+O′）（O+ 出）[6]，分别如"诗人的口中流出血来""他说出一句来""把脸盆搬出来""邻桌的人看出便宜来"，最后一句可理解为"邻桌的人看情况，从情况里便宜出来"。杨桦（1990）将"V 出"分为主语是施事的"V 出"、"V 出"的数量宾语与前指是部分与全体或定指与不定指的关系、主语是处所词语的"V出"等三类[7]。这些研究关注动趋式内部语义要素之间的语义关系，为今后进一步研究奠定了基础。

全国斌（2009）提出动趋式表达位移事件结构，并对四类动趋式结构

1　陈昌来：《论动后趋向动词的性质——兼谈趋向动词研究的方法》，《烟台师范学院学报（哲社版）》，1994 年第 4 期。

2　郭家翔、陈仕平、朱怀：《说"上来"》，《语言研究》，2002 年特刊；卢英顺：《"上去"句法、语义特点探析》，《安徽师大学报（社科版）》，2006 年第 4 期；曾传禄：《"过来"、"过去"的用法及其认知解释》，《西华师范大学学报（哲社版）》，2009 年第 2 期。

3　范晓：《"V 上"及其构成的句式》，《营口师专学报》，1991 年第 1 期。

4　李冠华：《处宾动趋结构初探》，《安徽师范大学学报（人文社版）》，1985 年第 4 期。

5　李冠华：《谓宾动趋结构初探》，《安徽教育学院学报（社科版）》，1986 年第 2 期。

6　［日］今井敬子：《现代汉语趋向结构的层次》，《山西大学学报》，1987 年第 2 期。

7　杨桦：《试论"V 出"结构及其句式》，《乐山师范学院学报》，1990 年第 3 期。

的黏合度和规约性进行了探讨，认为 V 不及物 + 上 $_2$ 类（状态意义）>V 及物 + 上 $_1$ 类（原因 / 方式）>V 及物 + 上 $_2$ 类（方式 / 原因）>V 不及物 + 上 $_1$ 类（趋向意义），说明意义越虚化，黏合度越高，非规约性越强。在此基础上，用"致使性"的强弱做出统一的解释：自动性强，致使性就弱；致动性强，致使性就强，得出了位移事件结构致使性强弱序列：强自动 > 弱自动 > 弱致动 > 强致动（按"弱→强"排序），相对应的四种事件结构的致使性强弱序列为：可控位移句 > 非可控位移句 > 弱致使性位移句 > 强致使性位移句[1]。该文建立了动趋式致使性强弱的连续统，思路新颖，具有较强的借鉴意义。

1.1.4 动趋式的句法类别

在动趋式的句法类别上，动词、"来 / 去"和名词搭配构成三种句式：V 来 / 去 N（甲式）、VN 来 / 去（乙式）、NV 来 / 去（丙式）；张伯江（1991）将动词后复合趋向补语和宾语的共现格式码化为四种：VC_1C_2O（A 式）、VC_1OC_2（B 式）、VOC_1C_2（C 式）、把 OVC_1C_2（D 式）[2]。这些格式的使用条件是什么，有哪些制约因素，在学界引起了较大的关注，取得了不少研究成果，但研究局限于对整体动趋式的考察，未对具体动趋式进行逐一细致的研究。

1.1.5 动趋式的动词小类

目前对动趋式中的动词小类研究主要有三种思路：

① 从动趋式的宾语入手研究动词的句法语义类别。如邱广君（2007）认为带起点或终点宾语、部位宾语、容量宾语、客体宾语"V 下"对应的动词为移动动词、体态动词、容量动词和客体动词四类[3]。郑娟曼（2009）运用变换分析法将宾语分为源点 / 范围宾语、终点宾语、受事宾语、施事宾语、部位宾语、中介宾语、结果宾语和数量宾语八类，根据所带宾语的类别，将动词分为驱赶类、行走类、取舍类、感知类、存现类和制作类动词六类[4]。刘楚群（2010）认为同源宾语一般使用"V 起 N 来"格式，普通宾语一般使用"把 NV 起来"，在此基础上，对进入"把 NV 起来"格式中的动词进行了句法语义分类，包括"提"类、"喊"类、"藏"类、"绑"类、"调动"类、

---

1 全国斌：《动趋式粘合式结构与位移事件表达》，《殷都学刊》，2009 年第 2 期。

2 张伯江：《动趋式里宾语位置的制约因素》，《汉语学习》，1991 年第 6 期。

3 邱广君：《谈"V 下 + 宾语"中宾语的类、动词的类和"下"的意义》，《语文研究》，1997 年第 4 期。

4 郑娟曼：《从"V 出 + 宾语"的构件关系看语义的双向选择原则》，《暨南大学华文学院学报（华文教学与研究）》，2009 年第 2 期。

"集合"类和"比较"类等七类[1]。

② 从动趋式的语义类型入手研究动词的句法语义类别。如萧国政、邢福义（1984）提出动词是趋向补语的方式、目的、性质、状态或原因，据此分出四类动词[2]。贺阳（2004）根据"V 起来"的位移义、结果义和体貌义，提出对应的动词语义特征为[＋向上位移]、[＋聚拢]/[＋隐存]/[＋使凸起]、[＋动态持续][3]。齐沪扬（2002）在位置句和位移句（包含动趋式）的框架下考察了动词的移动性功能及其强弱体现出来的语义特征[±状态]、[±指向]、[±自移]，得出了与移动性功能有关的动词分类系统，主要有非位移动词、非他移动词、非伴随动词和伴随动词四大类[4]。这些研究具有一定的借鉴意义，但仍需进一步考虑与不同趋向补语的搭配情况。

③ 从空间方向入手研究动词的方向性类别。如王媛（2011）将动作的方向划分为"动作的现实空间方向""动作的现实过程性方向""动作的现实关系化方向""动作的虚拟方向"，并据此探讨了与趋向补语搭配的动作动词类别，从而对表向意义上的动趋搭配关系进行了双向说明[5]。该研究较新颖，但仅局限于动作动词，无法全面覆盖动趋式中的动词。

1.1.6　动趋式致使性研究

致使是重要的语言现象，引起学界较大的关注。学界运用致使概念对汉语进行了诸多研究。如郭锐、叶向阳（2001）根据表达致使事件的谓词是否带有致使义把致使句归结为使动型和述补型[6]。周红（2005）认为"使"字递系句式是基本致使句式，具体递系句式、动结句式、"得"字动结句式、重动句式、"把"字句式、"被"字句式是派生致使句式[7]。范晓（2000）、陈昌来（2001）、程琪龙（2001）、项开喜（2002）、周红（2003、2005）、熊仲儒（2004）、熊学亮、梁晓波（2004）、宛新政（2005）、施春宏（2007）、牛顺

1　刘楚群：《动趋结构中动、宾的双向选择》，《江西科技师范学院学报》，2010 年第 1 期。
2　萧国政、邢福义：《同一语义指向的"动/趋来"》，《华中师范学院研究生报》，1984 年第 3 期。
3　贺阳：《动趋式"V 起来"的语义分化及其句法表现》，《语言研究》，2004 年第 3 期。
4　齐沪扬：《动词移动性功能的考察和动词的分类》，载中国语文杂志社编：《语法研究和探索（十）》，北京：商务印书馆，2002 年，第 73—84 页。
5　王媛：《动词的方向性研究与趋向动词教学》，北京：北京语言大学出版社，2011 年。
6　郭锐、叶向阳：《致使表达的类型学和汉语的致使表达》，第一届肯特岗国际汉语语言学圆桌会议（KRIRCCL-1）论文，新加坡国立大学，2001 年。
7　周红：《汉语致使问题研究动态》，《汉语学习》，2005 年第 6 期；周红：《现代汉语致使范畴研究》，上海：复旦大学出版社，2005 年。

心（2014）、张豫峰（2014）等[1]对以上汉语致使句式进行了研究，取得了丰硕的成果[2]。

动趋式作为动结式的一类，既具有共性，又具有个性，目前研究尚未从范畴角度进行系统全面的考察。刘月华（1988、1998）提出趋向补语语义从趋向义到结果义再到状态义不断虚化，对语义类型的归纳已经具有了致使性表述，如"下"具有"通过动作使人或物体由高处移到低处""通过动作使物体的一部分或次要物体从整体或主要物体脱离"等意义[3]。周永惠（1991）也提出"开来"具有"动作使人或事物分开或使事物展开"义[4]。陈昌来（1994）将"V 上"语义归纳为"主体动作的结果使某物处于某具体状态中""动作的结果使动作行为本身达到一定的数量、程度"等[5]。余光武、司惠文（2008）研究认为"NP + V- 起来 + AP"结构当 AP 指向动词 V 时，主语对谓语描述的事件具有致使性[6]。全国斌（2009）分析了四类动趋结构的致使性强弱连续统，认为自动性强，致使性就弱；致动性强，致使性就强[7]。以上这些研究为我们探讨动趋式致使性提供了借鉴，但如何以致使性作为动趋式范畴框架进行系统全面考察，正是本书的研究目标。

---

1 范晓：《论"致使结构"》，载中国语文杂志社编：《语法研究和探索（十）》，北京：商务印书馆，2000 年，第 135—151 页；陈昌来：《论现代汉语的致使结构》，《井冈山师范学院学报》，2001 年第 3 期；程琪龙：《致使概念语义结构的认知研究》，《现代外语》，2001 年第 2 期；项开喜：《使因动词的"反及物化"及其句法成果》，第十二次现代汉语语法学术讨论会论文（湖南长沙），2002 年；项开喜：《汉语双力结构式》，《语言研究》，2002 年第 2 期；周红：《汉语和英语的致使句》，《烟台师范学院学报》，2003 年第 1 期；熊学亮、梁晓波：《论典型致结构的英汉表达异同》，《外语教学与研究》，2004 年第 2 期；周红：《现代汉语致使范畴研究》，上海：复旦大学出版社，2005 年；熊仲儒：《动结构式的致事选择》，《安徽师大学报》，2004 年第 4 期；熊仲儒：《现代汉语中的致使句式》，合肥：安徽大学出版社，2004 年；宛新政：《现代汉语致使句研究》，杭州：浙江大学出版社，2005 年；施春宏：《动结式致事的类型、语义性质及其句法表现》，《世界汉语教学》，2007 年第 2 期；牛顺心：《汉语中致使范畴的结构类型研究》，天津：南开大学出版社，2014 年；张豫峰：《现代汉语致使态研究》，上海：复旦大学出版社，2014 年。

2 此部分研究成果从略。若有遗漏，敬请见谅。

3 刘月华：《几组意义相关的趋向补语语义分析》，《语言研究》，1988 年第 1 期。
刘月华：《趋向补语通释》，北京：北京语言大学出版社，1998 年，第 16—18 页。

4 周永惠：《复合趋向补语的趋向意义》，《四川师范大学学报（社科版）》，1991 年第 2 期。

5 陈昌来：《论动后趋向动词的性质——兼谈趋向动词研究的方法》，《烟台师范学院学报（哲社版）》，1994 年第 4 期。

6 余光武、司惠文：《汉语中间结构的界定——兼论"NP+V- 起来 +AP"句式的分化》，《语言研究》，2008 年第 1 期。

7 全国斌：《动趋式粘合式结构与位移事件表达》，《殷都学刊》，2009 年第 2 期。

1.2　研究视角

1.2.1　结构主义框架下的研究

主要侧重对动趋式的性质、意义及其多义性进行归纳。范晓（1991）根据形式特征和语法意义特征上的差异将动趋式分为动趋式、准动趋式、动结式和动态式四类[1]。刘月华（1988）指出动趋式有三种语法意义：趋向意义、结果意义和状态意义[2]。不少学者对动趋式的多义性进行了研究，如史锡尧（1993）认为"上"表趋向、添加、完成、闭合、达到和开始，"下"表趋向、消除、完成、脱离和容纳[3]。动趋式宾语位置问题引起了学者的关注，如陆俭明（2002）认为动趋式宾语位置跟动词、趋向补语、宾语的性质、动词带不带"了"有关，有时还跟语境有关[4]。上述研究已触及动趋式的本质，但解释较少；并且对动趋式意义的描写缺乏关联性，研究着眼于单个的研究，造成分类过细失去划分的意义，或者意义归纳太过笼统，抹杀了个性；仅限于对个别动趋式的研究，如"V+上／下"研究的最多，其他研究却相对较少。

1.2.2　认知语义框架下的研究

主要侧重"来／去"的立足点、动趋式的词汇化与语法化、对称与不对称性、句法顺序等。如齐沪扬（1996）研究了"来／去"的立足点，提出"主观参照理论"[5]。马庆株（1997）认为"来""去"表示主观趋向，分别表示由远及近和由近及远[6]。沈家煊（1999）则指出"来""去"的不对称是由人的感知过程决定的[7]。黄月华、白解红（2010）认为趋向概念的形成基于不同的空间移动经验、不同的参照结构以及对不同空间移动要素的凸显[8]。张谊生（2006）分析了"看起来"与"看上去"动趋式短语词汇化的机制与动因，认为其发展趋势是情态化和关联化[9]。赵志强、王冬梅（2006）、萧佩宜

1　范晓：《"V 上"及其构成的句式》，《营口师专学报》，1991 年第 1 期。

2　刘月华：《趋向补语通释》，北京：北京语言大学出版社，1998 年。

3　史锡尧：《动词后"上"、"下"的语义和语用》，《汉语学习》，1993 年第 4 期。

4　陆俭明：《动词后趋向补语和宾语的位置问题》，《世界汉语教学》，2002 年第 1 期。

5　齐沪扬：《空间位移中主观参照"来／去"的语用含义》，《世界汉语教学》，1996 年第 4 期。

6　马庆株：《"V 来／去"与现代汉语动词的主观范畴》，《语文研究》，1997 年第 3 期。

7　沈家煊：《不对称和标记论》，南昌：江西教育出版社，1999 年，第 183—184 页。

8　黄月华、白解红：《趋向动词与空间移动事件的概念化》，《语言研究》，2010 年第 3 期。

9　张谊生：《"看起来"与"看上去"——兼论动趋式短语词汇化的机制与动因》，《世界汉语教学》，2006 年第 3 期。

（2009）分别对"V起来""V+上/下"的语法化进行了探讨[1]。陈忠（2006）研究认为动趋式的对称与不对称是建立在隐喻基础上的不同意象间的对立，对立来自空间感知上的经验及其隐喻[2]。关于动趋式宾语位置的认知解释，如杨德峰（2005）认为四种动趋句式是不同的时间序列在汉语中的反映[3]；陈忠（2007）研究认为"来/去"与其他趋向补语相比，与处所之间的语义距离远，这种差别制约着各自与处所成分组合的句法分布顺序[4]。上述研究对认识动趋式的本质更深入，具有一定的说服力，但研究限于例证，未能较为系统全面地归纳动趋式的双向组合关系，即哪些动词与趋向补语搭配产生哪些语义，动词与哪些趋向补语搭配产生哪些语义。对出现在不同趋向补语前的动词研究显得单薄，不成体系。

1.2.3　功能、语用框架下的研究

张伯江、方梅（1996）从语气、语用、有指和无指、定指和不定指、新信息和旧信息等角度对动趋句式进行了详细的比较[5]。李胜梅（2004）、吴纪梅（2008）、潘虎（2010）从篇章结构和语用原则角度分别对"话说回来""V+出来""V+起来"展开了个案研究[6]。上述研究探讨了动趋式在篇章中的语用功能，但研究仅止于哪种句类适用于哪种动趋句式、语篇连接功能等，未能更深入地揭示动趋式的语用功能；并且研究仅限于个别动趋式，未能进行系统全面的探讨。

1.3　存在问题

现有的文献虽从不同角度和方面揭示了汉语动趋式的各种性质和功用，不过尚缺乏对汉语动趋式作系统的、全面的分析和探讨，未能提供动词词表，诸多语言现象还需要更微观、更细致的考察及系统的理论概括。

1　赵志强、王冬梅：《由"起"到"起来"——趋向动词"起来"的语法化》，河北科技师范学院学报（社会科学版），2006年第3期；萧佩宜：《论汉语趋向动词"上"和"下"的语法化和语义不对称性》，《暨南大学华文学院学报（华文教学与研究）》，2009年第1期。

2　陈忠：《认知语言学研究》，济南：山东教育出版社，2006年，第331页。

3　杨德峰：《"时间顺序原则"与"动词+复合趋向动词"带宾语形成的句式》，《世界汉语教学》，2005年第3期。

4　陈忠：《复合趋向补语中"来/去"的句法分布顺序及其理据》，《当代语言学》，2007年第1期。

5　张伯江、方梅：《汉语功能语法研究》，南昌：江西教育出版社，1996年，第91—111页。

6　李胜梅：《"话说回来"的语用分析》，《修辞学习》，2004年第3期；吴纪梅：《动趋式"V+出来"与宾语同现情况的语用分析》，《广西民族大学学报（哲学社会科学版）》，2008年第1期；潘虎：《趋向动词"起来"的篇章功能研究》，《信阳师范学院学报（哲学社会科学版）》，2010年第4期。

我们认为，不但要关注整体动趋式的共性，也要关注具体动趋式的个性。只有将共性与个性结合起来，才能做到研究充分。

1.3.1 动趋式的系统性研究不足

动趋式与空间方位有关，是一个相对封闭的结构类别，应该站在更高的视野上探讨动趋式，力求建立动趋式的语义语法范畴。目前研究多是针对具体动趋式的个例研究，如"V上/下"的研究可谓丰富，但对其语义的归纳尚显零散，尤其是对动词小类的研究还处于举例归类阶段，未从全局角度考察动词类别，这样大大影响了结论的普适性。因此，如何给趋向补语归纳意义，怎样的义项归纳更有利于人们理解和使用动趋式，动词小类如何划分才能更有助于说明组配的可预测性，用什么样的理论框架将动趋式的诸多句法语义现象贯穿起来进行统一解释，等等，这些问题都亟待进一步探讨。

1.3.2 缺乏对动趋式严格的判定标准

杨石泉（1986）提出动趋式表达一种"广义的趋向"，将其概括为动作、行为和状态发展变化的趋向[1]。这一观点得到了学界的普遍认同，但由于缺乏句法上的验证，而导致人云亦云，动趋式中趋向补语的数量一直未能确定下来，如"开、开来、开去""到、到……来、到……去""在""往""拢、拢来、拢去""走$_2$"等是否归入趋向补语，如果归入趋向补语，它们处于动趋式的什么位置；如果不能归入趋向补语，它们与动趋式的差别在哪儿。这些问题需要结合动趋式的认知语义系统进行深入的分析。

1.3.3 对动趋式的分析与解释不够

虽然 2010 年以来学界加大了解释力度，尤其是从认知语义和语用功能等角度对动趋式各语义的产生机制及句法语义差别进行了一些探讨，但解释仍显不足。如以下问题：①动趋式是一个怎样的认知语义类别系统；②不同动趋式为什么呈现出不同语义，如"V上"与"V过"均可用于比较认知域，如"比不上他""比不过他""胳膊扭不过大腿去"等，但语义上有何不同；③"来/去"的主观化对各类复合趋向补语语义呈现有怎样的影响，如"V上"的语义类型明显多于"V上来/上去"；④具体动趋式在句法语义上在对称与不对称性上的表现为什么不同，如为什么可以说"跑不过来/跑不过去"，但只能说"改不过来"，一般不说"改不过去"；⑤为什么有些动词与趋向补语的搭配能力很强，而有些动词与趋向补语的搭配能力

1　杨石泉：《趋向补语及其引申意义——说补语（二）》，《逻辑与语言学习》，1986 年第 1 期。

较差，如身体部位动作动词"跑"可以与所有的趋向补语搭配；言说动词"说"可以搭配构成"说上三个小时""我跟他说不上话""那种感觉说不上来""说下这门亲事""一直说下去""这番话说下来以后""说不出话来""这样做真说不过去""这么多人我说不过来""话又说回来""说来话长""说起话来""从这件事说开来""说到这个问题"等；心理动词"爱"可以搭配的趋向补语比较少，只构成"爱上这个姑娘""一直爱下去""爱不过来""真的爱起来，一座山都挡不住"等。⑥近义动趋式语义类型之间有什么联系与区别，不同句法形式之间有什么联系与区别。如同样表达感知的"V来+AP/VP""V上去+AP/VP""V起来+AP/VP"之间有何差异；"遇上"与"遇到"有何差别，它们的语用功能分工是怎样的，等等。这些问题还需要进一步研究。

2 本书的研究目标与意义

2.1 研究目标

针对目前动趋式研究的零散状况，应寻找合适的理论建构动趋式的研究框架。我们的主要观点：动趋式源于不同的驱动—路径图式，具有致使性，存在着从强致使到弱致使再到非致使的语义强弱等级连续统。驱动—路径图式由空间域到时间域、状态域，体现为从某个端点到另一端点的具有一定方向性特征的移动或变化，两个端点在不同认知域有着不同的表现，这将是分析动趋式致使性的重要依据。在此基础上，将动趋式的诸多句法语义现象纳入致使性的研究框架中进行统一的分析与解释。

本书提出从致使性角度进行研究，旨在建构起一个较为合理的理论构架对相关的语言现象进行梳理和界定。本书将充分吸收学术界已有成果，在语言学多种理论的支撑下，全面考察汉语动趋式的认知语义类别、语义关联性、动词小类、特殊构式等方面进行了较为系统全面的分析和解释，以期总结出趋向补语语义类型的关联性规律以及动词与趋向动词之间的双向组合原则，厘清动趋式泛化、虚化机制和对称与不对称性制约性因素等。

2.2 研究意义

研究动趋式的致使性，建构理论框架解释动趋式的语义关联性，以全新视角构拟汉语的动趋式系统，建立新的动词词表，具有较强的理论和现实意义。

理论价值：我们将动趋式放在致使范畴中进行研究，有助于系统全面地探讨问题；并且从致使范畴角度入手，更容易发现问题，也可以为其他语言的致使范畴研究提供借鉴。我们将考察动趋式在驱动—路径图式的认知经验基础下的隐喻或转喻扩展及其语义演变规律，建构汉语动趋式的认知语义系统，分析其内部构成要素之间的制约关系，从致使性角度解释动趋式的语义引申及其对称与不对称性现象，建立动词词表，将进一步推动现代汉语动词和动词性结构研究。

现实意义：一方面对人们学习和理解动趋式，尤其是对第二语言教学，有着较大的帮助。我们将分析动趋式的认知经验基础、构成要素、语义与句法表现形式、动趋式特殊构式的语用功能，这些将有助于语言教学；另一方面对计算机的自然语言理解也有着较大的帮助。我们将基于大规模语料库开展动趋式句法语义特征的统计分析，对动趋式内部构成要素进行形式化描写；分析这些语义特征对动趋式致使表达的制约作用；依托《汉语动词用法词典》统计动词与趋向补语的搭配情况，详尽调查动趋式的语义选择限制条件等，这些对于计算机的语义识别有着较大的作用。

3　本书的研究内容与研究框架

3.1　研究内容

动趋式是汉语中一个重要的语言结构。它在语言中使用频率高，语义丰富，句法形式多样。本书将重点从以下六个方面进行深入研究。

第一，寻求趋向补语的判定标准。

趋向补语的范围，目前意见不一，多则 33 个，少则 22 个。趋向补语如何界定，具有哪些特征，仅靠语义判断动趋式，带有较强的主观性和随意性。我们认为，确定动趋式的判定标准，必须做到"对外有排他性，对内有普遍性"，必须做到语义和形式的相互验证，还要分析认知动因。

第二，探究动趋式的认知根源，建立认知语义系统。

要弄清楚动趋式的产生机制，必须探究动趋式的身体经验基础及其隐喻扩展过程，在此基础上，分析动趋式内部构成要素的特征及其制约关系，探讨动趋式的语义类别和句法表现形式，以求建立一个比较科学合理并具有解释力的认知类别系统。只有这样，才能更好地解释动趋式语义泛化与虚化的过程，并在此框架中为与趋向补语相搭配的动词分类。

第三，趋向补语的重新分类与语义泛化、虚化研究。

趋向补语如何分类更有助于揭示不同趋向补语之间的共性与个性，这是系统研究的基础。趋向补语的义项归纳存在过于笼统或过于细化的极端问题，这是因为研究着眼于结构主义框架，从动趋式内部搭配上来界定趋向补语的义项。我们认为，应从认知语义框架视角来观察趋向补语的语义引申规律，只有这样，才能避免受动趋式其他语义要素的影响而导致将句子的语境义加在趋向补语上面。实际上，趋向补语的语义引申受到其不断抽象化的认知域和语义场景制约。

第四，动趋式的对称与不对称现象研究。

前人多关注空间方向相反的趋向补语构成的动趋式的对称与不对称研究，如"V+上"与"V+下"的对称与不对称性研究，并且多局限于语义类型的对称与不对称性研究。我们认为，动趋式的对称与不对称体现在语义、句法、动词类别、使用频率等诸多方面，研究时既要关注共性，又要关注个性。我们将复合动趋式的语义句法呈现，与简单动趋式进行对比，对其进行对称与不对称性研究。前人多是从复合趋向补语入手看"来/去"的主观化表现，这样的研究比较零散，适合于对具体动趋式进行逐一考察，但在系统考察所有动趋式时具有一定的局限性。我们认为，可从认知域入手，结合"来/去"的主观化、简单趋向补语的方向性特征等方面，考察对复合趋向补语语义句法呈现的制约性，这样更容易发现问题，便于统一分析。

第五，动趋式的动词小类研究。

前人对动趋式的动词小类研究多限于例证，分类或者过于笼统，或者过于细化，不利于人们理解和学习。我们将采取个性分析和共性分析相结合的方法，对动趋式的动词小类进行较为全面、细致的考察。首先分析具体动趋式中动词小类的句法语义特征，然后分析整体动趋式中的动词搭配能力，较为系统地归纳动趋式的双向选择关系，即相同趋向补语可搭配哪些动词，产生哪些语义；相同动词可搭配哪些趋向补语，产生哪些语义。当然，除了动词以外，一些形容词也可以搭配趋向补语，如"心情变得烦起来""永远安定下去""光线渐渐暗下来"[1]中的"烦、安定、暗"等，哪些形容词可以与趋向补语搭配，形容词可以与哪些趋向补语搭配，这些需要进一步研究。

第六，动趋式特殊构式的语用功能分析。

动趋式在隐喻扩展过程中产生了一些构式，具有特殊意义和用法。我

---

1 以上"形容词+趋向补语"的例子选自郑怀德、孟庆海：《汉语形容词用法词典》，北京：商务印书馆，2003年。

们将重点探讨"V 上去 /V 起来 /V 来 +AP/VP""V 来 V 去""话又说回来"等特殊构式的虚化机制与语用功能。

3.2 研究框架

本书将动趋式置于致使范畴之中，从认知基础和语义系统出发，寻求动趋式的语义关联性与句法功能，力求意义与形式相结合，建构理论框架对相关语言现象进行梳理和解释。在关注共性的同时，进行动趋式的个性考察与分析，包括动趋式致使性语义泛化与虚化、对称与不对称、动词/形容词与趋向补语的搭配能力、动趋式特殊构式研究。这样的研究思路是从共性到个性，共性与个性相结合有助于突出重点，层层推进。主要分为五个部分：

第一部分，动趋式致使性认知语义框架的建构（第二～三章）：分析动趋式的认知经验基础、致使性语义结构和句法表现形式，提出动趋式的判定标准，提出致使移动事件的三大类别：物理运动事件、时间变化事件和状态变化事件，细分致使移动事件的认知域类别，分析动趋式致使性的句法语义类型及其连续统，建构动趋式的认知语义框架。

第二部分，分析简单动趋式的语义类型及其泛化、虚化过程（第四～五章）：运用图式、隐喻、转喻与主观性理论，共时层面上分析认知域由具体到抽象的变化、主观性由弱到强的变化，历时层面上分析意义演变的语义基础和句法环境，从而探究探讨动趋式的语义类型及其语义泛化、虚化过程，为更好地说明动趋式致使性的对称与不对称打下坚实的基础。

第三部分，分析动趋式的对称与不对称现象（第六章）：从语义、动词搭配、句法和使用频率等角度探讨具有近义或反义的简单动趋式、立足点不同的复合动趋式、复合动趋式与相应简单动趋式的对称与不对称。逐一分析各类动趋式语义句法呈现的制约性因素，包括认知域、语言经济性原则、"来/去"的主观化特征（近向/远向、可见/不可见、预期/非预期）、驱动-图式特征（简单趋向补语的方向性、路径轨迹的完整性、动词的方向性、参照体等特征）等制约因素，解释对称与不对称的动因。

第四部分，分析动词/形容词与趋向补语搭配的方向性特征（第七章）：从方向性特征入手，分析动词、形容词与趋向补语的搭配能力，提出"方向"可以是空间上的方向，也可以是时间上的方向和状态上的方向。借鉴框架语义学理论，在认知语义判断基础上，利用动趋组合的原型搭配，提取动词的方向性特征。依托《汉语动词用法词典》和《汉语形容词用法词典》，详尽调查动趋式的语义双向选择限制条件，建立相应的动词词表和形容词词表。

第五部分,分析动趋式特殊构式的表达功用(第八章):在动趋式的认知语义框架基础上,重点探讨"V 上去 /V 起来 /V 来 +AP/VP""V 来 V去""话(又,再)说回来"等特殊构式在不同认知域中的致使性表现,梳理其演变路径,分析动词与构式之间的互动关系,进一步说明构式的产生机制、语用功能与语境特征。

如图 1-1 表示:

图 1-1 本书的研究框架图

4 本书的研究理论和方法

本书研究试图整合学术界已有研究的长处,把基于规则的方法、基于词典资源的方法、基于大规模语料库的方法相结合,定性研究与定量研究相结合。

4.1 认知语言学、语义语法、格语法和类型学的研究相结合

我们将运用认知语言学中的意象图式理论和隐喻理论建立动趋式的认知经验基础——驱动—路径图式,运用图式范畴理论、认知域、凸显原则、象似性原则和注意原则等对动趋式进行认知语义类型分析,运用原型范畴理论、隐喻、转喻和主观性理论分析动趋式致使性语义泛化、虚化

规律。

语义语法理论特别重视语义对句法的决定性作用,关注形式与意义、共时与历时、静态与动态、理论与事实、描写与解释的双向研究,体现在具体的微观研究上,就是词语的双向选择、句法成分的匹配关系等[1]。我们将运用语义语法理论开展动趋式内部构成要素的语义选择限制研究。格语法中的语义角色分析法也为我们分析动趋式提供了借鉴。我们还将运用类型学中的生命度、施动力、自主性、控制度等概念分析动趋式的句法语义特征。

4.2 基于大规模语料库和词典资源,开展定性与定量研究

为了加强动趋式研究结论的可验证性,本书将基于大规模语料库和词典资源展开定性与定量研究。充分考虑到现代汉语动趋式的特点,我们建立了当代北方作家小说语料库,约 2500 万字(具体篇目见参考文献"引用语料"部分)[2],原因有三:一是目前语料库内容较庞杂,体裁不一,如北大语料库现代汉语部分、国家语委语料库等;二是动趋式语体要求不高,小说体裁研究较适宜;三是摒除现代作家作品,摒除南方作家,框定在当代北方作家小说上既符合时代需求,又符合现代汉语以北方话为方言基础的特征。通过语料库检索[3]与统计分析[4],可以更好地了解动趋式在具体语境中的动态使用情况。当然,在具体分析某一类别时,也参照了北大语料库。为了考察动词、形容词与趋向补语的搭配情况,我们将依托《汉语动词用法词典》《汉语形容词用法词典》的资源[5],并结合语料库,开展统计分析,建立相关动词与形容词词表。

1　邵敬敏:《"语义语法"说略》,《暨南学报(人文科学与社会科学版)》,2004 年第 1 期。

2　2500 万字的语料库建立步骤如下:一是酌选当代北方作家及其小说;二是广泛搜集当代北方作家小说正版电子书,并转换成文本文件。三是进行语料校对,调整文本格式,达到语料检索要求。由课题组共同完成。

3　语料库检索软件使用南开大学中文系郭昭军教授独立开发的《中文文本语料检索系统(TCS)》。

4　语料统计分析步骤如下:一是将检索出的句子在 Word 文档中整理,删除不符合条件的句子;二是将待统计的句子转换放在 Excel 表格中;三是开展句子中动趋式的句法语义特征标注;四是利用 Excel 强大的计算功能进行数据统计。

5　孟琮等编:《汉语动词用法词典》,北京:商务印书馆,1999 年;郑怀德、孟庆海:《汉语形容词用法词典》,北京:商务印书馆,2003 年。词典资源的整理与统计工作步骤如下:一是将两本词典中的词条和意义输入 Excel 表格中;二是整理两本词典中的动趋式搭配,并输入 Excel 表格中;三是将动词、形容词与不同趋向补语的搭配情况整合在一张 Excel 表格中,并对一些动趋搭配情况进行了补充说明,即有些动词或形容词在词典中未见动趋用法,但实际上在具体语境中已出现。

4.3　力求做到形式和意义、描写和解释、静态和动态相结合

本书从动趋式的认知语义框架出发，寻求其形式表现，力求使形式验证意义，从而确立动趋式的判定标准，分析动趋式的句法语义特征；将基于大规模语料库和词典资源开展充分描写，在此基础上，力求做到解释充分；将静态和动态相结合，分析动趋式构成要素的静态功能，分析其静态功能在动态语境下发生的变化。

5　本书的语料来源

本书的语料主要来自自建的约 2500 万字的"当代北方作家小说"语料、北京大学 CCL 语料库、北京语言大学 BCC 语料库、中国基本古籍库、文献资料（具体篇目见参考文献"引用书目"部分）。部分来自《汉语动词用法词典》《汉语形容词用法词典》、一些语法著作和学术论文。

第二章 动趋式致使性的认知语义基础

本章主要探讨动趋式致使性的认知语义基础,从而为建构其句法语义框架奠定基础。第一节探究动趋式致使性的认知经验基础及其隐喻扩展机制,认为动趋式源于驱动—路径图式,随着空间域向时间域、状态域的隐喻扩展,移动路径由空间路径到时间路径、状态路径,施动者、作用力、受动者、参照体(环境参照体和自我参照体)、工具等构成要素也伴随发生了隐喻扩展,促使动趋式由原型到非原型,逐渐实现图式范畴化。第二节讨论动趋式的致使性语义结构和判定标准,分析内部构成语义要素及其关系,认为原型驱动—路径图式表达致移情景,致移情景映射到语言中,选择动趋式结构,受[+位置移动]、[+空间方向]、[+受作用力作用]、[+相对自我参照]等语义特征制约,趋向动词具体体现为27个。

第一节 动趋式源于驱动—路径图式

认知语言学中的意象图式理论和隐喻理论给了我们极大的启发:意象图式是人类经验中形成的对事物之间关系的认知完形结构,具有抽象性、可组织性和可重复性,都涉及空间结构;随着人类感知和思维能力的发展,可被隐喻扩展到其他的认知活动中,意象图式不断抽象、丰富和发展;隐喻扩展基于人类对不同认知域的相似联想,为人们理解和解释语言结构发挥了重要作用。这些观点有着较强的心理学基础,即皮亚杰理论的核心概念——图式。图式是个体对世界知觉、理解和思考的方式,是认知结构的起点和核心,或者说是人类认知事物的基础,因此图式的形成和变化是认知发展的实质[1]。我们将利用意象图式和隐喻探讨动趋式致使义产生的认知机制。

---

1 费多益:《寓身认知心理学》,上海:上海教育出版社,2010年,第32页。

1　驱动—路径图式的建立

戈达德（Goddard，1998）认为"致使"是指因为某人做了某件事或某件事发生了而导致另一件事发生的语义[1]。作为动补结构之一的动趋式也具有致使性。我们假设将动趋式置于致使范畴框架中进行研究，并运用意象图式理论来探究动趋式产生的认知经验基础。

关于致使概念的认知经验基础，学界已有不少研究。米勒·约翰逊-莱尔德（Miller & Johnson-Laird，1976）认为致使概念来源于人们对运动感知，以及与人们对自身意愿性活动（intentional movements）的感知[2]。泰尔米（Talmy，1985，1988，2000）用物体的运动解释致使概念的来源，建立了动力图式系统（force-dynamic system），具体表现为"内在施力"（intrinsic force）的两个力实体（force entities）之间的对抗（opposition）上，两个个体是作用力（agonist）和反作用力（antagonist），是焦点（foregrounded）和背景（backgrounded）的关系；施力场景表现为作用力是否表现出了施力倾向或是否该力会被反作用力所克服，分别对应于动作（action）和静止（rest）；动力图式系统不仅适用于物理运动领域，也可适用于心理和社会领域[3]。Talmy 的研究引起了学界的关注，郭熙煌（2005）、刘燕君（2007）、胡盼（2012）、匡蕾（2012）、宋丽珏（2013）、李娇枝（2013）等运用动力图式分别对情感隐喻、"使"字句与"把"字句、通感隐喻、情态表达、轻动词等方面进行了探讨[4]，使研究具有了新的认识视角，更加说明了语言结构的认知

1　Goddard, C. *Semantic Analysis—A Practical Introduction*. Oxford：Oxford University Press，1998：260.

2　Miller, G. A. & Johnson-Laird P. N. *Language and Perception*. Cambridge，Massachusetts：The Belknap Press of Harvard University Press，1976：105.

3　Talmy, L. *Force Dynamics in Language*. Papers from the Twenty First Regional Meeting of the Chicago Linguistic Society，1985.
　　Talmy, L. Force Dynamics in Language and Cognition. *Cognitive Science*，1988（12）.
　　Talmy, L. *Toward a Cognitive Linguistics*. In：*Concept Structure Systems*. Cambridge，Massachusetts：A Bradford Book，2000：415-416.

4　郭熙煌：《情感隐喻的动力图式解释》，《天津外国语学院学报》，2005 年第 2 期；刘燕君：《"使"字句与"把"字句的动力意象图式比较》，北京语言大学硕士学位论文，2007 年；胡盼：《商业广告语中通感隐喻的意义构建——动力意象图式视角》，燕山大学硕士学位论文，2012 年；匡蕾：《基于动力意象图式理论的通感隐喻研究》，湖南农业大学硕士学位论文，2012 年；宋丽珏：《动力图式视角下的情态表达》，《齐齐哈尔大学学报（哲学社会科学版）》，2013 年第 6 期；李娇枝：《动力意象图式下的轻动词语义研究》，南京师范大学硕士学位论文，2013 年。

动因。梁晓波、孙亚（2002）也认为致使结构具有认知动觉基础，有着与世界动态事件象似的动因，有着施力图式的产生可能，也有着心理空间概念合成的内在因素[1]。这些研究对于探讨各语言中的致使概念有着重要的理论价值。

除此之外，前人对于致使范畴的相关研究中使用了"驱动图式"或"路径图式"，然而，二者对于分析动趋式均存在一定局限。我们提出将二者整合起来，建立"驱动—路径图式"，便于更好地分析动趋式。驱动—路径图式是一个复合图式，是指在驱动下发生的路径变化。

1.1　驱动图式不能凸显路径变化

周红（2005）使用"驱动图式"考察致使范畴的认知经验基础，提出只有在力的作用下物体才会移动或变化，并得出了致使者、被使者、作用力和致使结果四个基本要素，致使事件和被使事件两个事件。"驱动"是指一物体作用于另一物体，导致另一物体产生移动或变化[2]。并借鉴克罗夫特（Croft，1991）驱动链模式（Causal Chain Model）进行分析，即在驱动过程中，动作各参与者之间存在一条用于力的传递的致使关系链，这个致使关系链可分为作用（cause）—始变（become）—状态（state）三个环节，分别意味着动作参与者将力传递给另一动作参与者、力被吸收并开始发生变化、动作后的状态[3]。

我们认为，动趋式符合驱动图式的界定，即某物体导致另一物体产生移动，具有致使性。周红（2005）认为致使与非致使的对立在于是否发生致使力的传递；致使力的传递即一个事件的发生引起另一个事件的发生，那么不仅该事件对另一事件具有致使力，而且致使力发生了传递，由第一个事件传递到第二个事件，或者说，由致使者传递到被使者。如"他打碎了玻璃"就是一次致使力的传递过程，"玻璃"发生了状态的变化，由完整到破碎[4]。陈忠（2006）认为一个完整的运动事件或位移事件必然是由一个物体或者引导另一个物体或人发生运动，这就是致使范畴；并提出"致使"和"非致使"之间的对立在于前者凸显动作发出者对受动者产生的作用和结果，尤其是凸显动作受动者在这个动作链的影响下产生的继发状态或

1　梁晓波、孙亚：《致使概念的认知观》，《外国语》，2002 年第 4 期。

2 4　周红：《现代汉语致使范畴研究》，上海：复旦大学出版社，2005 年。

3　Croft，William. *Syntactic Categories and Grammatical Relations：The Cognitive Organization of Information*，Chicago：The University of Chicago Press，1991：26-48.

动作[1]。张豫峰(2014)提出了"致使态"概念,即述题以使动方式描述主题是动作原因事件的运动情况;认为与"主动态""被动态"相比,致使态虚化了致使主体和动作力,强化了致使的原因事件,以致使原因对致使对象的影响力取代致使主体对致使对象的动作力,具有强烈的致使意义[2]。这些论述均说明驱动在判断致使义时的重要性,或者说,没有驱动就不体现为致使。

根据Croft(1991)的驱动链模式,我们分析"他把孩子抱上了床","他抱孩子"是作用环节,"孩子上床"是始变环节,"孩子在床上"是状态环节。如图2-1-1所示:

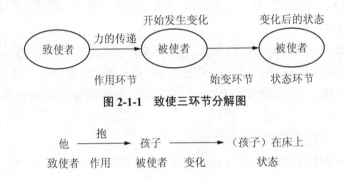

图 2-1-1　致使三环节分解图

然而,驱动图式在"移动"的方向性特征上未有明确的说明与分析,不能充分凸显动趋式的特征。作为动补结构一类的动趋式使用了源于空间方位的趋向动词,语义引申体现了人类不同的思维过程,且具有相对的封闭性。例如,动趋式"V+过来"可以使用在空间、领属、时间、比较、数量、价值、生理/心理等认知域中,如"他走过来了""他把财宝夺过来""那么大的痛苦他终于熬过来了""胳膊扭不过大腿去""这么多文件,我怎么写得过来啊?""错误一定要纠正过来""他终于醒悟过来了"等[3],表达不同语义。而动结式则不体现空间方位的隐喻扩展,如"他喝醉了酒""他摔倒了""他摔得鼻青脸肿"等。因此,使用"驱动图式"概念不足以将动趋式的特点展现出来。

戈德堡(Goldberg,1991)的研究给了我们一定的启示。她认为动结

1　陈忠:《认知语言学研究》,济南:山东教育出版社,2006年,第140—160页。

2　张豫峰:《现代汉语致使态研究》,上海:复旦大学出版社,2014年,第54—61页。

3　周红、鲍莹玲:《复合趋向结构"V+过来/过去"的对称与不对称》,《语言教学与研究》,2012年第3期。

构式中的结果补语可看作目标的隐喻，因此，动结构式可以看作致使—移动构式的隐喻扩展[1]。致使—移动构式的基本意义是致使者论元直接致使主题论元沿着方向性短语定的路径移动，即"X 致使 Y 移向 Z"，如"They laughed the poor guy out of the room""Joe kicked the dog into the bathroom"[2]。汉语的动趋式也表达致使移动，如对应以上两个句子的"他们把这个可怜的家伙笑出了房间""他把小狗踢进了浴室"。"X 致使 Y 移向 Z"隐喻扩展为"X 致使 Y 变成 Z"，这是移动和状态变化之间的隐喻联系[3]，如"Pat hammered the metal flat""Joe loaded the wagon full with hay"[4]。我们认为，汉语的动趋式最初表达空间关系上的致使移动，后引申表达时间变化、状态变化，体现为路径上的不同，而动结式表达状态变化，二者之间既有共性，又有个性。

动趋式中趋向动词最初表达一定的物理空间路径，具有由低及高、由高及低、由内及外、由外及内、趋近某处、远离某处、通过某经过点、返回某处等特征，挖掘其方向性特征及其隐喻扩展机制是分析动趋式的重要方向。

1.2　路径图式不能体现动力源

不少学者使用莱考夫（Lakoff, 1987）总结出的"始源—路径—目标图式"（简称"路径图式"，The SOURCE-PATH-GOAL Schema）[5]来分析动趋式。这一图式由起点、终点、路径和方向构成，生理基础是：当物体从一个地点移到另一地点时，一定有起点、终点和路径；当目的隐喻为终点时，达到目的就是到达终点，如 go a long way toward achieving one's purposes, find something in one's way[6]，中国经济走进新时代，他住上了大房子，等等。

Talmy（1991、2000）的研究为我们研究路径图式提供了极大的启发。Talmy（1991）根据动词的语义框架结构，尤其是根据"路径"由怎样的语言成分表达，将人类的语言分为卫星框架型语言和动词框架型语

1　［美］Adele E.Goldberg 著，吴海波译：《构式——论元结构的构式语法研究》，北京：北京大学出版社，2007 年，第 78 页。

2　同上，第 150—151 页。

3　同上，第 81—82 页。

4　同上，第 78—79 页。

5　Lakoff. *Women, Fire and Dangerous Things: What Categories Reveal about the Mind*. Chicago: The University of Chicago Press, 1987: 282-283.

6　赵艳芳：《认知语言学概论》，上海：上海外语教育出版社，2001 年，第 71 页。

言，卫星框架型语言表现为由一个主要动词加一个particle（包括补语或介词短语、趋向动词等）构成的运动事件，动词框架型语言表现为由核心动词构成的运动事件[1]。Talmy（2000）提出运动事件一般由凸体（figure，运动物体）、衬体（ground，参照物体）、运动（motion）、路径（path，凸体相对衬体而运动的路径）等四个要素组成，包含主事件（frame-event）与副事件（co-event），如"他们走出教室"中"他们"是凸体，"教室"是衬体，"走"是运动，"出"是路径，"他们出教室"是主事件，"他们走"是副事件。还提出"路径复合体（path complex）"概念，即矢量（vector）、维向（conformation）、指示（deictic），"矢量"指物像在移动过程中所具有的动态的、阶段性的特征，包括离场（departure）、进场（arrival）和穿越（traversal）；"维向"指物像位移轨迹与背景参照点之间的几何关心，有"上/下""里/外"等；"指示"指以主体本身为注意焦点，如英语中的"come/go"[2]。可见，运动事件中"路径"是重要的组成部分，以上研究为我们探讨动趋式的路径特征提供了借鉴。

韩大伟（2007）在Talmy（2000）"路径复合体（path complex）"概念"矢量（vector）""维向（conformation）""指示（deictic）"的基础上，增加了"方向（direction）""维度（dimension）""视角（perspective）"三个路径成分，认为物像在空间中主要有垂直、水平、回转和聚散等四种方向，具有点、线、面和体四类背景维度，关注物像与背景之间的关系；汉语通过主动词、趋向动词和介词来实现对"路径"含义的表征[3]。黄月华、李应洪（2009）[4]认为汉语中趋向动词是纯粹路径动词，不包含移动方式和原因等其他移动事件组成要素，比一般路径动词（如"落""倒""降""沉""跌"等）使用频率高。这些研究有助于进一步分析汉语路径的表达方式。

Talmy（2000）还将运动事件分为"自动事件"和"使动事件"，前者副事件表示主事件中运动的方式（manner），如"石头滚下了山"；后者副事件表示主事件中运动的使因（cause），如"他把石头滚下了山"[5]，"自

1　Talmy, Leonard. *Path to Realization: A Typology of Event Conflation*. Proceedings of the Seventeenth Annual Meeting of the Berkeley Linguistics Society. Berkeley, CA: Berkeley Linguistics Society, 1991: 480-519.

2　Talmy, L. *Towards a Cognitive Semantics*. Vol I & II, Cambridge, Massachusetts: The MIT Press, 2000.

3　韩大伟：《"路径"含义的词汇化模式》，《东北师大学报（哲学社会科学版）》，2007年第3期。

4　黄月华、李应洪：《汉英"路径"概念词汇化模式的对比研究》，《外语学刊》，2009年第6期。

5　Talmy, L. *Toward a Cognitive Semantics. Volume II: Topology and Process in Concept Structuring*. Cambridge, Massachusetts: The MIT Press, 2000: 216-230.

动事件"和"使动事件"的区分说明了路径产生的具体原因,可以是内力,也可以是外力。王轶群(2010)比较汉日路径移动动词后,提出汉语路径移动动词用法与移动物是否存在内在原动力有关:当移动物具有内在原动力时直接使用路径移动动词,表现为动词框架型语言的特征;当移动物需借助外力移动时要使用及物动词或动补结构,表现为卫星框架型语言的特征;并且也提出汉语比日语更加强调动作主体的作用,日语更关注移动的结果[1]。可见,要更好地研究路径,需要关注路径产生的原因。

可以说,路径图式关注的是物体的移动,而不关注是谁或什么导致物体移动,因此诸如"他从上海到了广州""他上楼了""他出门了""风向南吹""汽车开往北京"等句子都可以用路径图式来说明,我们称为"一般路径句"[2]。其中"汽车开往北京"可变换为"汽车往北京开",说明"开"与"往北京"之间不是因果关系。因此,使用"路径图式"无法精确地概括动趋式的认知特征,但"路径"概念确实也是动趋式语义表达的必不可少的因素。"路径"是物体移动的方向与路线,Talmy(1985)在分析移动事件的概念结构时也将"路径"(path)作为移动事件的四个基本语义要素之一[3]。但是对于分析动趋式来说,还必须关注动力源对物体移动的作用力。

1.3　驱动—路径图式是动趋式的认知基础

我们将动趋式置于致使范畴框架中,首先认定驱动的作用,然后才是路径在其中的重要性。我们不采用"驱动图式"或"路径图式"来说明动趋式的认知经验基础,而是使用"驱动—路径图式"。驱动—路径图式整合了 Croft(1991)驱动链模式(Causal Chain Model)和 Lakoff(1987)路径图式(Source-Path-Destination Schema),既关注力的作用(构成"驱动事件"),又关注物体在路径上的移动(构成"位移事件"),既与动结式(如"他喝醉了酒""他摔倒了"等)区别,又与一般路径句(如"他上楼了""风向南吹""汽车开往北京"等)区别,有助于更好地分析动趋式。下面我们将具体讨论驱动—路径图式的认知经验基础。

1　王轶群:《日汉路径移动动词的对比研究》,《日语学习与研究》,2010 年第 3 期。

2　一般路径句是表达物体空间移动但不显现力传递的句子。

3　Talmy, Leonard. *Lexicalization Patterns: Semantic Structure in Lexical Forms*. T. Shopen. *Language Typology and Syntactic Description Vol.3. Grammatical Categories and the Lexicon*. Cambridge, MA: Cambridge University Press, 1985; 36-149.

2　驱动—路径图式的认知经验基础

在现实世界中，人类经常见到这样的一些现象：我吐气，气从身体内部排出来；我用手去开门，门开了，门边位置发生了移动，与中心轴线的距离发生了变化；等等。这些现象都有着共同的特征：人或物体在力的作用下发生空间移动，产生移动路径；并且力的作用一定先于人或物体的空间移动路径。于是，这些特征在人类的头脑中逐渐形成了一种经验模式或组织结构，称之为"驱动—路径图式"。所谓"驱动—路径"是指人或物体作用于某人或物体，导致某人或物体产生空间移动路径，其中力的作用和移动路径的产生是图式的核心。驱动—路径图式最初是人类对物理空间移动关系的一种认知模式，它较早地为儿童所掌握。

2.1　驱动—路径图式的空间关系

身体及其空间关系成为概念和意义的本源。人类认识客观世界是从自己的身体感知开始的，最直接感受到的是自己身体与外界事物的空间关系，各种关系反复作用于我们的身体，在记忆中形成丰富的意象；大脑从这些意象中抽象出同类意象的共同本质，形成意象图式；意象图式是我们经验和知识的抽象模式，在这个过程中，外部世界的物理能量转换成心理事件，即由经验结构抽象成概念结构[1]。驱动—路径图式是基于人类身体的物理空间关系的图式，可通过使用身体的一部分以及移动它们（特别是胳膊、手和腿）的能力来理解驱动—路径图式。如身体是呼吸空气、吸收营养和排泄废物的容器，空气、营养或废物存在身体物理能量作用下的路径移动，在此基础上，我们花费能量将事物带进和带出某容器（将屋子、建筑等作为容器），也存在事物在抽象容器中的空间位置移动。又如，当人类移动身体或看到某物移动时，也存在人类身体或外力作用下的路径移动。

皮亚杰认为儿童对空间关系的认知发展的第三阶段，儿童对几何图形的认识与协调的动作之间形成了明确的联系。实验证明，儿童要对几何图形形成心理表征单凭知觉或视觉是不够的，还必须对物体施以物理工作[2]。而这些可通过儿童的早期行为活动表现出来：8～12个月的婴儿能够利用已获得的动作格式（如推开某个障碍物）作为手段，以达成作为目的或

1　费多益：《寓身认知心理学》，上海：上海教育出版社，2010年，第43页。
2　同上，第85—86页。

目标的另一个格式（如玩耍一个玩具）。这些物理接触，使得人类能够与外物发生联系[1]。在此基础上，随着知觉水平（主要是视觉和触觉）和思维水平的发展，儿童对空间关系的认识不断演化。曼德勒（J.M.Mandler）通过研究发现，婴儿会通过知觉分析机制进行最初始的空间信息加工，如当婴儿观察到一辆车从面前驶过，婴儿可能获得关于这辆车的大量知觉信息，如颜色、表面质感、门、轮子以及它的行驶路线等，其中关于细节特征的信息被忽略，只有关于整体特征的信息即行驶路线被抽象为运动轨迹图式。并通过实验观察分离出了婴儿最初的几种"形象图式"：路径、上—下、包含、运动起因、部分—整体和连接等，这些图式都表征空间关系[2]。

2.2　驱动—路径图式由感知运动到心理运算

皮亚杰认为，儿童的动作既是理解外部客体也是理解客体之间关系的来源。其中，皮亚杰认为最有意义的是因果关系[3]。我们认为，驱动—路径关系是广义因果关系的原型之一。

根据实验心理学研究，儿童较早拥有运动知觉（或移动知觉），即对于物体在空间位移的知觉。物体运动不但导致空间位置的变化，同时也必然要占据一定的时间。运动知觉的产生至少有两个原因：①物体在空间的位置变化而在视网膜上留下轨迹；②观察者自身的运动（如身体运动、眼球运动等）所提供的动觉信息[4]。

根据皮亚杰的研究，驱动—路径作为因果性关系，儿童对它的认知发展经历了三个阶段：①在儿童的感知运动阶段，往往以自己的身体和动作为中心，不分主体和客体，不考虑两物体之间的物理、空间关系。②随着感知运动的发展、儿童关于客体概念及空间—时间的组织化的形成，对驱动—路径的认识逐渐客体化和空间化了：主体不仅能认识到自身动作的驱动作用，而且还能认识到各种客体的驱动作用，而两种客体或客体运动之间的"驱动—路径"关系是以物理的和空间的联系为前提的。比如，倘若毯子、线或棍子与客体相接触，那么显然毯子、线或棍子的运动就被儿童

1　J.H. 弗拉维尔、P.H. 米勒、S.A. 米勒著，邓赐平、刘明译：《认知发展》，上海：华东师范大学出版社，2002 年，第 90—91 页。

2　费多益：《寓身认知心理学》，上海：上海教育出版社，2010 年，第 86 页。

3　熊哲宏：《皮亚杰理论与康德先天范畴体系研究》，武汉：华中师范大学出版社，2002 年，第 154—155 页。

4　郭秀艳、杨治良：《基础实验心理学》，北京：高等教育出版社，2005 年，第 224 页。

视为能影响客体的运动。通过关于运动的"中介"传导实验，皮亚杰认为儿童在自身的动作中发现了驱动—路径关系，觉察到了客体运动的传递和作用，虽然当一个运动着的物体对另一物体发生作用时，我们没有亲眼看见有任何东西"传递过去"，但儿童认为知觉到了有某种东西"已经传递过去了"。这时儿童觉察到的驱动—路径关系还只是事件之间的连续性，而未真正将这种因果性与时间的连续区分开来。③随着思维能力的发展，儿童对驱动—路径的认识进入心理运算阶段，即由外在动作内化而成的思维，比如把热水瓶里的水倒进杯子里去，可不用实际做这个动作，而在头脑里想象完成这一动作并预见它的结果，这种心理上的倒水过程就是"内在的动作"。这时，儿童的同化作用不再按照儿童自我中心的方向同化自己的动作，而是在运算中进行同化，从而达到各种动作之间的协调一致[1]。儿童由自我中心到脱离自我中心，实现客体的建构；儿童由感知运动到心理运算，实现外在动作的内化；儿童逐渐将驱动—路径关系归因于客体或外部事件；等等，儿童的这些认知发展过程直接影响我们对驱动—路径图式隐喻发展过程的认识。

2.3　驱动—路径图式中的生命度与工具

　　调查研究表明，婴儿很早便开始拥有一些有关"驱动—路径"的知识，如静止的物体在被运动物体碰撞时发生移位；无生命物体需要施以外力作用才能运动，否则是不会动的。其中，如何区别无生命物和有生命物，将影响儿童对"驱动—路径"的认识。实际上儿童很早就能理解，有生命物体具有潜在的运动能力，相反，无生命物体遵循外部施动的原则。比如，心理学家莱斯利（Leslie）指出，4～7个月的婴儿期望有一涉及物体移位的触点。在一项研究中，让婴儿观看一部影片，影片涉及一只手接触静态玩具，或是把它捡起来（接触条件），或玩具一前一后移动但没有物体接触（无接触条件）。经过实验，莱斯利证明：婴儿把手看成是对无生命物体的施动者，把无接触条件看成是反常的事件——违反驱动原则[2]。

　　无生命物的移动有时可借助一些工具实现，这一点也较早地为婴儿所发现。根据皮亚杰的研究，婴儿在12个月时就清楚地知道：要使无生命物

1　熊哲宏：《皮亚杰理论与康德先天范畴体系研究》，武汉：华中师范大学出版社，2002年，第156—161页；费多益：《寓身认知心理学》，上海：上海教育出版社，2010年，第30—31页。

2　约翰·D.布兰思福特、安·L.布朗、罗德尼·R.科金等编著，程可拉、孙亚玲、王旭卿译：《人是如何学习的——大脑、心理、经验及学校》，上海：华东师范大学出版社，2002年，第94—98页。

移动需要有接触点。比如，婴儿发现拉动放玩具的毯子（支撑），就能够接触到玩具。随后，婴儿会把这种"拉动"图式推广到被单、手帕、台布、盒子、书籍等支撑物上，这些支撑物成为婴儿手中借助的可附着的、有形的工具。心理学家贝茨（Bates）等人研究证明，到 24 个月时，开始注意到非附着工具的拉动潜能，并开始选择合适的工具获取自己想要得到的东西[1]。

2.4　驱动—路径图式的空间方向

2.4.1　客体维度与守恒

皮亚杰认为，儿童对广义因果的心理运算源自逻辑运算中的相加运算及由相加运算产生的守恒，如儿童较早掌握了物体守恒、重量守恒和容积守恒[2]。皮亚杰提出，儿童由前运算的直觉通过空间运算的发展道路，比起历史上关于空间运算的系统发展更接近于理论上的顺序。如在直线、二维空间或三维空间等的次序中，关于邻接、分离、包封、开放和闭合，以及邻接的配位等等，很明显地较其他结构的发生早[3]。这些可用于判断趋向动词及其方向性特征。梁红丽（2000）从几何学角度归纳总结了空间层次的守恒观，认为守恒观在儿童认知结构中的形成是按点、线、面、体的顺序而形成的，即零维守恒、一维守恒、二维守恒、三维守恒。①在婴儿的原始知觉中无永久性客体概念，客体在空中的运动是抽象同一的，彼此没有联系的不连续的点阵，这是零维守恒（zero-dimensional conservation）或称点守恒。②永久客体概念形成后，儿童开始找寻消失的客体，形成客体在空中的连续运动，如当高杯的水倾入低杯中，液面下降，儿童认为水减少了，这时儿童开始有了距离感，形成了一维守恒（one-dimensional conservation）或称线守恒。③在线守恒于空间所作不同维度（尤其是水平面）变换的基础上形成了二维守恒（two-dimensional conservation）或称面守恒，即具有线度差异的对象在空间中的不同取向，如一支铅笔横放与竖放都是同一支铅笔，"牧场草量"实验表明儿童已具有面守恒观。④到了命题运算阶段，儿童形成了三维守恒（three-dimensional conservation）或称体守恒[4]。因此，

1　约翰·D.布兰思福特、安·L.布朗、罗德尼·R.科金等编著，程可拉、孙亚玲、王旭卿译：《人是如何学习的——大脑、心理、经验及学校》，上海：华东师范大学出版社，2002 年，第 96—98 页。

2　熊哲宏：《皮亚杰理论与康德先天范畴体系研究》，武汉：华中师范大学出版社，2002 年，第 161 页。

3　J.皮亚杰、B.英海尔德著，吴福元译：《儿童心理学》，北京：商务印书馆，1981 年，第 80 页。

4　梁红丽：《几何重建皮亚杰——儿童守恒观的空间发展》，《湖南广播电视大学学报》，2000 年第 3 期。

客体可以是一维、二维或三维的实体，其运动遵循以上守恒观。

2.4.2　垂直与水平方向

客体的空间位置是占有一定空间的点、线、面或体，而方向是面对的某一位置[1]。人类基本的空间方位概念是上下（垂直平面）、左右和前后（水平平面）。儿童心理学研究证明，产生左右难于上下，产生前后早于区分左右，并且向上、向前为正向，左右对称[2]。在此基础上，儿童逐渐认识到物体在外力作用下处于垂直平面、水平平面中的移动，形成了驱动—路径图式，包含垂直方向和水平方向，这是物体移动的两大空间。

垂直方向图式产生的经验基础在于：由于地球引力的普遍存在，且方向始终不变，地平面是自然参照面，上下轴（纵轴）是自然轴，向上为正向；人是垂直行走的，人体有上下，物体有高低；物体在外力作用下会上升或下降；等等。水平方向图式来自人体前后和左右：由于人体感觉器官在人体的前部，并且人一般向前运动，向前为正向；人体左右对称；前后左右构成以人体为中心的二维水平平面，其中前后起到了更为重要的作用；在此基础上，物体在二维水平空间中的移动构成了水平图式，如物体从这一端移动到另一端；物体从这一端移动到另一端，再从另一端转回这一端，等等[3]。物体在垂直与水平空间的物理路径移动是构成驱动—路径图式的基础。随着儿童知觉能力与思维水平的发展，驱动—路径图式由空间认知域投射到其他认知域中，如时间可以沿着垂直方向和水平方向运动，时间是有上下和前后的。吴念阳、徐凝婷、张琰（2007）实验研究表明时间表征具有空间方向性，并为"抽象思维以感知—动觉经验为基础"这一论点提供心理学证据[4]。

2.4.3　自我参照体与环境参照体

驱动—路径图式在表征物体位置移动时涉及参照框架。心理学中一般将表征物体位置与空间关系的参照框架即空间参照系分成两类：自我参照系（egocentric reference systems）和环境参照系（environmental reference systems）。前者物体位置依据观察者本身（包括眼睛、头和躯体等）来表

1　廖秋忠：《空间词和方位参照点》，《中国语文》，1989 年第 1 期。

2　转引自牟炜民、张侃、杨姗：《自我中心结构中的空间方位效应》，《心理科学》，1999 年第 4 期。

3　Clark，H.H. *Space，Time，Semantics，and the Child*. In：Timonthy E.Moore. *Cognitive Development and the Acquisition of Language*. New York：Academic Press，1973：27-63. 转引自牟炜民、张侃、杨姗：《自我中心结构中的空间方位效应》，《心理科学》，1999 年第 4 期。

4　吴念阳、徐凝婷、张琰：《空间图式加工促进方向性时间表述的理解》，《心理科学》，2007 年第 4 期。

征，强调物体的位置表征是瞬间的而且是不断更新的。后者物体位置依据环境中的各个元素和环境特征（如经度、纬度、地标或房间的地板、墙面等）来表征空间位置和方向，强调物体的位置与空间关系都被表征在记忆中，而且是持久的、稳定的[1]。这与皮亚杰关于儿童空间表征的研究一致，认为儿童空间定位发展是一个由自我中心编码向客体中心编码发展的过程，儿童建构自身和物体之间的空间关系先于建构空间物体之间的关系[2]。

2.4.4　路径轨迹与时空

皮亚杰研究认为，随着对永久客体的定位和寻找的行为模式的发展，"位移"最后组成了实际空间的基本结构。结构一旦内化，这些"位移"就形成了几何学上所谓的"位移群"，具有一些特征：①位移 AB 同位移 BC 可协调成为单一的位移 AC，若 AB 与 BC 不在一条直线上，线路 AC 可不通过 B。②位移 AB 可逆转为 BA，即每个"返回"的行为模式可仍回到原来的出发点。③位移 AB 和逆转位移 BA 结合成 AA（位移等于零）。④从 A 点出发，经由不同线路可到达同一 D 点。⑤空间位移的组织与物体的时间序列组成结合在一起，位移只能一个接一个，而且在同一时间内只能有一次位移出现[3]。以上这些说明，物体在物理空间中的路径轨迹包含起点、经过点和终点，具有时间性；不同位移线路可连接起来，构成二维平面；位移可逆转；达到目标的路径轨迹可以不同。

由上可见，驱动—路径图式有其身体经验基础：①婴儿通过自身的动作认识客体之间的驱动—路径关系，即客体在外力作用下可发生物理路径上的位置移动，表现为包含起点、经过点、终点的路径轨迹，这与时间先后序列一致。②婴儿已经认识到有生命物体可以发力，使自身产生位置移动；而无生命物要在外力作用下才能发生物理路径的移动；为使物体移动婴儿会借助绳子、石头等之类的工具，并且从借助可附着的、有形的工具发展到借助非附着的工具。③婴儿对空间方位有了较为清楚的认识，已经

1　Klatzky，R. L. *Allocentric and Egocentric Spatial Representations*：*Definitions*，*Distinctions*，*and Interconnections*. In：Freksa C，Habel C，Wender K.（Eds.）*Spatial Cognition*：*An Interdisciplinary Approach to Representing and Processing Spatial Knowledge*. Berlin：Springer-Verlag，1998.1-17.

　　Newcombe，N S. *Spatial Cognition*. In：Medin D.（Ed.）*Cognition Volume*，*Stevens Handbook of Experimental Psychology*（3rd *Edition*）. New York：John Wiley，2002：113-163.

2　马春红：《儿童空间表征参照系的研究综述》，《现代教育科学·普教研究》，2010 年第 1 期。

3　［瑞士］J. 皮亚杰、B. 英海尔德著，吴福元译：《儿童心理学》，北京：商务印书馆，1981 年，第 14—15 页。

认识到物理路径可以是垂直方向的，也可以是水平方向的。④婴儿对空间维度及其守恒规律逐渐发展，客体在空间上的层次由零维、一维、二维到三维。⑤婴儿对空间定位经历了一个自我中心到客体中心的发展过程，即可以作用于施动者自身的返身位移，也可以是作用于另一实体的外向位移。⑥以自我参照和环境参照两种方式考察物体的路径移动。⑦随着儿童思维能力的发展，驱动—路径图式扩展到其他认知域中。

3　驱动—路径图式的构成要素及关系

驱动—路径图式是人类对客观世界中物体空间移动关系理解和推理的一种完形结构：在力的作用下物体发生物理空间上的位置移动。驱动—路径图式涉及五个基本要素和两个事件。

3.1　构成要素

驱动—路径图式有五个基本要素：施动者（力的来源）、受动者（力的作用对象）、作用力（施动者对受动者的驱动力）、参照体（受动者是相对于参照体的移动，包括环境参照体和自我参照体）和移动路径（受动者在施动者作用下在垂直或水平方向上发生的位移，包括起点、经过点和终点）。

其中，移动路径是施动者对受动者作用产生的结果，是受动者的空间移动轨迹。移动路径即运动时的路线，只不过路线的凸显程度不同。"他跑进教室"中的"进（教室）"，体现为由起点到终点的移动动程。"他跑到教室"中的"到（教室）"，凸显到达终点的结果，不凸显到达终点前的动程。如图 2-1-2 和图 2-1-3 所示：

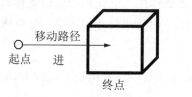

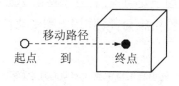

图 2-1-2　"进"的移动路径　　　　**图 2-1-3　"到"的移动路径**

参照体是移动路径赖以确定的前提，先于移动路径存在。或者说，只有具备参照体，才能确定移动路径。我们认为，受动者与参照体同处于一个事件之中，二者之间具有图形（Figure）和背景（Ground）的关系，这是心理学图形—背景知觉的重要体现：图形—背景知觉是知觉组织过程中基本的和基础的环节，图形是独立的、具有明确形状的部分，视野中其余部分为背景[1]。如"他爬下山",施动者是"他",受动者是"他自身"(图形),作用力是"爬","山"是环境参照体(背景),"下"是表达移动路径的标示词。又如"他跑过马路来",施动者"他",受动者是"他自身"(图形),作用力是"跑","马路"是环境参照体(背景),"来"即叙说者所在的位置,是自我参照体(背景),"过"是表达移动路径的标示词。

环境参照体可以是处所,也可以是实体,前者如"他走上楼""他走进教室""他跑过一条马路"中的"楼""教室""一条马路"是处所,后者如"他追上我""我挣开他的手"中的"我""他的手"是实体。

除这五个基本要素之外,还有一个可有要素,即施动者所凭借的工具,通过借助工具实现对受动者的作用。如"他爬下山",施动者"他"使用的工具就是"腿",或者兼用"手"。"他用手推车把书推进了阅览室",施动者"他"使用的工具是"手推车"。

施动者作为作用力的来源,对受动者产生作用,同时,受动者也具备一定的反作用力,但施动者具有相对大的力的强度,作用力超过了反作用力,导致受动者发生位置的变化,产生移动路径。其中作用力的传递成为连接施动者与受动者的关键,如"我"通过工具"推车"作用于"电视机","电视机"由一处水平移至另一处,或者说,"我"将作用力传递给了"电视机","电视机"发生了位置的移动。

驱动—路径图式表达物体在力的作用下发生垂直或水平位置移动,即某物体致使另一物体发生移动。实际上,驱动—路径图式是广义因果关系的原型之一,我们将运用事件观来分析其因果关系内部构成[2]。驱动—路径图式包含两个子事件:驱动事件和位移事件。驱动事件指施动者通过作用力作用于受动者,位移事件指受动者受到作用力的作用产生位置移动。驱动事件由施动者、作用力和受动者构成,位移事件由受动者、参照体和移

1　转引自朱滢主编:《实验心理学(第二版)》,北京:北京大学出版社,2000年,第148—149页。

2　关于因果关系,哲学中讨论较多。物质客体 x 对 y 所施加作用 A(x, y),构成相应的因果关系 Rc(E1, E2)。对于因果关系项 E1、E2 及其关系,哲学界有三种最有代表性的观点:①物理客体才是真正的因果关系项,因为每个物理客体具有的因果力是因果关系得以成立的根据,如"石头引起玻璃破碎";②事物具有某些性质才有资格充当因果关系项,如石头足够坚硬的性质才是砸碎的真正原因;③事件是因果关系项,如"石头砸玻璃"这一事件才是"玻璃破碎"这一事件的原因。目前第三种观点得到更多的认可。事件是事物及其相关性质的合成物。参见张志林:《因果观念与休谟问题》,北京:中国人民大学出版社,2010年,第31—38页。

动路径构成。驱动事件与位移事件具有产生与被产生的关系（或者原因与结果的关系），即驱动事件产生位移事件，位移事件受到驱动事件的作用而产生，驱动事件先于位移事件。因此，驱动—路径图式体现了驱动事件与位移事件之间的致使关系，凸显了施动者与受动者之间的作用关系。如图 2-1-4 所示（括号表示可出现，也可不出现；箭头分别表示作用力的传递和移动路径）：

图 2-1-4　驱动—路径图式的事件构成

3.2　逻辑关系

　　驱动—路径图式包含五个基本要素、一个可有要素和两个事件。根据驱动—路径图式的认知经验分析，构成要素之间的逻辑关系是：（1）驱动—路径图式发生在具有空间和时间特征的场景中。施动者和受动者存在于一定的空间中。致使关系发生在一定的时间中，时间在作用力的传递中具有不可逆的方向性。（2）施动者与受动者之间具有作用与被作用的关系，存在作用力的传递过程：施动者可借助工具通过作用力作用于受动者（驱动事件），导致受动者相对于参照体发生位置移动（位移事件）。（3）施动者的作用（驱动事件）必须先于受动者的位置移动（位移事件）。没有施动者的作用力作用（驱动事件），受动者不会发生位置移动（位移事件）。（4）受动者在施动者作用下产生相对于参照体的移动路径，包含起点、经过点和终点。（5）施动者会借助工具来实现作用力的传递，实际上，施动者与工具之间也可看作是作用力的传递关系，即施动者将力传递给工具，与工具一起作用于受动者。工具与施动者可以是领属、附着或接触关系，也可以是非附着、非接触关系。（6）施动者与受动者可以是同一的，也可以不是同一的。前者表现为人类自身的位移经验，后者表现为不同实体之间的致使关系。这与儿童由自我中心到脱离自我中心、实现客体的建构的认知发展一致，与儿童通过自身的动作认识客体之间的驱动—路径关系一致。可以说，前者在认知上先于后者出现。（7）驱动—路径图式在表征物体位置移动时涉及自我参照和环境参照，前者是人类以身体经验为观察视角，称为"自我参照体"; 后者是以处所或除叙说者自身之外的其他实体为观察视角, 称为 "环境参照体"。二者可同时出现, 也可以只出现其中之一。

4　驱动—路径图式的隐喻扩展

随着人类感知和思维能力的发展, 驱动—路径图式通过隐喻扩展由空间域扩展到其他抽象域当中, 图式不断抽象化, 变得丰富起来。

Lakoff (1981) 将隐喻看作人们思维、行为和表达思想的一种系统的方式[1]; 隐喻通常是从具体的认知域投射到抽象的认知域, 这是因为无形的、难以理解的、复杂的抽象概念的概念化植根于我们对有形的、为人熟知的、简单的具体概念的把握, 它来自我们在生活中对人、日常用品、可见可闻的行为和事件所产生的基本经验[2]。隐喻不仅体现在日常语言的许多表达方式中, 它更是我们形成概念、进行推理的基础[3], 它为我们更深入地理解人类的语言机制和认知过程开辟了一条新的道路, 在语言理解和解释中发挥了重要作用。

Lakoff 在《人们赖以生存的隐喻》一书中将隐喻分为三类: 结构隐喻、方位隐喻和实体隐喻。结构隐喻是以一种概念的结构来构造另一种概念, 使两种概念相叠加, 将谈论一种概念的各方面的词语用于谈论另一概念; 方位隐喻是参照空间方位而组建的一系列隐喻概念; 实体隐喻是人们将抽象的和模糊的思想、感情、心理活动、事件、状态等无形的概念看作是具体的有形的实体, 特别是人体本身[4]。以上三类隐喻机制在驱动—路径图式均有所体现。人类一方面会将已有的驱动—路径图式获得对新知识的认识, 将其同化; 另一方面随着驱动—路径图式构成要素的隐喻扩展, 人类会对驱动—路径图式进行改变, 发生顺应, 即这个完形结构受到结构内某要素的影响而发生改变, 适应客观变化以处理新的信息。这样, 驱动—路径图式才能不断地丰富和发展。这些隐喻扩展是婴儿由感知运动向心理运算发展的体现。

要探究驱动—路径图式的隐喻扩展, 首先要放在一定的认知域中。认知域的变化会反映为驱动—路径图式构成要素的变化。

4.1　从空间域、时间域到状态域的隐喻扩展

1　赵艳芳:《认知语言学概论》, 上海: 上海外语教育出版社, 2001 年, 第 105 页。

2　张敏:《认知语言学与汉语名词短语》, 北京: 中国社会科学出版社, 1998 年, 第 98 页。

3　同上, 第 102 页。

4　赵艳芳:《认知语言学概论》, 上海: 上海外语教育出版社, 2001 年, 第 106—111 页。

驱动—路径图式发生在一定的认知域中，或者说，要描写驱动—路径图式必须首先要描写其所在的认知域。认知语言学认为，认知域是描写某一语义结构时涉及的概念领域[1]。莱昂斯（Lyons，1977）曾指出：空间结构是人类认知活动中最基本的概念，由此引申到时间概念，乃至各种各样的抽象概念，这是人类隐喻认知的过程[2]。海涅（Heine）等（1991）将语法化看作多个认知域之间相互转移的过程，曾将人类认识世界的认知域排列成一个由具体到抽象的序列：人 > 物 > 事 > 空间 > 时间 > 性质，源于认知语言学的"人类中心说"，即人们认知事物总是从自身及自身的行为出发，引申到外界事物，再引申到空间、时间、性质等[3]。

驱动—路径图式最初反映的是一种运动过程，它经历了由空间域到时间域、状态域的投射过程。空间域向时间域的投射，这是因为时间知觉的持续性与顺序性分别与空间知觉的距离和方位相对应：物体移动产生空间距离，空间距离的产生总是伴随时间的延续；物体移动产生方位转移，时间的延续产生先后顺序[4]。空间域向状态域的投射，这是因为事物状态在施动者作用下的变化隐喻为事物在物理空间中的位置移动。

4.2　空间路径到时间路径、状态路径的隐喻扩展

移动路径是受动者在作用力的作用下产生的路径轨迹和方向，是分析驱动—路径图式的重要因素。移动路径包括空间路径、时间路径和状态路径。

4.2.1　空间路径的五维量度

齐沪扬（1998）认为物体在空间中总是占有一定的位置，这种位置可以分为静态位置和动态位置两类。其中，动态位置是物体在这个位置上相对于参照位置来说是运动着的，这种运动是有方向的[5]。趋向动词本身具有方向，其方向的界定可根据移动物体相对于参照位置的位移轨迹（或者说路径）予以确定。如"他跳下河""他跳下床"中的"下"，"他"相对于"河"或"床"来说是"垂直下向"。

移动路径是分析趋向补语的重要因素。首先，根据受动者形状是否变

1　赵艳芳：《认知语言学概论》，上海：上海外语教育出版社，2001年，第129页。

2　Lyons, J. *Semantics（Vol.2）*. Cambridge：Cambridge University Press，1977：718-719.

3　Heine, B. et al. *Grammaticalization：A Conceptual Framework*. Chicago：The University of Chicago Press，1991：48-52. 转引自赵艳芳：《认知语言学概论》，上海：上海外语教育出版社，2001年，第163页。

4　李国南：《英语动词过去时的隐喻认知模式》，《外语教学与研究》，2004年第1期。

5　齐沪扬：《现代汉语空间问题研究》，上海：学林出版社，1998年，第25页。

化，可分为"刚性"与"变形"，统称为"形量"。陈纪德、李川（2000）认为物体在外力作用下，其内部各点的位置要发生变化，这种位置变化称为位移；位移可分为刚性位移和变形位移两类，前者指物体中任意两个点的相对位置没有变化，后者指物体中任意两个点的相对位置发生了变化[1]。趋向补语"起、开"可表达变形位移，如"他握起拳头""花开了"中受动者"拳"由展到拢向着掌心位移，"花"围绕自身轴心由拢到展向着四周位移，"拳""花"任意两个点的相对位置发生了变化。其他趋向补语则属于刚性位移，如"他爬上了山"中受动者"他"整体相对于参照体"山"发生了位移，"他"本身任意两个点的相对位置并没有变化。

其次，根据受动者与参照体的距离，分为"近向"与"远向"，统称为"距量"。前者指受动者趋近或到达参照体，如"他跳下河"中的"河"，是"他"在动作"跳"后的位移终点；"他跑过那条街"中的"那条街"，是"他"在动作"跑"后逐渐靠近的经过点。后者指受动者离开参照体，如"他从椅子上站起"表达"他"通过动作"站"离开起点"椅子上"。

再次，根据受动者与参照体之间的位置关系，可分出一些空间方向，统称为"向量"。空间方向的提取是人类感知经验的结果。在方向系统中，汉语利用方位词来表示方向。按照方向参照点的不同，汉语方位词可分成五类：按照方向参照点的不同，汉语方位词可分成五类："A. 水平方向1：前、后、左、右；B.水平方向2：东、南、西、北；C.垂直方向：上、下；D.辐辏方向：里（内、中）、外；E.泛方向：旁、间、中、旁边、附近、周围、中间。"[2]。这对分析趋向动词的空间方位有很大的帮助。

我们根据驱动—路径图式，并结合方位参照，对趋向补语的空间方向进行分类：先根据自我参照体和客观参照体的类别，区分自我参照向和客观参照向。自我参照向体现为趋向动词"来/去"，这是泛方向，即方向不明确：可以是水平向，如"他向我后腿踢来/去"；可以是垂直向，如"他从台子上下来/去"；也可以是内向，如"他跑来/去教室听课"。客观参照向是除"来/去"以外的其他趋向动词"上/下/起/过/进/出/回/到/开"等。再根据受动者与客观参照体之间的空间方向关系，区分上向和下向、前向和后向、内向和外向、聚拢向和延展向、依附向和分离向、到达向和返回向，其中前三组空间方向分别与"上—下图式"（UP-DOWN Schema）、

---

1 陈纪德、李川：《位移与变形》，《现代物理知识》，2000年增刊。
2 方经民：《汉语空间方位参照的认知结构》，《世界汉语教学》，1999年第4期。

"前—后图式"（FRONT-BACK Schema）、"容器图式"（CONTEINER Schema，或 IN-OUT schema）相对应；第四组和第五组空间方向与"中心—边缘图式"（CENTER-PERIPHERY Schema）[1] 相对应；其余两个体现为泛方向，可以是水平向，如"他跑到前面""他走回对街"，也可以是内向，如"他跑到教室（里）""他走回房间"。具体分析见第三章第二节"2　简单趋向补语的向量类型"。

第四，根据受动者路径上起止标点的特征，可分为"聚焦起点型""聚焦经过点型""聚焦终点型"，该量度称为"标量"。分别具有［＋聚焦起点，＋终点不明确］［＋起点或终点不明确，＋聚焦经过点］［＋起点和经过点不明确，＋聚焦终点］等特征。

第五，根据受动者与自我参照体（又称"立足点"）之间的关系，可分为"朝向立足点"和"背离立足点"，该量度称为"参量"。前者用"来"表示，后者用"去"表示。这是叙说者对受动者位移的观察视角，带有一定的主观性。

自我参照体是叙述者或说话人所在的位置，其所在位置可以是实际位置，也可以虚拟位置，前者表现为实际的源点或终点，后者表现为倾情于源点或终点，带有较强的主观性。因此，本书使用"立足点"一词来说明叙说者所在的位置，这种提法更为全面；使用"朝向立足点"和"背离立足点"更好地分析受动者与自我参照体之间的关系。如"小李从小王手里把书接了过来/过去"，立足点可与位移终点一致，也可与位移源点一致；"我从小王手里把书接了过来"，立足点只能在位移终点；"他醒过来了""他晕过去了"，立足点在虚拟位置，使用"来"还是"去"与叙说者的主观预期性有关：预期的往往用"来"，立足点位于虚拟终点，非预期的往往用"去"，立足点位于虚拟源点。

以上移动路径在形状变化、远近距离、移动方向、起止标点和移动视角上的形量、距量、向量、标量和参量"五维量度"为趋向补语在认知域上从空间向时间、状态的隐喻映射指明了方向，可以系统而全面地定位不同趋向补语的方向坐标，有助于更为系统全面地分析动趋式。

4.2.2　离线认知：从物理空间到抽象空间

物理空间是可视的，可通过实体隐喻和结构隐喻进行扩展。实体隐喻体现为驱动—路径图式中的某个要素发生变化，即环境参照体、受动者、施动者的抽象化，如"他终于爬上了总裁的位子""她跳出了一段不幸的婚

1　赵艳芳：《认知语言学概论》，上海：上海外语教育出版社，2001 年，第 68—72 页。

姻"中的环境参照体"总裁的位子""一段不幸的婚姻"为抽象实体,"我收回纷飞的思绪""他把坏情绪带进了办公室"中的受动者"纷飞的思绪""坏情绪"为抽象实体,"这些做法没有换回理解""这件事没有给他带来影响"中的施动者"这些做法""这件事"为抽象实体。结构隐喻体现为用具体有形的结构来表达抽象无形的结构,多体现为有隐喻义的固定用法,如"他飞不出我的手掌心""把他拉下水""不把他放在眼里"等,分别表达"超不出某人的控制""鼓动某人参与坏事""轻视某人"。

我们将以上视为空间路径由物理空间向抽象空间的隐喻扩展。物理空间位移扩展到抽象空间位移,即人类心理上感知到事物在空间的位置移动,实际上,是一种思维方式的行为化,是用具体行为来表达抽象行为的方式。威尔逊(2002)曾把认知活动区分为"在线"认知和"离线"认知,前者指与环境密切相关的某些知觉与行为,后者则指一些不具备相关输入和输出任务的认知活动,这些认知都是基于身体的,离线认知作为一种抽象的认知能力,实际上是以一种隐蔽的方式利用了感官运动功能[1]。抽象空间路径实际上就是一种离线认知方式,是将物理空间路径投射到抽象行为中形成的,是心理运算发展的结果。抽象空间路径的产生是由于致使移动的某一内部要素抽象化造成的,或者结构隐喻造成的,它并不带来动趋式语义的质变。

4.2.3 空间路径到时间路径

时间与空间是重要的哲学概念。运动是物质的固有属性,是标志一切事物、现象变化的哲学范畴。任何物体不仅是运动的,而且都要经历一定的时间和占有一定的空间,这就是说,时间和空间是物质运动的存在形式。时间与空间的绝对性与相对性表现为时间与空间的无限性和有限性的统一:从时间上来说,时间的一维持续性是无限的,永远不存在无时间的状态,同时,每一具体事物的发展是有始有终的,凡是产生出来的东西都会走向灭亡;从空间上来说,空间的三维广延性是无限的,永远不存在无空间的状态,同时,每一具体事物占有的空间位置总是有限的;时间与空间不可分割、时间与空间离不开物质运动[2]。

莱布尼茨认为,空间与时间是事物运动的内在形态与内在过程,二者

---

1 Wilson M. *Six Views of Embodied Cognition.* Psychological Bulletin and Review, 2002, 9(4): 625-636. 转引自费多益:《寓身认知心理学》,上海:上海教育出版社,2010年,第156页。

2 陈先达、杨耕:《马克思主义哲学原理(第3版)》,北京:中国人民大学出版社,2013年,第43—47页。

相互联系,不可截然分开[1]。时间具有抽象性,要通过隐喻方式被人们理解,空间范畴的概念是人们在理解和感知时间时最常用到的,即时间的空间隐喻。或者说,空间表征是时间表征的源头,由隐喻唤起的空间图式将为时间中事件的组织提供相关信息[2]。并且,随着空间隐喻的频繁使用,一种独立表征已经在时间领域中建立起来,考虑时间时就不再需要访问空间图式[3]。物理空间路径通过隐喻扩展到时间认知域中,形成了时间路径。

克拉克(Clark,1973)提出了时间是空间的隐喻[4]。汉语会用一维线性空间词汇来表达时间概念,时间是沿着直线运动的物体,可分为时间沿垂直方向运动和时间沿水平方向运动两种模式,前者如"上／下午""上／下周",后者如"前／后天""前／后年",这被称为"时间的空间隐喻"。实验证明,人们不仅用"上／下"垂直维度空间词汇和"前／后"水平维度空间词汇来表达和理解时间概念,而且人们的时间概念表征具有垂直或水平的空间方向性,即时间的表征具有空间性[5]。驱动—路径图式是如何用空间性来表达时间性的? 垂直或水平方向的移动路径存在着一个由起点、经过点到终点的过程,可隐喻为起始、经过到结束的过程。

4.2.4　空间路径到状态路径

量变与质变是事物发展的两种基本状态或形式,事物的变化表现为由量变到质变和质变到量变的质量互变过程,发展的实质是新事物的产生与旧事物的灭亡。事物的质是事物所固有的规定性,但一事物的质又要通过同其他事物或人的关系表现出来,并形成事物的属性。量是事物存在和发展的规模、程度、速度等可以用数量表示的规定性[6]。质和量的统一体现在"度"这个范畴中,度是一定事物保持自己质的、量的限度,任何度的两

1　裴文:《语言时空论》,北京:商务印书馆,2012年,第32—38页。

2　Murphy, G. L. "On Metaphoric Representation." *Cognition*, 1996, 60(2): 173-204.

3　Bowdle B. & Gentner D. "The Career of Metaphor." *Psychological Review*, 2005, 112(1): 193-216.

4　Clark, H. H. *Space, Time, Semantics, and the Child.* In: Timothy E. Moore. *Cognitive Development and the Acquisition of Language.* New York: Academic Press, 1973: 27-63.

5　吴念阳、徐凝婷、张琰:《空间图式加工促进方向性时间表述的理解》,《心理科学》,2007年第4期。

6　关于"事物构成因素在空间上的排列组合"是否是"可以用数量表示的规定性",不同学者观点不同。我们同意李郴生《"事物构成成分在空间上的排列组合"是"可以用数量来表示的规定性"吗》(株洲工学院学报,2005年第5期)的观点,认为事物构成成分在空间上的排列组合属于"质"的范畴。

汉语动趋式的认知语义研究

端都存在着极限或界限,即关节点或临界点[1]。可见,事物运动除了与空间与时间有关外,还表现为事物在一定度上的质与量的状态变化,投射到驱动—图式路径中,体现为状态路径的产生。

事物通过人类感知才被认识,除了具有空间与时间特征外,还具有根本性质和外在表现。根本性质是事物的本质,包括生命度、类属、价值、生理/心理、行为能力等,其中生命度、类属等与移动路径无关,实体的价值状态(多与社会评价有关)和人的生理/心理、人的行为能力状态的变化与移动路径有关。外在表现是事物的现象,是事物的外部联系和表面特征,包括关系、存在状态、形状、体积、颜色、数量、性质程度等。其中比较关系和领属关系与移动路径有关,其他如并列、递进、转折、选择等关系与移动路径无关;存在状态体现为有无、显隐、暂稳、糊清、梗畅[2]等的变化;数量、性质程度的变化与移动路径有关;颜色与移动路径无关。由此归纳,实体的比较关系、领属关系、存在(有无、显隐、稳暂、糊清、梗畅)、数量、社会价值、生理/心理、行为能力、性质程度等8类属性可隐喻位置移动,移动有两个端点:源点和终点,表现为状态路径。如表2-1-1所示(源点和终点用端点1与端点2表示):

表 2-1-1　实体状态与位移端点

状态端点	比较关系	领属关系	存在					数量	价值	生理/心理	行为能力	性质程度
			有无	显隐	暂稳	糊清	梗畅					
端点1	被比较物	不拥有	无	隐	暂	糊	梗	初始	不利	消极	无	低
端点2	参照物	拥有	有	显	稳	清	畅	完成	有利	积极	有	高

我们认为,实体状态一般具有可逆性,如领属权由不拥有到拥有、领属权由拥有到不拥有是互逆的,如"他买进一批货来""他买去两台机器";由无到有、由有到无是互逆的,如"他盖起了房子""他花去了300块钱";由隐到显、由显到隐是互逆的,如"他把秘密说出去了""他把文件藏起来";由消极生理/心理状态到积极生理/心理状态、由积极生理/心理状态到消极生理/心理状

1　陈先达、杨耕:《马克思主义哲学原理(第3版)》,北京:中国人民大学出版社,2013年,第122—124页。
2　"暂稳""糊清""梗畅"分别指"暂时/稳定""模糊/清晰""纠结/顺畅"。

态是互逆的，如"医生把他救过来了""他热晕过去了""他醒悟过来了""他气疯过去了"；性质由低到高、性质由高到低是互逆的，如"天热上来了""气温低下来了"。另外，比较关系路径是被比较物向参照物的虚拟移动路径，由初始到完成的数量路径，是不可逆的，如"胳膊扭不过大腿""这么多作业做不过来"；由暂到稳（表确定）、由不利到有利的价值路径、能力由不具备到具备的行为状态路径在现实世界中应该是可逆的，但在驱动—路径图式中是不可逆的，如"他把婚事答应下来了""他把脾气改过来了""他做不来这件事"。

4.3　施动者的隐喻扩展

施动者是作用力的发出者。人类首先观察到的是有生命的人（包括集体类，如工厂、医院等）或动物（如牛、羊、马等）或植物（如花、草等）的驱动，它们能够施力。随后是具有运动能力的自然动力（如风、雨、雷、电等）。随着人类感知和思维的扩展，一些不能施力的实体受实体隐喻的影响，也被赋予了施力的特征。本身不能施力的实体即不具有运动能力的无生命物，又可分为具体（如楼房、西湖、面包、车子、剪刀、金钱等）和抽象（如感情、标准、品行、往事、宋朝等）两类。主要类型如图 2-1-5 所示[1]。

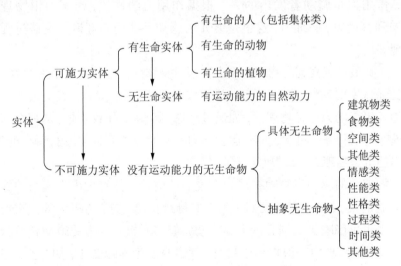

图 2-1-5　实体的类别

1　关于没有运动能力的无生命物的分类，我们参照常宝宝、詹卫东：《一个汉英机器翻译系统中的语义处理框架及其作用》，《计算机世界报》，1998 年第 13 期。他们将事物类分为具体事物、抽象事物、时间和空间四类，抽象事物分事情、性能、性格、意识等，具体事物分生物和非生物，非生物中包括人为事物，又分为建筑物、可食物、用具等。我们从可视角度将空间划入具体事物，时间划入抽象事物，而不把时间和空间独立于具体事物和抽象事物之外。

除此之外，事件也被赋予了施力的特征。施动者的隐喻扩展是由有生命物、无生命物再到事件的驱动。根据身体经验，儿童较早地观察到人类自身的驱动：人可以发出以身体部位为支撑的一系列动作，如掰、拉、拿、跑、扔、提、跳、推、走等，这些动作作用于受动者，导致受动者在垂直或水平方向上发生位置移动。有生命物的驱动通过实体隐喻扩展到无生命物的驱动。其中自然动力本身具有运动能力，可以施力，如"风吹开了门"。另外，没有运动能力的无生命物通过人类的隐喻机制，也可以导致另一实体发生位置移动，有些是空间位置移动，有些则是虚拟变化，前者如"西湖吸引来了大量海外游客"等，后者如"不幸福的婚姻给他带来痛苦"等。还可以扩展为事件的驱动。事件是指实体的状态或变化，本身不具有施力作用，但通过隐喻具有了施动者的身份，可以驱动另一实体发生位置移动。如"上海就业机会多，吸引来了不少外地人才"，"上海就业机会多"是事件施动者，受动者是"不少外地人才"，作用力是"吸引"，移动路径是"（不少外地人才）从外地来上海"。

4.4　作用力的隐喻扩展

作用力是施动者发出的力。根据作用力的性质，作用力由物理力扩展到言说力、心理力，这也是婴儿由感知运动到心理运算发展过程的体现。

人类最早观察到的物理力是人类通过身体部位的动作发出来的力，如人类通过手的动作"拉"，导致"门""从关到开"等。其次，人类通过自身行为发出来的力也是物理力，如通过动作"调动"，导致"他""从那个部门到这个部门"等。再次，具有运动能力的自然动力（如风、雨、雷、电等）发出的也是物理力，如"风吹开了门"等。

物理力的驱动可隐喻扩展到言说力的驱动。能够发出言说力的施动者只能是人，如"我把他劝回了家""父母给我说下这门婚事"等。物理力的驱动也可隐喻扩展到心理力的驱动。能够发出心理力的施动者只能是人，人发出心理力一般作用于自身，使自身发生虚拟变化，如"这个理儿他想过来了"等。有时也可作用于另一实体，使其发生虚拟变化，如"他想出了一个办法"等等。有些力具有抽象性，如"弄、搞、干"等，如"他弄出了一个计划"，其中"弄"，可替代"写""想""借"等。又如"我把他搞进了这家公司"，其中"搞"，可替代一切可能的动作行为。

4.5　受动者的隐喻扩展

受动者是施动者通过作用力作用的对象。受动者由有生命物、具体的无生命物，逐渐隐喻扩展到抽象的无生命物或事件中，由实际物理位移到虚拟变化，这也是婴儿由感知运动到心理运算发展的体现。婴儿首先观察到有生命物的空间位置移动，如人走，人从屋外到屋里；人抱小羊，小羊从那边到这边；等等。受动者分别为"人""小羊"，前者为有生命物自身的位移，后者为有生命物在外力作用下的位移。婴儿观察到具体的无生命物可在外力的作用下发生位置移动，如他掏信，信从口袋里出来，受动者"信"不具有运动能力，在施动者的作用下产生位置移动。抽象的无生命物通过实体隐喻也具有了受动者的身份，如他想办法，办法从头脑中出来，受动者"办法"在施动者的作用下发生了由无到有虚拟变化。事件一般事物化后，可看作受动者，如他说小王从公司辞职这件事，这件事传到了某人耳朵里，受动者"这件事"是将事件"小王从公司辞职"事物化的结果。当然也可以直接作为受动者，如"他喝出了这是什么茶"等中的"这是什么茶"。

4.6　参照体的隐喻扩展

环境参照体最初表现为具体处所，可隐喻扩展为抽象处所、时间和状态，如"他走进楼""他走进月色里""他走进爱情的坟墓里"中的"楼""月色""爱情的坟墓"是抽象处所，"他走进 21 世纪"中的"21 世纪"是时间，"走进痛苦"中的"痛苦"是状态。环境参照体是明确移动路径的重要参照。环境参照体的维度特征有：第一，环境参照体为容器，具有前后—左右—上下维度，体现为三维特征。这时移动路径表现为"由内及外或由外及内"，如"他走进教室""他跑出办公室"中的"教室""办公室"等环境参照体具有三维特征。第二，环境参照体不为容器，具有前后—上下维度，体现为二维特征。这时移动路径表现为"由低及高、由高及低、由某处水平到达或离开或返回某处"等，如"他走上楼""他从火车上搬下行李""他跑过马路""他坐飞机飞回上海""他把门打开了"等，环境参照体"楼""火车上""马路""上海""门（轴）"等凸显二维特征。当然，环境参照体在空间中的特征要依赖与空间位移框架的动态关系，如"他走到火车上"中的"火车上"着眼于二维空间，"他跑到教室里"中的"教室里"着眼于三维空间。

自我参照体是叙说者所在的位置，称为"立足点"。在叙述或说话时，叙说者也会加入对受动者空间位移关系的表征，从而体现了叙说者的观察视角。如"他跑过来跟老师说话""他跑过去跟老师说话"二句，前句叙说者位于移动路径的终点，后句叙说者位于移动路径的起点。叙说者所在的位置最初是实际空间位置,表现为实际位移的源点或终点,如"我把桌子搬到教室里来""我把桌子搬到教室里去",前者叙说者位于实际位移的终点,即"教室里";后者叙说者位于实际位移的源点,即"教室外"。随着认知域的抽象化,叙说者位于虚拟位置,倾情于虚拟变化的源点或终点,带有较强的主观性,如"他把财宝夺过来分给穷人""他把财宝夺过去据为己有",前者叙说者倾情于虚拟变化的终点,后者叙说者倾情于虚拟变化的源点。

4.7　工具的隐喻扩展

工具是施动者所借助的东西,是驱动—路径图式的可有要素。(1)根据人类认知,婴儿最先借助其身体部位(如手、嘴、腿等)作用于受动者,导致其发生位置移动,称为"身体部位类工具",如"我用脚把门踢开了"中的"脚"等。(2)扩展到借助具有[＋物质性,＋不变性,＋独立性,＋无生性,＋手控性,＋简单性]的工具,如钳子、手帕、手推车、刀子、锄、碗、二胡等,包括手工具、农具、食具、书写工具、乐器等类别,称为"器具类工具",如"我用钳子把核桃夹开了"中的"钳子"等。(3)扩展到借助非手控性的具体工具,如金钱、纸条、音乐、足球等;借助可变性的工具,如水、洗面奶等;借助有生性的工具,如马、牛、人等;借助智能性的工具,如电脑、测量仪器等,称为"器具扩展类工具",如"我用牛把货物驮回了家"中的"牛"等。(4)最后扩展到借助非物质性的工具,如汉语、事实、精神等,称为"抽象工具",如"他用动人的话把我劝回了家"中的"动人的话"[1]。我们认为,工具的扩展,由身体部位类到器具类再到器具扩展类,这是随着社会进步而产生的发展过程;扩展到抽象工具,这是人类隐喻的作用。如图 2-1-6 所示:

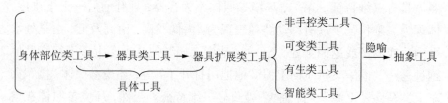

图 2-1-6　工具的隐喻扩展

1　徐默凡将工具分为典型的语言工具和非典型的语言工具两类,前者具有[＋物质性,＋不变性,＋独立性,＋无生性,＋手控性,＋简单性],后者具有[＋抽象性,＋可变性,＋非独立性,＋有生性,＋非手控性或智能性]。他认为人的身体部位(如手、嘴、腿等)属于非典型的语言工具,具有非独立性。(参见徐默凡:《现代汉语工具范畴的认知研究》,上海:复旦大学出版社,2003 年,第 91—94 页。)我们认为,在驱动—路径图式中,身体部位是人类首先借助的工具类型,这符合人类的身体经验。

5　小　结

本节提出动趋式的认知经验基础是驱动—路径图式。我们从驱动—路径图式建立的必要性、身体经验、构成要素、逻辑关系、隐喻扩展等方面展开了讨论。

（1）驱动—路径图式更具有概括力，比驱动图式、路径图式更符合动趋式的特征。

（2）驱动—路径图式源于人类的身体经验。婴儿首先认识到自己身体与外界事物的空间关系，然后通过自身的动作认识客体之间的驱动—路径关系，即客体在外力作用下可发生物理空间路径上的位置移动，表现为包含起点、经过点、终点的路径轨迹，后来通过隐喻扩展成为人类在与世界的互动中形成的一种经验模式。

（3）驱动—路径图式包括施动者、受动者、作用力、参照体和移动路径五个基本要素，还包含一个可有要素：工具。其构成要素之间的逻辑关系是：施动者可借助工具通过作用力作用于受动者（驱动事件），导致受动者发生位置移动（位移事件），产生移动路径。其中驱动事件与位移事件之间具有致使关系。

（4）驱动—路径图式通过隐喻不断扩展。伴随认知域由空间域隐喻到时间域、状态域的变化，各构成要素也发生了隐喻扩展。移动路径由空间路径扩展到时间路径和状态路径，空间路径在形状变化、远近距离、移动方向、起止标点和移动视角上具有形量、距量、向量、标量和参量等"五维量度"特征；时间具有沿垂直方向运动和时间沿水平方向运动两种模式；状态路径包括关系（包括比较关系和领属关系）、存在（包括有无、显隐、暂稳、糊清和梗畅）、数量、性质、价值、生理/心理、行为能力等。施动者和受动者由有生命物扩展到无生命物、事件，作用力由物理力扩展到言语力、心理力和泛力，工具由具体工具扩展到抽象工具，环境参照体由空间扩展到时间、状态，自我参照体由实际位置扩展到虚拟位置。

第二节　致移情景的语义结构与条件

驱动—路径图式是人类对有顺序事件的图式化类型之一，经过不断抽象概括，逐渐形成语义结构，投射到语言之中形成句法结构。从意象图式到语义结构，并不是一一对应的，有人类的认知因素在起作用。认知语言学给了我们很大的启发：认知语言学的最重要观点是"意义就是概念化"（Meaning is Conceptualization），这是因为心理意象（Mental Imagery）的存在导致不同的心理意象可用来组构同一基本的概念内容，导致不同的语言表达，或者说人类具有用不同的方式感知和描述同一情景的能力，人类对意义的概念化过程就是语义结构形成的过程[1]。兰盖克（Langacker, 1987）、克罗夫特、伍德（Croft & Wood, 2000）、Talmy（2000）、克鲁斯、克罗夫特（Cruse & Croft, 2004）[2]都对意象图式的组构模式进行了一些探讨，提出的关于概念化的内容与分类为我们研究驱动—路径图式的语义结构有着重要的借鉴作用。本节我们将从情景构成条件及类型、情景构成要素、构成要素之间的关系、趋向补语的句法语义条件等方面对驱动—路径图式的语义结构进行探讨。

1 原型驱动—路径图式表达致移情景

1.1 致移情景的构成条件

驱动—路径图式是对客观世界特定情景的认知反映，是对时间顺序性事件的一种认知方式。驱动—路径图式概念化后表达致移情景：施动者可借助工具通过作用力作用于受动者（驱动事件），导致受动者发生相对于参照体的位置移动（位移事件）。致移情景关注作用力的传递和移动路径，关注具有空间特征的事物与空间框架的动态关系。致移情景包括驱动事件和位移事件，二者只有满足以下条件，才能构成致使关系：（1）时间先后关系：驱动事件的发生先于位移事件的发生；只有先发生驱动事件，才能发生位移事件。（2）作用关系：驱动事件是导致位移事件产生的原因，位移事件在驱动事件作用下产生。（3）依赖关系：位移事件的产生

1　束定芳编著：《认知语义学》，上海：上海外语教育出版社，2008年，第105—106页。

2　Langacker, R. W. *Foundations of Cognitive Grammar*, Vol.1. Stanford: Stanford University Press, 1988.

Croft, W. & Wood, E. *Construal Operations in Linguistics and Artificial Intelligence*. Amsterdam and Philadelphia: John Benjamins, 2000.

Talmy, L. *Toward a Cognitive Semantics*, Vol.1 & 2. Cambridge, Massachusetts: The MIT Press, 2000.

Croft, W. & Cruse, D. A. *Cognitive Linguistics*, Cambridge: Cambridge University Press, 2004.

依赖于驱动事件的发生。如果驱动事件不发生，位移事件也不发生。我们用 E1 和 E2 来表示驱动事件和位移事件。根据驱动—路径图式，我们得到 E1 和 E2 的语义分解式（">"表示"先于"）：E1［施动者 +（工具）+ 作用力 + 受动者］>E2［受动者 + 参照体 + 移动路径］。其中，参照体可分为"环境参照体"和"自我参照体"，二者可同时出现，也可出现其中之一。

1.2　致移情景：从运动事件到抽象变化事件

运动是物质的存在方式，是一般的变化；事物之间引起与被引起的关系构成了原因与结果的关系[1]。这可看作驱动—路径图式产生的哲学基础。运动与变化的关系是：联系构成运动，运动引起变化。如地球和太阳的相互作用构成地球绕太阳的运动，并引起地球上一切事物和现象的变化，比如四季更迭、寒暑易节、日食月食、风云变幻等。一定形式的运动都意味着一定的变化：最简单的机械运动会引起物体位置的变化，物理运动是物质分子状态的变化，等等[2]。可见，运动与变化之间关系密切，由物理运动可扩展到抽象变化，这可看作运动隐喻为变化的哲学基础。张国珍（1994）提出运动与变化的三个区别：一是变化都是运动，但有的运动不是变化。二是运动是无向的，即多向的；变化是有向的，双向的。三是运动是直接表现着事物的"自己运动"的，需要外因和动力作用；变化（质变）在表面上看是"自己变他物"[3]。这说明物理空间的运动往往是多向的，如上向、下向、前向、后向、左向、右向等，而变化多为由一个状态端点到另一个状态端点的变化，是双向可逆的。这也是我们区分空间移动和抽象变化的哲学基础。

致移情景投射到语言中体现为运动事件和抽象变化事件。运动事件指事物在外力或动力作用下发生位置移动的事件，发生在空间域，分为物理空间运动事件和抽象空间运动事件。抽象变化事件指事物在外力或动力作用下发生抽象变化的事件，发生在时间域和状态域，可分为时间变化事件和状态变化事件。如图 2-2-1 所示：

1　陈先达、杨耕：《马克思主义哲学原理（第 3 版）》，北京：中国人民大学出版社，2013 年，第 91—96 页。

2　教育部社会科学研究与思想政治工作司编：《马克思主义哲学原理》，北京：高等教育出版社，2003 年，第 60 页。

3　张国珍：《论运动、变化和发展三范畴的区别》，《湖南师范大学社会科学学报》，1994 年第 6 期。

图 2-2-1 致移情景：从运动事件到抽象变化事件

2 致移复合事件到动趋式的投射过程

致移情景表达的是"致移复合事件"，包括驱动事件和位移事件，包含施动者、作用力、受动者、移动路径和参照体（环境参照体和自我参照体）等五个基本要素和工具可有要素。我们认为，致移复合事件结构是人类对一实体导致另一实体发生位置移动现象概括出来的经验性事件结构，这一经验性事件结构投射到语言中时，要受到人们认知方式的影响：人们会凸显整体事件中的不同要素并进行语法处理，而不是将整体事件中的每个要素都表达出来。

致移事件结构投射到语言中，表现如图 2-2-2。其中事件要素施动者、作用力、受动者、移动路径和参照体分别用 A、B、C、D、E 表示，语法成分主语用 S（Subject）表示，谓语用 V（Verb）表示，宾语用 O（Object）表示，补语用 RC（Result Complement）表示。

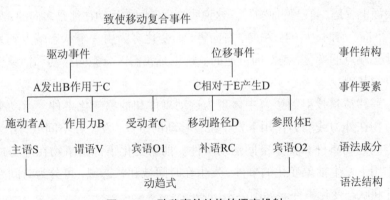

图 2-2-2 致移事件结构的语言投射

2.1 施受关系凸显为主宾关系

致移复合事件反映施动者对受动者的作用。施动者与受动者之间是施受关系，分别充当施事与受事的语义角色，施受关系在动趋式中得到凸显。在原型动趋式中，施动者和受动者分别充当主语和宾语，构成主宾关系。如：他搬一张桌子，一张桌子（从楼下）上来，这一致移情景投射到语

48

言中，构成："他（从楼下）搬上一张桌子来"或"他（从楼下）搬一张桌子上来"，其中施动者"他"和受动者"一张桌子"构成施受关系，投射到语言中构成主宾关系。如图 2-2-3 所示（粗体表示凸显部分）：

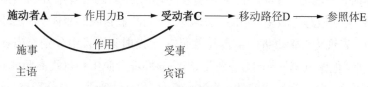

图 2-2-3　施受关系凸显为主宾关系

2.2　致使关系凸显为述补关系

作用力与移动路径之间是致使关系的核心体现。在原型动趋式中，作用力与移动路径由动作动词与趋向动词承担。我们认为，动作伴随路径的过程并导致最终完成路径轨迹，动作是趋向的原因。在具体语境（多用于对举结构）中，对作用力的理解可关注其方式性，但其原因特征是其本质特征。当关注动作时，动作可看作趋向的方式，例如：

问：他怎么／怎样进教室来的？

答：他蹚进教室来的，不是走进教室来的。（自拟）

问句中的"怎么／怎样"是疑问点，是关注的焦点，即动作；答句中动作"蹚"与"走"对比，是趋向"进"的方式。不管怎样理解，动作先于趋向的实现，趋向是动作的结果。

动作与趋向投射到语言中分别充当述语和补语，构成述补关系。如：她抱孩子，孩子（从屋外）进来，这一致移情景投射到语言中，构成的是："她（从屋外）抱进孩子来"或"她（从屋外）抱孩子进来"，其中作用力"抱"和移动路径"进"构成致使关系，投射到语言中构成述补关系。如图 2-2-4 所示：

图 2-2-4　作用力与移动路径之间的关系凸显为述补关系

2.3　参照体凸显为宾语或补语

移动路径是相对于参照体而言的，因此，参照体必须得到凸显。参照体分为环境参照体和自我参照体。前者投射到语言中，由处所词语或其他词语充当；后者投射到语言中，由"来/去"充当。移动路径与参照体之间的先后关系表现为移动路径＞环境参照体＞自我参照体。环境参照体和自我参照体在不同语境中有不同的显隐情况。当凸显环境参照体、隐没自我参照体时，表现为"移动路径＋环境参照体"，投射到语言中分别充当补语和宾语，如"他跑进教室"中的"进教室"。当凸显自我参照体、隐没环境参照体时，表现为"移动路径＋自我参照体"，投射到语言中分别充当补语和补语，如"他跑进来"中的"进来"。当凸显环境参照体和自我参照体时，表现为"移动路径＋环境参照体＋自我参照体"，投射到语言中分别充当补语、宾语和补语，如"他跑进教室来"中的"进教室来"。如图 2-2-5 所示：

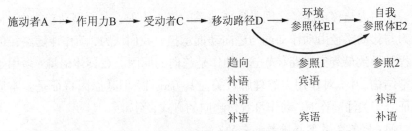

图 2-2-5　参照体凸显为宾语或补语

2.4　顺序象似性与距离象似性的凸显

根据顺序象似性原则：两个句法单位的相对次序决定于它们所反映的概念领域里的状态的时间顺序，即句法表达顺序与实际动作发生的顺序一致，这是语言体验性的体现。根据致移复合事件结构的必有成分构成及其实际发生顺序，可表现为：［施动者 A］＋［作用力 B］＋［受动者 C］＋［移动路径 D］＋［环境参照体 E1］＋［自我参照体 E2］。根据顺序象似性原则及句法投射，可表现为：主语＋谓语＋宾语 1＋补语 1＋宾语 2＋补语 2，插入词项后，例如：

（1）他抱一摞书进教室来。他搬一张桌子上楼去。（自拟）

例（1）就是按照致移复合事件的实际发生顺序进行投射形成的句法结构。这也可看作次第扫描（sequential scanning），即一个接一个地处理成分状态，尽管为形成一个一致的经验，状态之间的关联也必须被感知到，但这些状态不被处理为共现的，扫描它们所得到的资料是依次得到而不是同时呈现的，这种扫描的结果定义出的是时间过程[1]。同时，受距离象似性原则影响，即语言成分之间的距离反映了所表达的概念的成分之间的距离，一

1　张敏：《认知语言学与汉语名词短语》，北京：中国社会科学出版社，1998 年，第 108 页。

些语义要素经常被概念化为一个整体。作用力与移动路径之间在时间上紧密相联，经常被人们总括扫描（summary scanning），即以累积的方式平等地激活其中的成分状态，复杂场景的所有方面同时呈现出来，或者说，所有状态组合起来作为一个单一的完形被感知[1]。例如：

（2）a. 他把一摞书**抱进**教室来。一摞书被他**抱进**教室来。这摞书他**抱进**教室来了。（受动者与参照体都凸显）

　　b. 他**抱进**一摞书来。他**抱进**来一摞书。他把一摞书**抱进**来。一摞书被他**抱进**来。（只凸显受动者）

　　c. 他**抱进**教室来。（只凸显参照体）

动作与趋向整体化为动趋式后，由于各种认知原则的作用，投射到语言中形成了多种形式的动趋式。例（2）将动作"抱"与趋向"进"整体化，构成动趋式"抱进"；同时，动趋式"抱进"整体化后只能带一个宾语。如果受动者与参照体都凸显，必须将受动者"一摞书"用作"把"字或"被"字宾语，或者将其话题化。如果只凸显受动者或只凸显参照体，受动者或参照体用作动趋式"抱进"的宾语，受动者或者用作"把"字或"被"字宾语。

3 致移情景的构成要素及其之间的关系

3.1 致移情景的构成要素分析

3.1.1 施动者

施动者作为力的来源，能够对受动者产生作用，使其产生位置移动。施动者（下面用下划线来表示）：

（3）父亲寄出了书稿，对宛儿姨说：……（张一弓《远去的驿站》）

（4）你胳膊能拧过大腿去？……（李英儒《野火春风斗古城》）

（5）这时，几只鸽子从北石屋上方飞过来，转了一圈，飞进鸽子堂里去了。（冯德英《山菊花》）

（6）在野山上的荒草丛中，他看到了这里一棵、那里一簇的野茶树露出了嫩尖、长出了嫩叶。（张一弓《姨父：一位老八路军战士的传奇人生》）

（7）太阳爬出云层，照进小学校这宽大的院落，他仿佛觉得今天的太阳比以往任何时候都要明亮和温暖。（李晓明《平原枪声》）

（8）这本书很快就把江玫带进了一个新的天地。（宗璞《红豆》）

（9）观察过冬天的脚步是怎样首先降临到我的手指尖，然后才蔓延到

1　张敏：《认知语言学与汉语名词短语》，北京：中国社会科学出版社，1998年，第108页。

我的全身的。（陈染《私人生活》）

（10）在这方面说一句闲言闲语，惹出人命案子的有多少呢？（柳青《创业史》）

例（3）～（7）中的施动者为有生命者或自然动力。例（8）～（10）中的施动者分别是具体无生命物、抽象无生命物和事件。施动者的生命度越高，其致使性越高。据此得出施动者的致使性语义连续统（">"表示"强于"）：有生命的人 > 有生命的动物 > 有生命的植物 > 自然动力 > 具体无生命物 > 抽象无生命物 > 事件。

3.1.2　受动者

受动者是施动者作用的对象（下面用着重号表示）。例如：

（11）你想想，大帅的妻妾一大群，听说马上又要把本城教秀才的妹妹娶过来。（姚雪垠《李自成》）

（12）今天恰好遇到杉树林，就砍了十几棵杉树抬回来，并排架好，每端两边各钉一根橛子，以防散开，又割了捆草铺在上边。（同上）

（13）她还喜欢在剥取桦树皮的时候，把树干上那黏稠的浆汁刮下来食用。（迟子建《额尔古纳河右岸》）

（14）当贝欣把叶帆做人的信心寻回来，安然放回她手上去时，……（张承志《黑骏马》）

（15）院内仍无一丝声息，十分安静，驹子心中称奇，猜不出此时里面发生了什么事情。（尤凤伟《金龟》）

例（11）、（12）中的受动者是有生命者。例（13）～（15）中的受动者是无生命物或事件。受动者的生命度越高，其移动性越高。据此得出受动者的移动性语义连续统（">"表示"强于"）：有生命者 > 具体无生命物 > 抽象无生命物 > 事件。

3.1.3　作用力

作用力可通过空间方向、过程性与结果性、位移性与非位移性、自移性与他移性、自主性与非自主性、物理力/言说力/心理力/泛力等方面进行分析。

3.1.3.1　空间方向

与移动路径匹配，作用力也具有方向性。根据作用力本身的空间方向，分为"上向/下向""前向/后向""内向/外向""聚拢向/延展向""依附向/分离向""泛方向"等[1]。"上向/下向"是垂直向，表示空间位置、社会

1　动词的方向性特征具体见本书第七章内容。

关系、情绪等在垂直方向的高低变动。前者如"抬₍₁₎"[1]释义为"往上托；举"[2]，其"上向"特征只是运动的过程，如可以说"他把桌子抬上楼"[3]，也可以说"他把桌子抬进/出/回屋"。后者如"沉"释义为"[在水里]往下落（跟'浮'相对）。向下放（多指抽象事物）"，可以说"听了这句话，他马上沉下脸跟我嚷嚷起来"。"前向/后向"是水平向，分别是指使受动者水平前向接近参照体、使受动者水平后向离开参照体。前者如"赶₍₁₎"释义为"追"，具有水平向趋近参照体义，可以说"他走远了，我赶不上了"；后者如"退₍₁₎"释义为"向后移动或使向后移动（跟'进'相对）"，具有水平向离开参照体义，可以说"退下一些伤员来"。"内向/外向"分别是指使受动者从某容器内出来的方向、使受动者进入某容器内的方向。前者如"插₍₁₎"，释义为"长形或片状的东西放进、挤入、刺进或穿入别的东西"，具有由外及内义，可以说"像一把尖刀插进敌人的心脏"。后者如"拔₍₂₎"，释义为"吸出[毒气等]"，具有由内及外义，可以说"拔出一个红印"。"聚拢向/延展向"分别是指使受动者由展及拢或由散及合的方向、使受动者由拢及展或由合及散的方向。前者如"关₍₁₎"，释义为"使开着的物体合拢"，具有沿着某一轴线向中心聚拢义，如"把窗户关起来"。后者如"排¹₍₁₎"释义为"一个挨一个地按着次序摆"，具有由某源点延展义，如"队伍一字排开了（自拟）"。"依附向/分离向"分别是指使受动者依附或接触参照体、受动者脱离所依附参照体。前者如"挂₍₁₎"，释义为"借助于绳子、钩子、钉子等使物体附着于高处的一点或几点"，具有依附于某处义，如"春节前爸爸又把那张古画挂上了"。后者如"剁"，释义为"用刀向下砍"，隐含着某实体离开某依附者义，可以说"剁下两个鸭腿"。"泛方向"则指动作方向并不明确，如"跳₍₂₎"释义为"一起一伏的动"，"飘"释义为"随风摇动或飞扬"，"搬₍₁₎"释义为"移动物体的位置（多指笨重的或较大的）"等，方向性均不明确。

3.1.3.2　过程性与结果性

根据作用力本身是否凸显施动者以外的参照体，可将之分为"过程性作用力"与"结果性作用力"。"过程性作用力"是指作用力只凸显施动者运动过程的方向，而不凸显其他参照体。如"抬₍₁₎"释义为"往上托；举"，

1　动词小类参考了孟琮等编《汉语动词用法词典》。右下角数字表示词的义项，右上角数字表示同形词在词典中的编号。

2　动词释义参照孟琮等编《汉语动词用法词典》，北京：商务印书馆，2003 年。

3　例句参照孟琮等编《汉语动词用法词典》，北京：商务印书馆，2003 年。

其"上向"特征只是运动的过程,如可以说"他把桌子抬上楼",也可以说"他把桌子抬进/出/回屋"。"结果性作用力"是指作用力凸显运动的结果,凸显施动者以外的参照体。如"升₍₁₎"释义为"由低往高移动(跟'降'相对)","上向"特征是运动的结果,相对于参照体是上向的,只能搭配上向趋向补语,如可以说"飞机升上空了""飞机升起来了",不可以说"飞机升下空了"。

3.1.3.3 位移性与非位移性

作用力可根据是否具有位移性分为位移作用力、非位移作用力,前者往往具有方向性特征,如上向、下向、内向、外向等,又根据是否引起他物的移动路径分为自移作用力和他移作用力,又根据是否具有自主性分类。这些分类对于说明不同类型动趋式及其搭配的动词小类有着重要作用。如图 2-2-6 所示:

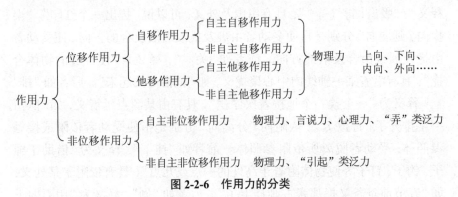

图 2-2-6 作用力的分类

这些作用力本身没有致使性,但在动趋式中则具有了致使性。充当这些作用力的动词属于动态致使动词,而不属于如"使、令、叫、让、致使、导致"等静态致使动词[1]。

3.1.3.4 自移性与他移性

根据作用力作用于自身还是其他实体,可分为"自移作用力"与"他移作用力"。"自移作用力"是指作用力作用于自身,如"沉"释义为"〔在水里〕往下落(跟'浮'相对)。向下放(多指抽象事物)",不作用于其他实体,可以说"听了这句话,他马上沉下脸跟我嚷嚷起来"。"他移作用力"指作用力作用于其他实体,如"佩带"释义为"〔把徽章、符号、手枪等〕挂

1　关于动态致使动词和静态致使动词的分类,见周红:《致使动词的类型及动态变化》,《烟台师范学院学报(哲社版)》,2006 年第 2 期。

在胸前、臂上或腰间",可以说"再佩带上功勋奖章,那就更威武了"。

3.1.3.5　自主性与非自主性

作用力是施动者作用于受动者的力(下面使用加粗表示)。自主的作用力致使性强于非自主的作用力。有生命者可以在外力作用下产生非自主的力,即无意识的、非可控的力,如病、掉、跌、患、落、碰、摔、遇等。例如:

(16)这突如其来的变故令国瑞像**跌**进了万丈深渊,漆黑一片,……(尤凤伟《泥鳅》)

(17)幸亏地面松软,没**摔**出硬伤,你现在感觉怎么样呢?(尤凤伟《中国一九五七》)

自然动力也是一种物理力,如吹、打、刮、漏、渗、透、吸、下、照等。例如:

(18)一阵大风,芦苇倒伏,郑小藕的绣花兜肚被**吹**上了天。(刘绍棠《狼烟》)

(19)送哥送到大路东,老天爷**刮**起了西北风。(尤凤伟《金龟》)

不具有运动能力的无生命物可在外力作用下产生非自主的作用力,也是一种物理力,如掉、滚、裂、流、落、漂、飘、陷、溢、涌等。例如:

(20)鹿兆海也情绪波动,泪花**涌**出。(陈忠实《白鹿原》)

(21)这音乐的旋律和夜的纯净的绿色,**流**进了他的心。(张承志《绿夜》)

不具有运动能力的无生命物和事件不能自主地发出作用力,其充当施动者是人类隐喻的结果。其作用力多为"带、惹、引、招"具有"引起"义的抽象动词,属于"泛力"。例如:

(22)消息传到哪里,就给哪里的人们**带**来了鼓励,送来了欢笑。(冯至《敌后武工队》)

(23)原来是自己左臂压在胸口上,**惹**出一场梦魇。(刘白羽《第二个太阳》)

3.1.3.6　物理力、言说力、心理力和泛力

有生命的人或动物通过自身动作发出来的力,称为"物理力",如搬、吃、打、喝、叫、拉、跑、踢、听、推、走等。有生命的人发出的物理力多是自主的。例如:

(24)他们把我**推**进房间便在外面把门关上。(尤凤伟《中国一九五七》)

（25）这时候才有人听出了滑稽，哧哧地**笑**起来。（刘恒《黑的雪》）

有生命的人还可以发出言说力，如驳斥、告诉、骂、命令、批评、劝、说、谈、通知、指责等，即通过言说行为作用于受动者，使受动者发生移动或变化，也是自主的。例如：

（26）我看是**说**不回来，也许你老耿本事大，能把他**说**回来。（刘震云《一句顶一万句》）

（27）运涛想：托人去说情吧，跟冯贵堂不能说，跟冯老洪、冯老锡，也**说**不进去，只好去找李德才。（梁斌《红旗谱》）

（28）她干脆不管老丁是什么态度，索性**说**下去。（白桦《淡出》）

有生命的人还可以发出心理力，是一种心理活动，也是自主的，包括表征认知的心理动词（包括感觉、知觉、注意、记忆、想象、思维等，如猜、估计、计划、思考、推测、想等）和表征情意的心理动词（如爱、关心、害怕、恨、嫉妒、了解、盼、佩服、生气、讨厌、喜爱、喜欢、羡慕、相信、想、想念等）[1]，多作用于自身，也可作用于另一实体。例如：

（29）……只要敌人能**想**出来，我们就能**想**出来，……（李晓明《平原枪声》）

（30）既然是懦夫，又何必接着**爱**下去？（陈建功、赵大年《皇城根》）

（31）你这个讨债鬼，我总算把你**盼**回来喽！（杨沫《青春之歌》）

有些力具有泛化和抽象性，如干、搞、弄等，称为"泛力"，也属自主的作用力。例如：

（32）翠屏，你先回香港去，再设法把我和清儿**弄**出去，不是很好吗？（张承志《黑骏马》）

（33）平时父子横行乡里，什么恶事都能**干**出来，……（冯德英《苦菜花》）

3.1.4　参照体

环境参照体可以是具体有形和抽象无形的处所或实体（用双下划线表示），下面例（34）～（37）环境参照体分别为物理空间、抽象空间、时间、状态。

（34）各组分头出发，**绕过**敌人的岗哨，到指定的地点集合。（刘知侠《铁道游击队》）

1　张积家、陆爱桃：《汉语心理动词的组织和分类研究》，《华南师范大学学报（社会科学版）》，2007年第1期。

（35）他从乡文书、乡长、区游击队指导员、区长，一直到**走上**<u>县委书记的岗位</u>，永远处于紧张的战斗生活的风暴中。（路遥《惊心动魄的一幕》）

（36）贝欣欢喜得跟伍泽晖谈彼此的家事，谈得浑忘了时间已由早上直**带进**<u>黄昏</u>。（张承志《黑骏马》）

（37）我可不行，几乎时刻都在想这些问题，或者说这些问题时刻都会**跳进**<u>我们无忧无虑的欢乐中</u>，扫我的兴。（白桦《远方有个女儿国》）

自我参照体由实际位置隐喻扩展到虚拟位置（使用波浪线表示自我参照体），分别如例（38）、（39）。

（38）金秀、金枝、杨妈一道**追出去**，张全义早已经没影儿了。（陈建功、赵大年《皇城根》）

（39）老邓登时**疼昏过去**，邓家的人呜啦一下哭了。（刘震云《一句顶一万句》）

3.1.5　移动路径

3.1.5.1　单一参照与复合参照

根据参照体的类型，移动路径可分为参照环境参照体的移动路径、参照自我参照体的移动路径、参照环境参照体和自我参照体的移动路径。参照环境参照体的移动路径（用加粗表示）涉及垂直向、水平向和其他方向[1]，分为近向、远向。下面例（40）"跳上枣红马的脊背"凸显了由低及高垂直于环境参照体的位移，属于刚性位移，也是靠近环境参照体（终点）的位移；例（41）"把野兔追上"凸显了水平前向靠近环境参照体的位移，属于刚性位移，也是靠近环境参照体（终点）的位移；例（42）凸显了"宣纸"围绕中心点（起点）向四周的延展，属于变形位移，既非垂直也非水平向，称为"延展向"。

（40）……黑驴跟过来钻进围栏的敞口，就跳上了枣红马的脊背。（陈忠实《白鹿原》）

（41）只见那猎鹰一展翅膀，从达西的肩头一路疾飞而去，眨眼间就把野兔追上了。（迟子建《额尔古纳河右岸》）

（42）朱先生慨然应允，取来笔墨纸砚，在院中石桌上铺**开**宣纸，悬腕

1　垂直向包括上向和下向；水平向包括前向和后向；其他方向包括内向和外向，聚拢向和延展向，依附向和分离向，到达向和返回向。具体见第二章第一节 4.2.1 "空间路径的五维量度"的内容。

运笔，一气呵成四个大字：好人难活。（陈忠实《白鹿原》）

参照自我参照体的空间移动体现为泛方向，分为近向和远向。自我参照体在具体语境中表现为叙说者。近向是受动者朝向叙说者，用"来"表征；远向是受动者背离叙说者，用"去"表征。分别例如：

（43）我随之便把赵树理已经出版的小说全部借**来**阅读了，这时候的赵树理在我心中已经是中国最伟大的作家了。（陈忠实《白鹿原》）

（44）戏台上的丁丁咣咣锣鼓声就从中街传了过来，孩子们都跑**去**看热闹了。（贾平凹《秦腔》）

参照环境参照体的移动路径和参照自我参照体的移动路径，称为"单一参照的移动路径"。参照环境参照体和自我参照体的移动路径，称为"复合参照的移动路径"，包括复合近向和复合远向两大类，分别如例（45）、（46）。

（45）其他的敌人一惊，朝后一退，可是转眼又拥**上来**。（杜鹏程《保卫延安》）

（46）这时见他们安然地出来了，便高兴地迎**上去**说："祝你们胜利。"（李晓明《平原枪声》）

移动路径的类型及其与参照体的关系如图 2-2-7 所示：

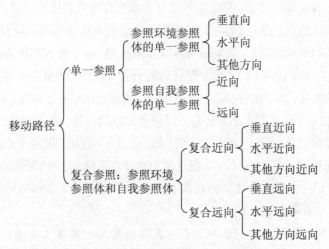

图 2-2-7　移动路径的类型及其与参照体的关系

3.1.5.2　"开放性路径"和"封闭性路径"

借鉴 Talmy（2000）关于"开放性路径"（Open Path）和"封闭性路径"（Closed Path）[1] 概念来分析移动路径。前者指受动者移动的起点与终点处

1　束定芳编著：《认知语义学》，上海：上海外语教育出版社，2008 年，第 141—144 页。

于空间不同位置的完整路径，后者指受动者移动的起点与终点处于空间同一位置的完整路径。

封闭性路径在汉语中用"回"表示。当受动者与施动者之间业已具有领有关系时，施动者导致受动者从 X 处回到 Y 处，前提是：施动者导致受动者从 Y 处移动到 X 处。例如"孩子们需要每天把书包背回家"中"书包"与"孩子们"之间本来就具有领有关系，"他走回了家"中"他"与"家"之间具有领有关系，这时"背包""他"回到"家"的移动前提可能是"背包从家到学校""他从家到单位"。如果着眼于受动者的移动（箭头表示受动者移动的方向，粗线部分表示"回"所涉及的致移情景，非粗线部分表示这一情景的前提），可用图 2-2-8 表示：

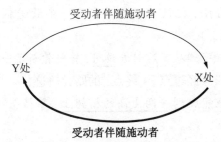

图 2-2-8　受动者与施动者业已具有领有关系时
"回"致移路径的封闭性与发生前提

当受动者与施动者在通过作用力后具有领有关系时，不体现以上前提，而是体现为施动者由 Y 处到 X 处。例如"他把书买回了家""他把一个孩子领回了家"中"他"与"书"、"他"与"一个孩子"之间在动作之前不具有领有关系，因此，"书""一个孩子"的移动未经过由"Y 处"到"X 处"的发生前提，而是施动者由"Y 处"到"X 处"，受动者伴随施动者发生了空间位移，由 X 处到 Y 处。如图 2-2-9 所示：

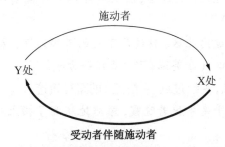

图 2-2-9　受动者与施动者在作用力后具有领有关系时
"回"致移路径的封闭性与发生前提

3.1.5.3　移动路径的窗口化

移动路径的轨迹包括起点、经过点和终点（下面"起点"用点式下划线表示，"终点"用粗线表示，"经过点"用波浪线表示），在具体语境中，叙说者对路径轨迹会施加"注意力窗口化"的作用。Talmy（2000）认为语言可以通过明确提及某一情景的有机组成部分，使其置于注意的焦点，同时通过省略的方法使该情景的其他部分置于背景部分。这一现象所涉及的认知过程被称为"注意力窗口化"。所指称的情景被称为"事件框架"（event frame），被置于焦点的部分称为"窗"，而被背景化的部分称作"隐没部分"（gap）[1]。主要表现为（凸显用"＋"表示，隐没用"－"表示）：

第一，［＋起点，－经过点，＋终点］的路径轨迹：

（47）好，有办法，把饭从篮子里拿出一半放进锅里，……（冯德英《山菊花》）

（48）……两颗子弹从背后射进腰间，脊髓骨断了一根。（同上）

第二，［－起点，－经过点，＋终点］的路径轨迹：

（49）春天，她能爬到一两丈高的椿树上，攀椿头菜。（李準《黄河东流去》）

（50）听母亲这一说，他也不回答，就大步地跑上了台子。（冯德英《苦菜花》）

第三，［＋起点，－经过点，－终点］的路径轨迹：

（51）却不等金莲回话，就爬下梯子，小声对白雪说："来了，真的来了！"（贾平凹《秦腔》）

（52）"怎么办呢？何时能爬出低谷？"马锐怅然若失。（王朔《我是你爸爸》）

第四，［－起点，＋经过点，－终点］的路径轨迹：

（53）大家爬过沟，越过墙，开始一个跟一个向前爬行。（李晓明《平原枪声》）

（54）汽车经过商业区，钻过西下关的黑暗地洞，未受任何检查开出封沟卡口。（李英儒《野火春风斗古城》）

第五，［＋起点，＋经过点，－终点］的路径轨迹：

（55）少平几乎是半抱着晓霞，艰难地从溜子槽上爬过掌子面，好不

1　Talmy, L. *Toward a Cognitive Linguistics*. Vol. 1. *Concept Structure Systems*. Cambridge, Massachusetts: A Bradford Book, 2000: 271-272.

容易来到漏煤眼附近的井下材料场。（路遥《平凡的世界》）

（56）一些学校的老师为了娱乐，让孩子从球门柱上<u>滑下</u>或<u>爬过横梁</u>，结果球门倒下压死了人。（CCL 1994 年《人民日报》）

第六，〔－起点，＋经过点，＋终点〕的路径轨迹：

（57）2 月 22 日下午，在办公室留下了一张"对不起"三个字的纸条后，就和他太太一起经吉隆坡<u>跑到马来西亚北部沙巴州的哥打基纳巴庐去</u>"度假"了。（CCL 1995 年《人民日报》）

（58）可气的是见我跑来，密匝匝的人群忽地闪开一条道，我只得穿<u>街跑进对面的巷子</u>。（王朔《橡皮人》）

第七，〔－起点，－经过点，＋终点〕的路径轨迹：

（59）不一会儿，猎人们就把外祖父<u>抬回来</u>了。（张洁《无字》）

（60）我们向你提出个要求，请你把这块地<u>让出来</u>。（赵树理《三里湾》）

第八，〔＋起点，＋经过点，＋终点〕的路径轨迹：

（61）他从北京经上海<u>逃到</u>广州。（自拟）

（62）子弹从敌人的碉堡里经他的铠甲<u>射进</u>肩膀里。（自拟）

3.1.6　工具

具体有形的工具可表现为身体部位工具（手、嘴、脚等）、器具类工具（钳子、二胡、手推车、笔、碗、刀子）和器具扩展类工具（金钱、水、牛、电脑）等。分别如（工具用斜体字表示，下同）：

（63）我缄默了，抓起一把松子，用*牙*咬开坚壳，嗑出一捧果仁，递给石岜。（王朔《浮出海面》）

（64）（李信）用*绳子*跳进监狱后的僻静小巷中逃走。（姚雪垠《李自成》）

（65）孩子满月时，岳父从山里用*骡子*驮来满满两驮篓礼物，吃的穿的玩的一应俱全。（陈忠实《白鹿原》）

身体部位工具经常会隐没，这是因为身体动作经常联系身体部位工具。下面例（66）身体部位"手"在句中隐没。

（66）她去卫生间端出脸盆，蹲在地上挑挑拣拣地吃。（王朔《一半是火焰，一半是海水》）

当致移情景扩展到抽象认知域中，工具也会由具体有形变为抽象无形。例如：

（67）（刘云）用*最后的坚强*对自己的孩子露出艰难的微笑。（皮皮《比如女人》）

（68）这就是典型的中年知识女性心态，把最强烈的愿望用最残酷的羞涩压下去，因为她们的理智说，这不妥。（同上）

3.2 致移情景语义要素之间的关系分析

3.2.1 施动者与受动者的隐现

致移情景发生在施动者与受动者之间，前者是引发致使关系的发动者，后者是致使作用的接受者。施动者与受动者可以是不同的，也可以是相同的。

当施动者与受动者是完全不同的两个对象时，施动者与受动者可以都凸显。如（施动者用下划线表示，受动者用着重号表示，下同）：

（69）你们为什么扒下她的衣裳？（刘绍棠《娥眉》）

（70）玉水闻声一转脸，欲将没发完的传单塞进怀里，……（冯德英《山菊花》）

也可以凸显受动者，隐没施动者。多用于"被"字句中或受事主语句中。例如：

（71）回村的当天下午，她被抓进区公所，关了五天，要她交代丈夫孔居任的下落。（冯德英《山菊花》）

（72）不料过大年时候，雷石柱害上了打摆子病，工作生产都搁下了。（马烽《吕梁英雄传》）

当施动者与受动者同一时，主要表现为有生命者或自然动力。如：

（73）三个兵打着电筒冲进屋。（冯德英《山菊花》）

（74）一阵凉爽的夜风吹过来，带着很浓的青草的香味儿。（浩然《夏青苗求师》）

这时，施动者与受动者完全相同，施动者发出作用力导致其自身发生位置移动，如"三个兵"发出"冲"这个动作，使其自身"进屋"；"一阵凉爽的夜风"发出"吹"这个动作，使其自身"从另一边到这一边"。施动者与受动者也可以是整体与部分的关系。受动者是有生命者身体的一部分，如"腰""嘴"等，施动者导致其自身的某部位发生位置移动。例如：

（75）赵多多弯下腰，看了看，又照准后头那儿连击三下。（张炜《古船》）

（76）"好哇！"母亲笑得合不上嘴，"……"（冯德英《苦菜花》）

3.2.2 工具与施动者的隐现

工具是有意识的施动者借助来引发作用力的成分，不是致移情景的必有成分，它有时出现，有时不出现。第一，工具被凸显，说明其作用的重要性，例如：

（77）尽管饭铺的党倌和管账先生一直嘲笑地盯他，**他毫不局促地用不花钱的面汤，把风干的馍送进肚里去了**。（柳青《创业史》）

（78）**他只一拳就砸开了窗子**。（张炜《古船》）

第二，工具会隐没，这是因为工具不言而喻，如例（79）；或者不具备工具成分，如例（80）、（81）。

（79）**她站起来又坐下，紧挨着我**。（白桦《远方有个女儿国》）

（80）**尹初石醒过来，睁开眼睛看了一眼妻子**。（皮皮《渴望激情》）

（81）**这本书很快就把江玫带进了一个新的天地**。（宗璞《红豆》）

第三，出现工具，隐没施动者。例如：

（82）真奇怪，这把钥匙竟然打开了两辆自行车。（自拟）

工具一般由无生命物充当。当无生命物充当主语时，存在歧解：一种被理解为工具，如下面 a 句；一种被理解为无生命的施动者，如下面 b 句。如：

（83）石头把门砸出了一个洞。（自拟）

　　a. 他用石头把门砸出了一个洞。

　　b. 石头滚下来把门砸出了一个洞。

第四，工具和施动者都隐没。多出现在"被"字句、受事主语句或存现句中，分别例如：

（84）丁夫人被挽过来行了常朝礼，俯伏在地。（姚雪垠《李自成》）

（85）电话打来，我正在菜地里薅草，围裙都来不及解下来，……（白桦《淡出》）

（86）刘稻村听说有一大笔美钞，眼睛里早闪出金光。（李準《黄河东流去》）

3.2.3　作用力的传递

作用力具有可传递性，即施动者将作用力传递给可借助的工具，再传递给受动者[1]。Croft（1991）提出作用力的传递是一个致使作用链，这个作用链上有若干实体，包括发起者、终止者及中间的若干传递者[2]。黄锦章

1　周红：《现代汉语致使范畴研究》，上海：复旦大学出版社，2005 年，第 59 页。致使力（或作用力）的传递是指如果一个事件的发生引起另一个事件的发生，那么不仅该事件对另一事件具有致使力，而且致使力发生了传递，由第一个事件传递到第二个事件，或者说，由施动者传递到受动者。

2　Croft, W. *Syntactic Categories and Grammatical Relations*: *The Cognitive Organization of Information*. Chicago：The University of Chicago Press，1991：177.

（1997）借鉴 Pleines 关于因果链的说法，提出影响力具有可传递性：工具位于施事和行为之间，可显示力量的传递途径：在施事所发出的影响力的控制下，工具发挥作用，并直接导致一个行为的产生。如果行为是及物的，影响力将进一步传递给行为所指向的对象[1]。

由于借助工具，施动者的作用力更加强大。实际上，施动者借助工具的过程也是一种作用力传递的过程，导致驱动—路径图式表现为致使作用链。如果将作用力传递的次数称为"阶"，那么以下分别是二阶、三阶。如"我用手推车把货物推出商场"中"手推车"是工具，"我"手握手推车将力作用于货物，使货物从商场里出来，体现为二阶。

3.2.4　环境参照体与自我参照体的隐现

第一，环境参照体和自我参照体皆出现。例如（环境参照体用双下划线表示，自我参照体用波浪线表示，下同）：

（87）刘思佳不慌不忙地向自己的汽车走去，嘴里还哼出几句小调。
　　　　（蒋子龙《赤橙黄绿青蓝紫》）

（88）村里走出来三条黑影，步步接近了大场。（冯至《敌后武工队》）

第二，出现环境参照体，隐没自我参照体。例如：

（89）警车驶出了鸡鸣巷，叶明亮和叶师母老两口同时长吁了一口气。
　　　　（刘绍棠《地火》）

（90）格塔用一只手轻轻地、像抓起一只小猫似地把苏纳美抱上白马：
　　　　"你自己骑吧，我和直玛骑另一匹。"（白桦《远方有个女儿国》）

第三，出现自我参照体，隐没环境参照体。例如：

（91）一个仆人立刻牵过来一匹李信平日心爱的枣野战马，把鞭子递
　　　　到他的手里。（姚雪垠《李自成》）

（92）她的心跳很快，每一根头发似乎都竖了起来，热血涌上脸庞，那
　　　　被唐菲打肿的脸庞。（铁凝《大浴女》）

第四，自我参照体和环境参照体皆隐没，这是因为语境中不需言明。例如：

（93）临走时，李相义让秘书拿出了那叠报纸，……（李佩甫《羊之门》）

（94）他停住了咀嚼，慢慢地放下筷子。（张承志《北方的河》）

3.2.5　移动路径的语义指向

第一，移动路径指向受动者。当作用力的传递发生在两个不同的实体之间时，移动路径指向受动者。例如：

1　黄锦章：《汉语格系统研究——从功能主义的角度看》，上海：上海财经大学出版社，1997年，第131—135页。

（95）不一会儿，猎人们就把外祖父抬回来了。（张洁《无字》）

（96）她说着从口袋里掏出个信封，信封上写着"赵连生"字样。（李準《黄河东流去》）

当作用力的传递发生在相同的实体之间，且不发生在时间认知域中时，移动路径指向施动者自身（实际上也是受动者）。例如：

（97）**她们**在麦垒里铺上棉袍，挨个儿躺下。（雪克《战斗的青春》）

第二，移动路径指向作用力。这时作用力的传递发生在相同的实体之间，且多发生在时间域或行为能力状态域中。例如：

（98）**他**也闷闷的抽起一支烟。（刘知侠《铁道游击队》）

（99）……（**她**）作为一个共产党员，应该承受得起个人的不幸，为党为人民不惜牺牲个人的一切。（冯德英《迎春花》）

例（98）"起"语义指向作用力"抽"，表达"抽"开始的时间变化；例（99）"起"语义指向"承受"，表达"（她）承受"由不具备到具备的变化。

第三，移动路径指向驱动事件。这时关注整个驱动事件，将驱动事件看作位移事件产生的原因或归咎的责任者[1]。这时，驱动事件处于重动句式的第一个谓语部分，多用于"V出"结构中，这时"出"表达实体的显现，属于内部归因。例如：

（100）1993年8月8日，河南省上蔡县西洪乡坡赵村村民胡国政喝酒喝出了祸事。（CCL《1994年报刊精选》）

（101）90后妹子餐馆吃饭吃出铁丝　卡在喉咙里划伤食道（荆楚网2015-08-07）

例（100）位移事件"出祸事"归因于驱动事件"河南省上蔡县西洪乡坡赵村村民胡国政喝酒"。例（101）位移事件"出铁丝"归因于驱动事件"吃饭"。

3.2.6　致移情景的发生顺序

致移情景的发生顺序是指致移情景在现实世界中的发生顺序，是指致使的各语义要素在现实世界中的时间先后顺序。根据驱动—路径图式，致移情景的发生顺序体现为以下几点：①驱动事件先于位移事件发生；②作用力先于移动路径发生；③工具是施动者借助的东西，先于作用力的发生；④受动者的出现先于移动路径的发生；⑤人类对移动路径的关注先

1　归因理论是心理学中研究行为原因的重要理论，就是关于人们如何对自己或别人行为的原因做出解释和推断的理论，集中研究人们所知觉到的原因，即人们关于"是什么导致事件产生"以及"事件为什么像这样发生"的想法。归因就是对行为原因的知觉，对原因的分析。参照周红：《现代汉语致使范畴研究》，上海：复旦大学出版社，2005年，第86页。

于环境参照体，才能体现移动路径与环境参照体之间的关系；⑥环境参照体的出现先于自我参照体的出现，这是因为自我参照体通常将自身置于环境参照体之中，环境参照体范围大于自我参照体，叙说者按照自己的立场来描写事件时也遵循了范围由大到小的顺序，这与汉族思维习惯一致。因此，受动者先参照环境参照体，再参照自我参照体，如"他跑进教室来""他走上楼去"；⑦移动路径起点、经过点和终点若同现，那么起点先于经过点先于终点。因此，致移情景在现实世界中的发生顺序可表示为（">"表示"先于"）：①驱动事件 > 位移事件；②施动者 >（工具）> 作用力 > 受动者 > 移动路径 > 环境参照体 > 自我参照体；③路径轨迹：起点 > 经过点 > 终点。

4　趋向动词的判定标准

移动路径由趋向动词体现。趋向动词是从语义角度定义的一类动词，即表示动作的趋向，具有封闭性。对于趋向动词的范围，有一个基本的共识，但具体数量不尽相同，比较有争议的有：开、开来、开去、到、到……来、到……去、走$_2$、拢、拢来、拢去、起去，有学者还将"V 在、V 向、V 往"等看作动趋式[1]。有学者借鉴 Talmy 运动事件的词汇化模式提出汉语路径动词除趋向动词外，还有"垂、倒、掉、跌、堕、返、关、落、入、散、退"等具有运动方向的动词[2]。因此，我们要区别具有运动方向性的路径动词与趋向动词之间的差异。我们认为，只使用语义特征来界定趋向动词是不够的，应从认知出发，做到意义与形式相结合，这样才能更有效地界定趋向动词的内涵与外延。

4.1　趋向动词的原型认知图景

根据原型致移复合事件，移动路径与受动者、作用力、参照体有关：移动路径是受动者在作用力下产生的位置移动，是相对于参照体而存在的。由上得出移动路径的认知特征是：[＋受动者发出]、[＋受作用力作用]、[＋空间方向]、[＋位置移动]、[＋相对环境参照体／自我参照体]，这五个认知特征是否是界定移动路径的最简认知特征呢？

第一，[＋位置移动]一定蕴涵[＋受动者发出]，因为[＋位置移动]一定是包涵某实体的位置移动。如"书包掉了""他下楼了"中的"掉""下"都表现了具体实体"书包""他"的位置移动，只不过"书包"不能自发产生

1　宋文辉：《现代汉语动结式的认知研究》，北京：北京大学出版社，2007 年，第 73 页。
2　黄月华、李应洪：《汉英"路径"概念词汇化模式的对比研究》，《外语学刊》，2009 年第 6 期。

66

位置移动,"他"则可自发产生位置移动。因此,[＋受动者发出]这个语义特征可简化。

第二,[＋位置移动]不蕴涵[＋空间方向],因为[＋位置移动]指从某位置到某位置的移动,如"爬、跑、跳、走"等脚部动作蕴涵动作者的位置移动,"搬、拉、抬、推"等手部动作也蕴涵动作者手部的位置移动,或动作者的位置移动。根据王媛(2007)研究,动作动词也具有方向义,有些动作动词可通过义素分析认识方向义,往往比较稳定,有些则需依赖于句子中其他句法语义成分来认识方向义,往往受语境影响[1]。一般来说,移动路径的[＋空间方向]是其词汇义的主要部分。这正是两类动词的差异所在。

第三,[＋受作用力作用]一定蕴涵动作与移动路径之间的因果关系,且具有不可逆转性,即先有动作,又有移动路径,而不是相反。如"他坐在沙发上""他走向街头""他飞往北京"等中的"在""向""往"虽然也位于动作之后做补语成分,但并不是致使关系,因为"在""向""往"与动作之间具有可逆转性,即可变换成"他在沙发上坐""他向街头走""他往北京飞"。因此"在""向""往"不是移动路径。因此,[＋受作用力作用]是判断移动路径的必有要素之一。从另一方面看,动作动词"搬、拉、抬、爬、跑、跳、推"等虽然具有[＋位置移动][＋空间方向],但一般不受[＋受作用力作用]影响,而是一般充当作用力。

第四,[＋位置移动]相对于环境参照体是不言而喻的,因为任何的位置移动都与环境参照体有关;相对于自我参照体体现了人类对位置移动现象的观察视角,具有认知主观性,也是致移复合事件的特点之一。因此,[＋相对自我参照]是判断移动路径的必有要素之一。

由上,我们将"移动路径"定义为:受作用力作用下受动者在垂直或水平方向上发生的相对于参照体的位置移动,具有四个必有认知特征:[＋位置移动]、[＋空间方向]、[＋受作用力作用]、[＋相对自我参照]。其中前两个是其自身具有的内部认知特征,后两个是受致移复合事件制约而具有的外部认知特征。

4.2　趋向动词的语义句法特征

移动路径由趋向动词承担,因此,趋向动词也须具有以上四个语义特

征，即［＋位置移动］、［＋空间方向］、［＋受作用力作用］、［＋相对自我参照］。投射到句法中，主要体现在三个方面：可做谓语（多带处所宾语）、可做补语、可带"来／去"，第一个方面是趋向动词具有的内涵性句法特征，第二、三个方面是趋向动词受作用力作用具有的外延性句法特征。

4.2.1 ［＋位置移动］、［＋空间方向］和做谓语（多带处所宾语）

具有［＋位置移动］、［＋空间方向］的动词，均可做谓语。但有的可带处所宾语，有的不可以带处所宾语。身体部位动作动词如"爬、跑、跳、走""搬、拉、抬、提、推"等，前者是动作者自身的位置移动，后者是动作作用对象的位置移动，也都具有一定的方向性[1]（以下划线部分表示方向和位置移动特征）：

爬：①昆虫、爬行动物等<u>行动</u>或人用手或脚一起着地<u>向前移动</u>。

跑：①两只脚或四条腿迅速<u>前进</u>（脚可以同时腾空）。

跳：①腿上用力，使身体突然<u>离开所在的地方</u>。

走：①人或鸟兽的脚交互<u>向前移动</u>。

搬：①<u>移动物体的位置</u>（多指笨重的或较大的）。

拉[1]：①用力使<u>朝自己所在的方向或跟着自己移动</u>。

抬：①<u>往上</u>托；举。②共同用手或肩膀搬东西。

提：②使事物<u>由下往上</u>移。

推：①<u>向外</u>用力使物体或物体的某一部分<u>顺着用力的方向移动</u>。

虽然具有［＋位置移动］、［＋空间方向］语义特征，但这些动词不能直接带处所宾语，不是趋向动词，如不能说"他跑教室""他把桌子搬教室"，而必须说"他跑进／出教室""他把桌子搬进／出教室"。

"倒 dǎo、掉、靠、落、拢、入、升"类动词，表现为物体受某力的作用发生的位置移动，可做谓语，后带处所宾语，可以说"他倒地上了""书本掉地上了""船靠岸了""钥匙落井里了""把船拢岸""他入团了""气球升天上了"。这些动词的释义如下：

倒[1]dǎo：①（人或竖立的东西）<u>横躺下来</u>。

掉[1]：①<u>落</u>①。

靠：③<u>接近；挨近</u>；

落：①物体因失去支持而<u>下来</u>。

1　词语释义均取自中国社会科学院语言研究所词典编辑室编：《现代汉语词典（第7版）》，北京：商务印书馆，2018年。下同。

拢：①合上。②靠近；到达。

入：①进来或进去（跟"出"相对）；②参加到某种组织中，成为它的成员。

升¹①：由低往高移动（跟"降"相对）。

动词"上、下、进、出、过、回、到"，表现为人或动物通过自身动作发生的位置移动，或者物体受外力影响发生的位置移动。[＋位置移动]和[＋空间方向]是这类动词义项的主要构成部分。这类动词可做谓语，可带处所宾语，如"他上楼了""太阳下山了""老师进教室了""他出了大门""火车过了那座桥""他回家了""他到上海了"。下面列出具有[＋位置移动]和[＋空间方向]语义特征的义项。释义如下：

上¹：⑤由低处到高处；⑥到；去（某个地方）；⑦向上级呈递；⑧向前进；⑩把饭菜等端上桌子；⑫把一件东西安装在另一件东西上；把一件东西的两部分安装在一起。

下：⑥由高低到低处；⑨去；到（处所）；⑬卸除，取下。

进：①向前移动（跟"退"相对）；②从外面到里面（跟"出"相对）。

出¹：①从里面到外面（跟"进、入"相对）；②来到。

过：①从一个地点或时间移到另一个地点或时间；经过某个空间或时间。

回¹：②从别处到原来的地方；还；③掉转。

到：①达于某一点；到达；达到。

动词"开、关、闭"也具有[＋位置移动]和[＋空间方向]义，只不过"位置移动"是以移动物自身为参照的。这类动词一般不带处所宾语，移动物充当事物宾语用于动词后，如"他开门了/桃树开花了""他关窗户了""他闭眼睛了"等。释义如下：

开¹：①使关闭着的东西不再关闭；打开。③（合拢或连接的东西）展开；分离。

关：①使开着的物体合拢。

闭：①关；合。

动词"起"也具有[＋位置移动]和[＋空间方向]义，其位置移动可以某处所为参照，也可以移动物自身为参照。前者可带处所宾语，如"他起床了"；后者可带事物宾语，如"他起身了""他起钉子了"。释义如下：

起：①由坐卧趴伏而站立或由躺而坐：～床；②离开原来的位置：～身；③物体由下往上升：皮球不～了；⑤把收藏或嵌入的东西弄出来：～钉子。

动词"来、去"也具有[位置移动]和[垂直或水平方向]义,还具有[自我参照]特征,可带处所宾语,如"他来教室了""他去上海了"。

来¹:①从别的地方到说话人所在的地方(跟"去"相对)。

去¹:①从所在地到别的地方(跟"来"相对)。

"位于、在"类动词虽然具有[+空间方向]义,也可以带处所宾语,但明显不具有[+位置移动]义,因此不是趋向动词。释义如下:

位于:位置处在(某处):我国~亚洲大陆东南部。

在:②表示人或事物的位置:我今天晚上不~厂里;你的钢笔~桌子上呢;③留在:~职;~位;④参加(某团体);属于(某团体):~党/~组织;⑤在于,决定于:事~人为/学习好,主要~自己努力。

4.2.2 [+受作用力作用]和做动词补语

趋向动词除以上语义特征外,还要具有[+受作用力作用],即受某作用力的作用产生位置移动,表现在句法上即可做动词补语。首先分析动词"倒、掉、靠、落、拢、入、升"等类,有些可以做动词的补语,可以说"他摔倒了""他脱掉了衣服""他跌落到井里了""他跳入水中",其中"他跳入水中"中的"入"表"进来或进去"义,"入"的第二个义项不能构成动补式,而使用"到",如"他参加到这个团里"。"拢"用做补语,有些明显已经词汇化了,如"人们聚拢在他身边"中的"聚拢","拢"还用在"并拢""凑拢""归拢""靠拢""合拢""拉拢""收拢""围拢"等动补式词语中,"拢"不再看作一个词,而是一个语素¹。"靠""升"一般不做补语,不是趋向动词。

"上、下、进、出、过、回、到"等动词都可以受作用力作用,在动词后用做补语,针对以上所列义项,举例如下:

他跑上楼。/他走上街。/他呈上报告。/他走上前。/他端上饭。/他装上刺刀。

他跳下桌子。/*他走下车间。/他取下窗户。

他推进工作开展。("推进"已经词汇化)/他跑进教室。

他拿出了钱包。/他走出场。(与"来到"义的"出场"意义不同)。

小鸟飞过山。

他走回家。/他转回头。

他走到家门口。

由上，能做补语的动词"上"义项较多，这时搭配的动词与宾语皆不同；动词"进"表示"向前移动（跟'退'相对）"义做补语，多用于词语"推进、促进"中；动词"回"表示"掉转"义可搭配的动词有限，多为"掉、转"等；不能做补语的义项有：动词"下"表示"去；到（处所）"义，动词"出"表示"来到"义。可见，这些动词若作为趋向动词是有义项依据的，或者说，并不是每个义项都能成为趋向义的动词。

以上动词做补语也可构成动补式词语，如"进"表"从外面到里面"义可构成"引进"，"出"表"从里面到外面"义可构成"输出"，"过"表"从一个地点或时间移到另一个地点或时间"义可构成"度过""渡过""经过""通过"，"回"表"从别处到原来的地方"义可构成"撤回""返回""挽回"，"到"表示"达到某一点"义可构成"感到"。

动词"开、关、闭"中只有"开"可做动词补语，表义项①③时，例如：他睁开眼睛。/他打开门。/他铺开床。/他走开了。

动词"起"表义项①②③⑤时可做补语，例如：他从床上坐起看书。/他站起身跟我握手。/他拿起气球。/他拔起钉子。动词"来/去"可用于动词后做补语，如：他带来一本书。/他拿出一本书来。

4.2.3　[＋相对自我参照]和加"来/去"

除以上语义特征外，趋向动词还应具有[＋相对自我参照]，即可从叙说者的角度描述位置移动。首先来看"倒、掉、落、入"类动词，可做动词补语，但一般不具有[＋自我参照体]特征，即不能带"来/去"。例如：他摔倒地上。/*他摔倒地上来/去。他脱掉衣服。/*他脱掉衣服来/去。他跌落地上。/*他跌落地上来/去。他跳入水中。/*他跳入水中来/去。其中"倒""掉""落"都表示物体（或受动者）因失去支持而落下，具有非自主性和终结性，强调的是受动者相对于环境参照体的位置移动，而不关注自我参照体。"入"也只关注与环境参照体的关系，而不关注自我参照体。

"上、下、进、出、过、回、到"类动词，可做动词补语，一般可加"来/去"，针对以上义项，可表现为："他跑上楼来/去。/他走上街来/去。/他走上前来/去。/他端上饭来/去。""他跳下桌子来/去。/他取下窗户来/去。""他跑进教室来/去。""他拿出钱包来/去。""小鸟飞过山来/去。""他走回家来/去。/他转回头来/去。""他走到家门口来/去。"当然，添加"来/去"也受到认知语义制约，如"下"表留于某处的空间变化往往是人类预期的，一般后接"来"。"上"表示"把一件东西安装在另一件东西上"义时多不加"来/去",这是因为受动者依附于环境参照体,且受动者与环境参照体具有部分与部分的关系,自我参照体一般不位于环境参照体内。

其中"到"只能用于"到……来、到……去"这种分离式,而"上、下、进、出、过、回"还可直接加"来/去"构成"上来、上去、下来、下去、进来、进去、过来、过去、回来、回去"。例如:他跑上来/上去。他走下来/下去。他爬过来/进去。他蹚过来/过去。他退回来/回去。

动词"开"、动词"起"一般可加"来",不加"去",这是因为自我参照体一般位于受动者终点。如:他睁开眼睛来/*去。他打开门来/*去。他从床上坐起来/*去。他站起身来/*去。他拿起一个气球来/*去。

动词"开""起"还可直接加"来/去"构成"开来、开去、起来、起去",具有自我参照义。如:叶子舒展开来/开去。他站起来。人们把他架起去。其中"起去"在当代北方作家作品中用例较少,但仍然存在。

4.3 趋向动词的范围

由上分析,我们可用[+位置移动]、[+空间方向]、[+受作用力作用]、[+相对自我参照],建立动词趋向义的连续统。①"做、夸、喜欢、在、要求、能够、是、加以"类动词:[−位置移动]、[−空间方向]、[−受作用力作用]、[−相对自我参照];②"走、跑、拉、抬"类动词:[+位置移动]、[−空间方向]、[±受作用力作用]、[−相对自参照];③"关、闭"类动词、"靠、升"类动词:[+位置移动]、[+空间方向]、[−受作用力作用]、[−相对自我参照];④"倒、掉、落、拢、入"类动词:[+位置移动]、[+空间方向]、[+受作用力作用]、[−相对自我参照];⑤"来/去""开/开来/开去""起/起来/起去""过/过来/过去""出/出来/出去""下/下来/下去""到""进/进来/进去""回/回来/回去""上/上来/上去":[+位置移动]、[+空间方向]、[+受作用力作用]、[+相对自我参照]。

以上第1~5类趋向性不断增强。第1类没有方向性和位移性,属非位移动词,如一些动作动词、言说动词、心理动词、存现动词、使令动词、能愿动词、判断动词和形式动词。第2~4类均具有位移性,是位移动词。其中第2类方向性不明确,且多不受作用力作用;第3类具有方向性,不受作用力作用;第4类具有方向性,可受作用力作用,但不能进行自我参照体描述。第5类是趋向动词,具有方向性,可受作用力作用,且可进行环境参照体和自我参照体描述。根据黄月华、李应洪(2009)的研究[1],第5

---

1 黄月华、李应洪:《汉英"路径"概念词汇化模式的对比研究》,《外语学刊》,2009年第6期。

类是纯粹路径动词,第 2～4 类是一般路径动词。

由此,我们得出趋向动词的范围,共计 27 个,如表 2-2-1 所示:

表 2-2-1 趋向动词范围

	上	下	进	出	过	回	到	起	开
来	上来	下来	进来	出来	过来	回来	——	起来	开来
去	上去	下去	进去	出去	过去	回去	——	起去	开去

5 小 结

本节分析了动趋式表达致移情景的语义结构及条件,主要包括:

① 致移情景的构成条件和语义类型。A.致移情景需满足时间先后关系、作用关系和依赖关系,包含施动者、作用力、受动者、移动路径和参照体五个必有要素,工具是可有要素。B.致移情景体现为运动事件和抽象变化事件,前者发生在空间域中,后者可分为时间变化事件和状态变化事件,分别发生在时间域和状态域中。

② 构成要素特征。A.施动者致使性的语义连续统为:有生命的人 > 有生命的动物 > 有生命的植物 > 自然动力 > 具体无生命物 > 抽象无生命物 > 事件。B.受动者移动性的语义连续统为:有生命者 > 具体无生命物 > 抽象无生命物 > 事件。C.作用力具有方向性特征,可分为若干空间方向,具有过程性与结果性、位移性与非位移性、自移性与他移性、自主性与非自主性,自主力又可分为自主物理力、言语力、心理力和"弄"类泛力,非自主力又可分为自然动力、非自主物理力和"引起"类泛力。D.参照体分为环境参照体和自我参照体,前者可以是具体有形和抽象无形的,可以是空间、时间和状态;后者可位于实际位置和虚拟位置。E.移动路径可分为单一参照和复合参照两类。前者又分为参照环境参照体和参照自我参照体两类,参照环境参照体又分为垂直方向、水平方向和其他方向、近向(靠近环境参照体)和远向(远离环境参照体);参照自我参照体又分为近向("来")和远向("去")。后者指参照环境参照体和自我参照体,又分为复合近向和复合远向。移动路径还可分为开放性路径和封闭性路径两类。路径轨迹可发生注意的窗口化,其起点、经过点与终点隐没或凸显的排列组合,有 8 种。F.工具是可有要素,分为具体有形和抽象无形两类,前者又分为身体部位工具、器具类工具和器具扩展类工具等。其中身体部

位工具经常会隐没。

③ 致移情景中各语义要素之间组合关系的规律：A. 受动者必须出现，施动者可在一定条件下发生隐没；B. 工具是可有成分，多与施动者同现；C. 参照体是必有成分，但在一定条件下环境参照体与自我参照体均可发生隐没；D. 当作用力的传递发生在不同实体之间时，移动路径语义指向受动者；当作用力的传递发生在同一实体之间且发生在时间认知域或行为能力状态认知域中时，移动路径语义指向作用力；移动路径也可语义指向驱动事件。E. 致移在现实世界中的发生顺序是施动者＞（工具）＞作用力＞受动者＞移动路径＞环境参照体＞自我参照体，路径轨迹：起点＞经过点＞终点。

④ 致移情景的语义结构。致移情景包括驱动事件和位移事件，我们用公式表示为：$Rm(E1, E2)$，其中 Rm 是致移关系，$E1$ 是驱动事件，$E2$ 是位移事件。根据前面分析，［施动者］、［工具］、［作用力］构成驱动事件 $E1$，［受动者］、［移动路径］、［环境参照体］和［自我参照体］构成位移事件 $E2$。因此，我们得出致移情景的语义结构，表示如下：±［施动者］＋（［工具］）＋［作用力］＋［受动者］＋［移动路径］±［环境参照体］±［自我参照体］。

⑤ 分析得出趋向动词的判定标准和范围。判断标准有两方面：一是语义上要求具有［＋位置移动］、［＋空间方向］、［＋受作用力作用］、［＋相对自我参照］等。二是句法上要求具有做谓语（多带处所宾语）、做动词补语和加"来/去"等。趋向动词共有27个：上、下、进、出、过、回、到、起、开、来、去等11个单一趋向动词，有上来、上去、下来、下去、进来、进去、出来、出去、过来、过去、回来、回去、起来、起去、开来、开去等16个复合趋向动词。

第三章　动趋式致使性的句法语义框架

本章在第二章认知语义基础上，落脚句法形式，语义与句法相互验证，建构动趋式致使性句法语义特征的分析框架。第一节以认知语言学为指导，运用驱动—路径图式，通过主观变量和客观变量落脚句法语义类别，并分析致使性强弱等级；第二节提出以认知域为主线，结合隐喻或转喻、主观性等理论方法，通过共时构拟与历时验证，分析动趋式语义泛化与虚化的研究思路。

第一节　动趋式致使性的句法语义连续统

动趋式表达致移情景，随着表达需要和语义功能的扩展，由空间域到时间域、状态域，其致使性逐渐减弱，直至消失。本节运用主观变量和客观变量来探讨动趋式致使性的句法语义类型，在此基础上，分析动趋式致使性的语义强弱连续统，从而建立动趋式的认知语义研究框架，为动趋式的细化研究提供理论支撑。动趋式表达致移情景，包含施动者、作用力、受动者、移动路径和参照体五个必有要素，工具是可有要素，施动者与受动者之间存在作用力的传递，这些常量确定动趋式的范围及成员的共同属性。就动趋式而言，客观变量是指不同动趋式形成的客观因素，主观变量是指不同动趋式形成过程中人们参与的认知、语用因素，以此确定动趋式不同成员间的不同属性。

1　客观变量与动趋式的句法语义类型

客观变量包括移动路径、作用力传递的方向和作用力传递的意图。空间路径、时间路径和状态路径是探讨动趋式语义演变的主线，移动路径的五维量度是分析动趋式语义小类的依据。加之作用力传递的方向与意图，是划分动词语义小类的依据。

1.1 移动路径：空间致移、时间致移和状态致移

移动路径根据认知域分为空间路径、时间路径和状态路径三类。移动路径"形量""距量""向量""标量""参量"等五维量度的建立，更为动趋式由空间域向时间域和状态域的发展指出了方向，从而形成了丰富的移动路径类别，这成为归纳动趋式语义类别的重要依据。具体参见第二章第一节4.2"空间路径到时间路径、状态路径的隐喻扩展"。下面以"V+下"为例说明。

（1）**喝下**了这碗水，她的心情平静一点了。（王小波《万寿寺》）

（2）秀芬好像听到了什么，啊了一声，**跳下**炕往外就跑。（雪克《战斗的青春》）

（3）那男人走到跟前，**脱下**帽子，来了一个九十度的鞠躬，连声说：……（同上）

（4）（许凤）见几十辆摩托车疾驰而来，在这村**停下**了，也像骑兵一样在村里搜索了一番。（同上）

（5）大舅赤膊率战士与鬼子白刃格斗，将鬼子**赶下**河堤，劈杀鬼子旗手，夺了"膏药旗"，倒挂在河堤柳树上。（张一弓《远去的驿站》）

（6）天亮了，栾大胡子急匆匆找到赵多多，说有人传地主麻脸**藏下**了一罐子银元。（张炜《古船》）

（7）想不到小月二话没说就**答应下**，每个星期补三次总共六课时，一课时的报酬二十块。（魏润身《挠攘》）

（8）他计算过，他已经**赚下**二十多块钱，……（路遥《平凡的世界》）

（9）冬天**买下**大队快死的老马，五十块。（张承志《北望长城外》）

（10）我曾经呆过的某某监狱能**装下**三千人。（尤凤伟《中国一九五七》）

（11）她在书桌前**看不下**书，心里烦躁不安。（杨沫《青春之歌》）

例（1）～（5）"V+下"用于空间域，表达受动者在作用力作用下的空间位移，具体又细分为五种空间位移，例（1）表达受动者由高及低到达终点的垂直向空间位移，例（2）表达受动者离开高处的垂直下向空间位移，例（3）表达受动者离开某依附者的空间变化，例（4）表达受动者留于某处的空间变化，例（5）表达受动者水平向后离开某处的空间位移。例（6）～（10）"V+下"用于状态域，表达受动者在作用力作用下的状态变化，具体又细分为五种状态变化，例（6）表达受动者由显到隐（留于某处）的状态变化，例（7）表达受动者由暂到稳（留于某处）的状态变化，例（8）表达受动者由无到有（留于某处）的状态变化，例（9）表达受动者由他身

到自身的领属关系变化，例（10）表达预期数量受动者实现留于某处的状态变化。例（11）"V＋下"用于时间域，表达由现在到将来的持续变化。因此，"V＋下"表达空间义、状态义和时间义三大意义类别，根据移动路径的五维量度又细分为五种空间义、五种状态义和一种时间义。

1.2　作用力传递的方向：返身致移和外向致移

作用力传递具有方向性，可以指向施动者自身，也可以指向施动者自身之外的其他对象。前者称为"返身致移"，即致移关系的产生是由施动者自身或自身动作造成的，或者作用力是返身性的。后者称为"外向致移"，即致移关系的产生是由外部施动者或外部施动者的动作造成的，或者作用力是外向性的。作用力传递的方向从儿童认知来说，返身先于外向。

黄锦章（1997）认为动态事件的影响力分为自返性影响和及物性影响，前者指在行为事件中行为活动对施事本身有影响，后者指行为主体发生某种影响他人的行为，并使得受影响者产生某种变化[1]。崔希亮（2008）认为动力来源有两种：一种来自位移主体的内部，形成内动力位移事件；一种来自位移主体之外，形成外动力位移事件；并认为内动力位移事件致使性弱，外动力位移事件致使性强[2]。凯丽（H. Kelly）解释某人行为的归因也可分为自返性归因和外向性归因[3]，即"归因于行为者"是自返性归因，"归因于客观刺激物、行为者所处的情境或关系"是外向性归因。张凤、高航（2001）认为有些词项具有返身性图式和非返身性图式，其生活经验基础是我们很容易感知一个移动物体与参照体之间的关系，二者往往是两个物体，同时这种关系也存在于实体的不同部分之间或一个实体的最初位置和最终位置之间，部分之间或两个位置之间具有移动物体与参照体的关系[4]。以上这些论述均说明了动趋式作用力的传递可以是返身的，也可以是外向的。

"返身致移"和"外向致移"又根据施动者是实体还是事件，分出显性返身致移和隐性返身致移，显性外向致移和隐性外向致移。前者力的发出者是显性的，后者力的发出者是隐性的。例如：

1　黄锦章：《汉语格系统研究——从功能主义的角度看》，上海：上海财经大学出版社，1997年，第125—135页。

2　崔希亮：《汉语介词结构与位移事件》，载崔希亮主编：《汉语言文字学论丛》，北京：北京语言大学出版社，2008年，第34页。

3　Kelly, H.H. *Attribution theory in social psychology*, Levine D. *Nebraska symposium on motivation.* Lincoln: University of Nebraska Press, 1967. 转引自史忠植：《认知科学》，北京：中国科学技术大学出版社，2008年，第492—503页。

4　张凤、高航：《语义研究中的认知观》，《中国俄语教学》，2001年第1期。

（12）我猛地**站起来冲出**了宿舍。（梁晓声《表弟》）

（13）他**伸出**手，在窗玻璃上敲出铜鼓的音律。（梁斌《红旗谱》）

（14）他跑步**跑出**一身汗来。（自拟）

（15）他喝酒**喝出**一头汗来。（自拟）

例（12）～（15）均体现为返身致移。例（12）中"站起来"是"我"因"站"导致自身"起来"，"冲出"是"我"因"冲"导致自身"出宿舍"。例（13）中"伸出"是"我"因"伸"导致"手""出"。例（12）施动者与受动者完全同一，称为"完全返身致移"。例（13）施动者与受动者部分同一，有领属关系，称为"不完全返身致移"。其中"我""他"都是作用力"站""伸"的发出者，充当施事，位于主语位置，导致其自身或自身的一部分发生位置移动。以上两例我们称为"显性返身致移"，即施动者作为力的发出者是显性的，直接引发致移关系的产生。例（14）中"跑出"是"他"因"跑（步）"导致自身"出一身汗来"。例（15）中"喝出"是"他"因"喝（酒）"导致自身"出一头汗来"。其中"他跑（步）""他喝（酒）"充当施动者，不是作用力"跑""喝"的直接发出者，而是致移关系的引发者，投射到语言中可构成重动句式。以上两例我们称为"隐性返身致移"，即力的发出者隐含在事件施动者中，不能直接引发致移关系的产生。

（16）贺家彬从堆满破东烂西的床底下**找出**了火炉。（张洁《沉重的翅膀》）

（17）我觉察到所有的食客都**放下**了碗筷，停止了牙床的运动……（白桦《远方有个女儿国》）

（18）他一翻书，果然**翻出**了钱。（梁晓声《表弟》）

（19）在这漫长的岁月里，中国人喝酒**喝出**了很大的学问，**喝出**了优秀的文化。（CCL 1994年《市场报》）

例（16）～（19）均体现为外向致移。例（16）中"找出"是"贺家彬"因"找"导致"火炉""出"。例（17）中"放下"是"所有的食客"因"放"导致"碗筷""下"。其中"贺家彬""所有的食客"都是作用力"找""放"的发出者，充当施事，位于主语位置，导致自身之外的其他对象"火炉""碗筷"发生位置移动。以上两例我们称为"显性外向致移"，即施动者作为力的发出者是显性的，直接引发致移关系的产生。例（18）中"翻出"是"他"因"翻书"导致"钱""出"。例（19）中"喝出"是"中国人"因"喝酒"导致"很大的学问""优秀的文化"出现。其中"他翻书""中国人喝酒"充当施动者，不是作用力"翻""喝"的直接发出者，而是致移关系的引发者，投射到语言中构成了重动句式。以上两例我们称为"隐性外向致移",即力的发出者隐含在事件施动者中,不能直接引发致移关系的产生。

1.3　作用力传递的意图:有意致移和无意致移

作用力传递的意图可分为有意性和无意性。有意性是指施动者通过作用力有意识地施加于受动者,无意性是指施动者通过作用力无意识地、客观地作用于受动者。作用力的传递为有意性的致移是有意致移,作用力的传递为无意性的致移是无意致移。当施动者为有生命者、作用力具有自主性、语境中不含有其他非自主性成分时,这时表达的是有意致移。例如:

（20）叶芳脸色突然一沉,**跳上**踏板。（蒋子龙《赤橙黄绿青蓝紫》）

（21）我看看《雾海孤帆》的标价,又把它**放下**了。（王小波《绿毛水怪》）

（22）质量建军的道路稳步发展,这支军队一定还会**创造出**一番惊世业绩。（柳建伟《突出重围》）

（23）县照相馆干脆专门**抽出**几个人到中学来为同学们服务。（路遥《平凡的世界》）

例（20）～（23）均是有意致移。施动者均为有生命者,作用力均具有自主性。其中例（22）、（23）含有意愿性成分"一定还会""干脆专门"。

根据移动路径产生的预期性,可将有意致移分出预期致移和非预期致移两类。前者是指施动者有导致受动者产生某一位置移动的意图,或者说移动路径的产生是施动者预期的。后者是指施动者没有导致受动者产生某一位置移动的意图,或者说移动路径的产生是施动者非预期的。要表达预期致移,需满足三个条件:施动者为有生命者、作用力具有自主性和语境制约,如以上例（20）～（23）。不满足以上条件的是非预期致移,例如:

（24）老弟息怒,鼠皮毛色的好坏,是老鼠平时吃东西**吃出来**的,不是作假作出来的。（CCL 2005 年《故事会》）

（25）她哪儿挣得过我?只好吃力地跟着我跟跟跄跄地往前走,一走就**走出**一身汗。（张洁《世界上最疼我的那个人去了》）

（26）我去劝了她半天,她半个字**听不进去**,反倒骂我没骨头。（冯德英《山菊花》）

例（24）～（26）是有意致使,但是移动路径不是预期产生的。例（24）"鼠皮毛色的好坏"不是"吃"预期产生的,例（25）"汗出"不是"走"

预期产生的，例（26）"（话语）从外面到里面"不是作用力"听"预期产生的。无意致移都是非预期致移，即施动者为非生命者，或作用力为非自主性，或语境中带有无意识动作的成分。例如：

（27）一阵寒风把另一阵寒风**逼进**乌鸦的喉咙，又在它们的喉咙里化作一种叫做"寒"的气味飞出。（张洁《无字》）

（28）没想到打了几只兔子，又**引来**了贫农团，来收他的猎枪。（刘震云《故乡天下黄花》）

（29）这物件让咱老童儿自己**遇上**了，结果十年二十年把咱死死缠住哩！（张炜《刺猬歌》）

（30）当他的右手去抓方向盘时，无意中**碰上**了解净的手，他的手就像触电般猛地弹了回来，脸也腾地一下涨红了，立刻转过头去。
（蒋子龙《赤橙黄绿青蓝紫》）

（31）没什么，我打碎了瓶子，自己又不小心**踩上**了。（皮皮《渴望激情》）

例（27）～（31）均为无意致使，例（27）、（28）施动者为无生命者或事件；例（29）、（30）作用力具有非自主性，分别为"遇""碰"；例（31）语境中出现了"不小心"等说明无意识动作的词语。

2　主观变量与动趋式的句法语义类型

主观变量包括观察视角、扫描方式、图形—背景顺序、归因方式等，句法语义类型依此体现为正向致移和返身致移，次第致移和总括致移，过程致移和结果致移，主体致移、客体致移和事件致移，直接致移和间接致移。动趋式可表现为一般主动句，也可表现为"把"字句、"被"字句、重动句、存现句和递系句等，这些是动趋式入句后的具体句法表现。

2.1　观察视角：正向致移和反向致移

观察视角是指在心理上观察某一事物或场景的位置。面对同一致移情景，叙说者可以从施动者的角度出发，也可以从受动者的角度出发。从施动者的角度出发观察致移情景，表达施动者通过作用力作用于受动者导致其移动，称为"正向致移"，是一种常规的观察视角，使用主动句或"把"字句。从受动者的角度出发观察致移情景，表达受动者在施动者作用力作用下发生了移动，称为"反向致移"，是一种非常规的观察视角，使用"被"字句。例如：

（32）a. 他抱进一个孩子来。

b. 他把孩子抱进（屋）来。

c. 孩子被（他）抱进（屋）来了。

例（32）a、b 是正向致移句，c 句是反向致移句。

2.2 扫描方式：次第致移和总括致移

扫描是人类对复杂情景不同阶段的感知方式，可分出"次第扫描"和"总括扫描"，前者遵循致移情景的现实发生顺序，构成"次第致移"；后者不遵循致移情景的现实发生顺序，而是将致移情景中某些要素进行总括处理，构成"总括致移"。

当出现环境参照体和自我参照体时，只能采用"次第扫描"方式。例如：

（33）a. 他跑上楼来 / 去。*他跑上来 / 去楼。

　　　b. 他把孩子抱进屋来 / 去。*他把孩子抱进来屋。*他抱孩子进来屋。

　　　c. 孩子被他抱进屋来 / 去。*孩子被他抱进来屋。*孩子抱进来屋。

例（33）采取"次第扫描"，即作用力"跑"，再致使路径"上"，然后环境参照体"楼"，最后是自我参照体"去"，这符合致移情景的发生顺序。相反，采取"总括扫描"方式构成的句子不成立，这是因为环境参照体必须先于自我参照体，否则违反了汉民族的"范围大小原则"，即先大范围再小范围。

当出现环境参照体且隐没自我参照体时，可采用"次第扫描"和"总括扫描"。例如：

（34）a. 他跑上楼。

　　　b. 他把书拿出教室。书被他拿出教室。

例（34）a 句体现为"次第扫描"，按照时间顺序进行，作用力"跑"与移动路径"上"粘合。b 句体现为"总括扫描"，作用力"拿"和移动路径"出"经过了"总括扫描"，"书"由动词提前至"把"字后面。

当出现自我参照体且隐没环境参照体时，可采用"次第扫描"和"总括扫描"。例如：

（35）a. 他带了一部相机来 / 去。

　　　b. 他带来 / 去了一部相机。

　　　c. 他把相机带来 / 去了。

　　　d. 相机（被）他带来 / 去了。

例（35）a 句是次第扫描，即作用力"带"作用于受动者"一部相机"，导致其发生相对于自我参照体的位置移动"来"或"去"。b、c、d 句是总括扫描，即作用力"带"与移动路径"来 / 去"作为单一的完形被感知。

（36）a. 他跑<u>上来 / 去</u>。

　　　b. 他拿了一本书<u>出来 / 去</u>。

　　　c. 他<u>拿出</u>一本书<u>来 / 去</u>。

　　　d. 他<u>拿出来 / 去</u>一本书。他把一本书<u>拿出来 / 去</u>。书（被）他<u>拿出来 / 去</u>了。

　　例（36）a 句是总括扫描，即作用力、移动路径与自我参照体"来 / 去"整合为"跑上来 / 去"。b 句是次第扫描，作用力作用于受动者，然后发生移动。c 句是不完全的总括扫描方式，如作用力与移动路径总括构成"拿出"，作用于"一本书"，再朝向或背离自我参照体，使用"来 / 去"。d 句是完全总括扫描方式，即总括作用力、移动路径和自我参照体"来 / 去"，构成"拿出来 / 去"，作用于"一本书"。

　　当隐没自我参照体和环境参照体时，只采用"总括扫描"。例如：

　　（37）他拿出一本书。*他拿一本书出。

按致移情景时间顺序应为"他拿一本书出"，但这种格式不成立，这是因为"出"必须与一定的环境参照体相对应，如果改为"他拿一本书出教室"，应看作连动式，而非动趋式，因此这种致移情景中作用力"拿"与移动路径"出"经过了人类的总括扫描。

2.3　图形—背景顺序：过程致移和结果致移

　　Talmy（1978）提出了认知分析中的"图形—背景"理论：人们观察外部世界时，都会形成认知场，认知场由图形和背景构成；图形（Figure）是一个运动的或在概念上可以移动的事物，其路径、地点或方向被认为是可变的；背景（Ground）是一个参照的事物，具有一个相对于某一参照系静止的背景，正是通过这个背景，图形的路径、地点或方向得到描述[1]。在致移情景中，受动者与环境参照体形成了图形与背景的关系，表现为两种认知顺序：一种是图形先于背景的认知顺序，体现为观察者关注图形及其图形的运动过程，称为"过程致移"。一种是背景先于图形的认知顺序，体现为观察者关注在某背景下出现或隐没了某图形，称为"结果致移"。如图 3-1-1 所示：

1　Talmy, L. *Figure and Ground in Complex Sentences*. In Greenberg, J. H. et al.（eds）. *Universals of Human Language*. Vol.4. Stanford, California: Stanford University Press, 1978: 627-649. 转引自刘楚群著：《汉语动趋结构入句研究》，武汉：华中师范大学出版社，2012 年，第 120 页；束定芳编著：《认知语义学》，上海：上海外语教育出版社，2008 年，第 134 页。

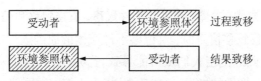

图 3-1-1　图形—背景顺序与致移情景

不管是哪种认知顺序,都体现了信息从已知到未知的顺序。当受动者位于主语位置时,关注受动者相对于环境参照体发生的位置移动;当环境参照体位于主语位置时,叙说者的观察顺序是先大范围再小范围,关注受动者的出现。因此,可以说,图形先于背景的认知顺序重致移的过程,背景先于图形的认知顺序重致移的结果。

当施动者与受动者为同一实体时,图形先于背景的认知顺序投射到语言中表现为一般主动句,如例(38)、(39);背景先于图形的认知顺序投射到语言中表现为存现句,即处所词语(环境参照体)+动趋短语+名词短语(受动者),如例(40)、(41)。

(38)她说着把门一开,飞也似地**跑出**了工厂大门。(李準《黄河东流去》)

(39)老旅蒙商大摇大摆地**走进**了王府……但剩下的事该怎么办呢?(冯苓植《雪驹》)

(40)从一堆干枯的秫秸堆里,忽然**钻出**一个人来。(李準《黄河东流去》)

(41)天上**飘起**鱼鳞纹的红云彩,父亲担着行李,送他上保定。(梁斌《红旗谱》)

当施动者与受动者为不同实体时,图形先于背景,表现为"把"字句、"被"字句,背景用处所宾语凸显,如例(42)、(43);背景先于图形,表现为一般主动句,背景用状语凸显,如例(44)、(45)。

(42)二师同学为了抗日,把日本兵**赶出**中国去,坚持护校!(梁斌《红旗谱》)

(43)他们被**押过**东拉河,来到公路上的警车旁。(路遥《平凡的世界》)

(44)他从手巾兜里**取出**了个干馒头,就着碗里的绿豆芽吃着。(李準《黄河东流去》)

(45)江涛从抽屉里**拿出**两卷宣传品,说:"请你带上好吗?"(梁斌《红旗谱》)

2.4 归因方式：主体、客体和事件致移、直接致移和间接致移

人类在观察致移情景时，对位移事件产生的原因进行推断，这个过程称为"归因"。归因是指人们从可能导致行为发生的各种因素中认定行为的原因并判断其性质的过程[1]。H.Kelly 指出人们在试图解释某人的行为时可能用到三种形式的归因：归因于行为者、归因于客观刺激物（行为者对之做出反应的事件或他人）、归因于行为者所处的情境或关系（时间或形态）[2]。如她看一部电影时哭了，"她哭"这一行为的归因有三种类型：一是可归因于她自身，即她太容易被感动，而其他人未哭；二是可归因于这部电影，即这部电影太感人，观众都哭了，她也哭了；三是可归因于情境，即以前看这部电影时没有哭，这次其他人也未哭，而是自己由电影联想到某事而哭。三种类型的归因在动趋式的体现为（用下划线表示归因者）：

第一，主体致移，即人类关注行为主体（或有生命施动者），将有生命的施动者看作位移事件产生的原因或归咎的责任者。这是将行为归因于行为者。例（46）位移事件"回自己的院落"归因于有生命施动者"他们"自身。

（46）现在，他们迈开懒洋洋的步子，走回了自己的院落。（路遥《平凡的世界》）

第二，客体致移，即人类关注非行为主体（或无生命施动者），将其看作位移事件产生的原因或归咎的责任者。这是将行为归因于客观刺激物。例（47）位移事件"他有了深刻的印象"归因于无生命施动者"这里的地形"。

（47）但这里的地形，想必给他留下了深刻的印象。（张正隆《雪白血红》）

第三，事件致移，即人类关注整个致因事件（或事件施动者），将致因事件看作位移事件产生的原因或归咎的责任者。这是将行为归因于行为者所处的情境或关系。如例（48）位移事件"出祸事"归因于致因事件"河南省上蔡县西洪乡坡赵村村民胡国政喝酒"，构成重动句。例（49）位移事件"有了坚厚的基础"归因于事件施动者"奔腾的饮马河、伊通河和沐石河，冲淤出一块丰腴膏美之地，聚吸着闯关东的人们"。例（49）、（50）构成的是一般主谓宾句，但主语为谓词性成分。

（48）1993 年 8 月 8 日，河南省上蔡县西洪乡坡赵村村民胡国政喝酒

1　史忠植：《认知科学》，北京：中国科学技术大学出版社，2008 年，第 492—503 页。

2　Kelly, H.H. *Attribution theory in social psychology*, Levine D. *Nebraska symposium on motivation*. Lincoln: University of Nebraska Press, 1967. 转引自史忠植：《认知科学》，北京：中国科学技术大学出版社，2008 年，第 492—503 页。

喝出了祸事。(CCL《1994 年报刊精选》)

（49）奔腾的饮马河、伊通河和沐石河，冲淤出一块丰腴膏美之地，聚吸着闯关东的人们，为这座东北中部城市的兴起**打下**坚厚的基础。(张正隆《雪白血红》)

（50）这样吃，才能真正吃出羊杂碎的味道和制作者的人情味来，你和制作者的"手气"甚至"灵气"就相通了。(CCL 1993 年《作家文摘》)

美国心理学家海德(Heider)将归因分为直接归因和间接归因，前者是指将行为的结果归为直接原因，后者是指将行为的结果归为间接原因。如爸爸打她，她哭了，"她哭了"直接归因于"爸爸打她"；"她的行为惹怒了爸爸"是导致"爸爸打她"的直接原因，是导致"她哭了"的间接原因。根据位移事件的归因，可分为直接致移与间接致移。例如：

（51）好，我明天让人给你**送来**一本《论语》。(刘震云《故乡天下黄花》)

例(51)位移事件"一本《论语》来"直接归因于驱动事件1"人送"，间接归因于驱动事件2"我让人"。从致使作用链来看，属二阶[1]。驱动事件1"人送"与位移事件"一本《论语》来"构成动趋式，而驱动事件1"我让人"与驱动事件2"人送"构成递系式。可见，致移情景可包含多个致因次事件，投射到语言中，动趋式可用于递系句式中。

3　动趋式致使性的强弱程度及其制约因素

致使性的强弱程度体现为作用力的传递导致某物变化的强弱强度。动趋式存在从强致使、弱致使到非致使的连续统，这是受认知域、作用力的动作性强弱、移动路径的显明性、作用力的过程性、作用力传递的意图、作用力传递的方向、距离象似性原则等因素制约。

3.1　认知域、作用力动作性和移动路径的显明性因素

动趋式所在的认知域不断抽象化，立足点由实在位置变为虚拟位置

1　如果一个事件的发生引起了另一事件的发生，另一事件的发生如果又引起了另一个后续事件的发生，那么第二个事件不仅对后续事件具有致使力，而且这个致使力是首发事件致使力的传递。理论上这种传递可以无限制地进行下去。我们把致使力传递的次数称为阶，如果一个致使事件导致一个被使事件的发生，那么致使力的传递为一阶，如果被使事件还能作为致使事件导致另一个被使事件的发生，那么致使力的传递就出现了二阶，如此类推，阶数可以不断上升。参见周红：《现代汉语致使范畴研究》，上海：复旦大学出版社，2005 年，第 61 页。

（叙说者倾情的位置），受动者移动也由实际位移到虚拟变化，动趋式的致使性由强变弱。在句法语义上表现为作用力的动作性强弱和移动路径的显明性强弱。当动词的动作性较强且移动路径较为显明时，表现为强致使，反之为弱致使。例如：

（52）她立刻激动地**走过来**，立在他面前，看来一时不知该说什么是好。（路遥《平凡的世界》）

（53）昨天夜间既要救援补之，又要把朱仙镇从官军手里**夺过来**，所以捷轩把你派去到处放火，……（姚雪垠《李自成》）

（54）他们真正的是风雨同舟从最困苦的岁月里一起**熬过来**的。（路遥《平凡的世界》）

（55）老蒋翻着白眼说，"我自家的活儿，还**做不过来**哩！有对事儿的人，你给我留点心，我想雇个月工哩。"（孙犁《风云初记》）

（56）无论怎样更正，我都**改不过来**，认准是千里眼。（尤凤伟《中国一九五七》）

（57）老龚咳了几咳，他说他太累了，想再睡会儿，他立刻睡着了。这一睡便没再**醒过来**。（尤凤伟《中国一九五七》）

（58）只是在这嗡嗡的讲古声里，有人才**醒悟过来**：老庙烧了，那口巨钟还在。（张炜《古船》）

以上例（52）～（58）均为动趋式"V过来"的例子。例（52）是物理空间致使，作用力为"走"，移动路径为"从另一边到这一边"，表现为受动者的物理位移，致使性最强。例（53）是领属关系致使，作用力为"夺"，移动路径为"从官军手里到自己手里"，表现为受动者的领属权变化，致使性减弱。例（54）是时间致使，作用力为"熬"，移动路径为"从过去某段时间到现在"，表现为受动者在时间轴上的变化，致使性减弱。例（55）～（58）与叙说者的主观判断有关，表现为"来"的主观性增强，移动路径虚化，致使性弱。例（55）是数量状态致使，作用力为"做"，移动路径为"（我自家的活儿）（叙说者期待）从第一个到最后一个"。例（56）是价值状态致使，作用力为"改"，移动路径为"从叙说者不被认可到认可的价值"。例（57）是生理状态致使，作用力为"醒"，移动路径为"（叙说者认为）消极状态到积极状态"。例（58）是心理状态致使，作用力为"醒悟"，移动路径"（叙说者认为）消极状态到积极状态"。可见，动趋式由空间域隐喻扩展到时间域和状态域，伴随着移动路径的显明性逐渐减弱，由空间路径到虚拟路径，表现在数量状态、价值状态、生理状态、心理状态等各个方面,体现为状态变化路径;伴随着作用力的动作性减弱,如例(52)～(58)由强动作动词"走、夺"到行为动词"熬、做、改"再到生理／心理动词"醒、醒悟",动作性减弱,其致使性也随之减弱。

3.2　作用力的过程性因素

当动词的动作性消失,变为形容词时,是否具有致使性,则要看是否具有因果关系的过程性。当形容词后接趋向补语,具有较为明显的过程性时,具有一定的弱致使性;当形容词后接趋向补语,不具有过程性时,则不具有致使性。这是因为致使关系体现了驱动事件与位移事件之间的关系,具有动态过程性。例如:

(59)天色已经**暗**了**下来**。(路遥《平凡的世界》)

(60)说到这里,慧剑忽然脸**红起来**,回过头去不好意思听。(姚雪垠《李自成》)

(61)配水池5间房子大小,**高出**地面6米左右,……(张正隆《雪白血红》)

例(59)、(60)用于性质域,使用形容词"暗""红",后接"下来""起来",表现性质的变化,即"由明到暗到更暗""由不红到红到更红",体现了变化的过程性。正由于下向形容词"暗"、上向形容词"红"的作用,才使得"天色"出现下向状态变化,"脸"出现上向状态变化。因此,这时具有弱致使性。例(61)用于比较关系域,使用形容词"高",表达比较的结果,"出"也表达比较的结果,二者之间未有致使关系,也不体现致使的过程性,仅为补充关系,因此,不具有致使性。

3.3　作用力传递的意图因素

作用力传递的意图影响动趋式致使性的强弱。当作用力的传递具有自主、预期性时,致使性强。当作用力的传递具有自主、非预期性时,致使性较强。当作用力的传递具有非自主、非预期性时,致使性较弱。作用力传递的自主性与施动者的生命度有关,自主作用力是由有生命施动者发出的,非自主作用力多是由自然动力、无生命者或事件施动者发出的,也可以是由有生命施动者发出的。例如:

(62)张大说着,把翻毛皮袄**脱了下来**。(毕淑敏《红处方》)

(63)他越来越明白,自己身上几天来的难受劲儿,就是被这些人**惹起来**的。(张炜《刺猬歌》)

(64)有一次,在一阵雷雨之后,天边悬挂着一条幻景似的彩虹,湿淋淋的地上落满被风**抽打下来**的绿油油的树叶。(陈染《私人生活》)

（65）（他）拉起车一溜小跑，裤腿像灯笼一样**鼓胀起来**。（张一弓《远去的驿站》）

（66）你可是从天上**掉下来**的嘎！？（白桦《远方有个女儿国》）

例（62）是预期致移，其移动路径是预期的，致使性强。例（63）是自主但非预期致移，其变化是非预期的，致使性较强。例（64）"风"是自然动力，是非自主、非预期致移，其变化是非自主的，致使性较弱。例（65）"裤腿"是无生命施动者，其变化是非自主的，致使性较弱。例（66）"你"是有生命施动者，作用力是非自主的"掉"，其变化是非自主的，"掉下来"体现了由于"掉"使得"你""由上而下到达某一终点"，仍带有一定的致使性。

3.4　作用力传递的方向因素

作用力传递的方向影响致使性的强弱。当作用力的传递为外向时，致使性较强，这是因为作用于另一实体往往付出更大的力。当作用力的传递为返身时，致使性较弱，这是因为作用于自身，较少受到自身的抗拒，而付出小于外向作用的力。例如：

（67）他**放下**笔，立起来吸着烟。（雪克《战斗的青春》）

（68）他慢慢**蹲下**，从提包里捧出四只蛐蛐罐儿。（魏润身《顶戴钩沉》）

例（67）表达外向致使，致使性较强。例（68）表达返身致使，致使性较弱。例（67）、例（68）均为显性致使。

外向致使和返身致使又分为显性外向致使和隐性外向致使、显性返身致使和隐性返身致使，显性外向致使的致使性强于隐性外向致使，显性返身致使的致使性强于隐性返身致使。下面例（69）、（70）分别是隐性外向致使和隐性返身致使，属间接致使，致使性较弱。

（69）据贾祥说，一次一家人围着锅台吃饭，吃着吃着，留大舅竟**吃出**一个老鼠。（刘震云《头人》）

（70）农夫说："想儿子**想出**病了！"（张一弓《远去的驿站》）

3.5　距离象似性、生命度和句式因素

受主观变量的影响，动趋式形成了不同句法表现形式。根据各类句式的特征，我们认为，在其他语义条件不变的情况下，动趋式致使性语义强弱程度表现如下：

第一，"把"字句和"被"字句的致使性强于一般主动句。例如：

（71）a. 他把孩子**抱回**了家。

　　　b. 孩子被他**抱回**了家。

　　　c. 他**抱回**一个孩子来。

例（71）a 句是"把"字句，强调了施动者的强施力性，致使性增强；b 句是"被"字句，强调了受动者的强受力性，致使性增强；c 句是一般主动句，施动者的施力性相对弱，致使性也相对弱。

第二，次第致移致使性弱于总括致移。根据"距离象似性"原则和"邻近象征影响的力量"，我们提出假设：在其他语义条件不变的情况下，驱动事件与位移事件之间的距离越接近，作用力的传递越直接，致使性的强度也就越高。"距离象似性"原则指元素之间的表层形式连接越紧密，其意义联系往往也越紧密，因而形式关系是意义关系的临摹[1]。"邻近象征影响的力量"指若形式 A 的意义影响形式 B 的意义，那么，形式 A 与形式 B 距离越近，A 的意义对 B 的意义影响就越强[2]。黄锦章（2004）也曾将"形式距离"和"能产性"作为反映形式紧密度的合取指标，认为使役结构中原因与结果的结构关系越紧密，形式距离便越近，能产性也越小，依此建立了汉语的使役连续统[3]。例如：

（72）我把她**放出去**了。

（73）我**放出**她**去**。

（74）我**放**她**出去**。

例（72）～（74）都含有"放""出""去"。例（72）"放出去"整合在一起，例（73）"放出"与"去"分离，例（74）"放"与"出去"分离。根据假设，作用力传递由直接到间接，致使性强度减弱。可用添加法证明：

（72′）＊我把她**放出去**了，但她没出去。

（73′）＊我**放出**她**去**，但她没出去。

（74′）我**放**她**出去**，但她没出去。

例（72）、（73）都不可以添加"但她没出去"，说明作用力"放"对受动者"她"的作用直接，致使性较强，受动者发生位置移动。例（74）可以添加"但她没出去"，这说明作用力"放"对"她"的作用不直接，受动者"她"对作用力"放"具有一定的反作用力，足以抵抗作用力，移动路径可不实现。

第三，存现句强调某处存在、出现或消失某人或某物，其致使性弱于

1　张敏：《认知语言学与汉语名词短语》，北京：中国社会科学出版社，1998 年，第 222 页。

2　Lakoff, G. & Johnson, M. *Metaphors We live by*. Chicago：The University of Chicago Press，1980：128-132.

3　黄锦章：《汉语中的使役连续统及其形式紧密度问题》，《华东师范大学学报（哲学社会科学版）》，2004 年第 5 期。

一般主动句。例如：

（75）a. 那边**走过来**一个人。

b. 他从那边**走过来**了。

例（75）a 句是存现句，描述在"那边"出现了"一个人"，这个人是"走过来"的，动趋式入句后未凸显"一个人"的致移性；b 句是一般主动句，叙述"他"在自身动作"走"的作用下产生了移动路径"过来"，凸显了"他"的致移性。

第四，当归因的责任者为主体、客体和事件时，根据施动者的生命度，其致使性强弱连续统为：主体致移 > 客体致移 > 事件致移。例如：

（76）a. 他**看出**了眼泪。

b. 电影让他**看出**了眼泪。

c. 他看电影**看出**了眼泪。

例（76）a 句是主体致移，b 句是客体致移，c 句是事件致移，施动者分别为"他""电影""他看电影"致使性逐渐减弱。

第五，直接致移的致使性强于间接致移。例如：

（77）a. *他走回了家，但他没回家。

b. 他让我走回家，但我没回家。

例（77）a 句是直接致移，是一般主动句，移动路径"回家"已实现，不能后接未实现的结果小句；b 句是间接致移，是递系句式，移动路径"回家"可未实现，可后接未实现的结果小句。

由上分析，动趋式致使性从强到弱到消失，存在语义连续统，其制约因素存在层次性，具体表现在：

第一层面，体现在认知域的抽象性上，由空间域到时间域、状态域，致使性逐渐减弱，在句法语义上表现为作用力动作性的减弱、移动路径的非显明性以及作用力过程性的有无。

第二层面，在同一类别认知域中，还受到作用力传递的意图和方向制约。有意致移的致使性强于无意致移，在句法上表现为动词自主性和非自主性、施动者和受动者的生命度特征。外向致移的致使性强于返身致移。显性致移的致使性强于隐性致移。

第三层面，在客观致移情景完全相同的情况下，距离象似性、生命度和句式因素影响致使性的强弱：驱动事件与位移事件之间的距离越接近，致使性越强；施动者生命度越高，致使性越强；"把"字句和"被"字句致使性强于一般主动句，一般主动句强于存现句；总括致移致使性强于次第致移；主体致移致使性强于客体致移，客体致移强于事件致移；直接致移强于间接致移。

动趋式致使性语义连续统的制约因素如图 3-1-2 所示：

图 3-1-2 动趋式致使性句法语义连续统的制约因素

4 小 结

本节探讨了动趋式由强致使到弱致使到非致使的句法语义连续统，包括以下内容：

① 通过致移情景的主观变量和客观变量分析了动趋式致使性的句法语义类型。受移动路径的类型、作用力传递的方向和作用力传递的意图等客观变量制约，得出空间致移、时间致移和状态致移，返身致移（完全返身致移和不完全返身致移）和外向致移，有意致移和无意致移等类型，体现为不同的认知语义类别。受观察视角、扫描方式、图形—背景顺序、归因方式等主观变量的影响，得出正向致移和反向致移、次第致移和总括致移、过程致移和结果致移、主体致移、客体致移和事件致移、直接致移和间接致移等类型，体现了不同的句法格式。

② 分析了动趋式致使性句法语义连续统的制约因素及其层级性。认知域、作用力的动作性强弱、移动路径的显明性、作用力的过程性是第一层次，作用力传递的方向和作用力传递的意图是第二层次，距离象似性、生命度和句式因素是第三层次。

第二节 动趋式致使性语义泛化与虚化研究思路

动趋式具有丰富的语义，如何分析动趋式致使性的认知语义类型及其语义关联性，是本书研究的重点。我们认为，认知语言学中的认知域、隐喻或转喻、原型范畴、主观性等概念为我们的分析提供了理论支撑。认知域是描写某一语义结构时涉及的概念领域。动趋式所在的认知域由具体到抽象，发生了隐喻或转喻，原型范畴特征由多到少，主观性特征愈强。本节将根据移动路径的标量特征和向量特征对简单趋向补语进行重新分类，并探讨动趋式致使性语义泛化与虚化的研究思路。

1 简单趋向补语的标量类型

前人对趋向补语进行了一些分类，具体见"附录 1：汉语动趋式研究述评 2.4"部分的叙述。下面我们根据移动路径的标量特征进行分类（起点、经过点和终点使用双下划线标出）。

1.1 聚焦终点的简单趋向补语

受动者朝向终点环境参照体移动，这时移动路径聚焦终点。下面例（1）～（8）中动趋式分别表达"他"由低及高到达"车上"，"他们俩"由高及低到达"井里"，"他"从外进入容器内"渠里"，"我们"到达"十路汽车站旁"，"父亲和爷爷"返回"高粱地"，"这把花马剑"由里及容器外到达"鞘外"，"宣传品"离开"李歪鼻手里"到达"伪团长关敬陶"，"许凤的手"向手掌心聚拢，这些句子中"上""下""进""到""回""出""过""起"聚焦受动者移动后的终点，属于聚焦终点型趋向补语。

（1）牛车刚走出村，他也悄悄**爬上**<u>车</u>，脸朝后坐在车后尾上。（李準《黄河东流去》）

（2）他们俩一看，冲不出来，在混乱之中，**爬下**<u>井</u>去，钻进了地洞。（刘流《烈火金钢》）

（3）他又拖着瘸腿**走进**<u>渠里</u>，趁着凉快挖起土来。（张承志《九座宫殿》）

（4）我们**走到**<u>十路汽车站旁</u>。（王小波《绿毛水怪》）

（5）父亲和爷爷伏在地上，**爬回**<u>高粱地</u>，从河堤上慢慢伸出头来。（莫言《红高粱》）

（6）这把花马剑会连着发出啸声，还会**跳出**<u>鞘外</u>。（姚雪垠《李自成》）

（7）<u>伪团长关敬陶</u>含着满不相信的语调，从李歪鼻手里**要过**宣传品，……（李英儒《野火春风斗古城》）

（8）两人并肩坐在坡上，胡文玉**握起**许凤的手轻轻地问道："怎么，还生气吗？"（雪克《战斗的青春》）

受动者朝向终点自我参照体（叙说者）移动，这时移动路径也聚焦终点。下面例（9）"红牡丹"朝向叙说者"杨百顺"方向位移，"来"是聚焦终点的简单趋向补语。

（9）杨百顺在当天傍晚带着队伍回到肖家镇，刚刚走进镇东口，就远远看见红牡丹骑着一匹大洋马从镇南的大街上**走来**。（李晓明《平原枪声》）

有时，受动者背离自我参照体（叙说者）移动，但终点明确时，仍归纳为聚焦终点。下面例（10）"他"背离叙说者方向位移，但是"他"的移动路径终点明确，即"县城"，这时"去"表达背离立足点到达某处的泛方向空间位移，是聚焦终点的简单趋向补语。

（10）他用手指头抹去眼角泪水，坚决地转过身，向县城**走去**了。（路遥《人生》）

分析复合趋向补语移动路径的标量特征，以受动者与环境参照体之间的关系为准。如下面例（11）、（12）"进"是聚焦终点的简单趋向补语。例（11）凸显朝向叙说者方向，使用"来"。例（12）凸显背离叙说者方向，使用"去"。

（11）春兰娘从门外**探进**头来说："忙起呀，不是去赶集吗？"（梁斌《红旗谱》）

（12）大贵待了一会，说："好！"伸手又把猪扛在肩上，通通地**走进**屋子去。（同上）

1.2　聚焦起点的简单趋向补语

受动者离开起点环境参照体移动，这时移动路径聚焦起点。下面例（13）～（17）起点环境参照体均出现，分别表达"春义"离开"火车"，"老娘"离开"床"，"这笔钱"从抽象容器"他的津贴和稿费中"出来。例（16）、（17）"窗子"由关闭到敞开，是相对于窗框发生了变化；"冰"由合到散，是相对于冰自身发生了变化。起点环境参照体不言而喻，往往隐含不出现，分别为"窗框""冰破碎的起点"。可见，"下""起""出""过""开"是聚焦起点型趋向补语。

（13）**爬下**火车以后，春义才感到真正饿了。（李凖《黄河东流去》）

（14）一个班长掀开了盛衣的木柜，老娘从床上**爬起**，一把拉住，哀告说：……（刘知侠《铁道游击队》）

（15）他让卫士长问明费用多少钱，从他的津贴和稿费中**拿出**这笔钱交公，……（权延赤《红墙内外》）

（16）我母亲由于憋气，一个箭步蹿到窗户旁，迅速**打开**窗子。（陈染《私人生活》）

（17）桃子**砸开**冰，小菊将信纸在清水中润湿了，明矾写的字还出现了。（冯德英《山菊花》）

有时环境参照体不凸显,但可通过语境理解,甚至补出。例如:

(18)那淑花翻眼一瞅,见是个青年女子,心慌起来,**爬起**就走。(冯
　　　德英《苦菜花》)

例(18)根据语境"淑花吃了一惊,知道自己失口,就慌慌张张地向外跑。她刚出门,迎面撞上一个人。她嗳呀一声,一跤摔到地上。"可知,"爬起"前面隐没了"从地上"这个表起点的环境参照体。

受动者背离起点自我参照体(叙说者)移动,这时移动路径也聚焦起点。下面例(19)"老树的大枝"离开某依附者的空间位移,与背离叙说者方向一致,是聚焦起点的简单趋向补语。

(19)人们**砍去**了老树的大枝,树干便成了河上的独木桥。(路遥《平
　　　凡的世界》)

1.3　聚焦经过点的简单趋向补语

受动者朝向经起点环境参照体移动,这时移动路径聚焦经过点。下面例(20)表达"他"经过"短墙","过"是经过点聚焦型趋向补语。

(20)小门关着,他**爬过**短墙,跑到县长室里。(梁斌《红旗谱》)

1.4　从聚焦终点到聚焦起点的连续统

根据参照体在受动者移动路径上的位置,分析简单趋向补语在移动路径中关注的方面。如表 3-2-1 所示("++"号表示"强具有","+"号表示"具有","–"表示"不具有"):

表 3-2-1　简单趋向补语的标量特征

移动路径 参照体位置	到/上/来/进/回	过	下	出/去/起	开
终点	++	+	++	+	–
起点	–	–	++	++	++
经过点	–	++	–	–	–

根据移动路径与参照体之间关系的分析,简单趋向补语可分为五类[1]:

1　我们认为,致移情景更关注终点,因此我们将聚焦终点放在首位。这一点古川裕(2002)就提出"终端焦点化",认为"人类的一种认知倾向——对事件的时间和空间结构来说更重视其终结点而不是起点"。凸显终点的认知习惯与人总是期望达到一个结果有关,终点更容易形成结果。表现在事件上就是终点标志着一个事件的终结,更容易形成有界的事件。参见古川裕:《〈起点〉指向和〈终点〉指向的不对称性及其认知解释》,《世界汉语教学》,2002 年第 3 期。

第一类是聚焦终点的趋向补语：到／上／来／进／回[1]。其中，"上／来／进／回"关注到达终点的同时，也关注移动过程。"到"不关注移动过程，只关注移动结果。"到"的意象图式如图3-2-1所示，其中移动轨迹中的过程不关注，使用虚线表示。

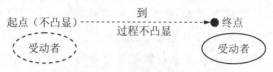

图3-2-1　"到"的意象图式

第二类是聚焦经过点＋终点[2]的趋向补语：过。"过"聚焦经过点多于聚焦终点。

第三类是聚焦终点＋起点的趋向补语：下。"下"具有双指向性，即"聚焦终点"与"聚焦起点"。

第四类是聚焦起点＋终点的趋向补语：出／去／起[3]。"出／去／起"聚焦起点多于聚焦终点。

第五类是聚焦起点的趋向补语：开。

由第一类至第五类聚焦终点越来越弱，聚焦起点越来越强。如图3-2-2所示：

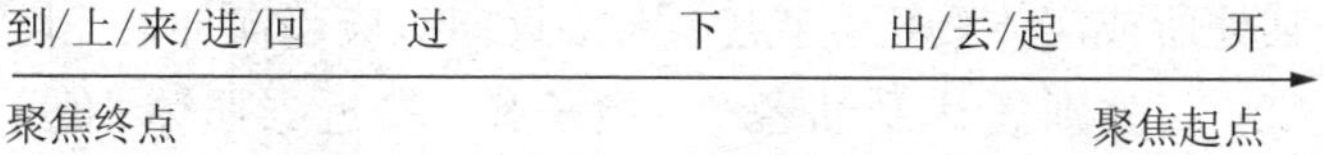

到/上/来/进/回　　过　　　　下　　　出/去/起　　　开

聚焦终点　　　　　　　　　　　　　　　　　聚焦起点

图3-2-2　各类趋向补语的聚焦终点与起点连续统

2　简单趋向补语的向量类型

前面第二章第一节4.2.1"空间路径的五维量度"，我们谈到了空间路径的向量，下面具体分析。

2.1　上向和下向

"上向"和"下向"是一对，源于上—下图式，即受地心引力的作用，人们站立、坐、行走的时候，总是头朝上，脚朝下。据此，离开地面朝着头的方向为上，而向着地面朝着脚的方向为下[4]。物体有高低，水面会上升等，由此

1　根据使用频率由高及低的顺序排列。根据作者自建的当代北方作家小说2500万字语料，"V+到"251633例，"V+上"为18022例，"V+来"8492例，"V+进"8239例，"V+回"3655例。

2　用"+"表示"也可以是"。

3　根据起点聚焦的比例由少及高的顺序排列。

4　刘建刚：《从"上下图式"到"等级图式"——空间方位关系在语言世界的映射》，《浙江工业大学学报（社会科学版）》，2005年第2期。

感知和经验抽象得出上—下图式。"上向"和"下向"分别表达"由下而上（靠近终点）""由上而下（靠近终点／离开起点）"，是垂直向的体现。"上、起"是上向趋向补语[1]，"上"聚焦终点，"起"聚焦起点，分别如例（21）、（22）。"下"是下向趋向补语，可聚焦终点，也可聚焦起点，分别如例（23）、（24）。

（21）黑娃已绕过房子**跳上**墙头，瓦顶粮仓和院中用油布苫着的粮堆几乎同时起火。（陈忠实《白鹿原》）

（22）远近的那些小泥屋上都**飘起**了白白的烟。（张承志《晚潮》）

（23）杜平和马英下令不准还枪，**跳下**路沟往回走。（李晓明《平原枪声》）

（24）我立即也**跳下**拖拉机，说："你几时回来呀？"（贾平凹《秦腔》）

2.2　前向和后向

"前向"和"后向"是一对，源于前—后图式，即"人类对自身和周围相对水平空间关系的认识，它们以语境中的人、有朝向或可以拟人化的物为方向参照点，面对的方向、物体的朝向或前进的方向为前，背靠或背离的方向为后"[2]。"前向"和"后向"分别表达"由后及前（靠近终点）""由前及后（离开起点）"，是水平向的体现。前、后向可体现为接近向—离开向，分别表达"（向前）接近／到达某处所或实体（靠近／到达终点）""（向后）离开某处所或实体（离开起点）"，接近向对应趋向补语"上、过"，如例（25）、（26），分别表达受动者"一颗子弹"接近参照体"他"，施动者"吴胖子"作用于"两根鞭子"使其从警察手里到达自己手里。离开向对应趋向补语"下、开"，如例（27）、（28），分别表达施动者"他"使自身离开参照体"赛场"，施动者"她"自身离开参照体"病房"。

（25）下午，有一个二十多岁的小青年，瞅着监工不注意，飞一般窜向高粱地，一颗子弹**追上**了他。（莫言《红高粱》）

（26）马英和肖阳站在队前，吴胖子从警察手里**夺过**两根鞭子往地下一扔，冲着他俩说："给我打！"（李晓明《平原枪声》）

（27）他低着头**走下**赛场，神情悲伤。（CCL 新华社 2004 年 8 月新闻报道）

（28）病房的门虽是虚掩着，但走廊里是人来人往，不可能躲在外面偷听，她只好充满遗憾地**走开**。（毕淑敏《血玲珑》）

前向—后向也可体现为经过向，表达"经过某处所（靠近终点）"，对

1　由于篇幅原因，此处只列出简单趋向补语。

2　方经民：《汉语空间方位参照的认知结构》，《世界汉语教学》，1999 年第 4 期。

应趋向补语"过",可以是前向,也可以是后向,如例(29),a 句表达施动者"鬼子"自身向前经过参照体"村子",后接"一直向东去了",说明其终点去向;b 句表达施动者"吴宗笠和郎化之匪军"自身向后经过参照体"龙蟠河",后接"驰援入江口",说明其终点去向。说明经过向在具体语境中一般不自足,需要补充其后接小句,以凸显终点去向。

(29)a. 鬼子终于都过完了,他们没有停留,**穿过**村子一直向东去了。
　　　(李晓明《平原枪声》)

　　　b.(吴宗笠和郎化之匪军)好不容易**撤过**了龙蟠河,集合了败将残兵,驰援入江口。(刘绍棠《地火》)

2.3　内向和外向

"内向"和"外向"是一对,源于容器图式,即人体是一个三维容器,有"吃进""吸入""呼出"和"排除"等生理现象,还有"走进""走出"等一系列与外部世界相互作用的物理空间关系,这样的结果就形成了容器图式[1]。"内向"和"外向"分别表达"由里及外(离开起点)""由外及里(靠近终点)"。内向对应趋向补语"进",如例(30)、(31),分别表示受动者"我"向内进入"她的怀里",受动者"水"向内进入"井池里";外向对应趋向补语"出",如例(32)、(33)分别表示受动者"她"向外至门外,聚焦终点"门外";"两个小孩"向外至沟外,聚焦起点"沟里"。

(30)(母亲)把我拉过去**拉进**她的怀里。(史铁生《务虚笔记》)

(31)说着,他慢慢把斗子绞起,哗啦地把水**倒进**井池里。(梁斌《红旗谱》)

(32)他一把揪住她的头发,狠狠将她**推出**了门外。(1997 年《作家文摘》)

(33)从沟里**跳出**一男一女两个小孩,把他拦住。(李晓明《平原枪声》)

2.4　聚拢向和延展向

"聚拢向"和"延展向"是一对,源于中心—边缘图式,即人体具有中心(躯体和内脏器官)和边缘(手指、脚指、头发等);同样,树和植物具有树干、树枝、树叶;社会组织有"核心成员",理论有 central and periphery principles;构成要素包括实体与边缘;中心与边缘的关系是:中心是重要的,边缘是不重要的,边缘依赖中心而存在[2]。"聚拢向"和"延展向"分别表达"围绕受动者自身中心源点由边缘到中心聚拢(靠近终点)""围绕受动者自身中心源点由中心及边缘延展(离开起点)"。聚拢向对应趋向

1　李瑛:《容器图式和容器隐喻》,《西南民族大学学报·人文社科版》,2004 年第 5 期。

2　赵艳芳:《认知语言学概论》,上海:上海外语教育出版社,2001 年,第 71 页。

补语"起",如例(34)、(35),分别表达施动者使受动者"一只拳头"围绕中心"掌心"由展及拢,施动者"于震海"使受动者"同车厢的难友"围绕中心"于震海"自身由散及合。延展向对应趋向补语"开",如例(36)、(37),分别表达施动者"朱先生"使受动者"宣纸"整体围绕其中心点由拢到展,受动者"炮弹"整体围绕其中心点由合到散。

(34)司马库**握起**一只拳头,对着我们晃了晃。(莫言《丰乳肥臀》)

(35)于震海**联合起**同车厢的难友,砸死两个押车的日本兵,跳车跑了出来……(冯德英《山菊花》)

(36)(朱先生)在院中石桌上**铺开**宣纸,悬腕运笔,一气呵成四个大字:好人难活。(陈忠实《白鹿原》)

(37)"轰"的一声,炮弹炸**开**了。(刘流《烈火金刚》)

2.5 依附向和分离向

"依附向"和"分离向"是一对,也源于中心—边缘图式,这时受动者与客观参照体之间具有依附关系,客观参照体处于路径的中心位置,受动者处于路径的边缘位置。"依附向"和"分离向"分别表达"依附于某参照体(靠近终点)""与依附的某参照体分离(离开起点)"。依附向趋向补语体现为趋向动词"上、下",聚焦终点,如例(38)、(39),分别表达施动者"顾淑贤"使受动者"蒙嘴的白布罩子"依附于隐含参照体"嘴上",施动者"叶帆"使受动者"一张字条"依附于隐含某处。分离向趋向补语体现为趋向动词"下、开、去",聚焦起点,如例(40)~(42),分别表达施动者"杨晓冬"使受动者"自己的棉袍"脱离隐含参照体"身上",施动者"她"使受动者"屋门"脱离参照体——门轴,施动者"人们"使受动者"大枝"脱离参照体"老树"。

(38)顾淑贤气呼呼地**戴上**蒙嘴的白布罩子,瓮声瓮气地说:……(白桦《远方有个女儿国》)

(39)叶帆是**留下**了一张字条给叶启成,才跟贝欣到机场去的。(张承志《黑骏马》)

(40)杨晓冬见小燕铺盖单薄,**脱下**自己的棉袍,要给她搭上。(李英儒《野火春风斗古城》)

(41)她**打开**屋门,扶着门框呼吸新鲜空气。(迟子建《岸上的美奴》)

(42)人们**砍去**了老树的大枝,树干便成了河上的独木桥。(路遥《平凡的世界》)

这一对方向性特征对应的是空间位移事件,动词后优先选择搭配受事宾语,而不是处所宾语,客观参照体往往隐含,如特别需要指出的处所,则凸显,如例(43)~(45)中的"在离门口几步远的地方""高原""歹徒手中"。

（43）说话间，他们就来到了靠村子东头的墩子家，三人在离门口有几步远的地方**站下**了。两个民兵都看着老曹，可老曹一句话也不说，就直直地走进去了……（李佩甫《羊的门》）

（44）厚的地方超过 200 米，好像给高原**盖上**了厚厚的黄地毯。（CCL《中国儿童百科全书》）

（45）司机听到打斗声，停下来，奔过去，从歹徒手中**夺下**一把正要刺向徐洪刚的匕首。（CCL 1994 年《人民日报》）

2.6　泛方向

泛方向包括自我参照向"来/去"、到达向"到"和返回向"回"。分别如例（46）～（49），分别表达施动者"翻译官"作用于身体部位"脚"使其朝向叙说者接近参照体"我后腿"，施动者"刘宗敏"使自身背离叙说者接近参照体"沙丘后边"，施动者"呼天成"使自身血液到达"脊背上"，施动者"父亲和爷爷"使其自身折返到达参照体"高粱地"。

（46）（旁边的翻译官）只见他飞起一脚向我后腿**踢来**，并用手向我前胸一推，想把我甩个倒栽葱。（刘知侠《铁道游击队》）

（47）刘宗敏点点头，**走去**沙丘后边上马，同时向两个亲兵吩咐：……（姚雪垠《李自成》）

（48）他只要一躺到那张绳床上，浑身的血好像一下子全**流到**脊背上了。（李佩甫《羊的门》）

（49）父亲和爷爷伏在地上，**爬回**高粱地，从河堤上慢慢伸出头。（莫言《红高粱》）

以上趋向补语空间方向的界定是通过动作引发所涉及的实体在空间中发生位移的情况总结而来的，这与"对动作方向的认识就要通过考察动作所涉及的事物在空间中的位移变化来获得"[1]的看法一致。趋向补语的空间方向具体归纳如图 3-2-3 所示：

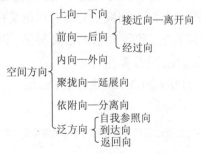

图 3-2-3　趋向补语的空间方向类别

1　王媛：《动词的方向性研究与趋向动词教学》，北京：北京语言大学出版社，2011 年，第 16 页。

3 语义演变、认知域与句法验证

3.1 语义演变研究理论

李倩（2006）认为传统词义演变理论仅笼统地指出心理联想在词义演变中的作用，认知语言学则引进了认知心理学的概念术语，如"类典型""意象图式"等，形成了一套独特的语言分析方法，能够更加清晰地描写和合理地解释认知心理因素作用下词义演变的共同特征及演变的过程和条件[1]。黄月华（2011）介绍了 LCCM（Lexical Concepts and Cognitive Models）多义研究模式：认知模型侧重由基本认知模型和多个不同的经验共现认知模型构成；新义项产生于搭桥语境，考察基本认知模型的突出特征，产生新的语用含义；新意义可脱离原来的搭桥语境被用于新的语境。如"渡过困难"中的"过"具有"付出努力渡过难关"义，在很多情况下需要付出努力才通过某一背景，[经过某一空间]与[付出努力渡过难关]之间建立了经验共现认知模型，在语境中反复出现，新语义才得以固定。这种多义研究模式对研究动趋式有一定的启发[2]。

多义研究要关注语义关联性的研究，光靠经验共现认知模型还不够，还应有构成要素的分析、句法搭配上的验证，还要考察历时来源。施春宏（2012）提出在分析词义结构时应将认知语义学和结构语义学、词汇语义学的分析理念和操作原则结合起来：现代词汇语义理论引进"语义场""义位""义素"等新的描写方法和分析单位，强调语义结构成分的分析和语义特征（义素）的提取，关注区别性特征在语义结构成分及其关系分析中的地位，因此更偏重对词义结构的描写；认知语言学理论则更加强调概念化、范畴化过程的分析，强调范畴的原型性、家族相似性，分析语义结构时强调认知域而不是语义特征的作用，因此更偏重对词义生成的解释。我们认为，基于认知域的研究更容易看出语义在哪些领域间发生隐喻、转喻，但具体如何发生，仍需要借助语义特征、语义属性的分析以使其认知过程更具有操作性、可计算性[3]。

李倩（2006）、黄月华（2011）和施春宏（2012）的论述为我们研究趋

---

1 李倩：《词义演变研究的理论基础和研究取向》，《华南师范大学学报（社科版）》，2006 年第 2 期。

2 黄月华：《汉语趋向动词的多义研究》，湖南师范大学博士学位论文，2011 年，第 66—67、103 页。

3 施春宏：《词义结构的认知基础及释义原则》，《中国语文》，2012 年第 2 期。

向补语的词义演变提供了很好的理论借鉴,与本书的认知研究取向一致。我们的研究思路是:以致移情景发生的认知域为研究出发点,探讨其隐喻或转喻机制,并通过原型范畴特征由多到少、主观性由弱到强、句法演变等,来分析认知域变化导致内部要素变化的过程与条件。

3.2　认知域与语义演变

致移情景发生在三个认知域中,分别是空间域、时间域和状态域。由空间域到时间域、状态域均可造成动趋式的语义演变。我们将采取先细致分析动趋式在不同认知域中的语义表现,然后对其核心语义进行概括总结的研究思路,这样,能够做到点面结合、共性与个性相结合。

范晓(1991)关于动趋式、准动趋式、动结式和动态式的分类[1]是合理的。我们认为,空间域表现为动趋式和准动趋式。动趋式凸显移动路径的动程;准动趋式只凸显移动路径的起点、经过点或终点,移动路径的动程未完整地投射在语言中,往往隐含环境参照体;状态域表现为动结式,凸显状态变化;时间域表现为动态式,凸显时间变化。但为表述方便,我们还是着眼于结构角度,使用"动趋式"来表述。实际上,语义角度也包含以上四种类别。如"他跳下河""他跳下床"分别表达由高及低到达终点的垂直下向空间位移、离开高处的垂直下向空间位移,凸显移动路径的动程,是典型的动趋式;"他把车停下""他脱下衣服"分别表达留于某处的空间变化、离开某处的空间变化,分别只凸显终点和起点,是准动趋式;"他买下一块地皮""他答应下这件事"等用于状态域,分别表达领属权由他身到自身的状态变化、由暂到稳留于某处的存在状态变化,属于动结式;"英语太难了,他学不下来"用于时间域,表达时间变化,属于动态式。"动词+趋向动词"结构的句法语义类型如图 3-2-4 所示,趋向补语的语义类别如图 3-2-5 所示。

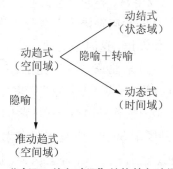

图 3-2-4　"动词+趋向动词"结构的句法语义类型

1　范晓:《"V 上"及其构成的句式》,《营口师专学报》,1991 年第 1 期。

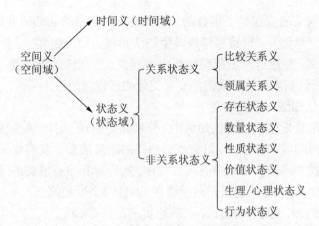

图 3-2-5　趋向补语的语义类别图

　　值得说明的是，空间域动趋式凸显移动路径的动程时我们将其语义表述为"空间位移"，当不凸显移动路径的动程时我们将其语义表述为"空间变化"。前者如"他跳下河"中的"下"语义表述为"（受动者）由高及低到达终点的垂直下向空间位移"，后者如"他把车停下"中的"下"语义表述为"（受动者）留于某处的空间变化"。当动趋式用于时间域和状态域时，我们均将其语义表述为"时间变化"或"状态变化"，对应的是抽象变化事件，如"英语太难了，他学不下来"中的"下来"语义表述为"受动者动作从前面某一时间到叙说者所在时间的变化"，"他买下一块地皮"中的"下"语义表述为"领属权由他身到自身的状态变化"。这样的表述有助于说明动趋式的语义连续性与关联性。

3.3　语义演变与句法验证

　　趋向补语的语义比较丰富，不同语义的句法表现不同。如根据是否可以单作谓语，不同语义的趋向补语可以区分动词和唯补词。以简单趋向补语为例，其可单用作谓语，这时是动词，如"（走）到马路对面、（说）到半夜""（爬）上山""（飞）来北京""（跑）进教室""（骑）回家""（跳）过河""（跑）下山""（跑）出门""（飞）去北京""（坐）起身""（打）开门"等；多不可单用作谓语，而是只能作补语时，刘丹青（1994）称为"唯补词"[1]。如"到：抓到小偷、冷到零下 30 度、恢复到鸦雀无声""上：摆上桌面、赶上那场大雨、吃上两碗、爱上一个人、怀上孩子、住上别墅、又吃上喝上了""来：拿来一本书、说来话长、买来酒、醒来、说不来话、猜不来、做不

1　刘丹青：《"唯补词" 初探》，《汉语学习》, 1994 年第 3 期。

来""进：走进这个不幸的家庭、买进一万股""回：盼回母亲、夺回土地、挽回面子、救回一命""过：信不过、夺过鞭子、转过脸、捱过这段日子、打得过他、喘过气来""下：生下孩子、坐下、取下绳子、住下、瞒下、答应下、挣下钱、买下地皮、摆下四张桌子、看不下书""出：跳出窗户、拿出诚意、跳出窗外、高出一头、长出野草、说出心声、赎出行李""去：砍去树枝、看去十八九岁、花去很多钱、睡去、被坏人学去、过意得去、掩去不快""起：仰起脸、看得起、握起拳头、绑起猎物、干起活来、长起玉米和小麦、想不起他的名字、吃不起、收起画""开：分开三四股、铺开宣纸、张开双臂、打开屋门、走开、说开玩笑话了、看得开、摆不开桌子、区分开"等。又如刘月华（1998）认为判断趋向义、结果义和状态义的形式标志为：表趋向意义时，句中可以出现或可以加上表示移动起点、终点的处所状语或处所宾语，可以结合的动词有限；表结果意义时，动词前可以有处所词，不能与处所宾语同现，部分可用于"把"字句，大部分可构成可能式；表状态意义时，一般不与表示动作起点和终点的状语、宾语同现，通常不用于"把"字句，不用于可能式[1]。这些形式标志为我们研究动趋式的句法特征提供了依据。我们认为，从不同认知域来看，主要有以下四类句法差异：

3.3.1　句子自足度的差异[2]

空间义动趋式单独成句的自足度较低，多后接其他成分，如"他逃出四川隐藏起来""他爬上山看日出""他尖叫着拿出手枪""他穿上衣服跳下炕"等中的"逃出""爬上""拿出""穿上"；或用作定语、兼语谓语、补语等句法成分，如"他拿出的是书""我让他拿出书""他高兴得拿出钱来"等中的"拿出"。

时间义动趋式单独成句的自足度较高，可不后接其他小句。如"他唱起歌来""这篇文章他读下来了""他飞一样地跑起来"等。有时可后接评价性小句，如"这件事讲起来有点儿复杂""他看上去有点儿疲劳""看来这件事非常复杂"等，这些句子与叙说者的主观感知、评价或推断有着密切关系。

状态义动趋式单独成句的自足度高，可不后接其他小句。如"他半天说不出话来""这件事他答应下来了""他把房子租出去了"等。

3.3.2　可能式自由度的差异

空间义动趋式用于可能式较自由，但可能性语境的出现频率有高低。以"V+上"为例，"爬上（山）、抱上（马）"等表由低及高到达终点的空间

1　刘月华：《趋向补语通释》，北京：北京语言大学出版社，1998年，第81—116页。
2　不同动趋式的句子自足度差异具体见本书第六章第四节。

位移，用于可能式的语境较不常见，如可以说"我爬不上这么高的山""她不重，我能抱得上马"；"穿上（衣服）、关上（门）"表依附向的空间变化，"追上（他）、赶上（他）"表水平前向的空间变化，"（官位）升上去"等表抽象垂直上向空间变化，这些动趋式"V+上"用于可能式的语境较常用，如可以说"衣服尺寸太小，我穿不上""门坏了，关不上""你追（赶）得上他吗？""岁数大了，（官位）升不上去了"。

时间义动趋式用于可能式较受限制。有时不能用于可能式，如"他又跑上了""他开始跳起舞来""他怎么也开始说开泄气话了？""他吃过饭就回家了""他曾经去过那个地方"中的"跑上""跳起舞来""说开""吃过""去过"等不用于可能式。有时可以构成可能式，如"他读得下来吗？""他读不下去了""这么艰苦的生活他可熬不过来""这件事他挺得过去"中的"下来""下去""过来""过去"与动词搭配可用于可能式。我们认为，用于可能式的动趋式表达时间义的抽象性弱于不用于可能式的动趋式，或者说，不用于可能式的动趋式时间义虚化程度高。

状态义用于可能式的范围最广，有时发生了语义变化。可以说"他当得/不上研究员""他说得/不出话""他的脸红不起来，因为贫血"等，语义较对应；可以说"他盖得/不起房子"，相比较"他在这里盖起了房子"，语义不对应，前者表价值状态，后者表存在状态。可以说"完美窗口隐藏工具，有了它还有啥藏不起来"等，可能式语境为反问。可以说"这样做真说不过去""这么多作业我可做不过来""这种事儿太难了，我做不来""这么贵的东西我可买不起"等，这些多用于可能式中，与能否实现语义相关。

3.3.3 搭配动词小类的差异

空间义动趋式搭配的动词最初为位移动词，如"他爬上楼""他从楼上走下来""他拿出一本书来""他搬进一张桌子来""他跳起来了"等中的"爬""走""拿""搬""跳"。一些非位移动作动词、言说动词也可以进入空间义动趋式，如"我把他抱上床""他提着包挤过一节节车厢""我把他劝上了楼""他叫去了两个人"等中的"抱""挤""劝""叫"。

时间义动趋式搭配的动词范围比较广。多是自主持续义动词，如"他又喝上了""坚持下来很不容易""他会一直学下去""他唱起歌来""他说开大话了""他捱过了这近二十年的光阴""他吃过饭就回去了""这段日子他终于熬过来/过去了"等中的"喝""坚持""学""唱""说""捱""吃""熬"。有时也可搭配非自主、非持续义动词和性质形容词，如"他已经死过两次了""她没有漂亮过"等中的"死""漂亮"。

状态义动趋式搭配的动词为非位移动词,可以是动作动词,如"他考上了大学""他买进一百股""这个书包装不下这么多东西""时间耽误不起""他一个题目也答不出来""他睡过去了"等中的"考""买""装""耽误""答""睡"。也可以是心理动词,如"我想不起他叫什么名字来了""我猜不来他会做什么""我爱上了她"等中的"想""猜""爱"。

3.3.4　宾语搭配上的差异

空间义凸显或可补出环境参照体,可后接处所宾语或事物宾语。如"他跑上楼"中的"楼"是环境参照体,是处所词语做宾语;又如"他递上了纸卡"中的环境参照体隐含,后接受动者充当关涉宾语,需通过介词结构引入环境参照体,如"他向小王递上了纸卡","小王"即是环境参照体。

时间义不凸显环境参照体,后接宾语多有限制条件。如"他又跑上了"中"上"一般不后接宾语;"他开始跳起舞来""他怎么也开始说开泄气话了?""他曾经去过那个地方"中的"跳起""说开""去过"后接宾语;"他准备一直把课程读下去""他终于把书读下来了""这么艰苦的生活他都熬过来了""这件事他挺过去了"中的"读下去""读下来""熬过来""挺过去"所涉及的受动者用做"把"字宾语或话题主语。

状态义不凸显环境参照体,可凸显动作与受动者或关涉者之间的关系,即动作与受事宾语或关涉宾语的关系。①受动者或关涉者可以是已存在物,如"他把东西藏起来了"中的"东西"是已存在物,表达由显到隐的存在状态变化。②受动者或关涉者可以是未存在物,如"他当上了研究员"中的"研究员"是动作的目标,不是已存在物,通常是人们通过努力而达到的价值状态。又如"他在这里盖起了一间房子","一间房子"由无到有。③当不后接受事宾语或关涉宾语时,表达返身致使,如"他的脸红起来了"没有关涉事物宾语,表达性质状态由低及高的变化。

以上四个方面是不同认知域动趋式句法差异的大致情况。不同动趋式的句法表现要具体分析,参见第四章和第五章的内容。

4　语义泛化、虚化研究思路

4.1　语义泛化、虚化与认知域

4.1.1　语义泛化与虚化理论

刘大为(1997)指出泛化是词语在保持越来越少的原有语义特征的情况下,不断产生新的使用方式并将越来越多的对象纳入自己的指称范围,他认为流行语的隐喻性语义泛化经历了三个阶段:确定原有义位与广泛的新对象之间的语义隐喻特征、频繁使用后的语义抽象、需借助语境把握确切语义的语义含混阶段，其中类比性特征是探究语义隐喻的关键，而语义隐喻的发生则是社会功能的反映和传播。如随着商品经济的发展，语义泛化大量集中到了经济词语上，如"投资""期货""资源""消费"等[1]。杨瑜（2010、2012）运用刘大为（1997）的研究思路，对流行词"雷""给力"的语义泛化进行了研究，认为"雷"不再单纯表"震惊"，还具有"无语、厌恶、受不了、难以置信、哭笑不得"等一系列"受冲击、受打击"义，可以构成"雷文、雷图、雷贴、雷言、雷人广告、雷人语录"等[2]。"给力"除了表示"精彩、吸引人、令人兴奋"以外，还可以表示"有效力、有能力、令人满意"等义，可以构成"给力产品、给力政策、给力主持人"等[3]。这些均发生了语义泛化。这类研究正成为目前词汇研究的热点。祝建军（2002）、邵敬敏（2007）、宗守云（2010）分别对近代汉语动词"打""V一把"中的"V"、补语"透"的语义泛化进行了研究。"打"的组合发生了泛化，由"打+受事"到"打+结果""打+目的"，具有了"作出、产生"义，语义趋于泛化[4]。"V一把"中"V"由手部动作动词到跟手完全无关的动词，再到部分不及物动词和性质形容词，发生了泛化[5]。补语"透"表达物体贯通、内容洞晓、光线穿过、流体渗透等是语义泛化，表达达到完全、达到极端是语义虚化，前者用作结果补语，后者用作程度补语[6]。可见，这些语义泛化的研究范式发生了扩展，可通过句法搭配、词类特征和句法功能判定语义的泛化，隐喻在其中起到了重要作用。

关于语义泛化与虚化的区别。王吉辉（1995）认为"泛化"与原义相比，概念内涵有所减少，所指范围有所扩大，表明了词语的这一新义已经泛化，如"解围"原义是"解除敌军的包围"，泛化义是"泛指使人摆脱不利或受窘的处境"。而"虚化"则是指意义中的概念全部消失，意义空灵[7]。高顺全（2002）指出虚化是词义由实到虚、由具体到抽象的过程，体现为词语的功能扩大和句法位置的基本固定化[8]。宗守云（2010）提出语义泛化

---

1 刘大为：《流行语的隐喻性语义泛化》，《汉语学习》，1997年第4期。

2 杨瑜：《"雷"的隐喻性语义泛化及其认知阐释》，《长春理工大学学报（社科版）》，2010年第5期。

3 杨瑜：《"给力"的隐喻性语义泛化及其语境意义构建》，《琼州学院学报》，2012年第1期。

4 祝建军：《近代汉语动词"打"的语义泛化》，《烟台大学学报（哲社版）》，2002年第3期。

5 邵敬敏：《"V一把"中V的泛化与"一把"的词汇化》，《中国语文》，2007年第1期。

6 宗守云：《补语"透"语义的泛化和虚化》，《汉语学习》，2010年第6期。

7 王吉辉：《意义泛化的性质和方式》，《汉语学习》，1995年第3期。

8 高顺全：《动词虚化与对外汉语教学》，《语言教学与研究》，2002年第2期。

往往在比较短的时间内完成，语义虚化往往在比较长的时间里完成，前者促动因素是隐喻，后者促动因素是隐喻和转喻[1]。本书借鉴语义泛化与虚化理论探讨动趋式语义演变问题。

4.1.2　认知域为主线的语义泛化与虚化

动趋式的语义泛化与虚化研究可通过认知域来体现。动趋式由空间域扩展到时间域、状态域，可看作语义泛化与虚化。例如：

（50）我三下五除二地**爬上**大厢板，动作是从未有过的敏捷。（毕淑敏《翻浆》）

（51）一九七七年，高校恢复招生考试的第一年，远在山西插队的张全义**考上**了中医学院中药系，回到了北京。（陈建功、赵大年《皇城根》）

（52）"你的马！"随之，巨人般的摔跤手也开始挥动大手**说上**了。（冯苓植《雪驹》）

例（50）用于空间域，"爬上"后接处所宾语；例（51）用于状态域，"考上"后接事物宾语；例（52）用于时间域，"说上"不后接宾语。其中的"上"语义发生了虚化，由表示"由低及高"到表示"到达某预期价值"到表示"实现开始某动作的时间变化"。例（50）～（52）"上"由趋向动词到附着性动词到准动态助词。

空间域、状态域内部的语义变化，多体现为语义泛化。例如：

（53）后天你就**穿上**这新衫子到寺里去烧烧香，说不定过了这节，你真有了好事哩！（贾平凹《浮躁》）

（54）芸茜**追上**我，和我并肩，边走边说：……（白桦《远方有个女儿国》）

（55）而且我真的**爱上**了这个当家人了，甚至有些崇敬。（白桦《远方有个女儿国》）

（56）你看吧，非要**吃上**他两三天不可！（迟子建《岸上的美奴》）

（57）刘文彬深知这对年轻恋人的心情，愿意让他们离开前**说上**几句体己话，搭讪着说：……（冯至《敌后武工队》）

例（50）、（53）、（54）均是空间域的表现，由表达"由低及高到达终点的垂直上向空间位移"到表达"（不凸显由低及高的位移过程）依附于某处的空间变化"到表达"（不凸显由低及高的位移过程）水平前向到达某关涉者的空

1　宗守云：《补语"透"语义的泛化和虚化》，《汉语学习》，2010 年第 6 期。

间位移"，均具有"到达终点"的含义，语义发生泛化，垂直上向到依附向、水平前向，句法上表现为"环境参照体做处所宾语""受动者做关涉宾语""环境参照体做关涉宾语"。例(51)、(55)～(57)均是状态域的表现，分别表达"到达预期价值的状态变化""到达某关涉者的心理状态变化""到达预期数量的状态变化""由无到有的存在状态变化"，均表达"到达预期目标的状态变化"，语义发生了泛化，状态域范围扩大，所搭配的动词小类不同。

4.2 原型范畴、主观性与隐喻、转喻

动趋式源于驱动—路径图式，最初表现为物理空间的位置移动，通过隐喻或转喻扩展到其他认知域中，产生了驱动—路径图式的变化，进而产生语义泛化与虚化。如何更为科学合理地说明隐喻或转喻机制，成为深入研究的关键。原型范畴理论和主观性为我们提供了一条研究思路。隐喻或转喻过程中伴随着认知域由具体到抽象、范畴特征由多到少、主观性由弱到强等方面的变化情况。

隐喻是人类认识世界的基本认知方式之一，由具体域到抽象域的隐喻扩展体现为无形的、难以理解的、复杂的抽象概念的概念化植根于我们对有形的、为人熟知的、简单的具体概念的把握。转喻是在同一认知域内用易感知、易理解的部分代表整体或整体其他部分。例(50)到例(51)是空间域向状态域的隐喻，同时，也体现了实现状态代表整个状态变化过程，即部分代表整体的转喻；例(50)到例(52)是空间域向时间域的隐喻，同时也是终点转喻整个时间过程。张辉、卢卫中(2010)提出隐喻中的转喻，即转喻包含在隐喻中[1]。我们认为，以上两例就是隐喻中的转喻。聚焦终点的动趋式"V+上"由空间域到状态域的隐喻扩展，移动路径由实际位移到虚拟变化，移动路径的动程往往受到抑制，往往由终结状态代表由初始状态到终结状态的变化，同样，聚焦终点的动趋式"V+上"由空间域到时间域，凸显动作开始代表时间变化的整个过程。

隐喻过程中原型范畴特征发生了变化。原型范畴化理论强调范畴是凭借属性建立起来的，属性与人类认知及与现实的互动密切相关；属性有中心、重要的区别属性和边缘的、非重要的属性之分；范畴成员之间具有互相重叠的属性组合，形成家族相似性；范畴成员有"核心"和"边缘"之分，拥有的共有属性逐渐减少；范畴的边界是模糊的[2]。例(50)是"V+上"的

1　张辉、卢卫中:《认知转喻》，上海:上海外语教育出版社，2010年，第34—37页。
2　赵艳芳:《认知语言学概论》，上海:上海外语教育出版社，2001年，第60—61页。

原型，具有［由低及高］、［凸显二维环境参照体］、［凸显移动过程］、［作用力具有位移性］、［到达终点］等属性，例（51）用于状态域，［凸显二维环境参照体］、［凸显移动过程］、［作用力具有位移性］这三个属性消失，保留了［由低及高］、［到达终点］的中心属性，体现为原型范畴特征的减少。

由空间域到时间域、状态域的隐喻过程与人类认知的主观性有关。"主观性"是指语言的一种特性，即在话语中多多少少总是含有说话人"自我"的表现成分，也就是说，说话人在说出一段话的同时表明自己对这段话的立场、态度和感情，从而在话语中留下自我的印记[1]。特劳戈特（Traugott，1995）认为主观化强调局部的上下文在引发这种变化中所起的作用，强调说话人的语用推理过程。语用推理的反复运用和最终的凝固化，结果就形成主观性表达成分。也就是说，主观化是一个语用—语义过程，意义表明了说话人对命题的主观态度和主观信念[2]。

4.3　共时与历时相结合的语义泛化、虚化

要研究动趋式的语义泛化与虚化过程，建立致使性句法语义连续统，要考虑共时和历时两个方面。共时平面有助于分析动趋式致使性语义泛化与虚化的变异功能，历时平面有助于分析动趋式致使性语义泛化与虚化的演化机制。只偏重共时平面，则无法得知语言在历时中的演变；只偏重历时平面，则无法得知语言在共时中的功能分工。只有将二者结合起来，才能更深入地研究动趋式致使性语义泛化、虚化过程。对于如何将共时与历时相结合，目前有两条研究路子：第一条是先共时后历时的研究路子。先做共时平面上的语义语用分析，说明不同用法的语义背景与范畴特征，然后再做历时平面上的语义泛化、虚化研究，追溯不同用法的来源，验证共时分析得出的结论，最后得出语言变异的语义泛化、虚化过程。通过历时研究，能够帮助解释共时问题。第二条是先历时后共时的研究路子。先从历时平面上进行语言现象的演变研究，说明不同用法的出现条件及语义泛化、虚化机制，然后再分析共时平面上语言现象的共存模式及其关联性，最后总结得出语言变异的泛化、虚化机制。通过共时分析，可以帮助理解和解释历时问题。

不管是先共时后历时，还是先历时后共时，最终都是二者结合，共同说明语言现象的语义泛化、虚化过程。不同的是：前者着重于共存模式的描写与语用推理，历时来源的分析与预测是重要的补充，进一步印证语用

1　沈家煊：《语言的"主观性"和"主观化"》，《外语教学与研究》，2001年第4期。

2　魏在江：《隐喻的主观性与主观化》，《解放军外国语学院学报》，2007年第2期。

推理的合理性。后者着重于历时演变顺序的描写与解释，不同用法在共时平面上的遗留与消隐情况的分析是重要的补充，进一步印证历时演变在共时平面上的缩影。这两条研究路子着眼点不同，但殊途同归，都是为了更好地说明语义的泛化、虚化过程。

我们将采用第一条研究路子，即先共时后历时，将重点放在共时平面的分析上。首先，动趋式在共时平面上的用法较为复杂，同一动趋式在不同语境中出现了不同用法与意义，体现为认知域的隐喻扩展、主观性的强弱变化、范畴特征的多少变化等，由此，得出同一动趋式的语义类型及主观性特征、所搭配的动词小类，并通过隐喻或转喻机制推测其语义泛化或虚化过程。其次，通过探究同一动趋式的不同意义类型的历时来源，分析其语义泛化、虚化动因，主要包括语义基础、句法环境和使用频率等因素[1]，更好地说明趋向补语的语义泛化、虚化过程及机制。动趋式致使性语义泛化、虚化研究的思路如图 3-2-6 所示（箭头表示共时与历时研究之间的互动关系）。

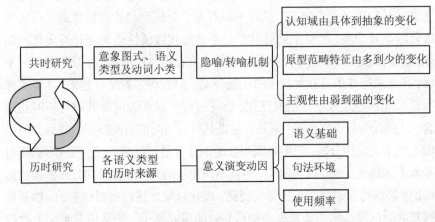

图 3-2-6　动趋式致使性语义泛化与虚化研究思路图

我们将以"认知域"为主线，结合其隐喻／转喻扩展，探究动趋式的认知语义类型，并通过各认知语义类型的历时来源，探究动趋式致使性语

1　"一个语法手段的产生与发展通常受三个条件的限制：一是语义的适宜性，哪些词汇向哪些语法标记的发展有很强的规律性，只有那些语义上适宜的词汇才能有这种可能性；二是句法环境，语法的发展跟词义的引申不一样，它必须在一定的句法环境中进行；三是比较高的使用频率，新语法现象往往首先产生在那些高频率使用的词汇之上，高频率使用的现象容易固定下来成为一种语法手段。语法化是一个程度问题，从普通的词汇到典型的语法标记之间存在着各种过渡状态。"参见石毓智：《语法化的动因与机制》，北京：北京大学出版社，2006 年，第 7 页。

泛化及虚化。按照简单趋向补语由聚焦终点到聚焦起点的标量特征连续统顺序(到、上、来、进、回、过、下、出、去、起、开),我们对各类动趋式致使性语义泛义与虚化进行系统细致的分析,其研究思路与步骤为:第一步,先分析动趋式语义结构所在认知域、认知语义类型、范畴特征和主观性,并说明语义类型的句法表现形式。在同一认知域的语义类别使用"1a、1b、1c……""2a、2b、2c……""3a、3b、3c……"表示,以体现之间的关联性。第二步,并利用2500万字自建语料库和北大CCL语料库分析所搭配的动词和形容词小类及其语义特征[1]。根据动趋式的致使性语义类型来探讨动词小类,根据返身致使和外向致使的表现来分析动词小类,尤其是结合移动路径的五维量度探讨动词语义特征,并通过代表动词进行小类标注,如"跳$_{(1)}$、飘"类动词,是一价返身位移类动作动词。当然,动词也具有方向性特征,我们将在第七章专题讨论。第三步,通过北大语料库古汉语语料、中国基本古籍库和文献资料分析趋向补语语义类型的来源,验证共时平面的研究结论,进一步总结语义泛化及虚化机制。

5　动趋结构产生的判断依据

关于动趋式的产生时间,主要有四种观点:一是"先秦"说。如尹玉(1957)认为早在先秦时代,汉语中即已出现了趋向补语,例如:鸡栖于埘,日之夕矣,羊牛**下来**。(《诗经·王风·君子于役》);(徒人费)**走出**,遇贼于门,劫而束之。(《左传·庄公八年》);鸟飞**反**故乡兮,狐死必首丘。(《楚辞·哀郢》)。但从汉代开始趋向补语才被广泛运用,例如:文帝尝梦欲上天,不能;有一黄头郎**推上天**。(《汉书·邓通传》);永惊惧,引兵**走出**东门。(《后汉书·盖延传》)。唐代时趋向补语已有了引申的用法,例如:不知细叶谁**裁出**,二月春风似剪刀。(贺知章《咏柳》)。到宋代出现复合趋向补语,例如:理与气本无先后之可言,但**推上去**时,却如理在先,气在后相似(《朱子语类》卷一)[2]。

周迟明(1957)将动趋式定义为连动性复式动词,认为周代已经发生,例如:魂兮**归来**哀江南。(《楚辞·招魂》);秋,郑詹自齐**逃来**。(《谷梁传·庄公十七年》);却子将登,金奏作于下,惊而**走出**。(《左传·成公

1　动词和形容词的具体义项参照孟琮等编:《汉语动词用法词典》和郑怀德、孟庆海编:《汉语形容词用法词典》中的义项,上标表示同形词,下标表示义项数目。

2　尹玉:《趋向补语的起源》,《中国语文》,1957年第9期。

十二年》)。但是要到汉代以后才逐渐发达起来,例如:去时里正与裹头,**归来**头白还戍边。(杜甫《兵车行》);兰陵美酒郁金香,玉碗**盛来**琥珀光。(李白《客中行》);何当大刀头,破镜**飞上**天。(《古绝句》)。复合趋向补语在六朝时已经产生了,到了唐代复合趋向补语的三个部分可紧接连用在一起,例如:遂有一童子,过在街坊,不听打鼓,即**放过去**(《敦煌变文集新书·庐山远公话》)[1]。

潘允中(1982)将汉语史上的趋向补语按结构分为:A 类"动 + 单趋补",B 类"动 + 复趋补",C 类"动 + 单趋补 + 宾",D 类"动 + 宾 + 单趋补",E 类"动 + 复趋补前 + 宾 + 复趋补后",认为 A 类和 C 类的趋补结构是最早产生的,起源于先秦,盛行于汉代,并由此派生 B 类和 D 类两种新结构,E 类是在近代才有的。A 类例如:"**还入**于郑。(《左传·僖公二十四年》)""楼缓闻之,**逃去**"(《战国策·赵策二》),多限于"入、去"等几个,且用例不多;汉代后"出、来、下"等陆续成为趋向补语,例如:武帝择官人不中用者,**斥出**,归之。(《史记·项羽本纪》)。B 类起源于西汉,自汉以后,陆续产生"出去、上去、过去、过来"等,例如:楚围汉王荥阳急,汉王**遁出去**,而使周苛守荥阳城。(《史记·张丞相列传》)。C 类最早见于"燕将**攻下**聊城"(《战国策·齐策六》),两汉时期逐渐增多,例如:**收去**诗书百家之语,以愚百姓。(《史记·李斯列传》)。D 类汉代时出现,例如:王使人**持**其头**来**。(《史记·范睢蔡泽列传》),南北朝时得到广泛发展,例如:蛮奴领得战残兵士,便**入**城**来**。(《敦煌变文》)。E 类是宋代以后的新结构,例如:(府尹)便**唤过**文笔匠**来**,去何清脸上刺下"迭配……州"字样……(《水浒传》)[2]。

杨建国(1992)认为动趋式萌芽于先秦,例如:"鸡栖于埘,日之夕矣,羊牛**下来**。"(《诗经·王风·君子于役》)、"(徒人费)**走出**,遇贼于门;劫而束之。"(《左传·庄公八年》)、"范匄**趋进**。"(《左传·成公十六年》),用例极少,先秦之后,动趋式普遍盛行起来[3]。

何乐士(1992)认为《左传》中已见到用作趋向补语的动词"出、入、过、进、至"等,例句很有限,例如:叔孙将沐,闻君至,喜,捉发**走出**(《左传·僖公二十九年》);《史记》中扩大了运用范围,用法也更加灵活

1　周迟明:《汉语的连动性复式动词》,《语言研究》,1957 年第 2 期,第 23—58 页。

2　潘允中:《汉语语法史概要》,郑州:中州书画社,1982 年,第 237—242 页。

3　杨建国:《补语式发展初探》,载《现代汉语补语研究资料》,北京:北京语言学院出版社,1992 年,第 94—113 页。

多样[1]。管燮初（1994）指出《左传》中补语表示趋向的有11个，例如：寡君使群臣为鲁卫请，曰：无令舆师**陷入**君地（《左传·成公二年》）[2]。

二是"两汉"说。魏丽君（1996）认为动趋式的萌芽产生于两汉时期，但"动+趋动"格式构成的连动式和兼语式仍大量存在，且很难分辨，需将句法、语义、语用结合起来深入观察，其中"动+趋动"后接处所宾语或受事宾语，且整个格式陈述主语时，已基本符合动趋式的条件，例如："野鸭**飞上天**"（《乐府诗集》）、"感动下泣，曰：'**扶起**丞相。'贺不肯起。"（《汉书·公孙刘田王杨蔡陈郑传》）等。虽然汉代文献中动趋式例句还不多，但到南北朝时已经屡见不鲜了，因此，动趋式肯定绝不是南北朝时期才形成，不可能晚至唐五代[3]。

三是"南北朝"说。孙锡信（1992）认为趋向补语的产生应以趋向动词的虚化为前提，而确定其是否虚化，即考察动词词义的虚实，如果不从句法结构及语义结构方面给出一定的条件，便令人无所适从，例如："郑詹自齐**逃来**"（《谷梁传·庄公十七年》）中的"逃来"有先后之分，但无偏正之别，应看作连动结构。汉代以前"动+趋动"格式中的趋动词义都很实在，可构成连动或兼语结构，例如："王使人疾**持**其头**来**"（《史记·范雎蔡泽列传》）、"司马夜**引**袁盎**起**"（《史记·袁盎晁错列传》），认为趋向动词的词义有一定的虚化，演变为"动+趋动+宾"的形式，且趋向动词不表示主语的行为，才表明趋向动词真正虚化为趋向补语。可以肯定趋向补语在南北朝时已经形成，例如："复大叫云：'偷儿在此！'绍遑迫自**掷出**，遂以俱免"（《世说新语·术解》），唐五代时趋向补语普遍运用。他还认为趋向补语形成后产生了新的形式标志，即充当补语的趋向动词的轻声化，这时不宜机械地采用针对上古汉语趋向补语制定的形式标准[4]。

四是"六朝至唐"说。梁银峰（2007）认为趋向补语产生于中古时期（六朝至唐），是由上古汉语的趋向连动结构发展而来的。六朝前"动+趋动"为连动结构，例如："常有双兔从东南**飞来**"（《风俗通义·正失》）、"闻蜻皆从女居，**取而来**，吾将玩之"（《吕氏春秋·审应览·精谕》）、"**罢去**后宫不御者，出以妻鳏夫"（《新序·杂事二》）等。他认为导致趋向补语产生

---

1 何乐士：《〈史记〉语法特点研究——从〈左传〉与〈史记〉的比较看〈史记〉语法的若干特点》，载程湘清主编：《两汉汉语研究》，济南：山东教育出版社，1992年，第225—233页。

2 管燮初：《〈左传〉句法研究》，合肥：安徽教育出版社，1994年，第232—233页。

3 魏丽君：《也谈动趋式的产生》，《古汉语研究》，1996年第4期。

4 孙锡信：《汉语历史语法要略》，上海：复旦大学出版社，1992年，第321—325页。

的演变机制是重新分析和类推,可从以下三个方面说明:一是魏晋南北朝时期大量出现"V+Vd+NP"格式,例如:"**飞来**双白鹄,乃从西北来"(《古辞·相合歌辞十四》),由于趋向动词之后又出现了句法成分,两个动词之间的句法边界削弱,开始整合为动趋式,但该时期位移主体句法位置的改变,导致两个动词之间的结构关系发生重新分析,汉语趋向补语的语法化过程由此开始,虽然连动式的可能性依然存在;二是魏晋南北朝时期处所词 LP 位于两个动词之间的用例更多,指出"府吏**还家去**,上堂拜阿母"(《玉台新咏·古诗为焦仲卿妻作》)中"家"是"去"的终点,不同于"适斗争已,便**出宫去**"(《经律异相》卷二十)中"宫"是"去"的源点,前句"去"是趋向补语,后句"去"不是趋向补语。三是汉魏六朝时期受事宾语多位于两个动词之间,但有时受事宾语可以置于句首充当话题,例如:"好甜美者,汝当**买来**"(《百喻经·尝庵婆罗果喻》)中"来"主要表示句首受事话题的运动趋向,而不是主要表示施事主语的行为,经重新分析后,"买来"宜理解为动趋式;唐宋时期该类格式趋向补语的语法地位逐渐巩固下来,结构上的重新分析最终带来表层形式的变化,如受事宾语位于"动 + 趋动"之后,例如:"汝但自往,我已**取来**旦暮二时所食香稻"(宋施护法护惟净同译《白衣金幢二婆罗门缘起经》,《大正藏》1/219a),该格式的出现标志着趋向补语这种新的语法范畴的正式确立;四是双趋式大多是通过单趋式的类化作用形成的,产生于唐宋,形成了"V+Vd1+Vd2""V+N+Vd1+Vd2""V+Vd1+N+Vd2",分别例如:"侍者到于半路,逢见涅槃堂主著纳衣**走上来**"(《祖堂集》卷十六,南泉和尚)、"报慈拈问僧'作摩生道,则得不屈得古人?'僧对云:'这个僧**将状出去**。'"(《祖堂集》卷十五,归宗和尚)、"宋四公吃三两杯酒,只见一个精精致致的后生**走入店来**。"(《今古奇观·宋四公大闹禁魂张》)等,"V+Vd1+Vd2+N"格式在近代汉语中非常罕见,来源于"V+Vd1+Vd2"[1]。

以上第三种、第四种观点在判断趋向补语时有着较为明确的句法语义标准,尤其是第四种观点。第一种观点未考虑句法语义标准,第二种观点认为汉代已出现趋向补语,实际上,这个时期用例极少。虽出现了"动 + 趋动 + 处所宾语 / 受事宾语"用例,也应有较为清晰的认识。例如:

(58)烧火烧野田,野鸭飞上天。(《乐府诗集》)

(59)稿砧今何在?山上复有山。何当大刀头,破镜飞上天。(《古

1　梁银峰:《汉语趋向动词的语法化》,上海:学林出版社,2007 年,第 1—23 页。

绝句》)

（60）文帝尝梦欲上天，不能，有一黄头郎**推上天**。(《汉书·邓通传》)

（61）鸾凤又集长乐宫东阙中树上，**飞下止地**。(《汉书·宣帝纪》)

（62）车驾**送出西明门**。(《晋书·宣帝本纪》)

（63）上与左右见贺悲哀，感动下泣，曰："**扶起丞相**"。贺不肯起，上乃起云，贺不得已拜。(《汉书·公孙刘田王杨蔡陈郑传》)

（64）秋七月地震。往往**涌出水**。(《汉纪·孝武皇帝纪》)

（65）初，燕将**攻下聊城**，人或谗之。(《战国策·齐策六》)

例（58）～（62）是"动＋趋动＋处所宾语"的格式，例（63）～（65）是"动＋趋动＋受事宾语"的格式。孙锡信（1992）对这类格式的看法是趋向动词词义并未虚化，趋向动词与前面的动词多承载同一主语，不能说明动趋式趋向补语的产生。如"下"有"攻克"之义，"攻下"也是"攻克"之义，"攻"与"下"是近义连用，构成连动结构[1]。"上"有"上升、登上"之义，"飞上"是连动结构；"下"有"降下、落下"之义，"飞下"是连动结构；"出"有"离开"之义，"送出"是连动结构；"扶"有"帮助、援助"之义，"起丞相"是使动用法，"扶起"是连动结构，等等。

基于此，我们赞同趋向补语产生于六朝，兴盛于唐宋的观点。判断标准是：趋向动词的词义有一定的虚化；演变为"动趋式＋宾语"的形式，宾语可包括施事宾语、受事宾语和处所宾语；且趋向动词不表示主语的行为，这时趋向动词真正虚化为趋向补语。

6　小　结

本节分析动趋式致使性语义泛化与虚化的研究框架。主要结论有：

①　根据移动路径的标量特征对趋向补语进行了重新分类。我们将趋向补语分出聚焦终点型（到／上／来／进／回）、聚焦经过点＋终点型（过）、聚焦终点＋起点型（下）、聚焦起点＋终点型（出／去／起）、聚焦起点型（开）等五类。从左到右，其聚焦终点性愈弱，聚焦起点性愈强。

②　根据移动路径的向量特征对趋向补语进行了重新分类。我们将趋向补语的空间方位先分为上向（"上、起"）和下向（"下"），接近向（"上、过"）和离开向（"下、开"），经过向（"过"），内向（"进"）和外向

1　孙锡信:《汉语历史语法要略》，上海:复旦大学出版社，1992年，第322页。

（"出"），聚拢向（"起"）和延展向（"开"），依附向（"上、下"）和分离向（"下、开、去"），还有泛方向，细分为自我参照向（"来、去"）、到达向（"到"）和返回向（"回"）。

③ 在分析前人关于语义演变研究理论的基础上，提出认知语言学视角下的语义演变研究思路：以认知域为主线，从共时和历时角度，探讨趋向补语在不同认知域的隐喻或转喻机制，说明其区别性语义特征，具体表现在原型范畴特征由多到少、主观性由弱到强、动词小类和句法演变上。

④ 在综述前人研究基础上，进一步说明动趋式的产生时间是六朝时期，兴盛于唐宋。

第四章 动趋式致使性的语义泛化与虚化（上）

本章将探讨聚焦终点型动趋式致使性的意象图式、认知语义类型、动词小类、语义泛化与虚化机制。我们按照使用频率由高及低的顺序排列，分别为"V+到""V+上""V+来""V+进""V+回"。其中，"V+上""V+进""V+回""V+来"关注移动过程，其核心语义分别是"由低及高/由远及近趋近并到达（或依附于）目标""由外及内进入某容器""由某点回到施动者处或受动者处""朝向立足点位移"。"V+到"关注移动结果，其核心语义是"到达和达成"。

第一节 动趋式"V+到"的致使性泛化与虚化

1 引 言

"V+到"使用频率高[1]，语义类型丰富。请看下列例句[23]：

（1）他回**到**了家乡。　　　　　　（2）我今天收**到**了一封信。

（3）在北京的几个老邻居我都看**到**了。

（4）大风刮**到**下午两点才停止。

（5）这里的冬天可以冷**到**零下二十度。　　（6）声音高**到**不能再高了。

吕叔湘（1999）将"到"分为动作达到目的或有了结果、人或物随动作到达某地、动作继续到什么时间、动作或性质状态达到某种程度、状

1　根据笔者所建2500万字当代北方作家小说语料，统计发现，动趋式"V+到"数量（251633）远远高于其他动趋式（"V+上/下/进/出/回/过/来/去"，分别为18022、19657、8239、18650、3655、8492、11784），是其他动趋式数量总和的2倍还多。

2　吕叔湘：《现代汉语八百词（增订本）》，北京：商务印书馆，1999年，第15—16页。

3　孟琮等编：《汉语动词用法词典》，北京：商务印书馆，1999年，第19页。

态达到的程度等 5 个意义[1]，分别如例（1）、（2）、（4）、（5）、（6）。孟琮
（1999）将"到"分为得到、涉及，周到、尽数，至某时间、某处所、某种
程度等 3 个意义[2]，分别如例（2），（3），（4）、（1）、例（5）~（6）。刘月
华（1998）认为"到"具有通过动作使人或物移动到某处所的趋向意义，
动作达到目的或有结果的结果意义，将动作持续进行到某一时间、动作
或动作所涉及的事物达到的数量、事情、状态的发展变化所达到的程度
等趋向意义的比喻用法[3]，分别如例（1）、（2）~（3）、（4）~（6）。范立
轲（2012）认为程度是有关量的表达的范畴，数量、性质、状态等均看作
是"量"，动作所达到的"时间、地点、数量、性质、状态"等可以量化而表
程度[4]。

　　可见，前人对"到"的语义归纳差别较大，分歧在于：第一，达到程度、
达到数量是分是合？范立轲（2012）将到达时间点、到达数量点和到达程
度归纳为"程度"[5]较笼统，如"她一直洗到下午两点""她洗手一直洗到第五
遍才不洗了""她一直洗到手发酸"，其中动词均为"洗"，句子均具有时间持
续义，然而分别关注时间、数量、程度，主要体现在后接宾语的不同上。孟
琮（1999）[6]和刘月华（1998）[7]将到达时间、到达数量和到达程度归纳为同一
语义，或者理解为趋向意义的比喻用法，处理无不可，考虑到趋向补语语
义体系，分列更易进行比较。第二，与时间、数量、程度有关的"到"看作
趋向意义的比喻用法，是否合适？第三，"周到、尽数"义的语义归纳是否
合适？

　　本节利用自建 2500 万字当代北方作家语料、北大 CCL 语料库和中
国基本古籍库，运用认知语言学理论，探讨"V+到"的语法性质及认知图
式，在此基础上，先从共时层面分析认知语义类别及动词小类，再从历时
层面验证以上语义类别的先后出现顺序，归纳语义演变过程，从而有助于
分析语义关联性及泛化、虚化机制。

2　动趋式"V+到"的认知域、语义类别及动词小类

　　Heine 等（1991）将人类认识世界的认知域排列成一个由具体到抽象

1　吕叔湘：《现代汉语八百词（增订本）》，北京：商务印书馆，1999 年，第 15—16 页。

2 6　孟琮等编：《汉语动词用法词典》，北京：商务印书馆，1999 年，第 19 页。

3 7　刘月华：《趋向补语通释》，北京：北京语言大学出版社，1998 年，第 400—413 页。

4 5　范立轲：《"V 来"和"V 到"的替换条件及认知动因》，《汉语学习》，2012 年第 1 期。

的序列: 人 > 物 > 事 > 空间 > 时间 > 性质[1]。我们认为,"V+ 到"最初用于空间域,后隐喻扩展至时间域和状态域,体现为空间变化到时间变化、状态变化,致使性逐渐减弱,直至消失。时间概念表征具有垂直的空间方向性[2]。事物运动除了与空间与时间有关外,还表现为事物在一定度上质与量的状态变化[3]。其中,不仅性状含有量级的因素,可以通过程度量来进行衡量,事件同样含有时间量等因素[4]。"V+ 到"中的这些量级体现为极性,极性"通常是与级(比较级、最高级)相关的范畴,是指在汉语中描述某个状态、某种性质或某个动作达到了等级尺度的顶端"[5]。不同认知域呈现出不同的终点特征,认知域与位移端点如表 4-1-1 所示:

表 4-1-1 认知域与位移端点

认知域	空间	时间	行为	数量	程度
起点	处所起点	初始时间	发出动作	初始数量	初始程度
终点	处所终点	极性时间	达成支配	极性数量	极性程度

2.1 空间域: 到[1][(受动者)到达某处所的空间变化]

"V+ 到"结构最初表达施动者通过作用力使受动者到达某处所的空间变化,标记为"V+ 到[1]"。"到"表达"到达(某处所)"义,由于"处所"体现为点,而非段。如图 4-1-1 所示(虚线表示位移的路径,隐而不显;箭头表示位移的方向,圆点表示处所):

图 4-1-1 "到[1]"的意象图式

"V+ 到[1]"后接处所宾语,处所可以是三维处所(如"教室里 / 外"),如例(8)、(12)、(14);也可以是二维处所(如"桌子上 / 下"),如例(8)、

1 Heine, B. et al. *Grammaticalization: A Conceptual Framework*. Chicago: The Chicago University Press, 1991: 48-52.

2 吴念阳、徐凝婷、张琰:《空间图式加工促进方向性时间表述的理解》,《心理科学》,2007 年第 4 期。

3 陈先达、杨耕:《马克思主义哲学原理(第 3 版)》,北京:中国人民大学出版社,2013 年,第 123—124 页。

4 李宇明:《汉语量范畴研究》,武汉:华中师范大学出版社,2000 年,第 30 页。

5 赵琪:《从极性程度的表达看修辞构式形成的两条途径》,《当代修辞学》,2012 年第 1 期。

（13）；也可以是一维处所（如"前/后"），如例（7）；也可以是不定指处所（如"哪儿"），如例（10）；也可以是抽象处所，如例（11）。V 具有[±位移][+自主][+持续][+动作/言说]特征，可以是"跳$_{(1)}$、飘"类一价自移动作动词、"推$_{(1)}$、拉$^1_{(1)}$"类二价他移动作动词、"流、喷"类一价非自主自移动作动词、"躲、闪$_{(1)}$"类一价非位移动作动词、"说$_{(1)}$、想$_{(1)}$"类二价非位移性言说/思维动词等。分别例如：

（7）……在楼梯的转角处，突然有两个男学生**跳到**她跟前。一个人抓住了她的双臂，另一个有着猴子样瘦脸的人，就左右开弓，狠狠地打起她的嘴巴来。（杨沫《青春之歌》）

（8）把门的士兵……用枪杆将我们**推到**百米之外，说现在正遇曹丞相出巡，不能靠近。（刘震云《故乡相处流传》）

（9）莫征的耳朵感到她嘴唇里呼出来的热气，这温热一直从他的耳朵**流到**他的心里。他笑了。（张洁《沉重的翅膀》）

（10）正赶上这场大雨，她能**躲到**哪儿去呢？要是被雨激着，那可怎么得了啊。（陈建功、赵大年《皇城根》）

（11）a. 杨妈急切地说，却**说不到**点子上："谁知道哇？……"（陈建功、赵大年《皇城根》）

b. 比起他来，我算什么？**想到**这儿，我也就心安理得地、有计划、有步骤地行起骗来了。（白桦《远方有个女儿国》）

以上例句"V+到"的自足性较差，需要通过下文补充，如例（7）"跳到她跟前"句子并不自足，后接接续性事件"一个人抓住了她的双臂，另一个有着猴子样瘦脸的人，就左右开弓，狠狠地打起她的嘴巴来"，以说明具体原因或目的，这说明"V+到"只具有趋向性特征。

具体处所可抽象化，如例（12）；有些抽象概念如"骑到我头上""不把……放在眼里/对……没有放到眼里"，具有了隐喻义，分别表达"欺凌某人""看不起某人"，如例（13）、（14）。

（12）没想到沈在一曲终了，就要下场之时，回眸笑了一笑。沈一笑，就把延津几十万民众**推到**深渊和水深火热之中去了。（刘震云《故乡相处流传》）

（13）过去李家**骑到**我们头上作威作福，是因为我们没有翻身。（刘震云《故乡天下黄花》）

（14）（他）对李葫芦三十多人的造反团并没有**放到**眼里。（同上）

由上，"V+到$_1$"一般可添加"来/去"，以凸显叙说者观察视角，如例

（10）、（12）。

"V+到$_1$"往往隐含移动路径。沈阳（2015）认为"位移—终点"的句法形式只是"V+到+处所宾语"结构，不应该包括动趋式，因为后者只涉及"位移（路径）"，而并不表示"终点（方向/存在）"[1]。这说明了"V+到"的表义特殊性，但将"V+到+处所宾语"看作动介结构则并不合适。我们认为，"V+到+处所宾语"与动介结构不同，动介结构如"他坐在沙发上""他走向街头""他飞往北京"等，其中的"在""向""往"虽然也位于动作之后做补语成分，但并不是致使关系，因为可变换成"他在沙发上坐""他向街头走""他往北京飞"，因此"在""向""往"是介词。"V+到+处所宾语"变换后则发生语义变化，如"他跑到教室"变换成"他到教室跑"，意义则不同；同时，"到"仍然隐含着移动路径，即从某处到达某处，可通过介词结构凸显起点，如"他从操场跑到教室"。可见，"V+到+处所宾语"中的"到"仍具有较强的动词特征，动作"V"是结果动词"到"的方式，又是内在原因，或者说"到+处所宾语"的产生晚于动作V的发出，因此，该结构可看作动趋式。由于受动者与客观参照体之间的方向关系并不明确，可以是上向、下向、内向、外向、水平向等，因此，"V+到"的使用频率远远高于其他动趋式。

2.2　时间域：到$_2$[（施动者）动作到达极性时间点的变化]

空间域也可隐喻扩展至时间域。"处所"隐喻扩展至"时间"，表达施动者动作持续到某极性时间点的变化。这时"到"标注为"到$_2$"，具有较强的动作性，语义指向施动者动作到达的极性时间点，不可添加"来/去"。"V+到$_2$"只表达返身致使，后接时间宾语，可搭配[±位移][+自主][+持续]特征动词。"极性时间点"可以用时间词语表示，如例（15）；也可以用非时间词语即动词性短语来表示，如例（16）。

（15）要提自己，也没有什么不可以，自己也可**干到**六十五岁。（刘震云《官人》）

（16）三个人一直**谈论到**天亮。（李準《黄河东流去》）

2.3　状态域：[（施动者）达成支配关涉者的行为状态变化/（受动者）到达极性数量或性质的状态变化]

2.3.1　行为域：到$_{3a}$[（施动者）达成支配关涉者的行为状态变化]

空间域可隐喻扩展到行为状态域。"处所"隐喻扩展至"动作关涉者"，

1　沈阳：《现代汉语"V+到/在 NP$_L$"结构的句法构造及相关问题》，《中国语文》，2015 年第 2 期。

施动者通过动作支配关涉者，通过"到"凸显施动者达成支配关涉者的行为，由实施动作到产生状态变化。这时"到"标记为"到$_{3a}$"，语义指向 V，"V+到"句法较凝固，"到"成为结果性后置成分[1]。"到$_{3a}$"的意象图式如图 4-1-2 所示：

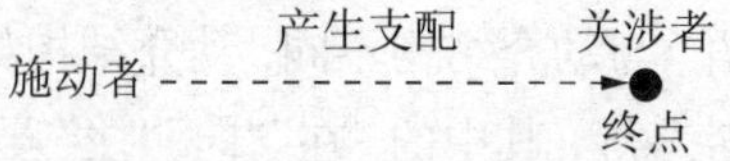

图 4-1-2 "到$_{3a}$"的意象图式

"V+到$_{3a}$"只表达返身致使。由于施动者与关涉者的关系是单向的，与叙说者无关，句法上体现为不可添加"来/去"。这时多搭配"吃$_{(1)}$、喝"类、"听$_{(1)}$、闻"类、"抓$_{(3)}$、找[1]"类、"接$_{(2)(3)(4)}$、收$_{(2)(4)}$"类、"买、借$_{(1)}$"类和"受$_{(1)}$、遭"类等二价内向性非位移动词[2]，这时"V+到$_{3a}$"后接受事宾语或事件宾语。例如：

（17）（老洪和小坡）……第一次**喝到**这样有滋味的酸辣汤，……（刘知侠《铁道游击队》）

（18）一进冯家大院，就会**闻到**腐木和青苔的气息。（梁斌《红旗谱》）

（19）正因为一切都不存在了，现在想**找到**章楚红就难了。（刘震云《一句顶一万句》）

（20）朱老忠自从**接到**运涛的信，总是替严志和父子着急，心上架着一团火。（梁斌《红旗谱》）

（21）（我）一定能为您**买到**那种有黑色大理石花纹的扣子。（毕淑敏《女人之约》）

（22）（敌人）一路上**遭到**八路军和民兵的无数打击，死伤了三四十个。（马烽《吕梁英雄传》）

例（17）施动者动作"喝"与关涉者"酸辣汤"存在支配关系，通过"到"凸显支配关涉者的行为，使施动者达成了行为状态变化。去掉

---

1 陈昌来：《论动后趋向动词的性质——兼谈趋向动词研究的方法》，《烟台师范学院学报（哲社版）》，1994 年第 4 期。

2 动词带受事宾语还有"发出""具有""破坏""改变"等支配语义，但并不能加入"到"凸显到达义。发出义"寄"构成"寄信"，施动者不能通过动作接触到信，这是"寄"类动词的外向性决定的；具有义"具备"类动词是静态动词，不具有致使性；破坏义"砸"类动词，这时关涉者转化为处所，如"砸到玻璃上"；改变义"叠"类动词关注施动者对关涉者"被子"形状的改变，而不是与"被子"的接触关系。

"到 $_{3a}$"句子成立，但意思不同，如"喝到汤"与"喝汤"，前者表示动作后有结果（"得到某物"），后者只表示"喝汤"动作，在一定语境中才能明确动作的状态，如"喝汤！"。

还可搭配"看 kàn $_{(1)}$、瞧"类感官动词、"碰 $_{(2)}$、遇"类动作动词、"说 $_{(1)}$、聊"类言说动词、"想 $_{(1)}$、考虑"类思维动词等二价外向性非位移动词，这时"V+到 $_{3a}$"后接受事宾语或事件宾语。如例（23）～例（25）后接受事宾语"他爹这样的表情""几个潜在的对手""那个许豹子"，例（26）后接事件宾语"那小东西扭脸蹭一家伙蹿到大胡子身上去"。例（23）施动者发出动作"看"后与受事宾语"他爹这样的表情"达成支配关系，最终产生了行为状态变化这一结果。

（23）她从来没有**看到**过他爹这样的表情，她的自尊心受到了损伤，她感到一阵愤懑和羞耻。（李準《黄河东流去》）

（24）他现在明显地意识到，这几年他在村里**遇到**了几个潜在的对手。（路遥《平凡的世界》）

（25）州河上的人每每提说往事，免不得**说到**那个许豹子，天兵神将一般的传奇，但谈说起来，却似乎那已是极遥远的故事了。（贾平凹《浮躁》）

（26）人群立马自动向后拥出一个圈，枝子信手把猫往老范脚下一扔，**想不到**那小东西扭脸蹭一家伙蹿到大胡子身上去。（魏润身《顶戴钩沉》）

"V+到 $_{3a}$"语义虚化，自足性较强，一般不需后接小句。由于其行为能力义，可用于可能式中，如例（26）。有些搭配如"考虑到""说到""想到""谈到""聊到"等，具有了语篇衔接功能，多用于句首，引入话题，多后接事件宾语，这时结构较凝固，不能用于可能式中。例如：

（27）**考虑到**我不在她身边，而是托朋友把她带来美国，她自己能安全抵达就不错，不敢让她再有别的负担。（张洁《最疼爱我的那个人去了》）

（28）**谈到**鱼戏团在镇上的表演，毛哈一下精神起来，大眼圆睁：……（张炜《刺猬歌》）

2.3.2 数量域：到 $_{3b}$［（受动者）到达极性数量的状态变化］

空间域还可隐喻扩展至数量状态域。"处所"隐喻扩展至"数量"，表达施动者通过动作使得受动者到达极性数量。这时"到"标注为"到 $_{3b}$"，语义指向受动者到达的极性数量，其动词性仍较强，且不可添加"来/去"。

"V+到~3b~"可表达返身致使,也可以表达外向致使,后接数量宾语,可搭配[±位移][+自主][+持续][+动作/言说]特征的动词。该类均不可添加"来/去"。下面"数量"分别是"九十度""三十块钱""百分之十",表达极性数量,多通过后句印证,如例(29)"连四圈看了也感到惊讶",例(30)"再也不添了",例(31)"……采取由少到多的方针",例(32)"脸碰一下仪器就粘掉一层皮"。

(29)(海香亭)身体也灵活多了,有时躬可以**鞠到九十度**,迎接上司开汽车门时,可以用轻捷的碎步跑,连四圈看了也感到惊讶。(李準《黄河东流去》)

(30)他们把价钱**出到三十块钱**上,再也不添了。(同上)

(31)"我想问你,社里是不是要把公积金**提高到百分之十**?"……"党的指示是,必须坚持根据社员自愿,根据逐年生产发展的结果,并在确实保证社员的实际收入有一定增加的前提下,采取由少到多的方针。"(刘绍棠《运河的桨声》)

(32)晚上,**冷到零下30多摄氏度**,脸碰一下仪器就粘掉一层皮。(CCL 1996年《人民日报》)

孟琮(1999)将"几个大商场我都买到了,也没买着"中的"到"归纳为"周到、尽数"不合适[1],"到"归纳为"到达某数量的状态变化"更合适,"周到、尽数"义由"都"承担。

2.3.3 性质域:到~3c~[(受动者)性质到达极性程度的状态变化]

空间域还可隐喻扩展到性质状态域。"处所"隐喻扩展至"程度",表达受动者在施动者作用下到达极性程度的状态变化。这时"到"标注为"到~3c~",其语义指向受动者到达的极性程度,仍具有较强的动词性特征,且不可添加"来/去"。"V+到~3c~"可表达返身致使,也可以表达外向致使,后接事件宾语。该结构可搭配[±位移][±自主][+持续][+动作]特征动词,如例(33)、(34);也可搭配性质形容词,如例(35);部分状态形容词也可以进入其中,如例(36)。极性程度可以使用动词性、形容词性短语或小句,多具有动态性,分别如例(33)、(34)、(35);也可用名词性短语(如"修饰语+地步/程度/田地/境地/境界等"),如例(36)。极性程度可以是预期的,如例(33)、(35),也可以是非预期的,如例(34)、例(36)。

(33)看着副司令顽固而今非昔比的面孔,他迫切希望把东西排到收

---

1 孟琮等编:《汉语动词用法词典》,北京:商务印书馆,1999年。

音机的壳子里边，让它们穿过白色导线像芝麻酱一样射入副司令的耳中。如此发难，必须洗脑！洗得他的脑血管像肠子管儿一样吱吱有音，**洗到**那只冥顽不灵的耳朵失聪失欲为止！**洗到**它满当当再也灌不进任何东西包括声音为止！到那时候，它还想听吗？（刘恒《逍遥颂》）

（34）"……哭多丢人啊！哭有什么意义啊！……"气氛又**恢复到**鸦雀无声了。人人听得屏息敛气。（梁晓声《钳工王》）

（35）"实事求是，多闻阙疑"，是神似，有时甚至**认真到**每一个标点符号妥帖与否，因每令我辈做编辑的，"塞默低头"，惭愧不已！（CCL《读者》）

（36）（克莱德）他现在穿的这一整套衣饰要花多少钱呢？难道说他居然会**糊涂到**这样地步，为了一时摆阔气，背了债花钱，就把将来的收入作抵押吗？（CCL《美国悲剧》译文）

以上例句"V+到"表达极性程度义，可通过后接小句进一步印证，如例（33）后接小句"到时候，它还想听吗？"，说明"洗脑"达到了极性程度。这时"到"一般不替换为情态补语"得"，后者多具有静态性，如"她把衣服洗得干干净净""他糊涂得出奇"，可见，"到"仍隐含变化轨迹，具有动词性特征。张谊生（2014）认为"A+到"中的"到"由表状态的动词逐渐虚化为程度补语标记[1]，我们认同这一观点，但表达功能仍有一些差异，使用"到"仍具有动态性。

有时"V./adj.+ 到$_{3c}$"后接处所短语，但仍表示程度义，多表现为"到骨子里/到骨头里"等，表达极性程度；口语中还具有表达程度的构式"adj.+（不）+ 到 + 哪里 +（去）"，表达有限程度量，这些是转喻作用的结果，即将空间义转化成了程度义[2]。例如：

（37）我腕关节的皮肤蹭破了。火辣辣地**疼到**骨头里。（CCL 赫塔·米勒《低地》译文）

（38）我想他可能没救了，他已经**坏到**骨子里了。（CCL《魔戒》译文）

（39）可怜的丽迪雅，她的处境再好**也好不到**哪里去，可是总算没有糟到不可收拾的地步，因此她还要谢天谢地。（CCL《傲慢与偏见》译文）

---

[1] 张谊生：《试论当代汉语新兴的补语标记"到"》，《当代修辞学》，2014 年第 1 期。

[2] 吴为善、夏芳芳：《"A 不到哪里去"的构式解析、话语功能及其成因》，《中国语文》，2011 年第 4 期。

（40）先生不会表达，太太也**高明**不到哪里去。（CCL《读者》）

3　动趋式"V+到"的语义演变路径

随着认知域的扩展，"V+到"语义不断泛化、虚化，前者指词语在保持越来越少的原有语义特征的情况下不断产生新的使用方式并将越来越多的对象纳入自己的指称范围[1]，后者指词义由实到虚、由具体到抽象的过程，体现为词语的功能扩大和句法位置的基本固定化[2]。当用于空间域时，"到"语义较实，是动词，这时表达方向，可添加"来/去"凸显主观视点；用于时间域、数量域和性质域时，"到"语义泛化，仍为动词，这时表达极量，均不可添加"来/去"；用于行为域，"到"语义最虚，已经成为结果性后置成分，这时也不可添加"来/去"。

3.1　六朝：从动词"到"到"到₁"

作为动词的"到"最初意义是"至，到达"义。《说文》："到，至也，从至刀声"。六朝前，"到"后接处所宾语，如例（41）；动词"到"用于动词后的情况较少，多被看做连谓结构，如例（42）。

（41）寡人无良，边陲之臣，以干天祸，是以使君王沛焉，辱**到**敝邑。
　　　（《公羊传·宣公十二年》）

（42）其曹一鼓。望见寇。鼓**传到**城止。（《墨子·杂守》）
趋向补语结构产生于六朝至唐[3]。六朝时"V+到₁+处所宾语"的情况还较少，如例（43）；唐五代时用例才真正多了起来，如例（44）、（45）；南宋时出现添加主观参照"来/去"的用例，如例（46）。

（43）术退保封丘，遂围之，未合，术走襄邑，**追到**太寿，决渠水灌城。
　　　（《三国志·魏书·武帝纪》）

（44）金刚**走到**汾州，众心已沮，我及其未定，当乘其势击之，此破竹之义也。（《通典》卷一百六十二）

（45）适会此日岳神在庙中阙第三夫人，**放到**店中，夜至三更，使人娶之。（《敦煌变文集新书·叶净能诗》）

（46）a. 撞着这事，以理断定，便小心尽力**做到**尾去。（《朱子语类》卷一百一十七）

1　刘大为：《流行语的隐喻性语义泛化》，《汉语学习》，1997年第4期。
2　高顺全：《动词虚化与对外汉语教学》，《语言教学与研究》，2002年第2期。
3　梁银峰：《汉语趋向动词的语法化》，上海：学林出版社，2007年，第1页。

b. 后大觉闻举，遂曰："作么生得风**吹到**大觉门里来？"（《五灯会元》卷十一，兴化存奖禅师）

3.2　唐五代：从"到"和"到₁"到"到₂""到₃ₐ"

动词"到"可后接时间宾语，如例（47）。在动词"到"和"到₁"的作用下，唐五代时出现了"V＋到₂"的用例，如例（48）；元明时代用例渐多，如例（49）。

（47）**到**正月朔旦，奉皮荐璧玉贺正月，法见。（《史记·梁孝王世家》）

（48）红颜未老恩先断，斜倚薰笼**坐到**明。（白居易《后宫词》，《全唐诗》卷441，13/4930。数字分别指《全唐诗》卷数、册数和页码，全书引例同。）

（49）a.（韩辅臣云）你不发放我起来，便**跪到**明日，我也只是跪着。（关汉卿《杜蕊娘智赏金线池》第二折）

b. 你闺女昨晚作一梦，梦三官王景隆身上蓝缕，叫他姐姐救他性命。三更鼓做了这个梦，半夜捶床捣枕**哭到**天明，……（《警世通言》卷二十四）

例（48）、（49）"坐到明""跪到明日""哭到天明"是极性时间点，原因分别是"红颜未老恩先断""你不发放我起来""三更鼓做了这个梦"。

"施动者与处所的空间接触关系"（到₁）隐喻为"施动者与关涉者的抽象接触关系"（到₃ₐ），意象图式如如图4-1-3所示：

图 4-1-3　从"到₁"到"到₃ₐ"的隐喻扩展

在此基础上，"施动者与关涉者的抽象接触关系"通过转喻表达"施动者达成支配关涉者的状态变化"。唐五代时出现"V＋到₃ₐ＋受事宾语"，如例（50）；宋代时数量渐多，如例（51）、（52）；明代时可搭配非获取义动词，如例（53）、（54）。这时"到"均表达"达成"，不管是预期的，还是非预期的。

（50）子胥祭祀讫，回兵行至阿姊家，**捉到**两个外甥子安子永，髡其头，截其耳，打却前头双板齿。（《敦煌变文集新书·伍子胥变文》）

（51）本司以美余钱**买到**数千斤，乞进入内。（《梦溪笔谈》卷二十二）

（52）所以道，千人排门，不如一人拔关。若一人拔关，千人万人**得到**安乐田地。（《五灯会元》卷二十，国清行机禅师）

（53）孟沂道："半路上**遇到**一个朋友处讲话，直到天黑回家。故此盛仆来时问不着。"（《二刻拍案惊奇》卷十七）

（54）（施复）……**看到**左边中间柱脚歪斜，把砖去垫。（《醒世恒言》卷十八）

3.3 南宋：从"到"和"到₁"到"到₃b""到₃c"

动词"到"可后接数量宾语，如例（55）；也可后接程度宾语，如例（56）。

（55）水器容四斗**到**六斗者百。（《墨子·备城门》）

（56）为学极要求把篙处著力。**到**工夫要断绝处，又更增工夫，著力不放令倒，方是向进处。（《朱子语类》卷八）

动词"到"在趋向补语"到₁"的隐喻扩展下，演变为趋向补语"到₃b""到₃c"。南宋时出现"V+到₃b"，如例（57）、例（58）；明代时数量较多，如例（59）、例（60）。

（57）格物云者，要**穷到**九分九厘以上，方是格。（《朱子语类》卷第十五）

（58）诚是实理，是人前辈后都恁地，做一件事直是**做到**十分，便是诚。（同上，卷九十六）

（59）程普纵马向前，**战不到**数合，一矛刺吕公于马下。（《三国演义》第七回）

（60）**行不到**数十里，一声炮响，两军齐出：……（同上，第三十二回）

南宋时也出现"V+到₃c"用法，如例（61）、例（62）；清代时出现"adj.+到₃c"，如例（63）、例（64）。

（61）但圣人须要**说到**这田地，教人知"明明德"三句。（《朱子语类》卷第十五）

（62）须是自闺门衽席之微，**积累到**熏蒸洋溢，天下无一民一物不被其化，然后可以行周官之法度。（同上，卷九十六）

（63）你就**热到**如此！一出场，谁不要歇息乏、拜拜客？怎么来得及？（《儿女英雄传》第三十五回）

（64）宝玉见**繁华热闹到**如此不堪的田地，只略坐了一坐，便走往各处闲耍。（《红楼梦》第十九回）

以上例（57）～例（64）多后接小句，以凸显其极性特征。如例（57）后接小句"方是格"凸显极性数量"九分九厘以上"，言大量；例（59）后接小句"一矛刺吕公于马下"凸显极性数量"数合"，言小量；例（61）后接小句"教人知'明明德'三句"凸显极性程度"这田地"。

根据以上历时考察，动趋式"V+到"的语义出现顺序为（">"表示"早于"，下同）：到[1][（受动者）到达某处所的空间变化]（六朝）>到[2][动作到达极性时间点的变化]、到[3a][（施动者）达成支配关涉者的行为状态变化]（唐五代）>到[3b][（受动者）到达极性数量的状态变化]、到[3c][（受动者）性质到达极性程度的状态变化]（南宋）。这一顺序与杜轶（2012）[1]的考察基本一致。

4　小　结

动趋式"V+到"的核心语义是"到达""达成"。由于隐含移动路径，"V+到"具有完成特征。由于受动者与客观参照体之间的泛方向（多种方向）特征，"V+到"的使用频率较高。

"V+到"的语义泛化与虚化机制表现为：第一，动词"到"的语义是趋向补语"到"空间义产生的语义基础；第二，六朝时动补结构"V+到[1]"是其他语义类型产生的句法基础；第三，各类语义类型的出现受隐喻制约。最初体现为到达某处所（到[1]），句法自足性较差，往往需后接小句。随着人类认知发展，空间域隐喻扩展至行为域、时间域、数量域和性质域，"到"分别表达到达某极性时间点（到[2]）、达成支配关涉者的行为状态变化（到[3a]）、到达某极性数量（到[3b]）、到达某极性程度（到[3c]），这是"到达终点"特征隐喻造成的。其中，用于行为域中的"到"已经虚化为结果性后置成分，其句法自足性较强，多不需后接小句；而其他认知域中的"到"仍具有较强的动词性特征，极性特征需通过后接小句来印证。如图4-1-4所示。第四，各类语义类型的产生也受到句法结构影响。所搭配动词小类由动词到性质形容词，由位移动词到非位移动词，由自主动词到非自主

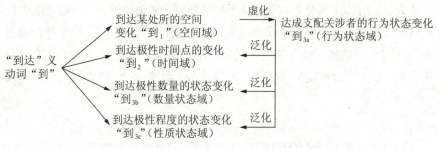

图4-1-4　趋向补语"到"的语义泛化与虚化过程

1　杜轶：《"V 到"格式的语义关系演变》，上海师范大学《对外汉语研究》编委会编：《对外汉语研究》（第八期），北京：商务印书馆，2012 年，第 131—140 页。

词，由动词到形容词，范围渐广；所带宾语由处所宾语到时间宾语、受事宾语、事件宾语、数量宾语等。

第二节　动趋式"V+上"的致使性泛化与虚化

1　引　言

"V+上"具有丰富的语义，目前主要有三种语义归纳的思路：第一种是从动趋结构的整体意义来归纳趋向补语的语义。史锡尧（1993）认为"上"具有"趋向、添加、完成、闭合、达到和开始"6个义项等[1]。吕叔湘（2004）将"上"分为动作有结果兼有合拢/存在或添加于某处/达到一定的目的或标准、动作开始并继续下去、达到一定的数量、人或事物随动作从低处到高处4种意义[2]。孟琮（1999）则分为向上、两个以上分开的事物接触到一起、附着、得到/到手、衬字（如"每天背上两首诗"）、进入某种状态等6种意义[3]。第二种是从语义到形式的语义归纳。刘月华（1998）认为"上"的趋向意义表示通过动作使人或物由低处移向高处、通过动作使人或物趋近面前的目标；结果意义表示接触、附着以至固定（如"他闭上眼睛""身上盖上草""配上乐曲"）、实现了希望实现预期的动作或目的（如"他考上了大学"）、成功地完成（如"他说不上为什么"）等。状态意义表示由静态进入动态（如"他又练上拳了"）。特殊用法表示达到（一定的数目）（如"痛痛快快地睡上几天"），用在表示伴随动作的动词后（如"领上孩子快逃吧"）[4]。陈昌来（1994）继承刘月华三分法，进行了语义细分，认为两个特殊用法表达结果义；区分趋向词、结果性后置成分、动词助词，并通过能否构成可能式、句法替换形式和宾语搭配情况等进行句法验证[5]。第三种是通过动趋式与宾语的搭配情况来归纳趋向补语的语义。邱广君（1995、1997）分析得出"V上"后可接事件成分、时量成分、距离成分、终点成分、客体成

1　史锡尧：《动词后"上"、"下"的语义和语用》，《汉语学习》，1993年第4期。

2　吕叔湘：《现代汉语八百词（增订本）》，北京：商务印书馆，2004年，第474—475页。

3　孟琮等编：《汉语动词用法词典》，北京：商务印书馆，1999年，第14页。

4　刘月华：《趋向补语通释》，北京语言大学出版社，1998年，第81—116页。

5　陈昌来：《论动后趋向动词的性质——兼谈趋向动词研究的方法》，《烟台师范学院学报（哲社版）》，1994年第4期。

分/工具成分、零成分，据此分为"与动词不可分割，成为构词成素"（如"赶上老人生病"）、"强调时间的持续量及其结束点"（如"熬上几年"）、"强调空间的持续量及其结束点"（如"跑上二里路"）等12类语义[1]。

以上语义归纳或粗或细，意见不一。那么，语义之间的关联性如何？潘海峰（2005）认为"上"的核心语义是"接触"，由"具体接触"到"抽象接触"虚化，认为趋向义的"上"出现于汉代；结果意义的"上"则出现于南北朝，宋代时比较成熟；明清时期"上"的所有意义均出现[2]。胡晓慧（2012）认为"V上"由上古汉语连动结构"V而上"发展而来，经历了"趋向意义>空间域引申义>非空间域隐喻意义>时体意义"的虚化路径[3]。这些研究对于探讨语义关联性有一定的借鉴作用，但不能很好地体现语义泛化与虚化过程。

我们认为，趋向义、结果义和状态义均是结果的表现。从人类认知经验出发，对趋向补语的语义进行分类，然后通过句法与语用特征进行验证，可能更加有助于人们理解与认识。分析语义结构时，要强调认知域而不是语义特征的作用，要偏重对词义生成的解释[4]。然而，光靠经验共识认知模型进行多义研究[5]仍然不够，还应进行构成要素的分析、句法搭配上的验证，以及历时来源的考察。历时来源分析可通过泛化[6]与虚化[7]理论来进行。只有这样，才能更好地揭示"语义的决定性、句法的强制性、语用的选择性以及认知的解释性"[8]。本节将从驱动—路径图式和认知域入手，对动趋式"V+上"的致使性语义类型进行归纳，从而探讨其语义关联性和泛化、虚化过程。

2 动趋式"V+上"的认知域、语义类别及动词小类

2.1 空间域：垂直上向到依附向、水平向

"V+上"用于空间域，由垂直上向到依附向、水平向，所构成的句子自足性较弱，所搭配动词由位移动词到非位移动作动词，宾语由处所宾语到受事宾语、对象宾语，语义不断泛化。

1 邱广君：《谈"V上"所在句式中的"上"意义》，《汉语学习》，1995年第4期。
2 潘海峰：《动后"上"的语法化过程和"V上"结构的句法语义问题研究》，上海师范大学硕士学位论文，2005年。
3 胡晓慧：《汉语趋向动词语法化问题研究》，桂林：广西师范大学出版社，2012年，第33—52页。
4 施春宏：《词义结构的认知基础及释义原则》，《中国语文》，2012年第2期。
5 黄月华：《汉语趋向动词的多义研究》，湖南师范大学博士学位论文，2011年。
6 刘大为：《流行语的隐喻性语义泛化》，《汉语学习》，1997年第4期。
7 高顺全：《动词虚化与对外汉语教学》，《语言教学与研究》，2002年第2期。
8 邵敬敏：《"语义语法"说略》，《暨南学报（人文科学与社会科学版）》，2004年第1期。

2.1.1　上$_{1a}$[（受动者）由低及高到达终点的垂直上向空间位移]

"V+上"最早用于空间域，表达的是受动者由低处到达高处的垂直向空间位移，标记为"上$_{1a}$"。"V+上$_{1a}$"凸显[动态过程性]、[垂直上向性]和[到达高处的目标性]，并要求垂直向二维空间[1]的环境参照体。如图4-2-1所示（平行四边形表示二维空间的环境参照体，箭头表示由低处到高处，白色圆点表示低处起点，黑色圆点表示高处终点，起点与终点一般均在上下平面上）。

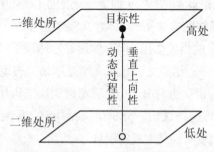

图4-2-1　"V+上$_{1a}$"的意象与范畴特征

"V+上$_{1a}$"既可表达返身致使，也可表达外向致使。前者搭配一价返身动词，语义特征为[±自主，+返身，+位移，+动作，+上向/泛方向，+过程性/结果性]，标记为"跳$_{(1)}$、升$_{(1)}$"类动词，又如"登^1$_{(1)}$、走$_{(2)}$、飞$_{(1)}$、飞$_{(2)}$、飞$_{(3)}$、爬$_{(2)}$、飘、弹$_{(1)}$、跃、攀、涌"等。后者可搭配二价外向动词，语义特征为[+自主，+外向，±位移，+动作，+上向/泛方向，+过程性]，标记为"拉lā^1$_{(1)}$、抱$_{(1)}$"类动词，又如"搬$_{(1)}$、拉lā^1$_{(1)}$、抛$_{(1)}$、提$_{(1)}$、抬$_{(1)}$、抬$_{(2)}$"等。这些动词必须通过"上"才能后接处所宾语，并且只有后接处所宾语才能凸显其上向的语义特征。例如：

（1）a. 台下顿时响起了一阵议论。接着就有人**跳上**台子，把银元从口袋里掏出来，……（陈忠实《白鹿原》）

　　b. 当他们赶到山坡上的时候，朝山的人们已经点起了一堆堆的松毛火了，一缕缕的白烟**升上**天空。（白桦《远方有个女儿国》）

（2）a. 国瑞、小解和王玉城一声惊呼跳下地，齐心协力将他**抬上**床。（尤凤伟《泥鳅》）

　　b. （他）将另一位受伤的同志**拉上**墙头，顺到墙外。（冯德英《山菊花》）

1　二维空间是指具有左右、上下二轴的空间。

c. 她常常将兰芝**抱上**小马，下马时也由她抱。（姚雪垠《李自成》）

例（1）、（2）"V+上_{1a}"分别后接"台子""天空""床""墙头""小马"等表达处所的宾语。其中，"跳"是泛方向过程性自移动词，"抬"是上向过程性他移动词，"拉"是泛方向过程性他移动词，"抱"是泛方向非位移动词，除搭配趋向补语"上"外，还可以搭配其他趋向补语。"升"是上向结果性动词，只能搭配表上向的趋向补语，如"上""起"，搭配"起"一般不后接宾语。

具体处所的高低可隐喻扩展为社会关系的高低，这时"V+上_{1a}"后不接处所宾语，后接受事宾语，搭配"呈₍₂₎、报₍₁₎"等上向结果性他移动词。例如：

（3）a. 将近中午时，我去见我的头头，**呈上**那些被我枪毙过的手稿。
　　　（王小波《白银时代》）

　　　b. 夏天智说："**报上**名字！"（贾平凹《秦腔》）

2.1.2　上_{1b}[（受动者）依附于某处的空间变化]

当不凸显[动态过程性]、[垂直上向]，而凸显[依附终点]时，"V+上"表达受动者在施动者作用下依附于某处的空间变化，标记为"V+上_{1b}"。如图4-2-2所示：

图4-2-2　"V+上_{1b}"的意象与范畴特征

"V+上_{1b}"可表达返身致使，也可表达外向致使。前者搭配"踩、踏"类二价返身性动作动词，语义特征为[±自主，+返身，−位移，+动作]，又如"背 bēi、勾搭、勾引、接₍₁₎、碰₍₁₎、碰₍₂₎、遇、撞₍₁₎"等。该类可后接处所宾语，也可后接受事宾语。例如：

（4）a. （我）九月份就拎着我的破旅行袋**踏上**了开往北京的列车。（陈染《一个人的战争》）

　　　b. 我琢磨要想把网取下来，得**踩上**一个人的肩膀，踩谁呢？（刘恒《苍河白日梦》）

后者搭配"摆₍₁₎、端"类二价外向性动作动词，语义特征为[+自主，+外向，±位移，+动作]，如"放₍₁₀₎、贴₍₁₎、押"等。该类可后接处所宾语，也可后接受事宾语。例如：

（5）a.（司猗纹）从书包里拿出酱肉**摆上**桌面，摊开，推给老太太。
（铁凝《玫瑰门》）

　　b. 老驼就让人**端上**一大盘馍馍粉条，有时还有荤腥，有蒸得开花
的大地瓜大芋头，有一两盅烧酒。（张炜《刺猬歌》）

除此之外，还可搭配"递、还$_{(1)}$"类、"配$_{(2)}$、加$_{(1)(2)}$"类、"穿$_{(4)}$、戴"
类和"合$_{(1)}$、闭"类等二价外向动词，只后接受事宾语。"递、还$_{(1)}$"类和
"配$_{(2)}$、加$_{(1)(2)}$"类动词搭配"上"表达受动者（离开施动者）依附于某处，
不同的是：前者是位移动词，又如"交$_{(1)}$、换"等；后者是非位移动词，又
如"安$_{(1)}$、安$_{(2)}$、安$_{(3)}$、补$_{(1)}$、插$_{(1)}$、掺、点$_{(1)}$、垫$_{(1)}$、钉$_{(1)}$、兑、放$_{(10)}$、
盖$_{(1)}$、盖$_{(2)}$、挂$_{(1)}$、溅、铐、添、填$_{(1)}$、续、咬$_{(2)}$、装$^2_{(2)}$"等。"穿$_{(4)}$、戴"类
动词搭配"上"表达受动者（离开某处）依附于施动者，如"带$_{(1)}$、披、围、
套$_{(1)}$、换$_{(2)}$"等。"合$_{(1)}$、闭"类动词搭配"上"表达受动者依附于受动者
自身的其他组成部分（如"合上眼睛"）或支撑部分（如"掩上门"），又如
"掩、阖、捂、咬$_{(1)}$、攥"等。例如：

（6）秦炳双手**递上**纸卡，简方宁一手接过，是翻拍的一份文字报告，
字小如蚁，看起来十分吃力。（毕淑敏《红处方》）

（7）她还用干槐花浸一浸，**加上**面粉和油盐，做成平原上才有的美
味：槐花饼。（张炜《柏慧》）

（8）顾淑贤气呼呼地**戴上**蒙嘴的白布罩子，瓮声瓮气地说：……（白
桦《远方有个女儿国》）

（9）沈若鱼重重地**合上**了这本纪实性的刊物。（毕淑敏《红处方》）

意象图式分别如图 4-2-3、图 4-2-4、图 4-2-5 所示（虚箭头表示不凸显，
虚框表示原来的位置）：

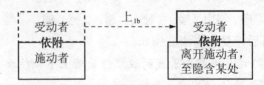

图 4-2-3　"递、还$_{(1)}$" / "配$_{(2)}$、加$_{(1)(2)}$"类动词 + "上$_{1b}$"的意象

图 4-2-4　"穿$_{(4)}$、戴"类动词 + "上$_{1b}$"的意象

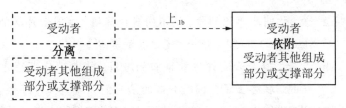

图 4-2-5　"合 $_{(1)}$、闭"类动词 + "上 $_{1b}$"的意象

还可搭配"拉 lā^1 $_{(1)}$、抱 $_{(1)}$"类动词，后接受事宾语时，表达受动者离开某处依附于施动者，多用于连动句中。例如：

（10）a. 司马大牙一看情势不好，慌忙下令，**抬上**死尸，往沙梁撤退。（莫言《丰乳肥臀》）

　　b. 另一辆车**拉上**行李什物，出广渠门奔三河县去了。（邓友梅《烟壶》）

　　c. 不容分说，他一把**抱上**圆圆就已旋风一样旋出门外去了。（刘白羽《第二个太阳》）

有时工具发生位移，搭配"捆、绑"类动词，语义特征为［+自主，+外向，－位移，+动作］。下面例（11）a句工具"一条黑布带"凸显，到达关涉者"妈的双脚"上，b句工具"绳索"隐含，到达关涉者"那个兵"上。

（11）a.（小阿姨）用一条黑布带把妈的双脚**捆上**，又让我在母亲身上罩了一张白布单子。（张洁《世界上最疼我的那个人去了》）

　　b. 7旅把那几个兵**绑上**，送去请罪。（张正隆《雪白血红》）

这类语义还可用于抽象空间域中，受动者不断抽象化，如例（12）分别表达"平常的神态"依附于"他脸上"，"为虎作伥的皇协军"依附于"小日本儿"。

（12）a. 他脸上那可怕的痉挛慢慢逝去了，**换上**平常的神态。（冯德英《苦菜花》）

　　b. 小日本儿能有多大的巴掌，再**加上**为虎作伥的皇协军，也捂不住一个伏牛山。（张一弓《远去的驿站》）

依附于某处不断抽象化，如例（13）a句表达受动者"俄国十月革命"与事物"这样的难题"的依附关系，b句搭配"联系、联络"类动词，凸显动作者与信息或思想等的依附关系。我们认为，例（13）a句"碰上"也可以替换为"碰到"，但表达特点不同：前者由于隐含"上面，位于高处"的意味，凸显"碰上"的几率较低，具有较强的主观性，多用于非预期语境中；后者不凸显动程，仅凸显到达终点，具有一定的客观性。

（13）a. 爹，你叫我革他的命，还不叫我得罪他，俄国十月革命也没**碰**
上这样的难题！（张一弓《远去的驿站》）

b. 后来，田老六和许飞豹窜回仙游川，就在不静岗的寺里养好
了伤，**联络**上了突围时分散的弟兄们。（贾平凹《浮躁》）

该类构成准动趋式，不凸显位移动程，体现为"依附向"，包括物理空
间义和抽象空间义。学界一般将"空间依附"义"上$_{1b}$"描述为结果义"接
触、附着以至固定"[1]，有一定道理，但语义表述不能反映出空间上的变化，
语义关联性也不强。

2.1.3　上$_{1c}$［（施动者）水平向前到达某处或某关涉者的空间位移］

受"前为上，后为下"的隐喻作用，凸显［水平向前性］时，"V+上"
表达施动者水平向前到达某处或某关涉者的空间变化，标记为"V+上$_{1c}$"。
如图 4-2-6 所示：

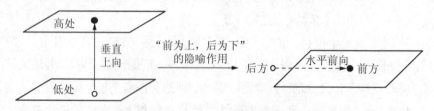

图 4-2-6　"V+上$_{1c}$"的意象与范畴特征

"V+上$_{1c}$"只能表达返身致使，可搭配返身一价、二价动词，语义特征为
［＋自主，＋返身，＋位移，＋动作］。前者为"冲[1]、爬$_{(1)}$"类前向位移义一价
动词，多后接"公路、马路、岸"等水平向二维特征环境参照体充当处所宾语，
数量较少，如例（14）。后者为"追$_{(1)}$、赶$_{(1)}$"类前向位移义二价动词，多后接
"人、实体或事件"等对象宾语，表达受动者向前趋近的目标，如例（15）。

（14）a.（C 师的战士）奋不顾身**冲**上公路，再次把车队掐断。（柳建伟
《突出重围》）

b. 元豹**爬**上岸，又遇见四、五个端着刺刀的大汉。（王朔《千万
别把我当人》）

（15）a. 小吴，你带几个人，带一挺机枪，到村外**追**上他们，把他们都
给我扫了！（刘震云《故乡天下黄花》）

b. 金枝……正**赶**上这场大雨，她能躲到哪儿去呢？（陈建功、赵

1　刘月华：《趋向补语通释》，北京：北京语言文化大学出版社，1998 年，第 84—100 页。

大年《皇城根》)

  c. 有一次正**赶上**她爸爸画墨竹，她看了一眼画讥讽道：……（迟子建《原野上的羊群》）

  此外，一些不具有前向位移义的动作动词可后接方位词"前"凸显"上"的水平前向义，如"奔$_{bèn(1)}$、蹦、跳$_{(1)}$、拥、跑$_{(1)}$、扑$_{(1)}$、游"等一价动作动词，"跟、开$_{(6)}$、杀$_{(2)}$、推$_{(1)}$"等二价动作动词，标记为"凑、围"类动词。例如：

  （16）a. 南希**凑上前**来，一手搭在德利膀子上。（王朔《谁比谁傻多少》）

    b. （大家）现在见高云纯真用上了便都**围上前**看热闹。（尤凤伟《中国一九五七》）

2.2　状态域：数量 / 心理 / 生理 / 价值 / 由无到有的状态变化

  "V+上"可用于数量状态、心理状态、价值状态、由无到有的存在状态域中，凸显［目标性］、［终点］。由空间移动到状态变化，由终结状态代表状态变化，体现了隐喻和转喻的作用，致使性减弱。

  2.2.1 上$_{2a}$［（施动者）达到某数量状态的变化］

  "V+上"可用于数量状态域。当"V+上"后接带有数量成分的具体关涉者时，表达到达数量终结状态的变化，标记为"V+上$_{2a}$"。"V+上$_{2a}$"只表达返身致使，后接数量宾语。可搭配"吃$_{(1)}$、喝"类二价动词，语义特征为［+自主，+返身，－位移，+动作，+持续］。例如：

  （17）你屋里家给做下了，你就强挣着**吃上**它两碗。（柳青《创业史》）

  例（17）"吃上两碗（饭）"表达实现到达预期数量状态"两碗"。数量宾语也可以是时间或次数，例如：

  （18）有的买一碗丸子汤，要**吃上**一个钟头。（李準《黄河东流去》）

  （19）（陈奎一）……也顾不上细切，横上三五刀，滴些香油，两人**吃上**一番。（刘震云《一句顶一万句》）

  也可搭配二价言说类动词，须后接数量宾语。例如：

  （20）a. 她几乎没听李小春**说上**两句话，就说，"你要是再给我打电话就不是人。"（皮皮《渴望激情》）

    b. 索瑶，你们之间的事儿，估计你再**讲上**两个小时也讲不完。（梁晓声《表弟》）

  也可搭配"睡、走$_{(1)}$"类持续义一价动词，语义特征为［+自主，+返身，± 位移，+动作，+持续］。例如：

  （21）a. 赚下两个钱，到东关找个相好的婆姨**睡上**几个晚上。（路遥《平凡的世界》）

b. 她挽着我**走上**几步，就哈哈笑着说：……（王小波《未来世界》）

还可以搭配非自主、非持续的一价动词，语义特征为[−自主，+返身，−位移，+动作，−持续]，称为"死、摔$_{(1)}$"类。例如：

（22）a. 孔秀才这一类人，**死上**几次也抵不上欠下人民的血债！（冯德英《山菊花》）

b. 吉宏善与战士们一道扛着 50 多公斤重的碎石袋从堤顶往坝基运送，60 多度的坝坡，加上夜黑、雨大、路滑，走不了几步就**摔上**一跤。（CCL 1996 年《人民日报》）

2.2.2　上$_{2b}$[（施动者）到达某关涉者的心理状态变化／由消极到积极的生理状态变化]

"V+上"用于心理／生理状态域，分别表达施动者到达某关涉者的心理状态变化、施动者由消极到积极的生理状态变化，标记为"V+上$_{2b}$"。"V+上$_{2b}$"只表达返身致使，搭配二价返身动词，语义特征为[+自主，+返身，−位移，+心理／生理，+持续]。当表达心理状态变化时，搭配"爱$_{(1)}$、恨"类动词，又如"爱$_{(2)}$、喜欢、迷"等。该类后接对象宾语。例如：

（23）a. 在我二十九岁的时候，我想我一定要在三十岁到来之前**爱上**一个人。（陈染《一个人的战争》）

b. 由于告状的人少，老胡闲来无事，**喜欢上**一门手艺：做木工活。（刘震云《一句顶一万句》）

c. 从那以后，依莲娜**迷恋上**了画画。（迟子建《额尔古纳河右岸》）

还可搭配"看、瞧"，表达"合意"义，例如：

（24）a. ……她哭哭啼啼地送他进城，第一句话就嘱咐他不要**看上**别的女人。（张炜《古船》）

b. 可我就是**瞧上**了他，家里逼我在他和父母中间选一个，正这时，一场大祸，窨塌了。（毕淑敏《红处方》）

该类在一定语境中可用于可能式。例如：

（25）a. 爱情是一种健康的情感，有爱就应当表达，这总比藏在心里爱、爱、爱，最后**爱不上**变成恨要强得多。（CCL《1994 年报刊精选》）

b. 我**恨不上**李儿，没这冲动。（CCL 马兰《桂圆干》）

当表达生理状态变化时，多搭配动词"喘"，后接"气"。空间位置由低及高隐喻为生理状态由消极到积极，这是人类所预期的，因此，多使用趋向补语"来"。该类多用于否定可能式中。例如：

（26）a. "没听说，"我**喘上气来**说，"嗓子好像也一般，哭起来尖声尖气。"（王朔《橡皮人》）

　　　b. 人们累得满身大汗，个个像水里捞出来的，几乎**喘不上气来**。（梁斌《红旗谱》）

2.2.3 上₍2c₎［（实体）由无到有依附于某处的存在状态变化］

"V+上"用于存在状态域，表达实体由无到有依附于某处的存在状态变化，标记为"V+上₍2c₎"。"V+上₍2c₎"表达外向致使，可搭配"怀、写₍1₎"类产生义动词，语义特征为［+自主，−位移，+外向，+动作，+持续］，又如"盖₍4₎、镀、雕、染₍1₎、镶"等，后接结果宾语，如例（27）"我们的孩子""米黄色的边"分别由无到有依附于"金枝（肚子）""斜斜的口袋和斜斜的领子边上"。

（27）a. 金枝，我真的不知道，不知道你**怀上**了我们的孩子……（陈建功、赵大年《皇城根》）

　　　b. 在斜斜的口袋和斜斜的领子边上各**镶上**了米黄色的边。（陈染《一个人的战争》）

还可搭配"点₍10₎、生₍4₎"类点燃义动词，语义特征为［+自主，−位移，+外向，+动作，−持续］，又如"焚、燃"等。如例（28）用动作"点上旱烟"转喻产生结果"旱烟点着"。

（28）把两个孩子打发走后，曹冷元**点上**旱烟，围着粮库慢慢地巡视起来。（冯德英《迎春花》）

还可搭配"说₍1₎、答"类外向二价动词，语义特征为［+自主，−位移，+外向，+言说，+持续］，多用于可能式，隐含到达言说者嘴部，须后接结果宾语，非数量宾语。例如：

（29）a. 他们是在比较了从张作霖的奉军到蒋介石的国军，再到所有曾经践踏过这片土地的异国军队，才咬牙切齿地**说上**一句"'老毛子'大臊性了"的。（张正隆《雪白血红》）

　　　b. "我……"灰瘸狼嗓子像卡了块骨头，憋得**答不上**话。（冯德英《山菊花》）

还可搭配"患、染₍2₎"等非自主、结果义动词，这时实体多为叙说者主观上不期望的事情。例如：

（30）（许多离退休的领导干部）……一旦离退下来身体急剧地坏了，且极易**患上**老年痴呆病。（贾平凹《怀念狼》）

2.2.4 上₍2d₎［（施动者）达到某价值状态的变化］

"V+上"用于价值状态域，表达施动者达到某价值状态的变化，标记为"V+上₍2d₎"。表已经实现时依靠"了"来体现；当变化在感知范围之内时，用"V+得+上"来表示。相反，用"V+不+上"或"未／没／很难+V+上"来表示。"V+上₂d"多表达返身致使，后接目的宾语，体现人类社会的价值标准。"V+上₂d"可搭配"娶、开₍₆₎"类二价返身动词，语义特征为[+自主，+返身，−位移，+动作，+持续]。例如：

（31）a. 王唯一袭了他父亲的职，**当上**乡长。（冯德英《苦菜花》）

b. 都是地主给逼的，要是**娶得上**媳妇，大冷的天，自己睡觉，何必去听人家的房？（刘震云《故乡天下黄花》）

c. 师职房也有，你光棍一条，眼下还**住不上**。（柳建伟《突出重围》）

例（31）"当乡长""娶媳妇""住师职房"属人类预期的价值标准，使用"上"凸显了达到这一价值标准的状态变化。可前接"能""可以"等能愿动词、"终于""最终"等副词凸显预期性。

也可搭配比较义动词，后接人类预期的参照标准，如下面"赵参谋长""温暖的人情""文革时的批斗"。

（32）a. 打仗也要学问啊，你表哥**比上**赵参谋长就差这么一点。（李晓明《平原枪声》）

b. 但是，没有什么东西能**比得上**温暖的人情更为珍贵——你感受到的生活的真正美好，莫过于这一点了。（路遥《平凡的世界》）

c. 气氛虽**比不上**我们"文革"时的批斗，也有某些类似之处。（毕淑敏《红处方》）

"V+上₂d"也可表达外向致使，搭配"评₍₂₎、算₍₄₎"类二价动词，语义特征为[+自主，+外向，−位移，+动作]。下面"读者最喜欢的作品""解放以来我校最有出息的优秀学生""老谋深算"是人类预期的价值目标。

（33）a.《回老家》竟未**评上**"读者最喜欢的作品"，据说是仅有我那一伤选票。（梁晓声《京华闻见录》）

b. 多米可以**算得上**解放以来我校最有出息的优秀学生。（陈染《一个人的战争》）

c. 他不知"姜还是老的辣"早已有高招，还以为自己这回也**称得上**"老谋深算"。（冯苓植《雪驹》）

"说上话"在一定语境中具有跟对方说话的预期，因此，也可表达"V+上₂d"。例如：

（34）a. 老的少的都能和他**说上话**，合得来，有啥事都愿意来和他拉拉。（刘知侠《铁道游击队》）

　　b. 你给夏风谈谈，看他能不能在省城给音像出版社**说上话**，他的话倒比县长顶用！（贾平凹《秦腔》）

　　除此之外，"V+上₂ᵈ"还可搭配表示"照管、注意"的"顾"，预期实现的价值状态作动趋结构的宾语，可用于可能式。例如：

（35）a. 村长也没有保长，女人们慌慌张张地只**顾上**闭大门。（张承志《九座宫殿》）

　　b. 出口被猛地堵死了，这两位主儿这才**顾得上**背靠门板捣腾起气儿来。（冯苓植《猫腻》）

　　c. 我渐渐**顾不上**埋怨珊丹了，心情陡然间紧张了起来。（冯苓植《雪驹》）

2.3　时间域：上₃［（施动者）实现开始某动作或状态的时间变化］

　　用于时间域，表达施动者实现开始某动作或状态的时间变化，标记为"V+上₃"。"V+上₃"表达返身致使，搭配持续义动词，语义特征为［±自主，±返身，−位移，+动作，+持续］。表达时间义较受语境制约，多出现于"又……了"结构或前加"已经、早"中，一般不后接宾语（除同位宾语外）。这时"上₃"语义指向动作 V，不具有致使性，可看作准动态助词。例如：

（36）a. ……中间虽说天气晴朗过，没出两天又阴了，又**下上**了雨。（CCL 余华《活着》）

　　b. 瞧！我俩又**聊上**了……（冯苓植《雪驹》）

　　c. 他还没来得及作出反应，各部门的人一哄而上，张王李赵还没分清楚，都已经**吃上喝上**了。（张一弓《姨父：一位老八路军战士的传奇人生》）

　　d. 要是我的亲生女子，早一巴掌**抽上**了，叫你胡问乱问！（陈忠实《白鹿原》）

　　当后接受事宾语时，如"他喝上酒了"中"上"表达"施动者达到某价值状态的变化"。当不后接宾语时，如"他又喝上了"中"上"表达"时间变化义"。这是因为后接受事宾语凸显受动者与关涉者的依附关系，而非"上"的时间变化义。

　　也可搭配"好 hǎo₍₂₎、热"类表达气候、心情、速度等的一价性质形容词，语义特征为［±自主，−位移，+性质，+持续］，如"别扭、长 cháng、动荡、横 hèng、紧₍₃₎、厉害、凉、麻、慢₍₁₎、忙、美₍₁₎、美₍₂₎"等[1]。如：

（37）a. 两个孩子以前在一块玩，现在一块上幼儿园，当然**好上**了。（刘震云《一地鸡毛》）

---

[1]　形容词示例选自郑怀德、孟庆海：《汉语形容词用法词典》，北京：商务印书馆，2003 年。

b. 这天气**热上**了。(《汉语形容词用法词典》)

c. 启东啊,咱们都是一个窝里的,你们一**别扭上**,我真是不知如
何是好。(BCC 阎绍荣、阎绍喜《刑警手记》)

3 动趋式"V+上"的语义演变路径

3.1 "登上,升上"义动词"上"到"上$_{1a}$"

"上"作为动词,具有"登上,升上"义,可后接终点性处所宾语,例如:

(38)夫骥之齿至矣,服盐车而上太行。(《战国策·楚策四》)

语料发现,动词"上"用作趋向补语产生于六朝时期,这时表达[由低
及高到达终点的垂直向空间位移]"V+上$_{1a}$",如例(39)a 句。唐宋时用
法渐多,如例(39)b、c 句。到明代时用法趋于成熟,如例(39)d ~ f 句。
"上$_{1a}$"可搭配"跳$_{(1)}$、升$_{(1)}$"类动词,构成返身致使;也可搭配"抬$_{(1)}$、提$_{(1)}$"
类动词、"拉 lā¹$_{(1)}$、抱$_{(1)}$"类动词、"呈$_{(2)}$、报$_{(1)}$"类动词,构成外向致使。

(39)a. 其母缘岸哀号,行百余里不去,遂**跳上**船,至便即绝。(《世说
新语·黜免》)

b. 帝子吹箫双得仙,五云飘摇**飞上**天。(白居易《两朱阁》,《全
唐诗》卷 427, 13/4701)

c. 建阳旧有一村僧宗元,一日**走上**径山,住得七八十日,悟禅而
归。(《朱子语类》卷一百)

d. 赵员外与鲁提辖两乘轿子,**抬上山来**,一面使庄客前去通报。
(《水浒全传》第四回)

e. 沙僧见了,连衣跳下水中,**抱上岸来**,却是孙大圣身躯。(《西
游记》第四十一回)

f. 随将书并礼物**呈上**。(《金瓶梅》第五十五回)

3.2 "位置高的,上面"义方位词"上"和句法类推到"上$_{1b}$"

作为方位词"上"具有"位置高的,上面"义,这也是"上"的最
初意义,说文解字"上,高也"。齐沪扬(2014)将方位词"上"分出
"上$_1$""上$_2$""上$_3$",分别如"飞机从桥上飞过""树上有只鸟""墙上贴了一幅
画",后二者目的物与参照物之间具有接触,并存在承载和被承载关系[1]。下
面例(40)"山""垄"是方位参照点,"木""石铭"是存在物,"上"的存在物与
方位参照点之间具有空间依附关系,这时参照体凸显其二维平面空间特征。

---

1 齐沪扬:《现代汉语现实空间的认知研究》,北京:商务印书馆,2014 年,第 120—121 页。

（40）a. 象曰：山上有木，渐。君子以居贤德善俗。（《周易·渐·艮下巽上》）

　　b. 今有人于此，为石铭置之垄上，曰：……（《吕氏春秋·孟冬纪·安死》）

在方位词"上""依附于某处之上"的语义作用下，并且受"上$_{1a}$"句法类推作用，表达［依附于终点的空间位移］"上$_{1b}$"。该类出现于六朝时期，明清时用法较成熟。该类搭配"配$_{(2)}$、加$_{(1)(2)}$"类、"摆$_{(1)}$、端"类、"穿$_{(4)}$、戴"类、"合$_{(1)}$、闭"类、"捆、绑"类、"拉 lā$_{(1)}$、抱$_{(1)}$"类动词，构成外向致使；搭配"踩、踏"类、"碰$_{(1)(2)}$、遇"类动词时，构成返身致使。例如：

（41）a. 坎内豆三粒；**覆上土**，勿厚，以掌抑之，……。（《齐民要术》卷二）

　　b. **摆上酒席荤腥**，自去取乐。（《金瓶梅》第八回）

　　c. （西门庆）**穿上衣服**，分付秋菊看菜儿，放桌儿吃酒。（同上，第十二回）

　　d. 即时间入了定，吩咐徒弟**闭上**了门，掌**上**了灯，……（《三宝太监西洋记》第四十九回）

　　e. 倒是他婶子仔本，咱把他**绑上**个炮仗震他下子试试，看怎么着。（《醒世姻缘传》第五十八回）

　　f. 你们做这些没脸的事，好好的又**拉上**我做什么！（《红楼梦》第四十四回）

　　g. 张委便**踏上**湖石去嗅那香气。（《醒世恒言》卷四）

　　h. 时**遇上**元灯夜，知会几个弟兄来家，笙箫弹唱，歌笑赏灯。（《喻世明言》卷四）

民国时，"V＋上$_{1b}$"还可搭配"联系、联络"类动词。例如：

（42）至乾隆四十年四月，阿桂才与明亮**联络上**，沿途六战六克。（《清朝秘史》第三十七回）

3.3　"向前，上前"义动词"上"和句法类推到"上$_{1c}$"

"上"作为动词，还引申为"向前进"的意义，例如：

（43）a. 贾时**上前**说诗书。（《汉纪·高祖皇帝纪》）

　　b. 舟人楫棹，犹尚畏怖，不敢迎**上**与之周旋。（《风俗通义·正失》）

在"向前进"义动词"上"的语义作用和"上$_{1a}$"的句法类推下，还引申为［到达终点的水平向前空间位移］"上$_{1c}$"。该类出现于宋代，明代时比较成熟。例（44）a 句"厅"关注其平面二维性，b 句通过"前"来体现其水平性，c 句动词具有向前位移义。

（44）a. 薛尹观而奇之，便**引上**厅。(《太平广记》卷一百七十）

b. 却见一个后生，……脚下丝鞋净袜，一直**走上**前来。(《醒世恒言》卷三十三）

c. 崔待诏即时**赶上**扯住。(《警世通言》卷八）

3.4 空间域垂直上向"V+上₁ₐ"的状态隐喻

"由低及高到达终点"的"上₁ₐ"凸显[终点]和[垂直上向]，通过隐喻扩展至数量、价值等状态域，[位置由低及高]隐喻为[数量由少到多]、[心理由无到有]、[生理由消极到积极][价值由低到高]，发生了语义泛化，分别表达[实现达到某数量的状态变化]"上₂ₐ"、[到达某关涉者的心理状态变化/由消极到积极的生理状态变化]"上₂ᵦ"、[实现达到预期价值的状态变化]"上₂ᵈ"。

元代偶见数量状态变化义"上₂ₐ"用例，可搭配二价动作和言说动词，如例（45）。明代才真正出现，可搭配一价持续义动词，如例（46）；现当代时还可搭配非自主、非持续义动词，如例（21）。

（45）a. （带云）我便**吃上**他一杯儿，怕做什么？（无名氏《玎玎珰珰盆儿鬼》第一折）

b. （正末背云）他是不认的。我去他身上，带意儿**说上**几句，看他省的省不的。（谷子敬《吕洞宾三度城南柳》第二折）

（46）a. 或三年四年，才回一遍。**住不上**一两个月，又来了。(《喻世明言》卷一）

b. （天师）把两只翅关**摆上**两摆，说道："天师何事，呼唤小神？"(《三宝太监西洋记》第九十三回）

元代时偶见心理状态变化义"上₂ᵦ"用例，如例（47）。明代时真正出现，可搭配"爱₍₁₎、恨"类心理动词，如例（48）；例（49）"看"表达"合意"义。民国时才出现生理状态变化义"上₂ᵦ"用法，用于可能式，如例（50）。该用法用例极少，这是因为多使用"喘不过气来"表示，如例（51）。

（47）（卜儿云）敢是你那里**看上**了一个，你待取来做小老婆也。（武汉臣《散家财天赐老生儿》第一折）

（48）果然依你昨日之言，他**爱上**我们的袈裟，算计要烧杀我们。(《西游记》第十六回）

（49）一日，皮氏在后园看花，偶然撞见赵昂，彼此有心，都**看上**了。(《警世通言》卷二十四）

（50）（金头虎）比这三位腿慢得多，跑得热汗直流，好容易跑到方家村西，累得**喘不上气来**啦。(《三侠剑》第二回)

（51）芳官却仰在炕上，穿着撒花紧身儿，红裤绿袜，两脚乱蹬，笑的**喘不过气来**。(《红楼梦》第七十回)

清代出现了"上$_{2d}$"用法，可搭配"娶、开$_{(6)}$"类自主二价动词、比较义动词，如例（52）；还可搭配"评$_{(2)}$、算$_{(4)}$"类二价动词，后接表示社会价值参照标准的实体，如例（53）。民国时出现"顾上"用法，如例（54）。

（52）a. 假如你焦他没有房屋，何不替他**娶上**一个孙媳妇，一家一计过日子？(《儒林外史》第二十一回)

　　　b. 哎呀！我瞧见这个妇人实在长得好，我这些如君侍妾，长得都是平平无奇，要**比上**这个妇人差多了。(《济公全传》第一百六十九回)

（53）而且，这珠子真可**称得上**如意珠，无论需要什么东西，只要对他默默地祷祝一遍，这需要的东西，自然会出现在屋子里，真是取之不完，用之不尽。(《八仙得道》第一回)

（54）唉！舒服多了，也没**顾上**给人家关门，又摇摇晃晃到了北屋。(《雍正剑侠图》第二十八回)

3.5 空间域依附向"V+上$_{1b}$"的状态隐喻

"依附于某处"的"上$_{1b}$"凸显［受动者］与［某处所］的依附关系，通过隐喻扩展至由无到有的存在状态域，［已存在的实体］类推扩展为［未有的实体］，动词由一般动作动词到言说或产生义动词，发生了语义泛化，表达［（实体）由无到有依附于某处的存在状态变化］"上$_{2c}$"。明代时出现"上$_{2c}$"用法，可搭配"说$_{(1)}$、答"类言说义动词，也可搭配"怀、写$_{(1)}$"类产生义动词、"点$_{(10)}$、生$_{(4)}$"类点燃义动词，分别如例（55）、例（56）、例（57）。清代时用例渐多，如例（58）。

（55）他看见我去化缘之时，只说我们真正是个化缘的，拿出一个银钱来送郑，又**说上**许多的唠叨。(《三宝太监西洋记》第七十四回)

（56）师徒们各各取上一付笔墨，各人**写上**两个字儿。(同上，第六回)

（57）于是重筛美酒，再整佳肴，堂中把花灯都**点上**，放下暖帘来。(《金瓶梅》第十六回)

（58）a. 彼时不能答，就算输了，这会子**答上**了也不为出奇。(《红楼梦》第二十二回)

　　　b. 那时虽是十月天气，山风甚寒，屋里已**生上**火。(《儿女英雄

传》第二十回）

民国时出现"怀上"用例，还可搭配"患、感染"类动词。例如：

（59）唐氏**怀上**了身孕，但过了产期仍没生产。（《古今情海》卷三十）

（60）不久，少女也**传染上**了这种病，而且病势严重。（同上，卷三）

3.6 空间域垂直上向"V+上₁ₐ"的时间隐喻

"由低及高到达终点"的"上$_{1a}$"凸显［终点］和［上向］，可隐喻扩展至时间域，表达［实现开始某动作或某状态的变化］"上$_3$"。吴念阳、徐凝婷、张琰（2007）通过实验证明，认为可以用"上 / 下"垂直维度的空间词汇来表达和理解时间概念，时间概念表征具有垂直的空间方向性[1]。清代时出现了此用法。例如：

（61）你心里早和咱们这个二婶娘**好上**了。（《红楼梦》第一百十七回）

（62）这两个人要了两壶酒，两个菜，**喝上**了。（《济公全传》第八十回）

4 小 结

趋向补语"上"的核心语义是"由低及高到达某目标"，后引申出"依附某目标""水平前向某目标"。"V+上"由空间域隐喻到状态域、时间域，趋向补语由趋向动词到附着性动词、准动态助词，语义发生了泛化与虚化。具体体现为：①动态过程性逐渐消失；②垂直上向到依附向、水平前向；③目标体现在不同认知域，认知域由空间（包括物理空间和抽象空间）到状态（包括数量、心理 / 生理、存在和价值状态）、时间，语义不断抽象化；④转喻或隐喻机制的作用：由空间到状态、时间体现的是隐喻，由凸显［动态过程性］到凸显［到达终点］，体现了以到达终点的部分转喻由起点到达终点的移动路径整体；⑤受动者由具体定指、抽象定指到类指，由具体到抽象；⑥所带宾语由处所宾语到受事宾语、对象宾语、数量宾语、结果宾语、目的宾语；⑦由动词到性质形容词，由位移动词到非位移动词，由自主动词到非自主动词，所搭配动词或性质形容词小类范围较广。

从语义类别来看，"V+上"具有3个空间义、4个状态义和1个时间义。本节将"V+上"的空间义分为由低及高到达终点、依附于终点、水平向前到达终点等三类，由此提出"垂直上向""依附向"和"水平前向"三种空间

---

1 吴念阳、徐凝婷、张琰：《空间图式加工促进方向性时间表述的理解》，《心理科学》，2007年第 4 期。

位移，分别与"上"的"登上，升上""位置高的，上面""向前，上前"等三种基本意义相关联。根据历时考察，趋向补语"上"的语义出现顺序为："上$_{1a}$""上$_{1b}$"（六朝）>"上$_{1c}$"（宋代）>"上$_{2a}$"、心理状态变化义"上$_{2b}$"、"上$_{2c}$"（明代）>"上$_{2d}$""上$_3$"（清代）>生理状态变化义"上$_{2b}$"（民国）。由空间域到状态域体现为语义泛化，由空间域时间域体现为语义虚化。趋向补语"上"的语义泛化和虚化过程如图 4-2-7 所示：

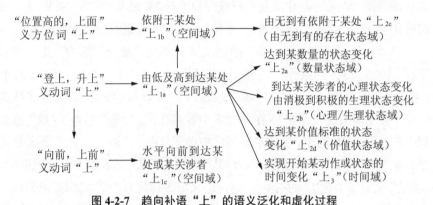

图 4-2-7　趋向补语"上"的语义泛化和虚化过程

第三节　动趋式"V + 来"的致使性泛化与虚化

1 引　言

　　前人对趋向补语"来"的语义归纳主要有两条思路：一是从动趋结构的整体意义来归纳趋向补语的语义。徐静茜（1983）认为"来"可分化为"动作的动向或动态，表完成"（如"传来"）、"动作即将进行"（如"快拿大木盆来"）2 个意义[1]。高顺全（2005）认为"来"具有"动作变化的可能终点、动作变化的变成、动作变化的结果"3 个引申义[2]。吕叔湘（2004）将"来"分为动作朝着说话人所在地，融洽 / 不融洽 / 有没有能力完成某一动作，动作的多次重复（如"孩子们在操场上跑来跑去"），看来 / 说来 / 想来 / 听来 / 算来做插入语，带有估计或着眼于某一方面的意思（如"这个人看来年纪不小

1　徐静茜：《说"·来、·去"》，《语言教学与研究》，1983 年第 1 期。

2　高顺全：《对外汉语教学探新》，北京：北京大学出版社，2005 年，第 89 页。

了"）[1]。孟琮（1999）将 "来" 分为向近处（如 "这是从哪儿流来的水"）、获得（如 "老张还来二十册图书"）[2]。二是从语义到形式的语义归纳。刘月华（1998）认为 "来" 具有趋向意义和结果意义，趋向意义表示通过动作使人或事物向立足点移动（如 "取来夹大衣"），结果意义表示实现 "醒" 的状态（如 "从睡梦中醒来"）、融洽（如 "我们俩还谈得来"）、会或习惯做某事（如 "咱对这样的事干不来"），还有 "在……V 来"、引出说话人看法 "V 来"、从某方面着眼 "V 来"、动作反复进行或交替进行 "V 来 V 去""V_1 来 V_2 去" 的特殊用法，"下不来台" 等熟语[3]。可见，语义归纳或粗或细，意见不一。

"V 得 / 不来" 结构中 "来" 的语义多归纳为 "融洽""能力" 义。如宋玉柱（1985、1986）分析了 "这样的文章我写得（不）来" 之类的格式，其中 "来" 是动词后缀，表示 V 得 / 不了（liǎo）[4]。徐静茜（1986）认为这类格式表示 "有无能力完成某事"，在吴方言中普遍存在，由表 "能 / 会 / 成" 的动词 "来" 语义虚化而来，吸收进普通话中动词只限于 "谈、合、处" 等少数几个，表 "融洽" 义[5]。史有为（1986）认为 "得 / 不来" 是表能力的合成助词，"融洽" 义只是 "能力" 的引申[6]。这一语义与表趋向的 "来" 之间有何关系？

"来" 还可表示动作状态的完成，是动态助词。如江蓝生（1995）认为动词 "来" 本指到说话人所在之处，当抵达说话人所在之处时，这一动作就完成了，因此 "来" 的这一意义就为它虚化为完成态助词提供了语义上的可能性[7]。蒋冀骋和吴福祥（1997）也认为动态助词 "来" 来自趋向补语 "来"[8]；曹广顺（1995）认为与它的引申义（"以来" 的意思）有关[9]；梁银峰（2007）同意曹广顺（1995）的看法，把这种语义的 "来" 称作动相补语，用于动词之后，表示动作状态的完成，萌芽于魏晋南北朝时期，其形成过程为："来" 引申出 "以来" 之义，用在某些动词或状态形容词之后，表示某种情状发生之后，接着发生另一件事，表示 "V 来 VP_2"，在此基础上，有些 "V 来"

1　吕叔湘：《现代汉语八百词（增订本）》，北京：商务印书馆，2004 年，第 346 页。

2　孟琮等编：《汉语动词用法词典》，北京：商务印书馆，1999 年，第 14 页。

3　刘月华：《趋向补语通释》，北京：北京语言大学出版社，1998 年，第 51—66 页。

4　玉柱：《"V 得来""V 不来"》，《汉语学习》，1985 年第 6 期；玉柱《〈"V 得来""V 不来"〉小补》，《汉语学习》，1986 年第 5 期。

5　徐静茜：《也谈 "V 得来""V 不来"》，《汉语学习》，1986 年第 2 期。

6　史有为：《"来"、"看" 小补》，《汉语学习》，1986 年第 5 期。

7　江蓝生：《吴语助词 "来""得来" 溯源》，《中国语言学报》，1995 年第 5 期，北京：商务印书馆，第 12—27 页。

8　蒋冀骋、吴福祥：《近代汉语纲要》，长沙：湖南教育出版社，1997 年，第 524—544 页。

9　曹广顺：《近代汉语助词》，北京：语文出版社，1995 年，第 105 页。

不需要后一分句也能打住，"来"发展成为动相补语[1]。另外，对于"看来/说来/想来/听来/算来"等"V来"结构，多将其作为插入语，带有估计或着眼于某一方面的意思，这是结构本身的语义。其中"来"具有何义，等等。

针对以上问题，本节将从认知语义角度对动趋式"V+来"的语义类型进行重新归纳，结合共时和历时语料，探讨其语义关联性、泛化与虚化机制。

2　动趋式"V+来"的认知域、语义类别及动词小类

2.1　空间域：来₁[(受动者)朝向立足点的空间位移]

"V+来"最初表达受动者朝向立足点的物理空间位移，标记为"V+来₁"。意象图式如图 4-3-1 所示：

图 4-3-1　"V+来₁"的意象图式

"V+来₁"可表达返身致使，搭配"走₍₁₎、飘"类一价位移动词，又如"奔 bèn₍₁₎、撒₍₂₎、闯₍₂₎、驰、冲¹、吹₍₂₎、飞₍₁₎、飞₍₂₎、飞₍₃₎、赶₍₁₎、跟、刮²、流、撵、跑₍₁₎、跑₍₂₎、漂、飘、扑₍₁₎、伸、驶、逃₍₁₎、摇、转 zhuǎn₍₁₎、转 zhuǎn₍₂₎、追₍₁₎"等。也可搭配"杀₍₂₎、开₍₆₎"类一价非位移动词，又如"撑、攻、闪₍₅₎、搜索"等。也可搭配"踢、砸₍₁₎"类与身体部位有关的二价位移动作动词，又如"摸₍₁₎、撞₍₁₎"。也可搭配"上、下"类趋向动词，又如"进、出、回、过"。例如：

（1）a. 至于最初，是怎样的机缘引领 O **走来**这画室的，我毫无印象。（史铁生《务虚笔记》）

b.（他）忽然看到从西北方向的天空**飘来**了一片暗红色的厚云。（莫言《蝗虫奇谈》）

（2）危难之际倒是一辆向别墅**开来**的汽车解救了他，汽车在院里停下……（尤凤伟《泥鳅》）

（3）（旁边的翻译官）飞起一脚向我后腿**踢来**，并用手向我前胸一推，想把我甩个倒栽葱。（刘知侠《铁道游击队》）

1　梁银峰：《汉语趋向动词的语法化》，上海：学林出版社，2007年，第152—172页。

（4）（村丁路蚂蚱）便提着锣从台子上**下来**，站到人堆里……（刘震云《故乡天下黄花》）

例（1）a 句凸显终点"这画室"，用作宾语；例（1）b 句、例（4）凸显起点"从西北方向的天空""从台子上"，用作状语；例（2）、（3）凸显终点"向别墅""向我后腿"，用作状语。

这类还可搭配与视线、目光、光线有关的"瞪、瞥、投(4)"等一价非位移动词。例如：

（5）a. 山崎扬起脸盯着千代子**瞪来**一眼，嫌恶地问道："你来干什么？"（邓友梅《别了，濑户内海！》）

　　b. 上午的太阳透过层层树冠，把一道道一束束强烈的光芒迎面**投来**。（张承志《北方的河》）

"V+来₁"也可表达外向致使，可搭配"丢(2)、掷"类二价位移动词，又如"递、寄(1)、拉¹(1)、拉¹(2)、陪送、陪嫁、押送、抬(2)、提(1)、投(1)、投(5)、推(1)"等；也可搭配"拿(1)、端"类二价非位移动作动词，又如"拔(1)、绑、抱(1)、背 bēi、采集、采撷、带(1)、担、叨、倒腾、等、搞、割、拐骗、换(1)、换(2)、换(3)、汇、捡、接(1)、接(2)、接(3)、砍伐、捆、领、觅、弄(2)、陪、牵、擒、捎、搜、挑 tiāo¹(1)、驮、挖、押、押解、邮、摘(1)、找、抓、捉"等，包括"派、劝、盼"类派遣、言语劝说或期盼义动词，又如"逼、差 chāi、催、打发、摘(2)、摘(3)、喊(2)、叫¹(2)、骂、派遣、骗、遣送、请(2)、邀"等。受动者多用作"V+来₁"的宾语，如例（6）；或者用于"把"字后，如例（8）；或者做受事主语，如例（7）。

（6）话是这么说着，就从船上**丢来**几个草团垫子，直指令众人坐了……（贾平凹《浮躁》）

（7）收音机**拿来**了，却怎么也收不到秦腔，他便不停地拍打着机子。（贾平凹《秦腔》）

（8）助手那几天拉肚子，工人只把放映员给我们**派来**了。（迟子建《额尔古纳河右岸》）

施动者和受动者可抽象化造成空间路径的抽象化。例如：

（9）当他心上一阵难忍的慌促**袭来**难以支持时，只把脸庞深深地埋入这头浓发，症状立刻会得到缓解……（张炜《刺猬歌》）

（10）婚礼这部繁缛冗长的大书的每章每节的实施，都给黑娃一次又一次**带来**欢乐又招来痛苦。（陈忠实《白鹿原》）

2.2　时间域：来₂[动作朝向事件结束点的变化]

"V+来"也可用于时间域，表达朝向事件结束点的时间变化，叙说者倾情于事件结束点，标记为"V+来₂"。"V+来₂"可搭配"唱₍₁₎、说₍₁₎"类二价动作动词，又如"讲₍₁₎、读₍₂₎"等，这时动作关涉者为言语、信息、歌曲等抽象实体，其朝向事件结束点变化。动作关涉者往往在动趋结构中隐含不出现，动作关涉者的空间位移随着事件的出现而出现，因此，时间变化成为人们关注的焦点，多用于"听+某人+说/讲/唱/读+来₂"结构中，如例（11）"叫他赶快详细说来"在表达"说"到达事件结束点的同时也表达了"说"的关涉者朝向听话者的空间位移。

（11）他俩人一人拉着年轻探子的一条胳膊，把他拉到台后，叫他赶快详细**说来**。（路遥《惊心动魄的一幕》）

（12）不过那故事是很久远了，久远到连年龄最大的老人都说这故事是听曾祖父**讲来**的。（马原《冈底斯的诱惑》）

（13）这是他的写照，由那些人**唱来**，却像一种摆脱束缚的标志，他们唱得没有一点儿伤感。（刘恒《黑的雪》）

"说/讲/唱/读+来₂"也可后接评价性小句，体现叙说者的主观评价。其中"说来"用例较多，用于"由此/如此/这样/总体说来、据/从/由/照/依/在……说来、对……说来、一般/笼统地/简短地/大体上/严格说来"等，或直接用于句首。例（14）"说来"凸显"说"朝向事件结束点的时间变化，后接叙述者对动作关涉者的评价"很简单"，这是通过动作"说"的过程来体现叙述者的观点，或者说，评价性小句"很简单"语义指向关涉者"这些药"。

（14）这些药，**说来**很简单，都是一些化学元素。（毕淑敏《血玲珑》）

（15）**说来**凑巧，佘一元向吴三桂施礼落座，尚未说话，一阵马蹄声在辕门外停住。（姚雪垠《李自成》）

（16）老生戏的主要竞争对手汪桂芬、孙菊仙，都比他嗓音高亢、洪亮，**唱来**气势磅礴，慷慨激昂，但这两位的武功都比他差得远。（CCL 1996 年《作家文摘》）

（17）但有的作者为追求戏剧性，竟凭空编造故事，**读来**则更令人感到荒诞不经。（李存葆《高山下的花环》）

"V+来₂+评价义小句"结构具有一定的生成性，感官动词也可进入该结构中。在这种情况下"来"可替换为"起来"。"看 kàn₍₁₎、吃₍₁₎、喝₍₁₎、听₍₁₎"等感官类动词，搭配"来"，后接评价义小句，以实现完句功能。这些动词由感官义逐渐具有了认知义，借助视听嗅味触等感官，引发了人类的心理认知。视觉动词"看"搭配"来"表达视线朝向立足点位移,在具体语言中,多用"看过来"。随着语言的发展,"看来"后接根据动作者看到的客观情况而得出的推测,这时视觉动词"看"演变为认知动词"看","看来"表达动作的时间变化,以凸显推测的客观性。例如:

(18)a. 突然有人从窖口爬出来,手持带钩的木棍,匍匐到第一个马灯跟前,仰面朝天举竿摘灯,并迅速吹灭灯火,又爬到第二个第三个跟前,作了同样的动作。韩燕来**看来**心里十分诧异。(李英儒《野火春风斗古城》)

b. **看来**只有离婚才能从这种痛苦里解脱出来了,这算什么生活?每个星期六都这样度过!(邓友梅《在悬崖上》)

"吃(1)、喝、听(1)"的所关涉者已不发生空间位移,动作朝向事件结束点变化。例如:

(19)a. 虽说无馅,却是在米粉中配以蜜枣泥、桂花丝、藕丁、桂圆肉等,**吃来**糯软清甜。(CCL 1994 年《市场报》)

b. 先冲进少许开水入杯,约摸十余秒钟后将水倒掉,然后再加开水泡。这样**喝来**味正悠长。(同上)

c. 韩燕来的声音虽低,**听来**叫人毛孔发冷。(李英儒《野火春风斗古城》)

思维或计算类二价动词也可构成"V+来₂",如"想(1)、算(1)"等,后接结果义小句。例如:

(20)a. 现在**想来**,我父亲失败的根本原因是他缺乏足够的财商。(CCL 新华社 2004 年 11 月新闻报道)

b. 不过我们**算来**也有二十一年没有见面了。(张炜《刺猬歌》)

2.3 状态域:[(受动者)领属权由他身到自身/生理状态由消极到积极/存在状态由无到有/由隐到显/具备某行为能力的变化]

2.3.1 领属关系域:来₃ₐ[(受动者)领属权由他身到自身的变化]

"V+来"可用于领属关系域,受动者多为人、土地、权利、户口、知识、本领等,体现为领属权、使用权、组织关系等的变化,标记为"V+来₃ₐ"。"V+来₃ₐ"表达外向致使,可搭配"雇、买"类具有购买、抢夺、招选、搬迁、分配或学习义的二价动词,又如"搬(3)、拨(2)、抽¹(2)、得(1)、调 diào、夺(1)、贩、分配(1)、借(1)、掠夺、没收、剽窃、迁、抢¹(1)、抢劫、娶、赊、收(2)、收养、讨(1)、讨(2)、讨教、偷、挑选、选拔、学(1)、招¹(1)、招募、争取(1)、租"等。例如:

（21）我**买来**酒就换瓶子，把酒装进氯化钠瓶子里。（白桦《淡出》）

（22）（胡秉宸）……却没有从叶莲子那里**夺来**吴为的心。（张洁《无字》）

（23）这些物质基础是座山雕给咱准备的，这套名堂是当团副刚**学来**的。（曲波《林海雪原》）

（24）"大洋马"身材高大，在陕北练兵中投弹最远，**选来**给王震当了警卫员。（张一弓《姨父：一位老八路军战士的传奇人生》）

（25）淞沪事变时，国民党为了逃避日本，曾一度将他的"国民政府"**迁来**过几天，把洛阳定名为"行都"。（李準《黄河东流去》）

例（21）~（23）"买来酒""夺来吴为的心""学来这套名堂"是受动者领属权的变化，例（24）、（25）"选来""将他的'国民政府'迁来"是受动者组织关系的变化。这类意义可构成"V+宾语+V+来"重动结构。例如：

（26）a. 小毛丫头，你从哪里抢来的好宝贝？是抄家**抄来**的吗？（莫言《红树林》）

　　　b. 你给他担的那些包袱，还不是那样查路**查来**的！（赵树理《李家庄的变迁》）

2.3.2　生理状态域：来$_{3b}$［（受动者）由消极到积极的生理状态变化］

"V+来"可用于生理状态域，表达受动者朝向立足点的生理状态变化，标记为"V+来$_{3b}$"。朝向立足点为人类预期，因此生理状态是由消极到积极的变化。"V+来$_{3b}$"表达返身致使，可搭配"醒$_{(1)}$、醒$_{(2)}$、活转、歇"等少数动词。这类意义由于多用"过来"表达，如"醒过来、活转过来、歇过来"等。例如：

（27）a. 永远睡不安稳的庄坦常常在这时从假寐中**醒来**，由床的里侧翻过身来嘟囔着说："又一只？"（铁凝《玫瑰门》）

　　　b. 你就像看见一个临死的人而不肯去救他一样，可他一死去就再也不会**活转来**了。（宗璞《红豆》）

2.3.3　由无到有存在状态域：来$_{3c}$［（实体）由无到有的存在状态变化］

"V+来"可用于由无到有的存在状态域，表达实体由无到有的存在状态变化，标记为"V+来$_{3c}$"。由无到有与朝向自我参照的人类预期方向相同。"V+来$_{3c}$"表达外向致使，搭配"招^1$_{(2)}$、惹$_{(1)}$"类具有产生或引起义的动词，又如"调查、捞$_{(2)}$、惹$_{(1)}$、修$_{(2)}$、修$_{(3)}$、赢、招惹、挣、赚"等。例如：

（28）a. 她这时很害怕，怕自己在这种丢神失魄的时候会**招来**什么灾祸。（李英儒《野火春风斗古城》）

b. 只是他在把绳子套进脖子前，扭头看了看那些牲口，又想了想，二姑姑死在他的前头，是二生**修来**的福气，也省了他的心，……（张洁《无字》）

c. 这是违反政策的不负责任的轻率做法，造成农业生产上的损失，会**招惹来**违法乱纪的罪名。（柳青《创业史》）

其中，"挣、赚、捞(2)、赢"等获得义动词搭配"来"具有歧义，可以表达领属关系变化，如例（29）a 句；也可以表达由无到有的存在状态变化，如例（29）b 句。差异在于：前者受动者变化前为已存在物，如"别人活命的食物"；后者受动者变化前为非存在物，如"极大的声誉"。

（29）a.（人）出于求生本能，要把别人活命的食物**赢来**填进自己肚子。（邓友梅《别了，濑户内海！》）

b. 这件事的处理曾给呼天成**赢来**了极大的声誉。（李佩甫《羊的门》）

"V+来$_{3c}$"可用于可能式中，这时非获得义动词也可以进入其中。例如：

（30）a. 搞采购我可不行，我口笨，**说不来**话，况且账项弄不清呀！（贾平凹《浮躁》）

b. 有时野兔子**打不来**，只好到老二老三家借家兔子。（刘震云《头人》）

2.3.4　由隐到显存在状态域：来$_{3d}$[（受动者）由隐到显的存在状态变化]

"V+来"可用于由隐到显的存在状态域，表达受动者由隐到显的存在状态变化，标记为"V+来$_{3d}$"。由隐到显与朝向立足点的人类预期方向相同。"V+来$_{3d}$"表达外向致使，搭配"判断、尝"类思维、感官义动词，又如"辨、猜、感觉、估摸、体谅、问(1)、想(1)、想象、捉摸"等。该类用例较少，多用于可能式中，尤其是否定可能式中，后接小句。例如：

（31）a. 他**判断不来**公家将会怎样处置他的儿子。（路遥《平凡的世界》）

b. 他知道她哭了；也**想象得来**她一个人在玉米地的小路上往家里走的时候，心情会是怎样地难受啊！（路遥《人生》）

c. 一路上，他**估摸不来**根民要给他说什么事。（路遥《平凡的世界》）

d. 田福军和张有智都**猜不来**会议内容——按说，应该同时简单地告诉他们开什么会。（同上）

该类也可不用于可能式中，前加能愿动词"能"，后接短语或小句，用例相对较少。例如：

（32）a. 孙少安完全能**体谅来**亲爱的人儿对自己的一片好心！（路遥《平凡的世界》）

b. 她能**感觉来**，老同学对她是一片真心。（同上）

2.3.5　行为状态域：来$_{3e}$[（施动者）具备某行为能力的状态变化]

用于行为状态域，这时"来"语义指向施动者和动作，表达施动者具备做出某事件的能力，标记为"V+来$_{3e}$"。"从无到有，具备能力"是人类预期的，可使用"来"。"V+来$_{3e}$"表达返身致使，用于可能式中。可搭配四类动词：第一类是"做$_{(1)}$、装^1"类行为义动词，又如"节制、解决、干$_{(1)}$、算$_{(1)}$、欣赏$_{(1)}$、做$_{(2)}$、做$_{(3)}$"等，如例（33）；第二类是"应付、应酬"类应付义动词^1，又如"负担、顾、照管"等，如例（34）；第三类是"谈、合"类言说或相融义动词，又如"处 chǔ、和、拉 lā、相处"等，如例（35）；第四类是"划"类合算义动词，如例（36），具有一定的评价义。这四类动词的抽象程度不断提高。值得注意的是"说得来"具有两个意义：一是能够说出来，二是跟某人说话融洽，后者语义更虚，可用副词修饰，如例（37）a 句是第一个意义，b 句是第二个意义，"说得来"用程度副词"特"修饰。

（33）a. 我一大把年纪了，有些事**做不来**了。（刘恒《苍河白日梦》）

b. 我根本不知道怎么当太太，假的更**装不来**！（陈忠实《白鹿原》）

（34）a. 你哥一走，门里门外就我一个人，**应付不来**。（路遥《平凡的世界》）

b. 他们四个人，高喊低叫，要吃这个要吃那个，崔店是个小地方，掌柜一时**应酬不来**，挨了许多骂，最后找了几个鸡蛋，给他们做的是炒鸡蛋拉面。（赵树理《李家庄的变迁》）

（35）a. 他名叫赵毓青，原来是保定二师的学生，年轻、热情，我们俩还**谈得来**。（杨沫《青春之歌》）

b. 凤阁多年和他一块共事，两个人很**合得来**。（路遥《平凡的世界》）

（36）李正安慰他说："输就输了，难过更**划不来**。……"（刘知侠《铁道游击队》）

（37）a. 如果坏话说不来，好话也不一定**说得来**。（刘震云《一句顶

1　这类也可搭配"过来"，凸显在数量认知域中的变化，即由最初状态到完成状态的变化过程。搭配"来"，凸显的是行为能力的状态变化。

一万句》)

b. 我觉得跟你特**说得来**，特知音。(王朔《顽主》)

3 动趋式"V+来"的语义演变路径

3.1 "由彼至此、由远及近"义动词"来"到"来₁"

"来"本义是"小麦"，《说文·来部》："来，周所受瑞麦来麰，一来二缝，象芒刺之形。"如《诗经》："贻我来牟。"中的"来"即为小麦之义。后来名词"来"假借为动词"来"，罗振玉《增订殷墟书契考释》："卜辞中诸'来'皆象麦形，假借为往来之来。""来"具有"往来、来到"之义，进而表达"由彼至此、由远及近"，可后接处所宾语，如例(38)；可构成"自+处所宾语+来"，如例(39)；可构成连动式"来+V"或"V+而+来"，如例(40)、(41)；可构成使动式，如例(42)。

(38)十一年，春，滕侯、薛侯**来**朝，争长。(《左传·隐公十一年》)

(39)学而时习之，不亦说乎? 有朋自远方**来**，不亦乐乎?(《论语·学而》)

(40)十五年，春，天王使家父**来**求车，非礼也。(《左传·桓公十五年》)

(41)是丘也，召而**来**。(《庄子·杂篇·外物》)

(42)夫如是，故远人不服，则修文德以**来**之。既**来**之，则安之。(《论语·季氏》)

我们同意梁银峰的观点：趋向补语结构产生于六朝至唐[1]。六朝前，"来"用于动词后，多看作连动结构。例如：

(43)a. 秋，郑詹自齐**逃来**。(《左传·庄公十七年》)

b. 鸡栖于埘，日之夕矣，羊牛**下来**。君子于役，如之何勿思!(《诗经·王风·君子于役》)

c. 左右曰："乃歌夫长铗**归来**者也。"(《战国策·齐策四》)

六朝时"V来"后接处所宾语，如例(44)；或用于"被"字句中，如例(45)。这时结构发生变化，需要重新分析，"V"充当路径"来"的方式，"来"充当动作的结果，成为趋向补语，表达"来₁"[(受动者)朝向叙说者的空间位移]。

1　梁银峰：《汉语趋向动词的语法化》，上海：学林出版社，2007年，第1页。

（44）卧处比有一溪，相去三五十步，犬即奔往入水，湿身**走来**卧处，周回以身洒之，获免主人大难。（《搜神记》卷二十）

（45）某，三河人，父见为弋阳令，昨被**召来**，今却得还，遇日暮，惧获瓜田李下之讥，……（同上，卷十五）

唐五代时用例渐多，出现与感官动词搭配的"看来""听来"，如例（46）；五代时"V+来₁"与"V+将+来₁"用法仍并存，如例（47）。

（46）a. 可怜此际谁曾见，唯有支公尽**看来**。（皮日休《宿报恩寺水阁》，《全唐诗》卷614，18/7081）

b. 山色潜知近，潮声只**听来**。（李嘉佑《和韩郎中扬子津玩雪寄严维》，《全唐诗》卷206，6/2154）

（47）a. 处分鬼神齐用命，**捉将来**，畅我身。（《敦煌变文集新书·破魔变文》）

b. 母在家中，被严贼数十人，以绳贯母掌，驱劫而去。弟见惶惧，**走来**报兄，具陈上事。（同上，孝子传）

明代时该用法趋于成熟，可表达返身致使，如例（48）；也可表达外向致使，如例（49）。

（48）a. 恰好焦榕**撞来**，推门进去。（《醒世恒言》卷二十七）

b. 旁边两个鬼卒**走来**扶着。（《二刻拍案惊奇》卷五）

（49）a. 遂手斟一杯**递来**，酒醉手软，持不甚牢，杯才举起，不想袖在箸上一兜，扑碌的连杯打翻。（《醒世恒言》卷四）

b. 他不听吾言，要穿此晤晤脊背，不料中了大王机会，把贫僧**拿来**。（《西游记》第五十回）

c. 国师道："**叫来**我问他。"（《三宝太监西洋记》第八十四回）

3.2 空间域"V+来₁"的时间隐喻

空间域可隐喻扩展到时间域，发生虚化。聚焦终点的"来₁"扩展到时间轴上，表达［动作朝向事件结束点的变化］，标记为"来₂"。意象图式如图4-3-2所示：

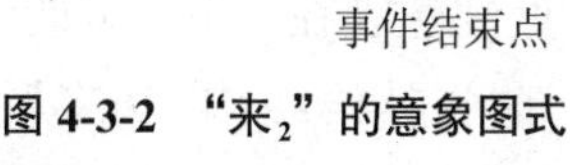

事件结束点

图4-3-2 "来₂"的意象图式

"来₂"产生于唐五代，"V+来₂"与"V+将+来₂"并存。例如：

（50）把得闲书坐水滨，**读来**前事亦酸辛。（罗隐《王夷甫》，《全唐诗》

卷 664，19/7609）

（51）荒田一片石，文字满青苔。不是逢闲客，何人肯**读来**。（姚合《古碑》，《全唐诗》卷 502，15/5708）

（52）合掌阶前领取偈，明日闻钟早**听来**。（《敦煌变文集新书·不知名变文》）

（53）不可交声闻空在会，合应有菩萨也**唱将来**。（同上，双恩记）

宋代获得较大的发展。"V＋来₂"前面用"从＋名词"修饰，表时间起点，如例（54）；前加表过去的"曾"，如例（55），这一语境特征使得"V＋来"具有了完成义；充当插入语，后接评价或推断义小句[1]，分别如例（56）、（57）。多搭配感官动词和言说动词，如例（55）～（57）。元代时还可搭配思维动词，如例（58）。

（54）只从头**读来**，便见得分晓。（《朱子语类》卷十六）

（55）这个道理，自孔孟既没，便无人理会得。只有韩文公曾**说来**，又只说到正心、诚意，而遗了格物、致知。（同上，卷十八）

（56）但如今人说，天非苍苍之谓。据某**看来**，亦舍不得这个苍苍底。（同上，卷五）

（57）细**看来**，不是杨花，点点是、离人泪。（苏轼《水龙吟·次韵章质夫杨花词》）

（58）嗨！姑姑这终身之事，我也曾**想来**：若有似俺男儿知重我的，便嫁他去也罢。（关汉卿《望江亭中秋切鲙》第一折）

我们认为，这类"来"并不来自"来"的引申义"以来"。"来"表示"以来"义，即从过去某时到现在的一段时间，前接表示过去某时间点。例如：

（59）且君其图之，自桓叔**以来**，孰能爱亲？唯无亲，故能兼翼。（《国语·晋语一》）

（60）自晋**来**用字，率从简易，时并习易，人谁取难。（《文心雕龙·练字三十九》）

（61）否，自有生民**以来**，未有孔子也。（《孟子·公孙丑章句上》）

例（59）、（60）前接名词性成分，例（61）前接动词性成分。以上"来"或"以来"表达从某时间点到达现在，并有可能继续，与朝向事件结束点的"来"语义明显不同。动相补语结构"V 来"并不是由"V 来 VP₂"演

1　周红：《从致使性看"V 上去/起来/来＋AP/VP"构式的表达功用——基于语料库的研究》，《新疆大学学报（人文社科版）》，2016 年第 4 期。

变而来的。我们发现,"V 来$_2$VP$_2$"在六朝时数量并不多,而在唐五代"V 来$_2$VP$_2$"与"V 来$_2$"均存在,并不能说明孰先孰后,并且两个结构仅是语境不同,并不存在虚化程度的差异。

3.3 空间域"V+来$_1$"的状态隐喻

空间域可隐喻扩展到状态域,这是因为领属关系由他身到自身、生理状态由消极到积极、行为能力由无到有、存在状态由无到有、存在状态由隐到显是人类预期的,与"来"本身的预期性一致。

六朝时出现领属关系由他身到自身变化义的"来$_{3a}$"用法,至明代渐趋成熟。搭配"娶、买"类取得义二价动词,构成外向致使。例如:

(62)好甜美者,汝当**买来**。(《百喻经·尝庵婆罗果喻》)

(63)吾乃二郎显圣真君,蒙玉帝**调来**,擒拿妖猴者,快开营门放行。(《西游记》第六回)

唐五代时出现生理状态由消极到积极的状态变化义"来$_{3b}$"的用例,元明时代渐多,搭配"醒$_{(1)}$、醒$_{(2)}$、活转"等动词,构成返身致使。例如:

(64)夜半**醒来**红蜡短,一枝寒泪作珊瑚。(皮日休《春夕酒醒》,《全唐诗》卷 615,18/7095)

(65)a. (净做酒醒慌上,云)吃的醉了,一觉醒着,**醒来**不见了大姐,可往那里去了?(马致远《江州司马青衫泪》第三折)

　　b. 只为心头尚暖,故此不敢移动,谁知果然**活转来**,好了,好了!(《初刻拍案惊奇》卷三十七)

南宋时出现具备某行为能力的状态变化义"来$_{3e}$"的用法,用于可能式中,如例(66);明代时比较成熟,如例(67)～例(69)。

(66)今人有这事,却无道理,便**处置不来**,所以忧。(《朱子语类》卷三十七)

(67)这些人所言,不知如何,**可做得来**的么?(《二刻拍案惊奇》卷十)

(68)你抗其吭,我扼其背,南兵腹背受敌,其势一定**抵当不来**,怕他不输?(《三宝太监西洋记》第六十二回)

(69)过了十年五载,遇个知心着意的,**说得来**,话得着,那时老身与你做媒,好模好样的嫁去。(《醒世恒言》卷三)

明代时出现由无到有状态变化义"来$_{3c}$"的用例,如例(70)、例(71)。明代时发现由隐到显存在状态变化义"来$_{3d}$"的用法,用例极少,如例(72),清代时真正出现,如例(73)。

（70）这些小家财，原是兄长苦**挣来**的，合该兄长管业。(《醒世恒言》卷三)

（71）禅师看见这扇雌钹**变不来**，连忙又掀起那扇雄钹，……(《三宝太监西洋记》第七十六回)

（72）古道天道祸淫，才是这样贪淫不歇，便有希奇的事体做出来，直教你破家辱身，急忙**分辨得来**，已吃过大亏了，这是后话。(《二刻拍案惊奇》卷二十八)

（73）宇宙间的事，日出还生，顷刻间如何说得完？即使看者一双眼睛，那里**领略得来**?(《隋唐演义》第三十九回)

4　小　结

本节探讨了动趋式"V+来"的认知语义类别、动词小类、语义泛化与虚化机制。"V+来"聚焦终点，由空间域隐喻扩展至时间域、状态域，致使性逐渐减弱直至消失，发生了语义泛化与虚化(如图 4-3-3 所示)。

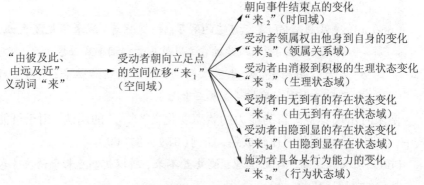

图 4-3-3　趋向补语"来"的语义泛化与虚化过程

从语义类别来看，"V+来"具有 1 个空间义、1 个时间义和 5 个状态义，空间义表示受动者朝向立足点的空间位移(来$_1$)，时间义表示动作朝向事件结束点的时间变化(来$_2$)，状态义有(受动者)领属权由他身到自身的状态变化(来$_{3a}$)、(受动者)由消极到积极的生理状态变化(来$_{3b}$)、(实体)由无到有的存在状态变化(来$_{3c}$)、(受动者)由隐到显的存在状态变化(来$_{3d}$)、(施动者)具备某行为能力的状态变化(来$_{3e}$)。根据以上历时考察，动趋式"V+来"的语义出现顺序为："V+来$_1$""V+来$_{3a}$"(六朝) > "V+来$_2$""V+来$_{3b}$"(唐五代) > "V+来$_{3e}$"(南宋) > "V+来$_{3c}$"(明代) > "V+来$_{3d}$"(清代)。

"V+来"的语义泛化与虚化机制表现为：第一，动词"来"是趋向补语"来"产生的语义基础。第二，六朝时动补结构"V+来₁"是产生其他语义类型的句法基础。第三，各语义类型的出现受隐喻和句法结构的制约。第一条演变路径是由空间域到状态域，体现为语义泛化，"由他身到自身""由消极到积极""由无到有""由隐到显"往往是人类预期的，这与"朝向立足点"的"来"预期性一致；句法上体现为由带宾语到不带宾语，由处所宾语到受事宾语、结果宾语，所搭配动词均为自主动词，由位移动词到非位移动词。第二条演变路径是由空间域到时间域，体现为语义虚化，这时"来"可看作准动态助词，多后接评价性事件宾语，搭配动词较受限，多为感官类或思维、计算类动词。

第四节　动趋式"V+进"的致使性泛化

1　引　言

动趋式"V+进"的语义类别较少。主要研究有：吕叔湘（2004）根据句法搭配"动+进［＋名］""动+进+名（处所）"，将"进"分为人或事物随动作从外面到里面（如"听进不同的意见"）、人或事物随动作进入某处（如"走进教室"）[1]。孟琮（1999）的分析只有一类，即表示向里[2]。刘月华（1998）认为"进"趋向意义表示通过动作使人或物体由某处所的外部向内部移动（如"钻进车内""伸进手"），结果意义表示凹陷（如"他额头瘪进一块"），还可以表示领属关系或占有关系由外向内改变（如"每市收进二百只上下"）、动作有效果（如"看不进书"）的比喻用法[3]。其中"瘪进"中的"进"认定为结果义，"看不进书"表达"动作有效果"等似乎不合适，我们将其归入空间域的变化。

"V+进"结构关涉到容器图式，表达受动者在施动者作用下从外面进入某容器里面的位移。"进"表达进入某容器，该容器是受动者位移的终点，因此，"进"是聚焦终点型的趋向补语。本节将从认知语义角度对动趋式"V+进"的致使性语义类型进行归纳，着重探讨其语义泛化机制。

1　吕叔湘：《现代汉语八百词（增订本）》，北京：商务印书馆，2004 年，第 27 页。

2　孟琮等编：《汉语动词用法词典》，北京：商务印书馆，1999 年，第 16 页。

3　刘月华：《趋向补语通释》，北京语言大学出版社，1998 年，第 203—207 页。

2 动趋式"V+进"的认知域、语义类别及动词小类

2.1 空间域：进₁[受动者由外进入容器的空间位移]

当容器是具体、有形的身体部位、处所、实体，且施动者为有生命或动力者时，"V+进"表达受动者在施动者作用下进入容器的物理空间位移，标记为"V+进₁"。"V+进₁"表达从容器外部到内部，终点具有封闭性，后接容器时可以使用具有边界性的"里""中"等方位词；起点具有开放性，可通过介词结构"从+……+外"引出，如可以说"跑进教室（里）""从教室外面跑进来"，不能说"跑进教室外"。

"V+进₁"可表达人或具体实体进入具体容器，搭配"跳₍₁₎、飘"类一价动作动词和"拉 lā¹₍₁₎、抱₍₁₎"类二价动作动词，分别表达返身致使和外向致使。下面例（1）、（2）、（3）环境参照体分别为身体部位容器、处所容器、实体容器（容器使用双下划线，下同）。

（1）（母亲）把我拉过去<u>**拉进**</u>她的怀里。（史铁生《务虚笔记》）

（2）他们把珍珠也<u>**拉进**了房间</u>，便带上了门，让他们"成亲"。（莫言《红树林》）

（3）一看就知道来了大主顾，便把珍珠<u>**拉进**琳琅满目的时装之间</u>当了衣服架子。（莫言《红树林》）

"V+进₁"也可表达视线进入具体容器，搭配"看望"类动词。例如：

（4）文子洋多希望能有机会再与贝欣见一次面，让他再清清楚楚地<u>**看进**她的眸子里</u>，哪怕只是一刹那，他都有机会看出端倪与破绽来。（张承志《黑骏马》）

"V+进₁"也可表达具体实体进入不可见或非预期具体容器，分别搭配"吃₍₁₎、喝"类和"陷、凹"类动词，前者又如"吞₍₁₎、咽、注射"等，后者又如"瘪、凹陷"等。例如：

（5）（我）特别留意大林他们那些坏家伙都<u>**吃进**肚</u>了什么好东西。（王朔《看上去很美》）

（6）人群就更乱了，架子车被推到了巷道边，车轮<u>**陷进**流水沟槽里</u>。（贾平凹《秦腔》）

刘月华（1998）认为"他额头瘪进一块"中的"进"表示"凹陷"的结果义，这是受其后结果宾语的影响。实际上，"进"表达"额头"部分进入"头颅"整体内部的空间移动，只不过，空间移动产生了形状的变化。如图4-4-1所示：

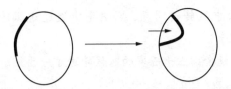

图 4-4-1　"瘪进一块"的意象图式

物理空间认知域的"V+进₁"结构可不断抽象化，主要有两类：

第一类是实体隐喻构成的空间位移抽象化。这类又分为抽象受动者的实体隐喻和抽象容器的实体隐喻。抽象受动者的实体隐喻，例如：

（7）a. 可见你的生命最美好的部分不是已经**融进**了<u>这身军装</u>了吗？（柳建伟《突出重围》）

　　　b. ……没有人当面说出来拆台的话，但背后有不少风凉话都辗转**吹进**了<u>她的耳朵</u>。（姚雪垠《李自成》）

例（7）a、b 句受动者分别为"你的生命最美好的部分""不少风凉话"，这类情况较少，因为受动者抽象化往往带来容器的抽象化。抽象容器主要表现为组织机构、抽象处所、抽象实体、状态、时间和事件等六类。例如：

（8）a. 现在，他**走进**<u>这个不幸的家庭</u>，第一件事首先是做饭。（路遥《平凡的世界》）

　　　b. 为此，我已经付出了不小的代价，我没能**考进**<u>大学</u>，我并不认为自己不好学。（CCL《读者》）

（9）a. 他好像从充满希望的山巅，一下**跌落进**<u>悲哀的深渊</u>。（李凖《黄河东流去》）

　　　b. 欲望和梦想，把我们**引领进**<u>一片虚幻、空白，和不确定的真实，一片自由的无限可能之域</u>。（史铁生《务虚笔记》）

（10）a. 如果母亲没有改嫁，没有因此把他**带进**了<u>一种龌龊的生活</u>，那样的话，……（史铁生《务虚笔记》）

　　　b. 这些路可能永远互不再相交。可是倘其一旦相交，我们便**走进爱情**，唯其一旦相交我们才可能真正得到爱情。（史铁生《务虚笔记》）

（11）a. 我可不行，几乎时刻都在想这些问题，或者说这些问题时刻都会**跳进**<u>我们无忧无虑的欢乐中</u>，扫我的兴。（白桦《远方有个女儿国》）

　　　b. 我知道，他已**陷进**<u>万分自责的痛苦中</u>。（李存葆《高山下的花环》）

　　　c. 往事，或者故人，就像那落叶一样，在我生命的秋风里，从

黑暗中**飘转进**明亮，从明亮中**逃遁进**黑暗。(史铁生《务虚笔记》)

（12）上中农杨金山五十五岁的时候**跨进**了一生最悲哀的岁月。(刘恒《伏羲伏羲》)

（13）a. 他是多么渴望着**投进**炽烈的战斗里啊！(刘知侠《铁道游击队》)

　　　b. 如果那样，母亲想，那时她必须在他身旁，不能再让他以为她没来，不能再让那空空的山风**吹进**他焦灼的等待，否则他又要在时间里走迷。(史铁生《务虚笔记》)

例（8）"家庭""大学"为社会组织，内部包括环境、人员等。例（9）"悲哀的深渊""一片虚幻、空白，和不确定的真实，一片自由的无限可能之域"为抽象处所。例（10）"一种龌龊的生活""爱情"为抽象实体。例（11）是状态容器，既可以是人的状态，如"幸福""欢乐"等褒义状态，如 a 句；"不幸""愤怒""悲哀""忧伤"等贬义状态，如 b 句；也可以是物的状态，如"明亮""美好""真实"等褒义状态，"黑暗""虚幻"等贬义状态，如 c 句。这些词语均为形容词，可以单独使用，也可以加上"里、中"表达边界。例（12）是时间容器，人类常用空间概念来理解时间概念，特定的时间段本身具有边界。因此，时间可隐喻为容器，且不带"里、中"等表边界的词语。例（13）是事件容器，事件本身具有起始边界，可隐喻为容器，可加上"里、中"凸显边界。

　　第二类是结构隐喻构成的空间位移抽象化。结构隐喻用具体、有形的"V+进"容器图式来表达抽象、无形的"V+进"容器图式。"传(3)、灌输"类动词的结构隐喻，这时受动者是抽象的声音、文字、消息等。例如：

（14）a. ……（此事）明日上午就可以**传进**高夫人的耳朵。(姚雪垠《李自成》)

　　　b. 他们身上已**灌输进**永不会枯竭的力量，拳头不但有力的打击出去，而且知道打在什么地方了。(刘知侠《铁道游击队》)

也可表现为"听(2)、写(2)"类动词的结构隐喻。这时受动者是抽象的言语、文字，涉及的环境参照体多是"耳朵""头脑""心里"等身体部位容器，也可以是"小说""剧本"等抽象实体容器。这类动词还有"读(2)、说(1)、填写"等。例如：

（15）a. 外边任何一句话一点音响都**听进**耳朵里，猛听得房檐处克嗦一响，知道敌人把梯子靠在北房上了。(李英儒《野火春风斗

古城》）

  b. 他认为我舅舅根本就不合作，因为他把"真值蕴涵的悖论"偷偷**写进**了<u>小说里</u>。（王小波《未来世界》）

也可表现为事件容器的结构隐喻。可搭配"投入、搭$_{(4)}$"类动词和"赔$_{(2)}$、垫$_{(2)}$"类动词，后者受动者多为钱物、人或生命等。例如：

（16）a. 包扎伊克的计划拟定好了，林格疯狂地**投入进**<u>这项从不曾尝试过的工作</u>。（徐坤《遭遇爱情》）

  b. 她在十八岁那个"过失"使她对庄绍俭的偿还延续了近三十年，只差**搭进**她这条命。（铁凝《玫瑰门》）

（17）……（他们）长年累月地住在无墙的牢房里，且没有一毫屏障可以间隔，一不公心就会**赔进**他人或自己的生命，或党的事业！（张洁《无字》）

除此之外，还有的"V+进"整体结构隐喻，表达抽象概念。如例（18）"陷进臭泥坑里""跳进火坑"表达"陷进不好的思想里""进入危险或令人厌恶的境地"。

（18）a. ……党以前对我的教育批评，我都是口头认错，混了过去，思想上一点儿没动，行动上一点没改，发展到不服从领导，打击别人，还偷用了公款，一天天**陷进**<u>臭泥坑里</u>去了。（刘绍棠《运河的桨声》）

  b. 早知道玉兰是**跳进**<u>这样一个火坑里</u>，还不如她娘儿俩抱住一齐跳在黄河里。（李準《黄河东流去》）

2.2　领属关系域：进$_2$[受动者领属关系由他身到自身的变化]

空间域可隐喻扩展到领属关系域。领属关系既表现为对具体事物的拥有权，也可以是对抽象事物的拥有权，如财产、组织关系等。这时涉及的容器多为机构或个人容器，标注为"进$_2$"。该类可搭配"买、娶"类二价动词，还有"采纳、购、购买、吸收$_{(2)}$"等。例如：

（19）a. 唐龙拿起一个话筒，输入一个密码，说："**买进**天龙五千股，**买进**蓝田一万股，**买进**稀土五千股，都按现时卖出价。"（柳建伟《突出重围》）

  b. 反正我在这几天玩得满舒服，他想，就算有一天能把那个名叫红花的女孩子**娶进**这个毡包，骑马放牧也总是我的事啊。（张承志《春天》）

也可搭配"调、分$_{(2)}$"类动词，环境参照体多为机构容器，这类动词为中性义。例如：

（20）……习旅长观看完比赛就把他**调进**旅部警卫排，手里又添了一把折腰子短枪。（陈忠实《白鹿原》）

3 动趋式"V+进"的语义演变路径

作为动词的"进"最初意义为"向上登"，说文："登也。从辵闟省声。"后引申为"前进；向前移动"[1]。例如：

（21）王呼之曰："余不食三日矣。"疇趋而**进**，王枕其股以寢于地。（《国语·吴语》）

（22）吊者入，升自西阶，东面。主人**进**中庭，吊者致命。（《仪礼·士丧礼》）

北宋前，"进"多具有"进谏、引荐"等意义，如构成"奉进""劝进""取进""抽进""引进""奏进"[2]等，不看作动趋式；还可构成连动，例如：

（23）故得天时，则不务而自生，得人心，则不趣而自劝；因技能，则不急而自疾；得势位，则不**推进**而名成。（《韩非子·功名》）

3.1 明代时出现"V+进₁"

元代时发现"V+进₁"用例，如例（24）；明代时真正出现，如例（25）～例（27）。

（24）（末唱）小生无意求官，有心待**听进**。小生特谒长老，奈路途奔驰，无以相馈。（王实甫《崔莺莺待月西厢记》第一本第二折）

（25）然后**吃进**食丸，每日三十丸，温酒送下。（《朴通事》卷中）

（26）那女儿吃郡王**捉进**后花园里去。（《警世通言》卷八）

（27）夫人房内声声称是尊神，小人也仔细想来，府中墙垣又高，防闲又密，就有歹人，插翅也**飞不进**。（《醒世恒言》卷十三）

3.2 清代出现"V+进₂"

明代"V+进₂"用例少，如例（28）。清代时真正出现，多添加自我参照"来""去"，如例（29）、例（30）。

（28）将军今已归周，城外人马可**调进**城来。（《封神演义》第三十五回）

（29）四月十二日，见他家**买进**棺材去，待了一会，装上，抬了出来葬

---

1 还有"出仕；做官""进献；进呈""进谏；劝谏""举荐；推荐""愈；超过"等，这些语义与趋向补语"进₁"无关联，不在研究范围内。

2 "奉进"指"敬献"；"劝进"指"劝说实际上已经掌握政权而有意做皇帝的人做皇帝"；"取进"指"谋取晋升"；"抽进"指"选拔提升"；"引进"指"推荐"；"奏进"指"向皇帝报告"。

埋。（《醒世姻缘传》第八十二回）

（30）到晚，一乘轿子、四对灯笼火把，**娶进门来**。（《儒林外史》第
二十七回）

4　小　结

动趋式"V+进"聚焦终点，由空间域扩展到领属关系域，伴随着具体
容器图式到抽象容器图式的语义扩展，致使性逐渐减弱，发生了语义泛化
过程。根据历时考察，动趋式"V+进"的语义出现顺序为："V+进$_1$"（明
代）>"V+进$_2$"（清代）。趋向补语"进"的语义泛化过程如图 4-4-2 所示：

表达"前进；
向前移动"义 ——→ "进$_1$"（空间域）——→"进$_2$"（领属关系域）
的动词"进"

图 4-4-2　趋向补语"进"的语义泛化过程

第五节　动趋式"V+回"的致使性泛化

1　引　言

关于趋向补语"回"的语义类型，主要研究有：吕叔湘（2004）根据句
法搭配"动+回+名（受事）""动+过+名（处所）"，将"回"分为人或事
物随动作从别处到原处（如"收回发出的文件""汽车已经开回车库"），可
引申为从不利状态到有利状态（如"救回了一条命"）[1]。孟琮（1999）认为
"回"表示"向原处"[2]。刘月华（1998）认为"回"表示通过动作使人或物体
向原处所移动（如"跑回厨房""扭回头"），还有可使领有、占有等关系转
移的比喻用法（如"收回房子"）[3]。

我们认为，"V+回"表达受动者在作用力作用下由某处到原处，表
现为封闭性位移图式，"回"是聚焦终点型的趋向补语。在具体语境中，
"V+回"的位移路径可凸显从经过点到终点（即原处），可通过"从+处所
词语"的介词结构表现出来。如图 4-5-1 所示（虚线表示不凸显的地方，实

1　吕叔湘：《现代汉语八百词（增订本）》，北京：商务印书馆，2004 年，第 277 页。

2　孟琮等编：《汉语动词用法词典》，北京：商务印书馆，1999 年，第 19 页。

3　刘月华：《趋向补语通释》，北京：北京语言大学出版社，1998 年，第 257—260 页。

线表示凸显）。本节将从认知语义角度对动趋式"V+回"的语义类型进行归纳，着重探讨其语义泛化机制。

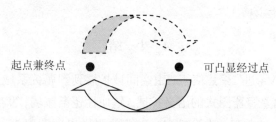

起点兼终点　　　　　　　可凸显经过点

图 4-5-1　趋向补语"回"的意象图式与范畴特征

2　动趋式"V+回"的认知域、语义类别及动词小类

2.1　空间域：回₁[（受动者）从某处到施动者处或受动者处的空间位移]

"V+回"最初用于空间域，表达受动者从某处到施动者处的空间位移，后来也表达受动者从某处到受动者处的空间位移，标记为"V+回₁"。

"V+回₁"可表达返身致使，原处是与施动者有关系的参照体，这时搭配"跳₍₁₎、飘"类一价位移动词，又如"奔 bèn₍₁₎、驰、飞₍₁₎、飞₍₂₎、飞₍₃₎、拐¹、滚₍₁₎、爬₍₁₎、跑₍₁₎、跑₍₂₎、缩₍₃₎、逃₍₁₎、退₍₁₎、走₍₁₎"等，这时"V+回"多后接环境参照体；也可搭配"扭₍₁₎、缩₍₂₎"类与身体部位有关的一价位移动词，又如"抽¹₍₁₎、收₍₁₎、伸、转 zhuǎn₍₁₎"等。

（1）a. 周大勇他们**爬回**村北部队隐蔽的地方。（杜鹏程《保卫延安》）

　　b. 白崇禧五月十四日从广州乘飞机**飞回**武汉。（刘白羽《第二个太阳》）

　　c. 他从寨外转回时，去射虎口的人已经**奔回**，并且有王吉元的一个心腹头目跟来。（姚雪垠《李自成》）

（2）a. 见关敬陶进来，他从桌上**缩回**两只脚，向团长点了点头，连个起坐的礼节也没有。（李英儒《野火春风斗古城》）

　　b. 由于心情沉重、悲凉，杨嗣昌无心再看江景，将头**缩回**舱中。（姚雪垠《李自成》）

　　c. 卜绣文伸在半空的手，就乖乖地**缩回**了。（毕淑敏《血玲珑》）

例（1）、（2）施动者通过作用力作用于自身或自身部分，使其自身或自身部分从某处到其原来所在的位置。例（1）是完全返身致使，其中 a 句"村北部队隐蔽的地方"是终点；b 句"从广州"是经过点，"武汉"是终点；

c 句"射虎口"是经过点，终点根据语境可补出，即"老营"。例（2）是不完全返身致使，a 句"桌上"是经过点，终点因不言而喻而隐含；b 句"舱中"是终点；c 句是"半空"是经过点，终点因不言而喻而隐含。

"V+回$_1$"也可表达外向致使，原处可以是施动者原来的位置，受动者与参照体之间在动作前未有领属关系；原处也可以是受动者原来的位置。这时搭配"拉 lā^1$_{(2)}$、抱$_{(1)}$"类二价动作动词，可以是位移性动作动词，如"拔$_{(1)}$、搬$_{(1)}$、搬$_{(2)}$、扯$_{(2)}$、寄$_{(1)}$、拣、捡、交$_{(1)}$、拿$_{(1)}$、取$_{(1)}$、扔$_{(1)}$、拾、送$_{(1)}$、吞$_{(1)}$、拖$_{(1)}$、咽、运"等，也可以是非位移动作动词，如"背 bēi、插$_{(1)}$、搀^1、端、放$_{(8)}$、搁$_{(2)}$、接$_{(4)}$、扛、捆、领、塞、捎、收$_{(1)}$、抬$_{(2)}$、驮、押、引、抓$_{(3)}$、拽"等。下面例（3）受动者位移后回到施动者原来的位置；例（4）受动者位移后回到自身原来的位置。

（3）a. 当祠堂里敲馨育经的和声停止以后，孝义和兔娃把积攒在圈场里的粪肥全部送进麦田，又从土壕里**拉回**七八车黄土，晾晒到腾空了粪肥的土场上干后用小推车收进储藏干土的土棚。（陈忠实《白鹿原》）

　　　 b. 他从颜林父亲那儿**抱回**一大叠《地理学资料》和小册子，回家研究起来……（张承志《北方的河》）

（4）a. 她把张全义**拉回**沙发旁，按他坐下，满是泪痕的脸往他脸上蹭。（陈建功、赵大年《皇城根》）

　　　 b. 薛姨把我**抱回**大床上，问我："小不点儿，你听见什么啦?"（张一弓《远去的驿站》）

其中"抄^1$_{(1)}$、采$_{(1)}$"类是内向性动词，又如"打$_{(17)(18)}$、采$_3$、采摘"等，表达受动者回到施动者原来位置的意义。例如：

（5）a. 只要我和鲁尼**采回**桦树汁了，母亲就不喝驯鹿奶了。（迟子建《额尔古纳河右岸》）

　　　 b. 等他**摸回**鱼，**掏回**螃蟹，**打回**鸟儿来，给他的奖赏是劈头一阵雨打芭蕉的笤帚疙瘩。（刘绍棠《地火》）

还可搭配"派、劝、盼"类派遣、言语劝说或期盼义动词，又如"遣送、喊$_{(2)}$、骂、骗"等，表达受动者回到自身原来位置的意义。例如：

（6）a. "我要把他重新**派回**苇花沽武工队,"吴宗笠狞笑道,"蒲葵就跳不出我的手心了。"（刘绍棠《地火》）

　　　 b. 金一趟虽说被杨妈**劝回**了屋，心里也没踏实。（陈建功、赵大年《皇城根》）

c. 他见她回来,确实象孩子**盼回**了母亲,高兴得用舌头舔着嘴唇,跌跌马趴地张罗着为她添汤夹菜。(路遥《平凡的世界》)

处所可隐喻为抽象处所、职位、时间等,如例(7)。受动者也可抽象化,如例(8)。施动者也可抽象化,如例(9)。

(7)a. 我要把你**抛回**比你从前更深渊中去时志对剥夺你的一切,使你成为一罪犯,……。(王朔《人莫予毒》)

b. 走向胜利,解散后,你们要以最快的速度**返回**各自的指挥岗位。(柳建伟《突出重围》)

c. 她辟开一条路,使我**走回**过去,重新沐浴。(陈染《一个人的战争》)

(8)a. 老崔硬着头皮,又将消息**带回**秦家庄老秦这里。(刘震云《一句顶一万句》)

b. 我**收回**纷飞的思绪,抬头笑笑说,……(王朔《浮出海面》)

(9)他哪里晓得,他们这些做法,没有能够**换回**他惹下的祸患!(冯德英《山菊花》)

2.2 状态域:[领属权从某处到施动者处/价值状态由不利到有利/生理状态由消极到积极的变化]

2.2.1 领属关系域:回$_{2a}$[(受动者)领属权从某处到施动者处的变化]

空间域可隐喻扩展到领属关系域,受动者多为人、土地、权利、户口等,表达受动者领属权从某处到施动者处的变化,标记为"V+回$_{2a}$"。"V+回$_{2a}$"只表达外向致使,搭配"夺$^1_{(1)}$、买"类二价动词,又如"搬$_{(3)}$、拨$_{(2)}$、抽$^1_{(1)}$、抽$^1_{(2)}$、调 diào、嫁、捞$_{(2)}$、迁、抢$^1_{(1)}$、娶、收$_{(2)}$、赎"等。例如:

(10)a. 那时南丰县刚从共产党手里**夺回**,南丰县临时修建的机场上,停放着很多轰炸机和准备用来轰炸红区的五百磅炸弹。(张洁《无字》)

b. 她不是高兴得到一双烂靴子,而是觉得顾秋水这一买,又**买回**了他们之间的旧关系。(同上)

2.2.2 价值状态域:回$_{2b}$[(受动者)由不利到有利的价值状态变化]

空间域还可隐喻扩展到价值状态域,表现为受动者由不利状态到有利状态的变化,标记为"V+回$_{2b}$"。这时受动者多为错误/损失/过失/影响、希望、生命、名字、人等。"V+回$_{2b}$"可搭配"救、挽"类具有补救义的动词,又如"补$_{(2)}$"等;也可搭配"改$_{(1)}$、改$_{(2)}$、变$_{(1)}$"类具有改类义的动词。例如:

170

（11）a. 这不是我好心**挽回**你的面子，而是我在补救我的愚蠢。（王朔
　　　　《玩儿的就是心跳》）

　　　b. 咱是集体，人家是个人，车撞坏了，咱给人家修修，要尽量**挽回**影响。（李佩甫《羊的门》）

（12）其实这书稿从我手里交出去以后，还要经过数十道删改，最后出版时，时间又会**改回**夏季，和第一版一模一样了。（王小波《白银时代》）

2.2.3　生理状态域：回$_{2c}$ [（受动者）由消极到积极的生理状态变化]

空间域还可隐喻扩展到生理状态域，表达受动者由消极到积极的生理状态变化，标记为"V+回$_{2c}$"。积极状态是人类预期的，与"回"本身的预期性相匹配，这时也多添加自我参照"来"，在实际语料中该类"回来"使用频率高于"回"。"V+回$_{2c}$"多用于表达由死到生、不清醒到清醒的生理状态变化，搭配"救、唤"类与生理状态有关的动词，用例较少。例如：

（13）a. 朗乔想**救回**雌熊一命，已经来不及了，……（CCL《读者》）

　　　b. 那叫声**唤回**了行人的魂，也仿佛驱散了那沉沉的黑气，有了狗咬声，人心就定了。（李佩甫《羊的门》）

3　动趋式"V+回"的语义演变路径

3.1　"返回、掉转"义动词"回"到"回$_1$"

唐代前作为动词"回"单独做谓语，具有"返回""掉转"的意义。例如：

（14）a. 使奇兵入烧**回**中宫，候骑至雍甘泉。（《史记·匈奴列传》）

　　　b. **回**朕车以复路兮，及行迷之未远。（《楚辞·离骚》）

唐代时动词"回"用于其他动词后，用作趋向补语，出现了"V+回$_1$"的用例。例如：

（15）a. 眼**穿回**雁岭，魂断饮牛津。（吴融《和韩致光侍郎无题三首十四韵》，《全唐诗》卷685，20/7868—7869）

　　　b. 风急天高猿啸哀，渚清沙白鸟**飞回**。（杜甫《登高》，《全唐诗》卷227，7/2467）

南宋时用例渐多，还出现抽象用法。例如：

（16）a. 我才用出二分便**收回**，及**收回**二分时，那人已用出四分了，所以我便能少延。（《朱子语类》卷三）

　　　b. 师曰："石女**唤回**三界梦，木人坐断六门机。"（《五灯会元》卷

十四，丹霞淳禅师）

3.2 空间域"V+回₁"的状态隐喻

空间域"V+回₁"可隐喻扩展至领属关系域、价值状态域、生理状态域，语义发生泛化，句法上由后接处所宾语到受事宾语再到无宾语，所搭配动词也发生了扩展。南宋时出现了领属权从某处到施动者处的变化义"V+回₂ₐ"的用法，用例较少。例如：

（17）a. 须臾淡烟薄霭，被西风扫尽不留些。失了白衣苍狗，**夺回**雪兔金蟾。（刘克庄《木兰花慢·丁未中秋》，《全宋词》）

b. 仆夫寻到渔父舡家，果得买大鱼一头，约重百斤。当时扛回家内，启白长者，鱼已**买回**。（《大唐三藏取经诗话》）

明代时用法渐多，例如：

（18）a. 焦榕通同谋命，亦应抵偿。玉英、月英、亚奴发落宁家。又令变卖焦榕家产，**赎回**桃英。（《醒世恒言》卷二十七）

b. 行不数里，孔明引大队船只接来。见阿斗已**夺回**，大喜。（《三国演义》第六十一回）

元代发现价值状态由不利到有利的变化义"V+回₂ᵦ"的用例，真正出现在明代。分别例如：

（19）天下纷纷，何时定乎？卿有嘉谋嘉猷，可以辅朕不逮，**挽回**天变者，空臆毕言无隐。朕嘉纳焉。（《大宋宣和遗事·亨集》）

（20）维曰："天象虽则如此，丞相何不用祈禳之法**挽回**之？"（《三国演义》第一百三回）

明代出现由消极到积极的生理状态变化义"V+回₂c"的用法，用例较少，例如：

（21）a. 杨戬接住，见赤精子面色恍惚，喘息不定。杨戬曰："老师可曾**救回**魂魄？"（《封神演义》第四十四回）

b. 命金咤把子牙背负上山，将丹药用水研开，灌入子牙口内。不一时，子牙**醒回**，看见广法天尊，曰："道兄，我如何于此处相会？"（同上，第三十九回）

由上可见，动趋式"V+回"的语义出现顺序为："V+回₁"（唐代）>"V+回₂ₐ"（南宋）>"V+回₂ᵦ""V+回₂c"（明代）。

4 小 结

"回"是聚焦终点型的趋向补语。"V+回"最初表达受动者在作用力作用下由某处到受动者或施动者处,用于空间域,后隐喻扩展到领属关系域、价值状态域和生理状态域,语义泛化,致使性逐渐减弱。趋向补语"回"的语义泛化过程如图 4-5-2 所示:

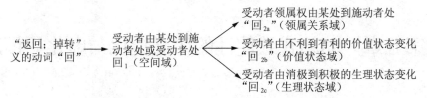

图 4-5-2　趋向补语"回"的语义泛化过程

第五章 动趋式致使性的语义泛化与虚化（下）

本章探讨非单一聚焦终点型动趋式致使性的意象图式、认知语义类别、动词小类和语义泛化、虚化机制。"V+过"是聚焦经过点＋终点型动趋式，表达"通过某经过点"和"从起点到某处"。"V+下"是聚焦终点＋起点型动趋式，表达"留于某处"和"离开某处"，多凸显聚焦终点，聚焦起点只体现在空间域中。"V+出""V+去""V+起"是聚焦起点＋终点型动趋式，分别表达"由容器内及外"，"背离立足点"，"离开起点上向"和"聚拢向"，这些多体现为聚焦起点，但受终端焦点化[1]的影响，仍有一定的聚焦终点特征。"V+开"是聚焦起点型动趋式，表达"离开起点的自身位移"和"离开起点的他身位移"。从"V+过"到"V+下"再到"V+出/去/起"再到"V+开"，聚焦终点特征较弱，聚焦起点特征越强。

第一节 动趋式"V+过"的致使性泛化与虚化

1 引 言

"V+过"具有较为丰富的语义类别。请看如下例句：

（1）他**跳过**墙头。 （2）他**接过**病历。

（3）他**转过**身。 （4）他**挺过**这段苦日子。

（5）他**坐过**站了。 （6）三个臭皮匠，**赛过**诸葛亮。

（7）他**吃过**饭就回家了。 （8）他曾经**去过**北京。

（9）我**喘不过**气（来）。/他**背过**气（去）。 （10）他**愣不过**神（来）。

1　古川裕:《〈起点〉指向和〈终点〉指向的不对称性及其认知解释》,《世界汉语教学》, 2002年第 3 期。

（11）我们**信不过**你。　　　　　（12）他**看不过**他们对老人的态度。

以上各类"过"，刘月华（1998）归为两类[1]：第一类是趋向意义，例（1）～（3）表达通过动作使人或物经过某处所或去向立足点、离开立足点向另一目标趋近、人或物体改变方向；第二类是结果意义，例（4）～（7）表达度过、超过、胜过、完结；例（11）、（12）"信得/不过""看不过"是熟语，分别表示可以或不可以信任，感情上不能容忍、不忍心。孟琮（2003）[2]认为"过"表达经过处所、超过数量或界限、胜过，分别如例（1）、（5）、（6）。例（9）、（10）中"过"的意义如何归纳，学界关注不多。孔令达（1985、1986）、张晓玲（1986）、刘月华（1988）、吴云（2004）[3]均认为例（7）、（8）"过"分别表完结体和经历体。至于它们的语法化，主要有以下观点：一是杨永龙（2001）认为经历体和完结体"过"是趋向动词"过"由不同途径演变而来[4]。二是刘坚等（1992）、曹广顺（1995）[5]均认为完结体"过"用于特定语境下（表述过去发生事件的句子时）就变成了经历体"过"。俞光中、植田均（1999）认为经历体"过"是表完结体"过来"中"来"的脱落而产生[6]。三是彭睿（2009）认为存在趋向动词"过"＞完结体"过"＞经历体"过"的语法化链，后二者分别用于连续事件句和事理因由句[7]。石毓智、李讷（2001）还特别强调助词"过"受汉语动补结构发展的制约和影响而产生[8]。可见，动词后"过"的语义类别归纳或粗或细，内部语义关联性仍有分歧。

实际上，趋向、结果和状态都是结果的表现。从人类认知经验出发对趋向补语的语义进行分类，可能更有助于人们理解与认识。分析语义结构

1　刘月华：《趋向补语通释》，北京：北京语言大学出版社，1998年，第269—283页。

2　孟琮等编：《汉语动词用法词典》，北京：商务印书馆，1999年，第17页。

3　孔令达：《动态助词"过"和动词的类》，《安徽师范大学学报》，1985年第3期；孔令达：《关于动态助词"过₁"和"过₂"》，《中国语文》，1986年第4期；张晓玲：《试论"过"与"了"的关系》，《语言教学与研究》，1986年第1期；刘月华：《动态助词"过₂过₁了₁"用法比较》，《语文研究》，1988年第1期；吴云：《"过"引申用法的认知分析》，《汕头大学学报》，2004年第3期。

4　杨永龙：《"朱子语类"完成体研究》，河南：河南大学出版社，2001年，第209—224页。

5　刘坚等：《近代汉语虚词研究》，北京：语文出版社，1992年，第107—108页。曹广顺：《近代汉语助词》，北京：语文出版社，1995年，第42页。

6　俞光中、植田均：《近代汉语语法研究》，上海：学林出版社，1999年，第181—182页。

7　彭睿：《共时关系和历时轨迹的对应——以动态助词"过"的演变为例》，《中国语文》，2009年第3期。

8　石毓智、李讷：《汉语语法化的历程：形态句法发展的动因和机制》，北京：北京大学出版社，2001年，第143—144页。

时应强调认知域，应偏重对词义生成的解释[1]。研究语义关联性除关注经验共现认知模型外，还应分析构成要素，进行句法验证，考察历时来源，即语义泛化与虚化。范晓（1991）根据形式特征和语法意义差异分出动趋式、准动趋式、动结式和动态式四类[2]，将动态助词"过"纳入动趋式语义泛化与虚化的研究中合理且可行。本节利用自建的 2500 万字当代北方作家小说语料，并结合北大语料库和中国基本古籍库，运用认知语言学理论，探讨动趋式"V+过"的意象图式、认知域及其隐喻扩展，对其语义类型重新归纳，并结合共时和历时语料探讨其语义关联性以及泛化、虚化机制。

2 动趋式"V+过"的认知域、语义类别及动词小类

"V+过"最初用于空间域，后隐喻扩展至时间域和状态域，体现为空间路径到时间路径、状态路径的变化，致使性逐渐减弱，直至消失。时间概念表征具有水平的空间方向性[3]。事物运动除了与空间与时间有关外，还表现为事物在一定度上质与量的状态变化[4]。路径体现为两个位移端点的移动与变化。"过"认知域与位移端点如表 5-1-1 所示：

表 5-1-1　认知域与位移端点

认知域	空间	时间	比较	生理/心理
源点	处所起点	事件开始	比较对象	消极状态
终点	处所终点	事件结束	参照基点	积极状态

2.1 空间域"V+过"由通过到到达、转向

2.1.1　过 [1a][（受动者）通过某处所的水平向空间位移]

"V+过"最初表示受动者通过某处所的水平向空间位移，凸显经过点，标记为"过 [1a]"。"V+过 [1a]"后接处所宾语。"V+过 [1a]"可表达返身致使，搭配一价动词，语义特征是[+自主,+可控,±位移,+动作][5]，可分为两类："跳[(1)]、飘"类，本身具有位移性，如"蹦、闯[(1)]、驰、吹[(1)]、吹[(2)]、飞[(1)]、

1　施春宏：《词义结构的认知基础及释义原则》，《中国语文》，2012 年第 2 期。

2　范晓：《"V 上"及其构成的句式》，《营口师专学报》，1991 年第 1 期。

3　吴念阳、徐凝婷、张琰：《空间图式加工促进方向性时间表述的理解》，《心理科学》，2007 年第 4 期。

4　陈先达、杨耕：《马克思主义哲学原理（第 3 版）》，北京：中国人民大学出版社，2013 年，第 142—143 页。

5　[ ]表示语义特征，下同。

飞$_{(2)}$、飞$_{(3)}$、刮$^1_{(1)}$、迈、爬$_{(1)}$、跑$_{(1)}$、跑$_{(2)}$"等；"挤$_{(2)}$、踏"类，本身没有位移性，如"蹭、插$_{(2)}$、打$_{(3)}$、俯、拐^1、碾、踏、透$_{(1)}$"等。例如：

（13）他……接连**跳过**了几个土塄坎，来到了河道里。（路遥《人生》）

（14）（我）提着包**挤过**一节节挤满旅客的车厢，来到车长办公室，掏出钱说："补票。"（王朔《给我顶住》）

也可表达外向致使，搭配"送$_{(3)}$、引"类二价位移动词，语义特征是[＋自主，＋可控，＋位移，＋动作]，如"背 bēi、运、追$_{(1)}$"等。例如：

（15）冉一直把我**送过**紫薇桥。（梁晓声《冉之父》）

（16）（贺人龙）想把宗敏**引过**一座小山包，远离江岸，以便捉到活的。（姚雪垠《李自成》）

"V＋过$_{1a}$"可引申到抽象空间域中，"经过段"为某人，搭配信任类动词，如"信得过""信不过"，已成为固定用法。例如：

（17）我**信不过**我自己，**信不过**天下所有的人，可是我**信得过**你！（毕淑敏《红处方》）

2.1.2　过$_{1b}$[（受动者）由源点到某处的水平向空间位移]

当凸显终点时，"过"表达由源点到某处的水平向空间位移，标记为"过$_{1b}$"。"V＋过$_{1b}$"后接受动者做宾语，起点可用"从……"介词结构表示，终点可以在语境中找出来。该类只表达外向致使，搭配二价动词，语义特征是[＋自主，＋可控，±位移，＋动作，±内向]。当表示受动者离开源点向施动者方向移动时，可搭配"取$_{(1)}$、夺$_{(2)}$"类二价取得义位移动词，该类动词具有内向性，即动作导致受动者朝向施动者方向移动的动词，如"抽$^1_{(1)}$、抽$^1_{(2)}$、抽$^1_{(4)}$、接$_{(2)}$、拉 lā$^1_{(1)}$、拉 lā$^1_{(2)}$、搂 lōu$_{(1)}$、拿$_{(1)}$、抢$^1_{(1)}$"等。也可搭配"抱$_{(1)}$、喊$_{(2)}$"类二价非位移动词，如"抓$_{(1)}$、叫$^1_{(2)}$"等。如例（18）表达受动者"两根鞭子"在动作"夺"的作用下离开源点"从警察手里"到达终点，即施动者"吴胖子"，例（19）表达受动者"一个参谋"在动作"喊"的作用下到达终点，即施动者"黄兴安"。

（18）吴胖子从警察手里**夺过**两根鞭子往地下一扔，冲着他俩说："给我打！"（李晓明《平原枪声》）

（19）黄兴安站在门口望了一会儿天，**喊过**一个参谋说："你在这儿钉着，看见直升机，马上去叫我。"（柳建伟《突出重围》）

当表示受动者离开施动者到达某处时，可搭配"递、扔$_{(1)}$"类二价位移动词，该类动词具有外向性，即动作导致受动者离开施动者向他处移动的动词，如"丢$_{(2)}$、端、伸、抬、投$_{(1)}$、推$_{(1)}$"等，这时终点可用"给……"

介词结构表示，例如：

（20）张燕生说点，**递过**菜单给我点。（王朔《橡皮人》）

例（20）表达受动者"菜单"在动作"递"的作用下离开施动者"张燕生"到达终点"我"。

有些动词可以是内向性的，也可以是外向性的，如"搬$_{(1)}$、搬$_{(2)}$、挪、拖$_{(1)}$"等。该类动词只有在语境中才能明确受动者的移动方向。如例（21）受动者"一把椅子"离开施动者"晓燕"向终点"母亲"方向位移；例（22）受动者"风箱"朝向施动者"他"位移。

（21）晓燕给母亲**搬过**一把椅子，王夫人坐下了。（杨沫《青春之歌》）

（22）他说罢用火钎子先捅了捅火，又**搬过**风箱，对准火道，"砰——拍，砰——拍"地拉起来。（李准《黄河东流去》）

2.1.3 过$_{1c}$［（受动者）相对于整体朝向某处的水平向空间位移］

当凸显施动者与受动者之间整体与部分的关系时，"过"表达部分相对于其整体朝向某处的水平向空间位移，标记为"过$_{1c}$"。"V+过$_{1c}$"后接受动者做宾语。该类可表达返身致使，体现为身体部位的位移，搭配"转 zhuǎn$_{(1)}$、扭$_{(1)}$"类动词，语义特征是［+自主，+可控，+掉转，+位移，+动作］，如"背 bèi、别 biè、侧、调 diào、掉^2$_{(1)}$、翻$_{(1)}$、伸、探、歪、斜"等。例（23）"脸"相对于自身身体发生了朝向"冰柜"的水平向空间位移。

（23）他回过头往后张望寻找，她连忙**转过**脸，把喝空的酸奶退回冰柜，走到一片树荫下继续等候。（王朔《给我顶住》）

也可表达外向致使，搭配"反、翻$_{(1)}$"类动词，语义特征是［+自主，+可控，+反转，+位移，+动作］，如"倒 dào$_{(1)}$、拧 nǐng、弯"等。例（24）"一版"相对于"报纸"发生了朝向下一版的水平向空间位移。

（24）马锐把报纸**翻过**一版，仰着脖聚精会神地看，目不斜视。（王朔《我是你爸爸》）

空间域"V+过"发生了语义泛化，即词语在保持越来越少的原有语义特征的情况下，不断产生新的使用方式并将越来越多的对象纳入自己的指称范围[1]。表达通过某经过点的"过$_{1a}$"，当凸显源点与终点而不凸显经过点时，通过结果（终点）转喻过程（经过点）的作用，表达从某处到另一处义"过$_{1b}$"。当凸显施动者与受动者的整体与部分关系时，通过物体轴线隐喻

---

1 刘大为：《流行语的隐喻性语义泛化》，《汉语学习》，1997 年第 4 期。

某处所的作用，表达转向义"过_{1c}"。语义上的变化使得在句法上发生了变化，所搭配动词发生了变化，由带处所宾语，变为带对象宾语（可以是人、物、其他抽象实体等）。相同的是，空间域"V+过"自足性较弱，往往后接小句。空间域"V+过"的意象图式如图 5-1-1 所示（实心表凸显，箭头表位移方向，实线表位移轨迹，虚线表隐含存在的位移轴线，加粗线段表经过段，下同）：

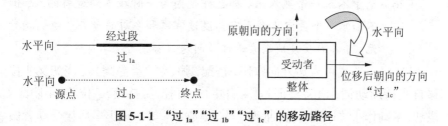

图 5-1-1　"过_{1a}""过_{1b}""过_{1c}"的移动路径

2.2　水平经过向"V+过"在时间域中的泛化与虚化

2.2.1　过_{2a}［度过某时间段］

空间域"V+过_{2a}"隐喻至时间域，"通过某处所"可隐喻为"度过某事件"，表达动作度过某一时间段，标注为"过_{2a}"。这时仍带有较强的动作义，语音上不轻读，是语义的泛化。"V+过_{2a}"强调动作从头至尾的过程，具有有界性。曹广顺（1995）认为该类表示动作的状态，与句子所陈述的事件的时态无关[1]。如图 5-1-2 所示（空心表示不凸显，黑心表示凸显，下同）：

图 5-1-2　"过_{2a}"的意象图式与范畴特征

"V+过_{2a}"可表达返身致使，搭配"捱、熬₍₂₎"类忍受义非位移自主持续动词，语义特征是［+自主，+可控，+持续，−位移，+忍受，+动作］，如"活、拖₍₃₎、熬₍₂₎、挺、撑、忍、抗、歇"等。该类多后接受动者充当时间宾语、事件宾语，具有明确的数量特征。并且，后接小句（用波浪线表示）与前面"V+过_{2a}"之间无时间顺序关系，多具有解释说明关系。如例（25）

1　曹广顺：《近代汉语助词》，北京：语文出版社，1995 年，第 42 页。

表达施动者"他"在自身动作"捱"的作用下度过了"这近二十年的光阴"，例（26）表达施动者"一个灵宝土著人"在自身动作"混"的作用下度过了"官军和乡勇的盘查"。

（25）抱朴从那以后就没有睡过一夜好觉。他是怎样**捱过**了这近二十年的光阴哪。他曾无数次摇摇晃晃地走进老赵家的巷子，偷偷地伏在小葵的后窗口上。（张炜《古船》）

（26）至于不派一个熟人来，那也许是因为一时找不到适当的人，倒不如派一个灵宝土著人容易**混过**官军和乡勇的盘查。他们相对无言，各自反复地思索着许多问题。（姚雪垠《李自成》）

"V+过$_{2a}$"也可表达外向致使，搭配"骗、饶"类隐瞒义、饶恕义非位移自主持续动词，语义特征是［+自主，+可控，+持续，-位移，+隐瞒/饶恕，+动作］，如"瞒、哄、抵赖、马虎、放$_{(2)}$"等。该类多后接受动者做受事宾语，或者提前至动词前。例（27）表达施动者"法国的化妆品"因为"品质非凡"使得受动者"滕大爷"被"骗过"了；例（28）表达由于"他降了满洲"，施动者"李自成"不会使得受动者"他的父母和全家亲人"被"饶过"。

（27）庄羽放肆地笑起来，说，法国的化妆品，真是品质非凡，居然连滕大爷都**骗过**了，看不出我是不是复吸。（毕淑敏《红处方》）

（28）他知道既然他降了满洲，李自成更不会**饶过**他的父母和全家亲人；而且从今往后，世世代代，必将留下有辱祖宗的汉奸骂名。（姚雪垠《李自成》）

当"V+过"用于周遍结构时，具有"逐一度过"义，这时有明确数量特征的受动者作为"V+过"的受事宾语提前，并出现"一一""逐一"等表周遍义。如例（29）中"她们"数量确定，"一一"凸显周遍义；例（30）中"图书馆几乎所有的文学杂志"数量确定，"逐一"凸显周遍义。这时"过"动作性仍较强，不轻读。这时搭配非位移自主持续动词，可用于过去时，如例（29）；也可用于将来时，如例（30）。值得注意的是，周遍构式制约了"过"的语义，使其不管后接什么类型的小句，均具有较强的动作性。

（29）那时我三岁，我躲在母亲怀里把她们**一一看过**，然后向其中的一个扑去……（史铁生《务虚笔记》）

（30）寒假没事，把图书馆几乎所有的文学杂志全借回家，不管小说，诗歌，还是散文，逐**一读过**。（CCL百合《蓝色星》）

2.2.2 过 _{2b}[动作完毕]

"度过某事件"对具有时间参照关系的接续事件[1]产生影响，这时表达动作完毕，标记为"过 _{2b}"。"V+过 _{2b}"有着内在的事件结束点，表达有界事件，可发生在过去时或将来时中。其中"过 _{2b}"语义虚化，成为完成体标记。如图 5-1-3 所示（虚线表示不凸显，下同）：

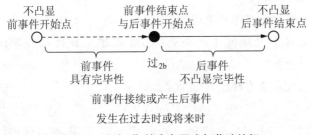

图 5-1-3 "过 _{2b}"的意象图式与范畴特征

该类只搭配自主动词，例如：

（31）现在的钱文已经不是一九五八年与廖琼琼一起吃**过**饭便立即回来写廖琼琼的材料的钱文了。（王蒙《狂欢的季节》）

（32）她给奶奶熬了山药汤。这种汤真是效验如神，奶奶**喝过**就好多了。（王蒙《风筝飘带》）

2.2.3 过 _{2c}[动作经历过去]

当"度过某事件"发生在过去，更多从现在时间进行关照时，表达动作经历过去，标记为"过 _{2c}"。"V+过 _{2c}"具有有界性，对其叙述总是处在现时，关注过去发生的事件对现在甚至将来的影响。其中"过 _{2c}"语义进一步虚化，成为经历体标记。如图 5-1-4 所示：

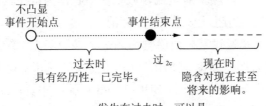

图 5-1-4 "V+过 _{2c}"的意象图式与范畴特征

---

1 彭睿：《共时关系和历时轨迹的对应——以动态助词"过"的演变为例》，《中国语文》，2009 年第 3 期。

该类多出现"曾经、以前、三十年前（就）、1988 年（就）"等表示过去的时间副词或名词，或者表示完成的时间副词"已经"，搭配除关系动词、能愿动词和形式动词之外的动词和性质形容词，可以是自主的，如例（33），也可以是非自主的，如例（34）、（35）。该类所带宾语类型丰富，除时间宾语、事件宾语、受事宾语外，还可带对象宾语，如例（33）；也可带施事宾语，如例（34）。

（33）我那时曾深深地**爱过**你，可是我怒不可遏。（张炜《柏慧》）

（34）从这个星球诞生到今天，已经**死过**无数的人。（毕淑敏《预约死亡》）

（35）他从来没有**胖过**。（梁斌《红旗谱》）

由上分析，"过 $_{2a}$"语义指向时间或事件，具有一定的致使性，带有较明显的动作性。"过 $_{2b}$""过 $_{2c}$"语义指向动作"V"，不具有致使性，动作性逐渐减弱至消失。"V＋过 $_{2a}$"依赖事件所体现时间段的数量特征或者逐一结构所体现的数量特征表达有界事件，前者多搭配忍受、隐瞒或饶恕义自主持续动词，后续小句不是时间顺序小句；后者可搭配其他义自主动词，无论任何后续小句，受周遍义结构影响"过"的动作性均较强。"V＋过 $_{2b}$"依赖后续事件表达有界事件，搭配自主动词。"V＋过 $_{2c}$"不依赖后续事件借助表过去或完成的词语即可表达有界事件，也可搭配非自主动词和性质形容词。"过 $_{2a}$""过 $_{2b}$""过 $_{2c}$"动作性依次减弱，所搭配动词范围越来越广，语义不断虚化，体现为词义由实到虚、由具体到抽象的过程，体现为"词语的功能扩大和句法位置的基本固定化"[1]。

2.3　水平经过向"V＋过"在状态域中的泛化

2.3.1　过 $_{3a}$［（受动者）在性质上超过参照基点］

空间域"过 $_{1a}$"隐喻扩展至比较域。受动者作为被比较对象朝向参照基点方向移动，表达超过参照基点，标记为"过 $_{3a}$"，其动作性仍较强，是语义的泛化。这是通过某处所隐喻为超过某参照基点的结果。当被比较对象性质超过参照基点时，使用"v./adj.＋过 $_{3a}$""v./adj.＋得＋过 $_{3a}$"；当被比较对象性质弱于参照基点时，使用"v./adj.＋不＋过 $_{3a}$"。adj. 只表比较结果，这时不具有致使性。例如：

（36）腿再快你能**跑得过**美国飞机吗？（王朔《看上去很美》）

（37）他嘴**打不过**她，手打怕也吃力。（刘恒《狗日的粮食》）

1　高顺全：《动词虚化与对外汉语教学》，《语言教学与研究》，2002 年第 2 期。

(38) 一个是讲, 一个是听, 再苦能**苦过**老詹吗?(刘震云《一句顶
      一万句》)

当参照基点为心理预期时, 搭配"说、看"类二价动词, 语义特征是
[+自主, +可控, +持续, +动作/言说], 表达外向致使。例(39)表达施
动者"赵中荣"作用于受动者"话"使其超过自身心理预期;例(40)表达
施动者"他"作用于受动者"内柜"使其超过自身心理预期。

(39)(赵中荣)知道把话**说过**了, 换个语气说:……(柳建伟《突出重围》)

(40) 他可是也有个**看得过**眼的内柜, 陈列着绫罗绸缎。(老舍《四世
      同堂》)

2.3.2 过$_{3b}$[(受动者)生理或心理上从消极到积极或从积极到消极的
状态变化]

空间域"过$_{1b}$"凸显终点, 句法上体现为后接受动者, 经过点不凸显。
当其隐喻扩展至生理/心理状态域时, 表达受动者"气""神"在施动者作用
下体现为由开始到实现某状态的变化。该类具体表现为从消极到积极或从
积极到消极状态的变化, 标记为"过$_{3b}$", 其动作性较强, 是语义的泛化。该
类仅表达返身致使, 搭配一价生理/心理动词, 语义特征是[+自主, +可控,
+返身, +生理/心理, +动作], 可分为两类:"喘、闭"类生理义动词, 如
"背 bèi、透$_{(1)}$"等;"愣、醒$_{(1)}$"类心理义动词, 如"缓、回"等。从消极到积
极状态的变化多后加"来", 搭配积极意义的动词;从消极到积极状态的变
化多后加"去", 搭配消极意义的动词。相反, 则不可以。这是由于人"以自
我为中心"的认知特点, 接近人的"来"是正常的, 离开人的"去"是不正常
的[1]。该类自足性较弱, 往往后接小句, 或者用作补语、定语等。例如:

(41) 她**喘过气来**便站在岸上大笑, 对我说:"你真坏。"(王朔《动物凶猛》)

(42) 我想喊躺着我赶快醒来, 可喊不出声, 想认那个黑影是谁, 也认
      不出, 恐惧, 着急的快**背过气去**了。(王朔《橡皮人》)

(43) 就这样, 一村人, 一村人哪! 在都还没**愣过神**的时候, 就都乖乖
      地跟着他走了。(李佩甫《羊的门》)

3 动趋式 "V+过" 的语义演变路径

3.1 六朝: 通过义动词"过"→过$_{1a}$[(受动者)通过某处所的水平向空间位移]

"过"作为动词, 最早的意义之一是"通过"义,《说文解字》解释为

---

1 沈家煊:《不对称和标记论》, 南昌:江西教育出版社, 1999 年, 第183—184 页。

"度也。从辵呙声"。强调经过点，多后接处所宾语。六朝前单独做谓语。例如：

（44）岷山之阳，至于衡山，**过**九江，至于敷浅原。（《今文尚书·禹贡》）

（45）当是时也，禹八年于外，三**过**其门而不入，虽欲耕，得乎？
　　　（《孟子·滕文公上》）

六朝时"过"用于动词后做趋向补语，出现"V+过 $_{1a}$"用法，如例（46）；唐代时这种用法数量增多，如例（47）；宋代时出现"信得 / 不过"用法，如例（48）。这与梁银峰（2007）趋向补语结构产生于六朝至唐的观点[1]一致。

（46）自**送过**荆江，寄山阴魏家，得免。（《世说新语·崇礼》）

（47）虾蟆**跳过**雀儿浴，此纵有鱼何足求。（韩愈《赠侯喜》，《全唐诗》
　　　卷 338，10/3788）

（48）那人说固不我欺，然自家不亲到那里，不见得真，终是**信不过**。
　　　（《朱子语类》卷一百一十七）

3.2　唐五代至宋元：度过义动词"过"和"过 $_{1a}$"→过 $_{2a}$[度过某时间段]→过 $_{2b}$[动作完毕]、过 $_{2c}$[动作经历过去]，过 $_{2b}$[动作完毕]→过 $_{2c}$[动作经历过去]

"过"作为动词，还引申为"度过某时间段"。例如：

（49）国人欲告者来告，告孤不审，将为戮不利，及五日必审之，**过**五
　　　日，道将不行。（《国语·吴语》）

（50）……养老幼，恤孤疾，年**过**七十，公亲见之，称曰王父，敢不承。
　　　（《国语·晋语七》）

在趋向补语"过 $_{1a}$"的句法类推作用下，产生了"过 $_{2a}$"。该类出现于唐五代，多用于逐一结构中，如例（51）前有"事事"，如例（52）前有"总"；也可搭配忍受义动词，如例（53）。

（51）师云："进身人难得，猛利人难得。"进曰："如何是进身事？"师
　　　云："事事总须**打过**。"（《祖堂集》卷十二，禾山和尚）

（52）相公问：汝念得多小卷数？远公对曰：贱奴念得一部十二卷，昨
　　　夜总**念过**。（《敦煌变文集新书·庐山远公话》）

（53）浮生长勿勿，儿小且呜呜。**忍过**事堪喜，泰来忧胜无。（杜牧
　　　《遣兴》，《全唐诗》卷 523，16/5984）

宋代"过 $_{2a}$"用例渐多，多不后接宾语。后接小句多表评价小句，如例

1　梁银峰：《汉语趋向动词的语法化》，上海：学林出版社，2007 年，第 1 页。

（54）～（56）；也可不后接小句，如例（57）、（58）。用于非逐一结构，如例（54）、（57）；用于逐一结构，如例（55）、（56）、（58）。多用于虚拟式，如例（54）～（58）。

（54）若只恁地**说过**，依旧不济事。（《朱子语类》卷三十五）

（55）说下学工夫要多也好，但只理会下学，又局促了。须事事**理会过**，将来也要知个贯通处。（同上，卷一百一十七）

（56）读书须教首尾贯穿。若一番只草草**看过**，不济事。（同上，卷十）

（57）此须做个题目入思议始得，未易如此草草**说过**。（同上，卷二十九）

（58）想经礼圣人平日已说底，都一一理会了，只是变礼未说，也须逐**一问过**。（同上，卷一百一十七）

也出现了后接时间宾语的情况，数量极少。例如：

（59）若许多宦者未诛，更恁地**保养过**几年，更乖。（同上，卷一百三十五）

到了明代，后接时间宾语用例渐多，如例（60）；也可后接事件宾语，如例（61）；也可接受事宾语，如例（62）；可用于"被"字句中，如例（63）；还可用于"V不过"结构中，如例（64），表达"张富"由于主观能力限制不能再忍受"被官府逼勒"这一事件。赵新（2000）认为"被官府逼勒不过"类在现代汉语中逐渐消失[1]，但我们仍发现不少用例，如例（65）、例（66）。

（60）光阴荏苒，不觉又**捱过**了二年。（《喻世明言》卷一）

（61）他**熬过**了三时的冷淡，才讨得这数日的风光。（《醒世恒言》卷四）

（62）"真个是好手！我们看不仔细，却被他**瞒过**了。"只得出门去赶，那里赶得着？（《喻世明言》卷三十六）

（63）今病势有增无减了，得见贤妻一面，死也甘心。但只是胡阿虎这个递奴，我就到阴司地府，决不**饶过**他的。（《初刻拍案惊奇》卷十一）

（64）张富**被**官府**逼勒不过**，只得承认了。（《喻世明言》卷三十六）

（65）马大娘**被逼不过**，只得将实情原原本本告诉了他。（李晓明《平原枪声》）

（66）老牛**被**牛国兴**缠不过**，只好收下杨百利。（刘震云《一句顶一万句》）

由上，"过$_{2a}$"表示"度过某事件"，是空间域"通过某处所"映射到时

1　赵新：《"不过"补语句的历史考察》，《语言研究》，2000年第2期。

间域而产生的语义。"过_{2a}"搭配忍受义、隐瞒义、饶恕义等非位移动词，搭配有定动作关涉者或时间段，与时态无关，与后续事件往往不具有时间顺序关系，其动作性仍较强。

"过"的语义经历了一个虚化过程。一条路径是"过"用于具有时间参照关系连续事件的前事件，强调两事件之间的时间顺序关系。这时语义发生了虚化，具有了"动作完毕"义。正如彭睿（2009）认为连续事件句是"过_{2b}"产生的临界环境[1]。"动作完毕"义"过_{2b}"萌芽于唐五代，数量极少，多不带宾语，如例（67）、例（68）；宋元时期渐多，如例（69）、（70）；明代时作为时态标记才渐趋成熟，带宾语情况多起来，如例（71）、（72）。可用于过去时，如例（67）～（69）、（71）、（72）；也可用于将来时，如例（70）。

（67）落晖**看过**后，独坐泪沾衣。（崔峒《春日忆姚氏外甥》,《全唐诗》卷 294, 9/3346）

（68）言讫焚香**度过**，启告虔心，遂将其笔望空便掷，是时其笔空中屹然而住。（《敦煌变文集新书·庐山远公话》）

（69）须要思量圣人之言是说个什么，要将何用。若只**读过**便休，何必读！（《朱子语类》卷十一）

（70）如今回家**禀过**父亲母亲，便索长行也。来到门首。（做见科，云）父亲、母亲，您孩儿来家也。（张国宾《薛仁贵荣归故里》楔子）

（71）当下又**吃过**了五七杯酒，却早月上来了……（《水浒全传》第九回）

（72）**吃过**了汤，小童儿叫声道："虚堂习。"（《三宝太监西洋记》第七十八回）

另一条路径是当"过"用于过去时这一外部观察[2]时间，且不须后接小句即可明确结束点时，语义更为虚化，表达动作经历过去。唐五代时发现"过_{2c}"，但数量极少，例如：

（73）闭门深树里，闲足鸟**来过**。五马不复贵，一僧谁奈何。（法照《寄钱郎中》,《全唐诗》卷 810, 23/9135）

（74）朕虽为人主，滥处乾坤，每谢上人，**来过**小国。（《敦煌变文集新书·庐山远公话》）

宋元时代多用"曾""已""从前"等词语提示，这时"V+O+过_{2c}"与

1　彭睿：《共时关系和历时轨迹的对应——以动态助词"过"的演变为例》,《中国语文》, 2009 年第 3 期。

2　戴耀晶：《现代汉语时体系统研究》, 杭州：浙江教育出版社, 1997 年, 第 30 页。

"V+过$_{2c}$+O"用法并存，前者如例(75)，后者如例(76)；宾语多前置，如例(77)；宾语用作中心语，如例(78)。明代时数量渐多，渐趋成熟，后接受事宾语和时间宾语，分别如例(79)、(80)。

(75) 如今不曾经历得许多事**过**，都自揍他道理不着。(《朱子语类》卷六十七)

(76) 学者须先读诗书他经，有个见处，及曾**经历过**此等事，方可以读之，得其无味之味，此初学者所以未可便看。(同上，卷一百一十七)

(77) 要知虽有此数十条，是古人已**说过**，不得不与他理会。(同上，卷一百五)

(78) 小生为小姐**受过**的苦，诸人不知，瞒不得你。不甫能成亲，焉有是理？(王实甫《崔莺莺待月西厢记》第五本第四折)

(79) 替我一般的做妖精出身，又不是那里禅和子，**听过**讲经，那里应佛僧，也曾**见过**说法？(《西游记》第九十三回)

(80) 又是作怪，老身在这条巷**住过**二十多年，不曾闻大市街有甚救命之宝。(《喻世明言》卷一)

我们统计了《朱子语类》中"过"及"过来"的时间义用法(如表5-1-2所示)，发现从数量上来看，经历体"过"是由"过来"脱落"来"而产生[1]，这一观点是站不住脚的。"过$_{2a}$"也可后接事理因由句，可见事理因由句是"过$_{2b}$"演变为"过$_{2c}$"的临界语境[2]，这一观点也是值得考虑的。

表 5-1-2　《朱子语类》"过"及"过来"的时间义用法

意义	过	过来
经过某时间段	51(逐一结构)，其中43句后接小句	8(逐一结构)，其中2句后接小句
	79(非逐一结构)，其中32句后接小句	0
完毕	7	0
经历	10	1

"V+过$_{2a}$"自足性较弱，多用于逐一结构，或者后接评价小句，用于非逐一结构，但不管怎样，均与有定性有关，凸显动作从头到尾进行，

1　俞光中、植田均：《近代汉语语法研究》，上海：学林出版社，1999年，第181—182页。

2　彭睿《共时关系和历时轨迹的对应——以动态助词"过"的演变为例》，《中国语文》，2009年第3期。

具有较强的动作性。随着语境变化,隐含"完成"义的"过 $_{2a}$"虚化为"过 $_{2b}$""过 $_{2c}$"。"过 $_{2b}$"在过去时且不须后接小句即可自足时虚化为"过 $_{2c}$",自足性较强,所搭配动词小类也不断扩大。

3.3 南宋:超过/胜过义动词"过"和"过 $_{1a}$"→过 $_{3a}$[(受动者)在性质上超过参照基点]

"过"作为动词,还引申为"超过、胜过"。例如:

(81)古之人所以大**过**人者无他焉,善推其所为而已矣。(《孟子·梁惠王章句上》)

(82)先君庄王为刨居之台,高不**过**望国氛,大不过容宴豆,木不妨守备,用不烦官府,民不废时务,官不易朝常。(《国语·楚语上》)

在"V+过 $_{1a}$"句法类推作用下,超过/胜过义动词"过"用于形容词或动词作补语后,出现"过 $_{3a}$"。唐代发现该类用法,如例(83);真正出现是在南宋,比较者可用于"过 $_{3a}$"后面,如例(84);也可用于 V 与"过 $_{3a}$"之间,如例(85)。

(83)界无修不修,无佛不佛。设有一法,**胜过**涅盘,我说亦如梦幻。《禅源诸诠集都序》卷上之二)

(84)甜者甜于黄连。苦者**苦过**白蜜。(《古尊宿语录》卷二十九)

(85)若是高祖软弱,当时若**敌**他**不过**时,他从头杀来是定。(《朱子语类》卷九十)

元代时使用频率渐高,明代时出现"adj(不)过"的用法。例如:

(86)你道是傅粉涂朱,妖艳妆梳。貌**赛过**神仙洛浦,怎好把墨来乌?(关汉卿《温太真玉镜台》第四折)

(87)大鹏金翅鸟又大又凶,只一个海刀虽说大,**大不过**他,虽说狠,**狠不过**他。(《三宝太监西洋记》第七十六回)

3.4 元明清:过 $_{1a}$→过 $_{1b}$[(受动者)由源点到某处的水平向空间位移]、过 $_{1c}$[(受动者)相对于整体朝向某处的水平向空间位移],过 $_{1b}$→过 $_{3b}$[(受动者)生理/心理从消极到积极或从积极到消极状态变化]

空间域"过 $_{1a}$"分别在结果代过程转喻和物体轴线隐喻处所的作用下,语义泛化,产生了"过 $_{1b}$""过 $_{1c}$",所搭配动词小类发生了扩展。元代时出现"过 $_{1b}$"用法,如"抬过、收过、送过"等,又如例(88)、例(89);明代时用例渐多,如例(90)。

(88)昨日有个秀才投下一封书,俺员外**接过**书呈看罢,不知怎生,当夜晚间,员外害急心疼亡了。(马致远《半夜雷轰荐福碑》第一折)

（89）（梅香做叫科，云）小姐，那两个人**拿过**一张儿纸来，不知写甚么，小姐看咱！（白朴《裴少俊墙头马上》第一折）

（90）你**赶过**马来。在一处著。容易照管。（《老乞大谚解》）

南宋至元代偶见"过$_{1c}$"用法，真正出现是在明代，例如：

（91）（末）这里卖？（净）那里。（末）**回过**头。（《张协状元》第二十八出）

（92）不良会把人禁害，哈怎不肯**回过**脸儿来？（王实甫《崔莺莺待月西厢记》第四本第一折）

（93）孔明教**回过**车，朝着魏军，推车倒行。（《三国演义》第一百一回）

明代时偶见"过$_{3b}$"用法，多表由消极到积极的心理状态变化，如例（94）。清代时才真正出现，可表由消极到积极和由积极到消极的生理状态变化，分别如例（95）、例（96）。由积极到消极的心理状态变化用例现当代时才发现。

（94）蒋二哥，你这回吃了橄榄灰儿——**回过**味来了。（《金瓶梅》第十九回）

（95）黛玉素性触痒不禁，宝玉两手伸来乱挠，便笑的**喘不过气来**，口里说："宝玉，你再闹，我就恼了。"（《红楼梦》第十九回）

（96）黄天霸往前一扑，栽倒在地，痰气上壅，**背过了气去**。（《施公案》第八十一回）

4　小　结

本节运用驱动—路径图式，探讨了"V+过"中"过"的语义关联性、动词小类与"过"的句法语义选择关系。"V+过"最初表达施动者作用于受动者导致受动者产生通过某经过点的水平向空间位移，随着空间到时间、状态域的放射型隐喻扩展，"V+过"句法环境发生变化，产生了语义泛化与虚化（如图5-1-5所示）。从语义类别来看，"V+过"具有3个空间义、3个时间义和2个状态义。空间义表达"通过某处所的水平向空间位移（过$_{1a}$）""由源点到某处的水平向空间位移（过$_{1b}$）""相对者整体朝向某处的水平向空间位移（过$_{1c}$）"，时间义表达"度过某时间段（过$_{2a}$）""动作完毕（过$_{2b}$）""动作经历过去（过$_{2c}$）"，状态义表达"在性质上超过参照基点（过$_{3a}$）""生理或心理上从消极到积极或从积极到消极的状态变化（过$_{3b}$）"。根据以上历时考察，"过"的语义出现顺序为（">"表示"先于"）：过$_{1a}$（六朝）>过$_{2a}$（唐五代）>过$_{3a}$（南宋）>过$_{2b}$、过$_{2c}$（宋元）>过$_{1b}$（元代）>过$_{1c}$（明代）>过$_{3b}$（清代）。

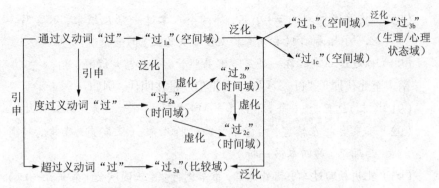

图 5-1-5 趋向补语"过"的语义泛化与虚化过程

"V+过"的泛化与虚化机制表现为：第一，通过义、度过义、超过义动词"过"分别是趋向补语"过"空间义、时间义与状态义产生与引申的语义基础；第二，六朝时动补结构"V+过 1a"的出现是其他语义类型补语"过"产生的句法基础。第一条路径是在度过义动词"过"的语义基础上，"V+过 1a"在"度过时间段"隐喻"通过某处所"的作用下，由空间域扩展至时间域，产生了动作性仍较强的度过义"过 2a"，注重从头至尾的过程，隐含完成义，该类受动词搭配、数量特征和句法结构的制约，不与时态有关。这一语义的归纳为分析表动作完毕和动作经历过去的"过"奠定了基础，在结果转喻过程的作用下，句法上受到接续事件的影响，产生了表动作完毕义"过 2b"，可用于过去时或将来时；在此基础上，时态进一步限制，只关注过去对现在的影响，通过表过去或完成的词语凸显经历过去，产生了表动作经历过去的"过 2c"，这时其语义自足性更强，语法结构更凝固。第二条路径是超过义动词"过"的语义基础上，在"V+过 1a"通过某处所隐喻为超过某参照点的作用下，由空间域扩展至比较域，产生了动作性仍较强的"过 3a"，句法结构和所搭配动词发生了扩大。第三条路径是"V+过 1a"在结果转喻过程作用下产生"V+过 1b"，在此基础上，隐喻扩展至生理 / 心理状态域，产生"V+过 3b"。第四条路径是"V+过 1a"由于凸显施动者与受动者之间的整体与部分关系，在物体轴线隐喻某处所的作用下，产生了"V+过 1c"。第三，各语义类型的出现顺序受到认知隐喻的制约。本节研究结论与 Heine 等提出"人＞物＞事＞空间＞时间＞性质"[1]这

---

1 Heine, B. et al. *Grammaticalization: A Conceptual Framework*. Chicago: The Chicago University Press, 1991：48-52. 转引自赵艳芳：《认知语言学概论》，上海：上海外语教育出版社，2001 年，第 163 页。

一人类认识世界的认知域序列一致。第四，各语义类型的出现受到句法结构的制约。由不后接宾语到后接宾语，由处所宾语到受事宾语、部位宾语、时间宾语、事件宾语、对象宾语、施事宾语，所搭配的动词由位移动词到非位移动词，由自主动词到非自主动词，由动词到形容词，动词小类逐渐泛化，自足性越来越强，句法结构所在环境的变化影响了"过"的语义泛化与虚化。

第二节　动趋式"V+下"的致使性泛化与虚化

1　引　言

趋向补语"下"的语义类型仍存在较大分歧。主要有四种研究思路：第一种是从动趋结构的整体意义来归纳趋向补语的语义。如史锡尧（1993）认为"下"具有"趋向、消除、完成、脱离和容纳"5个义项，分别例如"扔下炸弹、传下命令""脱下大衣""惹下祸、写下这段文字""摘下菜叶""（这张大床）能睡下三个孩子"等[1]。杉村博文（1983）归纳得出"下"具有"脱离、遗弃、遗留、决定、停止"5个义项，分别例如"脱下皮鞋""扔下刚满周岁的闺女""写下光辉的诗篇""定下活捉敌人的计划""（雨）才停下"等[2]。吕叔湘（2004）将"下"分为人或事物随动作由高处到低处、动作完成兼有脱离或使结果固定下来（如"摘下几朵鲜花""定下计策"）、能不能容纳一定数量、人或事物随动作离开高处到达低处等4个意义[3]。孟琮（1999）将"下"分为向下、攻克（如"打下敌人两个据点"）、脱离、完成/到手/遗留（如"办下几所学校"）、容纳等5个意义[4]。

第二种是从语义到形式的语义归纳。如刘月华（1998）认为"下"趋向意义有"通过动作使人或物体由高低向低处移动""通过动作使人或物体退离面前的目标"（如"退下场子"），结果意义有"物体的一部分（或次要物体）脱离"（如"摘下花镜""生下两个孩子""写下一点儿东西""许下誓愿"

1　史锡尧：《动词后"上"、"下"的语义和语用》，《汉语学习》，1993年第4期。

2　杉村博文：《试论趋向补语"·下"、"·下来"、"·下去"的引申用法》，《语言教学与研究》，1983年第4期。

3　吕叔湘：《现代汉语八百词（增订本）》，北京：商务印书馆，2004年，第567—568页。

4　孟琮等编：《汉语动词用法词典》，北京：商务印书馆，1999年，第14页。

等）、"凹陷"（如"陷下两个坑"）、"容纳"，状态意义有"由动态进入静态"（如"停下""静下心"）、"动作、状态的持续"（如"看不下书""读不下书"）[1]。

第三种是通过动趋式与宾语的搭配情况来归纳趋向补语的语义。如邱广君（1995、1997）根据后接起点成分、终点成分、部位成分、容量成分、客体成分、物量成分、时量成分、距离成分，"V+下"表达施事离开处所或其边缘向下运动（如"跳下驾驶座"）、客体离开处所或其边缘向下运动（如"把他拉下驾驶座"）、身体某个部位向下的过程及造成状态的持续或者由动到静的过程及造成状态的持续（如"跪下右腿"）、强调容量的限度（如"睡下十个人"）等17个意义[2]。

第四种是认知角度的语义归纳。如胡晓慧（2012）认为"V+下"经历了趋向意义＞空间域引申义＞非空间域隐喻义的语义演变，趋向意义表达由高及低向下移动，将遗留或存在于某处、能否为某一处所或容器所容纳、施事主体通过某种方式"占据"受事客体、受事客体在外力影响下离开原附着处或脱离原有关系等看作空间域的引申义，受事客体在外力作用下达到一定的数量（如"攒下结婚费"）、受事客体在外力作用下达到某种性状（如"按不下这口毒气"）看作非空间域隐喻义[3]。

由上可见，前人分类标准不一，或粗或细，关键是各语义类型之间的关联性分析较少。我们认为，"下"是聚焦起点与聚焦终点的趋向补语。本节将从认知语义角度对动趋式"V+下"的致使性语义类型进行归纳，并探讨其语义关联性，分析其语义泛化与虚化机制。

2　动趋式"V+下"的认知域、语义类别及动词小类

2.1　空间域：垂直下向到分离向、依附向、水平后向

2.1.1　下 $_{1a}$[（受动者）离开高处的垂直下向空间位移]

"V+下"最初用于空间域，可凸显起点，表达受动者离开高处的垂直下向空间位移，标记为"V+下 $_{1a}$"。"V+下 $_{1a}$"凸显［动态过程性］、［垂直下向性］和［离开起点］，要求二维或三维空间的环境参照体，其意象与范畴特征如图5-2-1所示：

1　刘月华：《趋向补语通释》，北京：北京语言大学出版社，1998年，第137—159页。

2　邱广君：《谈"V下+宾语"中宾语的类、动词的类和"下"的意义》，《语文研究》，1997年第4期。

3　胡晓慧：《汉语趋向动词语法化问题研究》，桂林：广西师范大学出版社，2012年，第53—72页。

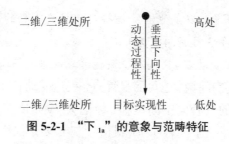

图5-2-1　"下₁ₐ"的意象与范畴特征

"V+下₁ₐ"可表达返身致使，可搭配"跳₍₁₎、坠"类一价位移动词，语义特征为[＋自主，＋返身，＋位移，＋下向/泛方向，＋过程性/结果性，＋动作]，又如"沉、掉¹₍₁₎、飞₍₁₎、飞₍₂₎、飞₍₃₎、降₍₁₎、流、落luò₍₁₎、爬₍₁₎、跑₍₁₎、飘、洒、走₍₂₎"等，后接处所宾语；"弯、低"类与身体部位有关的一价位移动词，语义特征为[＋自主，＋返身，＋位移，＋下向，＋结果性，＋动作]，又如"奔拉、蹲₍₁₎、俯、弓、歪"等，后接受事宾语。例如：

（1）我立即也**跳下**拖拉机，说："你几时回来呀？"（贾平凹《秦腔》）

（2）村姑款款走到炕前，**弯下**柳腰放盆，他才迷迷地睁开眼。（刘连群《根》）

例（2）"弯下柳腰"施动者与受动者之间具有领属关系，施动者通过"弯"使"柳腰"发生由高及低的垂直下向位移，其中隐含受动者离开自身所在的轴线，即起点。

"V+下₁ₐ"也可表达外向致使，可搭配"拉lā¹₍₁₎、抱₍₁₎"类二价位移动词，语义特征为[＋自主，＋外向，±位移，＋泛方向，＋过程性，＋动作]，又如"搬₍₁₎、抬₍₂₎、提₍₁₎、投₍₁₎"等，后接处所宾语；也可搭配"生₍₁₎、诞"类生育义二价非位移动词，语义特征为[＋自主，＋外向，－位移，＋下向，＋结果性，＋动作]，又如"养₍₃₎、产"等，后接受事宾语。句子可变换成"从＋起点＋V＋下＋（来/去）"来验证，如例（3）"拉下炕"可变换成"从炕上拉下"。

（3）（王竹）一把将那孩子拉出他母亲的怀，抓着她的衣服**拉下**炕。（冯德英《苦菜花》）

（4）尤其是伍伯坚的小妾刘氏不久就**生下**了伍玉荷，更叫她的生活热闹兴奋起来。（张承志《黑骏马》）

"V+下₁ᵦ"发生结构隐喻，如"将……拉下台"表达"使某人离开某职位"等，例如：

（5）国众议员马克辛·沃特斯在集会上呼吁在今年11月的大选中将

布什拉**下**台，以免他继续坚持对伊拉克占领的政策。(CCL新华社2004年3月新闻报道)

2.1.2　下₁ᵦ[(受动者)由高及低到达终点的垂直下向空间位移]

"V+下"用于空间域，也可凸显终点，表达受动者在施动者作用下由高及低到达终点的垂直向空间位移，标记为"V+下₁ᵦ"。"V+下₁ᵦ"凸显[动态过程性]、[垂直下向性]和[到达终点]，要求二维或三维空间的环境参照体。如图5-2-2所示：

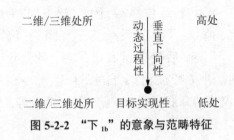

图5-2-2　"下₁ᵦ"的意象与范畴特征

"V+下₁ᵦ"可表达返身致使，可搭配"跳₍₁₎、坠"类一价位移动词，语义特征为[+自主，+返身，+位移，+下向/泛方向，+过程性/结果性，+动作]，又如"沉、掉¹₍₁₎、飞₍₁₎、飞₍₂₎、飞₍₃₎、降₍₁₎、流、落luò₍₁₎、爬₍₁₎、跑₍₁₎、飘、洒、走₍₂₎"等，后接处所宾语，如例(6)；也可搭配"坐₍₁₎、躺"类与身体部位有关的一价位移动词和"凹、瘪"类下向义一价位移动词，语义特征分别[+自主，+返身，+位移，+下向，+过程性，+动作]、[−自主，+返身，+位移，+下向，+结果性，+动作]，分别又如"倒¹₍₁₎、跪、趴₍₁₎""塌₍₁₎、陷"等，不后接宾语，可通过变换为"终点+V+下"验证，如例(7)"在床上坐下"，例(8)"在后颈上凹下"。

(6)杜平和马英下令不准还枪，**跳下**路沟往回走。(李晓明《平原枪声》)

(7)她真的站起来像是就要走的样子，忽然又笑着**坐下**了。(白桦《淡出》)

(8)果然在他的后颈上有三个红的疤痕，疤痕并不是我想象的是**凹下**的小坑儿，则鼓得高高……(贾平凹《怀念狼》)

"V+下₁ᵦ"也可表达外向致使，可搭配"拉lā¹₍₁₎、抱₍₁₎"类二价位移动词，语义特征为[+自主，+外向，±位移，+泛方向，+过程性，+动作]，又如"搬₍₁₎、提₍₁₎、抬₍₂₎、投₍₁₎"等，后接处所宾语，如例(9)；也可搭配"按、压₍₁₎"类下向义二价非位移动词和"吃₍₁₎、喝"类二价内向非位移动词,语义特征为[+自主,+外向,－位移,+下向,+结果性,+动作],分别又如"摁、按捺""咽、吞$_{(1)}$、灌、饮、喂$_{(2)}$"等,后接受事宾语,如例（10）、（11）。

（9）翁天法说:"好的,把他**拉下**河治治。"(CCL《1994年报刊精选》)

（10）秦亚男忍着笑,**按下**了快门。(柳建伟《突出重围》)

（11）二女婿蹙紧眉头,**喝下**一口重酒,没有言声。(冯德英《山菊花》)

具体处所的高低可隐喻扩展为社会关系的高低,可搭配"批^2$_{(1)}$、传$_{(1)}$"等具有社会关系高低的动词,语义特征为[+自主,+外向,－位移,+下向,+结果性,+动作]。例如:

（12）a. 虽然仕途无望,申请离休还没有**批下**,不能存在太多幻想,但不等于没有一点幻想。(张洁《无字》)

　　 b. 吃过猪肉以后,韩书记**传下**指示,说以后不要再吃猪肉了,为渡过灾荒,要粗粮细做,瓜菜代粮。(刘震云《故乡相处流传》)

"V+下$_{1a}$"发生结构隐喻,如"将……拉下水"表达"鼓动某人跟自己一起干坏事","吃下一颗定心丸"表达"使某人安心","吃下8场败绩"表达"遭遇失败"等。例如:

（13）黎曙光估计老陆一定是被洪肖奇蒙住了,硬给**拉下水**的,就是为了堵别人的口……(徐坤《八月狂想曲》)

（14）美联储对国内经济的基本判断让华尔街**吃下**了一颗定心丸:……(CCL新华社2004年11月新闻报道)

（15）国王队因在常规赛最后12场**吃下**8场败绩,一下从西部老大的位置跌到第四,……(CCL新华社2004年4月新闻报道)

2.1.3　下$_{1c}$[（受动者）脱离被依附者的空间变化]

受动者离开某处可扩展至受动者（依附者）脱离被依附者,这时不凸显[垂直下向性]和[动态过程性],只凸显离开起点,转喻整个移动路径,标记为"V+下$_{1c}$"。如图5-2-3所示:

图5-2-3　"下$_{1c}$"的意象与范畴特征

"V+下$_{1c}$"后接受事宾语,而不后接处所宾语。"V+下$_{1c}$"只表达外向致使。受动者与被依附者可以是各自独立,也可以部分与整体的关系。当受动者与被依附者各自独立时,可搭配"取$_{(1)}$、脱$_{(2)}$"类动词,语义特征为[+自主,+外向,+位移,+过程性/结果性,+动作],又如"扒(鞋)、摘$_{(1)}$(眼镜)"等,与身体部位有关,表达"受动者脱离某身体部位"的意义,句中可添加"从+起点",如例(16);也可搭配"抢$^1_{(1)}$、夺$_{(1)}$"类动词,语义特征为[+自主,+内向,+位移,+过程性,+动作],又如"拔$_{(1)}$、拔$_{(3)}$、扯$_{(1)}$"等,具有"使某物体离开某处转向施动者"的意义,句中可添加"从+起点",如例(17);也可搭配"扔$_{(1)}$、丢$_{(2)}$"类动词,语义特征为[+自主,+外向,+位移,+过程性,+动作],又如"撂、抛$_{(1)}$、撇、摔$_{(3)}$、舍、投$_{(2)}$"等,具有"使某物体脱离施动者"的意义,这时施动者充当起点,不可添加"从+起点",如例(18)。

(16) a. 李朝东从腰里**取下**绳子,马英正在想法如何把李朝东吊下去呢,……(李晓明《平原枪声》)

 b. 杨晓冬见小燕铺盖单薄,**脱下**自己的棉袍,要给她搭上。(李英儒《野火春风斗古城》)

(17) a. 当她把沙发之间的台灯拿起来的时候,耿林抱住了她,马上**抢下**了她手里的台灯。(皮皮《比如女人》)

 b. 我要麻痹他的警惕性,然后**夺下**叉子,拼个痛快!(王小波《绿毛水怪》)

(18) a. 我把茶根儿泼了,**扔下**钱离开茶馆。(刘恒《苍河白日梦》)

 b. 可是他们不务正业的父亲**丢下**他们和母亲不管,一个人到外面逛世界去了——真是作孽!(路遥《平凡的世界》)

以上例子分别表达"绳子"离开"腰里","棉袍"离开"杨晓冬的身体","台灯"离开"她手里","叉子"离开"他","钱"离开"我","他们和母亲"离开"他们不务正业的父亲"。

当受动者与被依附者是部分与整体的关系时,可搭配"掰、撕"类动词,语义特征为[+自主,+外向,+位移,+结果性,+动作],又如"拔$_{(1)}$、扯$_{(2)}$、割、剪、揪、切、剜、削、咬$_{(1)}$、摘$_{(1)}$"等,可后接受事宾语或数量宾语。这类可添加"从+起点",如例(19)a句"从鸡胸脯上撕下一大块白丝丝肉",b句"从那个小碗大的菜团团上掰下一块"。

(19) a. 王一瓶神色坦然地又**撕下**鸡胸脯上的一大块白丝丝肉,朝着嘴里填去。(冯至《敌后武工队》)

b. 春玲望着那个小碗大的菜团团又要剩下了，就**掰下**一块，送给明轩。（冯德英《迎春花》）

2.1.4　下₁d[（受动者）留于某处的空间变化]

"V+下"还可表达受动者到达并留于（或依附于）某处（终点），标记为"V+下₁d"。这时凸显受动者依附于终点的意象，如图5-2-4所示：

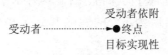

图 5-2-4　"下₁d"的意象与范畴特征

"V+下₁d"后接受事宾语，而不后接处所宾语。"V+下₁d"可表达返身致使，也可表达外向致使，搭配的动词均具有[+静态/使静态]意义。前者搭配"站²、住"类动词，又如"停₍₂₎、放"等。例如：

（20）a. 魏强他俩走了一大截子，选了个四处望不到人的地方**站下**了，又各自检查下枪弹、装束。（冯至《敌后武工队》）

b. 可后来学校开学了，他也不搬，就在那儿扎长桩**住下**了。（李佩甫《羊的门》）

后者可搭配"存₍₁₎、留₍₁₎"类动词，具有"使某人或物在某处"义，又如"存₍₂₎、存₍₃₎、存₍₄₎、放₍₁₀₎、留₍₂₎、埋、欠²₍₁₎、赊、剩、停₍₁₎、遗留、余、种 zhòng"等，如例（21）；也可搭配"安置、安排₍₁₎"类动词，具有"使某人或物有着落"义，又如"预备、准备"等，如例（22）；也可搭配"拦、挡₍₁₎"类动词，具有"使某人或物不通过，停留在某处"义，如例（23）。以上均可通过变换为"在+终点+V+下"来验证。

（21）a. 我在农场**存下**了一小笔钱，另外银行中我母亲名下尚有一小笔刚解除冻结的存款，这样，暂时我的生活还不成问题。（王朔《一半是火焰，一半是海水》）

b. 叶帆是**留下**了一张字条给叶启成，才跟贝欣到机场去的。（张承志《黑骏马》）

（22）a. 芳林嫂……**安置下**老娘和凤儿休息，她往床上一倒便呼呼的睡着了。（刘知侠《铁道游击队》）

b. 我会为你**安排下**富饶的牧场、肥壮的畜群、新起的宅院、大批的仆从！（冯苓植《雪驹》）

（23）a. 出了医院那女人**拦下**一辆出租车。（尤凤伟《泥鳅》）

b. 对方从腰间抽出了新月刀**挡下**了史帕克的一剑，他的帽子也顺势落了下来。（CCL《罗德岛战记》译文）

2.1.5　下 1e〔（受动者）水平向后离开某处的空间位移〕

"V+下"还可用于水平向，表达受动者离开某处（起点）的水平后向，标记为"V+下 1e"。这时〔垂直下向性〕在具体语境中扩展为〔水平后向性〕，〔动态过程性〕仍保留，凸显具有水平向特征的二维环境参照体。这时"前为上，后为下"的隐喻起到了极大的作用。如图 5-2-5 所示：

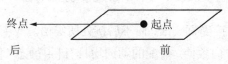

图 5-2-5　"下 1e"的意象与范畴特征

"V+下 1e"可表达返身致使，也可表达外向致使。前者搭配"走(1)、退(2)"类一价位移动词，语义特征为〔+自主，+返身，+位移，+水平后向，+结果性，+动作〕，又如"撤(2)、跑(1)"等，如例（24）。后者搭配"拉¹(1)、赶(4)"类二价位移动词，语义特征为〔+自主，+外向，+位移，+泛方向，+过程性，+动作〕，又如"撵、拖(1)"等，如例（25）。后接表起点的处所宾语，如"场、公路、战场"，可通过"从+起点+V+下+（来/去）"来验证，例如"把他从赛场上拉下（来/去）"，"走下了公路"可变换为"从公路上走下（来/去）"。

（24）（灰叫驴）就将陷在泥坑里的大车拉拽上来，**走下**了公路，很快就钻进青纱帐里。（冯至《敌后武工队》）

（25）……由于江青违犯法庭规则，破坏法庭秩序，依法将她**赶下**场。（CCL1993 年《作家文摘》）

2.2　状态域：由显到隐、由暂到稳、由无到有、由他身到自身领属权、容纳预期数量的状态变化

2.2.1　下 2a〔（受动者）由显到隐留于某处的状态变化〕

"V+下"用于由显到隐的存在状态域，是留于某处的空间变化隐喻扩展造成的，标记为"V+下 2a"。这时搭配"瞒、藏(2)"类隐瞒义动词，又如"隐"等，具有"使其停留于某处而不被其他人知道"之义，表达外向致使。如例（26）"瞒下病"表达通过"瞒"使"病"这个事情不被其他人知道，"藏下地图"表达通过"藏"使"地图"不被其他人知道。

（26）a. 只有一个办法，把我的病**瞒下**。（刘震云《一句顶一万句》）

　　　b. 他所有的书籍和笔记本都被抄收了，只**藏下**了这张小小的地图。（路遥《惊心动魄的一幕》）

2.2.2　下_{2b}[（受动者）由暂到稳留于某处的状态变化]

"V+下"用于由暂到稳的存在状态域，是留于某处的空间变化隐喻扩展造成的，标记为"V+下$_{2b}$"。这时搭配"答应$_{(2)}$、认$_{(3)}$"类确定义动词，表达外向致使，如"签下合同""许下宏愿""定下规矩""说下这门亲事""结交下两个朋友""横下一条心"等，又如例（27）；也可用于"僵持不下""争执不下""委决不下"等可能式结构中，又如例（28）。

（27）a. 想不到小月二话没说就**答应下**，每个星期补三次总共六课时，一课时的报酬二十块。（魏润身《挠攘》）

　　　b. 白孝文终于从大姑父朱先生口里得到了父亲的允诺，准备**认下**他这个儿子，宽容他回原上。（陈忠实《白鹿原》）

（28）a. 双方仍在撤军期限、撤军范围、关系正常化和安全安排四个问题上**争执不下**。（CCL1994 年《人民日报》）

　　　b. 她宁愿接受过去创痛的教训，然而新理想的诱惑力太强了，她**委决不下**。（CCL 茅盾《蚀》）

还可搭配"安$^1_{(2)}$、静$^1_{(3)}$"类安定义动词，又如"安定、稳$_{(4)}$"等。例如：

（29）a. 后来她了解我后才**安下心**，我是典型的语言上的巨人，行动上的矮子。（王朔《浮出海面》）

　　　b. 她奇迹般地从浮躁之中冲了出来，**静下**了心，她用心将复习材料细细看一遍，……（陈染《一个人的战争》）

2.2.3　下_{2c}[（实体）由无到有留于某处的状态变化]

"V+下"用于由无到有的存在状态域，是留于某处的空间变化隐喻扩展造成的，表达实体由无到有留于某处的状态变化，标记为"V+下$_{2c}$"。这时搭配"挖、挣"类产生义动词，又如"抄$^1_{(1)}$、炒、创造、犯、画^1、画^2、记$_{(1)}$、记录、立$_{(2)}$、惹$_{(1)}$、写$_{(1)}$、攒、整理"等。例（30）a 句"挖下坑"表达通过"挖"这个动作使"坑"出现在"涝池边沿"上，b 句"挣下平常两个多月的工钱"表达通过"挣"动作使"平常两个多月的工钱"出现在"黑娃"处。

（30）a. 长工鹿三当时在涝池边沿**挖下**一个半人深的坑，坑边堆积着从涝池里捞出的沤成的黑色的淤泥。（陈忠实《白鹿原》）

　　　b. 黑娃作麦客赶场割麦差不多可以**挣下**平常两个多月的工钱。

（同上）

2.2.4　下$_{2d}$［（受动者）由他身到自身的领属关系变化］

"V+下"用于领属关系域，是留于某处的空间变化隐喻扩展造成的，标记为"V+下$_{2d}$"。"V+下$_{2d}$"表达外向致使，可搭配"买、娶"类具有取得义的动词，又如"抄^1$_{(2)}$、夺$_{(1)}$、夺$_{(2)}$、借$_{(1)}$、抢^1$_{(1)}$、学$_{(1)}$、占"等，如例（31）；也可搭配"派、分$_{(2)}$"类具有归属变化义的外向动词，又如"分配"等，如例（32）。"攻下城池、打下一片天地"等中的"下"具有"攻陷"义，不是趋向动词，与"攻""打"构成并列结构。

（31）a. 他祖父贝桐到香港后，**买下**很多地皮，现今随着香港的发展而涨价，变成了极富有的人家，这是人所共知的。（张承志《黑骏马》）

　　　b. 朱先生就把他送回老家去操持家务，过二年给他**娶下**一个媳妇。（陈忠实《白鹿原》）

（32）a. 最近，伪联合村公所又**派下**七千斤麦子，康家寨全村，分配的是二千斤，限三天交清。（马烽《吕梁英雄传》）

　　　b. 以后陕北"红"了，他家**分下**了土地、牛、羊。（杜鹏程《保卫延安》）

2.2.5　下$_{2e}$［（预期数量特征的受动者）留于某处的状态变化］

"V+下"用于数量状态域，表达预期数量受动者实现留于某处的状态变化，是留于某处的空间变化隐喻扩展造成的，标记为"V+下$_{2e}$"。"V+下$_{2e}$"具有了容纳义，当具备一定的容纳能力时，多用"V下"或"V得下"表示；否则，使用"V不下"表示。该类可搭配"装^2$_{(1)}$、盛$_{(2)}$"类容纳义动词，又如"放$_{(10)}$、摆$_{(1)}$、容纳、搁$_{(1)}$"等。例如：

（33）a. 她看了看，虽然一间房子，倒也宽大，能**摆下**四张桌子。（李準《黄河东流去》）

　　　b. 你带回来的木帆船也不能算小，几百斤腊肉、百十只板鸭还**装得下**吧！（张一弓《远去的驿站》）

　　　c. 起锅，看一碗**盛不下**，索性换成一个汤盆，将面和肉扣进盆里，又往盆里浇了一勺肉汤，放上些菜码。（刘震云《一句顶一万句》）

随着"处所主语+V+（得/不）+下"的语境扩展，很多动词都可以进入此格式中，构成"这屋睡不下这么多人""这间房住得下五个人""这张桌子摆不下这么多碗""教室里坐不下一百人""报刊（篇幅小）写不下这么多

东西"等。

2.3　时间域：由某一时间到未来的延续变化

"V＋下"用于时间域，可表达由某一时间到未来的延续义，但较受限制，标记为"V＋下$_3$"。"下$_3$"语义指向"V"，致使性较弱。该类多搭配"看、读、念"等类动词，多用于可能式。现当代该用法仍较少。可见，"下"的时间义虚化不彻底。

（34）a. 她在书桌前**看不下**书，心里烦躁不安。（杨沫《青春之歌》）

　　　　b. 抱朴**听不下**这些议论，最后扯起弟弟的手，沿着叔父洒下一行水滴的小路走去。（张炜《古船》）

3　动趋式"V＋下"的语义演变路径

3.1　动词"下"到"下$_{1a}$""下$_{1b}$"

"下"最初为方位词，具有"底部，位置在低处"义，正如说文解字"下，底也"。后具有了动词义，即"从高处到低处，降落"义，如"下山""下楼"等，如例（35）。"下"还引申具有了"往，到……去"的语义，如例（36）。因此，"下"具有聚焦起点和聚焦终点两种特征。

（35）孔子**下车**而前，见谒者曰：……（《庄子·盗跖第二十九》）

（36）今日寡人出猎，上山则见虎，**下泽**则见蛇，殆所谓不祥也？（《晏子春秋·内篇谏下》）

"下"充当趋向补语，表达受动者离开高处的垂直下向空间位移和由高及低到达终点的垂直下向空间位移。这两个用法出现于六朝，唐宋时用法渐多，明代时用法较成熟。"下$_{1a}$"关注起点，如例（37）a、d 句起点分别为"两面峻峭""马"，b、c 句起点不言而明。"V＋下$_{1a}$"可表达返身致使，如例（37）a、b 句；也可表达外向致使，如例（37）c、d 句。

（37）a. 石磴在西溪之东，从县南入九里，两面峻峭数十丈，水自上**飞下**。（谢灵运《山居斌》）

　　　　b. 好个王神姑，一面想定了，一面双手就过来，把个天师颈脖子**低下**一捞，一捞捞将过去。（《三宝太监西洋记》第四十回）

　　　　c. 虽得苏方木，犹贪玳瑁皮。怀胎十个月，**生下**昆仑儿。（《太平广记》卷二百五十六）

　　　　d. 慌得个行者丢了行李，把师父**拖下**马来，回头便走。（《西游记》第十五回）

"下$_{1b}$"关注终点，如例（38），a、e 句可后接处所宾语，c、d 句后接受事宾语, b 句处所不言而明。"V+下 $_{1b}$"可表达返身致使, 如例 (38) a、b 句; 也可外向致使, 如例 (38) c ~ e 句。清代时出现后接结果宾语的用例, 如例 (39)。

（38）a. 吴王伐树作船, 使童男女三十人牵挽之, 船自**飞下**水, 男女皆溺死。(《搜神记》卷十八)

　　　b. 张富眼泪汪汪也了府门, 到一个酒店里**坐下**, 且请狱卒吃三杯。(《喻世明言》卷三十六)

　　　c. 正如吃馒头, 只撮个尖处, 不**吃下**面馅子, 许多滋味都不见。(《朱子语类》卷一百一十七)

　　　d. 次日, 陆逊**传下**号令, 教诸将各处关防, 牢守隘口, 不许轻敌。(《三国演义》第八十三回)

　　　e. 到得飞云浦僻静去处, 正欲要动手, 先被我两脚, 把两个徒弟**踢下**水里去。(《水浒全传》第三十一回)

（39）其水比海水**凹下**数十丈, 阔数十里, 长不知其所极。(《阅微草堂笔记》卷十九)

3.2 空间域到达终点垂直下向 "V+下 $_{1b}$" 语义泛化到留于某处 "V+下 $_{1d}$"

在 "V+下 $_{1b}$" 的语义泛化和句法类推作用下, 凸显受动者所处静止状态, [垂直下向性] [动态过程性] 消失, 引申为 [停留于终点的空间变化] "V+下 $_{1d}$"。句法上后接受事宾语, 某处在句中可隐含。该用法出现于唐五代, 宋代时用例渐多, 明代时比较成熟。例如:

（40）a. 去时**留下**霓裳曲, 总 (一作半) 是离宫别馆声。(王建《霓裳词十首》,《全唐诗》卷 301, 9/3425)

　　　b. 祖师**留下**一只履, 直到如今觅不得。(《祖堂集》卷十八, 赵州和尚)

　　　c. 长沙闻, 乃曰:"我若见即令**放下**挂杖, 别通个消息。"(《五灯会元》卷五, 石室善道禅师)

　　　d. 我已见了。你两个回去**安排下**绳索, 等我自家拿他。(《西游记》第二十五回)

　　　e. 你上扎, 我捉枪。你下扎, 我颠枪。你枪起, 我**缠拦下**。(《纪效新书》卷十)

3.3 空间域离开高处 "V+下 $_{1a}$" 语义泛化到 "V+下 $_{1c}$""V+下 $_{1e}$"

在 "V+下 $_{1a}$" 的语义泛化和句法类推作用下, 当受动者与参照体原本具有空间依附关系时, 可引申为 [脱离被依附者的空间位移] "V+下 $_{1c}$"。

这时［垂直下向性］［动态过程性］消失，参照体凸显二维平面空间特征，句法上后接受事宾语。该用法出现于六朝，宋元时代渐多，明代时比较成熟。例如：

（41）a. 澄酪成，**取下**淀，团，曝乾。（《齐民要术》卷六）

b. 临济近前**夺下**拄杖推倒黄檗。（《古尊宿语录》卷二十九）

c. 若不是会首人家，几番将这道袍**脱下**。（石子章《秦修然竹坞听琴》第二折）

d. 他暗暗揣在我怀中，他却**丢下**我去了。（《西游记》第六十八回）

在"V＋下$_{1a}$"的语义泛化和句法类推作用下，又引申为［离开起点的水平后向空间位移］"V＋下$_{1e}$"。明代时出现该类用法。例如：

（42）a. 第一起人犯，权时**退下**，唤第二起听审。（《喻世明言》卷三十一）

b. 两马相交，战有四五十合，高顺抵敌不住，**败下**阵来。（《三国演义》第十八回）

这时［垂直下向性］变为［水平后向］，处所宾语由二维／三维特征到只能二维特征，某处在句中凸显。"他退下赛场"中"赛场"是起点，具有二维特征，受动者"他"离开"赛场"，"下"的垂直下向性受环境参照体的制约而被抑制。

3.4　空间域留于某处"V＋下$_{1d}$"的状态隐喻

"留于某处（终点）"义的"V＋下$_{1d}$"关注［终点］和［依附向］，通过隐喻扩展至由显到隐／由暂到稳／由无到有的存在、领属、数量等状态域，发生语义泛化，分别表达"V＋下$_{2a}$"［由显到隐留于终点的存在状态变化］、"V＋下$_{2b}$"［由暂到稳留于终点的存在状态变化］、"V＋下$_{2c}$"［由无到有留于终点的存在状态变化］、"V＋下$_{2d}$"［由他身到自身的领属状态变化］、"V＋下$_{2e}$"［预期数量受动者留于终点的状态变化］等含义。

唐代时发现"V＋下$_{2a}$"用法，仅限于"藏下"；元代有所发展；明清时代较成熟。例如：

（43）a. 我心所欲，诸处同时**藏下**舍利。（《大唐西域记》卷八）

b.【叫声】见放着正名师，不是，不是胡攀指。准教你**隐藏下**这个可喜的女孩儿。（吴昌龄《张天师断风花雪月》第三折）

c. ……又搬出一盘鸡、一盘鱼及家中**藏下**的两样山果，旋了一壶热酒。（《水浒全传》第九十回）

d. 年老先生极是相爱之意，但这件事恐**瞒不下**。（《儒林外史》第

七回）

南宋时出现"V+下₂ᵦ"用法，元代时有所发展，明清时代较成熟。例如：

（44）a. 盖此理直是难言，若立**下**一个定说，便该括不尽。（《朱子语类》卷二十）

b. 僧问："如何是三宝？"师曰："**商量不下**。"问："如何是无缝塔？"师曰："十字街头石师子。"（《五灯会元》卷十五，云门偃禅师）

c. 先人在时曾**定下**俺姑娘的女孩儿莺莺为妻；不想姑夫亡化，莺莺孝服未满。（王实甫《崔莺莺待月西厢记》第五本第三折）

d. 包大尹看了解状，也**理会不下**，权将范二郎送狱子司监候。（《醒世恒言》卷十四）

e. （儿子国藩）所以经常**静下**心来让脑子不想任何事情，身心优闲以加强涵养工夫，……（《曾国藩家书》）

宋代时偶见"V+下₂𝒸"用法，如例（45）；元代时真正出现，如例（46）。

（45）心中事，把家书**写下**，分付伊谁。（雁峰刘氏《沁园春》，《全宋词》）

（46）a. 你那厮损人安己，**惹下**祸灾。（无名氏《小张屠焚儿救母》第三折）

b. 这盆罐赵**做下**这等违天害理的勾当，我如今去警戒他一番也呵。（无名氏《玎玎珰珰盆儿鬼》第二折）

c. 郑嵩，你若**犯下**事，可是我当直，我一下起你一层皮。（杨显之《郑孔目风雪酷寒亭》第一折）

元代时发现"V+下₂𝒹"用法，如例（47）；真正出现是在明代，如例（48）。例如：

（47）江南官吏势要之家**买下**百姓产业，既已钦奉圣旨回付，难以再行别议。（《元典章》卷十九）

（48）a. 却去城市间**赁下**一处房屋，开了一个杂货店，遇闲暇的日子，也时常去寺院中念佛赴斋。（《醒世恒言》卷三十三）

b. 在下处岑寂，央媒**娶下**本京白家之女为妾，生下一个女儿，是八月中得的，取名丹桂。（《二刻拍案惊奇》卷三）

明代时出现"下₂ₑ"用法，多搭配"装²₍₁₎、盛₍₂₎"类容纳义动词，多构成"处所主语+V+（得/不）+下"结构，具有较强的生成性，可搭配其他自主性动作动词，如例（49）。清代时用例渐多，如例（50）。

（49）a. 欲要又添张机儿，怎奈家中窄隘，**摆不下**机床。（《醒世恒言》
卷十八）

b. 二魔道：兄长放心，我这葫芦**装下**一千人哩。（《西游记》第
三十五回）

（50）我道："这个自然。只要是补着了缺，大家也乐得出去走走。"内
中一个道："一个通州的缺，只怕**容不下**许多官亲。"（《二十年目
睹之怪现状》第十九回）

3.5 空间域由高及低垂直下向"V+下₁ₐ"的时间隐喻

"离开起点由高及低"隐喻为"时间由前及后"，语义虚化，表达由某
一时间到未来的延续变化。由于未来时间点不确定，多添加立足点"来/
去"，以完整时间变化轨迹。这也说明"下"表达时间义，其虚化程度比较
低。至现当代时才发现该类用法。

4　小　结

本节讨论了趋向补语"下"的方向特征——"聚焦终点"与"聚焦起
点"，分别对应"垂直下向到达某处"和"垂直下向离开某处"。从语义类
别来看，"V+下"共有 5 个空间义、5 个状态义和 1 个时间义。"V+下"由
空间域隐喻扩展至状态域、时间域，致使性逐渐减弱直至消失，发生了语
义泛化与虚化（如图 5-2-6 所示）。"下"由趋向动词到附着性动词、准动态
助词。根据历时考察，动趋式"V+下"的语义出现顺序为："V+下₁ₐ""V+
下₁ᵦ""V+下₁ᵧ"（六朝）>"V+下₁ᵤ""V+下₂ₐ"（唐五代）>"V+下₂ᵦ"（南
宋）>"V+下₂ᵧ"（元代）>"V+下₁ₑ""V+下₂ᵤ""V+下₂ₑ"（明代）。

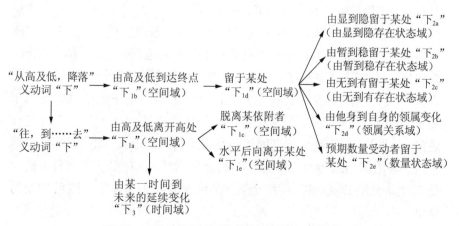

图 5-2-6　趋向补语"下"的语义泛化与虚化过程

"V+下"的语义泛化与虚化机制主要体现在：第一,动词"下"的两个语义分别是趋向补语"下"空间义"由高及低到达终点的垂直向空间位移"和"离开高处的垂直下向空间位移"产生的语义基础。第二,六朝时动趋结构"V+下 $_{1a}$""V+下 $_{1b}$"是其他语义类型补语"下"产生的句法基础,具有强大的句法类推能力。第三,各语义类型的出现顺序受到认知隐喻与转喻的制约。第一条路径是"由高及低到达终点的垂直向空间位移"义泛化为"留于某处的空间变化",这一语义隐喻扩展至状态域,表达受动者由显到隐、由暂到稳、由他身到自身留于某处的状态变化,实体由无到有留于某处的状态变化,预期数量受动者留于某处的状态变化。第二条路径是"离开高处的垂直下向空间位移"语义泛化为"脱离某依附者的空间变化"和"水平向后离开某处的空间位移",这是离开起点和到达终点转喻整个移动路径造成的,即部分转喻整体。第三条路径是"离开高处的垂直向下空间位移"隐喻为"由某一时间到未来的持续变化",体现为语义虚化。第四,各语义类型的出现受到句法结构的制约。由带宾语到不带宾语,由处所宾语到受事宾语、结果宾语;所搭配动词由位移动词到非位移动词,与趋向补语的方向性特征匹配;句子自足度随认知域发展而逐渐增加;句法结构所在环境的变化影响了"下"的语义泛化与虚化。

刘月华(1998)认为停止义动词、安定义动词搭配"下"具有"动态进入静态"义,如"停下手中的锹镐""静下心"。我们认为这些句子中"手中的锹镐""心"分别发生了留于某处的空间变化、由暂到稳的存在状态变化,句法上前者句子自足度较弱,后者则较强;"动态进入静态"义实际上是动作"停""静"本身的语义,用于总结"下"的语义,语义关联性较弱。刘月华(1998)认为"收下钱""写下一点儿东西""剩下二十来块""闯下祸""定下关系""许下誓愿""相持不下"等表达"物体的一部分(或次要物体)脱离",这忽略了"下"聚焦终点的特征,这些例子均表示受动者留于某处的空间变化或状态变化;"摘下花镜""解下钥匙""生下两个孩子""扔下爹妈"等表达"物体的一部分(或次要物体)脱离",这是合理的,是"下"作为聚焦起点的趋向补语所具有的语义。将"脸颊陷下两个坑"等用例归结为"凹陷"义,不具有概括性,这是受动者自身由高及低到达某处的意义,其中"两个坑"是由于脸颊由高及低下陷后产生的结果。

第三节 动趋式"V+出"的致使性泛化

1 引 言

关于趋向补语"出"的语义类型，主要研究有：吕叔湘（2004）根据句法搭配"动+出［+名］""动+出+名（处所）""形+出+数量［+名］"，将"出"分为人或事物随动作从里向外（如"列车从北京开出了"）、动作完成并兼有从隐蔽到显露或从无到有的意思（如"做出成绩"）、超过（如"这件衣服再长出一寸"）等3个意义[1]。孟琮（1999）将"出"分为向外（如"抱出一个胖小子"）、显露、完成（如"应该规定出几条"）、达到成功（如"张师傅带出几个好徒弟"）等3个意义[2]。刘月华（1998）认为"出"表示通过动作使人或物体由某处所的里面向外面移动、通过动作使事物由无到有，由隐蔽到显露，还有表示领有关系或占有关系等转移的比喻用法（如"献出自己的生命"）[3]。可见，趋向补语"出"的语义分类标准不同，归纳有着较大的差异。郑娟曼（2009）对"V出+宾语"进行了系统性考察，将宾语分为源点、范围宾语、终点宾语、受事宾语、施事宾语、部位宾语、中介宾语、结果宾语和数量宾语八类，根据所带宾语的类别，将动词分为驱赶类、行走类、取舍类、感知类、存现类和制作类动词六类[4]，这一研究体现了语义语法双向选择原则，但动词小类与整个动补结构的关系如何未做充分说明。郭珊珊（2009）探讨了"V出"的虚化过程，认为"V出"作为动补结构出现在东汉，其结果义到唐五代时期才发展成熟[5]。作为动补结构的"V出"是否出现在东汉，值得怀疑。

我们认为，"V+出"结构源于容器图式，表达受动者在施动者作用下从某容器内部到外部的位移。本节将从认知语义角度对趋向补语"出"的认知语义类型进行归纳，并探讨其语义泛化过程。

1　吕叔湘：《现代汉语八百词（增订本）》，北京：商务印书馆，2004年，第277页。

2　孟琮等编：《汉语动词用法词典》，北京：商务印书馆，1999年，第16页。

3　刘月华：《趋向补语通释》，北京：北京语言大学出版社，1998年，第217—232页。

4　郑娟曼：《从"V出+宾语"的构件关系看语义的双向选择原则》，《暨南大学华文学院学报（华文教学与研究）》，2009年第2期。

5　郭珊珊：《"V出"及其相关问题考察》，上海师范大学硕士学位论文，2009年。

2 动趋式"V+出"的认知域、语义类别及动词小类

2.1 空间域：聚焦起点到聚焦终点

"V+出"源于容器图式，最初表达受动者由容器内到容器外的空间位移。对受动者来说，"内"为起点，"外"为终点。离开容器内部或到达容器外部，均是受动者达到目标，是受动者移动路径的两个不同侧面。根据句法象似性原则，"V+出"结构表达从容器内部到外部，终点具有开放性，因此，不能后接具封闭性的方位词"里／中"，可后接具开放性的方位词"外"。另一方面，"V+出"结构凸显容器内部时，起点具有封闭性，因此，可通过介词结构"从+……+里／中"引出。如可以说"跑出教室""跑出教室外""从教室（里）跑出来"，不能说"跑出教室里／中"。因此，"出"是聚焦起点和聚焦终点的趋向补语，其中前者使用频率明显高于后者。

2.1.1 出$_{1a}$[（受动者）离开容器内部的空间位移]

当凸显聚焦起点时，表达受动者离开容器内部的空间位移，标记为"V+出$_{1a}$"。"V+出$_{1a}$"可后接环境参照体充当处所宾语，也可后接施动者或受动者充当施事宾语或受事宾语。"V+出$_{1a}$"可表达返身致使，搭配"跳$_{(1)}$、飘"类一价动作动词，又如"奔 bèn$_{(1)}$、撤$_{(2)}$、撤$_{(4)}$、冲^1、跨、迈、跑$_{(1)}$、跑$_{(5)}$、扑$_{(1)}$、逃$_{(1)}$、退$_{(1)}$、退$_{(2)}$"等，包括"流、喷"类非自主一价动词，如"掉$^1_{(1)}$、发散、溅、射、渗、溢"。环境参照体是三维容器，受动者位移前置于其内部。"V+出$_{1a}$"也可表达外向致使，搭配"拉 lā$^1_{(1)}$、抱$_{(1)}$"类二价动作动词，又如"拔$_{(1)}$、拔$_{(2)}$、搬$_{(1)}$、背 bēi、抽$^1_{(1)}$、抽$^1_{(2)}$、端、赶$_{(4)}$、跟、轰、寄$_{(1)}$、开$_{(6)}$、拿$_{(1)}$、捧$_{(1)}$、骑、牵、取$_{(1)}$、扔$_{(1)}$、射、伸、摔$_{(3)}$、送$_{(1)}$、送$_{(3)}$、探$_{(2)}$、掏$_{(1)}$、拖$_{(1)}$、追$_{(1)}$"等，也包括"劝、哄"类言说动作动词，如"喊$_{(2)}$、骂、叫$^1_{(2)}$"等。例如：

（1）突然一声口令，从沟里**跳出**一男一女两个小孩，把他拦住。（李晓明《平原枪声》）

（2）把准备接待上级领导视察的席梦思床、简易沙发统统**拉出**指挥部，换成行军床。（柳建伟《突出重围》）

例（1）表达返身致使，例（2）表达外向致使。例（1）后接施动者"一男一女两个小孩"，环境参照体通过介词结构"从……里"表现出来。例（2）后接环境参照体"指挥部"，可变换成"从指挥部把……拉出去"。

有时，环境参照体不能独立构成三维容器，而是三维容器的构成部分，受动者位于整体三维容器内部，如"门""窗"是"房屋"的构成部分。

人类会自动将"门""窗"等三维容器的构成部分进行缺省理解。如：

（3）a. 娘母子一人一条胳膊，把瞎老汉**拉出**街门，要把他拖回去。（柳青《创业史》）

　　 b. 当时，天还有点黑糊糊，张嘉庆在混乱里，抽空儿双手一拄**跳出**窗户。（梁斌《红旗谱》）

例（3）a 句、b 句环境参照体分别为"街门""窗户"，但它们是"房屋"容器的构成部分，也可变换成"从街门里推出来""从窗户里跳出来"。实际上，"街门""窗户"是房屋的构成部分，也成为容器内外的中介。可用图5-3-1 所示（立方体表示容器，阴影部分表示容器内外的中介，圆点表示受动者，箭头表示受动者位移的方向）：

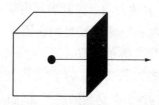

图 5-3-1　"V 出"结构从内到外的容器图式（凸显中介）

"V+出 ₁ₐ"由物理空间域扩展到抽象空间域，主要表现在容器的抽象化上。抽象容器主要涉及组织/机构容器、抽象处所容器、抽象实体容器、状态容器和事件容器等五类，分别如下面的"原单位""金钱的牢笼""传统框框""悲伤""……这个周期率的支配"。

（4）所以，为使家庭稳固，一般**跳出**原单位，下海闯世界的，女性占很大比例，……（CCL《1994 年报刊精选》）

（5）对于一个红歌星来说，赚钱并不难，难的是能**跳出**金钱的牢笼，去成就自己的艺术事业。（CCL《1994 年报刊精选》）

（6）他们一接管罐头厂，就下决心**跳出**传统框框。（CCL《1994 年报刊精选》）

（7）三天的丧期结束之后，姑且不论人心的感触，杨威利毕竟伸直了脊背，抬起头来**走出**悲伤。（CCL《银河英雄传说》译文）

（8）我生六十年，耳闻的不说，就亲眼所见，一人、一家、一团体、一地方及至一国，都不能**跳出**"其兴也勃焉，其亡也忽焉"这个周期率的支配。（张洁《无字》）

还表现为受动者的抽象化造成的实体隐喻，例如：

（9）a. 当然，也希望英方能**拿出**同样的诚意，才能最终解决问题。

（CCL1993 年《人民日报》）

b. 我们希望英方不能只停留在口头上，而是要真正**拿出**具体行动
来表达合作的诚意。（CCL1994 年《人民日报》）

有些结构较凝固，是用具体有形的"V＋出"结构表达抽象概念。下面
"V＋出"表达从某人的控制中出来。

（10）a. 唉，你呀，永远**跳不出**如来佛的手掌心儿！（陈建功、赵大年
《皇城根》）

b. 老实说，你们**逃不出**我的手心，哈哈哈！（雪克《战斗的
青春》）

2.1.2　出 $_{1b}$［（受动者）离开容器内部到达容器外部的空间位移］

当凸显聚焦终点时，表达受动者离开容器内部到达容器外部的空间位
移，标记为"V＋出 $_{1b}$"。"V＋出 $_{1b}$"后接处所宾语方位词"外"。这时环境参
照体多为"门""窗""房""车"等单音节名词。这种情况较少，多用"到"来
代替。正如储泽祥等（1999）认为"出"的"由内及外"义在逻辑语义上与
"N 外"矛盾，使得"V 出＋N 外"受到抑制[1]。例如：

（11）a. 他一把揪住她的头发，狠狠将她**推出**了门外。（CCL1997 年
《作家文摘》）

b. 这真是帮了我的大忙。凌晨 1 点钟，我**跳出**窗外，跑掉了。
（CCL《读者》）

**2.2　状态域：超出参照基点、由无到有、由隐到显、领属权由内及外
的状态变化**

2.2.1　出 $_{2a}$［（实体）性质超出参照基点的状态变化］

"V＋出"用于比较关系域中，表达被比较物在性质上超出参照基点的
状态变化，标记为"V＋出 $_{2a}$"。"出"在比较关系域中具有"超出"义。"V＋
出 $_{2a}$"搭配的是"高、大"类正向性质形容词[2]，还有"长、多、强"等，形容
词是比较结果，不作用于其他实体，因此，该类结构不具有致使性。该类
可用于比较句，构成"被比较物＋比＋参照基点＋adj.＋出＋结果成分"，如
例（12）a 句"二叔"与"他哥方枪枪他爸"相比"高"，比较结果是超出"一
头还多"；也可用于"被比较物＋adj.＋出＋……＋结果成分"，如例（12）b

1　储泽祥、徐朝晖、贺福凌、黄春平、尹戴忠：《近代汉语的"V 出＋N 外"格式——兼说该式
现代为什么不多见》，《古汉语研究》，1999 年第 4 期。

2　"超出"已凝固为一个词，此处不谈。

句"他们卖的过滤嘴香烟"与"市价"相比，比较结果是超出"数倍"；也可用于"被比较物+adj.+出＋参照基点"，如例（12）c句"稀稀落落的街树、院树枝桠"超出"房顶"，但具体超出多少没有凸显。

（12）a.（方枪枪的二叔）比他哥方枪枪他爸要**高出**一头还多。（王朔《看上去很美》）

　　　b. 我们在每一个十字路口地受到卖香烟小贩的堵截，他们卖的过滤嘴香烟**高出**市价数倍。（王朔《橡皮人》）

　　　c. 稀稀落落的街树、院树枝桠**高出**房顶，放眼眺去一簇簇枯干着，唯有天际一隅一树桃花粉盈盈，远远地鲜艳醒目。（王朔《痴人》）

2.2.2　出$_{2b}$［（受动者）离开容器由无到有的存在状态变化］

"V＋出"用于由无到有存在状态域中，表达受动者离开容器由无到有的存在状态变化，标记为"V＋出$_{2b}$"。受动者在作用力作用后才出现，这是"由容器内及外"隐喻为"由无到有"。容器可分为具体容器、抽象实体容器、事件容器和思维容器等类别。根据容器类型和作用力的作用，可分为五类：第一类是发自具体处所容器的由无到有的变化，这时产生的是具体实体。搭配的是"长$_{(1)}$、生$_{(2)}$"类动词，还有"抽^1$_{(3)}$、发$_{(3)}$、生长"等，具有"生长"义。例如：

（13）每年在这砖堆上**长出**扫帚棵、苘苘菜、牵牛郎和一些不知名的野草。（梁斌《红旗谱》）

第二类是发自事件容器的由无到有的变化，这时产生的是具体实体或抽象实体。搭配的是"教、惹$_{(1)}$"类动词，还有"惯、教育、考、闹$_{(1)}$、闹$_{(3)}$、培养$_{(1)}$、培养$_{(2)}$、惹$_{(2)}$、引"等。例如：

（14）a. 我还没**教出**过一个能考上中学的学生。（梁晓声《表弟》）

　　　b. 也许他们老实待在原地就不会**惹出**这场麻烦了。（马原《冈底斯的诱惑》）

例（14）a句"一个能考上中学的学生"通过作用力"教"由事件容器"教育某人"产生出来；b句"这场麻烦"通过作用力"惹"由事件容器"招惹某人"产生出来。该类"V＋出"结构具有较强的生成性，还可构成连动式"V＋O$_1$＋V＋出＋O$_2$＋（来）"，如例（15）"麻烦"通过作用力"买""借"由事件容器"买药""借脸盆"产生出来。

（15）a. 要说解文华可算是手眼宽大，心快嘴利，莫非他拿钱买药还会**买出**问题来？（刘流《烈火金刚》）

　　b. 我借脸盆**借出**麻烦来了, 何苦呢!(刘恒《逍遥颂》)

　　第三类是发自思维容器的由无到有的变化, 这时产生的是具体实体或抽象实体。搭配的是"想$_{(1)}$、写$_{(1)}$"类动词, 还有"编$_{(3)}$、编$_{(4)}$、编$_{(5)}$、变$_{(1)}$、策划、吵$_{(1)}$、吵$_{(2)}$、创作、答、画^1、画^2、讲$_{(1)}$、讲$_{(2)}$、唠叨、骂、说$_{(1)}$、想象", 具有"创造"义。表达实体由思维容器通过一些工具产生出来, 投射到语言中可用介词结构"用……"表现出来, 动作的常用工具常被省略。例如:

（16）a. 渐渐地, 他也摸出了一点规律, **想出**了一点办法。(张洁《沉重的翅膀》)

　　　 b. 周姑娘用眉笔重新**画出**元豹的眉线, 又细又长黑眉梢还往上挑。(王朔《千万别把我当人》)

　　例(16)a句"办法"通过作用力"想"由思维容器产生出来; b句"元豹的眉线"通过作用力"画"由思维容器通过工具"眉笔"产生出来。

　　第四类是发自身体部位容器和实体容器的由无到有的变化, 这时产生的是具体实体或抽象实体。搭配的是"哭、唱$_{(1)}$"等动词, 还有"分泌、喊$_{(1)}$、划^2、裂、拧 nǐng$_{(2)}$、掐$_{(1)}$、踢、笑、扎、装^1、撞$_{(1)}$"等。如:

（17）a. 庄稼人的愁肠更抽不完, 已**哭不出**眼泪, 只有抱着头蹲在屋框旁边呆怔着叹气。(刘知侠《铁道游击队》)

　　　 b. (她)三脚两脚将一个大立柜**踢出**了两个窟窿, 最后脚也踢痛了跌倒在地上。(贾平凹《浮躁》)

　　例(17)a句"眼泪"通过作用力"哭"从"眼睛里"出现; b句"两个窟窿"通过作用力"踢"在"大立柜"上出现。这类"V+出"结构生成性较强, 动作动词都可以用于此类, 如例(18)。有时, 也可扩展到"急、热"等类性质形容词上, 还有"惊、累、愁"等, 如例(19)。

（18）a. 但吃过烧饼, 再喝一碗热汤, 老尤也能**吃出**一头汗。(刘震云《一句顶一万句》)

　　　 b. 挺苦的, 夏天腿往外一踢, 地上就**踢出**一串汗珠子。(权延赤《红墙内外》)

（19）a. 作战部长忍辱负重, **急出**了眼泪。(刘恒《逍遥颂》)

　　　 b. 若是把俺的身子**累出**病来, 可一辈子记恨你呢。(冯德英《苦菜花》)

　　第五类是发自组织机构或人群容器的由无到有的变化, 这时产生的是社会角色等类指成分。搭配的是"选$_{(2)}$、挑 tiāo$_{(1)}$"类动词, 还有"评$_{(2)}$、评选、挑选、推选、选举"等，具有"选举"义。例（20）"负责人"通过作用力"选"由"成立大会"中产生出来。

（20）a. 小常见事情这样顺利，次日也没有走，当下就开了成立大会，**选出**负责人——铁琐是秘书，杨二奎老汉的组织委员，冷元的宣传委员。（赵树理《李家庄的变迁》）

　　　b. 他说，我们不仅仅是投票**选举出**一个即将实施的、投资几个亿的体育场建筑，而且是要给古老的淞州大地留下一份珍贵的奥运建筑遗产，将来让子孙万代都要千秋铭记。（徐坤《八月狂想曲》）

2.2.3　出$_{2c}$［（受动者）离开容器由隐到显的存在状态变化］

"V+出"用于由隐到显存在状态域中，表达受动者离开容器由隐到显的存在状态变化，标记为"V+出$_{2c}$"。这是"由隐到显"隐喻为"由容器内及外"，处于容器内部时受动者较为隐晦，处于容器外部时受动者较为显明。这时受动者为抽象实体，一般发自抽象实体容器、事件容器和思维容器。根据受动者的类型和作用力的作用，可分为四类：

第一类是通过言语或文字宣传而产生的由隐到显变化。这时受动者为消息、新闻、状态、事件等抽象实体，所在容器为抽象实体容器"心里"。搭配"说$_{(1)}$、传$_{(1)}$"类动词，还有"报道、传播、传扬、讲$_{(1)}$、漏$_{(1)}$、声张、透露、泄露"等动词，具有"通过言语或文字宣传使更多的人知道"的意义。如：

（21）a. 他发现他们任何人都不能确切地**说出**王老虎是怎样牺牲的。（杜鹏程《保卫延安》）

　　　b. 段永基在主持座谈会时，**透露出**对史玉柱实力的信任。（CCL《史玉柱传奇》）

例（21）a 句受动者"王老虎是怎样牺牲的"通过嘴部动作从抽象实体容器"心里"由隐到显，让更多人知道；b 句受动者"对史玉柱实力的信任"通过言语从抽象实体容器"心里"由隐到显，让更多人知道。

第二类是通过人类的感官作用而产生的由隐到显变化[1]。这时受动者为味道、想法等抽象实体和状态、事件等，所在容器为思维容器。搭配"吃$_{(1)}$、听$_{(1)}$"类动词，还有"喝、尝、看 kàn$_{(1)}$、品尝、闻、嗅"等感官动

1　关于思维与感官的关系：思维依靠感官，感官需要思维。因此，有"视觉思维""听觉思维"等说法。

词(包括味觉、嗅觉、触觉、听觉和视觉),具有"感官感受"的意义。如:

（22）a. 饺子的边缘很厚,馅儿很少,苏眉没有**吃出**什么味道。(铁凝
　　　《玫瑰门》)

　　　b. 但尹初石从她的目光中**看出**了她的隐蔽着的想法:……(皮
　　　皮《渴望激情》)

例(22)a句受动者"味道"通过味觉感官动词"吃"从思维中显现出来;
b句受动者"她的隐蔽着的想法"通过视觉感官动词"看"从思维中显现出来。

第三类是通过人类的思维感知作用而产生的由隐到显变化。这时受动者为声音等抽象实体和状态、事件等,所在容器为思维容器。搭配"猜、判断"类动词,还有"辨别、辨认、察觉、分辨、观察、鉴别、觉、认(1)、验证、琢磨(1)"等感知动词,具有"思维判断"的意义。如:

（23）a. 秀春是个非常通俗的名字,从这名字可以**猜出**,她出生在一
　　　个春天的日子。(张洁《无字》)

　　　b. 但是当他**辨别出**是一只猫从墙头上跳下来的声音时,马上又
　　　平静下来。(冯德英《苦菜花》)

例(23)a句受动者"她出生在一个春天的日子"通过作用力"猜"显现出来;b句受动者"声音"通过作用力"辨别"显现出来。

第四类是通过显露动作而产生的由隐到显变化。这时受动者为状态、事件,所在容器为抽象实体容器或事件容器。搭配"表现(1)、显示"类动词,还有"表达、表示、发挥(1)、发泄、反映(1)、流露、施展、显露、显现"等动词,具有"显露"的意义。如:

（24）a. 另一个长袍马褂,弯着腰,笑容可掬,大约是想**表现出**一点高
　　　尚不凡的气派,……(李晓明《平原枪声》)

　　　b. 我咳嗽了,听到了自己的声音,但还是听不到车轮滚动声,唯
　　　有车厢在轻轻晃动**显示出**运动中的节律。(王朔《玩儿的就是
　　　心跳》)

例(24)a句受动者"一点高尚不凡的气派"通过作用力"表现"显现出来;b句受动者"运动中的节律"通过作用力"显示"显现出来。

2.2.4　出 _{2d}[(受动者)领属权离开容器由内及外的状态变化]

"V+出"用于领属关系域中,表达受动者领属权离开容器由内及外的状态变化,标记为"V+出 _{2d}"。涉及的容器多为组织机构或个人容器。可搭配"卖(1)、租"类二价外向性动词和"调 diào、分(2)"类二价外向性动词,分别如"承包、分配(1)、花、嫁、借(2)、开除、赊、推销、租赁"等,"分

配$_{(2)}$、抽^1$_{(2)}$、派、脱离"等。这时受动者相对于施动者来说是由自身到他身。例如：

（25）a. 刚晋升五星级的新世纪饭店，虽远离市中心，也只剩下总统套房尚未**租出**。（CCL1993 年《人民日报》）

　　　b. ……几十亿、上百亿的资金通过设计部门而**花出**……。（CCL《1994 年报刊精选》）

（26）白灵被**调出**军部编入游击支队。（陈忠实《白鹿原》）

例（25）a 句受动者"总统套房"的领属权由施动者"新世纪饭店"转移到他人；b 句受动者"资金"的领属权由施动者"设计部门"转移到他人。例（26）受动者"白灵"由施动者"军部"转移到其他部门。

"出$_{2d}$"也可搭配"买、赎"类二价内向性动词，还有"购"等。这时受动者相对于施动者来说是由他身到自身。例（27）受动者"一张票"的领属权由"值班"转移到施动者"李白玲"处；受动者"翠花"的领属权由某处转移到施动者"老爷子"处。

（27）a. 到了机场，李白玲很快便在值机定为燕生**买出**了一张票。（王朔《橡皮人》）

　　　b. 翠花被老爷子**赎出**，把秘方交给了老爷子，但随后老爷子负心，把翠花逐出门外……（陈建功、赵大年《皇城根》）

3　动趋式"V+出"的语义演变路径

3.1　"在外，对外"义动词"出"到"出$_{1a}$""出$_{1b}$"

作为动词的"出"本义是"由内向外，跟'入'相对"，后引申为"在外，对外"义，如例（28）。

（28）a. 王**出**郊，天乃雨。（《今文尚书·金縢》）

　　　b. 六四，入于左腹，获明夷之心，于**出**门庭。（《周易·明夷·离下坤上》）

六朝前出现"V+出"结构，看作连动式，结构不紧密，如例（29）。例（30）动词与"出"之间较紧密，已成为趋向补语"出$_{1a}$"的萌芽。

（29）a. 弗得，鞭之，见血。**走出**，遇贼于门。劫而束之。（《左传·庄公八年》）

　　　b. 庄公**走出**，逾于外墙，射中其股，遂杀之，而立其弟景公。（《战国策·楚策四》）

（30）a. 山崩地裂，水泉**涌出**。天惟降灾，震惊朕师。（《汉书·元

帝纪》)

    b. 为郡功曹,所选颇有不用,因称狂,乱首**走出**府门。(《风俗通义·过誉》)

六朝时出现了表达由里及外空间位移义的"V+出$_{1a}$"用法,例如:

(31) a. 豉汁於别铛中汤煮一沸,**漉出**滓,澄而用之。(《齐民要术》卷八)

    b. 颐尚幼,在抱。家内知变,乳母**抱出**后门,藏他家。(《搜神后记》卷七)

也出现了"V+出$_{1b}$",处所宾语带"外""上"等方位词,数量较少,例如:

(32) a. 时彼守门人,执彼比丘手,**驱出**门外,……(《西晋译经·阿世王问五逆经》)

    b. 延寻汾叩凌而哭,忽有一鱼,长五尺,**跃出**冰上,延取以进母。(《搜神记》卷十一)

3.2 "超出、高出"义动词"出"和"出$_{1a}$""出$_{1b}$"到"出$_{2a}$"

动词"出"后引申为"超出,高出"义,同时,在聚焦终点义"V+出$_{1a}$/出$_{1b}$"的隐喻扩展作用下,六朝前已出现"adj.+出$_{2a}$"的萌芽。例如:

(33) a. 水未逾堤二尺所,从堤上北望,河高**出**民屋,百姓皆走上山。(《汉书·沟洫志》)

    b. 夫人或有长出丈,身大**出**十围,疽虫长不过一寸,……(《太平经》卷四十五)

唐代时真正出现,宋代时数量渐多。例如:

(34) a. 峨眉**高出**西极天,罗浮直与南溟连。(李白《当涂赵炎少府粉图山水歌》,《全唐诗》卷167,5/1724)

    b. 立志必须**高出**事物之表,而居敬则常存于事物之中,今此敬与事物皆不相违。(《朱子语类》卷十九)

    c. 自汴流埋淀,京域东水门下至雍丘、襄邑,河底皆**高出**堤外平地一丈二尺余。(《梦溪笔谈》卷二十五)

该类用法可凸显结果成分,即凸显超出参照基点的数量,这是受聚焦终点的影响,如例(34)c句;也可不凸显结果成分,这是受聚焦起点的影响,如例(34)a、b句。可见,"V+出$_{2a}$"在不同语境中标量特征不同,可凸显终点,也可不凸显终点,均是由内及外离开某容器隐喻造成的。

3.3 空间域"出$_{1a}$"的状态隐喻

"V+出"结构由空间域("出$_{1a}$")扩展到由无到有存在状态域

（"出 2b"）、由隐到显存在状态域（"出 2c"）和领属关系域（"出 2d"），这是受离开容器由内及外的隐喻作用。其中，"由无到有""由隐到显"的存在状态体现了"存在为出""显现为出"的人类主观预想。

第一，南宋出现由无到有存在状态变化义"V+ 出 2b"用法。如例（35）"物""枝叶"发自具体处所容器，例（36）"病痛"发自事件容器，例（37）"这道理""这样子"发自思维容器。

（35）a. 大抵阴是两件，如阴爻两画。辟是两开去，翕是两合。如地皮上**生出**物来，地皮须开。（《朱子语类》卷七十四）

　　　b. 忠是本根，恕是枝叶。非是别有枝叶，乃是本根中**发出**枝叶，枝叶即是本根。（同上，卷二十七）

（36）a. 及其有事，则随事而应；事已，则复湛然矣。不要因一事而**惹出**三件两件。（《朱子语类》卷十二）

　　　b. 某人只恁擒制这心，少间倒**生出**病痛，心气不定。（同上，卷二十五）

（37）a. 夫子读易，与常人不同。是他胸中洞见阴阳刚柔、吉凶消长、进退存亡之理。其赞易，即就胸中**写出**这个理。（同上，卷三十四）

　　　b. 圣贤于节文处**描画出**这样子，令人依本子去学。譬如小儿学书，其始如何便写得好。须是一笔一画都依他底，久久自然好去。（同上，卷三十六）

元代用例渐多，如例（38）。明清时代用法较成熟，这时多使用"来"，如例（39）"水沫儿""声"发自身体部位容器；例（40）是"adj.+ 出 2b"的用例，"好共歹"发自事件容器。

（38）【越调】【斗鹌鹑】你看祭台和这坟台，砖墙也那土墙，**长出**些个棘科和这荆科，那里有白杨也那绿场？（武汉臣《散家财天赐老生儿》第三折）

（39）a. 你这泼物，全没一些儿眼色！我老猪还**揢出**水沫儿来哩，你怎敢说我粗糙，要剁鲊酱！（《西游记》第二十二回）

　　　b. 惊得那大小群妖，一个个丫钯扫帚，都上前乱扑苍蝇。这大圣忍不住，赦赦的**笑出**声来。（同上，第七十五回）

（40）我的小爷，你别着急，倘然你要**急出**个好共歹来，我们作奴才的可就吃不住了！（《儿女英雄传》第三回）

第二，南宋时出现了由隐到显的存在状态变化义"V+ 出 2c"。例如：

（41）a. 有这性，便**发出**这情；因这情，便见得这性。（《朱子语类》卷五）

b. 古训何消读他做甚？盖圣贤**说出**，道理都在里，必学乎此，而后可以有得。（同上，卷九）

明清时代该用法较成熟，出现了感官判断、思维判断由隐到显存在状态变化，前者如例（42），后者如例（43）。

（42）a. 凤生虽是心里不愿，待推却时，又恐怕他们**看出**破绽，只得勉强发兴，指望早些散场。（《二刻拍案惊奇》卷九）

b. 哥哥，吃的忙了些，不象你们细嚼细咽，**尝出**些滋味。我也不知有核无核，就吞下去了。（《西游记》第二十四回）

（43）a. 当下玄德**想出**此人，大喜，便同陈登亲至郑玄家中，求其作书。（《三国演义》第二十二回）

b. 原来华忠方才问的时候，就早**猜出**老爷这着儿来了，只不敢冒失。（《儿女英雄传》第三十九回）

清代时出现泛力作用下的由隐到显存在状态变化，如例（44）。

（44）a. ……开始是江西民众依附敌人的民从有所悔悟，后来广东新阳的敌人也**表现出**悔悟，江西的局势一定可扭转，则广东衰落的势头也更加明显可见了。（《曾国藩家书》）

b. 但刚见门旗开处，当中**显露出**一员大将。（《康熙侠义传》第一百三十七回）

第三，明代出现了表领属关系变化义的"V+出 $_{2d}$"。例如：

（45）a. 又亏贾石多有识熟人情，**买出**尸首，嘱咐狱卒："若官府要枭示时，把个假的答应。"（《喻世明言》卷四十）

b. （陈祈）……晓得这典田事是欺心的，只得叫三个兄弟来，把毛家**赎出**之田均作四分分了。（《二刻拍案惊奇》卷十六）

4 小 结

本节讨论了动趋式"V+出"的方向性特征——"聚焦起点"与"聚焦终点"，前者表达"由内及外离开容器内部的空间位移"，后者表达"离开容器内部到达容器外部的空间位移"。"V+出"由空间域到状态域，发生了语义泛化（如图 5-3-2 所示），致使性逐渐减弱直至消失，这一过程伴随着容器图式的扩展而产生，由具体容器图式到抽象容器图式。根据历时考察，动趋式"V+出"的语义出现顺序为："V+出 $_{1a}$/出 $_{1b}$"（六朝）>"V+出 $_{2a}$"（唐代）>"V+出 $_{2b}$""V+出 $_{2c}$"（南宋）>"V+出 $_{2d}$"（明代）。

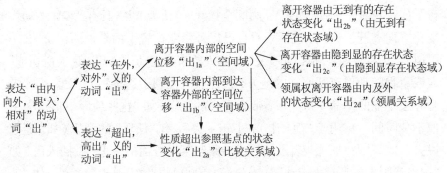

图 5-3-2　趋向补语"出"的语义泛化过程

　　语义泛化机制具体表现为：第一，动词"出"的两个引申语义"在外，对外""超出，高出"是趋向补语"出"空间义产生的语义基础。第二，六朝是动补结构"V+出 $_{1a}$／出 $_{1b}$"的出现是其他语义类型补语"出"产生的句法基础，具有强大的句法类推能力。第三，各语义类型的出现顺序受到认知隐喻与转喻的制约。空间义"V+出 $_{1a}$／出 $_{1b}$"分别是"由内及外离开起点（终点不明确）"和"由内及外到达终点"转喻由内及外空间位移轨迹整体造成的。这两种语义均表达由内及外离开容器，可隐喻扩展至比较域，表达"性质超出参照基点"，可凸显终点，句法上后接结果成分；也可不凸显终点，句法上不后接结果成分。受"由内及外离开容器"的隐喻制约，空间域至状态域，语义泛化，"由无到有""由隐到显""领属权由内及外"均为聚焦起点。第四，各语义类型的出现也受到句法结构的制约。由处所宾语到结果宾语、受事宾语、事件宾语，由位移动词到非位移动词，用于比较域搭配性质形容词。

第四节　动趋式"V+去"的致使性泛化

1　引　言

　　趋向补语"去"的语义归纳存在一定差异。主要有两种研究思路：第一种是从动趋结构的整体意义来归纳趋向补语的语义。徐静茜（1983）认为"去"可分化为"动作的动向或动态，表完成"（如擦去）、"动作即将进行"(如看着壶去)2个意义[1]。高顺全(2005)认为"去"具有"客体的动作变化方向离开说话人、说话人对自己以外参照位置上的事物的评价"2个引申义[2]。吕叔湘(2004)将"去"分为人或事物随动作离开说话人所在地、人或事物随动作离开原来的地方,往往兼有不利于这事物的意思(如"疾病夺去了他的生命")、完成,带有失去的意思(如"这些琐碎事情占去了他不少时间")、用于"随(让)+小句+去",有"任凭"的意思(如"随他说去")、"看去/听去"表示估计或着眼于某一方面的意思,做插入语(如"这声音听去像是有人走动")[3]。孟琮(1999)将"去"分出向远处(如"朝门外跑去")、失去(如"刮去一层泥")[4]。第二种是从语义到形式的语义归纳。刘月华(1998)认为"去"的趋向意义表示人或物通过动作离开立足点向另一处所趋近(如"朝山顶爬去""权力要叫这些人夺去?"等),结果意义表示去除(如"剪去了头发""他的爸爸死去了"),还有表从外表估计"看去""V来V去"的特殊用法,表还可以的"过得去"、用于人的感情方面的"过得/不去"、表难为人的"过不去"、表不忍心做某事的"下得/不去手"等[5]。可见,前人对"去"的语义归纳意见不一。其中,对于"看去/听去"等"V去"结构,多将其作为插入语,带有估计或着眼于某一方面的意思,这是结构本身的语义,其中"去"具有何义?这些语义之间具有怎样的语义关联性?这些还缺乏深入研究。

"去"也可表示动作状态的完成,是动相补语,江蓝生(1995)认为来自趋向补语"去"[6],梁银峰(2007)则认为与它的引申义("以后"的意思)有关:"去"引申出"以后"之义,用在某些动词或状态形容词构成"V去VP_2",表示某种情状态发生之后接着发生另一件事,在此基础上,有些"V去"不需要后一分句也能打住,"去"发展成为动相补语,如"应是一声肠断去,不容啼到第三声。(元稹《哭女樊》,《全唐诗》卷404,13/4513)"[7]。"去"还可以是事态助词。如刘坚等(1992)、曹广顺(1995)研究认为作为

1　徐静茜:《说"·来、·去"》,《语言教学与研究》,1983年第1期。

2　高顺全:《对外汉语教学探新》,北京:北京大学出版社,2005年,第102页。

3　吕叔湘:《现代汉语八百词(增订本)》,北京:商务印书馆,1999年,第456页。

4　孟琮等编:《汉语动词用法词典》,北京:商务印书馆,2003年,第14页。

5　刘月华:《趋向补语通释》,北京:北京语言大学出版社,1998年,第67—80页。

6　江蓝生:《吴语助词"来""得来"溯源》,载《中国语言学报》,1995年第5期,北京:商务印书馆,第12—27页。

7　梁银峰:《汉语趋向动词的语法化》,上海:学林出版社,2007年,第152—172页。

事态助词的"去"，可分为将要、将要（假设条件）、完成（假设）、完成[1]；蒋冀骋和吴福祥（1997）认为事态助词"去"表达事态已出现某种变化或将要出现变化，入元后已开始少见，明代时已基本消失[2]。刘勋宁（1998）认为应将以上联合体中意义归纳为一种即对一种情况的虚拟[3]。梁银峰（2007）认为"去"表示情状处于某一阶段的特定状态——完成或实现，来自目的格式"V+NP+去"和动相补语"V+去"，前者如"看着壶去""随他说去"，其中"去"动作发生在先，另一动作发生在后，两个动词在语义地位上是不平等的，属于"前重后轻型"结构；后者结构用于句末时便具备了事态助词的特征，如"师云：'其义且置。经云：'若以二十二相观如来者，转轮圣王即是如来。'又云：'若以色见我，乃至不能见如来。'经且置，待小时征大德，且道那个是如来？'对云：'到这里却**迷去**。'（《祖堂集》卷十四，大珠和尚）"中的"去"[4]。以上"去"的动相补语和事态助词用法不在本书研究范围之内。

我们认为"去"是聚焦起点和终点型趋向补语。本节将从认知语义角度对动趋式"V+去"[5]的语义类型进行重新归纳，并探讨其语义泛化与虚化机制。

2　动趋式"V+去"的认知域、语义类别及动词小类

2.1　空间域：离开被依附者和到达某处

"V+去"用于空间域，表达受动者在作用力作用下背离立足点的位移，标记为"V+去"。"去"可以凸显起点，也可以凸显终点。"V+去"的意象图式如图5-4-1所示：

立足点位于受动者　　不凸显终点　　　立足点位于　　　　　凸显终点
位移起点，凸显起点。　　　　　　　受动者位移起点。

图5-4-1　"V+去"在空间域中的意象图式与范畴特征

1　刘坚等：《近代汉语虚词研究》，北京：语文出版社，1992年，第129—132页。
　　曹广顺：《近代汉语助词》，北京：语文出版社，1995年，第112—115页。

2　蒋冀骋、吴福祥：《近代汉语纲要》，长沙：湖南教育出版社，1997年，第545—547页。

3　刘勋宁：《〈祖堂集〉"去"和"去也"方言证》，《古汉语语法论集》，北京：语文出版社，1998年，第674—682页。

4　梁银峰：《汉语趋向动词的语法化》，上海：学林出版社，2007年，第140—151页。

5　本节不考虑"她栽倒头哭去了""你自个儿打听去"中的"哭去""打听去"用法，这类结构属连动结构，其中"哭""打听"是"去"的目的性行为，而不是"去"的致使动作或方式。

2.1.1　去 $_{1a}$［（受动者）离开被依附者的空间变化］

"去"作为动词，最初意义是"离开（某处所）"义，引申义是"使离开；驱赶"，用作趋向补语保留了这一语义。这时受动者在作用力作用下发生了脱离被依附者的空间变化，具有了"使离开；驱赶"义，标记为"去 $_{1a}$"。这时受动者是具体可见的实体，受动者位移后仍存在，但位置发生了变化。受动者与被依附者具有依附关系，如"衣服"与"身体"的关系，"被子"与"床"的关系，"水"与"杯子"的关系，或者具有部分与整体的关系，如"皮"与"橘子"的关系，"屋顶"与"房屋"的关系，"左臂"与"身体"的关系。"V+去 $_{1a}$"多表达外向致使，可搭配"脱 $_{(2)}$、切"类具有"使脱离（被依附者）"义的动词，又如"溚、剥 bāo、簸、蹭、拆 $_{(1)}$、铲、撤 $_{(1)}$、抽 $^1_{(1)}$、掸、弹 $_{(1)}$、倒 dào $_{(2)}$、剁、伐、割、刮 $^1_{(1)}$、划 ^{2}、减 $_{(1)}$、剪、绞、揭 $_{(1)}$、截、锯、掘、砍 $_{(1)}$、磕、拍 $_{(1)}$、劈 $_{(1)}$、扫 $_{(1)}$、撕、剔 $_{(1)}$、剃、挖、掀、削、刈、炸 $_{(2)}$、摘 $_{(1)}$、摘 $_{(2)}$"等。"V+去 $_{1a}$"后接受动者作宾语。下面例（1）受动者与被依附者是部分与整体的关系，例（2）受动者与被依附者具有依附关系。

（1）人们**砍去**了老树的大枝，树干便成了河上的独木桥。（路遥《平凡的世界》）

（2）渔夫把他抬进舱中，给他**脱去**一身湿衣服，又给他盖上棉被暖着。（姚雪垠《李自成》）

"V+去 $_{1a}$"也可表达返身致使，搭配"脱 $_{(1)}$、褪 tuì"类具有"脱落（皮毛）"义的动词。例如：

（3）a. 当果实成熟的时候，被风吹落到地上，**脱去**长尾，开始往土里钻去。（CCL《中国儿童百科全书》）

　　b. 人的尾巴我想不会太长，也不会长毛，因为人类的进化已**褪去**了身上的毛。（CCL《读者》）

受动者或施动者的抽象化造成抽象空间位移。例如：

（4）a. 她还没有**撕去**地主小姐的尊严，向被压迫的佃户低头……（杨沫《青春之歌》）

　　b. 至此，奥运会乒乓球的女双比赛已经**揭去**一半的悬念，冠军必将在中、韩选手间产生。（CCL 新华社 2004 年 8 月新闻报道）

2.1.2　去 $_{1b}$［（受动者）背离立足点到达某处的空间位移］

"去"作为动词，引申义之一是"赴，前往"义，用作趋向补语保留了这一语义，标注为"去 $_{1b}$"。"V+去 $_{1b}$"可表达返身致使，可搭配"走 $_{(1)}$、飘"类一价位移动词，又如"奔 bèn $_{(1)}$、闯 $_{(2)}$、冲 ^{1}、吹 $_{(2)}$、蹿、飞 $_{(1)}$、飞 $_{(2)}$、飞 $_{(3)}$、赶$_{(1)}$、跟、刮^2、滚$_{(1)}$、离$_{(1)}$、流、落 luò$_{(1)}$、迈、撵、爬$_{(1)}$、爬$_{(2)}$、跑$_{(1)}$、跑$_{(2)}$、漂、扑$_{(1)}$、散 sàn、伸、逃$_{(1)}$、追$_{(1)}$、走$_{(1)}$" 等；也可搭配 "杀$_{(2)}$、开$_{(6)}$" 类一价非位移动作动词，又如 "倒$^1_{(1)}$、跌、挤、闪$_{(1)}$、摔$_{(3)}$、围、迎" 等；也可搭配 "踢、砸$_{(1)}$" 类二价位移动作动词，又如 "刺、靠$_{(2)}$、摸$_{(1)}$、扭$_{(1)}$、仰、撞$_{(1)}$" 等；也可搭配 "上、下" 类趋向动词，又如 "进、出、回、过"。例如：

（5）刘宗敏点点头，**走去**沙丘后边上马，同时向两个亲兵吩咐：……（姚雪垠《李自成》）

（6）我沿着东西大街一路向南**杀去**，哪里枪声激烈，我就出现在哪里，……（王朔《千万别把我当人》）

（7）他拼尽力气，照黑影的腰间狠狠**踢去**。（冯德英《迎春花》）

（8）他忍不住难受地咽了一口吐沫，把头向车窗那边**扭去**。（路遥《平凡的世界》）

（9）不从朱家寨缺口**进去**，大船如何去救开封？（姚雪垠《李自成》）

例（5）凸显了终点 "沙丘后边"，用作处所宾语。例（6）凸显了位移方向 "沿着东西大街一路向南"，用作状语。例（7）、（8）凸显了终点 "黑影的腰间""车窗那边"，用作状语。例（9）凸显了起点 "朱家寨缺口"，用作状语。

这类还可搭配 "看 kàn$_{(1)}$、听$_{(1)}$" 类与视线、听觉有关的动作动词，又如 "窥、瞧、扫$_{(3)}$、眺、投$_{(1)}$、望、照$_{(1)}$" 等。例如：

（10）a. 阮琳喘吁吁地挤到我身旁，我往她身后**看去**。（王朔《痴人》）

　　　 b. 从岗坡上传来钟磬声和木鱼声；再仔细**听去**，还有诵经的声音从雾中传来。（姚雪垠《李自成》）

感官动词在一定语境下可变换为认知动词，"看去、听去" 后接认识或判断的小句，具有了推测义，多用 "看上去、听上去"。例如：

（11）a. 她**看去**有十八九岁，一副妖娆的神气。（李準《黄河东流去》）

　　　 b. 有一天，他路过击桑村时，听见一个妇人叫 "叔叔"，声音**听去**很熟悉，却一时记不起来。（陈忠实《白鹿原》）

"V+去$_{1b}$" 也可表达外向致使，可搭配 "丢$_{(2)}$、掷" 类二价位移动词，又如 "拔$_{(1)}$、抽^1、寄、拣、拉 lā$^1_{(1)}$、拉 lā$^1_{(2)}$、抛、推$_{(1)}$、扔$_{(1)}$、送$_{(1)}$、提$_{(1)}$、运" 等；也可搭配 "拿$_{(1)}$、端" 类二价非位移动作动词，又如 "绑、抱$_{(1)}$、捕、扯$_{(1)}$、撤$_{(2)}$、吹$_{(1)}$、带$_{(1)}$、带$_{(2)}$、逮、拂、俘虏、轰、接$_{(2)}$、接$_{(4)}$、挪、捎、抬$_{(2)}$、携、找^1、抓$_{(1)}$、抓$_{(3)}$、捉" 等，其中包括 "派、叫$^1_{(2)}$" 类使令或言说义动词，如 "逼、差 chāi、催$_{(1)}$、打发、喊$_{(2)}$、轰、请$_{(2)}$、邀请、约、召" 等。

（12）陈咏明把手里的半截香烟狠狠地向脚下**丢去**，烟头上的火星，在漆黑的夜色里飞溅开去。（张洁《沉重的翅膀》）

（13）（我）……把我发的两套运动衣给他**拿去**。（王朔《浮出海面》）

（14）从仁智殿寝宫**派去**了四个宫女，从慈庆宫派出了随情的两个宫女。（姚雪垠《李自成》）

（15）项城县袁家殡埋袁老八，叫了三盘鼓乐，蓝五也被**叫去**了。（李準《黄河东流去》）

受动者或施动者的抽象化造成抽象空间位移。例如：

（16）a. 这时萧素已经进来了，把这一段话都**听了去**。（宗璞《红豆》）

　　　b. 人们众口一辞地称赞着，全都被他口吐白沫的演讲**吸引去**了。（徐坤《遭遇爱情》）

2.2　状态域：由有到无、由积极到消极、领属、性质经过参照基点、由显到隐的状态变化

2.2.1　去$_{2a}$[（受动者）背离立足点由有到无的存在状态变化]

"V+去"用于由有到无存在状态域，表达受动者在作用力作用下发生由有到无的存在状态变化，与背离立足点的人类非预期一致，标记为"V+去$_{2a}$"。"V+去$_{2a}$"表达外向致使，可搭配"毁、花、减$_{(2)}$"类具有毁灭、花费、删减义的二价动作动词，又如"擦$_{(1)}$、吃$_{(1)}$、费、耗、喝、嚼、揩、敛、滤、灭$_{(1)}$、磨$_{(2)}$、抹$_{(3)}$、匿、散 sàn、删、烧$_{(1)}$、舍、拭、烫$_{(2)}$、褪 tuì、吸$_{(1)}$、吸$_{(2)}$、洗$_{(1)}$、隐、用$_{(1)}$"等。例如：

（17）把我的信全部**毁去**，文化人太重感情，不重实际。（张洁《无字》）

（18）于是，我醒了，光芒**敛去**，看清一张早已熟悉的面孔，本能地叫出一声："毛主席!"（权延赤《红墙内外》）

（19）外加别的佐料，所以这一碗汤就**花去**了二十多两。（姚雪垠《李自成》）

（20）所以她们每次洗完澡后，就像脱去一件又厚又紧的衣服，有**减去**几公斤体重之感。（张洁《无字》）

2.2.2　去$_{2b}$[（受动者）背离立足点由积极到消极的生理状态变化]

"V+去"用于生理状态域，表达受动者背离立足点的生理状态变化，标记为"V+去$_{2b}$"。生理状态变化主要有醒着与睡眠、清醒与昏迷、康复与生病、生存与临死等的转变。由积极到消极的状态变化不是人类所期望的，使用"去"。"V+去$_{2b}$"表达返身致使，可搭配"睡、死、逝"等少数动词。例如：

（21）（她）侧过身子躲开灯光，**睡去**了。（王小波《未来世界》）

（22）到了秋天，风闻皇上已在湖广境内**死去**，可不知太后到哪里去了。（姚雪垠《李自成》）

（23）一瞬间佟先生想到了**逝去**的夫人，她那溃烂之前的身体反倒成了"纸扎人"。（铁凝《寂寞嫦娥》）

2.2.3　去 $_{2c}$ [（受动者）领属权背离立足点到达他身的变化]

"V+去"用于领属关系域。受动者多为人、土地、房屋、金钱、权利、户口、知识、本领等，体现为受动者领属权、使用权、组织关系等背离立足点到达他身的变化，标注为"V+去 $_{2c}$"。"V+去 $_{2c}$"保留了物理空间上的位移，但凸显的是领属关系上的变化。"V+去 $_{2c}$"表达外向致使，搭配"雇、买"类具有购买、抢夺、招选、搬迁、分配或学习义的二价动词，又如"抽 $^1_{(2)}$、抽调、调 diào、夺 $^1_{(1)}$、讹、分 $_{(2)}$、分配 $_{(1)}$、分配 $_{(2)}$、缴、劫、掳、骗、迁、抢 $^1_{(1)}$、抢占、娶、挑 $^1_{(1)}$、挑选、选 $_{(1)}$、选拔、学 $_{(1)}$、召、租、租赁"等。例如：

（24）我给一家建筑公司当木工，是**雇去**的。（迟子建《原野上的羊群》）

（25）后来村里的恶霸**讹去**了他家的地，还叫他们打输了官司，把父亲活活气死。（姚雪垠《李自成》）

（26）夏青被学校**选去**参加开幕式献演，出任蜂拥而入满场放气球的少女之一。（王朔《我是你爸爸》）

（27）由于小麻子迁居，小蛤蟆诸卫士，也随同**迁去**。（刘震云《故乡相处流传》）

（28）莫非鬼子把咱打肖家镇那一手也**学去**了。（李晓明《平原枪声》）

2.2.4　去 $_{2d}$ [（受动者）在性质上超过参照基点的变化]

"V+去"用于比较关系认知域，表达受动者在性质上超过参照基点的变化，标记为"V+去 $_{2d}$"。如"过去"多用于可能式，构成"过得去""过不去"，前者多用于反问句。下面例（29）"过不去铁路"表达受动者不能离开环境参照体"铁路"，例（30）～（32）表达受动者能否超过参照基点，参照基点为叙述对象的心理预期。

（29）不过事不宜迟，再晚就**过不去铁路**了，他们还在那里等着我。（刘知侠《铁道游击队》）

（30）他在车队混了二十多年，老实巴脚，到了这关口我们一点不伸手，心里**过得去**吗？（蒋子龙《赤橙黄绿青蓝紫》）

（31）英嘉成，你好大的胆子，等下酿成最严重的中区交通意外，问你良心怎么**过意得去**？（CCL 梁凤仪《激情三百日》）

（32）钱先生，你们这么个小小的招待所，竟让我一人包租了下来，使得你们生意做不成。我**过意不去**呀！（CCL《1994 年报刊精选》）

"说得去、说不去"多用作"说得过去、说不过去"，后者使用频率明显高于前者。搜索北大 CCL 语料库，"说得去" 5 例，"说不去" 1 例；"说得过去" 184 例，"说不过去" 194 例。例如：

（33）a. 总的形势是城镇还勉强**说得去**，至于广大农村，有的还是空白。（CCL1994 年《人民日报》）

　　　b. 但你若疑心到说下雨方面的人就是存心愿意下雨，这话也**说不去**。（CCL 沈从文《生之记录》）

（34）a. 或许这种演习也有了新东西，这几年 A 师的装备也算**说得过去**了，……（柳建伟《突出重围》）

　　　b. 你盖房是实！可像你这样的大庄稼院，多少不往出借点粮食，是**说不过去**的。（柳青《创业史》）

在口语中还出现了 "adj.+（了）+去$_{2d}$+ 了" 格式，表达实体性质离开某参照基点向着不明确的终点发生虚拟变化，这一参照基点在具体语境中体现为听话人的心理预期。这种格式不具有致使性。意象图式如图 5-4-2 所示：

图 5-4-2　"adj.+（了）+去$_{2d}$+ 了"的意象模式

"adj.+（了）+去$_{2d}$+ 了"表达受动者的性质背离听话人的预期发展，具有无限超过听话人预期的意义，产生了级性义。可搭配正向性质形容词，如"深、多、大、海、早、复杂、远、足、厚"等。"去$_{2d}$"与"了"经常在一起，储泽祥（2008）认为"A 了去了"中的"去了"是唯后置型的程度副词，可能是由趋向动词"去"与助词"了"跨层虚化来的[1]。我们查找北大 CCL 语料库，发现了 47 例，其中 33 例"adj.+了 + 去$_{2d}$+ 了"，14 例"adj.+

---

[1]　储泽祥：《汉语口语里性状程度的后置标记"去了"》，《世界汉语教学》，2008 年第 3 期。

了＋去~2d~＋啦"，"啦"是"了啊"的变体。据此形容词表我们查找北大 CCL 语料库，仅发现 1 例"adj.＋去~2d~＋了"，1 例"adj.＋去~2d~＋啦"。如表 5-4-1 所示：

表 5-4-1　"adj.＋（了）＋去＋了/啦"

序号	性质形容词	adj.＋了＋去＋了	adj.＋了＋去＋啦	adj.＋去＋了	adj.＋去＋啦
1	大	8	4	0	0
2	多	16	5	1	0
3	复杂	1	0	0	0
4	高	1	0	0	0
5	海	4	1	0	0
6	厚	0	1	0	0
7	深	1	0	0	0
8	远	1	2	0	1
9	早	1	0	0	0
10	足	0	1	0	0
	总计	33	14	1	1

"adj.＋了＋去~2d~＋了/啦"多用作谓语，前面可用"可、还"等修饰，如例（35）；也可作补语，如例（36）。

（35）a. 万人坑呢在这永定门外头，挖了这么一个大坑。深，那可**深了去了**。（CCL1982 年北京话调查资料）

　　 b. 回到家来，他的神气可**足了去啦**，吹胡子瞪眼睛的，瞧他那个劲儿！（CCL 老舍《龙须沟》）

（36）a. 潘大掌柜喜在官场结交，尤其是京城里的达官贵人，银子花得**海了去了**！（CCL《乔家大院》）

　　 b. 万一何建国把人打伤打残打死，那事儿可就闹**大了去了**！（CCL《新结婚时代》）

"adj.＋去~2d~＋了/啦"只能作谓语，例如：

（37）a. 龚玉倒很坦然，说天底下模样相像的人**多去了**，人家不都说你长得像那个演小品的潘什么吗？（尤凤伟《泥鳅》）

b. 真邪性。那云南在哪儿？**远去啦**，在云彩南边呐！倒比北京凉快。（陈建功、赵大年《皇城根》）

2.2.5 去_{2e}[受动者背离立足点由显到隐的存在状态变化]

"V+去"用于由显到隐的存在状态域，表达受动者在作用力作用下发生由显到隐的存在状态变化，标记为"V+去_{2e}"。由显到隐是人类非预期的，使用"去"。"V+去_{2e}"表达外向致使，可搭配"遮、掩、盖₍₁₎"类具有掩盖义的动词，例如：

（38）a. 那个人穿了一件雨衣，脸被帽子**遮去**大半，老要远远地注视着小织。（张炜《秋天的愤怒》）

b. 我至今才明白他那时**掩去**了多少愤懑和不快，甚至是难以排解的痛苦……（张炜《柏慧》）

c. 一切声音全都**隐去**了，田守诚只听见自己的心跳。（张洁《沉重的翅膀》）

3 动趋式"V+去"的语义演变路径

3.1 动词"去"到"去_{1a}"和"去_{1b}"

"去"作为动词，单独做谓语，意义为"离开"，《说文解字》，"去，相违也。"段注："违，离也。"后引申为"使离开；驱赶"。前者如例（39），后者如例（40）。这两个语义均是聚焦起点。"去"后引申为"赴，前往"义[1]，这是聚焦终点，如例（41）。

（39）a. 楚子入居于申，使申叔**去**谷，使子玉**去**宋，曰：……（《左传·僖公二十八年》）

b. 念私门之正匠**兮**，遥涉江而远**去**。（《楚辞·七谏》）

（40）a. 时疾时徐，灭腥**去**臊除膻，必以无胜，无失其理。（《吕氏春秋·孝行览·本味》）

b. 公曰："寡人受命。"退朝，遂**去**衣冠、不复服。（《晏子春秋·内篇谏下》）

（41）a. 前**去**城郭，未能尽还，夙夜未尝忘焉。（《汉书·翟方进传》）

b. 阿母谓阿女，汝可**去**应之。（《孔雀东南飞》）

我们同意梁银峰的观点：趋向补语结构产生于六朝至唐[2]。六朝前，

---

1 "去"的语义引自商务印书馆辞书研究中心编：《古代汉语词典》，北京：商务印书馆，2014年，第1211页。

2 梁银峰：《汉语趋向动词的语法化》，上海：学林出版社，2007年，第1页。

"去"用于动词后，多看作连动结构。例（42）"去"为"去除"义；例（43）"去"为"离开"义。

（42）a. 蚕食桑老，绩而为茧，茧又化而为蛾；蛾有两翼，**变去**蚕形。（《论衡·无形》）

　　　b. 夫吉凶同占，迁免一验，俱象空亡，精气**消去**也。（《论衡·遭虎》）

（43）a. 虞卿未反，秦之使者已在赵矣。楼缓闻之，**逃去**。（《战国策·赵策三》）

　　　b. 臣以为不若**逃而去**之。（《战国策·燕策二》）

六朝时连动结构"V 去"后接处所宾语，或用于"被"字句中，结构发生变化，需要重新分析，"V"充当路径"去"的方式，"去"充当动作的结果，成为趋向补语"去$_{1a}$"。六朝时数量较多，可搭配"脱$_{(2)}$、切"类脱离向二价动作动词，又如"拔、拨、剥、簸、裁、澄、舂、掸、断、刮、剪、绞、截、解、卷、刳、耧、漏、漉、掠、搦、掐、倾、扫、筛、淘、剔、洗、削、泻、刈、凿、择、摘、斩、振、斫"等，后接受事宾语，构成外向致使，如例（44）。也可搭配"脱$_{(1)}$、褪 tuì"类一价分离向动作动词，构成返身致使，这用法至现代才出现，如例（45）。

（44）a. 浑蒸，曝干，**舂去**皮，米全不碎。炊作飧，甚滑。（《齐民要术》卷二）

　　　b. 蜜姜：生姜一斤，净洗，**刮去**皮，箅子切，不患长，大如细漆箸。（同上，卷九）

　　　c. 打取杏人，以**汤脱去**黄皮，熟研，以水和之，绢滤取汁。（同上，卷九）

（45）当果实成熟的时候，被风吹落到地上，**脱去**长尾，开始往土里钻去。（CCL《中国儿童百科全书》）

唐五代时出现"V+去$_{1b}$+处所宾语"用例，数量仍不多，如例（46）。宋代时用例渐多，且"V+将+去$_{1b}$"与"V+去$_{1b}$"并存，如例（47）。明代时较成熟，如例（48）。

（46）a. 独立衡门秋水阔，寒鸦**飞去**日衔山。（窦巩《寄南游兄弟》，《全唐诗》卷 271，8/3058）

　　　b. 云嵒奉师处分，持书到药山。道吾相接，**引去**和尚处。（《祖堂集》卷四，药山和尚）

（47）a. 说初死时，有二人乘黄马，从兵二人，但言**捉将去**。（《太平广

记》卷一百九）

b. 忽然有人扶超腋，径**曳将去**，入荒泽中。（同上，卷一百二十九）

c. 妇死已半月矣，忽闻推棺而呼，众皆惊走。其夫开棺视之，乃起坐，顷之能言。云，为舅姑所**召去**，云我此无人，使之执爨。（同上，卷三百八十六）

d. 繁红洗尽胭脂雨。春被杨花**勾引去**。（王宷《玉楼春》,《全宋词》）

e. 明州人今尚怨张俊不乘时**杀去**，可大胜，遂休了。（《朱子语类》卷一百三十二）

（48）a. 你这车子先将到门外，买些紫拳头菜、茶叶**拿去**。（《朴通事》卷中）

b. 写完走到杨老妈家，央他**递去**，就问失约之故。（《初刻拍案惊奇》卷二十九）

c. 男女东京寓仙酒楼过卖小王。前时陈三儿被左金吾**叫去**，不令出来。（《喻世明言》卷二十四）

d. 歇了担子，捱门儿**看去**，只见一个老汉坐着个矮凳儿，在门首将稻草打绳。（《醒世恒言》卷十三）

e. 金孝负屈忿恨，一个头肘子**撞去**。（《喻世明言》卷二）

清代时，感官动词变换为认知动词，动作受事者作主语，"看去、听去"后接评价小句。例如：

（49）a. 年纪虽近五旬，**看去**也不过四十光景，依然的乌髻黛眉，点脂敷粉。（《儿女英雄传》第二十回）

b. 回手掏出小小石子轻轻问路，细细**听去**却是实地，连忙飞身跃下，蹑足潜踪，滑步而行。（《七侠五义》第一百二回）

3.2 空间域分离义"去$_{1a}$"到"去$_{2a}$""去$_{2b}$""去$_{2d}$""去$_{2e}$"

受动者离开依附者的空间位移"去$_{1a}$"凸显起点，不凸显终点。空间域分离义"V+去$_{1a}$"可扩展到由有到无存在状态域、由积极到消极生理状态域、比较关系域、由显到隐存在状态域。由有到无、由积极到消极、超过参照基点、由显到隐均隐喻为"离开某处"，使用"去"，且不凸显到达某处，与"去$_{1a}$"相同。

3.2.1 空间域分离义"去$_{1a}$"到"去$_{2a}$"

六朝时出现了表由有到无存在状态变化义"V+去$_{2a}$"的用法，如"挥霍去、烧去、删去、刬去"等。

（50）a. 影响顺形声，资物故生理。一旦**挥霍去**，何因相像似。（谢灵
　　　　运《维摩经十譬赞·影响合》）

　　　b. 每至正月，**烧去**枯叶。（《齐民要术》卷三）

明代时有进一步发展，例如：

（51）a. 西门庆与桂姐吃不上两锺酒，拣了些菜蔬，又被这伙人**吃去**
　　　　了。（《金瓶梅》第十二回）

　　　b. 唤王安开书箱，取艾叶煎汤，少等温，贮于盘中，将小蛇**洗去**
　　　　污血。（《喻世明言》卷三十四）

3.2.2　空间域分离义"去$_{1a}$"到"去$_{2b}$"

六朝时出现表由积极到消极的生理状态变化义"V+去$_{2b}$"的用例，数
量极少，仅限于"死去"，如例（52）。宋代时有所发展，如例（53）。

（52）……母临食悲哭泣泪，言念我子在者，当与我共食，舍我**死去**，
　　　　使我独食，哽咽言念我。（《支谦译经·五母子经》）

（53）向氏呼曰："官人，夜深何不**睡去**？"（《五灯会元》卷十八，石佛
　　　　益禅师）

3.2.3　空间域分离义"去$_{1a}$"到"去$_{2d}$"

南宋时出现"V+去$_{2d}$"用例，如例（54）；明代时进一步发展，如例
（55）。参照基点为叙说者的心理预期，施动者背离参照基点变化。该类多
用于可能式中，构成"说得/不去""过得/不去"。

（54）a. 若轻扬浅露，如何探讨得道理？纵使探讨得，**说得去**，也承载
　　　　不住。（《朱子语类》卷八）

　　　b. 今人读书，多不就切己上体察，但于纸上看，文义上**说得去**便
　　　　了。（同上，卷十一）

（55）a. 我和你住在此处，虽然安稳，却是父母生身之恩，竟与他永绝
　　　　了，毕竟不是个收场，心里也觉**过不去**。（《二刻拍案惊奇》卷
　　　　二十三）

　　　b. 既知此信，有恁般好事，路又不远，怎么迟延三日？理上也**说
　　　　不去**。（《喻世明言》卷二）

"adj.+了+去$_{2d}$+了"的口语格式至现代汉语中才出现，具有程度义。
搭配性质形容词，如"深、多、大、海、早、复杂、远、足、厚"等。"adj.+了
+去$_{2d}$+了"是由"V+了+去+了"结构功能扩展而来的。首先，"V+去"
中间添加"了"构成"V+了+去"，可理解为"（V+了）+去"，"了"表示动

作的实现,"去"凸显了空间位移义或状态变化义。宋代出现了"V+了+去"的用法,如例(56);明代时较为成熟,可用于"被"字句和"把"字句中,如例(57)。

(56) a. 且度见自家做不得此事,便**掉了去**。(《朱子语类》卷三十五)

　　b. 不是静坐时守在这里,到应接时便**散乱了去**。(同上,卷四十五)

(57) a. 我飞马赶去,转过山坡,被一将刺了一枪,跌下马来,马被**夺了去**。(《三国演义》第四十一回)

　　b. 你还口硬哩! 我且把你的衣服**剥了去**,看你何如。(《三宝太监西洋记》第三十九回)

其次,"V+了+去"添加"了"构成"V+了+去+了"。首先,语义上"V+了+去"表达动作实现后受动者的空间位移或状态变化,后面添加"了",表达受动者空间位移或状态变化的实现。经过结构重新分析,"V+了+去+了"可理解为"(V+了)+(去+了)"。其次,句法上"V+了+去"用于句尾,后接"了"后仍然用于句尾,因此在句法上具有一致性。明代时出现了"V+了+去$_{2d}$+也/了"的用法,如例(58);清代时较为成熟,如例(59)。例如:

(58) a. 哥,你往那里去来? 刚才一个打令字旗的妖精,被我**赶了去也**。(《西游记》第二十一回)

　　b. 直到外边去打听,才晓得是外婆家**接了去了**。(《二刻拍案惊奇》卷九)

(59) a. 锦囊道:"不好,前边想是没路,吃这孩子**骗了去也**!"(《野叟曝言》第六十三回)

　　b. 原来邓车的双睛被徐老爷**剜了去了**。(《七侠五义》第一百七回)

"V+了+去+了"句尾"了"可用"啦"替代,清代时出现了"V+了+去+啦"的用法。例如:

(60) a. 贤妹,我们金大兄弟被人**抓了去啦**,他们来抢你来了,你还不快想主意哪!(《康熙侠义传》第十八回)

　　b. 广太问那大爷,说:"昨天信给送了去没有?"那大爷说:"**送了去啦**。"(同上,第四十五回)

　　c. 那姓柳的与姓赵的,也不知被何人**救了去啦**!(《续济公传》第十二回)

查找北大语料库古汉语语料，"V+了+去$_{2d}$+也""V+了+去$_{2d}$+了""V+了+去$_{2d}$+啦"的用例共计 193 例，如表 5-4-2 所示：

表 5-4-2　"V+了+去$_{2d}$+也/了/啦"的古汉语用例统计

	V+了+去$_{2d}$+也	V+了+去$_{2d}$+了	V+了+去$_{2d}$+啦
用例	22	162	9
比例	11.40%	83.94%	4.66%

其中用于"把/将"字句的 28 例，用于"被/给/叫"字句的 69 例，共计 97 例，占 50.26%。"V+了+去+了"格式进一步扩展，其中"去了"粘合为一体，成为"V+了+去$_{2d}$了"。形容词也可进入这一格式表达级性义，这与"去$_{2d}$了"的离开立足点（听话人的心理预期）的无界性有着密切关系。这一格式是一种口语格式，在北京话中常使用。"adj.+了+去$_{2d}$+了/啦"的产生过程如图 5-4-3 所示：

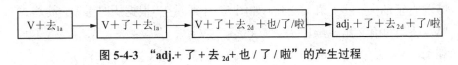

图 5-4-3　"adj.+了+去$_{2d}$+也/了/啦"的产生过程

3.2.4　空间域分离义"去$_{1a}$"到"去$_{2e}$"

明代时出现表达由显到隐存在状态变化义"V+去$_{2e}$"的用法，多限于"藏去"，如例（61）。清代时用例渐多，如例（62）。

（61）这东西也要你袖里**藏去**，不可露人眼目。（《喻世明言》卷二）

（62）a. 大士毫光展放，云霞一切，**掩去**无存。（《绣云阁》第七十八回）

　　　b. ……这样笔迹说一"绣"字，反似乎唐突了，便大家商议了，将"绣"字便**隐去**，换了一个"纹"字，所以如今都称为"慧纹"。（《红楼梦》第五十回）

3.3　空间域到达义"去$_{1b}$"到"去$_{2c}$"

受动者离开某处到达某处的空间位移"去$_{1b}$"可扩展到领属关系域，表达受动者领属权背离立足点到他身的状态变化，凸显终点。六朝时出现该类用法，如"夺去、掠去、失去"等。又如：

（63）a. 晋置梁水、西平二郡，**割去**四县，只存七县，如《常志》。（《华阳国志·南中志》）

b. 马头娘故事者,唐人所造。谓高辛氏时,蜀人为贼**掠去**。(《华阳国志·蜀志》)

宋元时代数量仍较少,如例(64);明代时用法成熟,如例(65)。

(64) a. 貌如其婿,具礼而**娶去**。(《太平广记》卷四百二十五)

b. (诗云)何处一迂儒,公然敢寄书。灭我潜龙种,**抢去**牧羊奴。(尚仲贤《洞庭湖柳毅传书》第二折)

(65) a. 谁知沈炼真尸已被贾石**买去**了,官府也那里辨验得出?(《喻世明言》卷四十)

b. 做圈做套,赢少输多,不知**骗去**了多少银子。(《初刻拍案惊奇》卷二十二)

4 小 结

本节探讨了趋向补语"去"的方向性特征——"聚焦起点"和"聚焦终点",前者意义类别多于后者。"V+去"由空间域到状态域,致使性逐渐减弱直至消失,发生语义泛化(如图5-3-4所示)。根据历时考察,动趋式"V+去"的语义出现顺序为:"V+去$_{1a}$""V+去$_{2a}$""V+去$_{2b}$""V+去$_{2c}$"(六朝)>"V+去$_{1b}$"(唐五代)>"V+去$_{2d}$"(南宋)>"V+去$_{2e}$"(明代)。

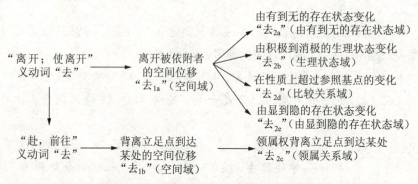

图5-4-4 趋向补语"去"的语义泛化过程

从语义类别来看,"V+去"有2个空间义和5个状态义,没有时间义。"V+去"语义泛化机制表现为:第一,动词"去"的两个语义"离开;使离开""赴,前往"分别是趋向补语"去"产生的语义基础。第二,六朝时动补结构"V+去$_{1a}$""V+去$_{1b}$"的出现是其他语义类型产生的句法基础,具有强大的句法类推能力。第三,各语义类型的出现受到认知隐喻的制约。"受动者离开被依附者的空间变化(去$_{1a}$)""受动者背离立足点到达某处的空间位移（去$_{1b}$）"分别关注移动路径的起点和终点。"去$_{1a}$"隐喻扩展至状态域，表达受动者由有到无的存在状态变化（去$_{2a}$）、受动者背离立足点由积极到消极的生理状态变化（去$_{2b}$）、受动者（被比较物）在性质上超过参照基点的变化（去$_{2d}$）、受动者背离立足点由显到隐的存在状态变化（去$_{2e}$）。这是因为由有到无、由积极到消极、由显到隐往往是人类非预期的，这与"去"的非预期性一致；"离开起点"隐喻为"被比较物超过（离开）参照基点"。"去$_{1b}$"隐喻扩展至领属关系域，表达受动者领属权背离立足点到他身的变化（去$_{2c}$），这是聚焦终点的影响。第四，各语义类型的出现也受到句法结构的制约。由带宾语到不带宾语，宾语由受事宾语到处所宾语；所搭配动词为自主动词，由位移动词到非位移动词，也可搭配性质形容词。

第五节　动趋式 "V+起" 的致使性泛化与虚化

1　引　言

动趋式 "V+起" 具有丰富的语义类型。请见以下例句[1]：

（1）他**搬起**石头。　　　　　（2）她气得**噘起**小嘴。

（3）这个村**组织起**了互助组。　（4）他**关起**大门。

（5）**收起**你那一套虚情假意吧。　（6）村里**盖起**了小楼。

（7）我**想起**一个笑话。　　　　（8）饭太贵了，**吃不起**。

（9）操场上**奏起**国歌。　　　　（10）这件事真不知从何**说起**。

（11）他**做起**事有些冲动。

（12）一**提起**这件事，他心里就非常难过。

（13）不好好学，真**对不起**父母。

刘月华（1998）将"起"的意义归为三类[2]：一是趋向义，例（1）表示"由低及高移动"。二是结果义，例（2）表示"突出、隆起"，例（3）～（7）表示"接合以至固定"，例（8）表示"主观上能否承受"。三是状态义，如例（9）、（10），表达"进入新的状态"。例（11）、（12）是特殊用法，分别表达"从某方面说明、评论人或事物""用于表示说话意义的动词后，引进所谈的人或事"。例（13）"对不起"是熟语。孟琮（1999）[3]认为例（4）表示"合拢"，

---

1 2　刘月华：《趋向补语通释》，北京：北京语言大学出版社，1998 年，第 317—340 页。

3　孟琮等编：《汉语动词用法词典》，北京：商务印书馆，1999 年，第 18 页。

例（8）表示"有无经济能力进行或敢不敢进行"。吕叔湘（2004）[1]则认为例（6）、（7）、（5）、（8）分别表示"事物随动作出现""动作关涉到某事物""动作完成""有（没有）某种能力或能（不能）经受住、够不够标准"。可见，前人对"起"的语义归纳差异较大，且未能很好地探析各语义之间的关联性。

我们认为，趋向、结果和状态实际上都是结果的表现。从人类的认知经验出发对趋向补语的语义进行分类，可能更有助于人们理解与认识。本节拟从认知视角，注重意象图式与认知域特征，探讨"起"的方向特征及其隐喻机制，结合共时与历时语料，对趋向补语"起"的语义关联性进行探究，分析动词小类与趋向补语的双向选择限制。

2　动趋式"V+起"的认知域、语义类别及动词小类

趋向补语"起"可以聚焦起点，终点不明确，表达受动者离开起点由低向高的位移或变化，其空间方向为"上向"；也可以聚焦终点，表达受动者围绕源点由展到拢、由散到合的变化，其空间方向为"聚拢向"。两者相比，聚焦起点的使用频率高于聚焦终点的使用频率。"V+起"最初用于空间域，后隐喻扩展至时间域和状态域，体现为空间路径到时间路径、状态路径的变化，致使性逐渐减弱，直至消失。

2.1　空间域"V+起"由垂直上向到聚拢向

2.1.1　起 $_{1a}$[（受动者）离开源点由低向高的垂直上向空间位移]

"V+起"的身体经验基础为：人自身由躺到坐、由坐到站，凸显在自身轴线上的垂直上向位移，隐含身体部位的形体变化。随后扩展为其他实体的垂直上向位移，如皮球在地上受外力作用发生垂直上向位移，受动者形体并未发生变化。这时标注为"起 $_{1a}$"。如图 5-5-1 所示（黑色圆点表示位移的源点，箭头表示位移的方向）：

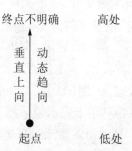

图 5-5-1　"起 $_{1a}$"的意象与范畴特征

1　吕叔湘：《现代汉语八百词（增订本）》，北京：商务印书馆，2004 年，第 440—441 页。

"V+起$_{1a}$"可表达返身致使，搭配"登$^1_{(1)}$、升$_{(1)}$"类上向一价位移动词，如"爬$_{(2)}$、跳$_{(1)}$"等；也可搭配"飞$_{(1)}$、飘"类泛方向一价位移动词，如"蹦、飞$_{(2)}$、飞$_{(3)}$、飞扬、爬$_{(1)}$、立$_{(1)}$、隆、漂、飘扬、弹$_{(1)}$"等。例如：

（14）曲强一下从座位上**跳起**，开门要往外冲。（王朔《人莫予毒》）

（15）远近的那些小泥屋上都**飘起**了白白的烟。（张承志《晚潮》）

"V+起$_{1a}$"也可表达外向致使，可搭配后接身体部位的"踮、撅"类二价位移动词，可以是上向，如"举（手）、翘（眉毛）、耸（肩）、抬（头）、仰（脸）"等，也可以是泛方向，如"挺（身体）"等；也可搭配"抬$_{(2)}$、搭$_{(5)}$"类上向结果性二价位移动词，如"打$_{(12)}$、带$_{(6)}$、顶$_{(2)}$、顶$_{(6)}$、举$_{(1)}$、立$_{(1)}$、抬$_{(1)}$、托^1"；也可搭配"拉 lā$^1_{(1)}$、扔"类泛方向二价位移动词，如"搬$_{(1)}$、扯$_{(1)}$、架、拣、捡、扛、捞、拎、抛$_{(1)}$、拾"等；也可搭配"端、抱$_{(1)}$"类二价非位移动词，如"搀^1、叨、扶$_{(2)}$、夹$_{(1)}$、摸$_{(1)}$、拿$_{(1)}$、抓$_{(1)}$"等。例如：

（16）她踮起脚尖儿**仰起脸**，她亲了他，然后迅速离开他跑进了招待所。（铁凝《大浴女》）

（17）（那四个警备队）直吃到上灯时分，才**抬起**花轿走了。（马烽《吕梁英雄传》）

（18）赤杰**拉起**地上的金贵，高玉山已经赶到。（冯德英《山菊花》）

（19）天亮说罢一把将梁晴**抱起**，淌过河去。（李凖《黄河东流去》）

"看得/不起""瞧得/不起"表达"看""瞧"作用于受动者，使受动者发生在施动者心理空间上由低向高的虚拟位移，已成为固定用法，表达"看重；重视""轻视；小看"。例如：

（20）……你要**看得起**我，就不要推辞，杯子见底吧！（贾平凹《浮躁》）

"了不起"表达"不平凡，（优点）突出"，已成为词语。"了"本义是"束婴儿两臂"，《说文解字》"了，尣也。从子无臂。象形。"[1]后引申为"手弯曲"义，手之挛曰了，胫之紮曰尣。了尣，手腿弯曲，凡物二股或一股结纠绞缠不直伸者。形容对他人的佩服，多使用自身形体如"五体投地""顶礼膜拜""首肯心折""拜倒辕门"等词语，"了不起"也是如此。民国时才有"了不起"的用例，例如：

（21）这五个人是把兄弟，人称泰安州的五老，功夫可都**了不起**。（《雍正剑侠图》第五十二回）

1　许慎：《说文解字》，北京：中华书局，1963年，第310页。

2.1.2 起$_{1b}$[（受动者）围绕源点由展到拢的空间变化]

当作用力扩展到带有聚拢义的动作时，"V＋起"表达使受动者发生由展到拢的变形位移。这时，受动者为不可分割单一实体，源点为受动者所在整体或自身轴线，具有二维水平特征。如"被子"通过动作"叠"沿"被子"轴线发生了由展到拢的变形位移。我们认为，"起$_{1b}$"的产生是由"起$_{1a}$"转喻而来的。这是因为"在自身轴线上由低向高"是产生"围绕轴线由展到拢"的过程，用过程替代结果。如图 5-5-2 所示（平行四边形表示二维空间的参照体；黑色粗线表示受动者所在的轴线；黑色圆点表示位移的源点；弧形及箭头表示位移的轨迹及方向，即靠拢轴线；虚线及箭头表示内在隐含的位移）：

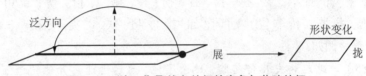

图 5-5-2 "起$_{1b}$"聚拢向特征的意象与范畴特征

"V＋起$_{1b}$"可表达返身致使，搭配"握、屈"类聚拢向结果性二价位移动词，又如"绷（脸）、闭/眯（眼睛）、弓（腰）、拱（手）、缩（身体）、攥（拳头）"等，如例（22）、（23）；也可表达外向致使，搭配"挽、叠"类聚拢向结果性二价位移动词，又如"卷/拉（窗帘）、合（书）、收（小桌板）、折（扇子）"等，如例（24）、（25）。

（22）司马库**握起**一只拳头，对着我们晃了晃。（莫言《丰乳肥臀》）

（23）马叔**屈起**膝盖对准鸭子挣钱的工具顶了一下，又顶了一下。（莫言《红树林》）

（24）（杜梅）也**挽起**袖子加入到男人中抬大件家具。（王朔《过把瘾就死》）

（25）炕上铺着白苇子织的花纹席，放着**叠起**的红绿缎子被。（冯德英《山菊花》）

2.1.3 起$_{1c}$[（受动者）围绕源点由散到合的空间变化]

"起$_{1b}$"受动者为不可分割单一实体，当泛化为多个实体时，可表达使受动者发生由散到合的变形位移，标记为"起$_{1c}$"。这时源点体现为内在源点，即受动者自身。"由散到合"体现为受动者空间距离由大到小，是由"由展到拢"隐喻扩展而来。如图 5-5-3 所示：

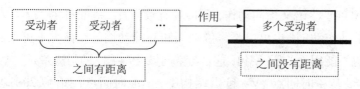

图 5-5-3　"起₁c"聚拢向特征的意象图式与范畴特征

"V+起₁c"表达外向致使,后接受事宾语。可搭配"包(2)、绑"类"合拢"义聚拢向结果性二价非位移动词,又如"拦(1)、裹、扎、捆、编(1)、编(2)、套(2)"等,搭配"起"使受动者合拢,如例(26);也可搭配"接(1)、联合"类"连接"义聚拢向结果性二价非位移动词,又如"连、连缀、连接、联系、勾结、并拢"等,搭配"起"使受动者与他物连接,如例(27);也可搭配"集合、聚集"类"聚集"义二价非位移动词,又如"串(1)、凑(1)、合并、集中、收集、召集"等,搭配"起"使诸多受动者合并,如例(28)。

(26)战士们拥上前去,**绑起**了两个猎获物,仔细一看,一点不差,是两个朝鲜模样的人。(曲波《林海雪原》)

(27)于震海**联合起**同车厢的难友,砸死两个押车的日本兵,跳车跑了出来。(冯德英《山菊花》)

(28)到第二天前晌,又把全村民兵**集合起**,开会检讨这件事,批评张有义们三个的错误。(马烽《吕梁英雄传》)

2.2　垂直上向义"V+起"在时间域中的虚化

空间表征是时间表征的源头,由隐喻唤起的空间图式将为时间中事件的组织提供相关信息[1]。垂直上向义"起₁a"可隐喻扩展至时间域,表达动作开始并持续的时间变化,标记为"起₂"。其中"起₁a"[+离开起点]、[+终点不明确]、[+垂直上向]特征投射到时间域中体现为[+动作开始]、[+结束点不明确]、[+动作持续]。如图 5-5-4 所示:

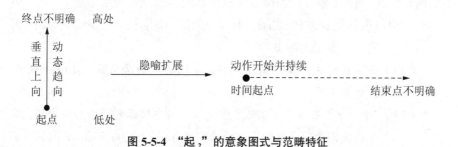

图 5-5-4　"起₂"的意象图式与范畴特征

1　Murphy, G. L. *On Metaphoric Representation*. Cognition, 1996, 60(2):173—204.

"V+起₂"语义指向动作，不再具有致使性，搭配自主、持续义动词，可以是动作动词，也可以是言说动词和心理动词等。该类不可添加"得/不"，也不能用于"把"字句，这是与空间域"V+起"的句法差异。"V+起₂"多用于"从+时间点+V+起₂"结构中，凸显时间点，如例（29）；可用于连动结构第二谓语，如例（30）。

（29）从现在开始**算起**，谁最先向她求婚，她就嫁给谁。（史铁生《务虚笔记》）

（30）……鸿鹏钻在那里**吃起**奶了。（贾平凹《浮躁》）

"V+起₂"也可引入评论性话语。刘月华（1998）认为这里的"起"表示说话意义的动词后，引进所谈的人或事[1]。这是整个结构的语义，"起"的时间义并未变化，只是受后接小句的影响，语义受到一定的抑制。例如：

（31）江木匠……**干起活来**却不比其他有本事的木匠差，远近有名。（冯德英《迎春花》）

（32）刘东旭，你在宣传部的时候，**谈起**思想政治工作，都是一套一套的，……（柳建伟《突出重围》）

2.3 垂直上向、聚拢向"V+起"在状态域中的泛化

2.3.1 起₃ₐ[（实体）由无到有的存在状态变化]

垂直上向义"起₁ₐ"所在的空间域可隐喻扩展至由无到有的存在状态域，表达某实体在作用下由无到有产生，标记为"起₃ₐ"。这是过程"由低向高"转喻为结果"由无到有"，如房屋建设由无到有隐含着房屋相对于地平面由低向高。

"V+起₃ₐ"可表达外向致使，搭配"盖₍₄₎、培养"类创造义二价动词，如"办₍₂₎、成立、建立、建设、培育、砌、修₍₃₎、织₍₁₎、织₍₂₎、筑"等，如例（33）、（34）；"点₍₁₀₎、烫₍₁₎"类燃烧义二价动词，如"燃、燃烧、烧₍₁₎"等，如例（35）；"挑₍₄₎、惹₍₁₎"类产生义二价动词，如"激、激发、惹₍₂₎"等，例（36）。也可表达返身致使，搭配"长₍₁₎、生长"类生长义一价动词，如"成长、发₍₂₎、生₍₂₎"等，如例（37）。

（33）企业出资**盖起**宽敞舒适的住房，让职工安居乐业。（1993年《人民日报》）

（34）"手拉手"互助活动在亿万少先队员心中**培养起**的爱心与责任，不正让我们看到了我们民族的希望所在吗？（2000年《人民日报》）

1　刘月华：《趋向补语通释》，北京：北京语言大学出版社，1998年，第332页。

（35）她的脚被热水**烫起**了一层水泡。(皮皮《渴望激情》)

（36）要是我们分得太多，**惹起**别人不满，张扬出去，反而不妙。(姚雪垠《李自成》)

（37）(全蛤蟆滩的庄稼人)眼看着桃林不见了，眼看着地里**长起**了玉米和小麦，……(柳青《创业史》)

"V+起₃ₐ"均后接受动者做结果宾语，均不可用于可能式，或语义发生变化，也一般不用于"把"字句。

2.3.2　起₃ᵦ[(受动者)由隐到显的存在状态变化]

垂直上向义"起₁ₐ"所在的空间域可隐喻扩展至由隐到显的存在状态域，表达受动者在作用下由隐到显的存在状态变化，标记为"起₃ᵦ"。这是过程"由低向高"转喻为结果"由隐到显"，人们主观上会将低处隐喻为隐蔽处，高处隐喻为显现处。

"V+起₃ᵦ"表达外向致使，多搭配"想₍₂₎、记₍₁₎"类"恢复"义动词，又如"回忆、联想、回想"等。该类可用于可能式，不用于"把"字句。例如：

（38）(老兵)说了半天，还**想不起**他的名字。(梁斌《红旗谱》)

言说动词如"念叨、讲₍₁₎、说₍₁₎、谈、谈论、提₍₃₎、问₍₁₎"等，后接关涉宾语，不用于可能式，一般不用于"把"字句，宜看作时间义，同时隐含由隐到显的存在状态变化。例如：

（39）他再不敢找响铃一家的茬儿，也绝不对人**说起**他受了什么捉弄。(张炜《柏慧》)

2.3.3　起₃ᵨ[(施动者)由不具备到具备某行为能力的状态变化]

垂直上向义"V+起₁ₐ"所在的空间域可隐喻扩展至行为状态域，表达施动者由不具备到具备某行为能力的状态变化，标记为"起₃ᵨ"。这是过程"由低到高"转喻为结果"由不具备到具备"。

"V+起₃ᵨ"语义指向动作，不具有致使性，多用于可能式中，即表达"施动者能不能 V"。可搭配"经受、承担"类"承受或承担"义二价非位移动词，又如"承担、承受、吃罪、担、担待、担戴、担当、负担"等，后接宾语为"事件或抽象实体"。例如：

（40）可你要进去，大老爷怪罪下来，小的**担待不起**。(冯德英《山菊花》)

（41）她的筋骨是初生的筋骨，**禁得起**一再的折腾，既不腰酸腿疼也不呼哧带喘，前途远大着呢。(张洁《无字》)

也可搭配"讲、配"类与"够资格"有关的二价非位移动词，这类动词

进入具体语境后,"起"具有了有资格(做某事)义,后接抽象实体。例如:

(42)……别说六姑娘才貌双全,就是要**配得起**你们伍家也就很难了。
(张承志《黑骏马》)

(43)你把他拉进去,叫我老汉怎弄哩?你弟兄三个,外头有人干事,屋里有人种地,你们**积极得起**啊!(柳青《创业史》)

也可搭配"买、养"类与"花费金钱"有关的动词,又如"抚养、付、供给、管[1]、赔[1]、赔[2]、娶、侍候、伺候、消费、养活"等,后接具体实体,也可扩展到其他动作动词。例如:

(44)(夏天义)家境原本不好,这下弄得连盐都**吃不起**,就去了省城拾破烂。(贾平凹《秦腔》)

(45)你看咱这才安上家,弄了几亩地种着,连辆车连条牛也**买不起**。
(梁斌《红旗谱》)

也可搭配"称[1]、当[1]"类"承当角色或评价"义二价非位移动词,后接宾语为角色或评价义事件。例如:

(46)此情、此景儿,可真**称得起**:棒打鸳鸯两分开!(冯苓植《猫腻》)

(47)他小小人儿,怎**当得起**老长辈给他敬酒?(刘绍棠《地火》)

也可搭配"招[1][3]、惹[2]"类"招惹"义二价非位移动词,又如"报复、吃罪、得罪、沾惹、招惹"等。例如:

(48)还有,刘魁胜你**得罪得起**吗?(冯至《敌后武工队》)

(49)你们大大小小都有组织了,哪个也**惹不起**啦。(冯德英《苦菜花》)

也可搭配"耽搁、等"类与"花费时间"有关的二价非位移动词,又如"耽误、推迟、拖延"等。例如:

(50)……先不说要交多少钱,谁**搭得起**这工夫?(魏润身《挠攘》)

(51)我们要乘军列南下,时间更**耽误不起**。(柳建伟《突出重围》)

除此之外,还形成了"对得/不起"的固定格式,表达"施动者能否具有能力对待某人、物或事"。其中"对不起"词汇化程度高于"对得起"。例(52)~(54)分别后接人物宾语、事物宾语和事件宾语,例(55)"对不起"表示"抱歉",凝固为词。

(52)你这样死了,能**对得起**你牺牲的丈夫吗?(冯德英《山菊花》)

(53)你也不怕**对不起**你交给医院的那一大笔保证金?(毕淑敏《红处方》)

(54)我活了四十多岁,死了也算**对得起**爹妈生养一场。(冯德英《山菊花》)

（55）我告诉了你，你害怕了，真**对不起**。（毕淑敏《血玲珑》）

2.3.4　起$_{3d}$［（受动者）由显到隐的存在状态变化］

聚拢向"V＋起$_{1b}$"所在的空间域可隐喻扩展至由显到隐的存在状态域，表达已存在的受动者在作用力作用下发生由显到隐的状态变化，标记为"起$_{3d}$"。这是过程"由展到拢"转喻为结果"由显到隐"，人们主观上会将延展隐喻为显现，聚拢隐喻为隐蔽。吕叔湘（1999）[1]和徐静茜（1981）[2]将该类归纳为"动作完成"并不合适。该类可用于"把"字句，凸显了动作对受动者的作用。若是时间义"动作完成"，则一般不用于"把"字句。

"V＋起$_{3d}$"可表达外向致使，搭配"收$_{(1)}$、留$_{(2)}$"类存留义二价非位移动词，又如"保藏、藏$_{(2)}$、储藏、存$_{(1)}$、搁$_{(1)}$、收藏、珍藏、贮藏、装^2$_{(1)}$"等；"躲、藏$_{(1)}$"类隐藏义二价非位移动词，又如"藏匿、躲避、躲藏、搁$_{(2)}$、搁置、关$_{(2)}$、禁闭、埋、潜藏、囚禁、锁$_{(1)}$、窝藏、掩、掩盖、掖、隐瞒、隐匿、遮挡"等；"盖$_{(1)}$、掩盖"类覆盖义二价非位移动词，又如"覆盖、遮盖、遮、罩"等。例如：

（56）我觉得有道理，也没再多想，就谢了，小心地将画**收起**。（尤凤伟《中国一九五七》）

（57）他终于把钢笔慢慢地插入笔帽，**藏起**了自己的诗稿。（张承志《北方的河》）

（58）你本能地**盖起**盒子，**藏起**让你心惊肉跳的宝贝。（莫言《红树林》）

3　动趋式"V＋起"的语义演变路径

随着认知域的扩展，"V＋起"语义不断泛化、虚化。空间义"V＋起"自足性较低，多前接或后接其他小句。时间义"V＋起"自足性较高，可用于连动结构第二谓语，或者后接关涉宾语。状态义"V＋起"自足性最高，多后接受事或结果宾语，不后接其他小句。下面从历时角度进行语义演变的验证。

3.1　六朝：站起义动词"起"→"起$_{1a}$"

动词"起"的基本意义之一是"站起"，"起，能立也"（段玉裁《说文解字注》），如例（59）。后引申为"竖立"和"离开原来的位置上升"义，分别如例（60）、（61）。在此基础上，六朝时出现"V＋起$_{1a}$"结构，如例（62）、

1　吕叔湘：《现代汉语八百词（增订本）》，北京：商务印书馆，1999年，第440—441页。

2　徐静茜：《"·起"和"·上"》，《汉语学习》，1981年第6期。

（63）。唐五代时用例渐多，如例（64）。

（59）既已终矣。羊**起**而触之。折其脚祧神之。（《墨子·明鬼》）

（60）王出郊，天乃雨。反风，禾则尽**起**。（《今文尚书·金縢》）

（61）众草多障者，疑也。鸟**起**者，伏也。（《孙子·行军》）

（62）以其角为导，毒药为汤，以此道搅之，皆生白沫涌**起**，则了无复毒势也。（《抱朴子内篇》卷十七）

（63）尝疾笃，妻出省之，悌命左右扶**起**，冠帻加袭，起对，趣令妻还，其贞洁不渎如此。（《三国志·吴书七·顾雍传》）

（64）a. 僧问，如何是佛法大意。师**竖起**拂子。（《镇州临济慧照禅师语录》）

     b. 师又**拈起**笊篱云："乞取监钱些子。"（《祖堂集》卷六，投子和尚）

3.2 南宋：发生义动词"起"和"起$_{1a}$"→"起$_2$"

动词"起"的基本意义之二是"兴起、发生、开始"，"起，本发步之称，引申之训为立，又引申之为凡始事、凡兴作之称"（段玉裁《说文解字注》）。例如：

（65）一废一**起**，应之以贯，理贯不乱。（《荀子·天论》）

（66）发火有时，**起**火有日。时者，天之燥也。（《孙子·火攻》）

（67）中饮，优施**起**舞，谓里克妻曰："主孟啖我，我教兹暇豫事君。"（《国语·晋语二》）

这些动词义与时间有关，单独做谓语。同时，在"V+起$_{1a}$"的隐喻扩展作用下，南宋出现了时间变化义"起$_2$"，如例（68）；多由"从、自、始、方"等表示开始义的介词结构修饰，如例（69）。

（68）打动关南鼓，**唱起**德山歌。（《五灯会元》卷四，关南常禅师）

（69）须从"孟子见梁惠王"**看起**，却渐渐进步。（《朱子语类》卷六十）

3.3 六朝：兴建义动词"起"和"起$_{1a}$"→"起$_{3a}$"

发生义动词"起"后引申为"兴建"义。例如：

（70）于所集处得玉宝，**起**步寿宫，乃下诏赦天下。（《汉书·郊祀志》）

（71）然遂**起**上林苑，如寿王所奏云。（《汉书·东方朔传》）

在兴建义"起"的意义基础和"V+起$_{1a}$"的句法扩展下，六朝时出现了由无到有的状态变化义"V+起$_{3a}$"，如例（72）；唐宋时代有所发展，明代时用法较成熟，如例（73）～（75）。

（72）艾在西时，修治障塞，**筑起**城坞。（《三国志·魏书·邓艾传》）

（73）请于内禁**筑起**仙台，练身登霞，逍遥九天。庶福圣寿，永保长生

之乐。（《入唐求法巡礼行纪》卷四）

（74）归来中夜酒醺醺，**惹起**旧愁无限。（《柳永词集·御街行（圣寿）》）

（75）八戒**长起**威风，与妖精厮斗，那怪喝令小妖把八戒一齐围住不题。（《西游记》第八十五回）

3.4　南宋："起$_{1a}$"→"起$_{3b}$""起$_{3c}$"

空间域可扩展至状态域。"由隐到显""具备某行为能力"均是人类所预期产生的，这与"起$_{1a}$"本身由低向高的垂直上向性一致。南宋时出现了由隐到显的状态变化义"起$_{3b}$"，如例（76）、例（77）；以及行为状态变化义"起$_{3c}$"用法，多搭配承担义动词，如例（78）。

（76）而今说已前不曾做得，又怕迟晚，又怕做不及，又怕那个难，又怕性格迟钝，又怕**记不起**，都是闲说。（《朱子语类》卷十）

（77）其意只是**提起**一事，使人读着常惺惺地。道夫。（同上，卷十四）

（78）其意谓必有勇力**担当得起**，方敢不动其心，故孟子下历言所以不动心之故。（同上，卷五十二）

明代时行为状态变化义"起$_{3c}$"还可搭配与花费金钱有关的动词，如例（79）、例（80）。清代出现搭配"与够资格有关"义、"承当角色或评价"义、"招惹"义、"与花费时间有关"义动词的用法，还出现了"对不起"的用例，分别如例（81）～例（85）。

（79）次日因见女婿家中全无活计，**养赡不起**，把十五贯钱与女婿作本，开店养身。（《醒世恒言》卷三十三）

（80）若是别人，千把银子也讨了，可怜那穷汉**出不起**，只要他三百两，我自去讨一个粉头代替。（《警世通言》卷三十二）

（81）那日他母亲看见了巧姐，心里羡慕，自想："我是庄家人家，那能**配得起**这样世家小姐！"呆呆的想着。（《红楼梦》第一百一十九回）

（82）……就使有十个人轮流而来，我姓徐的，要说出半个不字，也**称不起**是英雄好汉。（《施公案》第三百五十一回）

（83）曹州府现是个玉大人。这人很**惹不起**的：无论你有理没理，只要他心里觉得不错，就上了站笼了。（《老残游记》第七回）

（84）大家都望老爷早点把案断开，好等那些见证早点回去，乡下人是**耽误不起**的。（《官场现形记》第二十三回）

（85）这是你老太太黄金入柜，万年的大事，要有一点儿不保重，姑娘，我可就**对不起**你了。（《儿女英雄传》第十七回）

3.5 明代:"起_{1a}"→"起_{1b}""起_{1c}"

在"起_{1a}"转喻的基础上,宋元时代发现由展到拢空间变化义"V+起_{1b}"的用例,如例(86)、(87);真正出现是在明代,如例(88)。

(86)一日,宝盖和尚来访,师便**卷起**帘子,在方丈内坐。(《五灯会元》卷五,道吾智禅师)

(87)晚妆残,乌云身单,轻匀了粉脸,乱**挽起**云鬟。(王实甫《崔莺莺待月西厢记》第三本第二折)

(88)只见吕布**挽起**袍袖,搭上箭,扯满弓,叫一声:"着!"(《三国演义》第十六回)

南宋发现由散到合空间变化义"V+起_{1c}"用例,如例(89);真正出现是在明代,如例(90)、例(91)。

(89)四边一齐**合起**,功夫无些罅漏。(《朱子语类》卷一百二十一)

(90)只是一件,目下**凑不起**价钱,只好现奉一半。等待我家官人回来,一并清楚,他也只在这几日回了。(《喻世明言》卷一)

(91)说罢,将金锭放银包内,一齐**包起**。(同上,卷一)

3.6 明代:"起_{1b}"→"起_{3d}"

在聚拢向"起_{1b}"的作用下,元代时偶见由显到隐状态变化义"起_{3d}"用例,真正出现是在明代。例如:

(92)(张生云)既如此,待我**收起**法宝,则要老师父作成我这桩亲事。(李好古《沙门岛张生煮海》第三折)

(93)大头在你手里,你把要紧好的**藏起**了些不得?(《二刻拍案惊奇》卷十六)

4 小 结

本节阐述了"V+起"的方向特征——"刚性"与"变形",分别对应"上向"和"聚拢向"。"上向"是初始义,体现的是离开外在源点由低向高的空间位移,聚焦起点。"聚拢向"是"上向"转喻而来的,体现的是围绕并向着内在源点聚拢的空间变化,聚焦终点。"聚拢向"与"延展向"相对,建立这一对方向特征,可更好地分析"起"与"开"的位移特征。

"起"由趋向动词演变为准时态助词、附着性动词。语义泛化与虚化机制主要体现在:第一,动词"起"的三个语义分别是趋向补语"起"空间义"离开起点由低向高"、时间义"动作开始并持续"和状态义"由无到有"产生的语义基础。第二,六朝时动补结构"V+起_{1a}"的出现是其他语义类型补语"起"产生的句法基础，具有强大的句法类推能力。第三，各语义类型的出现顺序受到认知隐喻与转喻的制约。空间域扩展至时间域、状态域，呈现为放射性隐喻扩展。空间域向时间域的扩展体现为语义虚化，空间域向状态域的扩展体现为语义泛化。"起"体现为从源点向终点的位移过程，这一位移过程在认知域的隐喻过程中又具体呈现为隐喻或转喻机制。空间过程"由低向高"隐喻为时间过程"动作开始并持续"，空间过程"由展到拢"隐喻为空间过程"由散到合"。空间过程"由低向高"转喻为状态结果"由无到有""由隐到显""由不具备到具备"，空间过程"由低向高"转喻为空间结果"由展到拢"，空间过程"由展到拢"转喻为状态结果"由显到隐"。本节研究结论与 Heine[1] 等提出"人 > 物 > 事 > 空间 > 时间 > 性质"这一人类认识世界的认知域序列一致。第四，各语义类型的出现受到句法结构的制约。由不后接宾语到后接宾语，由处所宾语到受事宾语、部位宾语、对象宾语，所搭配的动词由位移动词到非位移动词，动词小类逐渐泛化，句法结构所在环境的变化影响了"起"的语义泛化与虚化。值得注意的是"V+起"中动词小类只能是自主动词，不能是非自主动词，这与其他趋向补语不同。

　　"V+起"由空间到时间、状态域，致使性渐弱，发生了语义泛化与虚化（如图 5-5-5 所示）。趋向补语"起"的语义出现顺序为：起 $_{1a}$、起 $_{3a}$（六朝）> 起 $_2$、起 $_{3b}$、起 $_{3c}$（南宋）> 起 $_{1b}$、起 $_{1c}$、起 $_{3d}$（明代）。

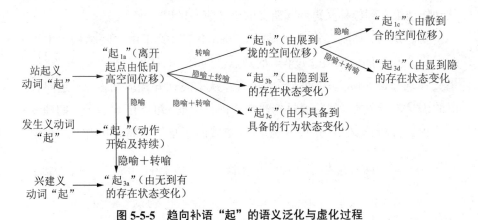

图 5-5-5　趋向补语"起"的语义泛化与虚化过程

1　Heine，B. et al. *Grammaticalization: A Conceptual Framework*. Chicago: The Chicago University Press，1991：48-52. 转引自赵艳芳：《认知语言学概论》，上海：上海外语教育出版社，2001 年，第 163 页。

第六节　动趋式 "V+开" 的致使性泛化与虚化

1　引　言

"V+开" 具有较为丰富的语义类型。请看下面的例句[1]：

（1）不能随便**走开**。　　　　　　（2）把箱子**打开**。

（3）这儿**裂开**了一寸多宽。　　　（4）**迈开**大步朝前走。

（5）这儿**放**不**开**四张床。　　　（6）还是把事情**说开**了好。

（7）一见到亲人他就**哭开**了。

以上例（1）～（7）吕叔湘（1999）认为分别表示：人或事物随动作离开、人或事物随动作分开、物体随动作展开一定距离、事物随动作展开、能不能容纳一定数量、比喻清楚/开阔、动作开始兼有放开不受约束[2]。孟琮（1999）认为例（1）～（4）、（6）表分离、放松，例（5）表容纳，例（7）表进入状态[3]。刘月华（1998）从趋向、结果和状态三个角度划分意义：例（1）是趋向义，表示通过动作使人或物体离开某处；例（2）～（6）是结果义，例（2）、（3）表示分离、分裂，例（4）表示舒展、分散，例（5）表示空间能否容纳某物体或容许某一动作施展，例（6）表示清楚、彻悟；例（7）是状态义，表示由静态进入动态[4]。孙鹏飞（2008）分析认为趋向补语 "开" 经历了从动作结果义到位移义再到起始义的语义演变过程[5]。

我们认为，孙鹏飞观点违反了 Lyons（1977）关于由空间结构引申为时间概念及其他抽象概念过程[6]的观点。同时，刘月华提出的趋向义、结果义和状态义实际上均是结果的表现。从人类认知经验出发，对趋向补语的语义进行分类，然后通过句法特征进行验证，可能更有助于人们理解与认识。分析语义结构时，要强调认知域而不是语义特征的作用，要偏

1　例句选自吕叔湘：《现代汉语八百词（增订本）》，北京：商务印书馆，1999年，第329—330页。

2　吕叔湘：《现代汉语八百词（增订本）》，北京：商务印书馆，1999年，第329—330页。

3　孟琮等编：《汉语动词用法词典》，北京：商务印书馆，1999年，第19页。

4　刘月华：《趋向补语通释》，北京：北京语言大学出版社，1998年，第381—395页。

5　孙鹏飞：《"V开" 的句法语义分析及 "开" 的虚化探索》，上海师范大学硕士学位论文，2008年。

6　Lyons, J. *Semantics*（*Vol. 2*）. Cambridge: Cambridge University Press, 1977（2）:371.

重对词义生成的解释[1]。然而，光靠经验共现认知模型进行多义研究[2]仍然不够，还应进行构成要素的分析、句法搭配上的验证，以及历时来源的考察。历时来源分析可通过泛化与虚化理论来进行。只有这样，才能更好地揭示"语义的决定性、句法的强制性、语用的选择性以及认知的解释性"[3]。本节试图从意象图式和认知域角度对动趋式"V+开"的语义类型进行归纳。

2 动趋式"V+开"的认知域、语义类别及动词小类

"V+开"最初用于空间域，后隐喻扩展至时间域和状态域，体现为空间路径到时间路径、状态路径的变化，致使性逐渐减弱，直至消失。时间概念表征具有水平的空间方向性[4]。事物运动除了与空间与时间有关外，还表现为事物在一定度上质与量的状态变化[5]。"开"在状态域中体现为受动者在存在、数量等状态上的变化。其中，受动者的存在状态可细分为由纠结到顺畅、由模糊到清晰，数量状态表现为由初始到终结。如表 5-6-1 所示：

表 5-6-1 认知域与位移端点

认知域	空间	存在	数量	时间
源点	位移起点	纠结/模糊	初始状态	事件开始
终点	位移终点	顺畅/清晰	终结状态	事件结束

2.1 空间域"V+开"由延展向到分离向、离开向的泛化

2.1.1 开$_{1a}$[（受动者）离开内在源点由合到散的空间位移]

受动者在施动者作用下发生了由整体到部分的空间位移，部分之间产生了空间距离，产生了实际位移，同时形状也发生了变化，空间方向为"延展向"，这时标记为"V+开$_{1a}$"。受动者具有可分割性，可以为单一实体，也可以是多个实体。意象图式如图 5-6-1 和图 5-6-2 所示（粗箭头表

---

1 施春宏：《词义结构的认知基础及释义原则》，《中国语文》，2012 年第 2 期。

2 黄月华：《汉语趋向动词的多义研究》，湖南师范大学博士学位论文，2011 年，第 154—155 页。

3 邵敬敏：《"语义语法"说略》，《暨南学报（人文与社会科学版）》，2004 年第 1 期。

4 吴念阳、徐凝婷、张琰：《空间图式加工促进方向性时间表述的理解》，《心理科学》，2007 年第 4 期。

5 陈先达、杨耕：《马克思主义哲学原理（第 3 版）》，北京：中国人民大学出版社，2013 年，第 142—143 页。

示受动者位移前后的情况；虚线表示受动者原来的位置，下同）：

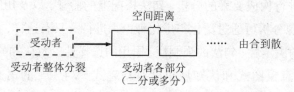

图 5-6-1　单一受动者由合到散的"开₁ₐ"意象

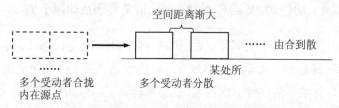

图 5-6-2　多个可分割受动者由合到散的"开₁ₐ"意象

"V+开₁ₐ"表达外向致使，可搭配"掰、分₍₁₎"类分裂义二价外向非位移动词，如"剥 bāo、岔、断、翻₍₂₎、分解、分散、豁、裂、劈 pī₍₁₎、劈 pǐ₍₁₎、劈 pǐ₍₂₎、砍₍₁₎、剪、拉¹₍₁₎、剖、撕、散 sǎn、炸₍₂₎"等②。例如：

（8）（任保）自己把一个瓜乒一声**掰开**，大口吃起来。（冯德英《迎春花》）

（9）一只看不见的大手把他和别人**隔开**，很冷酷地将他推来搡去。（刘恒《黑的雪》）

例（8）表达受动者"一个瓜"通过作用力"掰"产生由合到散的空间变形位移。例（9）表达受动者"他""别人"通过作用力"隔"产生由合到散的空间变形位移。有时，"V+开"后可出现结果成分。例如：

（10）水流在正河道的时候，则是**分开**了三股四股。（贾平凹《浮躁》）

例（10）表达受动者"水流"通过作用力"分"产生由合到散的空间变形位移，导致出现结果"三股四股"。

2.1.2　开₁ᵦ［（受动者）围绕内在源点由拢到展的空间位移］

受动者在施动者作用下发生了整体围绕某点由拢到展的空间位移，空间方向为"延展向"，可标注为"V+开₁ᵦ"。这时整体围绕中心产生了实际位移，同时形状也发生了变化，空间面积渐大。受动者具有不可分割性。当受动者可以是单一实体，如图 5-6-3 所示（圆点表示受动者聚拢或展开时的轴心，下同）：

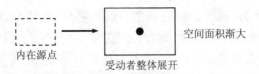

空间面积渐大

内在源点

受动者整体展开

图 5-6-3 单一不可分割受动者由拢到展的"开₁ᵦ"意象

这时"V+开₁ᵦ"表达外向致使，搭配"铺、搽"类铺开义二价外向动词，如"撑、打₍₁₂₎、抖、放₍₇₎、化、摊₍₁₎、舒、展"等，后接"床单、化妆品、毛巾、眉头"等受动者。例如：

（11）（朱先生）在院中石桌上**铺开**宣纸，悬腕运笔，一气呵成四个大字：好人难活。（陈忠实《白鹿原》）

（12）郁容秋的脸上像涂着没有**搽开**的增白粉蜜，寒霜一片，眼圈黑得像盖了两枚墨色图章。（毕淑敏《女人之约》）

受动者也可以是不可分割的多个实体。如图 5-6-4 所示：

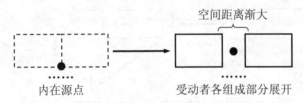

空间距离渐大

内在源点

受动者各组成部分展开

图 5-6-4 多个不可分割受动者由拢到展的"开₁ᵦ"意象

这时"V+开₁ᵦ"可表达外向致使，搭配"张、伸"类展开义二价外向动词，如"叉、扯₍₁₎、踱、迈、咧、松、摊₍₁₎、伸、展"等，后接"翅膀、双臂、手、腿、胳膊、嘴、眼睛、喉咙"等身体部位，这些身体部位可看作由部分组成，如"手"分手指和手掌，"腿"分大腿和小腿、左腿和右腿，"嘴"分上嘴唇和下嘴唇等，因此可以说"伸开手""伸开腿""叉开腿""张开嘴、咧开嘴"等。也可搭配"传₍₃₎、传唱"类展开义二价外向动词，如"传扬、繁衍、散布"等，强调"沿某点"，有时会在语境中用"从/由……"介词结构凸显出来。例如：

（13）（小女孩）**张开**双臂奔跑过去，喊着："爸爸，爸爸——"（柳建伟《突出重围》）

（14）这件撼动人心的事已经纷纷**传开**，人们拥挤到祠堂里来，……（陈忠实《白鹿原》）

（15）事情由此**传开**，庄稼人每年就等着看朱先生家里往地里撒什么种子，然后就给自家地里也撒什么种子。（陈忠实《白鹿原》）

"V+开₁ᵦ"也可表达返身致使，搭配"飘散、四散"类展开义一价返身动词,如"荡漾、飞荡、沸腾、分散、扩散、漫散、蔓延、弥散、披散、飘移、伸展、升腾、生发、疏散、舒展、松弛、延伸、游移、绽、震荡"等。例如:

(16)包谷米粒那么大的花骨朵已经**绽开**了。(白桦《远方有个女儿国》)

2.1.3　开₁c[(受动者)离开外在源点由闭到开的空间位移]

受动者依附于某实体,在作用力作用下离开这一实体(被依附者),发生了由闭到开的空间位移,空间方向为"分离向",标注为"开₁c"。这时受动者与被依附者均是某一实体的部分,具有可分割性,被依附者属于外在源点。值得注意的是,受动者与被依附者可以通过轴线连接,作用力作用下受动者与被依附者的其他部分分离(意象图式如图 5-6-5 所示,加粗表示凸显),如"打开屋门","屋门"通过"门轴"(属于"门框"的一部分)与"门框"连接,作用力作用下"屋门"与"门框"的其他部分分离。除此之外,受动者与被依附者没有轴线连接,作用力作用下受动者与被依附者完全分离(意象图式如图 5-6-6 所示),如"打开瓶盖","瓶盖"与"瓶身"分离。

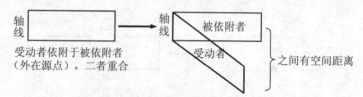

图 5-6-5　受动者离开被依附者沿着轴线由闭到开的"开₁c"意象

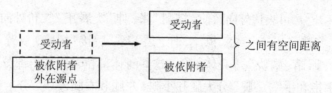

图 5-6-6　受动者完全离开被依附者由闭到开的"开₁c"意象

"V+开₁c"表达外向致使,可搭配"打₍₁₁₎、掀"类使离开义二价外向他移动词,如"踹、吹₍₂₎、解₍₁₎、揪、拉¹₍₁₎、撩、撬、推₍₁₎、砸₍₁₎、撞₍₁₎"等,可后接"门、窗户、被子、盖子、抽屉"等可依附于某物的实体宾语。例如:

(17)她**打开**屋门,扶着门框呼吸新鲜空气。(迟子建《岸上的美奴》)

(18)聂小轩**掀开**竹帘说道:"快来见客人,乌大爷和寿爷来了。"(邓友梅《烟壶》)

受转喻影响,"V+开₁c"可后接被依附者做宾语,如"信封、酒瓶、桌子、窗"等,实际上分别与"信口、盖、抽屉、窗户"等受动者连接。例如:

(19)她回到家里思想斗争了一天,但终于不敢**拆开**信封。(陈染《无
处告别》)

(20)许年华**打开**酒瓶,对瓶嘴喝了一口,然后递给了金全礼。(刘震
云《官场》)

"V+开$_{1c}$"也可搭配一些言说类动词如"叫$^1_{(2)}$、骂"等。例如:

(21)闯王有令,只要你**叫开**项城城门,饶你一条狗命。(姚雪垠《李
自成》)

受动者也可以抽象化,如下面例(22)a句受动者为具体实体"被子",
b句受动者为抽象实体"一场旷日持久的官司"。

(22)a. 俞山松**揭开**被子,赵明福眼死死地闭着。(刘绍棠《运河的
桨声》)

b. 她不知道这一个小动作:**揭开**了一场旷日持久的官司。(毕淑
敏《红处方》)

"V+开$_{1c}$"发生结构转喻,受动者某机关部位发生位移,转喻为受动
者性质功能上由不运作到开始运作的变化,这是动作过程转喻为动作结果
造成的,如"打开灯","灯钮"发生位移,导致受动者"灯"性质功能上发
生变化。这时表达外向致使,可搭配"打、拧"类与作用于机器相关的二
价外向他移动词,后接具有运作性质功能的机器类受动者,如"唱机、煤
气、电脑、收音机"等。例如:

(23)他**打开**母亲床头的台灯,掏出地图册翻阅起来,他一眼就看见
了北京近郊有一条大河。(张承志《北方的河》)

(24)夏天智可能也是写累了,轻轻**拧开**收音机听秦腔。(贾平凹
《秦腔》)

2.1.4 开$_{1d}$[(受动者)离开某处所或实体的空间位移]

受动者在施动者作用下发生了离开某处所或实体的空间位移,可标注
为"V+开$_{1d}$"。源点体现为外在源点,可分为三种情况:第一种是某处所。
位移之前,受动者与某实体具有接触关系。意象图式如图5-6-7所示:

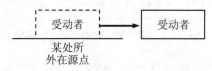

图5-6-7 离开某处所的"开$_{1d}$"意象

该类"V+开$_{1d}$"可表达返身致使,也可表达外向致使。前者搭配

"走(1)、跑(1)"类与身体部位有关的一价外向性自移动作动词,如"蹦、飞(1)、滚、扭(1)、跳(1)、退(1)、转zhuǎn(1)、掉²(1)"等。例如:

（25）在这样的夜晚,我总是听到他的门里传出别人的声音,我只有**走开**。(陈染《一个人的战争》)

（26）我们的目光一接触,他便将脸**转开**了,和身旁的人说什么。(梁晓声《表弟》)

后者搭配"抱(1)、引"类与身体部位有关的二价外向性他移动作动词或具有吸引义的他移动作动词,如"搬(1)、移、推(1)、挡(1)"等。例如:

（27）没承想,她转了一圈儿,那些年轻的父母全都把孩子**抱开**了,不要她的雪人儿,……(陈建功、赵大年《皇城根》)

（28）她本意是找个话茬儿,把注意力从大立身上**引开**。(同上)

第二种是施动者所在位置。意象图式如图5-6-8所示:

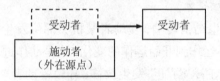

图5-6-8　离开施动者的"开₁c"意象

该类"V+开₁d"表达外向致使,搭配"丢(2)、甩"类二价外向性他移动作动词,如"割舍、撇、抛(1)、松、撒(1)、支"等。位移之前,受动者与施动者具有接触关系。例如:

（29）我一**丢开**她,她肯定没活路了。(陈忠实《白鹿原》)

（30）那女人两臂一抢,把三四个拉她的女人全都**甩开**,撒腿端直朝镇上跑去,……(同上)

第三种是某实体。意象图式如图5-6-9所示:

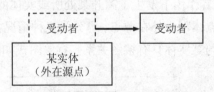

图5-6-9　离开某实体的"开₁c"意象

该类"V+开₁d"表达返身致使,搭配"挣脱、躲"类二价外向性自移动作动词,如"挣、避、脱(3)、脱离、离(1)、让(1)、闪(1)"等。位移之前,受动者与某实体具有接触关系。例如:

（31）我**挣脱**开他的手，冷冷地说，那不仅仅是从前，也是现在。（毕淑敏《红处方》）

（32）简方宁抱着红玫瑰，若有所思，小心地**躲开**茎上的紫红色尖刺，用手指抚弄着不多的几片绿叶。（同上）

2.2　延展向"V+开"在时间域中的虚化

随着认知发展，由空间域扩展至时间域，表达动作开始并持续的时间变化，标记为"开₂"。"V+开₂"表达在时间轴上的变化，同时还伴随着作用力关涉者由拢到展的扩散，其中"开₂"可看作准时态助词。意象图式如5-6-10所示：

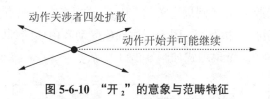

图5-6-10　"开₂"的意象与范畴特征

"V+开₂"表达返身致使，后接关涉者，多为动词的受事成分。这时不能用于可能式。可搭配"说(1)、叫¹(1)"类言说类二价非位移动词，如"唱(1)、吵(1)、吵(2)、打闹、嘀咕、嚷叫、嚷嚣、胡扯、讲(1)、叫¹(2)、叫嚷、哭、聊、骂、闹(1)、嚷、谈、问(1)、呜咽、议论"等，兼有声音或事情扩散之义，如例（33）。也可搭配"盘算、闹(2)"类思维类二价非位移动词，如"打(19)、发作、想(1)、想(2)、想(5)、琢磨"等，兼有思维扩散或情感宣泄之义，如例（34）。也可搭配"收拾、学(1)"类二价非位移动作动词，如"吃(1)、喝、尝、布置、做(1)"等，这类较开放，兼有动作依次作用于关涉者之义，如例（35）。也可搭配"闹腾、蹦跶"类一价动作动词，可以是位移动词，也可以是非位移动词。如"普及、跳、扭(3)、哆嗦、闹(3)"等，这类较开放，兼有动作四处（或身体部位四处）扩散之义，如例（36）。

（33）a. 你怎么**说开**泄气话啦？丢人那点人、枪，算不了什么！（冯德英《山菊花》）

　　　b. 决定竖碑子，夏天义的五个儿子和媳妇就**吵闹开**了，……（贾平凹《秦腔》）

（34）a. ……魏强心里就思前想后地**盘算开**了："可以肯定，就是夜袭队。……"（冯至《敌后武工队》）

　　　b. 不想桂花又和玉珊**闹开**气了。（冯德英《迎春花》）

（35）a. 面条做好，中央军士兵一人一碗端着**吃开**了。（刘震云《故乡

天下黄花》）

　　b. 他知道光凭自个儿悟不成，又拿出以前学挖药材的劲儿，偷**着学开**了本事。（毕淑敏《红处方》）

（36）a. 四个人，真像四个下馆子的大皇军，又吃又喝地**闹腾开**。（冯至《敌后武工队》）

　　b. ……他像发疟疾似的浑身**哆嗦开**，两条腿变成了面条条。（同上）

2.3　延展向"V+开"在状态域上的语义泛化

2.3.1　开₃ₐ[（受动者）由纠结到顺畅的存在状态变化]

"围绕内在源点由拢到展"义的"开₁ᵦ"关注[内在源点]和[延展]，通过隐喻扩展至存在状态域，用于表达抽象受动者由纠结到顺畅的状态变化，标记为"开₃ₐ"。意象图式如图5-6-11所示：

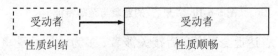

图 5-6-11　受动者由纠结到顺畅的"开₃ₐ"意象

"V+开₃ₐ"多搭配言说或思维类二价自主性非位移动词，形成"看开、想开、说开、讲开、谈开"等用法，表达"想法、事情、话语"等抽象受动者由纠结到顺畅的状态变化，与思维有关，多用于可能式中。"开₃ₐ"可用于"把"字句，时间义"开₂"则不可。例如：

（37）老侄儿，你放心，叔把世事**看得开**，这事嘛，也**想得开**。（陈忠实《白鹿原》）

（38）爹，既然是误会，您老两位见见面儿，把话**说开**了不就结了吗？（陈建功、赵大年《皇城根》）

也可以搭配动作类二价自主性非位移动词，这通常是结构隐喻后整体结构具有了比喻义。例如：

（39）实际上，他最多用二十几个人就够了，只是因为同村人**抹不开**面子，才用了如此多的人——……（路遥《平凡的世界》）

（40）他今天又感觉到高铁杆儿在日本大太君面前很**吃得开**，……（刘流《烈火金钢》）

例（39）"抹得/不开面子"具有"能否拉下脸来做事"的比喻义；例（40）"吃得/不开"具有"能否生存"的比喻义。

2.3.2　开₃ᵦ[（受动者）由初始到终结的数量状态变化]

"离开内在源点由合到散"义的"开1a"关注［内在源点］和［分裂］，通过隐喻扩展至数量状态域，表达具有一定数量特征的受动者由合到散，之间留有一定的空间距离，最终容纳于某处所，具有了由初始到终结的数量状态变化，标记为"开3b"。该类凸显处所，多用于可能式中，构成"处所词+V+得/不+开1a+（数量特征）受动者"。该类结构具有较强的生成性，除"摆(1)、排1(1)"类摆放义二价动词外，不少动作动词均可以进入该结构中，如"住、站、坐、挪动"等。多用于否定式中，肯定式多用于疑问句中。例如：

（41）西山五个土台子一字**排开**，形似五朵莲花……（路遥《平凡的世界》）

（42）我说原先在北影住筒子楼时，只有十二平米一间朝北的房子，**摆不开**一张写字的桌子，常在暖气上垫块板儿炮制小说。（梁晓声《表弟》）

（43）那间小房只有半间屋子那么大，屋里一条小炕，一张小桌，问：看！这间房**住得开**吗？（梁斌《红旗谱》）

2.3.3　开3c［（受动者）由模糊到清晰的存在状态变化］

"离开内在源点由合到散"义的"开1a"关注［内在源点］和［分裂］，通过隐喻扩展至存在状态域，表达使受动者与其他实体的边界由合到散分裂，隐含着边界由模糊到清晰的变化，标记为"开3c"。意象图式如图5-6-12所示：

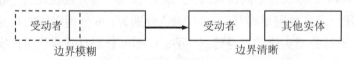

图 5-6-12　受动者由模糊到清晰的"开3c"意象

这时搭配"区分、区别"类辨别义二价非位移动词，如"分(3)、分别2、辨别、识别"等。例如：

（44）在这以后，随着O的离婚和第二次结婚，随着N的离婚和漂泊海外，我才得以把她们**区分开**。（史铁生《务虚笔记》）

（45）他忍着心跳，竭力想**区别开**那些河流。（张承志《北方的河》）

通过2500万当代北方作家小说语料，共捡得10530句"V+开"的用例。通过对前1000句进行统计，发现7个义项的使用频率表现为："开1c" > "开1d" > "开1a" > "开1b" > "开3a" > "开2" > "开3b"、"开3c"。由闭到开义"开1c"用例最多（330句），这是因为动词"开"的"打开"义成为常规义；离开义"开$_{1d}$"次之（271句），这是因为表"离开"义"开"不能单独使用，需用作补语，该类用法具有较强的不可代替性；分裂义"开$_{1a}$"和延展义"开$_{1b}$"再次之（分别是186和146），该类语义可单独用作谓语动词，使其用作补语的情况数量减少；由纠结到顺畅义"开$_{3a}$"和开始义"开$_2$"数量较少，（分别是40和26），这是因为前者使用语境较少，后者有其他的表达式，如"他说起泄气话来了"等；最后是由初始到终结的数量状态变化义"开$_{3b}$"和由模糊到清晰的存在状态义"开$_{3c}$"（为0），前者有其他表达式，如"这个房间摆得下/了这么多东西"，后者只用于辨别义动词。

趋向补语"开"与趋向补语"起"相似，关注受动者离开某起点的动态趋向过程，终点不明确，属于聚焦起点型。起点较明确，一种是内在源点，即受动者自身，这时不可添加"从+处所词"表现，如"掰开这块馒头""花朵绽开/散开""张开嘴""铺开床单""摆不开这么多椅子"等，这时"V+开"的宾语由受动者充当。另一种是外在源点，可以为受动者被依附者，或者为某实体，或者施动者，分别如"打开门""（我）放开她的手""（我）丢开她"等，这些不可添加"从+处所词"表现，"V+开"的宾语由受动者充当；也可以为某所处，或者添加"从+处所词"表现出来，如"（从他身上）抱开她"。

3 动趋式"V+开"的语义演变路径

动趋式"V+开"的语义泛化与虚化可通过认知域体现出来。在空间域中，"V+开"体现为不同特征的"扩散"义，如"掰开这块馒头""花朵绽开""打开门""从教室里跑开"中的"开"分别为：可分割实体的自身分裂（开$_{1a}$）、不可分割实体的自身延展（开$_{1b}$）、不可分割且具有依附性实体的他身分离（开$_{1c}$）、可分割且具有依附性实体的他身离开（开$_{1d}$），由内在源点到外在源点，由自身位移到他身位移，语义发生了泛化。

在状态域中，"这件事他终于想开了"中的"开$_{3a}$"表达"这件事"由纠结到顺畅义，是由不可分割实体的自身延展"开$_{1b}$"隐喻而来。"这间教室坐得开40人"中的"开$_{3b}$"表达"40人"可以容纳，"把两个句子区分开"中的"开$_{3c}$"表达"两个句子"边界由模糊到清晰，是由可分割实体的自身分裂"开$_{1a}$"隐喻扩展而来的。这些由空间变化到状态变化，体现为语义泛化。

由空间域到时间域体现为语义虚化。"他喝开酒了"中的"开$_2$"表达"喝酒"这件事起始并持续义，这是由不可分割实体的自身延展"开$_{1b}$"隐喻而来的。我们将"开$_2$"看作准动态助词，因为它还保留着一定的空间延展性。

下面结合历时语料进行具体分析，验证"开"的语义关联性。

3.1 从"分裂"义动词"开"到"开$_{1a}$"再到"开$_{3b}$""开$_{3c}$"

动词"开"作谓语动词，引申义之一是"分裂"义。例如：

（46）天子乃献羔。**开**冰。先荐寝庙。（《吕氏春秋·仲春纪·仲春》）

当关注作用力时，"开"演变为趋向补语，语义不变。六朝时发现由合到散分裂义的"V+开$_{1a}$"。唐代时用法有所扩展，如"划开、豁开、分开、拨开、吹开、扫开、凿开、擘开、辟开、掰开、断开"等。例如：

（47）见大石中**裂开**一井，其水湛然，龙盖穿此井以报也。（《搜神记》卷二十）

（48）冷侵宫殿玉蟾蜍，**擘开**五色销金纸。（花蕊夫人徐氏《宫词》，《全唐诗》卷798，23/8974）

明代时用法比较成熟，"V+开$_{1a}$"可后接结果成分，如例（49）；出现两个或多个受动者分裂，如例（50）、（51）。

（49）布无心恋战，与陈宫等**杀开**条路，径奔下邳。（《三国演义》第十九回）

（50）两个揪住一处厮打。操急使人**解开**。（同上，第五十六回）

（51）马超见曹兵至，乃将前军作后队，后队作先锋，一字儿**摆开**。（同上，第五十九回）

由合到散分裂义可隐喻扩展至状态域。明代时发现"V+开$_{3b}$"用法，如例（52）；清代时才真正出现，如例（53）、例（54），其中"张罗不开"现当代多用"张罗不过来"。

（52）船多拥塞，**撑放不开**，只得任他延烧。（《续英烈传》第二十三回）

（53）给我找一间房，我家中来了几个亲友**住不开**。（《济公全传》第六十二回）

（54）看见那些人**张罗不开**，便插个手儿也未为不可，这也是公事，大家都该出力的。（《红楼梦》第一百一十回）

现当代时出现"V+开$_{3c}$"的用法，表现为性质边界的分裂，隐含着使其清晰的含义。

3.2 从"张开"义动词"开"和"开$_{1a}$"到"开$_{1b}$"再到"开$_2$""开$_{3a}$"

动词"开"作谓语动词，引申义之二是"张开"义。例如：

（55）荷侧泻清露，萍**开**见游鱼。（白居易《小池二首》，《全唐诗》卷

430，13/4748）

同时，在"开 $_{1a}$"的隐喻扩展下，发生语义泛化，即"分裂"义用于"作为整体的实体依附于某点扩展"，演变为趋向补语"开 $_{1b}$"。唐代出现该类用法，宋代时用法较多。例如：

（56）文案日成堆，愁眉**拢不开**。（戴叔伦《答崔载华》，《全唐诗》卷274，9/3101）

（57）师见僧来，**展开**两手。僧无语。（《古尊宿语录》卷四）

（58）韩文公亦见得人有不同处，然亦不知是气禀之异，不妨有百千般样不同，故不敢大段**说开**，只说"性有三品"。（《朱子语类》卷五十九）

"开 $_{1b}$"由拢到展义可隐喻扩展至时间域，语义可描写为［＋凸显时间起点］、［＋持续］、［＋结束点不明确］。清代时出现时间变化义"V＋开 $_2$"用法。例如：

（59）人家有病人等你，像辰勾盼月的一般，你却又要投酒。你吃**开**了头，还有止的时候哩？（《醒世姻缘传》第四回）

（60）我的名字本来是两个字，叫作金莺。姑娘嫌拗口，就单叫莺儿，如今就**叫开**了。（《红楼梦》第三十五回）

"开 $_{1b}$"还可隐喻扩展至状态域，体现为由纠结到顺畅义"开 $_{3a}$"。明代发现用例，如例（61）；真正出现是在清代，如例（62）。

（61）伯皋心下**委决不开**，归来与妻子商量道：……（《二刻拍案惊奇》卷二十四）

（62）你只管这么想着，病那里能好呢？总要**想开**了才是。（《红楼梦》第十一回）

3.3 从"打开"义动词"开"和"开 $_{1a}$"到"开 $_{1c}$"

动词"开"的最初意义是"打开"义。《说文》："开，张也。"段玉裁注："张者，施弓弦也。门之开如弓之张，门之闭如弓之弛也。"例如：

（63）其崇如墉，其比如栉。以**开**百室。（《诗经·周颂·良耜》）

在"开 $_{1a}$"的隐喻扩展下，发生语义泛化，即"分裂"义用于"门面与门框的分裂、分散"，由内在源点变为外在源点，由自身位移到他身位移，演变为趋向补语"开 $_{1c}$"。五代时发现用例，真正出现是在南宋。例如：

（64）学人遂近前，师以手**拨开**帐，云："嘎。"（《祖堂集》卷十，镜清和尚）

（65）师曰："**打开**佛殿门，装香换水。"（《五灯会元》卷十五，白云祥

禅师）

3.4 从"开_{1a}"到"开_{1d}"

"开$_{1a}$"可扩展到表达离开某处所、施动者或某实体的"开$_{1d}$"，这是实体的自身位移向他身位移扩展的泛化过程。唐代时偶见用例，如例（66）；元代时用例渐多，如例（67）；明代时真正出现，如例（68）。

（66）岸绿野烟远，江红斜照微。**撑开**小渔艇，应到月明归。（钱起《江行无题一百首》，《全唐诗》卷239，8/2680）

（67）【三煞】既你无情呵，休想我指甲儿荡着你皮肉；似往常有气性，打的你见骨头。我只怕年深了也难收救，倒不如早早**丢开**，也免的自僝自僽。（关汉卿《杜蕊娘智赏金线池》第二折）

（68）幼年也曾上学攻书，只因父母早丧，没人拘管，把书本**抛开**，专与那些浮浪子弟往来，……（《醒世恒言》卷十六）

4 小 结

"V+开"表达施动者作用于受动者，导致受动者产生扩散性位移，具有一定的致使性。"V+开"聚焦起点，其位移源点明确，包括内在源点和外在源点，相对应地，体现为自身位移和他身位移。"V+开"由空间域到时间域、状态域，致使性渐弱，发生语义泛化与虚化（如图5-6-13所示）。其中，"开"由趋向动词成为准动态助词、附着性形容词。"开"的语义出现顺序为（">"表示"早于"）："开$_{1a}$"（六朝）>"开$_{1b}$"（唐代）>"开$_{1c}$"（南宋）>"开$_{1d}$"（明代）>"开$_2$""开$_{3a}$""开$_{3b}$"（清代）>"开$_{3c}$"（现当代）。

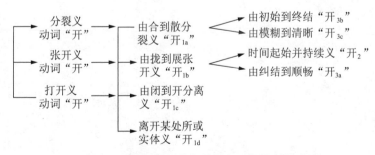

图5-6-13 趋向补语"开"的语义泛化与虚化过程

"V+开"的核心义是"延展"，区别性语义特征为[＋内在源点/外在源点]、[±受动者可分割性]、[±受动者可依附性]、[＋空间位移性/时间变化性/状态变化性]。"V+开"语义泛化与虚化机制主要体现为：第一，动词"开"的三个语义是趋向补语"开"分裂义、延展义、分离义三个空间义产生的语义基础。第二,六朝时动补结构"V+开$_{1a}$"的产生是趋向补语其他语义类型出现的句法基础。第三,各语义类型的出现受到内部构成要素的语义扩展以及隐喻的制约。由合到散(分裂)到由拢到展(延展),这是受动者由可分割性向不可分割性语义扩展的结果;由合到散(分裂)到由闭到开(分离)、离开某处所或某实体(离开),这是参照体由内在源点向外在源点扩展的结果;由合到散(分裂)到由模糊到清晰、由初始到终结,这是分离义由空间域到状态域隐喻造成的;由拢到展(延展)到开始并持续、由纠结到顺畅,这是由围绕内在源点延展义由空间域向时间域、状态域的隐喻造成的。第四,各语义类型的出现也受到句法结构的影响。由带宾语到不带宾语,由受事宾语到施事宾语;所搭配动词均为自主动词,由位移动词到非位移动词。

第六章　动趋式致使性的对称与
不对称现象分析

　　关于语言中的对称与不对称，前人进行了较多的论述。如沈家煊（1999）提出，凡是有一一对应关系的就是"对称"，例如人的面部器官左右两边的分布基本对应，因此是对称的；凡不是一一对应的关系就是"不对称"，如左脑和右脑功能的不对称。不对称总是相对实际存在的或"预想中的"对称而言：人的左右手的构造和分布对称，预想中它们的功能也应该是对称的[1]。还指出"语言系统的不对称又可分为组配的不对称和功能的不对称。组配上对称不一定功能上也对称，而功能上的不对称总是跟组配上的不对称联系在一起的"[2]。张国宪（1995）认为，在语言中，有标记项和无标记项构成对立。从词义上看，对立的双方可以是同义的，也可以是反义的。语法上的对立大多存在于同义词族中，表现为正负对立和顺兼容对立[3]。语义上的对立两项（尤其是词语搭配的选择限制）主要存在于反义词族里面，主要表现在：搭配选择上的有无标记现象（包括有无、互补和零位对立）、词义选择上的有无标记现象（包括全偏、错位和倾向对立）[4]。

　　以上论述，可以总结出三点：第一，不对称与对称相对而言，没有对称就无所谓不对称；第二，对称与不对称体现在同义或反义词族中；第三，对

1　沈家煊:《不对称和标记论》，南昌：江西教育出版社，1999年，第1页。

2　沈家煊:《不对称和标记论》，南昌：江西教育出版社，1999年，第4页。

3　正负对立指两个对立项在某一特征上处于此有彼无的对立状态，如英语中的student和students。顺兼容对立指两个对立项在某一特征上处于后项有前项也有，而在其他特征上处于前项有后项无的对立状态，如"看：看了"，后项的标记"了"表示动作已经完成，但前项并不一定表示未完成，可以是完成，也可以是未完成，这由语境决定。具体参见张国宪:《语言单位的有标记与无标记现象》，《语言教学与研究》，1995年第4期。

4　张国宪:《语言单位的有标记与无标记现象》，《语言教学与研究》，1995年第4期。

称与不对称体现在组配和功能上，包括搭配选择和语法对立。我们对动趋式对称与不对称现象的研究正是基于此。对其研究可分为四组：第一组是简单动趋式，或近义，或反义，如"V+上/下/起/开、V+进/出、V+来/去"；第二组是复合动趋式，关注立足点"来""去"，如"V+上来/上去、V+进来/进去、V+回来/回去、V+下来/下去、V+过来/过去、V+出来/出去、V+起来/起去、V+开来/开去"[1]；第三组是简单动趋式与复合动趋式，如"V+上/上来/上去、V+进/进来/进去、V+回/回来/回去、V+到/到……来/到……去、V+下/下来/下去、V+出/出来/出去、V+过/过来/过去、V+起/起来/起去、V+开/开来/开去"；第四组是复合动趋式，关注客观方向，如"V+上来/下来、V+上去/下去、V+进来/出来、V+进去/出去"。这四组动趋式在语义、动词搭配和句式上存在着对称与不对称现象，我们将重点探讨第一组、第二组和第三组。我们的研究思路是：通过动趋式所涉及的认知域，考察反义或近义动趋式语义上的对称与不对称，包括有无对立和全偏对立；然后考察反义或近义动趋式在相同认知域、相关语义下动词搭配、句式上的对称与不对性情况。在此基础上，我们将通过致使性强弱连续统、驱动—路径图式特征、隐喻和转喻、"来/去"的主观性特征（近向/远向、可见/不可见、预期/非预期）等进行解释。

第一节　简单动趋式致使性的对称与不对称分析

1　动趋式"V+上"与"V+下"

"V上/下"在趋向义、结果义和时体义上存在着对称与不对称[2]，前人研究较多。如"V上/下"突出地体现为"由低至高/由高至低""附着/脱离"的语义对立[34]，其原因是"上"具有"施控是上"的隐喻，"下"具有"受

1　我们将依据环境参照体所在位置来分类，不依据自我参照体所在位置来分类。

2　李思旭、于辉荣：《从共时语法化看"V上"与"V下"不对称的实质》，《语言教学与研究》，2012年第2期。

3　缑瑞隆：《从对外汉语教学谈"动+上/下"结构的若干问题》，《郑州大学学报（哲社版）》，2006年第3期。

4　任鹰、于康：《从"V上"和"V下"的对立与非对立看语义扩展中的原型效应》，《汉语学习》，2007年第4期。

控是下"的隐喻[1]，或者"上"由低至高的移动易转化为心理上的目标的达成，"下"由高至低的移动易转化为对某一事物的占有[2]；"V上/下"还体现为单指向性（指向位移终点）与双指向性（可指向位移原点和终点）的对立，这受到"凹凸原则"的认知制约[3]；"V上/下"在宾语语义角色上不对称，前者搭配目标宾语，后者搭配目标或来源宾语[4]；"V上/下"语义虚化步骤基本对称，前者虚化程度高于后者，主要在于"上"是持续性的，"下"是瞬间性的；"上"含有"高尚"义，"下"含有"低下"义[5]；"终点焦点化"[6]起作用，重视终点而轻视起点是人类普遍的认知倾向[7]。这些研究均具有一定的说服力。

语料库统计发现，二者使用频率差异不大，"V+上"18022句，"V+下"19657句。二者在空间域中对称性较强，在状态和时间域中对称性较弱。不管是垂直上向/下向，还是依附/分离向、水平前向/后向，不管是空间位移，还是状态变化、时间变化，"上/下"均体现为[难达成性]与[易控制性]的语用选择对立。这是[由低及高（到达终点）]、[（脱离起点）由高及低]语义特征造成的。人类往往将由低及高看作是努力到达的方向，是较难达成的，不管是预期的目标，还是非预期的、偶然的事件。同理，由高及低往往被看作是较易控制的方向，是较易实现的，不管是到达终点，离开或脱离起点，还是停留于终点。

1.1　[难达成性]与[易控制性]在空间域的对称与不对称

垂直上向与垂直下向的对称与不对称。"上$_{1a}$"[由低及高到达终点的垂直上向空间位移]与"下$_{1a}$"[离开高处的垂直下向空间位移]存在无标记组配的对称性，与"下$_{1b}$"[由高及低到达终点的垂直下向空间位移]存

1　猴瑞隆：《从对外汉语教学谈"动+上/下"结构的若干问题》，《郑州大学学报（哲社版）》，2006年第3期。

2　任鹰、于康：《从"V上"和"V下"的对立与非对立看语义扩展中的原型效应》，《汉语学习》，2007年第4期。

3　李思旭、于辉荣：《从共时语法化看"V上"与"V下"不对称的实质》，《语言教学与研究》，2012年第2期。

4　萧佩宜：《论汉语趋向动词"上"和"下"的语法化和语义不对称性》，《暨南大学华文学院学报（华文教学与研究）》，2009年第1期。

5　胡晓慧：《汉语趋向动词语法化问题研究》，桂林：广西师范大学出版社，2012年，第91—92页。

6　古川裕：《〈起点〉指向和〈终点〉指向的不对称性及其认知解释》，《世界汉语教学》，2002年第3期。

7　李思旭、于辉荣：《从共时语法化看"V上"与"V下"不对称的实质》，《语言教学与研究》，2012年第2期。

在有标记组配的对称性。例如：

（1）飞上天——飞下水 / 飞下枝头　　　　飘上天—飘下地 / 飘下雪花

（2）a. 抬上车—抬下车　　　　　　　　　提上楼—提下楼

　　　b. 他拉上车—把他拉下车　　　　　把孩子抱上车—把孩子抱下车

（3）呈上报告—*[1]　　　　　　　　　　报上名字—*

（4）a. 坐下—? 坐上车　　　　　　　　　躺下—? 躺上床

　　　b.（包）凹下—* 凹上 / 凸上　　　　（包）瘪下—* 瘪上 / 鼓上

　　　c. 按下快门—? 按上快门　　　　　吃下馒头—? 吃上馒头

　　　d. 批下申请—*　　　　　　　　　　传下命令—*

（5）a. 生下孩子—? 生上两个孩子　　　　产下小猪—? 产上两只小猪

　　　b. 弯下腰—* 直上腰　　　　　　　低下头—* 抬上头

例（1）"飞(1)、飘"类泛方向过程性自移动词可搭配"上 1a""下 1a""下 1b"。例（2）"抬(1)、提(1)"类上向过程性他移动词和"拉 lā[1](1)、抱(1)"类非位移动词可搭配"上 1a""下 1a"，分别后接终点参照体和起点参照体。例（3）~（5）上向结果性动词只能搭配"上"，不能搭配"下"，相反亦是如此。例（4）、（5）搭配"上"多具有状态义。

依附向与分离向的对称与不对称。"上 1b"［依附于某处的空间变化］与"下 1c"［脱离被依附者的空间变化］是无标记组配，与"下 1d"［留于某处的空间变化］是有标记组配。例如：

（6）a. 穿上衣服—脱下衣服　　　　　　戴上帽子—摘下帽子

　　　b. 钉上钉子—拔下钉子　　　　　　系上鞋带—解下鞋带

　　　c. 挂上灯笼—揭下盖儿　　　　　　缝上花儿—拆下花儿

例（6）动词为依附向或分离向结果性动词，意义相反，分别搭配"上 1b""下 1c"。其他与"上 1b"搭配的动词，没有相对应的分离向结果性动词，不能搭配"下 1c"，如"覆上土""配上音乐""合上书""闭上眼睛"等。其他与"下 1c"搭配的动词，没有相对应的依附向结果性动词，亦不能搭配"上 1b"，如"扔下孩子""丢下手机""掰下一块馒头"等，若搭配"上"，则可能表达状态变化义，如"撕上一块肉"。

（7）a. 存下钱—在银行存上一笔钱　　　留下信—给他留上一封信

　　　b. 安置下他—给他安置上工作　　　安排下工作—给他安排上工作

　　　c. 拦下那辆车—拦上那辆车　　　　挡下汽车—挡上汽车

1　"*"表示不成立；"?"表示可以搭配，但语义不对等。

例（7）动词为存留或拦阻义动词，可搭配"下 $_{1d}$"，也可搭配"上 $_{1b}$"。前者隐含易控制性，后者隐含需经过较多努力才能实现义。

水平前向与水平后向的对称与不对称。"上 $_{1e}$"[水平向前到达某处或某关涉者的空间位移]与"下 $_{1e}$"[水平向后离开某处的空间位移]存在一定的对称。

（8）a. **赶上场—赶下场**   **走上场—走下场**

     b. **走上前**—*   **跑上前**—*

     c. **爬上河岸—爬下河岸**   **冲上公路—冲下公路**

     d. **追上他**—*   **赶上他**—*

     e. **退下赛场**—*   **撤下赛场**—*

例（8）a 句动词为泛方向自移动词，可搭配"上 $_{1c}$""下 $_{1e}$"。b 句动词为泛方向自移动词，后接方位词"前"，只可搭配"上 $_{1c}$"。c 句动词为前向过程性自移动词，可搭配"上 $_{1c}$"，搭配"下 $_{1e}$"较受限。d 句动词为前向结果性自移动词，后接关涉者参照体，只搭配"上 $_{1c}$"。e 句动词为后向结果性自移动词，只搭配"下 $_{1e}$"。

1.2 [难达成性]与[易控制性]在状态、时间域的对称与不对称

在数量状态域和由无到有的存在状态域中，"V+上／下"呈现出一定的对称性。例如：

（9）a. **睡上三天三夜**—*   **死上九回**—*

     b. **吃上两碗饭**—? **吃下两碗饭**   **喝上两杯酒**—? **喝下两杯酒**

     c. 这辆车能**装下**七八台—这辆车能**装上**七八台

        这个碗能**盛下**三两饭—这个碗能**盛上**三两饭

     d. 这个小镇**住上**了三四十个人—这个小镇**住下**了三四十个人

例（9）a 句后接时量宾语和频次宾语，只搭配"上"；b 句"吃、喝"类消耗义动词，只搭配"上"，搭配"下"则凸显其下向控制性，具有空间下向义；c、d 句可搭配"上／下"，表达某实体的容纳能力。不过，使用"下"具有"较易容纳、轻松"的意味，使用"上"具有"较难容纳、勉强"的意味。

（10）a. **写下名字—写上名字**   **刻下名字—刻上名字**

      b. **挣下一套房子**—? **挣上一套房子** **惹下麻烦**—? **惹上麻烦**

      c. **说不上什么话**—*   **答不上问题**—*

例（10）a 句"写、刻"类产生义动词可搭配"上／下"。当搭配"上"时，表示关注施动者努力使受动者依附于某终点表面之上；当搭配"下"时，表示关注在施动者控制下受动者自上而下停留于某终点。b 句"挣、

267

惹_{(1)(2)}"类产生义动词只搭配"下"。"挣上一套房子"具有努力实现预期目标义,"惹上麻烦"中的"麻烦"是人类非预期的、偶然的东西,这往往也是难出现的,因此可搭配"上"表达心理空间依附义。c句"说、答"类搭配"上"隐含着话语由无到有同时由低及高到达嘴边。

价值状态域的"上"和领属状态域的"下"存在一定程度的中立化。例如:

(11) a. 买上了房子——? 买下房子　　　　租上了房子——? 租下房子

　　 b. 娶上了媳妇——? 娶下媳妇　　　　开上了汽车——* 开下汽车

　　 c. 评上优秀——*　　　　　　　　　算得上优秀——*

例(11)中的"上"用于价值状态域,表达心理目标的达成,后接宾语是类指的。"买、租、娶"是领属关系动词,可搭配"下",表达对某一事物的占有,含有轻松义;"开_{(6)}""评_{(2)}""算_{(4)}"则不可搭配"下"。

此外,"V+上"还可用于心理/生理状态域,如"我爱上了他""我累得端不上气"等。"V+下"还可用于由显到隐/由暂到稳的存在状态域,如"把这件事瞒下""他答应下这件事"等,存在语义不对称。其中,"他订下了这门亲事"中的"下"换为"上"则语义不对等。"V+上/下"的时间义存在[实现]与[持续]无标记组配的对称性,如"他又读上了""他读不下书"等,前者隐含施动者自身经过一番努力后终于有机会"读(书)",后者隐含施动者因自身原因或客观原因不能控制其持续"读书"。

由上分析,从语义类别来看,"V上"具有3个空间义、4个状态义和1个时间义,"V下"具有5个空间义、5个状态义和1个时间义。因此,"下"语义类别多于"上",这是因为"V下"具有[到达终点]和[离开起点]两种特征。其中,"下"的空间义有2个意义聚焦终点,具有近向特征;有3个意义聚焦起点,具有远向特征。"上"均是聚焦终点,具有近向特征。状态义均是由[到达终点]义泛化而来的,这也验证了古川裕(2002)提出的"终端焦点化"原则[1]。时间义"上"虚化程度高于"下",这是因为"上"本身具有隐含的终结点,"下"[由近及远]中的[未来]时间点多不可见,须添加其他语境信息才能表达时间义。从动词小类来看,所搭配动词具有[上向]与[下向]、[依附向]与[分离向]、[前向]与[后向]对立,均可搭配言说、容纳义、产生义动词,"上"还可搭配心理动词,"下"还可搭配隐瞒/确定/安定/取得义动词等。从语用选择来看,"上"强调"难达成性","下"强调"易控制性"。

1　古川裕:《〈起点〉指向和〈终点〉指向的不对称性及其认知解释》,《世界汉语教学》,2002
　　年第3期。

2 动趋式"V+起"与"V+上/下/开"

"V+起"与"V+上/下/开"的对称性研究目前较少。徐静茜（1981）从语义描述角度比较了"V./Adj.+起/上"的互换与不可互换情况[1]。高怡（2012）在刘月华研究框架下从位移图式的角度对"V+上"与"V+起"的具体语义类型进行了描述与比较[2]，但对其内部语义关联性未做出较好的解释。我们认为，"V+起"具有"上向"和"聚拢向"两种方向特征，前者聚焦起点，后者聚焦终点，与聚焦终点的"V+上"、聚焦终点和起点的"V+下"、聚焦起点"V+开"均有一些语义关联。四者在 2500 万字语料中的使用情况分别为 24022、18022、19657、10551 例，其中"起"的使用频率最高。

2.1 动趋式"V+起"与"V+上"的对称与不对称

2.1.1 ［聚焦起点］与［聚焦终点］的对称与不对称

"起"与"上"最基本的意义都是"垂直上向空间位移"。前者是聚焦起点的趋向补语，起点通过"从+处所词语"结构凸显，终点不明确，一般不后接处所宾语。后者是聚焦终点的趋向补语，可后接终点处所宾语，或者受事宾语。因此，二者语义上不对称，句法上也不对称。例如：

（12）a. 从床上**坐起**—**坐上**床　　　从椅子上**站起**—**站上**椅子

　　　b. 气球**升起**—气球**升上**天　　　白云**飘起**—白云**飘上**天

　　　c. **抱起**他—**抱上**他（语义不对等）

　　　　背起他—**背上**他（语义不对等）

　　　d. **伸起**脑袋—***伸上**脑袋　　　**抬起**头—***抬上**头

　　　e. **报上**名字—***报起**名字　　　**呈上**手稿—***呈起**手稿

例（12）a、b 句具有较强的对称性，分别表达起 $_{1a}$［离开起点的垂直上向空间位移］、上 $_{1a}$［到达终点的垂直上向空间位移］，分别凸显起点与终点。c 句"V+起"后接与施动者不具有领属关系的受动者，对应的"V+上"不凸显"由低及高"，是上 $_{1b}$［依附于某处的空间变化］。d 句"V+起"后接与施动者具有领属关系的受动者，没有对应的"V+上"，这是因为受动者发生的是相对于施动者整体的空间位移，而不是相对于环境参照体的空间位移。e 句"V+上"后接受事宾语，没有对应的"V+起"。

"上"还表达上 $_{1b}$［依附于某处的空间变化］、上 $_{1c}$［水平向前到达某处或

1　徐静茜：《"·起"和"·上"》，《汉语学习》，1981 年第 6 期。

2　高怡：《趋向动词"上"和"起"及相关动趋式的比较研究》，上海交通大学硕士学位论文，2012 年。

某关涉者的空间位移], 分别如例(13)、(14), 均凸显终点。这时没有相应的
"V+起", 或者在一定语境中表达时间义, 多添加"来", 并后接评价性小句。

(13) a. 递上作业—**递起**作业(来)要快(时间义)

  b. 配上音乐—**配起**音乐(来)很认真(时间义)

  c. 戴上帽子—**戴起**帽子(来)很帅(时间义)

  d. 摆上桌子—**摆起**桌子(来)又快又整齐(时间义)

  e. 捆上绳子—**捆起**绳子(来)麻利(时间义)

(14) a. 追上他—**追起**他(来)象风(时间义)

   赶上她—**赶起**她(来)不顾情面(时间义)

  b. 踏上公路—*踏起公路   冲上马路—*冲起马路

  c. 迎上前—*迎起前   走上前—*走起前

  在状态域中, "V+起"与"V+上"均可表达"由无到有的存在状态变化"。前者着重表达"(由低向高)出现"义, 聚焦起点, 可以为积极情景, 也可以为消极情景。后者着重表达"依附某终点"义, 具有主观预期性, 通常为积极情景。二者存在部分语义对称, 例如:

(15) a. 长起草—长上草 盖起房子—盖上房子

  b. 点起火—点上火 烫起水泡—烫上水泡(语义不对等)

  c. 惹起麻烦—惹上麻烦(语义不对等)

   挑起事端—挑上事端(语义不对等)

  d. 怀不上孩子—怀不起孩子(语义不对等)

   写不上字—写不起字(语义不对等)

  例(15)a、b句在动词搭配上存在对称性, 受动者均可表达"垂直上向出现", 但一般不说"烫上水泡", 因为出现水泡一般为消极情景, 除非在特殊情境中是积极情景。c句"起"表达出现某消极实体时, 相对应的"上"是抽象空间的依附义。d句受动者依附于某终点, 相对应的"V+起"是具备某行为的状态义。

  在其他状态域中, "起"还有起$_{3b}$[离开某处由隐到显的存在状态变化]、起$_{3d}$[离开某处由显到隐的存在状态变化], 均聚焦起点, 没有相对应的"上"。"上"还有上$_{2a}$[达到某数量的状态变化]、上$_{2b}$[到达某关涉者的心理状态变化/由消极到积极的生理状态变化]、上$_{2d}$[到达某价值标准的状态变化], 均聚焦终点, 没有相对应的"起"。例如:

(16) 想不起在哪儿见过—*想不上在哪儿见过

(17) 收起画卷—*收上画卷

（18）**跑上**一百米—***跑起**一百米

（19）**爱上**他—***爱起**他　　**喘不上**气—***喘不起**气

（20）**考上**大学—***考起**大学

在时间域中，"起"的时体义没有明确的终点，具有"开始并继续"义。而"V+上"的时间义源自趋向义，具有明确的终点，具有"开始即实现"义。前者可后接宾语，后者多不后接宾语。二者语义、句法上均不对称。例如：

（21）我和台下的小耿联席而坐，禁不住那点好奇心的撺掇，我们两个女人**聊起**了家常。（CCL《1994 年报刊精选》）

（22）那年腊月，郭振山到滕州火车站和一个卖小吃的摊主**聊上**了："伙计，生意怎么样？"（CCL1994 年《人民日报》）

2.1.2　［聚焦终点］的对称与不对称

"V+起"还可表达"由展到拢""由散到合""具备某行为能力的状态变化"，聚焦终点。相应的"上"语义不对等，表达"上 1b［依附于某处的空间变化］或者"上 2d［到达某价值标准的状态变化］，或者不成立。例如：

（23）a. **握起**拳头—（手指）**握不上**拳头（语义不对等）

　　　　屈起胳膊—***屈上**胳膊

　　b. **挽起**袖子—**挽上**袖子（语义不对等）

　　　　叠起被子—**叠上**被子（语义不对等）

　　c. **闭起**眼睛—**闭上**眼睛（语义不对等）

　　　　合起书—**合上**书（语义不对等）

（24）a. **包起**衣服—**包上**衣服（语义不对等）

　　　　捆起书—**捆上**书（语义不对等）

　　b. **接起**骨头—**接上**骨头（语义不对等）

　　　　连接起两座大桥—把两座大桥**连接上**（语义不对等）

　　c. **集中起**全体民兵—***集中上**全体民兵

　　　　收集起所有的回忆—***收集上**所有的回忆

（25）**娶不起**媳妇—**娶不上**媳妇（语义不对等）

2.2　动趋式"V+起"与"V+下"的对称与不对称

在空间域中，起 1a［离开起点的垂直上向空间位移］与下 1a［离开起点的垂直下向空间位移］存在一定的对称性。例如：

（26）a. **抬起**头—**低下**头　　　　　　　**直起**腰—**弯下**腰

　　b. 太阳**升起**—太阳**落下**　　　　　气球**飘起**—气球**落下**

　　c. 从椅子上**跳起**—从椅子上**跳下**　从床上**爬起**—从床上**爬下**

例（26）a、b 句"起"搭配上向动词，"下"搭配下向动词。c 句搭配无向动词，起点通过"从 + 处所词语"凸显出来。

起 1a[离开起点的垂直上向空间位移]与下 1b[到达终点的垂直下向空间位移]语义上存在一定的对称性。若搭配"上"，则具有了依附义，语义不对等。例如：

（27）a. 抱起他—抱下他—抱上他（语义不对等）

　　　背起他—背下他—背上他（语义不对等）

　　b. 推起自行车—推下自行车—推上自行车（语义不对等）

　　　拉起他—拉下他—拉上他（语义不对等）

"下"还有下 1c[脱离被依附者的空间变化]、下 1d[留于某处的空间变化]、下 1e[水平向后离开某处的空间位移]，相应的"起"语义不对等，均表达时间义，分别如例（28）、（29）、（30）。"起"还有起 1b[离开起点由展到拢的空间变化]、起 1c[离开起点由散到合的空间变化]，体现为"起"的聚拢向特征，没有相应的"下"，分别如例（31）、（32）。

（28）a. 取下眼镜—取起眼镜（语义不对等）

　　　脱下衣服—脱起衣服（语义不对等）

　　b. 抢下球—抢起球（语义不对等）

　　　扔下孩子—扔起孩子（语义不对等）

　　c. 掰下一块—掰起一块（语义不对等）

　　　撕下一块—撕起一块（语义不对等）

（29）停下车—停起车（语义不对等）

　　安置下孩子—安置起孩子（语义不对等）

（30）拉下场—拉起场（语义不对等）

　　退下赛场—退起赛场（语义不对等）

（31）a. 挽起袖子—放下袖子—放开袖子

　　　叠起被子—展下被子—展开被子

　　b. 闭起眼睛—*睁下眼睛—睁开眼睛

　　　合起书—*打下书—打开书

（32）a. 包起衣服—包下衣服（语义不对等）

　　　捆起书—捆下书（语义不对等）

　　b. 接起骨头—*接下骨头　连接起两座大桥—*连接下两座大桥

　　c. 集中起全体民兵—*集中下全体民兵

　　　收集起所有的回忆—收集下所有的回忆（语义不对等）

在状态域中，起 $_{3a}$[离开某处由无到有的存在状态变化]与下 $_{2c}$[由无到有留于某处的状态变化]均具有"由无到有"义，前者是由"离开起点的垂直上向空间位移"隐喻而来，后者是由"留于某处的空间变化"隐喻而来，二者意象图式不同，方向不同，前者多搭配生长义、制造义、燃烧义、引起义等动词，后者多搭配"挖、挣"类动词。相应的"上"搭配生长义或产生义动词时语义对等，搭配燃烧义、引起义或"挖、挣"类动词时语义不对等。例如：

（33）a. **长起**草—* **长下**草—**长上**草

　　　　 盖起一栋房子—**盖下**一栋房子—**盖上**一栋房子

　　　　 点起火—* **点下**火—**点上**火（语义不对等）

　　　　 惹起争议—**惹下**争议—**惹上**争议（语义不对等）

　　 b. **挖下**土坑—**挖起**土坑（语义不对等）—**挖上**（两个）土坑（语义不对等）

　　　　 挣下钱—**挣起**钱（语义不对等）—**挣上**一些钱（语义不对等）

起 $_{3d}$[离开某处由显到隐的存在状态变化]与下 $_{2a}$[由显到隐留于某处的存在状态变化]均具有"由显到隐"义，前者是"由展及拢的空间位移"隐喻而来的，后者是"由高及低的空间位移"隐喻而来的，二者意象图式不同：后者具有存留于隐含某处的意思，前者则无。所搭配的动词均可以是"藏瞒"义动词，"起"还可搭配"收拢"义、"隐蔽"义动词。例如：

（34）a. **藏起**文件—**藏下**文件

　　　　 对她**瞒起**这件事—对她**瞒下**这件事

　　 b. **收起**衣服—? **收下**衣服（语义不对等）

　　　　 存起钱—? **存下**钱（语义不对等）

　　 c. **遮起**额头—* **遮下**额头　　**盖起**自行车—* **盖下**自行车

在其他状态域中，"起"还有起 $_{3b}$[离开某处由隐到显的存在状态变化]、起 $_{3c}$[具备某行为能力的状态变化]，没有相应的"下"；"下"还有下 $_{2b}$[由暂到稳留于某处的状态变化]、下 $_{2d}$[由他身到自身的领属关系变化]、下 $_{2e}$[一定数量受动者实现留于某处的状态变化]，没有相应的"起"，相应的"上"多语义不对等。例如：

（35）**想不起**在哪儿见过—* **想不下**在哪儿见过—* **想不上**在哪儿见过

（36）**娶不起**媳妇—* **娶不下**媳妇—**娶不上**媳妇（语义不对等）

（37）**订下**这门亲事—* **订起**这门亲事—**订上**这门亲事（语义不对等）

（38）**买下**很多地皮—* **买起**很多地坡—**买上**很多地坡（语义不对等）

（39）**装不下**这么多东西—***装不起**这么多东西—**装不上**这么多东西
（语义不对等）

在时间域中，"起"表"开始并继续"义，搭配持续动词，使用频率较高；"下"表"持续"义则较受限制，仅搭配"看、念、读"等类动词。

2.3 动趋式"V+起"与"V+开"的对称与不对称

起 1b[离开起点由展到拢的空间位移]与开 1b[离开起点由拢到展的空间位移]、起 1c[离开起点由散到合的空间位移]与开 1a[离开起点由合到散的空间位移]之间存在语义的对立，分别如例（40）、（41）。

（40）a. **握起**拳头—**松开**拳头　　**屈起**胳膊—**放开**胳膊
　　　b. **挽起**袖子—**放开**袖子　　**叠起**被子—**伸开**被子
　　　c. **闭起**眼睛—**睁开**眼睛　　**合起**书—**打开**书

（41）a. **包起**婴儿—**解开**婴儿　　**绑起**沙袋—**解开**沙袋
　　　b. **接起**绳子—**解开**绳子　　**联系起**这两件事—**分开**这两件事
　　　c. **集中起**人员—***解散开**人员
　　　　 收集起这些材料—**分开**这些材料

"起"与"开"均可表达"（动作）开始并继续"的时间义。"开"的时间义伴随着"受动者由拢到展扩散"的意义。这时"V+起"多后接关涉者充当宾语，也常用"从+对象宾语+V+起"结构表达，如例（42）、（43）。"V+开"后接其他成分，须用引号引出，如例（44）。

（42）近几年，祝守森又把目光投向养殖上，全家人又随他**读起**了养猪养牛的书。（CCL《1994 年报刊精选》）

（43）谁主宰着英国的外交？主宰英国在国际社会上的作用？这个问题还要从英国准备向伊拉克开战时**说起**。（CCL 新华社 2004 年 7 月新闻报道）

（44）这时，村里一些上年纪的村民围了上来，七嘴八舌**说开**了："八十年前的乙卯年，西江、北江、东江同进暴涨，堤崩水淹，不知死了多少人。这回没死一个人，算是幸运啦！"（CCL《1994 年报刊精选》）

表达时间义的"起"多搭配二价动词，搭配一价动词多使用"起来"。表达时体义的"开"多搭配"说、叫"类有声动作动词、"盘算、闹(2)"类思维或情感动词、"收拾、学"类二价动作动词、"闹腾、蹦跶"类一价动词。例如：

（45）a. **说起**这件事—**说开**这件事（有歧义）　　**喝起**酒了—**喝开**酒了

盘算起这件事—**盘算开**这件事　　　　**闹起**官司—**闹开**官司

收拾起房间—**收拾开**房间　　　　　　**学起**二胡—**学开**二胡

b. 大声**叫开**了—* 大声**叫起**了—大声**叫起来**

　教室里**闹腾开**了—* 教室里**闹腾起**了—教室里**闹腾起来**

　同学们**蹦跶开**了—* 同学们**蹦跶起**了—同学们**蹦跶起来**

例（45）a 组为二价动词，可搭配"起"，也可搭配"开"；b 组为一价动词，只能搭配"开"，不能搭配"起"，通常搭配"起来"。这是因为"二价动词＋起"后接关涉者，有隐含的时间终点；"一价动词＋起"不后接关涉者，须添加"来"隐含时间终点。在使用频率上，"V＋起"的时间义用法远远高于"V＋开"。我们搜索北大语料库，得出：

表 6-1-1　动词与时体义"起""开"的搭配数量

动词	起	开	动词	起	开
说	4186	101	学	190	3
喝	116	9	叫	52	56
盘算	8	4	闹腾	0	4
闹(2)	81	24	蹦跶	0	0
收拾	108	1	小计	4741	202

在状态域中，"V＋起"与"V＋开"不对称，如可以说"盖起房子""想不起在哪儿见过""娶不起媳妇""藏起书"，也可以说"把这件事说开""桌子上摆不开这么多东西""要区别开这两个词"，则没有相应的"V＋开"或"V＋起"。

3　动趋式"V＋进"与"V＋出"

李顺周（2009）认为与"进"搭配的动词数量明显少于与"出"搭配的动词，动趋式"V＋出"的形成早于"V＋进"，且语法化程度高于"V＋进"[1]。我们认为除领属关系变化义外，"V＋出"还有存在状态变化义、比较关系变化义，也说明"出"的语义泛化多于"进"。"V＋进"与"V＋出"均基于容器图式，如图 6-1-1 和图 6-1-2 所示：

1　李顺周：《动词＋"进/出"的句法语义属性及其不对称研究》，上海师范大学硕士学位论文，2009 年。

图 6-1-1 "V+进"的容器图式   图 6-1-2 "V+出"的容器图式

3.1 空间域中的对称与不对称

"进₁""出₁"最基本的意义是[由外进入容器的空间位移]、[由容器内及外的空间位移]。二者存在[聚焦终点]与[聚焦起点]、[由外及内]与[由内及外]的对立。所搭配的动词具有[内向]与[外向]的对立,无向位移动词或言说动词均可搭配"进₁""出₁"。例如:

(46) a. 吃进肚子里—*吃出肚子   陷进泥坑里—*陷出泥坑

   b. 听进耳朵里—*听出耳朵   读得进书—*读得出书

   c. 投入进工作中—*投入出工作

    搭进时间与精力—*搭出时间与精力

   d. 写进小说—写出小说(语义不对等)

    填进表格—填出表格(语义不对等)

(47) 拔出钉子—*拔进钉子   发出讯息—*发进讯息

(48) a. 拉进教室(里)—拉出教室   吹进园子(里)—吹出园子

   b. 跳进车(里)—跳出车   飘进山洞(里)—飘出山洞

   c. 传进一阵争吵声—传出一阵争吵声

    输进几个文件—输出几个文件

   d. 把他劝进屋—把他劝出屋   把她哄进门—把她哄出门

   e. 赔进自己的生命—赔出自己的生命

    垫进 500 块—垫出 500 块

(49) 看进她的眸子里—*看出她的眸子—看出她的心事(语义不对等)

例(46)动词为内向动词,只能搭配"进₁",不能搭配"出₁",其中d组"写进小说"与"写出小说","填进表格"与"填出表格"语义不对等。例(47)动词为外向动词,只能搭配"出₁"。句法上,"V+进₁"与"V+出₁"均可后接处所宾语或受事宾语。例(48)动词为无向位移动词或无向动词,可搭配"进₁""出₁"。例(49)动词"看"表达视线的位移,只能搭配"进₁",不能搭配"出₁"。

"出₁"还可以是聚焦终点,与"进₁"属有标记组配。不同的是,"出₁"接方位词"外","进₁"接方位词"里、中"。例如:

（50）a. **吹进**屋里—**吹出**屋外　　　**拉进**教室里—**拉出**教室外

　　　b. **跳进**窗—**跳出**窗外　　　　**爬进**屋里—**爬出**屋外

　　　c. **流进**屋里—**流出**屋外　　　**减进**车里—**减出**车外

3.2　状态域中的对称与不对称

状态域中存在较多不对称现象。"进"与"出"均可用于领属关系域中，有进$_2$[领属权由他身到自身的变化]、出$_{2d}$[领属权由内及外的状态变化]。内向动词只能搭配"进$_2$"，外向动词只能搭配"出$_{2d}$"，无方向动作动词可搭配"进$_2$""出$_{2d}$"。例如：

（51）a. **吸收进**两个成员—* **吸收出**两个成员

　　　　娶进媳妇—* **娶出**媳妇

　　　b. **卖出**这个房子—* **卖进**这个房子

　　　　嫁出女儿—* **嫁进**女儿

　　　c. **借进**两万元—**借出**两万元

　　　　贷进300万—**贷出**300万

　　　d. **分进**两个人—**分出**两个人

　　　　调进两个大学生—**调出**两个大学生

例（51）a组为内向动词，只能搭配"进$_2$"；b组为外向动词，只能搭配"出$_{2d}$"；c组动词有两个义项，可以是内向动词，也可以是外向动词，前者搭配"进$_2$"，后者搭配"出$_{2d}$"；d组为无方向动作动词，可搭配"进$_2$"，也可搭配"出$_{2d}$"。

"出"还有出$_{2a}$[性质超出参照基点的状态变化]、出$_{2b}$[由无到有的存在状态变化]、出$_{2c}$[由隐到显的存在状态变化]，"进"则空缺这些语义。如可以说"高出一头""说出心事""长出芦苇"等，没有相应的"进"。

4　动趋式"V+来"与"V+去"

"来/去"的语义与参照意义有关，学界主要结论有：居红（1992）[1]在刘月华（1980、1988）[2]语义分析基础上提出说话人位置包括客观地理位置和主观心理位置；蒋国辉（1988）认为"来/去"带有说话人对话语叙述对象的主观评价[3]；马庆株（1997）从动词可见/不可见主观范畴说明与"来/去"的搭

1　居红：《汉语趋向动词及趋向短语的语义和语法特点》，《世界汉语教学》，1992年第4期。

2　刘月华：《关于趋向补语"来"、"去"的几个问题》，《语言教学与研究》，1980年第3期。
　　刘月华：《几组意义相关的趋向补语语义分析》，《语言研究》，1988年第1期。

3　蒋国辉：《"来"、"去"析——兼论话语的第二主体平面》，《求是学刊》，1988年第6期。

配[1]；齐沪扬（1998）提出"来/去"的实在/虚拟位置、当前/遥远位置、自身/他身位置等三对参照[2]；邵敬敏、张寒冰（2012）认为叙述语体倾向于客观视角，会话语体倾向于主观视角[3]。高艳（2007）趋向动词"来""去"作补语的不对称与语篇的语体密切联系，是运动参照点的选择要与叙述方式相一致的结果，有时语用学上的礼貌原则也在起作用[4]。陈贤（2007）"来"和"去"的不对称可分为空间、时间、获得/消失、肯定/否定、常态/非常态、期望/非期望等方面[5]。这些研究对于我们分析"V来""V去"的主观化都有帮助。

"V+来/去"所在认知域不断抽象化，叙说者立足点也不断主观化，由实际位置变为虚拟位置（即叙说者倾情的位置）。空间域中，叙说者可以在起点，也可以在终点，如"他把收音机拿去了""你把收音机拿来！"；终点有时位于叙说者预期的位置，如"这本书看完后，我就给老师拿来"，叙说者倾情于心理上所处的位置。时间域和状态域中，叙说者期望人们处于积极状态，这是由于人"以自我为中心"的认知特点，接近人的"来"是正常的，离开人的"去"是不正常的[6]。向立足点方向移动时使用"来"，多搭配积极意义的动词；背离立足点方向移动时使用"去"，多搭配消极意义的动词，因此动词搭配选择上具有很强的不对称性。我们认为，运用［预期］与［非预期］更能来体现"来/去"与客观趋向补语的差异，即叙说者介入造成的语义特征。

4.1 ［预期］与［非预期］在空间域的对称与不对称

空间域致使性较强，朝向立足点的空间位移义"来₁"与背离立足点到达某处的空间位移义"去₁ᵦ"具有无标记组配的对称性，均具有［聚焦终点］、［到达某处］义。例如：

（52）a. 向门口走来—向门口走去

b. 向船上丢来几个垫子—向船上丢去几个垫子

c. 向这边踢来一个球—向那边踢去一个球

d. 向他看来—向他看去

e. 从家里拿来几件衣服—从家里拿去几件衣服

f.（公司）派来两个人—（公司）派去两个人

1　马庆株：《"V 来/去"与现代汉语动词的主观范畴》，《语文研究》，1997 年第 3 期。

2　齐沪扬：《现代汉语空间问题研究》，上海：学林出版社，1998 年，第 187—202 页。

3　邵敬敏、张寒冰：《制约移动动词"来"的会话策略及其虚化假设》，《暨南学报（哲社版）》，2012 年第 1 期。

4　高艳：《趋向补语"来""去"使用不对称的语用考察》，《晋中学院学报》，2007 年第 2 期。

5　陈贤：《现代汉语动词"来、去"的语义研究》，复旦大学博士学位论文，2007 年。

6　沈家煊：《不对称和标记论》，南昌：江西教育出版社，1999 年，第 183—184 页。

g. 把他**盼来**了—把他**盼去**了

h. （汽车）**开来**上海—（汽车）**开去**上海

例（52）a～c组为位移动词，d～h组为非位移动词；a～d组通过介词结构"向……"凸显终点，e组通过介词结构"从……"凸显起点；b、d、e、f组后接动者充当受事宾语，g组受动者充当"把"字宾语，h组后接终点处所宾语；c组指示代词"这""那"分别与"来""去"搭配。不对称的是"V+来₁"可后接施事宾语，构成存现句，而"V+去₁ᵦ"则不成立，多使用"V+走""V+掉"。例如：

（53）这边**跑来**好几个孩子—*那边**跑去**好几个孩子—那边**跑走／掉**好几个孩子

"来₁"与离开被依附者的空间变化义"去₁ₐ"存在不对称性，后者搭配"使分离或脱落"义动词，相应的"来₁"所搭配的动词具有"使依附或生长"义，一般使用"上"。例如：

（54）**脱去**衣服—*穿来衣服—**穿上**衣服　　**褪去**毛—*长来毛—**长上**毛

4.2　[预期]与[非预期]在时间域与状态域的对称与不对称

"来"具有时间义，而"去"没有，这说明"来"的虚化程度高于"去"，并且产生了具有评价或推断义的构式，如"他对崔老的关心，说来也真是难得""她眼圈黑黑的，看来昨晚又熬夜了"等。

"来"与"去"均可用于领属域、生理域和存在域中。领属域搭配动词类别及句法表现一致，如例（55）。生理域中叙说者倾情于人类预期的积极状态，消极到积极状态用"来"，积极到消极状态用"去"，前者搭配"醒、活转"等积极义动词，后者搭配"睡、死、逝"等消极义动词；句法上对称，不后接其他成分，如例（56）。

（55）a. **买来**一本书—**买去**一本书

　　　雇来一个司机—**雇去**一个司机

　　b. **夺来**一块地—**夺去**一块地

　　　抢来一个媳妇—**抢去**一个媳妇

　　c. **招来**两个员工—**招去**两个员工

　　　选来两个员工—**选去**两个员工

　　d. **骗来**一百万—**骗去**一百万

　　　讹来一块地—**讹去**一块地

　　e. **调来**一个大学生—**调去**一个大学生

　　　分配来10个人—**分配去**10个人

f. **学来许多技能—学去许多技能**

　　争取来一千万资金—争取去一千万资金

（56）**醒来—睡去**　　　　　　　　**活转来—死去／逝去**

在存在域中叙说者将"由无到有""由隐到显"作为预期状态变化，相反作为非预期状态变化，前者搭配"来"，后者搭配"去"。所搭配的动词也是对立的，存在［产生或引起］与［毁灭、花费或删减］的对立、［思维、言说或感官］与［掩盖］的对立。例如：

（57）a. **招来麻烦—消去麻烦**　　　　**挣来钱—花去钱**

　　　b. **修来福气—消去灾祸**　　　　**赢来声誉—毁去声誉**

　　　c. **捞来实惠—* 捞去实惠**　　　　**调查来结果—* 调查去结果**

　　　d. **占去很多空间—* 加来很多空间—加上很多空间**（语义不对等）

（58）a. **尝不来这是什么滋味儿—* 尝不去这是什么滋味儿**

　　　　说不来会是什么结果—* 说不去会是什么结果

　　　b. **遮去大半边脸—* 遮来大半边脸**

　　　　掩去痛苦与不快—* 掩来痛苦与不快

例（57）a、b 组对称，动词反义；c 组一般未有对应的"去"，d 组［删减］义动词搭配"去"，相对应的语义使用［添加］义动词，搭配"上"，语义不对等。例（58）a、b 两组语义对立，但未有相对应的"来"和"去"。

"来"还可用于行为能力域中，"去"则空缺这个语义，这是因为具备能力是人类预期的，因此，只能使用"来"，如"这些事我应付得来"等。"去"还可用于比较域中，"来"则空缺这个语义，这是因为参照基点为叙说者的心理预期，施动者背离参照基点变化，因此，只能使用"去"，如"这个馆子还过得去""优秀的人多了去了"等，表达"实体在性质上超过参照基点的变化"。

5　小　结

本节讨论了简单动趋式致使性的对称与不对称性。主要有以下结论：

① 趋向补语"上"聚焦终点，"下"聚焦起点和终点。二者具有［上向］和［下向］（飞上天-飞下水-飞下枝头）、［依附向］和［分离向］（穿上衣服-脱下衣服）、［接近向］和［离开向］（走上场-走下场）的语义对立。存在依附向的语义中立（存上钱-存下钱），由无到有存在域的语义中立（写下名字-写上名字），数量域的语义中立（盛上两碗饭-盛下两碗饭），还存在价值域／领属域的语义中立（买上房子-买下房子），语义中立体现了"难达成性"与"易控制性"的语用选择对立。

②趋向补语"起"与"上/下/开"存在对称与不对称。"起"与"上"在上向上存在［聚焦起点］与［聚焦终点］的语义中立,相同的是垂直上向,不同的是前者终点不明确,后者终点明确。因此,前者不后接处所宾语,后者则可以,如"从床上坐起－坐上床";前者可后接受事宾语和施事宾语,后者则后接此类宾语后语义不对等,如"抱起他－抱上他""伸起脑袋－伸上脑袋""长起草－长上草""娶不起媳妇－娶不上媳妇""聊起家常－聊上家常"。"起"与"上"存在［聚拢向］与［依附向］语义中立,均聚焦终点,如"闭起眼睛－闭上眼睛""接起骨头－接上骨头",前者强调受动者的变形位移,后者强调受动者依附于某处的刚性位移。"起"与"下"存在［上向］与［下向］的语义对立,如"抬起头－低下头"。"起"与"开"存在［聚拢向］与［延展向］的语义对立,如"握起拳头－松开拳头""闭起眼睛－睁开眼睛""绑起沙袋－解开沙袋"。"起/上/下/开"的上向、下向和延展向隐喻投射到时间域,时间动程不同,句法表现也不同。

③趋向补语"进/出"存在［内向］与［外向］的语义对立,如"跳进车－跳出车""买进股票－卖出股票"。"由内及外"往往是人类预期的,"出"语义较"进"丰富,还有［超出参照基点］［由无到有］［由隐到显］等语义。

④趋向补语"来/去"存在［预期］与［非预期］的语义对立,表现为［由远及近］与［由近及远］、［由无到有］与［由有到无］、［由不拥有到拥有］与［由拥有到不拥有］、［由消极到积极］与［由积极到消极］的语义对立,分别如"向门口走来－向门口走去""招来麻烦－消去麻烦""夺来一块地－夺去一块地""醒来－睡去"。趋向补语"来/去"还分别存在［分离向］［超出参照基点］和［由隐到显］［具备行为能力］［朝向事件结束点的时间变化］的语义空缺。

⑤动词与趋向补语之间具有双向组合关系,受句法语义的选择性原则制约,遵循语义一致性原则、语义自足性原则、语义决定性原则[1]。如上向动词"升(1)"不能搭配下向趋向补语"下";"升上"不自足,需说"升上天";"升上气球"不说,这是因为"升(1)"不具有关涉性。语义要结合形式表现才能验证,即句法具有强制性,所带宾语类别、参照体类别、句法自足性均影响动趋组合在不同认知域中的体现。由于语用具有选择性,因此

1　邵敬敏:《论汉语语法的语义双向选择性原则》,邵敬敏著《汉语语法的立体研究》,北京:商务印书馆,2000年,第22—33页。

句法的使用要受到语用制约，如"上/下"存在"难达成性"与"易控制性"的语用选择性对立。这些均可从驱动——路径图式上得到解释。

第二节　复合动趋式致使性的对称与不对称分析（上）

下面是刘月华（1998）[1]、孟琮等（1999）[2]、吕叔湘（1999）[3]关于复合动趋式"V+上来/上去""V+进来/进去""V+回来/回去""V+下来/下去"的语义归纳。

表 6-2-1　各家关于复合趋向补语的语义归纳一览（上）

	刘月华（1998）	孟琮等（1999）	吕叔湘（2010）
上来	①通过动作使人或物由低处向高处移动，立足点在高处；②通过动作使人或物趋近面前的目标，立足点在目标；③接触、附着以至固定着眼点在整体（或主要物体）；④成功地完成；⑤进入新的状态。	①向上（由远而近）；②呈现；出现；③实现。	①人或事物随动作（朝着说话人所在地）从低处到高处；②人或事物随动作（朝着说话人所在地）趋近于某处；③人员或事物随动作（朝着说话人所在地）由较低部门（层）到较高部门（层）；④成功地完成某一动作；⑤状态发展，兼有范围逐渐扩大的意思。
上去	①通过动作使人或物体由低处向高处移动，立足点在低处；②通过动作使人或物体趋近面前的目标，立足点不在目标；③接触、附着以至固定。着眼点在部分物体或次要物体。	①向上（由近而远）；②附着。	①人或事物随动作（离开说话人所在地）从低处到高处；②人或事物随动作（离开说话人所在地）趋近于某处；③人员或事物随动作（离开说话人所在地）由较低部门（层）到较高部门（层）；④添加或合拢于某处。
进来	通过动作使人或物由某处所的外面向里面移动，立足点在处所里面。	向里（由远而近）。	人或事物随动作（朝着说话人所在地）从外面到里面。

1　刘月华：《趋向补语通释》，北京：北京语言大学出版社，1998年。

2　孟琮等编：《汉语动词用法词典》，北京：商务印书馆，1999年。

3　吕叔湘：《现代汉语八百词（增订本）》，北京：商务印书馆，1999年。

	刘月华（1998）	孟琮等（1999）	吕叔湘（2010）
进去	通过动作使人或物由某处所的外面向里面移动，立足点在处所外面。	向里（由近而远）。	人或事物随动作（离开说话人所在地）从外面到里面。
回来	通过动作使人或物体向原处所移动，立足点在原处所。	向原处（由远而近）。	人或事物随动作（朝着说话人所在地）从别处到原处。
回去	通过动作使人或物体向原处所移动，立足点不在原处所。	向原处（由近而远）。	人或事物随动作（离开说话人所在地）从别处到原处。
过来	①通过动作使人或物体（经过空间的某一点）向立足点趋近；②通过动作使人或物体向立足点的方向转动；③度过一段艰难的时期或难关；④恢复或转变到正常的积极的状态；⑤正常地尽数地完成。	①经过一段距离向近处；②使对着自己；③恢复正常；过关；④尽数完成。	①人或事物随动作（朝着说话人所在地）从一处到另一处；②物体随动作（朝着说话人所在地）改变方向；③回到原来的、正常的或较好的状态；④能（不能）周到地完成。
过去	①通过动作使人或物体离开（或远离）立足点经过某处所或向另一目标趋近；②人或物体随动作由面向立足点向背离立足点的方向移动；③度过；④动作状态的完结；⑤失去正常的状态，进入不正常的状态；⑥胜过，超过；⑦情理上感官上是否能通过接受。	①经过一段距离向远处；②使不对着自己；③过关，克服困难；④休克，死。	①人或事物随动作（离开说话人所在地）从一处到另一处；②物体随动作（离开说话人所在地）改变方向；③失去正常状态；④事情通过、动作完毕；⑤超过。

本节从驱动—路径图式入手，分析以上语义相关的复合动趋式在同一认知域中的对称与不对称，包括语义、动词搭配和句式，也包括虚化程度高低的不对称性。

1　动趋式"V+上来"与"V+上去"

郭家翔（2006）认为"上来""上去"的使用要考察运动自身在坐标中的位置及它相对于视点（包括空间视点和心理视点）位置[1]。葛显娇（2010）

1　郭家翔：《视点取向与"上来、上去"的使用》，《湖北教育学院学报》，2006年第3期。

认为二者参照点以及关注重点的不同,使得语法化后的新词在意义和用法的分布上出现了不均衡,如当观察者的视点只能触及到起点而不能触及到终点时只用"上去",反之,只用"上来"[1]。这些研究考虑到了叙说者的视角。我们认为,"V+上来"的语义类别多于"V+上去",这是因为叙说者的预期性与"上"由低及高上向义相关联。在 2500 万字当代北方作家小说语料中,"V+上来"1860 句,"V+上去"2533 句。这是因为"上"的核心语义为"趋近并到达目标",具有较强的依附性,终点接触面较窄,限制了叙说者位于终点,多采用背离起点的表达方式。

1.1　空间域中的对称与不对称

"V+上来""V+上去"在空间域中存在较强的对称性,共性原型特征为[由低及高]、[到达终点]、[垂直向]、[空间],差别在于[朝向立足点]与[背离立足点]的对立。随着认知发展,[垂直向]扩展为[依附向]、[水平向],[由低及高]扩展为[由远及近]。

1.1.1　到达终点的垂直上向空间位移

"V+上来/上去"用于空间域,最初表达"(受动者)朝向立足点由低及高到达终点的垂直上向空间位移""(受动者)背离立足点由低及高到达终点的垂直上向空间位移",分别标记为"上来$_{1a}$""上去$_{1a}$"。二者与"上$_{1a}$"的语义、所搭配动词存在较强的对称性。下面例(1)表达返身致使,例(2)表达外向致使。

(1) a. 王竹恶狠狠地**跳上来**,推开他,身子用力跳起来。(冯德英《苦菜花》)

　　 b. 她一见晓燕,放下梳子,就**跳上去**抱住她的脖子。(杨沫《青春之歌》)

(2) a. 不论她陷在哪儿,我都要把她**拉上来**,哪怕我自己掉进去。(刘恒《苍河白日梦》)

　　 b. (王跑)又把老气和两个孩子**拉了上去**,这才松了口气说:⋯⋯(李準《黄河东流去》)

1.1.2　到达终点的依附向空间变化

"V+上来/上去"用于依附向时,分别表达"(受动者)朝向立足点依附于某处的空间变化""(受动者)背离立足点依附于某处的空间变化",分

1　葛显娇:《对称与不对称:上来/上去、下来/下去之比较研究》,安徽大学硕士学位论文,2010 年。

别标记为"上来$_{1b}$""上去$_{1b}$"。二者与"上$_{1b}$"的语义存在一定的对称性，均可搭配"踩、踏"类返身一价动词、"摆$_{(1)}$、端$_{(3)}$"类外向二价动词、"递、还$_{(1)}$"类、"穿$_{(4)}$、戴"类动词。分别例如：

（3）a. 广大、开阔的翠绿草地，如同天鹅绒一样的柔软，邀请每个游客**踏上来**，坐上去，在上面休憩。（CCL《龙枪传奇》译文）

　　b. 那种绿活像少奶奶衣裙的颜色，赤脚**踏上去**，也确实像绸布一样软，让人想到衣裙中的肌肤。（刘恒《苍河白日梦》）

（4）a. 不过片刻，亲兵们就将预备好的酒菜**摆上来**了，并且替张、曹二帅和众将领斟满杯子。（姚雪垠《李自成》）

　　b. 屋顶上的瓦片是**摆上去**的，没有抹石灰，风一刮，瓦片会动。（张一弓《姨父：一位老八路军战士的传奇人生》）

（5）a. 于团长拗不过，接着德强**递上来**的七星手枪。（冯德英《苦菜花》）

　　b. 这时库兵把烟碟**递上去**说："您要犯瘾，来点这个。……"（邓友梅《烟壶》）

（6）a. 我说你脱了帽子，你却把帽子重新**戴上来**证明我说谎。（CCL《哈佛管理培训系列全集》）

　　b. 她从没有想到假发**戴上去**竟然毫不难看，相反倒有几分修饰出来的韵味。（皮皮《比如女人》）

例（3）a 句"踏上来"表达受动者"每个游客"通过动作"踏"到达"草地"上，这时立足点在"草地"；b 句"踏上去"后接动作后叙说者的感受，成为一种较典型的感知类格式"V 上去"，使用"上去"力求说明感受的客观性。

"配$_{(2)}$、加$_{(1)(2)}$"类和"合$_{(1)}$、闭"类可搭配"上去$_{1b}$"，一般不搭配"上来$_{1b}$"。"捆、绑"类动词只搭配"上去$_{1b}$"，不搭配"上来$_{1b}$"，相应的"捆上来""绑上来"表达的是水平前向空间位移。例如：

（7）他入土时，曾祖母只好请个木匠做了个木脑壳**配上去**，以免破坏不是全尸不能入土的乡俗。（CCL1993 年《作家文摘》）

（8）有的时候，我记得很清楚，就去摸他的脸，眼睛**闭上去**，摸他的眼睛然后跟他说话，……（CCL《百家讲坛》）

（9）你可以把半兽人的烂衣服披紧一点，然后再把腰带**绑上去**，这个斗篷就可以穿在外面了。（CCL《魔戒》译文）

1.1.3 到达终点的水平前向空间位移

"V+上来/上去"用于水平前向，分别表达"（受动者）朝向立足点水平向前到达某处或某关涉者的空间位移""（受动者）背离立足点水平向前到达某处或某关涉者的空间位移"，标记为"上来 $_{1c}$""上去 $_{1c}$"。与"上 $_{1c}$"的语义、所搭配动词存在较强的对称性，例如：

（10）a. 康老汉……便又**冲上来**用头碰张有义。（马烽《吕梁英雄传》）

b. 他刚要**冲上去**，见鬼子又返回来，忙又射击。（冯德英《苦菜花》）

（11）a. 老武正要出村，忽听身后有人**追上来**喊："武乡亲！"（马烽《吕梁英雄传》）

b. 李柱儿刚刚跑了几步远，也被肖飞**追上去**一把拉了回来。（刘流《烈火金刚》）

1.2 状态域中的对称与不对称

在状态域中，"上来"与"上去"存在不对称性，这是因为状态变化与人类预期有着密切关系，"来"朝向立足点往往是人类预期的，"去"背离立足点往往是人类非预期的。

1.2.1 由无到有的存在状态变化

"上"可表由无到有的存在状态变化，由无到有往往是人类预期的，因此使用"上来"，表达"（受动者）实现由无到有依附于某处的存在状态变化"，标记为"上来 $_{2a}$"。这时可搭配"说 $_{(1)}$、答"类外向二价动词，例如：

（12）国瑞问在哪儿。小解说回家了。他说他下午有事，不干了。国瑞一时**说不上来话**。（尤凤伟《泥鳅》）

（13）老孟急得把双手一拍，一句话也**说不上来**。（李晓明《平原枪声》）

"怀、写 $_{(1)}$"类产生义动词多不搭配"上来 $_{2a}$"，不能说"怀上来孩子""镶上来一道金边"，这与叙说者立足点的范围大小有关。

1.2.2 由消极到积极的生理状态变化

由消极到积极的生理状态变化是人类预期的，因此，只能使用"上来"，表达"（施动者）实现由消极到积极的生理状态变化"，标记为"上来 $_{2b}$"。例如：

（14）老牧人的夸奖使曹千里来了劲儿，他咕嘟咕嘟连喝了三大碗，喝得连气也**喘不上来**了。（王蒙《杂色》）

1.2.3 由低及高的性质状态变化

受动者由低处到达高处的垂直上向位移隐喻为受动者的性质程度由低及高，表达受动者到达某性质并不断加深的状态变化。性质程度加深与环境参照体无关，需加入立足点才能明确位移轨迹，可标注为"上来 $_{2c}$""上

去 $_{2a}$",分别表达"(受动者)性质朝向立足点由低及高的状态变化""(受动者)性质背离立足点由低及高的状态变化"。这时只表达返身致使,多搭配"热、亮"类上向性质形容词,语义特征为[±自主,±可控,−位移,+性质,+持续],语境中常搭配表渐变性的"渐渐""慢慢"等词语。

"V+上来 $_{2c}$""V+上去 $_{2a}$"在性质域上存在一定的对称性,性质程度有高低,当立足点立足于性质终点时,搭配"上来";当立足点立足于性质起点时,搭配"上去"。差异在于前者具有终点可见性,后者具有终点不可见性。例如:

（15）a. 你摸摸,这炕**热上来**了。（孙犁《风云初记》）

　　　b. 该热的会**热上去**,不该热的总会冷下来。（CCL1993 年《人民日报》）

（16）a. 小坡的脸慢慢的**红上来**了,迟疑了半天,才说:"我们的管子里不是茶和牛奶,是橘子汁,香蕉水,柠檬水,还有啤酒!"（CCL 老舍《小坡的生日》）

　　　b.（股票）**红上去**嘛,我才进来,你好歹让我吃一点。（百度,上海菜士吧 2018-12-28）

我们认为,在这里区分上向形容词和下向形容词,比区分正向形容词和负向形容词要更有效。因为性质程度由低及高与"上向"有关,而不是与"正向"有关,如"气愤"通常认为是负向形容词,表达"生气、恼怒、愤恨"义,理应不搭配"上来"。但实际语境上则可以搭配,如例（17）,这是因为其隐含了"坏情绪由低及高"的意义,属于上向形容词,与"上来"由低及高的上向义一致。

（17）三嫂一看,又**气愤上来**:"你这个人,转眼又变卦了,又糊涂⋯⋯"（冯德英《山菊花》）

郭家翔、陈仕平、朱怀（2002）认为"上来"一般与表正向的形容词搭配使用,如常说"热上来了",不说"冷上来了"[1]。负向形容词搭配"上来 $_{2c}$"多用于对举结构中,例如:

（18）回到宿舍,她就发起疟疾来。隔一天一场,**冷上来**浑身打噤,**热上来**想跳进水井。（孙犁《风云初记》）

"上来 $_{2c}$"使用频率明显高于"上去 $_{2a}$",这与终点焦点化有关[2]。搜索北

1　郭家翔、陈仕平、朱怀:《说"上来"》,《语言研究》,2002 年特刊。

2　古川裕《〈起点〉指向和〈终点〉指向的不对称性及其认知解释》,《世界汉语教学》,2002年第 3 期。

大 CCL 语料库，发现"热上来"3 例，"热上去"2 例；"红上来"2 例，"红上去"0 例；"黑上来"6 例，"黑上去"0 例。

1.3 语义演变中的对称与不对称

动词"上来 / 上去"单独做谓语，分别见于唐五代和北宋。例如：

（19）a. 好在湘江水，今朝又**上来**。不知从此去，更遣几年回。（柳宗元《再上湘江》，《全唐诗》351，11/3934）

b. 凡夫不识圣人，谤和尚，又毁师。阖院一齐**上来**，於和尚前收过。（《祖堂集》卷四，石头和尚）

（20）然少不知道，今气少肉多，不得**上去**，当为尸解，如从狗窦中过耳。（《太平广记》卷七）

1.3.1 南宋时出现垂直上向义"上来 / 上去"

受趋向补语结构的影响，"上来 / 上去"也用于动词后面做补语。南宋时出现由低及高到达高处的垂直上向空间位移义"V+上来 / 上去"，用例较少，分别如例（21）、例（22）；明代时数量渐多，分别如例（23）、例（24）；清末"V+上去"还可后接感知、评价类小句，如例（25）。

（21）a. 气之至也，分寸不差，便是这气都在地中**透上来**。（《朱子语类》卷七十四）

b. 地虽一块物在天之中，其中实虚，容得天之气**逬上来**。（同上）

（22）a. 跃是那不着地了，两脚**跳上去**底意思。（同上，卷六十八）

b. 谓如一炉火，必有气**冲上去**，便是"风自火出"。（同上，卷七十二）

（23）a. 朱真也**爬上来**，把石头来盖得没缝，又捧些雪铺上。（《醒世恒言》卷十四）

b. 即时间把个王神姑砍下一颗头，鲜血淋淋，**献将上来**。（《三宝太监西洋记》第三十八回）

（24）a. 任珪性起，从床上直**爬上去**，将刀乱砍。可怜周得，从梁上倒撞下来。（《喻世明言》卷三十八）

b. "……你量我无兵器，我两只手敂着天边月哩！你不要怕，只吃老孙一拳！"纵一纵**跳上去**，劈脸就打。（《西游记》第二回）

（25）a. 心上虽然有些勉强，面上却做出十分欢喜的样儿，只说舅太太面貌怎样的纤秾，肌肤又是怎样的娇嫩，**看上去**还只像个二十多岁的人一般。（《九尾龟》第一百一十一回）

b. 读者，你看安水心先生这几句话，**听上去**觉得在儿子跟前，有

些督责过严。(《儿女英雄传》第三十三回)

1.3.2　元代时出现水平前向义"上来 / 上去"

五代至宋代发现水平前向空间位移义"V+上来"用例,如例(26)。真正出现是在元代,明代时较成熟,如例(27)。

(26) a. 侍者到於半路,逢见涅盘堂主著纳衣**走上来**,侍者云:……(《祖堂集》卷十六,南泉和尚)

b. 觉公意思尚放许多不下,说几句又渐渐**走上来**,如车水相似,又滚将去。(《朱子语类》卷一百二十)

(27) a. 见他可擦擦拖将去,我与你气丕丕**赶上来**。(马致远《邯郸道省悟黄粱梦》第二折)

b. 我们这等跑。他倒越**追上来**。(武汉臣《包待制智赚生金阁》第三折)

c. 那贼将见乔道清**迎上来**,再把剑望南砍去,那火比前番更是炽焰。(《水浒传》第一百零八回)

元代还出现了水平前向空间位移义"V+上去"的用法,明代时较成熟,例如:

(28) a. 好两个后生,拿一个先生被他溜了。我不问那里**赶上去**。(马致远《吕洞宾三醉岳阳楼》第三折)

b. 张千备马来,待我**赶将上去**。(岳伯川《吕洞宾度铁拐李岳》第一折)

c. 幼谦喜不自禁,蹑了梯子,一步一步**走上去**,到得墙头上,只见……(《初刻拍案惊奇》卷二十九)

1.3.3　明代时出现依附向义"上来 / 上去"

明代时出现依附于某处的空间变化义"V+上来 / 上去"用法,例如:

(29) a. 婆子央两个丫环**搬将上来**,摆做一桌子。(《喻世明言》卷一)

b. 两人坐下,糖果按酒之物,流水也似**递将上来**。(《金瓶梅》第五十五回)

(30) a. 谁知陈大郎的片精魂,早被妇人眼光儿**摄上去**了。(《喻世明言》卷一)

b. 国师道:"在那里? 见教贫僧一看。"老爷又双手**递上去**。(《三宝太监西洋记》第五十四回)

1.3.4　清代时出现性质状态变化义"上来"、由无到有状态变化义"上来"

元明时代发现性质由低及高状态变化义"adj.+上来"用例,如例(31)。清代时真正出现,如例(32)。

（31）a. 我这一会**昏沉上来**，只待睡些儿哩。（郑光祖《迷青琐倩女离魂》第三折）

b. 两个吃的**热上来**，把衣服脱了。（《金瓶梅》第五十二回）

（32）a. 二人说论，那雷电越发**紧将上来**。（《醒世姻缘传》第五十四回）

b. 这天待**黑上来**了，屋里摆的满满的，咱在那里铺床？（同上，第四十九回）

明代偶见由无到有状态变化义"V+上来"用例，清代时真正出现。例如：

（33）a. 如今还是要归裴氏？要归孙润？实**说上来**。（《醒世恒言》卷八）

b. 方才问她儿子的岁数，她如何**答不上来**？竟会急得满面通红。（《七侠五义》第十八回）

1.3.5 民国时出现由消极到积极的生理状态变化义"上来"

民国时出现由消极到积极生理状态变化义"V+上来"的用法，例如：

（34）杨香五小子，你别损啦，我都**喘不上来**气啦，……（《三侠剑》第二回）

至现当代时才出现性质由低及高状态变化义"上去"，使用语境较受限。

结合以上考察和第四章第二节的分析，我们得出：第一，"V+上"的语义出现均早于相应的"V+上来/上去"。第二，"V+上来/上去"语义泛化，由空间域隐喻扩展至状态域。第三，趋向补语"上来/上去"的语义出现顺序为：垂直上向空间位移义"上来/上去"（南宋）>水平向前空间位移义"上来/上去"（元代）>依附向空间变化义"上来/上去"（明代）>性质由低及高状态变化义"上来"、由无到有状态变化义"上来"（清代）>由消极到积极的生理状态变化义"上来"（民国）>性质由低及高状态变化义"上去"（现当代）。其中，"上来"均早于或不晚于相应的"上去"。

2 动趋式"V+进来"与"V+进去"

"V+进来"与"V+进去"具有较强的对称性，虚化程度基本相同。使用频率上也大体相同，2500万字当代北方作家小说语料中前者1833句，后者1635句。"由外及里容器图式"隐喻为不可见，这是人类非预期的。

2.1 空间域中的对称与不对称

"V+进来"与"V+进去"在空间域中具有较强的对称性，分别表达"（受动者）朝向立足点由外进入容器的空间位移""（受动者）背离立足点由外进入容器的空间位移",分别标记为"进来₁""进去₁"。二者的共性原型特征为[由外及里]、[进入容器]、[空间]，差异在于[朝向立足点]与[背离立足点]的对立，具有[可见]与[不可见]的对立。二者均可搭配无向动词。例如：

（35）a. 屋里传来一阵玻璃的破碎声，有人沉重地**跳进来**。（王朔《人莫予毒》）

　　 b. 只见过登封县少林寺里有一口大锅他能**跳进去**，可他就不去！（李準《黄河东流去》）

（36）a. 窗子许里面人看出去，同时也许外面人**看进来**，所以在热闹地方住的人要用窗帘子，替他们私生活做个保障。（CCL 钱钟书《窗》）

　　 b. 胡同里人来人往，大门口没有岗哨，墙上没有电网，从敞开的**大门看进去**与许多北京人的住处没有任何区别，……（尤凤伟《中国一九五七》）

（37）a. 我一个人在地狱里，没有必要把你也**拉进来**。（毕淑敏《红处方》）

　　 b. 她刚敲了一下门，李小春就拉开门，接着又把她**拉进去**。（皮皮《渴望激情》）

搭配内向性（由他身到自身）或外向性（由自身到他身）动词时，前者如"吃₍₁₎、喝"类、"陷、凹"类动词、"听₍₂₎、写₍₂₎"类动词，后者如"投入、搭₍₄₎"类动词和"赔₍₂₎、垫₍₂₎"类动词。"进去₁"的使用频率明显高于"进来₁"。"葬送、牺牲"类动词只能搭配"进去₁"。例如：

（38）a. 胃蛋白酶是由胃分泌出来的一种酶，它对**吃进来**的食物进行催化反应，把食物中的蛋白质大分子变成能被生物体吸收的小分子物质。（CCL《中国儿童百科全书》）

　　 b. 白蚁喜欢吃各种木头，但它自己没有消化木质纤维的酶，**吃进去**的木屑无法消化。（同上）

（39）a. 从巴尔贝克取景，赤日炎炎的一个夏日画的一幅画中，大海**凹进来**的一块，由于封闭在粉红花岗岩岩壁中，似乎不是大海，而大海从稍远的地方才开始。（CCL《追忆似水年华》）

　　 b. 左边的墙壁上**凹进去**一大块，里面放了一个长方形的玻璃鱼缸，……（CCL 周而复《上海的早晨》）

（40）a. 遗憾的是黄润志没有**听进来**春荣的忠告，终于不治而亡……（BCC《文汇报》2005-7-27）

b. 作战科长刘岩向他汇报情况，说了好久，他连一个字也没有**听进去**。（CCL《1994 年报刊精选》）

（41）a. 通过新闻媒介的宣传及示范推广，使更多的人对健身运动产生兴趣，**投入进来**，则是推行大众体育的一个重要途径。（CCL1994 年《人民日报》）

b. 无数的事实说明，只有把全副身心**投入进去**，专心致志，精益求精，不畏劳苦，百折不回，才有可能攀登科学高峰。（CCL《邓小平文选》）

（42）a. 宋老师不但不收费，还把儿女孝敬她的钱**赔进来**不少呢……（CCL1996 年《人民日报》）

b. 现在可好，全**赔进去**了，这让大家怎么向那些债主们交代？（CCL《中国北漂艺人生存实录》）

（43）潘副书记说的是对的，应该在敌占区采取长期隐蔽的方针，不然就会把干部都**葬送进去**。（雪克《战斗的青春》）

搜索北大 CCL 语料库，我们得出与内向性动词搭配时，"进去₁"的使用频率远远高于"进来₁"。动词具有外向性，多具有贬义，多搭配"进去₁"。如下表 6-2-2 和 6-2-3 所示：

表 6-2-2　内向性动词与"进来₁""进去₁"的搭配数量

动词	进来₁	进去₁	动词	进来₁	进去₁
听	0	121	陷	0	96
写	1	77	投入	6	24
吃	3	39	搭	5	56
喝	0	9	小计	16	476
凹	1	54			

表 6-2-3　外向性动词与"进来₁""进去₁"的搭配数量

动词	进来₁	进去₁	动词	进来₁	进去₁
赔	1	46	牺牲	0	0
垫	0	4	小计	1	51
葬送	0	1			

2.2 领属域中的对称与不对称

"V+进来"与"V+进去"在领属域中具有较强的对称性,分别表达"(受动者)领属权朝向立足点由他身到自身的变化""(受动者)领属权背离立足点由他身到自身的变化",分别标记为"进来₂""进去₂"。当搭配内向性(由他身到自身)动词时,多使用"进来₂",不能搭配"进去₂"。例如:

(44)我们的先进技术装备是靠美元**买进来**的,人的技术素质却无法买进。(CCL《1994 年报刊精选》)

(45)当地老百姓认为把新娘子**娶进来**是喜事,把女儿嫁出去是伤心的事,所以有"借娶不借嫁"的说法。(CCL1997 年《作家文摘》)

当搭配无向动词时,可搭配"进来₂"和"进去₂"。例如:

(46)a. 轧钢车间岗位是全厂苦脏累岗位,过去没人愿意**调进来**,在岗的也千方百计想调离。(CCL《1994 年报刊精选》)

b. 特别对交通不便的山区、边远地区,一定要在大雪封冻以前把粮食**调进去**,以确保灾民能安全过冬。(CCL1995 年《人民日报》)

(47)a. 苏金荣也感到有道理,他想他们曾经派苏建才打入县大队,难道敌人就不会把奸细**派进来**吗?(李晓明《平原枪声》)

b. 李正不分昼夜的整理着临城的秘密关系,不断和临城出来的工人谈话,并把新的关系**派进去**。(刘知侠《铁道游击队》)

2.3 语义演变中的对称与不对称

动词"进来/进去"单独做谓语,例如:

(48)后节度使必遣人搜殿,见此汗衫子,必差人**进来**。(《敦煌变文集新书·叶净能诗》)

(49)进德是要日新又新,只管要**进去**,便是要至之,故说道"可与几"。(《朱子语类》卷六十九)

2.3.1 明代时出现空间位移义"进来/进去"

受趋向补语结构影响,"进来/进去"也可用作动词补语。明代时发现朝向立足点由外进入容器的空间位移义"V+进来"用例,如例(50);清代时用法成熟,如例(51)。

(50)a. 张飞正醉卧府中,左右急忙摇醒,报说:"吕布赚开城门,**杀将进来**了!"(《三国演义》第十回)

b. 那西门庆见小玉进来,连忙立起来,无计支出他去,道:"外

边下雪了，一张香桌儿还**不收进来**?"(《金瓶梅》第二十回)

（51）a. 彼此见过节，邹吉甫把那些东西**搬了进来**。(《儒林外史》第十一回)

b. 早有褚一官带人送了许多吃食，外面收拾好了**端进来**。(《儿女英雄传》第二十一回)

明代时出现背离立足点由外进入容器的空间位移义"V+进去"，如例（52）；清代出现抽象空间位移义"V+进去"，如例（53）。

（52）a. 只是今早刘官人家门半开，众人**推将进去**，只见刘官人杀死在地，十五贯钱一文也不见，小娘子也不见踪迹。(《醒世恒言》卷三十三)

b. 不想到一家门首，见他们也不闩，**推进去**时，里面并无一人。(同上，卷三十三)

（53）a. 老爷依然一副正经面孔。再不想这套话倒把位见过世面的舅太太**听进去**了，说：……(《儿女英雄传》第二十八回)

b. 姐姐既这等说，大约今日这亲事，妹子在姐姐跟前断**说不进去**，我也不必枉费唇舌再求姐姐、磨姐姐、央及姐姐了。(同上，第二十六回)

2.3.2　清代时出现领属关系变化义"进来"

明代时发现领属权朝向立足点由他身到自身的变化义"V+进来"用例，如例（54）；清代时真正出现，所搭配动词范围也扩大，如例（55）。

（54）西门庆看见桌子底下放着一坛金华酒，便问："是那里的?"李瓶儿不好说是书童儿**买进来**的，只说：……(《金瓶梅》第三十四回)

（55）a. 或者那边还**调进来**，即不然，终有个叶落归根。(《红楼梦》第一百回)

b. 去年万家娶媳妇，他媳妇也是个翰林女儿，万家费了几千两银子**娶进来**。(《儒林外史》第二十三回)

至现当代时才出现领属关系变化义"V+进去"的用法。

结合以上考察和第四章第四节的分析，我们得出：第一，"V+进"的语义出现顺序不晚于相应的"V+进来/进去"；第二，"V+进来/进去"由空间域隐喻扩展至状态域，语义发生了泛化；第三，从趋向补语"进来/进去"的语义出现顺序来看，空间位移义"进来/进去"(明代)>领属关系义"进来"(清代)>领属关系义"进去"(现当代)，可见，"进来"的语义出现均早于或不晚于相应的"进去"。

3　动趋式"V+回来"与"V+回去"

"回来"和"回去"语义较对称,其虚化程度大致相同。在使用频率上,前者明显高于后者。在 2500 万字当代北方作家小说语料中,前者2642 句,后者1172 句。这是因为"回"与人类的预期特征有着较大的关联,当事件为人类预期时,多添加"来"。

3.1　空间域中的对称与不对称

"V+回来/回去"用于空间域,分别表达"(受动者)朝向立足点从某处到受动者处或施动者处的空间位移""(受动者)背离立足点从某处到受动者处或施动者处的空间位移",分别标记为"回来₁""回去₁"。二者语义和所搭配的动词对称性较强。下面例(56)～例(58)表达受动者从某处到受动者原处,例(59)表达受动者从某处到施动者处。

(56) a. 大少爷风尘仆仆从外边**赶回来**,那副样子,只能让我伤心。(刘恒《苍河白日梦》)

b. 家里那马驹病了,孩子的婚事我也看到了,得赶紧**赶回去**。(刘震云《一句顶一万句》)

(57) a. 他边骑车边把头**扭回来**,对他的儿子说着什么。(莫言《红树林》)

b. 他把头又**扭回去**,面向接待员了。(CCL 斯蒂芬妮　梅尔《暮光之城》译文)

(58) a. 他演《送女》,唱到"人人说男子汉心肠太狠",就把余宽一指,失手太重,把余宽差点推倒在地,又急切地**拉回来**。(贾平凹《秦腔》)

b. "我知道你的来意,想把俺哥再**拉回去**,是不是?"桃子狠狠地说:"你是知趣的,自己走吧;你不要脸,俺还要皮!"(冯德英《山菊花》)

(59) a. 他们的大公子最近从上海**捎回来**一架留声机,新奇得使全家兴奋十足。(陈忠实《白鹿原》)

b. (我)实在急需**捎回去**一点钱救命,出于不得已才去抢劫。(姚雪垠《李自成》)

3.2　状态域中的对称与不对称

3.2.1　从某处到施动者处的领属状态变化

"V+回来/回去"可用于领属关系域,分别表达"(受动者)领属权朝向立足点从某处到施动者处的状态变化""（受动者）领属权背离立足点从某处到施动者处的状态变化"，分别标注为"回来 2a""回去 2a"。叙说者可以在终点，也可以在起点，"V＋回来／回去"的对称性强。例如：

（60）a. 目前，他们必须马上把阵地**夺回来**。（柳建伟《突出重围》）

　　　b. 最后再向领导表示对革命未来的信心，说你坚信能把丈夫从我手里面**夺回去**，让领导帮你忙开除我。（皮皮《比如女人》）

（61）a. 田宏遇于崇祯十四年从江南**买回来**两个美貌名妓，一个姓陈，一个姓顾。（姚雪垠《李自成》）

　　　b. 我把孝文的房买来伤了白家的面子，孝文再**买回去**伤一伤鹿家面子，咱们一报还一报也就顶光了。（陈忠实《白鹿原》）

3.2.2　由消极到积极的生理状态变化

由不清醒到清醒的生理状态变化是人类预期的，只能使用"回来"，表达"（受动者）朝向立足点由消极到积极的生理状态变化"，标记为"回来 2b"。例如：

（62）寒冷的北风穿过了他的陈旧的茅舍，把他**唤醒回来**，并且教导他说，他这个不幸者是动物和天使之间的某种中间物。（CCL《读书》）

（63）当我**醒回来**一看。想一摸，手呢？才知道单单丢了一个手。（CCL 施蛰存《他要一颗纽扣》）

3.2.3　由不利到有利的价值状态变化

"V＋回来／回去"可用于价值状态域，分别表达"（受动者）朝向立足点由不利到有利的价值状态变化""（受动者）背离立足点由不利到有利的价值状态变化"，分别标记为"回来 2c""回去 2b"。当受动者为需要补救的事物时，叙说者立足于终点，只能使用"回来 2c"，所搭配的动词多为补救义动词，如例（64）。当受动者为需要改变的事物时，叙说者立足于终点，也可以在起点，可以使用"回来 2c／回去 2b"，所搭配的动词多为改变义动词，如例（65）。

（64）联苯双酯因为没有专利保护，国家和单位损失了那么多的钱，我要研制新的药物把联苯双酯的损失**挽回来**。（CCL《1994 年报刊精选》）

（65）a. 本来不跟老詹和主了，杨摩西可以把名字再**改回来**，重叫杨百顺。（刘震云《一句顶一万句》）

　　　b. 是吗？还从来没有人说到我的头发……你觉得可惜么？好吧，我以后再**改回去**……你的心真细……（刘恒《黑的雪》）

3.3　语义演变中的对称与不对称

动词"回来/回去"单独做谓语，例如：

（66）合村送就旷野，**回来**只见空床。（《王梵志诗》卷三，出门拗头戻跨）

（67）后使公孙遨（敖）入虏庭，输兵失利而**回去**。（《敦煌变文集新书·李陵变文》）

3.3.1　宋代时出现空间位移义"回来/回去"

受趋向补语结构影响，"回来/回去"也可用作动词补语。唐代时发现背离立足点从某处到施动者某处的空间位移义"V+回来/回去"的用例，数量较少，如例（68）。宋代时真正出现，如例（69）。元明时代"回来/回去"用法比较成熟，如例（70）、例（71）。

（68）a. 向前任料理，难见**却回来**。（《王梵志诗》卷二，好住四合舍）

　　　b. 雷声忽送千峰雨，花气浑如百和香。黄莺过水**翻回去**，燕子衔泥湿不妨。（杜甫《即事》，《全唐诗》卷231，7/2539）

（69）a. 只是莫令此心逐物去，则此心便在这里。不是如一件物事，放去了又**收回来**。（《朱子语类》卷五十九）

　　　b. 娇莺恰恰啼，过水**翻回去**。欲共诉芳心，故绕池边树。（杨冠卿《生查子·闻莺用竹坡韵》，《全宋词》）

（70）a.（正旦云）爷爷不葫芦提。（包待制云）嗏声！张千，**拿回来**！争些着婆子瞒过老夫。（关汉卿《包待制三勘蝴蝶梦》第二折）

　　　b. 朱真进家中，娘的吃一惊，道："我儿，如何尸首都**驮回来**？"（《醒世恒言》卷十四）

（71）a. ……还剩下两包儿炭。送与婶子烘脚，做上利哩。（卜儿云）我家有，你自**拿回去**受用罢。（秦简夫《东堂老劝破家子弟》第三折）

　　　b. 长安虽好，不是久恋之家，趁肚里不饿了，**走回去**罢。（《二刻拍案惊奇》卷十八）

3.3.2　明代时出现领属关系变化义"回来/回去"、生理状态变化义"回来"

明代时出现领属权朝向或背离立足点从某处到施动者处变化的"V+回来/回去"的用例，分别如例（72）、例（73）。

（72）a. 店二哥道："谢官人。"道了便去。不多时便**买回来**。（《喻世明言》卷三十六）

b. 多带些人从去，肯便肯，不肯时打进去，**抢将回来**。(《醒世恒言》卷七)

（73）a. 吴大郎道："嬷嬷作成作成，不敢有忘。"王婆道："朝奉有的是银子，兑出千把来，**娶了回去**就是。"(《初刻拍案惊奇》卷二)

b. ……与颜氏取出银子来兑，一色都是粉块细丝。徐言、徐召眼内放出火来，喉间烟也直冒，恨不得推开众人通**抢回去**。(《醒世恒言》卷三十五)

明代时出现朝向立足点由消极到积极的生理状态变化"V+回来"用法，例如：

（74）李生猛然一惊，衣袖拂着琴弦，当的一声响，**惊醒回来**。(《警世通言》卷十一)

（75）唐太宗心里想道："正好不要叫他醒来，捱过了这个午时三刻，龙王之命可救矣！"一会儿丞相**醒将回来**，看见个太宗皇帝陪他坐着，就吓得他浑身是汗，……(《三宝太监西洋记》第二十一回)

3.3.3 清代时出现价值状态变化义"回来"

清代时出现朝向立足点从某处到原处的价值状态变化义"V+回来"用法，例如：

（76）a. 如此一说，便把夫人的罪名减轻，同时即把二郎的体面也**挽回来了**。(《八仙得道》第八十六回)

b. 只要变后还能遵父兄的教训，师友的劝勉，闺阃的箴规，慢慢的再**变回来**，指望他齐一变至于鲁，鲁一变至于道，也就罢了！(《儿女英雄传》第三十回)

至现当代时才出现背离立足点从某处到原处的价值状态变化义"V+回去"用法。

结合以上考察和第四章第五节的分析，我们得出：第一，除生理状态变化义外，"V+回"的语义出现顺序均早于或不晚于相应的"V+回来/回去"；第二，"V+回来/回去"语义发生了泛化，由空间域隐喻扩展至状态域；第三，从趋向补语"回来/回去"各语义出现顺序来看，空间位移义"回来/回去"(宋代)>领属关系变化义"回来/回去"、生理状态变化义"回来"(明代)>价值状态变化义"回来"(清代)>价值状态变化义"回去"(现当代)，其中，"回来"各语义出现早于或不晚于相应的"回去"。

4　动趋式"V+过来"与"V+过去"

关于"过来""过去"的对称与不对称,研究较少,尚未揭示出其背后的认知规律。例如("*"表示不能替代):

(77) a. 他们从对面跑过来(*过去)了。

　　 b. 门口刚开过去(*过来)一辆车。

(78) a. 爬到山顶,我们都累得喘不过气来(*过去)。

　　 b. 病人昏迷过去(*过来)了。

(79) a. 这么多书,你看得过来(*过去)吗?

　　 b. 这天再冷,也冷不过三九天去(*过来)。

(80) a. 刚离婚时挺难受,可是哥哥挺过来(*过去)了。

　　 b. 每当关节犯疼,他只能硬挺过去(*过来)。

　　 c. 我记性不好,什么书都是看过去(*过来)就忘。

(81) 工作这么忙,我再请假,实说不过去(*过来)。

在《现代汉语八百词》中,例(77)的释义为"人或事物随动作从一处到另一处"。例(78)a、b分别释义为"回到原来的、正常的或较好的状态""失去正常状态"。例(79)a、b分别释义为"能不能周到地完成""超过"。例(80)a没有释义,b、c释义为"事情通过、动作完毕"。例(81)释义为"合情理,勉强可以交代"[1]。这些释义语义归纳跳跃性较强,割裂了各义项之间的语义联系,无法揭示其内部关联性及其认知原因。董淑慧、刘娜(2008)运用"状态转换义"对例(80)进行了分析,认为存在着由生死→昏迷清醒→酒醒酒醉→睡眠醒着→明白糊涂的"语法化链"[2]。陈忠(2006)认为此类句子的对称与不对称建立在隐喻基础上的不同意象间的对立,"过来"隐喻回到"生命世界""清醒状态","过去"则反之,它们的对立来自空间感知上的经验及其隐喻[3]。这一解释很有说服力,为我们研究"过来/过去"的对称与不对称提供了思路。高顺全(2005)运用"阻碍图式",将例(79)a句归纳为"有无能力应付"或"数量上的周遍意义",例(80)a句归纳为"通过阻碍",b、c句归纳为"通过阻碍,渡过难关",例

1　吕叔湘:《现代汉语八百词(增订本)》,北京:商务印书馆,1980/1999年,第249—251页。

2　董淑慧、刘娜:《"过来/过去"的语法化及其在对外汉语教学中的应用》,《理论语言学研究》,2008年第2期。

3　陈忠:《认知语言学研究》,济南:山东教育出版社,2006年,第331页。

（81）归纳为"能否通过某种社会、道德以及情理标准等，引申为评价"[1]。这些分析都有一定的解释力，但对"过来/过去"的对称与不对称没有一个系统全面的归纳与分析，不利于理解与使用这组词语。

我们认为，"V+过来"与"V+过去"均可用于空间义、时间义和状态义，在空间和时间域中对称性较强，在状态域中对称性较弱。在使用频率上，前者略高于后者，这是因为"来"与叙说者的预期性有关。在 2500 万字当代北方作家小说语料中分别为 5830 句、4156 句。

4.1 空间域中的对称与不对称

4.1.1 由起点到某处的水平向空间位移

"V+过来"与"V+过去"最基本的意义是"由起点到某处的水平向空间位移"，分别表达"（受动者）朝向立足点由起点到某处的水平位移""（受动者）背离立足点由起点到某处的水平位移"，分别标记为"过来$_{1a}$""过去$_{1a}$"。二者共性原型特征为［水平向］、［由起点到某处］、［空间位移］，与"V+过$_{1a}$""V+过$_{1b}$"搭配的动词相同。由于"来""去"的使用，经过点往往不出现，"通过某经过点"语义不显现，而是显现"由起点到某处"语义。下面例（82）、（83）表达返身致使，例（84）表达外向致使。

（82）a. 有一天晚上，姐弟两个正插着门睡觉，有人从墙外咕咚咚地**跳过来**。（梁斌《红旗谱》）

　　　b. 我说，老鼠能叼着孩子，从二尺高的床栏杆**跳过去**？（毕淑敏《红处方》）

（83）a.（这孩子）只是迎着他的目光**看过来**，紧紧地咬着牙齿。（张炜《秋天的愤怒》）

　　　b. 他转过头，从眼镜的上缘往洞外**看过去**。（邓英梅《我们的军长》）

（84）a. 郝秀成把酒壶又**送过来**说："自己倒吧，人心上不舒服，想喝两盅！"（马烽《吕梁英雄传》）

　　　b. 停了两年，孙实根在邻县又一次被打倒，赖和尚等人就不客气，派人**送过去**一捆大字报。（刘震云《故乡天下黄花》）

"V+过来$_{1a}$/过去$_{1a}$"也可表达施动者在作用力作用下从起点到终点依次位移，表达返身致使。起点多位于动趋结构之前，"从……到……/一家一户地+V+过来$_{1a}$/过去$_{1a}$"这一结构具有较强的生成性。例如：

1　高顺全:《复合趋向补语引申用法的语义解释》,《汉语学习》, 2005 年第 1 期。

（85）a. 前段时间买了一个东南亚个小国的速溶咖啡试喝大礼包。差不多七七八八的几款都**喝过来**了。（BCC 微博）

　　　b. 凭着这条毛巾，他在盘龙镇从东头到西头挨家挨户**喝过去**从来还没有出过丑。（陈忠实《白鹿原》）

4.1.2　部分相对整体的水平向空间位移

当施动者与受动者之间具有整体与部分的关系时，受动者相对于整体位移，位移的起点与终点在同一轴线上，可使用"V+过来/过去"，分别表达"（受动者）在中心轴线上朝向立足点水平位移""（受动者）在中心轴线上背离立足点水平位移"，分别标记为"过来$_{1b}$""过去$_{1b}$"，这时与"过$_{1c}$"所搭配动词相同。例如：

（86）a. 她只好**转过来**身子，但不肯睁开眼睛。（姚雪垠《李自成》）

　　　b. 实在是太恶心了，女生们厌恶地把头**转过去**了。（莫言《红树林》）

（87）a. （拖拉机）把黑油油的肥土都**翻过来**，老阳儿一晒，那土呀，油亮油亮，真是黑金子……（刘白羽《第二个太阳》）

　　　b. 涂满墨迹的纸一页页地**翻过去**，他鼓足勇气写了下去。（张承志《北方的河》）

4.2　时间域中的对称与不对称

"V+过来/过去"由空间域隐喻扩展到时间域，即从三维空间变为一维时间，分别表达"（施动者）朝立足点方向向事件结束点移动""（受动者）背离立足点方向向事件结束点移动"，分别标注为"过来$_2$""过去$_2$"。这时致使结果显明性减弱，致使性也减弱。由于时间具有单向性，当立足点位于事件的结束点上，描述的是施动者自身从"过去某个时刻"向"结束时某个时刻"的移动过程，表达的是施动者自身度过某个消极事件。这时，施动者自身变化的终点与立足点一致，因而搭配"过来$_2$"。"V+过来$_2$"表达返身致使，表示施动者朝立足点方向经历某事件的变化，强调的是人经历某事件的过程。这时所搭配的动词是"忍受、熬$_{(2)}$"类动词，语义特征为 V_2[＋自主，＋可控，－位移，＋艰难，＋心理/动作]，又如"挨$_{(3)}$、闯$_{(2)}$、承受、发展、混$_{(3)}$、活、坚持、经受、磨炼、忍、挺、挣扎、支撑"等。例如：

（88）同志，我相信你是能够**忍受过来**的。（杨沫《青春之歌》）

（89）简方宁给她用了强力的镇静剂，一天天一关关也就**熬过来**了。（毕淑敏《红处方》）

　　立足点位于事件的起始点，描述的是施动者经历了"某开始时刻"向"未来某结束时刻"的移动过程，这时受动者为某一事件，与施动者不同一，受动者背离立足点向事件结束点移动，因而搭配"过去$_2$"。这时"V＋过去$_2$"表达外向致使，强调受动者即某一事件的结束。这时所搭配的动词有三类："忍受、熬$_{(2)}$"类，与"过来$_2$"搭配的动词相同；"隐瞒、掩盖$_{(2)}$"类，如"躲、瞒、蒙、蒙蔽、蒙混、逃$_{(2)}$、掩护、掩饰、隐蔽、隐瞒、遮混"等；"应付、学$_{(1)}$"类，如"查$_{(2)}$、唱$_{(1)}$、耽误、读$_{(1)}$、读$_{(2)}$、躲、敷衍、忽略、检查$_{(1)}$、疏忽、拖延、印、支吾"。例如：

（90）多少苦日子都**熬过去**了，如今是咱们的天下，活都活不够啊！
　　　　（冯德英《苦菜花》）

（91）可他凭借一口流利的东北话，又换了便衣，**蒙混过去**跑掉了。
　　　　（张正隆《雪白血红》）

　　"V＋过来$_2$/过去$_2$"立足点可以是时间的起点，也可以是时间的终点，表现为时间上的移动同时伴随着施动者和事件的变化，主观性增强。或者说叙说者期望人们度过某一消极事件，可从回顾过去或展望未来两个角度去观察消极事件的经历，即位于事件的终点或起点，前者使用"过来$_2$"，后者使用"过去$_2$"。例如：

（92）我们总算得到极为有限的物质补充，就这样一天天**熬了过来**（＊过去）。（CCL 张佐良《周恩来的最后十年》）

（93）他告诉我两位姑娘会渐渐好起来，可是你母亲——她太虚弱了，他说，恐怕最终是**熬不过去**（＊过来）的。（CCL《飘》译文）

　　当受动者为期望消失的事件或者已经经历过的事件时，叙说者关注受动者的结束，位于事件的起点，受动者背离立足点向着事件的结束点方向移动。这时只能使用"过去$_2$"，不能使用"过来$_2$"。例如：

（94）我找话头**瞒过去**（＊过来），他也没有再追问。（CCL1995 年《作家文摘》）

（95）二爷的大难**躲过去**（＊过来）了，就不记得要谢谢我。（CCL《乔家大院》）

4.3　状态域中的对称与不对称

　　在状态域中，致使性较弱，对称性较差。"V＋过来/过去"由空间域扩展到领属关系域，表现为受动者的领属权移动，致使性减弱。这时叙说者可以在起点，也可以在终点，所搭配的动词对称性强。"V＋过来/过去"由空间域扩展到比较域、数量域和价值域，叙说者往往位于期望的某一方面，作用力为动作或心理且结果不显明，致使性较弱，这时"V＋过来/过去"的不对称性强。"V+过来/过去"由空间域扩展到心理/生理域,致使主观性强,作用力多具有非自主性,致使性弱。

4.3.1　通过参照基点的状态变化

施动者使其自身向着参照基点的方向移动,因此,可添加立足点"去",标注为"过去$_{3a}$",表达"(施动者)背离立足点在性质上通过参照基点的变化"。事物的性质在比较中确定,当被比较物的性质强于参照基点时,采用肯定形式"V+(得)+过去$_{3a}$"。反之,当被比较物的性质弱于参照基点时,则用否定形式"V+不+过去$_{3a}$"。这时表达返身致使,因为施动者向参照基点移动,参照基点并未变化。这时搭配的动词根据是否具有超过义,可分为两类:一类是"盖$_{(3)}$、压$_{(3)}$"类"超过"义动词,如"赶$_{(1)}$、扭$_{(1)}$、掩盖$_{(1)}$"等,如例(96);一类是"看$_{(1)}$、听$_{(1)}$"类"非超过"义动词,又如"交代$_{(1)}$、说$_{(1)}$",如例(97)、(98)。"看$_{(1)}$、听$_{(1)}$"类动词搭配"过去$_{3a}$",表现两个事件之间的比较,与人类的主观评价有关。当被比较事件达到预期时,采用可能式的肯定式。反之,若未达到预期,则采用可能式的否定式。例如:

(96)坦尼斯听见金月叹了口气,接着所有的话声都被河风掩饰足迹的沙沙声**盖过去**。(CCL《龙枪编年史》译文)

(97)这个辞工的理由,还算**说得过去**吧?(毕淑敏《红处方》)

(98)(胖子)骂着骂着又急了,转身拉开卡车的门,从驾驶室抽出一根铁柄摇把,撺着要砸瘦子。瘦子又在车缝里跳。牛爱国**看不过去**,上前拦住胖子:……(刘震云《一句顶一万句》)

"过去"可用于比较关系域中,"过来"则不可以。这是因为叙说者立足于被比较物,期望被比较物能够超过参照目标,这样的话,被比较物背离立足点向参照目标移动,只能使用"过去",不能使用"过来"。

4.3.2　朝向或背离立足点的领属状态变化

受动者转移领属权对获益者而言是趋近移动,而对失去者而言是背离移动。当立足点倾情于获益者时,搭配"过来";当立足点倾情于失去者时,搭配"过去",分别标注为"过来$_{3a}$/过去$_{3b}$",分别表达"(受动者)领属权朝向立足点移动""(受动者)领属权背离立足点移动"。这类只表达外向致使,所搭配的动词是外向二价动词,根据是否具有位移性,可分为两类:"夺$_{(1)}$、调 diào"类,如"搬$_{(3)}$、拨$_{(2)}$、抽$^1_{(2)}$、夺取、嫁、迁、迁移、抢$^1_{(1)}$、娶、争夺"等;"买、笼络"类,如"霸占、办$_{(1)}$、采纳、俘虏、划 huà、介绍$_{(2)}$、买、收拢、收买、投诚、掌握、争取"等。"V+过来$_{3a}$/过去$_{3b}$"的受动者多为人、土地、权利、话语、消息、建议等。例如：

(99) a. 现在共产党领导咱们把土地从地主手里**夺过来**给了你，你又要卖掉！（冯德英《迎春花》）

    b. 如果权让人家**夺过去**，今后就都成了人家的奴隶了。（刘震云《故乡天下黄花》）

(100) a. 袁某人有个儿子，上过中学，能不能**笼络过来**，为我所用？（刘绍棠《狼烟》）

    b. 视频：张嘉译为追海清，连她七妹都被**笼络过去**了！（凤凰网视频 2017-12-19）

(101) a. 长顺不等小崔说完，**抢过来**："南京是南京！娘子关是娘子关！"（CCL 老舍《四世同堂》）

    b. 老人把话**抢过去**："别提野求！他有脑子，而没有一根骨头！……"（同上）

4.3.3 从初始到完成的数量状态变化

关涉者数量从初始状态达到完成状态是人们所期望的，立足点位于完成状态。因此，数量层面只搭配"过来"，标记为"过来$_{3b}$"，表达"（施动者）从受动者初始状态向完成状态的变化"。

当关涉者状态的变化在能力范围之内时，用"V+得+过来"表示；当关涉者的数量超过人的预期和能力时，多用"很难+V+过来""V+不+过来"或者反问句来表示。"V+得/不+过来$_{3b}$"表现了施动者在数量层面从关涉者的初始状态到完成状态变化，因而具有了周遍义。"V+得/不过来$_{3b}$"表达返身致使，表示施动者能否实现从关涉者初始状态到完成状态的变化。这时所搭配的动词为二价自主持续动作动词、心理动词或言说动词。动词主体必须是人，客体必须是具体事物或人。例如：

(102)（他）叫我去吃东西，加尔各答的饭馆多得**数不过来**，什么好吃的都有。（白桦《远方有个女儿国》）

(103) 她说，如果人人都无一例外地要求照顾，她能**热爱得过来**么？（梁晓声《表弟》）

(104) 陶凤询问国瑞的情况，他不愿多说，只笼统回答：还行。陶凤问他都干了些什么。他说**说不过来**。（尤凤伟《泥鳅》）

"V+得/不过来$_{3b}$"具有较强的生成性，所搭配的动词必须是自主、可持续、非结果动词。非自主动词如爆发、病、产生、属于、显得、意味着、醉等，非持续动词如闭幕、丢、到达、获得、死、主张、投降、作为等，结果动词如打破、打倒、记得、加强、夸大、扩大、叛变、破裂、透露、泄露、形成、削弱等，这些一般不能用于这类认知域中。

4.3.4　朝向有利的价值状态变化

叙说者总是期望施动者向着自己认可的价值观移动，这时多搭配积极意义的动词，因此，只能使用"过来"，不能使用"过去"，标注为"过来$_{3c}$"，表达"（受动者）价值观朝立足点变化"。"V+过来$_{3c}$"表达外向致使，搭配的是"纠正、改$_{(1)}$"类动词，又如"纠正、矫正、教育、扭转、修改、转变"等。例如：

（105）我觉得马锐这孩子近来有些表现不大对头，出现了一些很不好的苗头，我希望能和学校老师共同配合，找找根源，看看怎么才能**纠正过来**。（王朔《我是你爸爸》）

（106）你那好吃懒做，占魁，一时**改不过来**的。（柳青《创业史》）

4.3.5　由消极到积极／由积极到消极的生理／心理状态变化

"V+过来／过去"也可以被隐喻扩展到生理／心理认知域，表现为积极状态与消极状态之间的转变。生理层面主要有睡眠与醒着、昏迷与清醒、生病与康复、临死与生存等的转变，心理层面主要是不理性、不清醒与理性、清醒等的转变。受动者从消极到积极的变化是人们所期望的，使用"过来"，标为"过来$_{3d}$"。受动者从积极状态到消极状态的变化不是人们所期望的，使用"过去"，标为"过去$_{3c}$"。"V+过来$_{3d}$"多表达返身致使，也可表达外向致使，搭配的动词为自主一价或二价动词，根据生理和心理状态，可分为两类："歇、救"类，如"呼吸、恢复、活、活动$_{(1)}$、活转、救、抢救、苏醒、挽救、醒$_{(1)}$、休息、休养"等；"醒悟、劝"类，如"反省、反应、哄、觉悟、觉悟、领悟、明白、劝、醒$_{(3)}$"等。例如：

（107）泉子，你放心，我好好睡一觉，**歇过来**就走。（刘恒《黑的雪》）

（108）他现在学医去了，学着把不该死的人**救过来**。（张炜《古船》）

（109）听着听着他仿佛做了一场大梦般**醒悟过来**，趴下给田姑娘磕头就叫起娘来。（刘流《烈火金钢》）

（110）他们这样你一句我一句，在她身边唠叨了半天，认为已把她**劝过来**了，于是彼此开始争论起来……（CCL《十日谈》译文）

"V+过去$_{3c}$"表达的多是返身致使，也可表达外向致使。所搭配的动词为非自主动词，根据生理和心理状态，可分为两类：一类是"昏迷、吓"类，如"背 bèi、抽噎、昏厥、昏迷、哭、迷糊、睡、死、瘫软、虚脱、晕迷、窒息、醉"等。一类是"呆、疯"类，如"呆、疯、傻、症"等。例如：

（111）然而，于世章不但根本飞扑不了，声音也发不出来了，他又**昏迷过去**了。（冯德英《山菊花》）

（112）特别是去年八月节那盘录音带，作神弄鬼的，要真把金一趟**吓过去**了，那后果……（陈建功、赵大年《皇城根》）

（113）雪梅这时才发现他眼睛发直，**傻过去**了。（李準《黄河东流去》）

（114）在这种时候她居然还会这样，真要把我气**疯过去**。（CCL 余华《爱情故事》）

空间域扩展到心理／生理域，致使主观性强，作用力多具有非自主性，致使性弱。叙说者期望人们处于积极状态，这是由于人"以自我为中心"的认知特点，接近人的"来"是正常的，离开人的"去"是不正常的 [1]。向立足点方向移动时使用"过来"，搭配积极意义的动词；背离立足点方向移动时使用"过去"，搭配消极意义的动词，因此动词搭配选择上具有很强的不对称性。

4.4 语义演变中的对称与不对称

唐五代时"过来／过去"单独做谓语，例如：

（115）见译语有人报云：同从日本国**过来**船两双，到江南常州界著岸。（《入唐求法巡礼行记》卷四）

（116）乃云："山上有懒融，身著一布裘，见僧不解合掌。此是异人也，禅师自往看。"四祖乃往庵前，过来**过去**，谓曰："善男子莫入甚深三昧。"（《祖堂集》卷三，牛头和尚）

4.4.1 南宋时出现由起点到某处空间位移义"过去"

受趋向补语结构的影响，"过来／过去"也可用作动词补语。南宋时出现背离立足点由起点到某处的水平位移义"V+过去 $_{1a}$"用法，如例（117）。元代时用例渐多，明代时逐渐成熟，如"丢将过去、渡过去、堆将过去、夺过去、放过去、飞将过去、滚将过去、活挟过去、接了过去、杀将过去、射过去、生擒过去、送过去、跳将过去、掩杀过去、走过去"等，可用于"把"字句和"被"字句中，又如例（118）。

（117）a. 这如"与人歌而善，必反之而后和之"样。却不是他心里要恁仔细，圣人自是恁地仔细，不恁地失枝落节，大步**跳过去**说。（《朱子语类》卷三十四）

　　　b. 忠、恕只是体、用，便是一个物事；犹形影，要除一个除不

---

[1] 沈家煊：《不对称和标记论》，南昌：江西教育出版社，1999 年，第 183—184 页。

得。若未晓，且**看过去**，却时复潜玩。（同上，卷二十七）

（118）a. 嗨，老的，险些儿错**走了过去**。（武汉臣《散家财天赐老生儿》第三折）

b.（林冲）叫一个小喽罗领路下山，把船**渡过去**，僻静小路上等候客人过往。（《水浒全传》第十一回）

c. 何仪挺枪出迎，只一合，被那壮士尽**活挟过去**。（《三国演义》第十二回）

4.4.2　元代出现由起点到某处空间位移义"过来"

五代时发现表朝向立足点由起点到某处的水平位移义"V+过来 $_{1a}$"用例，如例（119）。元代时真正出现，如例（120）。明代时用法成熟，如"捱过来、冲将过来、夺将过来、放过来、飞过来、飞围过来、活捉过来、砍将过来、搂抱过来、拿过来、跑将过来、杀过来、送将过来、抬过来、透漏过来、追杀过来、捉将过来、走过来"等，又如例（121）。

（119）还缘知道贡明主，多少龙神**送过来**。（《敦煌变文集新书·长兴四年中兴殿应圣节讲经文》）

（120）a.（宋公序云）哥哥不知，您兄弟路上拿住一个假张浩也。（范仲淹云）在那里？**拿将过来**。（马致远《半夜雷轰荐福碑》第四折）

b.（孤云）衙门外谁闹？**拿过来！**（张千拿入科，云）告人当面。（关汉卿《赵盼儿风月救风尘》第四折）

（121）a. 玉郎摩弄了一回，便双手**搂抱过来**，嘴对嘴，将舌尖度向慧娘口中。（《醒世恒言》卷八）

b. 一个鸟儿衔着一个钵盂，都交还了国师老爷。老爷**接过来**，依旧只是一个紫金钵盂。（《三宝太监西洋记》第七十六回）

4.4.3　明代时出现向事件结束点移动的时间变化义"过来/过去"、部分相对整体向立足点水平位移义"过来"、通过参照基点状态变化义"过去"、领属关系变化义"过来/过去"、生理/心理状态变化义"过来/过去"

南宋时发现向事件结束点变化义"V+过来/过去"用例，分别如例（122）、例（123）。明代时真正出现，分别如例（124）、例（125）。

（122）a. 然圣人教人，须要读这书时，盖为自家虽有这道理，须是经历过，方得。圣人说底，是他曾**经历过来**。（《朱子语类》卷十）

b. 观曾子问中问丧礼之变，曲折无不详尽，便可见曾子当时功夫是一一**理会过来**。（同上，卷二十七）

（123）a. 自欺只是于理上亏欠不足，便胡乱且**欺谩过去**。（同上，卷十六）

b. 说得也是，不须别更去讨说，只是子细看，子细认分数，各有队伍，齐整不紊，始得。今只是恁地**说过去**，被人诘难，便说不得。（同上，卷五十九）

（124）a. 这个使不得！他先前**讲过来**，吹灭了就有害。我做元帅的，岂可害他！（《三宝太监西洋记》第八十五回）

b. 赵聪原是**受享过来**的，怎熬得囹圄之苦？殷氏既死，没人送饭，饿了三日，死在牢中，拖出牢洞，抛尸千人坑里。（《初刻拍案惊奇》卷十三）

（125）a. 为此，内外大小却像忘记他是女儿一般的，凡事尽是他**支持过去**。（《二刻拍案惊奇》卷十七）

b. 二位兄长在上，那和尚倘不要我们送，只这等**瞒过去**，还是他的造化。（《西游记》第七十六回）

明代时出现了水平向在水平轴线上位置变化义"V+过来"用法，例如：

（126）a. 你看他拿出手段来，口里不住的吐唾沫，手里不住的**倒过来**，一手一个，一手一个，就是宣窑里烧，也没有这等的快捷。（《三宝太监西洋记》第十七回）

b. 滴珠叹了一口气，缩做一团，被吴大郎甜言媚语，轻轻款款，**扳将过来**，腾的跨上去，滴珠颤笃笃的承受了。（《初刻拍案惊奇》卷二）

也出现了表背离立足点在性质上通过参照基点变化义"V+过去"用法，例如：

（127）a. 我家全亏他挣起这些事业，若薄了他，内心上也**打不过去**。（《醒世恒言》卷三十五）

b. 我这出家人，宁死决不敢行凶。我就死，也只是一身，你却杀了他六人，如何理说？此事若告到官，就是你老子做官，也**说不过去**。（《西游记》第十四回）

明代时也出现了领属权朝向立足点变化义的"V+过来/过去"，分别如例（128）、例（129）。

（128）a. 滴珠父母误听媒人之言，道他是好人家，把一块心头的肉**嫁了过来**。（《初刻拍案惊奇》卷二）

b. （朱三）**娶过来**（双荷）五个多月，养下一个小厮来。双荷密地叫人通与莫翁知道。莫翁虽是没奈何嫁了出来，心里还是

割不断的。(《二刻拍案惊奇》卷十)

(129) a. 陆氏多不放在心上,才等服满,收拾箱匣停当,也不顾公婆,也不顾儿子,依了好日,喜喜欢欢**嫁过去**了。(《二刻拍案惊奇》卷十一)

b. 如数下了财礼,拣个日子**娶了过去**,开船往扬州。(同上,卷十五)

还出现了生理 / 心理状态变化义 "V+过来 / 过去" 用例,生理状态变化如例(130),心理状态变化如例(131)。

(130) a. 番总兵正在睡梦之中,一惊**惊醒过来**,说道:……(《三宝太监西洋记》第六十回)

b. 这一跌就有百十多斤重,一个光葫芦头,跌得血皮躐蹋,当真的**死过去**了。(同上,第七十三回)

(131) a. 他枉看了这一世财,不得一毫受用,如今**省悟过来**了,故此也来出家,拜羊角大仙做师父。(同上,第三十回)

b. 欲待阁起不题,奈事非同小可,曾经过两次法官,又着落缉捕使臣,拿下任一郎问过,事已张扬,一时**糊涂过去**,他日事发,难推不知。(《醒世恒言》卷十三)

4.4.4 清代时出现数量状态变化义 "过来"、价值状态变化义 "过来"、部分相对整体背离立足点水平位移义 "过去"

清代时出现了数量状态变化义 "V+过来" 用法,如例(132);也出现了价值状态变化义 "V+过来",如例(133);也出现了在中心轴线上位置变化义 "V+过去" 用法,如例(134)。

(132) a. 巧姐在屋里应道:"我替俺哥哥那胳膊还**疼不过来**,且有功夫为嫂子哩!"(《醒世姻缘传》第五十七回)

b. 狄周又往家里去了,这里通没人手,只怕**忙不过来**。(同上,第七十五回)

(133) a. 大僚,人人切齿、个个伤心,只碍了姚少师的体面,不好下手。后来姚少师死了,他那惯成的心性,怎么卒急**变得过来**?(同上,第三十回)

b. 程乐宇说:"也不是怕咱看他的破衣烂裳,情管屋里有人正做着甚么,咱去冲开了。你没见他那颜色都黄黄的,待了半会子才**变过来**?"(同上,第三十八回)

(134) a. 一个这么坐着,一个这么站着。一个这么**扭过去**,一个这么

转过来。(《红楼梦》第九十九回)

b. 怎当那邓九公又尽在那边让先生上坐,只见那先生并不谦让,**转过去**坐定。开口便问道:"这位老太太想是早过终七了?"(《儿女英雄传》第十七回)

结合以上考察和第五章第一节的分析,我们得出以下结论:第一,除由起点到某处空间位移义和生理/心理状态变化义外,"V+过"的语义出现时间早于相应的"V+过来/过去"。第二,"V+过来/过去"语义发生了泛化和虚化,由空间域隐喻扩展至时间域、状态域。第三,从趋向补语"过来/过去"的语义出现顺序来看:背离立足点由起点到某处空间位移义"过去"(南宋)>朝向立足点由起点到某处空间位移义"过来"(元代)>向事件结束点变化义"过来/过去"、在中心轴线上部分相对整体向立足点水平位移义"过来"、性质上通过参照基点变化义"过去"、领属关系变化义"过来/过去"、生理/心理状态变化义"过来/过去"(明代)>数量状态变化义"过来"、价值状态变化义"过去"、在中心轴线上部分相对整体向立足点水平位移义"过去"(清代)。其中,除表由起点到某处空间位移义外,"过来"早于或不晚于相应的"过去"。

5 小 结

本节讨论了复合趋向结构"V+上来/上去""V+进来/进去""V+回来/回去""V+过来/过去"的对称与不对称,主要有以下结论:

①"V+上来/上去"在空间域中对称性较强,均可表达上向、依附向和水平前向,在依附向上"上去"的使用频率高于"上来";在状态域中不对称性较强,[由无到有]是人类预期的,只能使用"上来";[性质由低及高]表达上向性质变化,"上来"使用频率高于"上去"。

②"V+进来/进去"具有较强的对称性。在空间域中具有[可见]与[不可见]的语义对立,搭配内向动词时"进去"的使用频率高于"进来"。在领属域中具有[由他身到自身]与[由自身到他身]的语义对立,前者搭配内向性动词时"进来"的使用频率高于"进去"。

③"V+回来/回去"具有较强的对称性,受人类预期特征影响,"回来"的使用频率高于"回去",其中在生理域中只能用"回来"(醒回来)。不论使用"来/去","回"往往都是人类预期的。在空间域和领属域中具有[近向]与[远向]的语义对立,如"拉回来-拉回去""夺回来-夺回去";在价值域中具有[立足终点]与[立足起点]的语义对立,如"改回来-改

回去"。

④ "V+过来/过去" 在空间域和领属域存在较强的对称性, 在时间域存在部分对称性, 在其他认知域存在不对称性。这是因为 "V+过来/过去" 致使性越强, 对称性越强。"过来/过去" 的使用与立足点有关: 当受动者朝向立足点移动时, 使用 "过来"; 当受动者背离立足点移动时, 使用 "过去"。立足点随 "V+过来/过去" 所在认知域的抽象化而不断主观化, 由空间位置到时间位置、被比较物、完成状态、有利价值和积极状态。在时间域中具有 [立足终点] 与 [立足起点] 的语义对立, 如 "熬过来-熬过去"; 在比较域、数量域和价值域中叙说者倾情于被比较物, 期望完成数量状态, 期望向着施动者认可的价值观变化, 这时只能使用 "过来"; 在生理/心理状态域中叙说者期望人们处于积极状态, 使用 "过来", 相反则使用 "过去", 体现了 [消极到积极] 与 [积极到消极] 的语义对立。

⑤ 从历时考察来看, "V+上来/进来/回来/过来" 的各语义出现顺序一般早于或不晚于相应的 "V+上去/进去/回去/过去"(除表由起点到某处空间义 "过来/过去" 外), 这说明朝向立足点的 "来" 比背离立足点的 "去" 具有认知优势, 也是由于人 "以自我为中心" 的认知特点[1]决定的。

⑥ 致使性越强时, 对称性越显著; 致使性越弱时, 不对称性越显著。致使性是具有致使语义关系的性质, 致使性的强弱程度体现为作用力导致某物变化的强弱强度, 与所在的认知域、立足点的主观化、作用力有关。

第三节 复合动趋式致使性的对称与不对称分析(下)

下面是刘月华(1998)[2]、孟琮等(1999)[3]、吕叔湘(1999)[4]关于复合动趋式 "V+下来/下去""V+出来/出去""V+起来/起去""V+开来/开去" 的语义归纳。如表6-3-1所示:

---

1 沈家煊《不对称和标记论》, 南昌: 江西教育出版社, 1999年, 第183—184页。
2 刘月华:《趋向补语通释》, 北京: 北京语言大学出版社, 1998年。
3 孟琮等编:《汉语动词用法词典》, 北京: 商务印书馆, 1999年。
4 吕叔湘:《现代汉语八百词(增订本)》, 北京: 商务印书馆, 1999年。

表 6-3-1　各家关于复合趋向补语的语义归纳一览（下）

	刘月华（1998）	孟琮等（1999）	吕叔湘（2004）
下来	①通过动作使人或物体由高处向低处移动，立足点在低处；②退离面前的目标，立足点不在目标；③物体的一部分（或次要物体）从整体（或主要物体）脱离，着眼点在物体的一部分（或次要物体）；④凹陷；⑤完成某一动作；⑥由动态进入静态。	①向下（由远而近）；②脱离；③完成；④钱数是否够做某事；⑤继续到现在；⑥（位置）从前到后。	①人或事物随动作（朝着说话人所在地）由高处到低处；②人员或事物随动作（朝着说话人所在地）由较高部门（层）到较低部门（层）或使离开原来的职务；③动作完成，兼有脱离、固定的意思；④动作从过去继续到现在；⑤某种状态开始出现并继续发展，强调开始出现。
下去	①通过动作使人或物体由高处向低处移动，立足点在高处；②物体的一部分（或次要物体）从整体（或主要物体）脱离，着眼点在整体（或主要物体）；③凹陷；④由动态进入静态；⑤继续进行某动作或保持某种状态。	①向下（由近而远）；②离开；消失；③继续到将来；④（位置）从前到后；⑤容纳。	①人或事物随动作（离开说话人所在地）由高处到低处；②人员或事物随动作（离开说话人所在地）由较高部门（层）到较低部门（层）或使离开原来的职务；③动作仍然继续进行；④某种状态已经存在并将继续发展，强调继续发展。
出来	①通过动作使人或物体由某处所的里面向外面移动，立足点在处所外面；②通过动作使事物由无到有，由隐蔽到公开。	①向外（由远而近）；②显露；完成；实现；③达到成功。	①人或事物随动作（朝着说话人所在地）从里向外；②人或事物随动作由隐蔽到显露；③动作完成，兼有使一种新的事物产生或从无到有的意思，也可表示动作使人或物在某一方面获得了某种好的能力或性质。
出去	通过动作使人或物体由某处所的里面向外面移动，立足点在处所里面。	向外（由近而远）。	①人或事物随动作（离开说话人所在地）从里向外；②人或事物随动作由隐蔽到显露，限于"说、讲、嚷嚷、透露、泄露"等少数几个。
起来	①通过动作使人或物体由低处向高处移动，立足点可在高处，也可在低处；②结合以至固定；③突出、隆起；④进入新的状态；⑤从某方面说明、评论人或事物；⑥引进说话人的一种看法。	①向上；②合拢；③完成；④进入状态。	①人或事物随动作由下而上；②动作完成，兼有聚拢或达到一定的目的、结果的意思；③动作开始，并有继续下去的意思；④做插入语或句子前一部分，有估计或着眼于某一方面的意思；⑤一种状态在开始发展，程度在继续加深。

	刘月华（1998）	孟琮等（1999）	吕叔湘（2004）
起去	无	无	无
开来	①分离、分裂；②舒展、分散。	①展开；②进入状态[1]。	①人或事物随动作分开；②事物随动作展开。
开去	①通过动作使人或物体离开立足点；②分散。	无	无

本节试图从认知功能角度重新进行语义归纳，并力求解释以上语义相关复合动趋式的对称与不对称性。

1 动趋式"V+下来"与"V+下去"

蔡瑱（2006）认为"下来"的使用频率高于"下去"，前者标记性弱于后者[2]。葛显娇（2010）认为"下去"延续义的使用频率高于其结果义，"下去"语法化程度高于"下来"[3]。曾传禄（2014）认为"下来"是弱标记项，"下去"为强标记项，在选择"吃"类动词、位移主体，在"脱离"义使用频率、"状态变化已然"义，在搭配施事宾语和受事宾语等具有不对称[4]。我们认为，"V+下来"与"V+下去"均有空间义、状态义和时间义，不同的是"下来"的状态义多于"下去"，这说明前者的使用范围多于后者。"下来"的使用频率高于"下去"，在2500万字当代北方作家小说语料中，前者8962句，后者4767句。

1.1 空间域中的对称与不对称

"V+下来"与"V+下去"在空间域中存在较强的对称性，共性原型特征为［由高及低］、［到达终点／离开起点］、［垂直向］、［空间］，差别在于［朝向立足点］与［背离立足点］的对立。

1.1.1 离开高处的垂直下向空间位移

"V+下来／下去"用于空间域，最初分别表达"（受动者）朝向立足点

---

1 举例为分离式复合动趋式，而非合并式复合动趋式，如"他家盖开二层楼来了""他们几个人又编开字典来了"。

2 蔡瑱：《论"下来""下去"趋向意义上的不对称》，《现代语文》，2006年第10期。

3 葛显娇：《对称与不对称：上来／上去、下来／下去之比较研究》，安徽大学硕士学位论文，2010年。

4 曾传禄：《现代汉语位移空间的认知研究》，北京：商务印书馆，2014年，第117—155页。

离开高处的垂直下向空间位移""（受动者）背离立足点离开高处的垂直下向空间位移"，分别标记为"下来 $_{1a}$""下去 $_{1a}$"。二者与"下 $_{1a}$"表达的语义及其所搭配动词具有对称性，可搭配"跳 $_{(1)}$、飘"类一价位移动词、"弯、低"类与身体部位有关的一价位移动词和"拉 lā^1 $_{(1)}$、抱 $_{(1)}$"类二价位移动词。分别例如：

（1）a. 因为他不骑马，我也从马背上**跳下来**了。（白桦《远方有个女儿国》）

　　b. ……你要是不起来，我就从阳台上**跳下去**。（皮皮《比如女人》）

（2）a. 玛利亚跟依芙琳一样，腰完全**弯下来**了。（迟子建《额尔古纳河右岸》）

　　b. 回头看他时，他的腰已经深深地向稻田**弯下去**。（张一弓《姨父：一位老八路军战士的传奇人生》）

（3）a. 司马亭镇长把马洛亚牧师从土堆上**拉下来**，说：……（莫言《丰乳肥臀》）

　　b. 以后能不能趁张国焘推我们下水的时候，我们顺手将他也**拉下去**呢？（CCL1997 年《作家文摘》）

"生 $_{(1)}$、诞"类生育义二价非位移动词只搭配"下来 $_{1b}$"，这与人类的预期有关。例如：

（4）好孩子，你**生下来**就没安稳过一天。（冯德英《苦菜花》）

1.1.2　到达某处的垂直下向空间位移

"V+下来/下去"的垂直下向还可聚焦终点，分别表达"（受动者）朝向立足点由高及低到达某处的垂直下向空间位移""（受动者）背离立足点由高及低到达某处的垂直下向空间位移"，分别标记为"下来 $_{1b}$""下去 $_{1b}$"。二者与"下 $_{1b}$"表达的语义具有对称性。"坐 $_{(1)}$、躺"类与身体部位有关的一价位移动词可搭配"下来 $_{1b}$""下去 $_{1b}$"。例如：

（5）a. 他俩对面**坐下来**，小杨给他们每人倒了一杯冷开水。（邓友梅《我们的军长》）

　　b. 老洪被小坡扶起来，向短墙里挪了两步，又扑的**坐下去**了。（刘知侠《铁道游击队》）

"凹、瘪"类下向义一价位移动词、"按、压"类下向义二价非位移动词和"吃 $_{(1)}$、喝"类二价非位移动词多搭配"下去 $_{1b}$"。例如：

（6）……她的额头正中，因为溃烂**凹下去**一大块，大小和形状都像一

只立着的眼睛。(王小波《歌仙》)

（7）我把录音带放进我的小收录机，**按下去**，一阵节奏铿锵的老式爵士乐响过后，出现了对话：……（王朔《一半是火焰，一半是海水》）

（8）秀芬又端了热粥来，许凤肚里也想吃东西了，便扶着小曼坐起来，把粥吃**下去**，觉得身上轻爽多了。（雪克《战斗的青春》）

1.1.3 离开被依附者的分离向空间变化

"V+下来/下去"还可用于分离向，分别表达"（受动者）朝向立足点离开被依附者的空间变化""（受动者）背离立足点离开被依附者的空间变化"，分别标注为"下来₁c""下去₁c"。二者与"下₁c"表达的语义具有对称性，且均可搭配"取₍₁₎、脱₍₂₎"类动词、"抢¹₍₁₎、夺₍₁₎"类动词和"掰、撕"类动词。例如：

（9）a. 我跳进了塘里，将裤子**脱下来**，扎了裤管，把鱼一条一条装进去，然后架在脖子上。（贾平凹《秦腔》）

b.（马伯乐）到后来连西装也不穿了，一天到晚穿着睡衣，睡衣要**脱下去**洗时，就只穿了一个背心和一个短衬裤。（CCL 萧红《马伯乐》）

（10）a. 云秀伸手把他的枪**夺下来**，往被子底下一塞，说，"我送你出村，枪先存到这里。"（李晓明《平原枪声》）

b. 军官从她手里将旗杆**夺下去**，往旁边一扔，跺着脚大声喊叫："叫你滚开！"（CCL《母亲》译文）

（11）a. 最终四爷的小红蛐蛐儿真把大土狗的一片钳牙**掰下来**。（魏润身《顶戴钩沉》）

b. ……还不能吃的青嫩的玉米被人**掰下去**五六穗，看样子是昨天窃去的，脚印都干了。（冯德英《迎春花》）

当搭配"扔₍₁₎、丢₍₂₎"类动词时，往往表达由高及低离开某处的空间位移义，例如：

（12）a. 老哥，能**扔下来**一捆柴火让我们烤烤火么？（姚雪垠《李自成》）

b. 当时传说他已经被红卫兵从楼里**扔下去**摔死了。（路遥《平凡的世界》）

1.1.4 留于某处的依附向空间变化

受动者留存于某处往往是人类预期的，只能使用"下来"，表达"（受动者）朝向立足点留于某处的空间变化"，标注为"下来₁d"。若搭配"下去"，则具有其他语义，如"把钱存下去"中的"下去"具有时间义，"把工作安排下去"中的"下去"表达工作由高及低的抽象空间位移。"下来₁d"与"下₁d"搭配的动词小类一致。例如：

（13）靠这点儿微薄的收入，光是维持每天的生活就已经紧巴巴的了，根本没有多余的钱能够**存下来**。（CCL《人性的证明》译文）

（14）他拖着沉重的脚步在旅馆里**安置下来**，……（CCL1993 年《作家文摘》）

（15）我不禁又叹息了，要是车队果真被我**拦下来**了，然后怎么办呢？（CCL 余秋雨《文化苦旅》）

（16）我在这样一个地方**住下来**，一呆就是好几年。（张炜《柏慧》）

1.1.5　离开某处的水平后向空间位移

"V＋下来／下去"还可用于水平后向，分别表达"（受动者）朝向立足点水平向后离开某处的空间位移""（受动者）背离立足点水平向后离开某处的空间位移"，分别标注为"下来₁e""下去₁d"。二者与"下₁e"表达的语义、所搭配动词具有较强的对称性。例如：

（17）a. 他当团长的时候，在一次阵地战里，敌人集中优势火力猛攻，我军一下像潮水般**退下来**，他把红旗猛往地下一插，任凭子弹嗖嗖乱飞，他铁定不动。（刘白羽《第二个太阳》）

　　　b. 女招待开了酒瓶塞，在每人的玻璃杯里斟了酒，**退下去**，我们吃喝起来。（王朔《橡皮人》）

（18）a. 伦科把"大钻石"从赛场上**拉下来**，垂头丧气。（百度《南都周刊》2010-08-20）

　　　b. 当众咆哮，扰乱"共荣"！本"副主席"有令，**拉下去**砍了！（冯苓植《雪驹》）

1.2　时间域中的对称与不对称

空间域可扩展到时间域，即受动者在时间轴上发生位移。"由高及低（或自上而下）"隐喻为"时间由早及晚"，由于时间点不确定，需添加立足点。立足点位于叙说者所在时间，添加"来"表达（受动者动作）从前面某一时间到叙说者所在时间，添加"去"表达（受动者动作）从叙说者所在时间到后面某一时间，分别标注为"下来₂"和"下去₂"。"下来₂"朝向立足点，具有隐含的事件结束点，是持续动作并完成，可表述为"持续并完成"；"下去₂"背离立足点，没有事件结束点，是延续前面的动作，可表述为"延续"。"V+下来$_2$""V+下去$_2$"均表达返身致使,搭配"学$_{(1)}$、读$_{(2)}$"类持续动词。叙说者所在时间可以是现在时间。例如:

（19）a. 就说,别退学了,凑合着上吧,没准鸡窝里飞出金凤凰,你将来还是名医！这么着,大部分人坚持**学下来**了。(毕淑敏《红处方》)

b. 只要女儿有愿望,也出成绩,那么再困难也要支持女儿**学下去**。(CCL1995 年《人民日报》)

叙说者时间也可以是将来某一时间,如例（20）"站不下来"表示由现在某一时间到达将来某一时间;有时叙说者时间为过去某一时间,如例（21）。卢英顺（1999）认为在表示延续体时,如果着眼于从"开始"到"现在"的延续,用"下来";如果着眼于从"现在"到"将来"的延续,则用"下去"[1]。这一说法并不全面。

（20）a. 让我站三个小时,我可**站不下来**。(《汉语动词用法词典》)

b. 如果将来还要这样**学下去**,我恐怕受不了了。(自拟)

（21）a. 那个时代贫穷,很多孩子都**读不下来**。(自拟)

b. 那个年代想要**活下去**都难。(自拟)

以上"动词+下来/下去"表时间义时可用于可能式,多用于否定式,如上面例（20）a 句和例（21）a 句。

与"下去$_2$"搭配的也可以是"穷硬"类性质形容词,表达受动者性质在时间上的延续,而不是凸显性质程度上的变化,表达返身致使。这时句法上多前加"再这样""继续"等表达延续义的词语。如例（22）"穷下去"前加"这样",表达同一程度"穷"的状态持续,而不是"穷"的程度增加。除了"黑""瘦""萎靡""少"等负向性质形容词外,也可以是"硬""亮""多"等正向性质形容词,如例（23）。

（22）再这样**穷下去**,我也快死了。(毕淑敏《红处方》)

（23）任保身上真痛,但在众人眼前不好意思向老婆求饶;可是要**硬下去**,挨的拳头更多,就来了个不说话。(冯德英《迎春花》)

1.3 状态域中的对称与不对称

1.3.1 由显到隐留于某处的存在状态变化

"V+下来/下去"可用于由显到隐的存在状态域,分别表达"(受动者)朝向立足点由显到隐留于某处的状态变化""(受动者)背离立足点由显到

---

1 卢英顺:《"进"类趋向动词的句法、语义特点探析》,《语言教学与研究》,2007 年第 1 期。

隐留于某处的状态变化",分别标注为"下来$_{3a}$""下去$_{3a}$"。二者与"下$_{2a}$"的语义、所搭配动词具有较强的对称性。对叙说者来说,使用"下来$_{3a}$"具有预期性,具有不让人知道的意思,如例(24);"下去$_{3a}$"具有非预期性和不可见性,如例(25)。"下来$_{2a}$"使用频率高于"下去$_{3a}$",这是因为使用"下去"与时体义"下去"存在一定的交叉,如例(26)"隐瞒下去"具有时间义,前加表时间的副词"一直"。

(24)为了让团长安心养病,他们暂时把这扫兴的情况**隐瞒下来**,并收拾好行装,准备撤回营房。(CCL1995年《人民日报》)

(25)余静的头更低了,笑意也**隐藏下去**了。(CCL 周而复《上海的早晨》)

(26)若是将这事对阿荣一直**隐瞒下去**的话,也许不利于她们两人的和解。(CCL《生为女人》译文)

1.3.2 由暂到稳留于某处的存在状态变化

由暂到稳是人类预期的,只能使用"下来",表达"(受动者)朝向立足点由暂到稳留于某处的存在状态变化",标注为"下来$_{3b}$"。"下来$_{3b}$"与"下$_{2b}$"搭配的动词小类对称,均为确定义动词。例如:

(27)田福军鼓动让侄女去,润叶就**答应下来**。(路遥《平凡的世界》)

(28)当她被折磨得难以忍受时,她愿意把一切都**承认下来**吧,她还必须承认得特别像。(铁凝《大浴女》)

1.3.3 由无到有留于某处的存在状态变化

由无到有是人类预期的,只能使用"下来",表达"(受动者)朝向立足点由无到有留于某处的存在状态变化",标注为"下来$_{3c}$"。"下来$_{3c}$"与"下$_{2c}$"搭配的动词小类对称,均为产生义动词。例如:

(29)真要挣着钱并不容易,像你们下次再干,必须把费、税、房租、吃喝全**挣下来**以后,才算挣钱……(CCL《1994 年报刊精选》)

(30)你好好回忆回忆,他都收过谁的钱,收过谁的礼,要一笔一笔给他**写下来**!(李佩甫《羊的门》)

1.3.4 由他身到自身或由自身到他身的领属关系变化

"V+下来/下去"可用于领属关系域,分别表达"(受动者)朝向立足点由他身到自身留于某处的状态变化""(受动者)背离立足点由自身到他身留于某处的状态变化",分别标注为"下来$_{3d}$""下去$_{3b}$"。由他身到自身是人类预期的,搭配"下来$_{3d}$",与"下$_{2d}$"搭配的动词小类对称,均为"买、娶"类取得义动词或"派、分$_{(2)}$"类外向动词。例如:

（31）我索性带上购货本，把粉丝芝麻酱碱面都**买下来**。（王朔《浮出海面》）

（32）有时候老师还一招一式地手把手教，向老师**学下来**以后，再逐步揣摩所演人物的性格及规定情景中的喜怒哀乐。（CCL 1996 年《人民日报》）

（33）不过去年我不需要这些钱，可今年，只等他一来，我就决定把这笔钱**借下来**了。（CCL《罪与罚》译文）

（34）一个月后，新房**分下来**了，雅君带着所有的同事们欢天喜地地去给大娘搬家，大娘感激不尽。（CCL 1995 年《人民日报》）

由自身到他身往往是非预期的，搭配"下去~3b~"，只搭配"派、分~(2)~"类外向动词。例如：

（35）从大包干到现在，这 300 亩地一直没有**分下去**，原因是老百姓地多忙不过来，集体又没有钱开发。（CCL 1995 年《人民日报》）

1.3.5　下向的性质状态变化

"V+下来/下去"空间由高及低隐喻扩展到性质状态域，体现为性质的下向状态变化，分别表达"（受动者）性质朝向立足点的下向状态变化""（受动者）性质背离立足点的下向状态变化"，分别标注为"下来~3e~""下去~3e~"。二者搭配"慢冷"类表示光线、身体状况、精神、情感等的负向性质形容词[1]，如"黑、暗淡、弱、松懈、冷静"等。下向状态变化可以是朝向立足点的，往往是叙说者预期的，搭配"下来"。如下面例（36）"慢下来"表示受动者性质由快到慢的下向状态变化；例（37）"冷下来"表示受动者性质由热到冷的下向状态变化。该类可用于可能式，用于受动者的可控情感，如例（38）。

（36）娟子的笑容顿时飞逝了，脚步不知不觉地**慢下来**。（冯德英《苦菜花》）

（37）这条信息使我全身的血骤然**冷下来**了，呼吸都停止了。（尤凤伟《中国一九五七》）

（38）杏莉的心情来回地变换着，痛苦着，无论如何也**冷静不下来**。（冯德英《苦菜花》）

---

[1] 刘月华提出：在形容词中有一部分的意义有正向与负向的对立："大——小，高——低，长——短，强——弱，厚——薄，亮——暗，快——慢，多——少，粗——细，深——浅"等等，"大、高"等为正向形容词，"小、低"等为负向形容词。引自刘月华：《几组意义相关的趋向补语语义分析》，《语言研究》，1988 年第 1 期。

下向状态变化也可以是背离立足点，往往是叙说者非预期的，搭配"下去"，一般不用于可能式。如下面例（39）"暗下去、灰下去"表达受动者性质由明到暗、由暗到灰的下向状态变化。

（39）她的后脑勺没长眼睛，没看见他的脸一下子阴云密布，目光也**暗下去，灰下去**，惶惶然如丧家之犬了。（刘恒《贫嘴张大民的幸福生活》）

1.4 语义演变中的对称与不对称

唐五代前"下来"单独做谓语，如例（40）；六朝时"下去"作为动词单独做谓语，如例（41）。

（40）鸡栖于埘，日之夕矣，羊牛**下来**。君子于役，如之何勿思！（《诗经·王风·君子于役》）

（41）伐木者见此树，即避之去；或夜冥不见鸟，鸟亦知人不见，便鸣唤曰："咄咄上去！"明日便宜急上；"咄咄**下去**！"（《搜神记》卷十二）

1.4.1 唐五代时出现离开高处的垂直下向空间位移义"下来"

唐五代时出现了离开某处的垂直下向空间位移义"V+下来"的用法，如例（42）；宋代时数量渐多，如例（43）。

（42）a. 昨夜霜一降，杀君庭中槐。干叶不待黄，索索**飞下来**。（白居易《谕友》，《全唐诗》卷 424，13/4668）

b. 师忽然见个猪母子从山上**走下来**，恰到师面前，师便指云："在猪母背上。"（《祖堂集》卷七，雪峰和尚）

（43）a. 其怪忽从屋脊上**飞下来**，谓仲朋曰："弟说老兄何事也？"（《太平广记》卷三百六十二）

b. 此是说山上之土为水**漂流下来**，山便瘦，泽便高。渊。（《朱子语类》卷七十）

1.4.2 南宋时出现离开某处的垂直下向空间位移义"下去"、时间变化义"下来/下去"

南宋时出现了离开某处的垂直下向空间位移义"V+下去"的用法，如例（44），起点为"危木桥子""桌上"，终点不明确。明代时数量渐多，如例（45），起点为"从肩头上""从天井里"，没有明确的终点。

（44）a. 思量这道理，如过危木桥子，相去只在毫发之间，才失脚，便**跌落下去**！用心极苦。（《朱子语类》卷一百四）

b. 师成来点检，见诸史亦列桌上，因大骇，**急移下去**，云："把这

般文字将出来做甚么!"(同上,卷十)

（45）a. 妇女不知是计,回过头去,被宋四公一刀从肩头上**劈将下去**,
见道血光倒了。(《喻世明言》卷三十六)

b. 宋四公取出蹊跷作怪的动使,一挂挂在屋檐上,从上面打一
盘,盘在屋上,从天井里一跳,**跳将下去**。(同上,卷三十六)

南宋时出现表由以前某一时间到叙说者所在时间或以后某一时间变
化义"V+下来 / 下去",分别如例(46)、例(47)。时间义"V+下去"明代
时比较成熟,清代还出现时间义"adj.+ 下去"的用法,如例(48)。

（46）a. 既欲为此,又欲若彼;既欲为东,又欲向西,便是不能虑。然
这也从知止**说下来**。(《朱子语类》卷十四)

b. 若从源头上**看下来**,乃是知之未至,所以为之不力。(同上,
卷二十四)

（47）a. 若只理会利,却是从中间半截**做下去**,遗了上面一截义底。
(同上,卷六十八)

b. 五者从头**做将下去**,只微有少差耳,初无先后也。(同上,卷
一百二十一)

（48）a. 支助指望得贵引进,得贵怕主母嗔怪,不敢开口。支助几遍
讨信,得贵只是**延捱下去**。(《警世通言》卷三十五)

b. 朱重因见了花魁娘子十分容貌,等闲的不看在眼,立心要
访求个出色的女子方才肯成亲。以此日复一日,**担搁下去**。
(《醒世恒言》卷三)

c. 单单的放我这样一个不会弄钱的官在里头,便不遇着那位谈
大人,别个也自容我不得。**长远下去**,慢讲到官,只怕连我这
条性命都有些可虑。(《儿女英雄传》第三十九回)

时间义"V+下来"清代时数量渐多,如例(49)。

（49）a. 到了次日,啸存又请在陆蕲舫处闹了一天。这两天**闹下来**,
大哥老弟,已叫得十分亲热的了。(《二十年目睹之怪现状》第
九十回)

b. 委仙九先生到京,丧服满期,对我很好,青眼相看,同年会课,
近来都懒散了,但十天一会还**维持下来**。(《曾国藩家书》)

1.4.3 元代时出现到达某处的垂直下向义"下去"、离开被依附者的
空间变化义"下来"

南宋时发现到达某处的垂直下向空间位移义"V+下去"用例,如例

（50），终点为"肚子"。元代时真正出现，明代时较成熟，如例（51），终点分别为"地面""水面"。

（50）如吃饭样，吃了一口，又吃一口，吃得滋味后，方解生精血。若只恁地**吞下去**，则不济事。（《朱子语类》卷十九）

（51）a.（蔡相云）**拜下去**，只怕污了你那锦绣衣服。（郑光祖《醉思乡王粲登楼》第一折）

b. 便将棕缆捆做一团，如一只馄饨相似，向水面扑通的**撺将下去**。（《警世通言》卷十一）

南宋时发现离开被依附者的空间变化义"V+下来"的用法，元代时真正出现，明代时用例渐多。例如：

（52）a.（净）慢行，慢行，怕头上珠牌**脱下来**。（末）又道路无拾遗。（《张协状元》第三十五出）

b. 可有这晒衣服的绳子，我**解下来**，一头拴在井栏上，一头料下去，我拽着绳子，下去井里试看咱。（郑延玉《包待制智勘后庭花》第四折）

c. 又将马超幼子三人，并至亲十余口，都从城上一刀一个，**剁将下来**。（《三国演义》第六十四回）

1.4.4　明代时出现到达某处的垂直下向义"下来"、留于某处的空间变化义"下来"、性质下向状态变化义"下来"

明代时出现了到达某处的垂直下向空间位移义"V+下来"的用法，如例（52）a句是物理空间位移，b句是抽象空间位移。

（53）a. 蒋兴哥料瞒不得，也**跪下来**，将从前恩爱，及休妻再嫁之事，一一诉知。（《喻世明言》卷一）

b. 周围尽是东吴军马，把得水泄不通：只等帐上**号令下来**。（《三国演义》第四十九回）

也出现了朝向立足点留于某处的空间变化义"V+下来"的用法，例如：

（54）a. 我不说**停下来**？你说饶我四着，我却怎么赢了这三十路棋？（《朴通事》卷上）

b. 元帅故意的说道："岂可就没一个人**剩下来**。"夜不收道："连鸡犬都没有了。"（《三宝太监西游记》第五十九回）

还出现了性质朝向立足点的下向状态变化义"V+下来"的用法，例如：

（55）a. 那江家原无甚么大根基，不过生意济楚，自经此一番横事剥削之后，家计**萧条下来**。（《二刻拍案惊奇》卷十五）

b. 四无人烟，且是天色看看**黑将下来**，没个道理，叹一声道："我命休矣！"（《初刻拍案惊奇》卷四）

1.4.5　清代时出现水平向后离开某处义"下来/下去"、由暂到稳状态变化义"下来"、由无到有状态变化义"下来"、离开被依附者空间位移义"下去"、领属关系义"下来"、性质下向状态变化义"下去"

明代时发现水平向后离开某处的空间位移义"V+下来/下去"用例，清代时真正出现，分别如例（56）、例（57）。

（56）a. 燕世子选募勇士，乘夜坠下城来，鸣锣击鼓惊搅，各营将士，睡不能安。景隆无奈，只得将营**退下来**。（《续英烈传》第十六回）

b. 运来时，撞着就是趁钱的，火焰也似长起来。运退时，撞着就是折本的，潮水也似**退下去**。（《二刻拍案惊奇》卷十五）

（57）a. 冯小江、赵鹏不是陆魁的对手，也**败下来**。（《儿女英雄传》第二十九回）

b. 哪想到金清手疾眼快，门路精通，两三个照面，金清往东南**败下去**了。（《彭公案》第二百四十一回）

明代时发现朝向立足点由暂到稳留于某处的状态变化义"V+下来"用例，真正出现是在清代。例如：

（58）a. "……回来，我还打发你杭州做买卖去。"这来旺心中大喜，**应诺下来**，回房收拾行李，在外买人车。（《金瓶梅》第二十五回）

b. ……实是这十五日会友们待起身上泰山烧香，俺两个是会首，这些会友们眼罩子、蓝丝绸汗巾子，都还没做哩；生口讲着，也还没**定下来**哩。（《醒世姻缘传》第六十九回）

c. 何小姐道："你们的武艺非精熟不可，上阵特非同儿戏。刚才你们比试，都带着嬉笑，以后再要如此，定责不饶。"六人齐声**答应下来**。（《侠女奇缘》第六十九回）

清代时出现由无到有留于某处的状态变化义"V+下来"用法，例如：

（59）a. 奸人持原帕相赚，侧妃爱其清丽绝尘，**描写下来**，自制一帕。（《野叟曝言》第八十八回）

b. 这事，一被拿，我们就知道了，都是为他嘴快**惹下来**的乱子。（《老残游记》第六回）

清末时出现离开被依附者空间位移义"V+下去"的用法，例如：

（60）a. 老道叫玉昆把衣服**脱下去**，先给了他一粒药吃，然后拔出宝剑来，把那腐肉起下来，用新棉花把脓血沾净，然后把药末拿出来撒上。（《康熙侠义传》第一百五十回）

　　b. 今天要不是恩公救命，他将我女儿**抢下去**，我一家得死。(《彭公案》第二百一十六回)

　　清末时出现领属权朝向立足点由他身到自身留于某处的状态变化义"V+下来"的用法，民国时用法渐多。例如：

(61) a. 我已经打听过，苏州、上海两处的脚炉作、烟筒店，尽有销路，所以和继翁商量，打算**买下来**。(《二十年目睹之怪现状》第八十五回)

　　b. 况且我们这个法儿，原不用什么本钱，**赢了下来**大家都有些儿好处。(《九尾龟》第六十回)

　　c. 恰巧那禄褙胡同里有一座空屋子，那姓赵的去**租下来**住着，……(《清代宫廷艳史》第七十六回)

　　清末时也出现性质背离立足点的下向状态变化义"V+下去"用法，如例(62)；民国时数量渐多，如"宁静下去""少下去""小下去""淡下去"等。

(62) a. 后冰被这溜水逼的紧了，就窜到前冰上头去；前冰被压，就渐渐**低下去**了。(《老残游记》卷十二)

　　b. 张夫人只得叫老妈子过去，劝她不要闹，东西已失，夜静更深，闹也无益，……彩云也渐渐地**安静下去**。(《孽海花》第二十六回)

　　1.4.6　民国时出现领属关系义"下去"、由显到隐状态变化义"下来 / 下去"

　　民国时出现领属权朝向立足点由自身到他身留于某处的状态变化义"V+下去"的用法，多用于"分下去"。例如：

(63) 把请帖写好了之后，根据多少人定多少桌酒席，除刨净剩，也能剩几万银子。这倒不错，结果派人**分下去**，南七北六十三省散请帖。(《雍正剑侠图》第六十四回)

也出现了由显到隐留于某处的状态变化义"V+下来 / 下去"的用法，分别如例(64)、例(65)。

(64) 后来他有一个贴心的师爷，劝他把清道夫释放，把这事**隐瞒下来**，莫兴大狱；……(《清代宫廷艳史》第六十回)

(65) 那利也使人报唐，互争曲直，一边说是布失毕谋叛，一边说是那利谋乱，两下各执一词，转把那中菁丑声，**隐瞒下去**。(《唐史演义》第二十五回)

　　结合以上考察和第五章第二节的分析，我们得出结论：第一，"V+下"

各语义的出现顺序明显早于相应的"V+下来/下去",后者的出现受到前者的影响;第二,"V+下来/下去"由空间域隐喻扩展至时间域、状态域,语义发生了泛化与虚化;第三,趋向补语"下来/下去"的语义出现顺序比较复杂:离开某处的垂直下向空间位移义"下来"(唐五代)>离开某处的垂直下向空间位移义"下去"、时间变化义"下来/下去"(南宋)>到达某处的垂直下向空间位移义"下去"、离开被依附者的空间变化义"下来"(元代)>到达某处的垂直下向空间位移义"下来"、留于某处的空间变化义"下来"、性质下向状态变化义"下来"(明代)>水平向后离开某处空间位移义"下来/下去"、由暂到稳状态变化义"下来"、由无到有状态变化义"下来"、离开被依附者的空间变化义"下去"、领属关系义"下来"、性质下向状态变化义"下去"(清代)>领属关系义"下去"、由显到隐状态变化义"下来/下去"(民国)。其中,到达某处的垂直下向空间位移义"下去"早于相应的"下来",这是因为由高及低到达某处较多表达不可见性,如"吞下去"等出现较早。其他语义的"下来"则均早于或不晚于相应的"下去"。

2　动趋式"V+出来"与"V+出去"

"V+出来"具有"由无到有的存在状态变化",而"V+出去"则无,在其他语义上二者对称。这说明"V+出来"的泛化程度高于"V+出去"。在使用频率上,在2500万字语料中,前者明显高于后者,分别为9903句、3201句。

2.1　空间域中的对称与不对称

"V+出来/出去"用于空间域,分别表达"(受动者)朝向立足点由容器内及外的空间位移""(受动者)背离立足点容器由内及外的空间位移",分别标注为"出来₁""出去₁"。二者共性原型特征为[由里及外]+[离开容器]+[空间],具有较强的对称性。例如:

(66) a. 他的枪法确实准,轮胎立刻就被打爆了,车歪斜着停了下来,司机和助手先后从车里**跳出来**。(迟子建《额尔古纳河右岸》)

　　 b. 赵肖峰急得顾不上穿衣服,从窗子里**跳出去**,藏在锅炉旁的水池后边。(李英儒《野火春风斗古城》)

(67) a. 他一把把白嘉轩从被窝里**拉出来**,像拎一只鸡似的把他拎到炕下,用黑色的枪管抵住他的脑门,……(陈忠实《白鹿原》)

　　 b. 韩小斗正弯腰鞠躬,被张金锁揪着**拉出去**了。(雪克《战斗的青春》)

"看 kàn$_{(1)}$、望" 类动词搭配 "出" 可表达人的视线由容器内部到外部，多搭配 "出去$_1$"。这是因为视线的变化与施动者关系密切，因此叙说者只能着眼于施动者。例如：

（68）抱朴每天从这个小窗洞上**看出去**，第一眼望到的就是那棵被巨雷劈掉的大臭椿树。（张炜《古船》）

2.2 状态域中的对称与不对称

2.2.1 超出参照基点的状态变化

"V+出来/出去" 可用于比较关系域，分别表达 "（实体）性质朝向立足点超出参照基点的状态变化" "（实体）性质背离立足点超出参照基点的状态变化"，分别标注为 "出来$_{2a}$" "出去$_{2a}$"。"出来$_{2a}$" 的使用频率明显高于 "出去$_{2a}$"，如 2500 万字语料中 "高出来" 1 例，"高出去" 0 例；"多出来" 7 例，"多出去" 0 例。搭配的多是 "高、大" 类正向性质形容词，还有 "长、多、强" 等。该类不具有致使性。例如：

（69）我们送广告到刊登出来，已过十数日，这批货与那批货的进价不同，自然要**高出来**了。（CCL1994 年《人民日报》）

（70）虽然我们的确很辛苦，但大家也都在忙着，只是角色不同。若因此我们待遇**高出去**，大家心理怎么平衡呢？（CCL《1994 年报刊精选》）

2.2.2 由无到有的存在状态变化

由无到有往往是人类预期的，只能使用 "出来"，表达 "（受动者）朝向立足点由无到有的存在状态变化"，标注为 "出来$_{2b}$"。"出来$_{2b}$" 与 "出$_{2b}$" 所搭配动词一致。例如：

（71）黄河水淹没过的荒村野滩上，土地开始变得松软起来，**长出来**的不是庄稼，而是一棵棵像箭似的芦苇嫩尖芽子。（李準《黄河东流去》）

（72）喝酒事小，我同小燕都是你们掰着手**教出来**的。（李英儒《野火春风斗古城》）

（73）他整整想了一夜，一会儿也没睡，一个妥善的办法也没**想出来**。（李英儒《野火春风斗古城》）

（74）他感到一阵心酸，想哭，又**哭不出来**，正要伸着双手扑向大家，……（李晓明《平原枪声》）

（75）不了解周鑫全的人，往往把英雄的行为理解成一时的机遇，有人甚至说，周鑫全是一脚**踢出来**的英雄。（CCL1996 年《人民

日报》）

（76）已经和县政府说了，下个月要进行一次保长选举，由群众自己
　　　选，**选出来**的保长还要办训练班，要真正抗日的保长。（李準
　　　《黄河东流去》）

2.2.3　由隐到显的存在状态变化

"V＋出来／出去"可用于由隐到显存在状态域，分别表达"（受动
者）朝向立足点由隐到显的存在状态变化""（受动者）背离立足点由隐
到显的存在状态变化"，分别标注为"出来$_{2c}$""出去$_{2b}$"。二者语义对称，
但在动词搭配范围上，前者多于后者。"说、传$_{(1)}$"类动词可搭配"出
来$_{2c}$""出去$_{2b}$"，如例（77）；"吃$_{(1)}$、听$_{(1)}$"类动词、"猜、判断"类动词
和"表现$_{(1)}$、显示"类动词只能搭配"出来$_{2c}$"，分别如例（78）、（79）、
（80）。

（77）a.（他）就像人在江湖上，会对素不相识的人，把自己一生的秘
　　　　密**说出来**。（毕淑敏《红处方》）

　　　b. 要不是这么大的事，我是不会把小约让我保密的话**说出去**的，
　　　　我老了，但还没糊涂。（皮皮《渴望激情》）

（78）吃午饭时候，菜很多，蓝五胡乱吃着，什么味道也没有**吃出来**。
　　　（李準《黄河东流去》）

（79）其实她**猜得出来**，他多半是躲在图书馆里。（张承志《北方的河》）

（80）……但是，他仔细观察他的画稿，不断改动着笔画，也还是不能
　　　称心如意的把女孩子主要的美点**表现出来**。（孙犁《风云初记》）

"出来$_{2c}$"的使用频率明显高于"出去$_{2b}$"。搜索2500万字当代北方作
家小说语料，得到"说出来"373例，"说出去"8例；"表现出来"99例，"表
现出去"0例。这是因为"出"往往是人类预期的，多添加"来"。

2.2.4　由内及外的领属状态变化

"V＋出来／出去"可用于领属关系域中，分别表达"（受动者）领属权
朝向立足点由内及外的状态变化""（受动者）领属权背离立足点由内及外
的状态变化"，分别标注为"出来$_{2d}$""出去$_{2c}$"。前者朝向立足点，受动者
对施动者来说为由不拥有到拥有，如例（81）受动者"我的药"由"戒毒病
人手里"到施动者"我"；后者背离立足点，受动者对施动者来说为由拥有
到不拥有，如例（82）受动者"产品"由施动者"技术开发者"到"市场"。
"V＋出来$_{2d}$"与"V＋出去$_{2c}$"在动词搭配上也存在差异。"借$_{(1)}$、买"类二

价内向动词只搭配"出来 ₂d"，如例（81）。"卖、租"类二价外向动词只搭配"出去 ₂c"，如例（82）。

（81）我的药都是从戒毒病人手里**买出来**的，他们从正规医院出来以后，还得不断吃药，每人都是药篓子。（毕淑敏《红处方》）

（82）原来以为技术开发就是把产品制造出来，而市场推广就是把产**品卖出去**。（CCL）

我们在北大 CCL 语料库中发现 1 例"卖出来"，见例（83）。我们认为该类"卖出来"表达由无到有的存在状态变化义。

（83）……俄国皇帝没有钱了，想把阿拉斯加**卖出来**，一亩地 7 分美金。（CCL《李敖对话录》）

"调、分₍₁₎"类二价无向动词，可搭配"出来 ₂d""出去 ₂c"。例如：

（84）两年前，他看见双喜和张鼐在作战中特别勇敢，武艺也好，就把他们从孩儿兵营里**调出来**，放在自己身边，……（姚雪垠《李自成》）

（85）从下个月起，我就要从这个省**调出去**了！（刘震云《官场》）

2.3 语义演变中的对称与不对称

唐代前"出来 / 出去"可单独做谓语，"出来"数量多于"出去"。例如：

（86）a. 即截他妇鼻，持来归家，急唤其妇："汝速**出来**，与汝好鼻。"（《百喻经·为妇贸鼻喻》）

     b. 端默然心疑，不知其故。后以鸡鸣**出去**，平早潜归，于篱外窃窥其家中，见一少女，从瓮中出，至灶下燃火。（《搜神后记》卷五）

2.3.1 唐五代时出现空间位移义"出来 / 出去"

受趋向补语结构的影响，"出来 / 出去"也用于动词补语。唐五代时出现了表朝向或背离立足点由容器内及外空间位移义"V+出来 / 出去"用法，数量极少，分别如例（87）、（88）；南宋时走向成熟，如"闪出来、进出来、流出来、滚出来"等，"流出去、推出去、放出去、赶出去"等，如例（89）。南宋时也出现了抽象空间位移义"V+出去"用法，如例（90）。

（87）a. 暂托**寄出来**，欲似相便贷。（《王梵志诗》卷五，父母生儿身）

     b. 问远公曰：是你寺中有甚钱帛衣物，速须**般运出来**！（《敦煌变文集新书·庐山远公话》）

（88）a. 事当好衣裳，得便**走出去**。（《王梵志诗》卷二，家中渐渐贫）

     b. 师曰："汝是恶人。"僧曰："何必！"师便**打出去**。（《祖堂集》

卷十一，保福和尚）

（89）a. 公只是硬要去强捺，如水恁地**滚出来**，却硬要将泥去塞它，如何塞得住！（《朱子语类》卷十六）

b. 譬如捉贼，"克己"便是开门**赶出去**，索性与他打杀了，便是一头事了。（同上，卷四十四）

（90）a. 日用应接动静之间，这个道理从这里**迸将出去**。如个宝塔，那毫光都从四面**迸出去**。（同上，卷五十三）

b. 事亲从兄，便是仁义之实；**推广出去**者，乃是仁义底华采。（同上，卷五十六）

2.3.2　南宋时出现由无到有状态变化义"出来"、由隐到显状态变化义"出来／出去"

南宋时出现了表由无到有存在状态变化义的"V+出来"的用例，如例（91）；明代时用例渐多，如例（92）；清代时用法成熟，如例（93），b句为"adj.+出来"的用例。

（91）a. 然心之本体未尝不善，又却不可说恶全不是心。若不是心，是甚么**做出来**？（《朱子语类》卷五）

b. 都是这一点母子上生出。如人之五脏，皆是从这上**生出来**。（同上，卷五十二）

（92）a. 只见穩人起来，开眼一看，已自产下了一个大娃子，也不知是天下掉下来的，也不知是地上**长出来**的，也不知是自家产下来的，也不知是外人送将来的；（《三宝太监下西洋》第三回）

b. 却说老欧传命之时，其实不曾泄漏，是鲁学曾自家不合借衣，**惹出来**的奸计。（《喻世明言》卷二）

（93）a. 舅太太方才的这番做作，原是和伍小姐吃寡醋**吃出来**的，其实自家心上也很想见见这个人。（《九尾龟》第一百一十回）

b. 公子听了，仍在絮叨，老爷早有些怒意了，只喂了一声，就把汉话**急出来**了，说：……（《儿女英雄传》第四十回）

c. 含笑问檀郎：梅子枝头黄否？我道："这句'羞向人前说有'，亏他**想出来**。"（《二十年目睹之怪现状》第三十九回）

南宋时还出现了由隐到显存在状态变化义"V+出来／出去"的用例，分别如例（94）、例（95）。明代时用法渐多，如例（96）。清代时出现泛力作用下的由隐到显存在状态变化，如例（97）。

（94）a. 这数句，只是见得曾点从容自在处，见得道理处却不在此，然

而却当就这**看出来**。(《朱子语类》卷四十一)

b. 此数段是圣人"微显阐幽"处。惟其似是而非,故圣人便分明**说出来**,要人理会得。(同上,卷二十九)·

(95) a. 伊川说"说而动,动而说",不是。不当说"说而动"。凡卦皆从内**说出去**,盖卦自内生,"动而说",却是。(同上,卷七十)

b.(圣人)……从大本中流出,便成许多道理。只是这个一,便贯将去。所主是忠,**发出去**无非是恕。(同上,卷四十五)

(96) a. 应伯爵奈何了他一回,见不说,便道:"你不说,我明日**打听出来**,和你这小油嘴儿算账。"(《金瓶梅》第十六回)

b. 我说是谎,你过去就**看出来**。他老人家名目,谁不知道,清河县数一数二的财主,有名卖生药放官吏债西门庆大官人。(同上,第七回)

(97) a. 心中却甚觉铁拐先生这番教言,来得不大切实。好似一种敷衍塞责的门面话。心里这样想,面上也稍觉有些不大诚服的态度**表现出来**。(《八仙得道》第六十一回)

b. 即以彼时的吕纯阳而论,实在有些渐渐惑于世情的状态**显露出来**。(同上,第八十一回)

2.3.3　明代时出现领属关系变化义"出去"

明代时出现表领属关系变化义的"V+出去"用例,多用于"嫁出去",如例(98)。清代时用例渐多,如例(99)。

(98) 许公道:"春花在否?"希贤道:"已**嫁出去**了。"《二刻拍案惊奇》卷十八)

(99) a. 赶了他两个骤,还没得**卖出去**,叫扬州府的番子手拿住,屈打成招,说我是贼。(《醒世姻缘传》第八十八回)

b. 她也好,说暂在我这里避难,如遇知音之人,把她**赎出去**,银子少不了我的。(《济公全传》第二十五回)

2.3.4　清代时出现领属关系变化义"出来"、朝向立足点超出参照基点义"出来"

明代时发现领属关系变化义"出来",清代时才算真正出现。例如:

(100) a. 知县道:"莫非你是刘氏**买出来**的?"(《初刻拍案惊奇》卷十一)

b. 若果然还艰难,把我**赎出来**,再多掏澄几个钱,也还罢了,其实又不能了。(《红楼梦》第十九回)

　　c. 吴继之是本省数一数二的富户，到了他手里，哪里还肯**卖出来**！(《二十年目睹之怪现状》第二十回)

　　明代发现朝向立足点超出参照基点义"adj.+ 出来"的用法，清代时真正出现。例如：

　　（101）a. 我等正在此议说不公，都是他师父**多出来**这宗尊障。(《东度记》第三十九回)

　　　　　b. 只要查得清楚，敢怕那租子比原数会**多出来**还定不得呢！(《儿女英雄传》第三十三回)

相对应的"出去"至现当代时才出现。

　　结合以上考察和第五章第三节的分析，我们得出"V+ 出来 / 出去"由空间域隐喻扩展至状态域；"V+ 出"的语义出现顺序均早于或不晚于相应的"V+ 出来 / 出去"，这说明"V+ 出来 / 出去"的产生受到"V+ 出"的作用；"V+ 出来 / 出去"的语义出现顺序为：空间位移义"V+ 出来 / 出去"(唐五代)>由无到有存在状态变化义"V+ 出来"、由隐到显存在状态变化义"V+ 出来 / 出去"(南宋)>领属关系变化义"V+ 出去"(明代)>领属关系变化义"V+ 出来"、超出参照基点义"adj.+ 出来"(清代)>超出参照基点义"adj.+ 出去"(现当代)。其中，除领属关系变化义外，"V+ 出来"均早于或不晚于相应的"V+ 出去"。

3　动趋式"V+ 起来"与"V+ 起去"

　　刘道峰（2003）认为"起来"在"具体位移变化"的语义特征上偏离了"来"，在"抽象变化趋势"的意义上被广泛使用，相反，"起去"在"具体位移变化"的语义特征上和"去"保持了一致，主要在"具体位移变化"的意义上使用，在"抽象变化趋势"的意义上极少使用[1]。李银美（2007）认为"起来"经历了主观性不断增强的主观化过程，而"起去"没有获得主观性表达功能因而走向消隐，二者存在较大的不对称[2]。李倩（2011）认为"起去"一直保持具体位移变化义，"起来"的使用范围较之"起去"要大，使用频率也要高，这种不对称性导致"起去"在现代汉语普通话中逐渐消

1　刘道峰：《"来""去"的位移阐释与"起来""起去"的不对称》，《巢湖学院学报》，2003 年第6 期。
2　李银美：《语法化与主观化："起来"和"起去"不对称分布》，《社会科学论坛》，2007 年第5 期。

隐[1]。这些研究均有一定的说服力。

我们认为，"V+起来"有趋向义、状态义和时间义，"起去"只有趋向义和状态义。可见，"起来"的虚化程度高于"起去"。"V+起去"的用法在普通话中较少见，但在方言中则较多出现。搜索北大 CCL 语料库发现，现代汉语语料库中"V+起去"的多数用例出现在老舍作品中。"起去"可用于空间域，也可用于由显到隐存在状态域和性质状态域，这说明"起去"也发生了虚化。相对于"起来"，"起去"的使用频率较低。2500 万字当代北方作家小说语料中，前者 25052 句，后者 4 句。这是因为"去"的"离开"义仍有所保留，并且事件的时间和空间结构更重视其终结点而不是起点的特征[2]。

3.1 空间域中的对称与不对称

在空间域中，"起来"在使用频率上远远高于"起去"。通过北大 CCL 语料库搜索，发现有"带起去、担起去、吊起去、端起去、飞起去、架起去、卷起去、拉起去、拿起去、圈起去、挑起去、跳起去、跳腾起去、掷起去"等 25 例，发现有"翻起去"1 例。其中多出现在老舍作品中，共 18 例，其他作品中 8 例。"起去"在现代汉语中使用较少的原因有二：一是"起去"单独做谓语时"去"具有"离开"义，这一语义保留在"V+起去"结构中，使得"起去"本身不够凝固，多理解为"V+起（起身）+去（离开）"的语义，其中的"去"在虚化过程中发生了一些阻碍。二是立足点"来"虚化程度高，在很多情境中取代了"去"，或者说，由于"起"的终点不明确，立足点"来"可充当终点，位移或变化轨迹变得完整，也使得"V+起来"的用法出现频率更高。

3.1.1 离开起点的垂直上向空间位移

"V+起来/起去"用于空间域，最初表达"（受动者）朝向立足点离开起点的垂直上向位移""（受动者）背离立足点离开起点的垂直上向位移"，分别标注为"起来$_{1a}$""起去$_{1a}$"。二者均可搭配"拉 lā$_{(1)}$、扔$_{(1)}$"类二价位移动词和"跳$_{(1)}$、飘"类一价位移动词。例如：

（102）a. 忽然我看到窗户跟前有个闹钟，吓得一下**跳起来**："哎呀，快

1　李倩:《浅论复合趋向补语"起来"——兼谈"起来"与"起去"的不对称》,《哈尔滨学院学报》,2011 年第 6 期。

2　古川裕:《〈起点〉指向和〈终点〉指向的不对称性及其认知解释》,《世界汉语教学》,2002年第 3 期。

三点了!"(王小波《绿毛水怪》)

　　b.（他）想教儿子一步就**跳起去**,作驸马是最有力的跳板,这无
　　　须再考虑。(老舍《文博士》)

（103）a. 马林生拽着马锐一只手把他从床上**拉起来**。(王朔《我是你
　　　　爸爸》)

　　b. 战争可是并没停止,正像幕落下来还要再**拉起去**。(老舍《四
　　　世同堂》)

"伸、抬(1)"类二价位移动词和"端、抱(1)"类二价非位移动词只见搭
配"起来(1a)"的用例。例如:

（104）桃子把脸**仰起来**,她姊妹那共有的墨黑眼睛里,闪着泪光,深
　　　切地说:……(冯德英《山菊花》)

（105）振德问桂花道,他把炕上的子**抱起来**,逗着娃娃笑。(冯德英
　　　《迎春花》)

"提拔、振作"类"提高"义动词,如"增加、提高、振奋"类,可搭配
"起来(1a)",不可搭配"起去(1a)",表达抽象空间位移。例如:

（106）从一个小地主的儿子到滇军高级将领,他是龙云和卢汉一手**提
　　　拔起来**的。(张正隆《雪白血红》)

（107）崇祯的精神**振作起来**,刚才的困倦都没有了。(姚雪垠《李自成》)

3.1.2　离开起点的由展到拢空间变化

"V+起来/起去"可用于单一实体的聚拢向,分别表达"（受动者）朝
向立足点离开起点由展到拢的空间变化""（受动者）背离立足点离开起点
由展到拢的空间变化",分别标注为"起来(1b)""起去(1b)"。前者使用频率较
高,可搭配"挽、叠"类二价动词和"握、屈"类二价动词,这是因为由展
到拢往往是朝向立足点,如例（108）。相应的"起去"在北大CCL语料库
仅发现1例,如例（109）。

（108）……（爱德华七世）弯下身子把裤脚**翻起来**……(CCL《读
　　　者》)

（109）他的身子被上车的人挤成了扁的,西服的两襟向后面**翻起去**,
　　　黑色的礼帽好险掉了。(CCL1997年《作家文摘》)

3.1.3　离开起点的由散到合空间变化

多个实体由散到合往往是人类预期的,只能使用"起来",表达"（受
动者）朝向立足点离开起点由散到合的空间位移",标注为"起来(1c)"。"起
来(1c)"与相应"起"所搭配的动词一致。例如:

（110）这帮杀猪的屠夫！干的真利索！把我的双脚也**捆起来**了。(白
桦《远方有个女儿国》)

（111）全身动了好几处手术，胳膊和肋骨**接起来**了。(尤凤伟《泥
鳅》)

（112）高铁庄借着赌钱把几个可靠的弟兄**集合起来**，商量了一会应付
办法。(雪克《战斗的青春》)

3.2 时间域中的对称与不对称

"起"表达离开起点由低向高终点不明确的垂直上向空间位移，隐喻
扩展到时间域，表达开始某动作并持续的时间变化，相应的复合趋向补语
是"起来"，一般不能使用"起去"。这是因为使用"来"隐含潜在的事件结
束点，时间轨迹较完整。这时表达"（动作）开始并持续的时间变化"，标
注为"起来₂"。例如：

（113）记者露出了几分幽默，正准备再问，在场围观的村民见张店风
这样睁着眼睛说瞎话，都忍不住**笑起来**（＊起去）。(CCL《中国
农民调查》)

常用于表达时间变化义的动词可分为两类：第一类是"读₍₂₎、说₍₁₎、
想₍₂₎"类二价持续义动词，如"抱怨、部署、唱₍₁₎、处理、穿₍₄₎、捶、戴、解
决、夸、理解、摸₍₁₎、听₍₁₎、学₍₁₎、追究、做₍₂₎"等。第二类是"哭、笑"类
一价持续义动词，如"发烧、买、卖、干₍₁₎、工作、睡、住₍₁₎"等。例如：

（114）王承恩拿起来杨廷麟的奏疏，朗朗地**读起来**。(姚雪垠《李
自成》)

（115）眨眼工夫，全场人都**恸哭起来**。(杜鹏程《保卫延安》)

一些动词短语也可以进入"V+起来"中，如例（116）；多为四字词语，
如"边弹边唱、哈哈大笑、嚎啕大哭、哄堂大笑、欢呼跳跃、欢欣鼓舞、魂
不守舍、狼吞虎咽、面面相觑、明知故问、失声痛哭、手舞足蹈、嬉皮笑
脸、心猿意马、扬扬得意、自吹自擂"等，又如例（117）。

（116）老丁把21床的谜底对我一说穿，我立即用双手使劲儿捂住自
己的脸，否则我绝对会面对围着21床的人墙**狂笑起来**。(白桦
《淡出》)

（117）刘玉尺等人的一席上文人较多，喝得高兴，又开始**谈古论今起
来**。(姚雪垠《李自成》)

"V+起+（O）+来+AP/VP"具有较强的生成性，其中"AP/VP"多为

叙说者的主观判断，V 多为单音节动词。例如：

（118）你**哭起来**一定特别楚楚动人，还没见你哭过，这两个男人先得晕菜。（王朔《无人喝彩》）

（119）……他是个中锋，当时比我高，但是**跑起来**像小前锋。（CCL 姚明《我的世界我的梦》）

感官类动词多进入该格式中，其中"看起来"主观化程度最高。例如：

（120）陈柱子不但嗓音洪亮，还节奏分明，特别后边那个"葱"字，行腔远送，**听起来**清脆悦耳。（李凖《黄河东流去》）

（121）"范骡子"说："这是个阴谋！是他早就设计好的。你还在鼓里蒙着呢！你知道这是为啥？他是存心不要你了！他是有外头了，肯定是有外头了！不然，他不会费这么大的周折……""闺女呀，**看起来**人家早就下手了。……"（李佩甫《羊的门》）

"V+起来"还可用于可能式，当搭配"讨论、吵(2)、闹(1)、议论、唱(1)、说(1)"等需要多人参与的二价动作动词，表达受动者能否一起实现开始并持续某一动作，如例（122）；当搭配"笑、哭"等一价动作动词，表达能否实现开始并持续某一动作，如例（123）。这些说明"起来"表达时间义的虚化程度不如"着、了、过"高，是准动态助词。

（122）这要不是背后有人出谋划策，他们怎么**闹得起来**？（徐坤《八月狂想曲》）

（123）老兄你不必害怕，这雨至少得后半夜才**下得起来**。（张炜《刺猬歌》）

3.3　状态域中的对称与不对称

3.3.1　由无到有的存在状态变化

由无到有往往是人类预期的，只能使用"起来"，不能使用"起去"。这时表达"（受动者）朝向立足点由无到有的存在状态变化"，标注为"起来 $_{3a}$"。"起来 $_{3a}$"可搭配"长(1)、生长"类生长义一价动词、"盖(4)、修(3)"类制造义二价动词和"挑 tiǎo(4)、惹(1)"类产生义二价动词，与相应"起"所搭配的动词一致。例如：

（124）这是棘窝镇不小心遗下的惟一一棵树木，它好不容易**长起来**，两年后才得以剪除。（张炜《刺猬歌》）

（125）楼前面还有乱糟糟的小棚子，是多年以前原住户**盖起来**的，现在顶上翘着油毡片。（王小波《未来世界》）

汉语动趋式的认知语义研究

（126）这是一个多么好的出风头的机会，出了一场惊心动魄的大事故，油库差点玩完。而这场事故又不是他**惹起来**的，跟他这个出名的"混头"毫无关系，……（蒋子龙《赤橙黄绿青蓝紫》）

不同的是"点$_{(10)}$、烫$_{(1)}$"类燃烧义二价动词搭配"起来"多不后接结果宾语，多具有时间变化义。例如：

（127）我烫发了，可是别人都说我**烫起来**像个老娘客一样，我该怎么做？（百度《爱问知识人》2008-11-22）

（128）他怀疑咱们钢，等钢铁炉**点起来**，咱先炼炼他！（刘震云《故乡相处流传》）

3.3.2　由隐到显的存在状态变化

由隐到显是人类预期的，只能使用"起来"，不能使用"起去"。这时表达"（受动者）朝向立足点由隐到显的存在状态变化"，标注为"起来$_{3b}$"。"起来$_{3b}$"可搭配"想$_{(2)}$、记$_{(1)}$"类思维动词和"唤、勾"类行为动词，后接结果性宾语。例如：

（129）章妩**想起来**了，刚才她可能不小心用胳膊肘压了一下孩子的小手。（铁凝《大浴女》）

（130）高夫人也在心中**唤起来**一串回忆。（姚雪垠《李自成》）

3.3.3　由显到隐的存在状态变化

"由展到拢"隐喻为"由显到隐"，这是人们主观上将拢处隐喻为不容易发现的位置，由展处到拢处，受动者隐存起来。这时"起来/起去"分别表达"（受动者）朝向立足点离开起点由显到隐的存在状态变化""（受动者）背离立足点离开起点由显到隐的存在状态变化"，分别标注为"起来$_{3c}$""起去$_{3a}$"。"起来$_{3c}$"往往是人类预期的，"起去$_{3a}$"则突显不可见性，也往往是人类非预期的。因此"起来$_{3c}$"的用法明显多于"起去$_{3a}$"，2500万字当代北方作家小说语料未发现该类"起去"。统计搜索北大CCL语料库，"起去$_{3a}$"均用于老舍作品中："藏起去"26例，"收起去"15例，"收拾起去"2例，"埋起去"3例，"收藏起去"2例，"隐藏起去"1例，共计49例。例如：

（131）a. 她的心虚和自惭使她连眼泪都**收了起来**，她没有在尹亦寻面前痛哭。（铁凝《大浴女》）

b. 母女把多瑞姑姑的礼物**收起去**，开始忙着预备圣诞的大餐。（老舍《二马》）

（132）a. 你是怕军队要了你的马去，你把它**藏了起来**。好，你把门上再加一把锁就更严紧了。（孙犁《风云初记》）

  b.（虎妞）决没想到老头子会这么坚决，这么毒辣，把财产都变成现钱，偷偷的**藏起去**！（老舍《骆驼祥子》）

（133）他们在地上刨了一个坑，将李自成的尸身和头颅放进去，上盖石板，然后铲一些黄土和石头，将石板**盖起来**。（姚雪垠《李自成》）

（134）他们本来可以撤出来，也可以**隐蔽起来**。（孙犁《风云初记》）

3.3.4　开始并不断加深的性质状态变化

由空间域扩展到性质状态域，叙说者多立足于终点，这时表达"（实体）性质状态朝向立足点开始并不断加深的状态变化"，标注为"起来 $_{3d}$"。该类搭配性质形容词，不能搭配状态形容词、区别词和表达范围或根本义的性质形容词。可搭配的性质形容词可以表示气候、光线、环境、事态、人的体貌、脾性、情绪等。表示气候的如"冷、暖、暖和、热、阴暗"等，表示光线的如"暗淡、黑暗、亮、明亮、强烈、柔和"等，表示环境的如"安静、安宁、悲凉、寂静、朦胧、模糊、平静、热烈、热闹、肃静、响亮、喧闹、喧嚣、拥挤"等，表示事态的如"含混、浑浊、混沌、混乱、流畅、忙碌、密切、明朗、明确、难、奇怪、轻捷、轻松、清晰、顺利、兴旺、真实"等，表示人的体貌的如"苍白、高、红亮、红润、厚、健康、美丽、难听、胖、强壮"等，表示人的脾性的如"成熟、迟钝、糊涂、诙谐、活泼、坚强、骄傲、开朗、狂野、冷静、敏感、强硬、认真、柔弱、慎重、严厉、阴沉、勇猛、幽默、油滑、自主"等，表示人的情绪的如"安分、暴躁、别扭、烦乱、烦躁、慌张、急躁、焦躁、紧张、惊惧、惊喜、恐慌、快活、难过、恼火、恼怒、伤心、兴奋、着急、自然、自在"等。这些性质形容词可以是褒义的，如例（135），也可以是贬义的，如例（136）。句法上为了突显性质状态的加深，可前加渐次义的副词，如例（135）a 句"渐渐"，例（136）b 句"一天天地"。

（135）a. 九尽春来，天气渐渐**暖和起来**。（李準《黄河东流去》）

  b. 因为是众人轮流喂养，这个孩子不怕生，谁走近她，她就瞪着乌溜溜的眼珠跟看谁转，叫你的心也**纯净起来**。（毕淑敏《血玲珑》）

（136）a. 一夜之间尹小帆的情绪忽然又变得**烦躁起来**，不知怎么手捧带着血迹的床单的尹小跳让她觉得十分不顺眼。（铁凝《大浴女》）

  b. 他来查房，看着卜绣文一天天地**臃肿起来**，腰身如同黄果树瀑布般宽大，喷发着一种无精打采的懒洋洋的安详。（毕淑

敏《血玲珑》)

进入该类的形容词还可以是否定形式,如"不自在、不高兴、不舒服"等,如例(137);还可以是形容词四字短语,如"轻松畅快、清新舒畅、朝气蓬勃、局促不安"等,如例(138)。

(137)分局长冷漠地凝视着瘦高侦查员,直看得他**不自在起来**,把眼睛移向别处。(王朔《人莫予毒》)

(138)他惟一想到的办法,就是让彩如争取营养,认为只要她养分充足,人就自然会精神**轻松畅快起来**。(张承志《黑骏马》)

进入该类的甚至还可以是名词,如"英国、狗屁、女人"等,如例(139)。这是因为进入其中的名词具有了该名词所具有的所有性质特征,可以看作是转喻。

(139)如果此后想在上层人士中活跃一番,打开局面,怎么能不**英国起来**呢?(张洁《无字》)

该类也可用于可能式,多用于否定式,如例(140)"集中不起来"表达精力不能集中,不能达到应有的程度。

(140)念两条语录,把这个饿劲儿顶过去吧,他想,只是脑筋**集中不起来**。(王蒙《杂色》)

性质状态域中极少使用"起去",北大 CCL 语料库中仅见 2 例"高起去",均出现在老舍作品中。使用"起去",表示某性质状态离开起点向着不可预期的程度发展,具有不可见或无限性。例如:

(141)"我知道你这小子吃硬不吃软,跟你说好的算白饶!"她的嗓门又**高起去**,街上的冷静使她的声音显着特别的清亮,使祥子特别的难堪。(老舍《骆驼祥子》)

3.4 语义演变中的对称与不对称

动词"起来、起去"单独用作谓语,"起去"出现早于"起来",前者见于六朝,后者见于唐五代。例如:

(142)太后与帝对坐。芝谓帝曰:"大将军欲废陛下,立彭城王据。"帝乃**起去**。(《三国志·魏书·三少帝纪》)

(143)三更半夜作么生道。天明**起来**作么生道。(《古尊宿语录》卷三十二)

3.4.1 南宋时出现垂直上向空间位移义"起来"、时间变化义"起来"

受趋向补语结构影响,"起来/起去"也用作动词补语。南宋时出现朝向立足点离开起点的垂直上向空间位移义"V+起来"用例,元明时代用法较成熟。例如：

（144）a. 这个只管去思量不得，须时复**把起来**看。若不晓，又且放下。（《朱子语类》卷四十四）

　　　　b.（正末舒臂膊科，云）兀的不是？因途中无纸，就写在臂膊上了。（光普云）左右与我**扶起来**者。（高文秀《好酒赵元遇上皇》第三折）

　　　　c. 行者揪着耳朵，抓着鬃，把他一拉，**拉起来**，叫声"八戒。"（《西游记》第三十八回）

南宋时出现开始并继续义"V+起来"用法，如"整顿起来""说起来""叫唤起来"，又如例（145）。元代时用例渐多，如例（146），a句为"V将起来"，b句后接评价性成分，c句后接推断性成分。明代时用法成熟，还可搭配动词性短语，如"发痒起来、号啕大哭起来、叫屈起来、齐叫起来"等，又如例（147）。

（145）a. 如颜子"克己复礼"工夫，却是从头**做起来**，是先要见得后却做去，大要着手脚。（《朱子语类》卷四十二）

　　　　b. 如思量作文，思量了，又写未得，遂只管**展转思量起来**。便尽思量，不过如此。（同上，卷九十九）

（146）a. 倘若争这馒头**闹将起来**，可怎么了？（武汉臣《散家财天赐老生儿》第三折）

　　　　b. 那公子须不比寻常人，**说起来**赶一千个双通叔，赛五百个柳耆卿哩！（无名氏《逞风流王焕百花亭》第一折）

　　　　c. 原来这湖口上果然有一座庙宇，庙前有一株金橙树，这等**看起来**，那龙女所云，真不虚矣。（尚仲贤《洞庭湖柳毅传书》第二折）

（147）急得陈大郎性发，倾箱倒箧的寻个遍，只是不见，便**破口骂老婆起来**。（《喻世明言》卷一）

3.4.2　元代时出现由隐到显状态变化义"起来"

南宋时发现由隐到显状态变化义"V+起来"用例，但数量极少，如例（148）；元代才真正出现，明代时数量渐多，如例（149）。

（148）这般事若能**追念起来**，在己之德既厚，而民心亦有所兴起。（《朱子语类》卷二十二）

（149）　a. 我则道是平安家信，原来是一封休书，把那小姐气死了，梅香又打了我一顿。**想将起来**，都是俺爷不是了！（郑光祖

《迷青琐倩女离魂》第三折）

  b.（行者）道："师父，此是通天河西岸。"三藏道："我**记起来**了，东岸边原有个陈家庄。……"（《西游记》第九十九回）

  3.4.3 明代时出现垂直上向空间位移义"起去"、由散到合空间变化义、由展到拢空间变化义和性质状态变化义"起来"

  南宋时偶见垂直上向空间位移义"V+起去"的用法，例如：

（150）小而一日一时，亦只是这圈子。都从复上**推起去**。（《朱子语类》卷六十五）

明代时出现背离立足点离开起点垂直上向空间位移义"V+起去"的用法，"起去"表达"起身并离去"的意思，如例（151），又如"迸将起去、丢将起去、飞（将）起去、架不起去、抛（将）起去、撇（将）起去、摄将起去、跳（将）起去、走起去"等。

（151）a."这个客长是兀谁？"宋四公恰待说，被赵正**拖起去**。（《喻世明言》卷三十六）

  b. 原来那个假身本是毫毛变的，却就**飘起去**，无影无形。（《西游记》第四十九回）

  南宋时发现由散到合空间变化义"V+起来"用例，真正出现是在明代。例如：

（152）a. 或云："'洒扫应对'非道之全体，只是道中之一节。"曰："**合起来**便是道之全体，非大底是全体，小底不是全体也。"（《朱子语类》卷四十九）

  b. 行者笑道："怕他怎的？等我**包起来**，教他拿了去看。但有疏虞，尽是老孙管整。"（《西游记》第十六回）

  c. 天师道："没奈何，你把那葛藤**接起来**，救我上山罢！救我上山，决不忘恩负义。"（《三宝太监西洋记》第三十九回）

  明代时出现由展到拢空间变化义"V+起来"用法，如例（153）；清代时数量渐多，如例（154）。

（153）a. 咳，今日热气蒸人里，把这帘子都**卷起来**，把这窗儿都支起着。（《朴通事》卷中）

  b. 当下一面与王惠收拾**打叠起来**，将银五百两装在一个大匣之内，将一百多两零碎银子、金首饰二副放在随身行囊中，一路使用。（《二刻拍案惊奇》卷二十一）

（154）徐良就把袖子**挽起来**，衣襟吊好，此时姑娘身临切近，却脱了

长大衣服，摘了花朵簪子，……(《小五义》第一百五回)

明代时出现性质朝向立足点逐渐加深的状态变化义"V+起来"，搭配形容词如"快活、通红、赖皮、突兀、丰裕、饥饿"等。例如：

（155）哥，你说什么话，他如今气象**大起来**，妆腰大模样，只把我这久日弟兄伴当们根底，半点也不睬。(《朴通事》卷中)

（156）连这老嬷也装扮得**齐整起来**：白皙皙脸搽胡粉，红霏霏头戴绒花。(《二刻拍案惊奇》卷二)

3.4.4　清代时出现由展到拢空间变化义"起去"、由无到有状态变化义"起来"、由显到隐状态变化义"起来/起去"

清代时出现了由展到拢的空间变化义"V+起去"的用例，例如：

（157）a. 身穿九宫八卦金镶绣绊法衣，赤着一双精毛黑腿，一部红须，从嘴直至鬓发，根根倒**卷起去**。(《野叟曝言》第十九回)

　　　b. 那船便仰过去，那竹竿便直竖起来，那绳便直**绷起去**，那穿红的女子，便飞也似的跑到绿竹竿边，……(同上，第十八回)

还出现了朝向立足点由无到有的存在状态变化义"V+起来"的用法，例如：

（158）a. 马大人，你可曾听见吗？这不是又是金仁鼎贪着那一万二千银子**惹起来**的祸吗？(《续济公传》第二十六回)

　　　b. 进西村口，只见村中就不似先前样式了，也有倒塌的房屋，也有新**盖起来**的。(《康熙侠义传》第四十回)

还出现了由显到隐状态变化义"V+起来/起去"的用法，分别如例（159）、例（160）。

（159）a. "……那两件东西我算都用着了，只这袖箭，我因他是个暗器伤人，不曾用过，如今也算无用之物了。"说着，才要**收起来**，公子道：……(《儿女英雄传》第三十一回)

　　　b. 自己脱了夜行衣，包裹好了，**收藏起来**，上面用棉被褥盖严。(《七侠五义》第八十一回)

（160）a. "姑娘，经不写了？我把笔砚都收好了？"黛玉道："不写了，**收起去**罢。"(《红楼梦》第八十九回)

　　　b. 黛玉道："我懒怠吃，拿了**搁起去**罢。"(同上，第八十二回)

性质状态变化义"V+起去"至现当代时才发现。

结合以上考察和第五章第五节的分析，我们得出以下：第一，"V+起"各语义出现的时间均早于或不晚于"V+起来/起去"。第二，"V+起来/起去"的语义发生了泛化和虚化，由空间域隐喻扩展至时间域、状态域。

第三，从趋向补语"起来 / 起去"的语义出现顺序来看：垂直上向空间位移义"起来"、时间变化义"起来"（南宋）＞由隐到显状态变化义"起来"（元代）＞垂直上向空间位移义"起去"、由散到合空间变化义"起来"、由展到拢空间变化义"起来"、性质状态变化义"起来"（明代）＞由展到拢空间变化义"起去"、由无到有状态变化义"起来"、由显到隐状态变化义"起来 / 起去"（清代）＞性质状态变化义"V＋起去"（现当代）。其中"起来"出现的时间早于或不晚于相应的"起去"，且也从历时上证明了"起来"的语法化明显高于"起去"。由散到合空间变化义"起来"略早于由展到拢空间变化义"起来"，这是因为由展到拢空间变化义更多使用"起"，使相应的"起来"推后出现。

4 动趋式"V＋开来"与"V＋开去"

"V＋开来"和"V＋开去"在空间域中，对称性较强。在使用频率上，前者明显高于后者，2500 万字语料中，分别为 295 句、86 句。这是因为"来"为受动者的位移提供了一个隐含终点，且往往带有主观预期性；"去"未提供明确的终点，加之人类更倾向于聚焦终点，一般不使用"去"。

4.1 空间域中的对称与不对称

4.1.1 离开起点由合到散的空间位移

"V＋开来 / 开去"用于空间域，可表达"（受动者）朝向立足点离开起点由合到散的空间位移""（受动者）背离立足点离开起点由合到散的空间位移"，分别标注为"开来 $_{1a}$""开去 $_{1a}$"。"开 $_{1a}$""开来 $_{1a}$""开去 $_{1a}$"语义与所搭配动词对称，但在使用频率上依次递减。这是因为"开 $_{1a}$"表达受动者整体的自身位移，与立足点关系并不密切。使用"来""去"与叙说者的视角有关：叙说者位于终点，使用"来"，这时位移有较为明确的终点；叙说者位于起点，使用"去"，这时位移有明确的起点，没有明确的终点。例如：

（161）a. 与此同时，所有枪支一齐开火，在炽烈的阳光下，就像**炸开来**的焰火，只见无数银点、金点在高空里急急闪烁。（刘白羽《第二个太阳》）

b. 铁片**炸开去**，石片石块从顶上砸下来，爆炸声，哭喊声，黑烟，尘土混成一团。（马烽《吕梁英雄传》）

（162）a. 炕沿儿前两个人影儿贴着，又**分开来**。（刘恒《伏羲伏羲》）

b. 那两个人像傻雀一样，这时才想起赶忙**分开去**，……。（李佩甫《羊的门》）

（163）弟兄们快点动手，把白嘉轩的这一套玩艺儿统统收拾干净，把咱们的办公桌**摆开来**。（陈忠实《白鹿原》）

4.1.2 离开起点由拢到展的空间位移

"V+开来/开去"还可用于拢到展，分别表达"（受动者）朝向立足点离开起点由拢到展的空间位移""（受动者）背离立足点离开起点由拢到展的空间位移"，分别标注为"开来$_{1b}$""开去$_{1b}$"。二者与"开$_{1b}$"有着较强的对称性，均可搭配"铺、搽"类（四处）展开或涂抹义动词、"张、扩散"类具有"沿某点展开"义动词。例如：

（164）a. 划了第三根洋火，他才把麻袋在砖墁脚地上**铺开来**了。（柳青《创业史》）

b. 村边有一条晶莹的小溪，岸上有些闲花野草，浓密的柳荫沿着河堤**铺开去**。（宗璞《鲁鲁》）

（165）a. 文子洋的心像被撕裂，痛得要闭一闭眼睛，才**张开来**，重新看了这毕生的挚爱一眼，道：……（张承志《黑骏马》）

b. 我时常使这颗心**张开去**受聪明的教训，这种教训是要你从我这里领略的。（CCL《欧洲200年名人情书》译文）

4.1.3 离开起点由闭到开的空间位移

由闭到开是人类预期的，只能使用"开来"，不能使用"开去"。这时"表达（受动者）朝向立足点离开起点由闭到开的空间位移"，标注为"开来$_{1c}$"。"开来$_{1c}$"与相应的"开"所搭配动词一致。例如：

（166）震海夺过她的钱包，**打开来**，双手捧着，让那三个盐警自取。（冯德英《山菊花》）

（167）也许她已是老太太了，黑色面幕一**掀开来**，木乃伊似的面孔，吓得我们大声惊喊。（CCL 亦舒《香雪海》）

4.1.4 离开某处所或某实体的空间位移

"V+开来/开去"可用于离开向，分别表达"（受动者）朝向立足点离开某处所或某实体的空间位移""（受动者）背离立足点离开某处所或某实体的空间位移"，分别标注为"开来$_{1d}$""开去$_{1c}$"。二者搭配"走$_{(1)}$、跑$_{(1)}$"类与腿部动作有关的动词、"抱$_{(1)}$、引"类与手部有关的动作或具有吸引义的动词和"挣脱、躲"类具有由里到外方向义的动词，与相应"开"有着较强的对称性。下面例（168）、例（169）表达受动者离开某处所，例（170）、例（171）表达受动者离开某实体。

（168）a. 他看着佛罗多，最后闭上眼，一声不出地**走开来**。（CCL

343

《魔戒》译文）

b. 我转过了头从过道**走开去**，走到了楼梯口，眼泪刷刷地流下来。（贾平凹《怀念狼》）

（169）a. ……她故意把注意力**引开来**："我们大伙儿上夜总会去。"（CCL 岑凯伦《合家欢》）

b. 她想把话题**引开去**，引到她感兴趣的关于宇宙间的神秘力量上边去……（陈染《无处告别》）

（170）a. ……她从叶菏的拥抱中**挣脱开来**，慌慌乱乱地跑走了。（刘绍棠《地火》）

b. 他走向前去搂她，但是她急忙**挣脱开去**，一半是因为她手中还提着工具包。（CCL《1984》译文）

（171）a. 有什么东西沿着他的手臂爬了上来，卡拉蒙紧张的**躲开来**，却发现有另外一样东西抓住了他的脚。（CCL《龙枪传奇》译文）

b. ……她的目光像被烫了似地**躲开去**，躲开诗人。（史铁生《务虚笔记》）

"丢(2)、甩"类具有"由里向外"方向义的动词只搭配"开去(1c)"，并且起点明确，即施动者。例如：

（172）然后抛物线**甩开去**就是双曲线，所以这个是小行星和彗星的差别。（CCL《百家讲坛》）

（173）他挡住她的手，把她从自己的身上**推开去**，从头到脚地打量了她一番，……（CCL《斯巴达克斯》译文）

4.2　时间域中的对称与不对称

空间域延展义可隐喻扩展至时间域，表达动作行为开始并持续义，标记为"开来(2)"和"开去(2)"。这时多搭配"说(1)、谈"类言说动词或"想(1)、想象"类思维动词，多使用"从/由……"介词结构或受动者做受事主语，仍隐含着"沿某点"扩散义，不过关涉的是有关联性的多个实体，随时间出现，与延展义"开来/开去"只涉及一个实体不同。例如：

（174）a. 由此**说开来**，大家历数自己认识的人中谁出国了谁成"老板"了。（王朔《过把瘾就死》）

b. 从自己叫啥，哪里人，在哪谋生，为啥来到延津，接着从道钉**说开去**，说到铁轨，说到火车，说到机务段，……（刘震云《一句顶一万句》）

"从/由……+V+开去(2)"格式具有较强的生成性，一些关涉具有数量特征实体或场面义实体的动词可进入，前者如"骂、吃(1)、喝、写(1)"等，如例（175）；后者如"闹$_{(4)}$、闹腾"等，如例（176）。

（175）为了能复活往时的兴旺，李忠祥东奔西走，忙里忙外，陈建功**由此写开去**，目的似乎不怎么重要了，……（CCL《读书》）

（176）如果你**闹开去**，我就和你摊牌。（张洁《无字》）

王宜广（2011）认为"开来"具有"开始并持续"义[1]。例如：

（177）卜绣文说着，拿起纸笔，唰唰地**写开来**。（毕淑敏《血玲珑》）

（178）总之，当时我还是个很糊涂的孩子，听了珊丹的叙述竟又**胡思乱想开来**。（冯苓植《雪驹》）

我们认为，"开来/开去"均具有时间义，只是后者较受限，虚化程度明显低于前者。这是因为添加"来"凸显朝向立足点（事件的隐含结束点），时间轨迹较完整；添加"去"则在表达事件延续性的同时隐含实体抽象空间的延展性。

4.3　状态域中的对称与不对称

由纠结到顺畅，是人类预期的，这时只搭配"开来"，标记为"开来$_{3a}$"，表达受动者朝向立足点由纠结到顺畅的存在状态变化。该类使用频率极少，一般使用相应的简单趋向补语。例如：

（179）尽管彼此意见极端分歧，**话说开来**，反倒觉得心情爽快。（CCL《亚尔斯兰战记》译文）

由模糊到清晰，是人类预期的，这时只搭配"开来"，标记为"开来$_{3b}$"，表达受动者朝向立足点由模糊到清晰的存在状态变化。例如：

（180）我又想朱这人不错，何时我能重温旧梦，给他老人家也捏一回脚，也算没有白识一些字，也与猪蛋、孬舅、瞎鹿、白石头等愚昧民众**区分开来**。（刘震云《故乡相处流传》）

（181）你的将士要臂缠白布，好与流贼**区别开来**。（姚雪垠《李自成》）

4.4　语义演变中的对称与不对称

4.4.1　南宋时出现由拢到展延展义"开去"

"开来/开去"一般不单独做谓语。受趋向补语结构的影响，"开来/开去"用于动词后作补语。南宋时出现由拢到展延展义"V+开去"的用法，如例（182）；明代时用例渐多，所搭配动词如"撒、（风）刮、（消息）传、（声名）扬、传播、传闻、传说、彰扬、扩充"等，如例（183）；清代时还

1　王宜广：《趋向的"向度"和"实指、虚指"问题——以"V开来/开去"的语义分析为例》，《宁夏大学学报（人文社科版）》，2011年第6期。

可用于"把"字句和"被"字句中，如例（184）。

（182）a. 如今人说性，多如佛老说，别有一件物事在那里，至玄至妙，一向**说开去**，便入虚无寂灭。(《朱子语类》卷五)

b. 只有大学教人致知、格物底，便是就这处理会；到意诚、心正处**展开去**，自然大。(同上，卷一百二十)

（183）a. 况且窝盗为事，声名**扬开去**不好听，别人不管好歹，信以为实，就怕来缠帐。以此生意冷落，日吃月空，渐渐支持不来。(《二刻拍案惊奇》卷十五)

b. 下坛来对县令道："我为你飞符上界请雨，已奉上帝命下了，只要你们至诚，三日后雨当沾足。"这句说话**传开去**，万民无不踊跃喜欢。(《初刻拍案惊奇》卷三十九)

（184）a. 于是老夫妻俩对着人，就把此事**讲说开去**。(《八仙得道》第三回)

b. 倘被亲友中**传说开去**，你小小年纪，这个名儿却怎生担得起？(《儿女英雄传》第二十五回)

4.4.2　明代时出现离开某处所或某实体义"开去／开来"、由合到散分裂义"开来／开去"、由拢到展延展义"开来"、由闭到开分离义"开来"

南宋时发现离开某处所义的"V＋开去"用例，如例（185）。明代时真正出现，如例（186）。明代时还出现离开某实体义"V＋开去"用法，如例（187）。

（185）盖晦日则月与日相叠了，至初三方渐渐**离开去**，人在下面侧看见，则其光阙。(《朱子语类》卷二)

（186）a. 渔人看见，尽吃一惊，却都去解了缆，把船**撑开去**了。(《水浒全传》第三十八回)

b. 要好趁这个遗漏人乱时，今夜就**走开去**，方才使得。(《警世通言》卷八)

（187）a. 丢下法官，三步做两步，**躲开去**了。(《醒世恒言》卷三十三)

b. 有人问你时，只把闲话**支吾开去**。(同上，卷十三)

明代时也出现离开某处所或某实体义"V＋开来"用法，例如：

（188）a. 左右虞候看见本官发怒，乱棒打来，只得**闪了**身子**开来**，一句话也不说得，有气无力的，仍旧走回下处闷坐。(《初刻拍案惊奇》卷二十二)

b. 门子听得，只做不知，洋洋的**走了开来**，想道："怎么样的一

个小和尚，这等赞他？我便去寻他看看，有何不可？"（同上，卷二十六）

南宋时偶见由合到散分裂义"V+开来"的用法，只能看作萌芽，见例（189）；明代时真正出现，如例（190）。

（189）若是蓄积处多，忽然**爆开来**时，自然所得者大，易所谓"何天之衢亨"，是也。（《朱子语类》卷十一）

（190）a. 白鹤香是长成的一柯树，**劈开来**片片是香，……（《三宝太监西洋记》第三十二回）

　　　b. 他的船分得有个头尾，我和你也要**分开来**。你领你的船，你领你的兵，攻他的头。（同上，第六十四回）

南宋时发现分裂义"V+开去"用例，数量少，只能看作萌芽，见例（191）；明代时真正出现，如例（192）。

（191）a. 天下道理，各见得恁地，**剖析开去**，多少快活！若只鹘突在里，是自欺而已！（《朱子语类》卷一百三）

　　　b. 为学，须是裂破藩篱，痛底做去，所谓"一杖一条痕！一掴一掌血"！使之历历落落，**分明开去**，莫要含糊。（同上，卷一百一十五）

（192）a. 王莲英看见海里水每每的**分开去**，不淹着个黄凤仙。（《三宝太监西洋记》第四十八回）

　　　b. 当日攻城至未牌时分，都收四面军兵还寨，却在营中大吹大擂饮酒。看看天色渐晚，众头领暗暗**分拨开去**，四面埋伏已定。（《水浒全传》第五十四回）

明代时出现由拢到展延展义"V+开来"，所搭配动词如"摆、散、排、展、（眼）睁、剖、涨、传播"等，又如例（193）。

（193）a. 那晓得佛爷爷的妙用有好些不同处，你看他不慌不忙，把个偏衫的袖口**张开来**，照上一迎，那个九天玄女罩，一竟落在他的偏衫的袖儿里去了。（《三宝太监西洋记》第四十二回）

　　　b. 摩伽罗即时就在桌子上，用几撮黄沙**铺开来**，做成田亩之状，……（同上，第九十六回）

明代时出现由闭到开分离义的"V+开来"用法，所搭配动词如"打、取、揭、（门窗）推、（坟）挖、撬、掇"等。例如：

（194）a. 却说魏生接书，**拆开来**看了，并无一句闲言闲语，……（《醒世恒言》卷三十三）

　　　　b. 人静之后,使君悄悄起身,把自己船舱里窗轻**推开来**。(《二
　　　　　刻拍案惊奇》卷七)

4.4.3　现当代时出现时间义"开来/开去"、由纠结到顺畅、由模糊到
清晰的状态变化义

　　明代时发现时间义"开去"用例,如例(195)。清末发现时间义"开
来"用例,如例(196)。这时多搭配言说类动词,后接具体言说的内容,用
例极少。时间义用法至现当代才算真正出现。

(195) 那时府中上下人等,谁不知道娇秀这件勾当,都纷纷扬扬的**说
　　　开去**:"王庆为这节事得罪,如今一定不能个活了。"(《水浒全
　　　传》第一百二回)

(196) 话说于成龙率众远远地也就**骂开来**了:"好个黑贼,你有多大胆
　　　子,竟伤我儿子,胆敢前来自招起祸。"(《小八义》第七十七回)

　　"V+开来"由纠结到顺畅、由模糊到清晰的状态变化义至现当代时才
出现。

　　结合以上考察和第五章第六节的分析,我们发现:第一,空间义
"V+开"的出现时间均早于相应的"V+开来/开去",并且"开来/开去"单
独做谓语的用例几乎找不到,这说明"V+开"的使用促动了"V+开来/开
去"的出现。第二,"V+开来/开去"由空间域到时间域、状态域,发生了语
义泛化与虚化;第三,从趋向补语"开来/开去"的语义出现顺序来看,由
拢到展延展义"开去"(南宋)>离开义"开去/开来"、由合到散分裂义"开
来/开去"、由拢到展延展义"开来"、由闭到开分离义"开来"(明代)>时间
义"开来/开去"、由纠结到顺畅、由模糊到清晰的状态变化义"开来"(现当
代)。其中,由拢到展延展义早于由合到散分裂义,后者多使用简单趋向补
语"开",一定程度上影响了相应复合趋向补语"开来/开去"的出现时间;延
展义"开去"早于相应的"开来",这与语义中"去"不可见性特征的认知优势
有关。

5　小　结

　　本节讨论了复合趋向结构"V+下来/下去""V+出来/出去""V+起来/
起去""V+开来/开去"的对称与不对称,主要有以下结论:

　　① "V+下来"的语义类型与使用频率高于"V+下去"。二者在空间域
[下向]、[分离向]和[水平后向]上具有[可见]与[不可见]的语义对立

（"跳下来-跳下去""脱下来-脱下去""退下来-退下去"），也可凸显［不可见］性（"吃下去、凹下去"），在［依附向］上正负对立（"停下来"），与人类预期有关。在时间域中具有［立足终点］与［立足起点］的语义对立，如"学下来-学下去"；在领属域中具有［近向］与［远向］的语义对立，如"买下来-分下去"；在由显到隐存在域和性质域中具有［预期］和［非预期］的语义对立，"下来"使用频率高于"下去"，如"隐瞒下来-隐瞒下去""暗下来-暗下去"；［由暂到稳］、［由无到有］语义体现人类预期，只能使用"下来"，如"答应下来""挣下来"，相应的"下去"具有时间义。

②"V+出来／出去"具有较强的对称性，前者虚化程度和使用频率高于后者。二者在空间域和领属域中具有［可见］与［不可见］的语义对立，如"跳出来-跳出去""买出来-卖出去"；在比较域和由隐到显存在域中具有［预期］与［非预期］的语义对立，如"高出来-高出去""说出来-说出去"；在由无到有存在域中正负对立，只能搭配"出来"，这是因为［由无到有］是人类预期的，如"哭出来、想出来"。

③"V+起来／起去"具有较强的不对称性，前者语义范围与使用频率远远高于后者。二者在［上向］［聚拢向］上具有［可见］与［不可见］的语义对立，如"跳起来-跳起去""翻起来-翻起去"，前者使用频率远远高于后者，这是因为"起"聚焦起点，添加"来"，可使移动路径完整。随着立足点的不断抽象化，二者在［由散到合］［开始并持续］［由无到有］［由隐到显］［性质由低向高］上存在正负对立，只能使用"起来"，分别如"接起来""笑起来""盖起来""想起来""暖和起来"。二者在［由显到隐］上具有［预期］与［非预期］的语义对立，前者使用频率高于后者，如"藏起来-藏起去"。

④"V+开来／开去"具有较强的对称性，前者语义范围与使用频率高于后者。二者在空间域［聚拢向］［离开向］上存在［可见］［不可见］的语义对立，如"炸开来-炸开去""走开来-走开去"；在［分离向］上存在正负对立，只能搭配"开来"，因为［由闭到开］是人类预期的，如"（盖子）打开来"。二者在时间域上存在［立足终点］与［立足起点］的语义对立，前者使用频率和虚化程度高于后者，如"写开来-写开去"。二者在状态域中存在［由纠结到顺畅］［由模糊到清晰］的正负对立，只能搭配"开来"，如"（话）说开来""区别开来"。

⑤从历时考察来看，除由低及高到达某处义"下来／下去"、领属关

系义"出来/出去"、延展义和离开义"开来/开去"外,"V+下来/出来/起来/开来"的各语义出现顺序早于或不晚于相应的"V+下去/出去/起去/开去",这说明朝向立足点的"来"比背离立足点的"去"具有认知优势,也是由于人"以自我为中心"的认知特点[1]决定的。

⑥"来/去"的使用与立足点有关,在不同的认知域中立足点的作用不同。在空间域中往往凸显[可见]与[不可见]的语义对立;在时间域中往往凸显[立足终点]与[立足起点]的语义对立;在状态域中往往凸显[预期]与[非预期]的语义对立。

第四节　简单动趋式与复合动趋式致使性的对称与不对称分析

简单动趋式能否添加"来/去"构成相应的复合动趋式,体现了句法语义上的对称与不对称性。如卢英顺(2007)从认知图景角度探讨了"进"类趋向动词的差异,认为"进"和"进去"衍生了"凹陷"义,"进来"则没有该义[2]。本节以认知域为主线,通过移动路径的五维量度、路径轨迹的完整与否、"来/去"的主观性(包括近向/远向、可见/不可见、预期/非预期)等因素,较为系统全面地探讨同一认知域中简单动趋式与相应复合动趋式的句法语义对称与不对称。

1　空间域中的简单动趋式与复合动趋式

简单动趋式在空间域中多可添加"来""去",构成相应的复合动趋式,具有较强的对称性。其句法语义主要体现在以下几个方面:

1.1　参照体与叙说者视角

在空间域中,环境参照体范围小于自我参照体时,一般使用简单动趋式。当环境参照体(范围大于自我参照体)承前省略或隐而不现时,可使用合并式复合动趋式;当突显环境参照体和自我参照体,或者受动者/施动者和自我参照体时,可使用分离式复合动趋式。合并式或分离式复合动趋式使用"来"还是"去"要看叙说者的观察视角,当叙说者倾情于受动者的位移起点时使用"去",倾情于受动者的位点终点时使用"来"。下面分别

1　沈家煊:《不对称和标记论》,南昌:江西教育出版社,1999年,第183—184页。
2　卢英顺:《"进"类趋向动词的句法、语义特点探析》,《语言教学与研究》,2007年第1期。

阐述。

动趋式"V+上"可表达受动者依附于身体部位或实体，搭配"配(2)、加(1)(2)"类、"穿(4)、戴"类、"合(1)、闭"类、"踩、踏"类动词，这时多使用简单式动趋式，一般不使用分离式复合动趋式，极少使用合并式复合动趋式，仅限于"去"。这是因为环境参照体范围小于自我参照体。通过2500万字当代作家小说语料，统计结果如表6-4-1所示：

表6-4-1　依附义简单动趋式"V+上"及其复合动趋式的使用情况统计

动词＼搭配形式	V上	V上来	V上去	V上……来/去
配(2)	45	0	0	0
加(1)(2)	1207	0	2	0
穿(4)	693	0	3	0
戴	330	0	2	0
合(1)	143	0	1	0
闭	601	0	0	0
踩	29	0	15	0
踏	193	0	12	0
小计	**3241**	**0**	**35**	**0**

当环境参照体承前省略或隐而不现时，可使用合并式复合动趋式。例如：

（1）晚上妈对我说："沙发太窄，猫也要**跳上来**睡，把我挤得不得了。特别是昨天，你们两个人还都在我脸上蹭来蹭去的。"（张洁《世界上最疼我的那个人去了》）

（2）当顽军的两个尖兵刚走近身边，彭亮和小坡一跃身子，**跳上去**抓住了两个顽军的领子："不要动，动打死你！"（刘知侠《铁道游击队》）

例（1）"跳上来"承前省略环境参照体"沙发"，叙说者位于施动者"猫"的位移终点，也就是自身所在位置"沙发"。例（2）"跳上去"承前省略环境参照体"顽军的两个尖兵"，叙说者倾情于施动者"彭亮和小坡"的位移起点，文中隐而不现。

当动趋式后同时突显环境参照体和自我参照体，或者突显受动者和自我参照体，或者突显施动者和自我参照体时，可使用分离式复合

动趋式,体现为次第扫描。使用自我参照体突显叙说者的观察视角。例如:

(3)淑花趴在缎子被上哭泣,肥胖的身子,抽搐地蠕动着。……过了一会,他把烟丢掉,一口气吹灭灯,**跳上炕来**。(冯德英《苦菜花》)

(4)"狡辩!"吴宗笠**跳上前去**,左右开弓,一连赏了他几个嘴巴,"进了我这座庙,只能走着进来,躺着出去;你想溜之乎也,我会把你放生吗?"(刘绍棠《地火》)

例(3)环境参照体为"淑花"所在的位置"炕",例(4)环境参照体为"前","炕""前面"范围大于自我参照体,且环境参照体先于自我环境体出现,"炕""前"用作处所宾语居于复合趋向补语之间。

(5)杨妈又从柜子里**拿出**一包核桃仁**来**,倒在逢时面前的碟子里。(陈建功、赵大年《皇城根》)

(6)挖就挖了吧,只要打败了日本,叫我**拿出**什么**去**也行。(孙犁《风云初记》)

(7)倏地**跳上**一个人**来**。小赵横身一拦,厉声问:"哪儿去?"(邓友梅《我们的军长》)

例(5)~例(7)"拿出……来""拿出……去""跳上……来"环境参照体承前省略,分别为"从柜子里""战壕""舞台"。受动者"一包核桃仁""什么"先于自我参照体出现,施动者"一个人"先于自我参照体出现,用作施事宾语居于复合趋向补语之间。受句法限制,受动者不能太长。如果太长的话,需要使用合并式复合动趋式,例如:

(8)爱爱这时把带回来的提兜解开,**拿出来**一块肉,一包元宵,半斤粉条,还有一大堆碎馍块。(李準《黄河东流去》)

(9)扒黄河,扒城墙,挖战壕,要差要粮,老百姓把小孩子裤带上的一枚铜钱都**拿出来**支援他们,但他们还没有看见日本鬼子,就放羊逃跑了。(李準《黄河东流去》)

(10)喊声未绝,早已**跳上去**几个日本兵,照胸口和肚上一阵皮鞋乱踩,那位八路军同志,便声断气绝,死于敌人的暴行之下。(马烽《吕梁英雄传》)

例(8)、例(9)受动者分别为长宾语"一块肉,一包元宵,半斤粉条,还有一大堆碎馍块""小孩子裤带上的一枚铜钱"。例(10)施动者为"几个日本兵"。

1.2　叙说者的预期性与可见性

在空间域中,凡叙说者预期的,复合动趋式倾向于使用"来";凡叙说者非预期或不可见的,复合动趋式倾向于使用"去"。

1.2.1　叙说者预期的空间位移或变化

表达"留于某处的空间变化"的"下"、表达"离开起点由散到合的空间变化"的"起"、表达"离开起点由闭到开的空间位移"的"开"一般只使用"来",不使用"去"。这是因为使受动者停止并依附终点,使受动者聚拢而处于整齐状态,使受动者离开中心轴线处于打开状态,往往是人类预期的。下面例(11)～例(13)均可使用"来",均不可使用"去"或者语义不对等。

(11) a. 他**停下**车。　　　　　　　b. 他**停下**车来。

　　　c. *他**停下**车去。　　　　　d. (他把)车**停下**来。

　　　e. ?(他把)车**停下**去。

(12) a. 他**绑起**包。　　　　　　　b. 他**绑起**包来。

　　　c. *他**绑起**包去。　　　　　d. (他把)包**绑起**来了。

　　　e. *(他把)包**绑起**去了。

(13) a. 他**打开**门。　　　　　　　b. 他**打开**门来。

　　　c. *他**打开**门去。　　　　　d. (他把)门**打开**来。

　　　e. *(他把)门**打开**去。

表达"离开起点的垂直上向空间位移"的"起"、表达"离开起点由展到拢的空间变化"的"起",多使用简单动趋式,复合动趋式多使用"来",一般不使用"去"。使用"去"的用例多出现在老舍作品中[1]。分离式"起……去"不使用,这是因为"去"的"离开"义在此格式中得到突显,恢复了其动作义。例如:

(14) a. 他**抱起**孩子。　　　　　　　b. 他**抱起**孩子来。

　　　c. *他**抱起**孩子去。　　　　　d. 他把孩子**抱起**来。

　　　e. *他把孩子**抱起**去。

(15) a. 他**屈起**胳膊。　　　　　　　b. 他**屈起**胳膊来。

　　　c. *他**屈起**胳膊去。　　　　　d. 他把胳膊**屈起**。

　　　e. *他把胳膊**屈起**去。

1　本章前面已有论述,此处不再赘述。

我们采用 2500 万字当代北方作家小说语料，以"停下 +O+（来 /
去）""绑起 +O+（来 / 去）""抱起 +O+（来 / 去）""屈起 +O+（来 / 去）""打
开 +O+（来 / 去）"为例进行统计，如表 6-4-2 所示：

表 6-4-2　"停下 / 绑起 / 抱起 / 屈起 / 打开 +O+（来 / 去）"的搭配情况统计

搭配形式 动趋式	VC	VC1 来	VC1 去	VC1……来	VC1……去
停下	428	455	0	2	0
绑起	4	34	0	1	0
抱起	206	109	0	11	0
屈起	8	2	0	0	0
打开	1920	32	0	0	0

1.2.2　叙说者非预期的空间位移或变化

在空间域中，当简单趋向补语表达下向或内向，且叙说者非预期
或不可见时，多使用带"去"的复合动趋式。这种情况涉及聚焦终点的
"下""进"，前者搭配"吃(1)、喝(1)"类、后者搭配"听(1)、写(1)"类、"凹
陷"类、"赔垫(2)"类、"葬送、牺牲"类动词时，多使用带"去"的复合动趋
式，极少使用带"来"的复合动趋式。如表 6-4-3 所示：

表 6-4-3　空间域中下向或内向复合动趋式倾向使用"去"的情况

搭配形式 动词	V 下	V 下 （……） 来	V 下去	V 下…… 去	V 进	V 进 （……） 来	V 进去	V 进…… 去
吃(1)	84	0[1]	72	7	11	0	12	2
喝(1)	86	0	80	4	11	0	0	0
听(1)	×	×	×	×	39	0	12	2
写(1)	×	×	×	×	27	×	6	1
小计	**170**	**0**	**152**	**11**	**88**	**0**	**30**	**5**
凹	1	0	29	0	2	0	12	2

1　语料库中查到 5 例"吃下来"，但均为时间义。如"心情好的时候，她会抚摩着自己的胃，
对胃的体谅与合作充满感恩之情，长年累月的冷饭吃下来，不过不大舒服，并无大害，大
害要在她上了年纪以后才能找上门来。"（张洁《无字》）

搭配形式＼动词	V下	V下(……)来	V下去	下……去	V进	V进(……)来	V进去	V进……去
陷	1	0	23	0	45	0	27	0
赔	×	×	×	×	13	0	11	0
垫(2)	×	×	×	×	0	0	3	0
葬送	×	×	×	×	0	0	1	0
牺牲	×	×	×	×	0	0	1	0
小计	**2**	**0**	**52**	**0**	**60**	**0**	**55**	**2**

1.3　句法自足性较弱

在空间域中,动趋式入句后多借助连动结构或其他结构来实现完句功能。

1.3.1　简单动趋式的句法呈现

以"拿出"与"爬上"为例说明。根据 2500 万字语料统计,"拿出"共计 860 例,"爬上"共计 457 例,1317 例中仅发现 15 例用于"把"字句。"拿出"用于连动前句、加后接句的情况共计 629 例,占 73.1%,分别如例(16)、例(17)。"爬上"用于连动前句、加后接句的情况共计 270 例,占 59.1%,分别如例(18)、例(19)。后接句多以时间顺序句为主,如例(17)a 句、例(19)a句,也可以是补充说明句,如例(17)b 句,也可以是结果句,如例(19)b 句。

(16) 魏医生从白大衣的口袋里,**拿出**一块洁白的纱布,递给人绣文说:"请克制一下。……"(毕淑敏《血玲珑》)

(17) a. 杨子荣更拿了拿劲,真的**拿出**说起书的架子,手向桌子一拍,口中念道:……(曲波《林海雪原》)

　　 b. 夏竹筠从提包里**拿出**一个精致的羊皮钱夹,浅黄的皮革上,烫着咖啡色的花纹,配着两个金黄色的金属按钮。(张洁《沉重的翅膀》)

(18) 按照白天观察好的路线,黑娃**爬上**墙根的一棵椿树跨上了墙头,轻轻一跳就进入院里了。(陈忠实《白鹿原》)

(19) a. 他奋力**爬上**墙头,迅速地掏出绳子,一头搭下墙外——队员和老人扯住;一头搭进墙里。(冯德英《苦菜花》)

　　 b. 晨光刚刚小心地**爬上**窗户,屋里的一切东西都还看不清楚,只是模糊的一片黑影。(冯德英《苦菜花》)

除此之外,"拿出/爬上"不后接小句时,或用于连动后句,如例(20);或用于假设前句,如例(21);或用于假设后句,如例(22);或与他句并列,如例(23);或前加目的词语、能愿动词、否定词语,分别如例(24)~例(26);或用于祈使句、问句,分别如例(27)、例(28);或用做兼语谓语、定语、宾语、主语、补语,分别如例(29)~例(33)。这些语境均使得"VC"具有了较强的完句功能。

(20)a. 小鸢尖叫着,**拿出**手枪。(雪克《战斗的青春》)

b. 天亮了,太阳好像突然从沙漠中跳出来**爬**上了天空。(杜鹏程《保卫延安》)

(21)a. 要不是彭祖奶奶**拿出**老祖宗的威势,二两大伯就要把女儿勒死。(刘绍棠《狼烟》)

b. 海上来风一旦**爬**上楼顶,似乎就随着飘升,变得又"削"又硬。(张洁《无字》)

(22)a. 范英明笑道:"你收了这一条,显得小气了。要是我呀,就再**拿出**一条,省得他们嘴里闲着没事,乱嚼舌头。"(柳建伟《突出重围》)

b. ……要是明早,我拼命也要**爬**上插红旗的汽车。(李英儒《野火春风斗古城》)

(23)a. 芸茜一边从军用挎包里**拿出**一本材料纸,一边说:……(白桦《远方有个女儿国》)

b. 他们时而**爬**上陡峭的山岭,时而跨过横卧的小河。(冯至《敌后武工队》)

(24)以父亲那样一个下级军官,为她**拿出**赴香港这笔路费,容易吗?(张洁《无字》)

(25)其实,在紧急时候,他很能**拿出**智谋,确有大将之才。(姚雪垠《李自成》)

(26)说完,她将桌上的稿纸全部收拢,放入抽屉,锁上。仿佛今生今世不再**拿出**。(梁晓声《京华闻见录》)

(27)空口无凭,**拿出**你们上司的命令,我看看。(刘绍棠《地火》)

(28)(你们二位身任正副军师)为何不**拿出**整顿军纪的办法?(姚雪

垠《李自成》）

（29）a. 社会主义这锅饭，要靠我们做。也不能要求党中央为全国每一个村庄都**拿出**一套从劳动管理到年终分配的具体方案。（张一弓《赵镢头的遗嘱》）

b. 汪霞带领两个队员找见自己的秘密"关系"，取上联系回来时，魏强已打发人**爬上**周大拿的砖平房。（冯至《敌后武工队》）

（30）a. 他带来一瓶外国酒，我**拿出**的是"中国红葡萄"。（梁晓声《京华闻见录》）

b. 这个情景被刚刚**爬上**床的外交部长看见，不由几声冷笑。（刘恒《逍遥颂》）

（31）a. 小秃见一个人**拿出**盒绿炮台烟卷，三个人抽起来，……（冯至《敌后武工队》）

b. 魏强见到赵庆田他仨顺利地**爬上**了汽车；……（冯至《敌后武工队》）

（32）a. **拿出**这封信，等于拿出了一段酸楚的往事。（陈建功、赵大年《皇城根》）

b. 牛启东虽有真才实学，但因他一心想做开国元勋，**爬上**宰相高位，对闯王只能锦上添花。（姚雪垠《李自成》）

（33）朱老忠见来了老街坊的女儿，喜得**拿出**一个洋漆皂盒，……（梁斌《红旗谱》）

"拿出/爬上"可用于接续后句，除了假设关系后句外，还可以是顺承关系后句，如例（34）；可以是目的关系后句，如例（35）；可以是转折关系后句，如例（36）。

（34）a. 你用不着找什么比喻，直白一点好了，**拿出**一点商人本色。（柳建伟《突出重围》）

b. 是的，我跟踪了你，想看看你在卧室里短打扮是什么样，就**爬上**了二楼窗台。（王朔《痴人》）

（35）为了招待好上级领导，县上必须**拿出**最能代表当地的稀罕之物，……（贾平凹《浮躁》）

（36）眉眉不明白偷钱为什么非用两个指头，然而却下意识地**拿出**了两个指头。（铁凝《玫瑰门》）

综上，"拿出"共计860例，"爬上"共计457例。具体如表6-4-4和表6-4-5所示：

表 6-4-4 "拿出"的句法呈现情况统计[1]

入句呈现 句法格式	用于连动前句	加后接句	前加能愿动词或目的词语	前加否定词语	用于连动后句	用于假设前句	用于接续后句	与他句并列	用于祈使句	用于问句	作兼语谓语	作定语	作宾语	作主语	作补语	小计
拿出 + 受事宾语	534	76	25	8	44	6	31	17	4	1	1	5	71	6	1	**830**
拿出 + 处所宾语	0	0	0	0	0	0	0	1	0	0	0	0	1	0	0	**2**
把 + 受事宾语 + 拿出	11	2	1	0	0	0	0	0	0	0	0	0	1	0	0	**15**
拿出	6	0	0	0	1	0	0	1	0	0	0	0	5	0	0	**13**
小计	**551**	**78**	**26**	**9**	**44**	**6**	**32**	**18**	**4**	**1**	**1**	**10**	**73**	**6**	**1**	**860**

表 6-4-5 "爬上"的句法呈现情况统计

入句呈现 句法格式	用于连动前句	加后接句	用于连动后句	用于假设前句	用于接续后句	与他句并列	作兼语谓语	作定语	作宾语	作主语	小计
爬上 + 处所宾语	158	111	92	1	42	5	13	21	5	4	**452**
爬上	0	0	0	0	0	0	0	2	0	0	**2**
爬上 + 施事宾语	0	1	0	0	0	0	0	0	2	0	**3**
小计	**158**	**112**	**92**	**1**	**42**	**5**	**13**	**23**	**7**	**4**	**457**

1.3.2 合并式复合动趋式的句法呈现

合并式动趋式不管用于还是不用于"把"字句，不管后接还是不后接受事或施事宾语，多后接小句。以"拿出来／去""爬上来／去"为例进行统

1　统计时若有交叉，则以表格中考察项目的优先次序进行统计。下同。

计分析，如表 6-4-6 和表 6-4-7 所示：

表 6-4-6　"VC1C2"用于"把"字句的情况统计

句法搭配动词	"VC1C2"不后接受事宾语											"VC1C2"后接受事宾语	小计
	用于连动前句	加后接句	前加能愿动词或否定词语等	用于连动后句	用于假设前句	用于祈使句	用于问句	作兼语谓语	作定语	作宾语	作补语	用于连动前句	
拿出来	95	22	16	6	1	17	2	2	1	3	1	1	**167**
拿出去	2	1	1	0	0	0	0	0	0	0	0	0	**4**
小计	97	23	17	6	1	17	2	2	1	3	1	1	**171**

表 6-4-7　"VC1C2"不用于"把"字句的情况统计

句法搭配动词	"VC1C2"不后接受事或施事宾语													"VC1C2"后接受事或施事宾语						小计
	用于连动前句	加后接句	前加能愿动词或否定副词等	用于连动后句	用于假设前句	用于假设后句	用于强调句	用于祈使句	用于问句	作定语	作宾语	作主语	带补语	用于连动前句	加后接句	用于连动后句	用于存现句	用于感叹句	作宾语	
拿出来	64	28	25	0	3	8	0	17	0	11	4	1	0	14	4	1	0	1	1	**182**
拿出去	13	2	1	0	0	2	0	1	0	1	2	0	0	0	0	0	0	0	0	**22**
爬上来	15	10	0	8	1	1	2	0	1	12	1	0	0	0	0	0	7	0	0	**60**
爬上去	12	10	7	12	0	6	3	0	0	2	2	2	1	0	0	0	1	0	0	**60**
小计	**104**	**50**	**33**	**20**	**6**	**17**	**5**	**20**	**1**	**26**	**9**	**3**	**1**	**14**	**4**	**1**	**8**	**1**	**1**	**324**

　　统计结果显示，"拿出来/去"共计 375 例，"爬上来/去"共计 120 例。"拿出来/去"用于"把"字句中，共 171 例，其中用于连动前句、加后接句的情况有 120 例，占 70.2%，如例（37）、例（38）；"拿出来/去"不用于"把"字句中的共 204 例，其中用于连动前句、加后接句的情况有

125 例, 占 61.3%, 如例（39）、例（40）。"爬上来/去"用于连动前句、加后接句的情况有 47 例, 占 39.2%, 如例（41）、例（42）。后接句以时间顺序句居多, 如例（38）; 也可以是结果句, 如例（40）; 也可以是评价句, 如例（42）。

（37）一家熟识的缙绅之家, 子孙不成器, **把祖上留下的好东西拿出去**随便贱卖。（姚雪垠《李自成》）

（38）徐太太也美滋滋地说: "那好, 回去动员金老爷子, 把药方儿**拿出来**, 咱们两家合作生产！"（陈建功、赵大年《皇城根》）

（39）有你派老薛去北京花的那些冤枉钱, **拿出来**一部分养兵, 一部分周济穷人就好啦。（姚雪垠《李自成》）

（40）徐焕章一看, 连声称赞说: "您这套玩意儿**拿出去**, 可把别人的礼品全压下去了。"（邓友梅《烟壶》）

（41）小董从身后出出溜溜**爬上来**问道。（李晓明《平原枪声》）

（42）跟上去一看, 面前是三米多宽、两米多高的木薯林, 钻过去无空隙, **爬上去**又经受不住人。（李存葆《高山下的花环》）

除此之外, "拿出来/去""爬上来/去"不后接小句时, 可前加能愿动词、否定词语, 如例（43）、例（44）; 或用于连动后句中, 如例（45）; 或用于假设句中, 如例（46）、例（47）; 或用于强调句中, 如例（48）; 或用于祈使句中, 如例（49）; 或用于问句中, 如例（50）; 或用作兼语谓语、定语、宾语、补语, 分别如例（51）～例（54）; 或者带补语, 如例（55）。这些语境均使得"VC1C2"具有了较强的完句功能。

（43）a. 为了他, 她什么都可以**拿出来**, 什么气都可以受, 什么方都可以吃, 只求能换得他的心。（蒋子龙《赤橙黄绿青蓝紫》）

　　　b. 如今老了, 身子笨了, 过去就是俺村头那大杨树, 我也能**爬上去**。（李準《黄河东流去》）

（44）a. 我罚他的钱还没有**拿出来**。（姚雪垠《李自成》）

　　　b. 由于水深、坡陡、脚底下滑, 再加上赵庆田他俩当当的拿枪一个劲地盖, 爬抓半天也没**爬上去**。（冯至《敌后武工队》）

（45）a. 你留点粮食和着菜够吃些日子就行啦, 其余的**拿出去**给少吃的烈军属。（冯德英《迎春花》）

　　　b. 珍珠与小海将小船拴在珠棚的立柱上, 然后提着竹篮子**爬上去**。（莫言《红树林》）

（46）a. 如果有枪不**拿出来**, 那就是你的不对了！（刘知侠《铁道游

击队》)

　　b. 妇产科的平房,产房垂挂着深蓝色的布窗帘,窗台很高,要**爬上去**才能看清里面,……(陈染《一个人的战争》)

(47) a.(犯人)一旦入了档就不能随便**拿出去**了。(尤凤伟《中国一九五七》)

　　b. ……树一变得光滑起来,它们就不容易**爬上去**了。(迟子建《额尔古纳河右岸》)

(48)显然是刚从水里**爬上来**的,水顺着裤脚滴嗒不停。(刘白羽《第二个太阳》)

(49) a. 我没原则吗!你指挥我,还是我指挥你?别啰嗦!**拿出去**。(曲波《林海雪原》)

　　b. "想乘凉吗?"虎寅坐在树杈上,搭着二郎腿,"你有手有脚,自个儿**爬上来**。"(刘绍棠《地火》)

(50) a. 这是我给你买的一件旗袍料,你怎么**拿出来**?(李準《黄河东流去》)

　　b. 漂到家乡了没有?他会在家乡的河岸水淋淋地**爬上来**吧?(刘恒《苍河白日梦》)

(51)指导员,帮我拿……**拿出来**,不是什么豪言壮语,是……是全家福……(李存葆《高山下的花环》)

(52) a. 他对**拿出去**的粮食,早已失去收回的信心了。(冯德英《迎春花》)

　　b. 他们都紧盯着**爬上来**的敌人,心崩崩地跳荡不停。(冯德英《苦菜花》)

(53) a. 这是第六稿。没人逼我,属于我自己严格要求自己。我总这么想,一部作品**拿出来**,要经得起时间的检验,不能光发就完了。(王朔《修改后发表》)

　　b. 对面山多陡呵!那天夜里真不晓得怎么**爬上去**的。(李英儒《野火春风斗古城》)

(54)两个人软一顿,硬一顿,逼得刘善道**把**一千来块本钱都**拿出来**了,……(马烽《吕梁英雄传》)

(55)装了这个电话之后,张副处长——他又**爬上去**一截儿——就很少回那个叫做家的令人憋闷的地方了。(刘恒《贫嘴张大民的幸福生活》)

"拿出去"未见后接宾语的用例。"拿出来"可后接受事宾语,共22例,仅占5.9%,如例(56),a句"拿出来"用于"把"字句,其宾语"一点"与"把"字宾语"可怜的白面"之间具有领属关系;b、c句"拿出来"不用于"把"字句,b句宾语"一个"与前面"五个白面馍"之间具有领属关系,用于感叹句中,c句后接受事宾语"荷叶包",且后接小句"摆在桌子上"。

（56）a. 有时候,村里来了工作干部轮上他们管饭,家里总要把少得可怜的白面**拿出来**一点,给公家人做一顿好吃的。(路遥《平凡的世界》)

　　b. 今天母亲又给奶奶蒸了五个白面馍,秀莲竟然给他**拿出来**一个!(同上)

　　c. (彦生)便急忙从提兜里**拿出来**个荷叶包,摆在桌子上。(李準《黄河东流去》)

"爬上来""爬上去"不后接受事宾语,只后接施事宾语,用于存现句中,分别7例、1例,仅占6.7%,如例(57)a句"爬上来"后接施事宾语"一群农民",b句"爬上去"中接施事宾语"多少(人)"。

（57）a. 在半夜的时候,从窗口**爬上来**一群农民,他们把半边开了膛的猪搁在座位前的小茶几上,……(陈染《一个人的战争》)

　　b. 他知道把人们诓骗下来,自己的人,会悄悄地爬上房去。到底**爬上去**多少? 自己还摸不清。(冯至《敌后武工队》)

1.3.3　分离式复合动趋式的句法呈现

以"拿出……来/去""爬上……来/去"为例进行说明。根据2500万字当代北方作家小说语料统计,共发现"拿出……来/去"154句,"爬上……来/去"43句,其中仅发现1例用于"把"字句。"拿出……来/去"用于连动前句、加后接句的情况共计92句,占59.7%,分别如例(58)、例(59),其中例(58)b句为"把"字句。"爬上……来/去"用于连动前句、加后接句的情况共计32句,占74.4%,分别如例(60)、例(61)。后接句多以结果句为主,如例(59)a句;也可以是时间顺序句,如例(61)a句;也可以是评价句,如例(59)b句;也可以是补充说明句,如例(61)b句。

（58）a. 先**拿出**一部分米面**来**,让菊英住到后院奶奶家里起火,等分清家以后再搬回自己房子里去住。(赵树理《三里湾》)

　　b. 何殿福把烟袋**拿出**嘴**来**,朝刘太生凑了两凑。(冯至《敌后武工队》)

（59）a. 杨妈**拿出**一个大个儿锦缎面儿的药匣子**来**，匣内空空如也。
（陈建功、赵大年《皇城根》）

b. 这事没顺序，谁积极谁主动谁就捷足先登。挤过公共汽车
吧？**拿出**点那劲儿**来**，趁热打铁见缝下针。（王朔《给我
顶住》）

（60）（他）边走边回头看，心想：最好晚上**爬上**树**去**捉一只。（杜鹏程
《保卫延安》）

（61）a. 到太阳快落山时分，正要收工往回走，只见从山下**爬上**个人
来，民兵们端着枪喊道："什么人？举起手来。"（马烽《吕梁英
雄传》）

b. 对面房顶真**爬上**一个人**来**，这个人也是被敌人追着逃跑
的，……（刘流《烈火金刚》）

"拿出……来/去""爬上……来/去"不加后接句时，或前加能愿动词
或目的词语，如例（62）；或用于连动后句，如例（63）；或用于假设前句，
如例（64）；或用于假设后句，如例（65）；或用于祈使句，如例（66）；或用
于问句，如例（67）；或用作宾语，如例（68）；或用作主语，如例（69）；或
用作定语，如例（70）。这些语境均使得"VC1……C2"具有了较强的完句
功能。

（62）a. 空口白话不足为凭，你得**拿出**证据**来**。（尤凤伟《泥鳅》）

b. 如今，周大勇这些人，跟他们一不沾亲二不带故，又素不相
识，可是，愿意为受煎熬的穷苦人**拿出**自己的命**来**。（杜鹏程
《保卫延安》）

（63）a. 他站起来要走，杏莉拦住他说："你等等，我还有点东西给
你。"她急忙开箱子**拿出**个小花包袱**来**。（冯德英《苦菜花》）

b. 货架上已经没有什么东西，却发现一个木楼梯，就悄悄地摸
着梯子**爬上**楼**去**。（李準《黄河东流去》）

（64）吴老板狡黠地笑笑："徐经理，我吴胖子要是真的**拿出**个赚大钱
的拳头产品**来**，这制药厂，"他伸出两个大拇指来，"咱哥儿俩对
半儿分红行不行？"（陈建功、赵大年《皇城根》）

（65）如果不让这么办，国家就**拿出**个解决的办法**来**。（张洁《沉重的
翅膀》）

（66）她哼了一声："不要怨天尤人，**拿出**点男子气概**来**！"（王小波《变
形记》）

（67）姜同志说过，咱们抗日人越多越好，有钱出钱，有力出力。杏莉她爹不也**拿出**很多东西**来**吗？（冯德英《苦菜花》）

（68）眼看着敌人**爬上**房**来**了，李铁、武小龙瞄准着各个梯子射击起来。（雪克《战斗的青春》）

（69）不**拿出**点厉害的**来**不行。他"啪啦"一声，把盒子炮掏出来：……（刘流《烈火金刚》）

（70）**爬上**沟**来**的人们，都身体前倾、大迈步子，一个紧跟一个地尾随尖兵朝前走去。（冯至《敌后武工队》）

"爬上……来/去"除后带处所宾语外，还可后接施事宾语，例如：

（71）他这一喊，可真起了作用：对面房顶真**爬上**一个人**来**，这个人也是被敌人追着逃跑的……（刘流《烈火金刚》）

具体如表6-4-8和表6-4-9所示：

表6-4-8　分离式"拿出……来/去"的句法呈现情况统计

入句呈现　　句法格式	用于连动前句	加后接句	前加能愿动词或目的词语	用于连动后句	用于假设前句	用于假设后句	用于祈使句	用于问句	作主语	小计
拿出+受事宾语+来	77	13	13	12	7	6	17	5	1	**151**
拿出+受事宾语+去	0	1	0	0	0	0	0	0	1	**2**
把+O+拿出+处所宾语+来	1	0	0	0	0	0	0	0	0	**1**
小计	**78**	**14**	**13**	**12**	**7**	**6**	**17**	**5**	**2**	154

表6-4-9　分离式"爬上……来/去"的句法呈现情况统计

入句呈现　　句法格式	用于连动前句	加后接句	用于连动后句	作定语	作宾语	小计
爬上+处所宾语+来	7	3	0	1	1	**12**
爬上+处所宾语+去	17	3	8	0	1	**29**
爬上+施事宾语+来	0	2	0	0	0	**2**
小计	**24**	**8**	**8**	**1**	**2**	**43**

除此之外，分离式复合动趋式还有"拿+O+出来/出去"的用例，仅7例，前者5例，后者2例。这时"O"为无生名词，且"出来/出去"语义只能指向受动者。这种分离式复合动趋式多用于祈使句，如例（72）；可用于连动前句，如例（73）；可用作宾语，如例（74）。

（72）等人到齐的时候，呼天成站起身来，望了他们一眼，说："你们讨论吧，**拿个意见出来**……"说着，却径直走到靠里边的那张草床上，一扭身躺下了。（李佩甫《羊的门》）

（73）即便对吴为手下留情，她也得**拿**点什么**出来**交换。（张洁《无字》）

（74）我也不全赞成你们的意见。咱家也是军属呀！俺大姐牺牲最早，还是烈属哩！就为这，我不同意再**拿粮食出去**。咱那末点啦，还不够自个吃哩！（冯德英《迎春花》）

"拿+O+出来/出去"用例极少，未见"爬+O+上来/上去"用例。"拿+O+出来/出去"多体现为连动句，语料发现18例，前者11例，后者7例。这时"出来/出去"语义指向施动者。例如：

（75）a. 婆姨拿着赏钱出来，走到唢呐桌子前放在蓝五跟前说："这是孙太太给你封的赏钱！"（李準《黄河东流去》）

b. 我就拿了照相机出来拍照，才知道小镇此日逢集市，我们就决定逛逛集市了再赶路也好。（贾平凹《怀念狼》）

综合前面关于简单式"拿出""爬上"、合并式"爬上来/去""拿出来/去"和分离式"爬上……来/去""拿出……来/去"的句法呈现，得出以下结论：①简单动趋式使用频率（65.2%）高于复合动趋式（34.8%）；合并式复合动趋式使用频率（24.7%）高于分离式复合动趋式（10.1%）；带"来"的复合动趋式使用频率（28.8%）高于带"去"的复合动趋式（6.0%）。如表6-4-10所示。②"拿出+受事宾语"（830例）是"拿出"结构的主要句法形式，占58.9%；"爬上+处所宾语"（452例）是"爬上"结构的主要句法形式，占72.7%。③以"拿出（来/去）"为例，其表达外向致使。简单动趋式使用"V+C+（O）""把+O+V+C"两种句法形式，共计860例，前者比例（98.3%）明显高于后者（1.7%）。复合动趋式主要使用"V+C1+C2+（O）""把+O+V+C1+C2""V+C1+O+C2""V+O+C1+C2"四种句法形式，共计536例，比例依次减少，分别为38.1%、32.1%、28.5%、1.3%，其中"V+C1+O+C2"含1例"把+O1+V+C1+O2+C2"。④以"爬上（来/去）"为例，其表达返身致使。简单动趋式只使用"V+C+（O）"

一种句法形式。复合动趋式只使用"V+C1+C2"和"V+C1+O+C2"两种句法形式，共计 163 例，前者比例（73.6%）明显高于后者（26.4%）。

表 6-4-10　"爬上""拿出"结构的句法使用频率情况

句法呈现 动趋结构	简单动趋式	合并式复合动趋式 VC1C2		分离式 复合动趋式 VC1OC2		分离式 复合动趋式 VOC1C2		小计
		来	去	来	去	来	去	
拿出	864 （61.3%）	352 （25.0%）	29 （2.1%）	155 （11.0%）	2 （0.1%）	5 （0.4%）	2 （0.1%）	1409
爬上	459 （73.8%）	60 （9.6%）	60 （9.6%）	14 （2.3%）	29 （4.7%）	0	0	622
小计	1323 （65.2%）	412 （20.3%）	89 （4.4%）	169 （8.3%）	31 （1.5%）	5 （0.2%）	2 （0.1%）	2031

2　时间域中的简单动趋式与复合动趋式

2.1　结束点明确时不使用带"来/去"的相应复合动趋式

表依附向的"上"、表到达向的"到"隐喻扩展到时间域中，表达实现的"上"、到达某时间点的"到"，不使用"来""去"。

（76）a. 天气热上了　　b. ? 天气热上来　　c. ? 天气热上去

（77）a. 熬到半夜两点　　b. *熬到半夜两点来/去

例（76）"热上"表实现，时间起点即终点。"热上来""热上去"表达性质状态变化义，而不表时间变化义。例（77）关涉者"半夜两点"是动作"熬"到达的时间点，即时间持续的终点，这时变化轨迹明确，不使用"来/去"。

"过"在时间域中可表达"动作完毕""动作经历过去"义，不使用"来""去"。这是因为"过"在句中通过后续事件明确结束点或者用于过去时。

（78）a. 吃过饭看电视　　　　b. *吃过来/去饭看电视

（79）a. 不曾想过这个问题　　b. *不曾想过来/去这个问题

2.2　添加结束点时只使用带"来"的复合动趋式

空间域表"离开起点由低向高"义的"起"隐喻扩展到时间域中，表

"动作开始并继续"义，可使用"来"，不可使用"去"。这是因为"动作开始并持续"可朝向立足点所在时间，且"上向"是人类预期的。相反，"起"的变化方向与背离立足点非预期的"去"不一致。例（80）可使用合并式，如 b 句；也可使用分离式，如 d 句。使用合并式和分离式时多后接评价性小句。

（80）a. 他**讲起**这件事　　　　　b. 这件事**讲起来**（有点儿复杂）

c. *这件事**讲起去**（有点儿复杂）

d. **讲起**这件事**来**（头头是道）

e. ***讲起**这件事**去**（头头是道）

2.3　水平向时间变化强调时间动程时可使用带"来/去"的复合动趋式

当关注时间终点时，使用带"来"的复合动趋式；当关注时间起点时，使用带"去"的复合动趋式。

"过"在时间域中可表达动作度过某一时间段的变化，叙说者可位于施动者自身变化的终点，即消极事件结束点，使用"过来"；叙说者也可位于受动者变化的起点，即事件的起始点，使用"过去"。

（81）a. **忍过**一阵剧痛　　b. 剧痛**忍过来**了　　c. 剧痛**忍过去**了

同样，"开"在时间域中表达开始并持续义时，可朝向叙说者所在时间位置变化，可使用"开来"；也可背离叙说者所在时间向着未来时间持续变化，可使用"开去"。其中"开来/开去"表达时间义较受限。

（82）a. **说开**泄气话了　　b. 泄气话**说开来**了　　c. 泄气话**说开去**了

2.4　垂直下向时间变化多使用复合动趋式

表"由高及低（或自上而下）"义的"下"隐喻为"时间由早及晚"，由于时间点不确定，多使用"下来""下去"，分别表达由以前某一时间到事件结束点（叙说者所在时间）的变化、由叙说者所在时间到以后某一时间的变化。例如：

（83）a. 一个学期**学下来**　b. ***学下**一个学期　　c. 继续**学下去**

（84）a. ? 他**瘦下来**了。　b. 再**瘦下去**（就不好了）

例（83）"学下来""学下去"表达时间变化。"下"表示时间义多用于可能式中，动词也较受限，如"他读不下书（去）"等。例（84）"瘦下来"表达性质状态变化，与人类预期一致，而不表时间变化；"瘦下去"表达时间变化。

2.5　句法表现较固定

下面我们按照简单趋向补语由聚焦终点到聚焦起点的顺序（到、上、来、过、下、起、开）归纳时间义动趋式的句法表现。

表到达的"V+到"需后接时间点，可用于可能式。例如：

（85）a. 张大民在雨中**走到**半夜，一推家门发现李元芳在客厅坐着，……（刘恒《贫嘴张大民的幸福生活》）

b. **熬不到**下月初一，不摇出个上上签儿来，他这颗心又怎么能踏实？（陈建功、赵大年《皇城根》）

表实现的"V+上"不能用于可能式，除同源宾语外，一般不可后接其他成分，如例（86）a句。这是因为若后接其他成分，表达状态变化义，如例（86）b句。

（86）a. 只要他一回家，就说，喝吧？好，喝！这就**喝上**了。（张一弓《姨父：一位老八路军战士的传奇人生》）

b. 等那蓬头发**喝上**这罐凉茶再回家吧，家嘛早回晚回一阵都是一样。（张承志《九座宫殿》）

表持续并完成的"V+来"不能用于可能式。该类可单独使用，如例（87）a句用于宾语谓语，b句用于"把"字谓语，前加表逐一的词语"一一"。也可后接评价性小句，如例（87）c句。

（87）a. 他本想要说上两三句笑话凑凑趣，一听刘文彬朝这方面**说来**，只好也转了话题。（冯至《敌后武工队》）

b. 他点点头，在胡秉宸耳旁，将那夜奇遇一一**说来**。（张洁《无字》）

c. 对周大勇这样人**说来**，生活是很单纯的：战斗、学习、前进，一共六个大字。（杜鹏程《保卫延安》）

表度过的"V+过"需后接时间宾语，如例（88）a句；可用于可能式，如例（88）b句。表达动作完毕的"V+过"不用于可能式，一般后接接续成分，如例（89）。动作经历过去的"V+过"不用于可能式，可不后接宾语，如例（90）a句，也可后接宾语，如例（90）b句。

（88）a. 她怎样**忍过**那长长的夜晚呀！（梁斌《红旗谱》）

b. 他要是留在延安，能**熬得过**一九四二年吗？（张洁《无字》）

（89）a. 晚上，**吃过**饭，我已筋疲力尽。（陈染《私人生活》）

b. 白鹿村里的施主**吃过**以后，再邀请到临近的村庄，随后就成为整个原上所有施主自动赶来享受了。（陈忠实《白鹿原》）

（90）a. 她要做饭，他们高低不肯，说已经**吃过**了。（冯德英《苦菜花》）

b. 全中国有几年革命历史的人，谁没有**吃过**他们生产出来的小
米呢？（杜鹏程《保卫延安》）

表度过的"V+过来/过去"多不后接时间宾语，时间成分多用于动趋
式之前做话题，或用于"把"字宾语，分别如例（91）a 句和例（92）a 句；
也可用于可能式，如例（91）b 句和例（92）b 句。

（91）a. 我们最艰苦的阶段都**熬过来**了，……（张洁《世界上最疼我的
那个人去了》）

b. "别这么说，孩子！你们是打不倒的汉子，**熬得过来**……"三
嫂哭着说，……（冯德英《山菊花》）

（92）a. 既然生活是这样的索然无味，就要有办法把它**熬过去**。（王小
波《白银时代》）

b. 在你**熬不过去**的时候，再坚持一下，也许就柳暗花明了。（毕
淑敏《血玲珑》）

表延续的"V+下"用于可能式，多后接宾语，如例（93）a、b 句，b 句
用于分离式动趋式。也可不后接宾语，如例（93）c 句，"看不下"表示"让
人无法入目"，多用"看不下去"表示。表持续并完成的"下来"和表延续
的"下去"多不后接宾语，可用于可能式，分别如例（94）、例（95）。

（93）a. 她在书桌前**看不下**书，心里烦躁不安。（杨沫《青春之歌》）

b. 你倒有这种心情，我总是**看不下**书**去**，心上老是像有多少事
情没有做完。（梁斌《红旗谱》）

c. 他那不成器的儿子，我**看不下**！（路遥《人生》）

（94）a. ……这么着，大部分人坚持**学下来**了。（毕淑敏《红处方》）

b. 每天上班简直是活受罪，非得不停搽风油精才**挺得下来**。（王
朔《我是你爸爸》）

（95）a. 经过这场事变，这地方不能再**住下去**了，他想赶快回去。（梁
斌《红旗谱》）

b. 妻哪里能**看得下去**这个，她冲进屋，抱起了那女孩儿，……
（梁晓声《冉之父》）

表达开始并持续的"V+起"一般不用于可能式，可不后接宾语，如例
（96）a 句，也可后接宾语，如例（96）b 句。表开始并持续的"V+起来"可
单独使用，如例（97）a 句；也可后接评价性小句，如例（97）b、c 句；也可
用于分离式复合动趋式，如例（97）c 句；也可用于可能式，如例（97）d 句。

（96）a. 我们不用唠唠叨叨地从头**说起**，只听一个话头，就可以揪到

尾巴。(毕淑敏《红处方》)

　　b. 为了分散她对于自己呼吸困难的专注，我和她**说起**了在饭厅里遇到的那个叫尹楠的男孩儿。(陈染《私人生活》)

（97）a. 终于，他叹了口气，**说起来**了。(邓友梅《在悬崖上》)

　　b. 幸好临来之前多少看了会子报纸，**说起来**才有板有限。(毕淑敏《女人之约》)

　　c. 二妞的声音很洪亮，年纪虽少，**说起话来**却不急不慢的。(冯德英《山菊花》)

　　d. 大家就笑起来，小水却**笑不起来**，就一边不停地给大空夹菜，……(贾平凹《浮躁》)

表达开始并持续的"V+开"不用于可能式，可不后接宾语，也可后接宾语，如例（98）。"V+开来/开去"也不用于可能式，多后接其他小句以完句，如例（99）、例（100）。

（98）a. 马区长便又擦火点了一支烟，讲故事似的**说开**了。(马烽《吕梁英雄传》)

　　b. 你怎么**说开**泄气话啦？丢了那点人、枪，算不了什么！(冯德英《山菊花》)

（99）田一申也是借醉撒疯，勃然大怒，骂蔡大安有意伤他脸，两厢就**骂开来**，将往日的仇怨全喷吐于众，末了就扑在一起厮打，连酒桌都掀翻了。(贾平凹《浮躁》)

（100）……从自己叫啥，哪里人，在哪谋生，为啥来到延津，接着从道钉**说开去**，说到铁轨，说到火车，说到机务段，机务段有多少人，自己管采买整天做啥……(刘震云《一句顶一万句》)

3　状态域中的简单动趋式与复合动趋式

3.1　凸显实现目标时不使用复合动趋式

状态域"实现目标"由空间域"到达终点"隐喻而来。空间域"上"隐喻扩展到状态域中，具有了实现达到预期数量的状态变化、实现到达某关涉者的心理状态变化、实现达到预期价值的状态变化等，这三个语义不能使用"来/去"。例如：

（101）a. **睡上两个晚上**　　b. ***睡上来/去两个晚上**
　　　c. ***睡上两个晚上来/去**

（102）a. **爱上画画**　　　b. ***爱上来/去画画**

　　c.＊爱上画画来／去

（103）a.　娶上媳妇　　　b.＊娶上来／去媳妇

　　c.＊娶上媳妇来／去

表留于某处（到达终点）的"下"隐喻扩展到数量域中，具有了实现预期数量受动者实现留于某处的状态变化，这个语义不能使用"来／去"。例如：

（104）a.　这个书包装得／不下这些书。

　　b.＊这个书包装得／不下来／去这些书。

　　c.＊这个书包装得／不下这些书来／去。

表到达某处所（到达终点）的"到"隐喻扩展到状态域中，表达"完成支配关涉者的状态变化""达到预期数量的状态变化""到达某程度点的性质状态变化"，这三个语义不能使用"来／去"。例如：

（105）a.　他拿到了一封信。　　　　　b.＊他拿到了一封信来。

　　c.＊他拿到了一封信去。

（106）a.　跑到第一百圈　b.＊跑到来／去第一百圈

　　c.＊跑到第一百圈来／去

（107）a.　说到口干舌燥　b.＊说到来／去口干舌燥

　　c.＊说到口干舌燥来／去

空间域表达由低向高义的"起"隐喻扩展到行为状态域中，表达受动者具备某行为能力的状态变化义，这时"起"语义指向作用力，着眼于施动者自身的行为能力，与立足点无关，不使用"来／去"。

（108）a.　买得／不起这么贵的东西

　　b.＊买得／不起来／去这么贵的东西

　　c.＊买得／不起这么贵的东西来／去

3.2　凸显叙说者的预期时只使用带"来"的复合动趋式

由无到有／由隐到显／由暂到稳的存在状态变化，由消极到积极的生理／心理状态变化，由他身到自身的领属关系变化，这些都是叙说者预期的，只使用带"来"的复合动趋式。

某实体由无到有依附于某处的存在状态变化"上"、某实体由无到有留于某处的存在状态变化"下"、某实体离开某容器由无到有的存在状态变化"出"、某实体离开某处由无到有的存在状态变化"起"，表达叙说者的预期，只使用带"来"的复合动趋式。其中"上"须搭配"说、答"类二价外向动词，"怀、写₍₁₎"类产生义动词则多不使用复合动趋式。分别例如：

（109）a. 我气得**说不上**话　　　　　　b. 我气得**说不上来**话

　　　　c. 我气得**说不上**话**来**　　　　d. *我气得**说不上去**话

　　　　e. *我气得**说不上**话**去**

（110）a.（在这里）**盖上**一间房子

　　　　b.?（在这里）**盖上来/去**一间房子

　　　　c.?（在这里）**盖上**一间房子**来/去**

（111）a. **挣下**房租、吃喝钱　　　　　b. 把房租、吃喝钱全**挣下来**

　　　　c. *把房租、吃喝钱全**挣下去**　　d. ***挣下**房租、吃喝钱**来/去**

　　　　e. **挣下**钱**来**买书

　　　　f. ***挣下**钱**去**买书（"去"表目的）

（112）a. **长出**野草　　　b. **长出来**野草　　　c. ***长出去**野草

　　　　d. 地里**长出**野草**来**　e. *地里**长出**野草**去**

（113）a. 地里**长起**玉米　b. 玉米**长起来**了　　c. *玉米**长起去**了

　　　　d. 地里**长起**玉米**来**　e. *地里**长起**玉米**去**

受动者离开某容器由隐到显的存在状态变化"出"、受动者离开某处由隐到显的存在状态变化"起"，只使用带"来"的复合动趋式。分别例如：

（114）a. 我**听出**他的意思　　　　　　b. 他的意思我**听出来**了

　　　　c. *他的意思我**听出去**了　　　d.?**听出**他的意思**来**

　　　　e. ***听出**他的意思**去**

（115）a. **想起**一件事　　b. **想起来**一件事　　c. ***想起去**一件事

　　　　d. **想起**一件事**来**　e. ***想起**一件事**去**

受动者由暂到稳留于某处的存在状态变化"下"，只使用带"来"的复合动趋式。例如：

（116）a. 他**答应下**马上结婚　　　b. 马上结婚他**答应下来**了

　　　　c. *马上结婚他**答应下去**了　d.?他**答应下**马上结婚这件事**来**

　　　　e. *他**答应下**马上结婚这件事**去**

受动者由消极到积极的生理/心理状态变化"上""过"，只使用带"来"的复合动趋式。分别例如：

（117）a. **喘不上**气　　　　　　　　　b. 气**喘不上来**

c. *气喘不上去　　　　　　　　d. 喘不上气来

e. *喘不上气去

（118）a. 喘不过气　　　b. 气喘不过来　　　c. *气喘不过去

d. 喘不过气来　　　e. *喘不过气去

（119）a. 醒悟过来　　　b. *醒悟过去

"回"用于价值状态域，搭配积极义动词时，只使用带"来"的复合动趋式。例如：

（120）a. 挽回损失　　　b. 把损失挽回来　　　c. ？把损失挽回去

d. ？挽回损失来　　　e. ？挽回损失去

表由他身到自身领属关系变化的"下""进"，搭配内向动词时，只使用带"来"的复合动趋式。分别例如：

（121）a. 租下一间房子　　　　　　　b. 把这间房子租下来

c. ？把这间房子租下去　　　　d. ？租下一间房子来

e. *租下一间房子去

（122）a. 买进书　　　b. 把书买进来　　　c. *把书买进去

d. ？买进书来　　　e. *买进书去

3.3 凸显叙说者的非预期或远向时只使用带"去"的复合动趋式

由积极到消极的生理或心理状态变化"过"，只能使用"去"，搭配消极义动词。这是因为由积极到消极是叙说者非预期的，这与"去"的非预期性相匹配。例如：

（123）a. 背不过气　　　b. *气背不过来　　　c. *气背不过去

d. *背不过气来　　　e. 背不过气去

（124）a. *气疯过来　　　b. 气疯过去

由自身到他身领属关系变化的"出"，搭配外向动词时，只使用带"去"的复合动趋式。例如：

（125）a. 租出一间房子　　　　　　　b. *把这间房子租出来

c. 把这间房子租出去　　　　d. *租出一间房子来

e ？租出一间房子去

性质通过参照基点的变化义"过"时，只能使用"去"。这是因为叙说者关注比较对象，比较对象趋近并超过参照基点的变化，是远向。例如：

（126）a. 盖过他的声音　　　　　　　b. *把他的声音盖过来

c. 把他的声音盖过去　　　　d. *盖过他的声音来

e. ？盖过他的声音去

3.4 叙说者的预期性或远向性决定使用带"来 / 去"的复合动趋式

由显到隐的存在状态变化义"起",多使用"来",也可使用"去"。这是因为由显到隐隐含着受动者收拢、整齐之义,是叙说者预期的;另一方面,由显到隐隐含着受动者不可见之义,这与"去"的不可见性相匹配。使用"来"的用例明显高于使用"去"的用例,后者均在老舍作品中出现,但其仍有存在的认知理据。例如:

(127)a. **收起**钱　　b. 把钱**收起来**　　c. 把钱**收起去**

　　　d.？**收起**钱**来**　　e.？**收起**钱**去**

由隐到显的存在状态变化义"出",搭配"说、传(1)"类动词时,可使用"来"或者"去",分别与预期性、远向性相匹配。例如:

(128)a. **说出**秘密　　b. 把秘密**说出来**　　c. 把秘密**说出去**

　　　d.？**说出**秘密**来**　　e.？**说出**秘密**去**

实体性质超出参照基点"出",可使用"来",也可使用"去",前者因为超出参照基点是叙说者预期的,后者因为比较对象趋近并超出参照基点是远向的。例如:

(129)a. **高出**爸爸一头　　　　　　b. 比爸爸**高出来**一头

　　　c. 比爸爸**高出去**一头　　　　d.？**高出**爸爸**来**一头

　　　e.？**高出**爸爸**去**一头

领属关系变化义的"下""进""出""回"搭配无向动词时,可使用带"来 / 去"的复合动趋式,要依预期性或远向性选择。分别例如:

(130)a. **分下**一块地　　b. 把这块地**分下来**　　c. 把这块地**分下去**

　　　d.？**分下**一块地**来** e.？**分下**一块地**去**

(131)a. **调进**一个人　　b. 把这个人**调进来**　　c. 把这个人**调进去**

　　　d.？**调进**一个人**来** e.＊**调进**一个人**去**

(132)a. **调出**单位　　b. 从单位**调出来**　　c. 从单位**调出去**

　　　d.？**调出**单位**来**　　e.？**调出**单位**去**

(133)a. **夺回**阵地　　b. 把阵地**夺回来**　　c. 把阵地**夺回去**

　　　d.？**夺回**阵地**来**　　e.？**夺回**阵地**去**

受动者由消极到积极的生理状态变化"回",可使用"来",也可使用"去"。前者着眼预期性,后者着眼远向性。例如:

(134)a. **救回**她的命　　b. 把她**救回来**　　c. 把她**救回去**

　　　d. **救回**城**来**　　e.＊**救回**城**去**

3.5　须凸显变化轨迹时只使用复合动趋式

用于性质域的"上来""上去""起来""下来""下去"，未有相对应的简单趋向补语。这是性质状态变化须通过"来""去"明确变化轨迹。分别例如：

（135）a. 他一下子**胖上来**了　　　b. **胖上去**就很难再**瘦下来**

　　　　c. ? 他一下子**胖上**了

（136）a. 天气暖和**起来**　　　　　b. * 天气暖和**起去**

　　　　c. * 天气暖和**起**了

（137）a. 天暗**下来**了　　　　　　b. 天暗**下去**了

　　　　c. * 天暗**下**了

例（135）"胖上来"表达由瘦到胖程度不断加深的变化，使用频率较高；"胖上去"多用于对举的句子中，使用频率较低。例（136）"暖和起来"表达开始暖和并且程度可能不断加深的变化，一般没有相应的"起去"用法。例（137）"暗下来／去"表达气温由高及低并且程度可能不断加深的变化，前者往往是人类预期的，后者往往是人类非预期的。

"过"用于领属关系域、数量域和价值域，需使用"来""去"明确变化轨迹。其中受动者领属权的变化，可使用"来"，也可使用"去"，这是因为叙说者可关注变化的起点，也可关注变化的终点，如例（138）。施动者自身从关涉者初始向完成的数量状态变化、受动者价值观朝向立足点的变化是叙说者预期的，只能使用"来"，如例（139）、（140）。

（138）a. 把土地**夺过来**　　　　　b. 把土地**夺过去**

　　　　c. ? **夺过土地**　　　　　　d. ? **夺过指挥权来／去**

（139）a. 饭馆多得**数不过来**　　　b. * 饭馆多得**数不过去**

　　　　c. ? **数过饭馆**　　　　　　d. * **数过饭馆来／去**

（140）a. 坏脾气**改不过来**　　　　b. * 坏脾气**改不过去**

　　　　c. ? **改过坏脾气**　　　　　d. * **改过坏脾气来／去**

3.6　句法自足性较强，句法表现较固定

状态域动趋式具有较强的完句功能，往往不需要后接其他小句。例如：

（141）a. ……死者坟头上已经**长出**了柔韧的青草。（白桦《啊！古老的航道》）

　　　　b. 你的眼睛会比星星还明亮，你缺的那条腿也会像雨后的彩虹一样**长出来**！（迟子建《额尔古纳河右岸》）

c. 我们这些放牛、放鸭、看鱼塘和烧饭的，……稍不注意就会思想上**长出**豆芽菜**来**。(白桦《远方有个女儿国》)

状态域动趋式可后接受事宾语，如例（141）a 句；也可后接目标宾语，如"做到口干舌燥"；也可后接对象宾语，如"他高出我一头""喘不过气"；还可后接结果宾语，如"他跑步跑出了汗""我听出她刚刚哭过""长出来两只牛角"。

状态域动趋式可独立做谓语，不后接宾语，如"他一下子胖上来了""饭馆数不过来""坏脾气改不过来"。

状态域"V 上去 / 起来 / 来"可后接评价性小句，如"听上去很美""收起来很费劲儿""想起来觉得不是滋味儿""看来她昨晚熬夜了"等。

4 简单动趋式与复合动趋式的使用频率

统计 2500 万字当代北方作家小说语料，得出简单动趋式与复合动趋式的使用频率。按简单动趋式由聚焦终点到聚焦起点的顺序排列（如表6-4-11 所示）。分离式复合动趋式有两种形式：一种是 V+C1+O+C2，称为 A 式；一种是 V+O+C1+C2，称为 B 式。

表 6-4-11　简单动趋式与复合动趋式使用频率的对称与不对称情况

表现形式 动趋式	简单动趋式	分离式简单动趋式	合并式复合动趋式		A 式分离式复合动趋式		B 式分离式复合动趋式	
			来	去	来	去	来	去
V+"到"组	251459	—	—	—	675	1796	—	—
V+"上"组	17934	—	1859	2531	214	151	0	0
V+来	8340	253						
V+"进"组	8220	—	1831	1633	326	341	1	2
V+"回"组	3646	—	2632	1169	190	273	8	0
V+"过"组	21174	—	5819	4151	808	393	0	1
V+"下"组	19590	—	8946	4753	479	401	1	0
V+"出"组	18536	—	9847	3188	1870	329	9	1
V+去	11687	967						
V+"起"组	23928	—	25018	4	2561	0	0	0
V+"开"组	10513	—	295	86	11	1	0	0

4.1　带"去"分离式简单动趋式使用频率高于带"来"分离式简单动趋式

带"去"分离式简单动趋式使用频率明显高于带"来"分离式简单动趋式，这与"V+O+来/去"路径轨迹的完整性、叙说者的观察视角有关。

分离式简单动趋式"V+O+来/去"多表达到达某处所的空间位移义，其中"V"一般为单音节趋向动词，动作动词、言说动词和思维动词也可进入。"O"多为终点处所宾语时，可以说"回家来/去""进门来/去""上楼来/去"等，可以说"上/跑/说/想哪儿去"等，则未发现"上/跑/说/想哪儿来"等的用例，或者"来"为语气词。这时使用"去"使移动路径完整，当然也与叙说者的视角有关，该类使用频率非常高。例如：

（142）a. 老三要夜宿蚕场，（金贵父亲）只得嘱咐儿子在家好生歇着，明天不要**上山来**了。（冯德英《山菊花》）

　　　b. 要不是在大牙湾有了工作，她就准备带着明明**回河南老家去**。（路遥《平凡的世界》）

（143）a. 他领着伪军**上哪儿去**了？（刘流《烈火金刚》）

　　　b. 金秀问她，这一整天，你都**跑哪儿去**啦？（陈建功、赵大年《皇城根》）

　　　c. 您**说哪儿去**了，我能装这点儿雨？您找块塑料布，到时候蒙沙发……（刘恒《黑的雪》）

　　　d. 她气得拍打女孩柔弱的小脑壳，说："你**想哪儿去**了？……"（毕淑敏《血玲珑》）

例（142）"上山来""回河南老家去"中"来/去"的使用与叙说者的视角有关。例（143）"上哪儿去""跑哪儿去""说哪儿去""想哪儿去"的虚拟路径轨迹完整。

"O"还可以是起点处所宾语时，使用"来"或者"去"与叙说者的视角有关。例如：

（144）a. 她忽然看见他，认出了他，呆愣了几秒钟然后冲他招招手，然后**下楼来**，"哎——，你怎么在这儿?"（史铁生《务虚笔记》）

　　　b. "好兄弟，先谢谢你。"王四喜**下楼去**了。（冯至《敌后武工队》）

例（144）a句"下楼来"是朝向叙说者方向的移动，b句"下楼去"是背离叙说者方向的移动。相比来说，使用"去"客观性高于使用"来"。

"O"也可以是事物宾语，可以说"拿钱来""送信来"等，也可以说"搞点饭来""写个条儿来""烫壶酒来"等。"V+事物宾语+来"多用于祈使,如例(145);还用于陈述句,如例(146)、例(147)。相应的"V+事物宾语+去"中的"去"一般表目的,如例(148)"送眼镜去""报老船的消息去"可以替换为"去送眼镜""去报老船的消息",因此"去"一般不看作趋向补语。

(145)冯俐见状转过身以命令的口气对女警员说,给我们拿杯水来!
　　　(尤凤伟《中国一九五七》)

(146)小曼拿了一块热气腾腾的湿毛巾来,在自己脸上试了试,才给许凤擦脸。(雪克《战斗的青春》)

(147)不用搞了。你给我烤几个芋头来就行。(权延赤《红墙内外》)

(148)a. 告你的第二条罪状是老胡去政协开会,忘了带眼镜,白帆给他送眼镜去他不在,问他,说是和你出去了。(张洁《无字》)

　　　b. 他后来才知道:隋不召身负全镇重托,到省城去报老船的消息去了。(张炜《古船》)

4.2　简单动趋式的使用频率一般高于复合动趋式

简单动趋式的使用频率一般明显高于复合动趋式,这主要受经济性原则制约。例如:

(149)雨梅翻了翻笼屉,翻出两个剩窝头,又找到一个咸菜疙瘩,就坐在锅台上吃起来。(刘绍棠《地火》)

例(149)是简单动趋式,若使用"翻出来/去""翻出……来/去"则需要加入叙说者的观察视角,不符合经济性原则,同时也会影响语篇表达的客观陈述性。

然而,"V+起来"是例外,其使用频率甚至还略高于"V+起"。这是因为"V./Adj.+起来"多表时间义,并且"V起来+AP/VP"构式的生成性较强,这时在具体语境中具有较强的完句功能。若去掉"来",语义不自足,这是因为此时"起"是聚焦起点的趋向补语,具有时间起点,添加"来"表达朝向立足点的时间变化,从而使时间轨迹趋向完整。下面例(150)去掉"来",句子不自足。

(150)a. 他看见露露跑了,老人伤心地跺着脚抽泣起来。(白桦《淡出》)

　　　b. 这话听起来很可笑,有一种灰色幽默的味道。(毕淑敏《红处方》)

4.3　合并式复合动趋式的使用频率明显高于分离式复合动趋式

受语言经济性原则的影响,合并式复合动趋式的使用频率明显高于分离式复合动趋式的使用频率。相对而言，分离式复合动趋式的使用多受句法语义条件制约，合并式复合动趋式则多明确移动路径，用于完句。例如：

（151）a. 看到城中谁家娶媳嫁女，就派人拦阻花轿，把新娘抢进宫中，过两天才**放出宫去**。（姚雪垠《李自成》）

　　　b. 假如不把他马上打发走，怕他会**干出**什么恶事**来**。（王小波《寻找无双》）

（152）a. ……拢岸时舱底刮了河床，泥浆冒着泡儿**泛出来**。（刘恒《苍河白日梦》）

　　　b. 申强没等负责登记的姑娘讲完，已经**跑了出去**。（王朔《人莫予毒》）

例（151）是分离式复合动趋式，a 句"宫"是处所宾语，只能用于复合趋向补语之间；b 句"什么恶事"是事物宾语，结构上较长，多用于复合趋向补语之间。例（152）是合并式复合动趋式，其中"来""去"去掉后，则句子不自足。

4.4　带"来"的合并式复合动趋式使用频率一般高于带"去"的合并式复合动趋式

带"来"的合并式复合动趋式使用频率一般高于带"去"的合并式复合动趋式，这是因为人类总是期待预期事件的发生，朝向叙说者的"来"往往与人类预期有关。这与古川裕（2002）提出的"终端焦点化"的观点一致，即人类的一种认知倾向——对事件的时间和空间结构来说更重视其终结点而不是起点；凸显终点的认知习惯与人总是期望达到一个结果有关，终点更容易形成结果；这种表现在事件的构成上就是终点标志着一个事件的终结，更容易形成有界的事件 [1]。如下面例（153）a 句表达预期事件的发生，使用"出来"；b 句表达非预期事件的发生，使用"出去"。

（153）a. 那座熟悉的熬包山从地平线下慢慢**浮现出来**。（张承志《绿夜》）

　　　b. 他深谋远虑地想到保密，到学校也不能**泄露出去**，免得大家觉得他怪，……（王朔《看上去很美》）

然而，"V+上去"是例外，其使用频率高于"V+上来"。这是因为"V

---

[1] 古川裕：《〈起点〉指向和〈终点〉指向的不对称性及其认知解释》，《世界汉语教学》，2002 年第 3 期。

上去 +AP/VP" 构式具有较强的生成性[1], 如下面例（154）"听上去" 后接评价性小句, 具有较强的生成性。

（154）尼都萨满就像林克脚下被击中的猎物, 那凄厉的叫声**听上去**让人揪心。（迟子建《额尔古纳河右岸》）

4.5　A式分离式复合动趋式的使用频率情况较复杂

A式分离式复合动趋式使用频率情况较复杂。这时选择"来"还是"去"则与简单趋向补语的方向性特征、路径轨迹的完整性、叙说者的观察视角有关。主要表现为以下两种情况:

4.5.1　可聚焦起点 / 经过点趋向补语构成带 "来" A式分离式复合动趋式使用频率高

可聚焦起点 / 经过点趋向补语构成带 "来" 的 A式分离式复合动趋式使用频率高于带 "去" 的 A式分离式复合动趋式, 即 "V+ 过 +O+ 来""V+下 +O+ 来""V+ 出 +O+ 来""V+ 起 +O+ 来""V+ 开 +O+ 来" 的使用频率高于相应的带 "去" 的分离式复合动趋式。这是因为需要通过 "来" 以使路径轨迹完整, 也体现朝向立足点的视角。

"V+ 过 +O+ 来 / 去" 多表达相对于整体朝向某处的水平向空间位移义, 如例（155）; 也可表达由源点到达某处的空间位移义, 如例（156）; 也可表达由消极到积极的生理状态变化义, 如例（157）。受 "过" 聚焦经过点和叙说者视角影响, 在具体语境中会选择使用 "来" 或者 "去"。使用 "来" 可使路径轨迹完整, 且倾情于位移终点; 使用 "去" 则倾情于位移起点。根据古川裕（2002）"终端焦点化"[2] 原则, 前者使用频率高于后者。

（155）a. 我闭上眼睛**转过身来**。（白桦《远方有个女儿国》）

　　　　b. 方怡盯着门呆了好一会儿, 慢慢**转过身去**。（柳建伟《突出重围》）

（156）a. 小山点头答应着, **接过**底稿**来**藏在身上, 光浪一声关上门走了。（雪克《战斗的青春》）

　　　　b. 谢长君也忙着**递过**一杯酒**去**。（雪克《战斗的青春》）

（157）a. 那时车子出乎预料地停在原野上, 我一怔, **醒过神来**, 不得不把孩子交给母亲。（张炜《美妙雨夜》）

1　关于 "V 起来 /V 上去 +AP/VP" 构式, 将在第八章讨论。

2　古川裕《〈起点〉指向和〈终点〉指向的不对称性及其认知解释》,《世界汉语教学》, 2002年第 3 期。

b. 他踢腾着小腿，伸手指着章妩，硬噎着几乎要**背过气去**。(铁凝《大浴女》)

"V+下+O+来/去"多表达离开起点由高及低的空间位移义，分别如例(158)、例(159)。"V+下+O+来"也可表达由暂到稳的存在状态变化，如例(160)；也可表达水平向后离开某处的空间位移义，如例(161)；还可表达脱离被依附者的空间变化义，如例(162)；还可表达由无到有留于某处的状态变化义，如例(163)。"V+下+O+去"语义类型相比较少，其使用与叙说者的不可见性、动词的方向性特征有关，可表达由高及低到达某处的空间位移义，如例(164)；也可表达由某一时间到未来延续的时间义，如例(165)。

(158) a. 他想着想着，眼里**流下泪来**。(赵树理《李家庄的变迁》)

b. 他说着跳上红马，**弯下腰来**向直玛伸出双手。(白桦《远方有个女儿国》)

c. 仙草迟疑一阵儿忽然**跳下炕来**："等等。"(陈忠实《白鹿原》)

(159) a. 李铁、萧金、武小龙听了，忍不住悲痛地**低下头去**。(雪克《战斗的青春》)

b. 胡文玉一手捂着脸，**跳下炕去**，皱着眉看着她。(雪克《战斗的青春》)

(160) 他说完后，父老们半信半疑，但毕竟开始**放下心来**。(姚雪垠《李自成》)

(161) 贺人龙一见李国奇**败下阵来**，并不接应，也不顾总督死活如何，率领他自己的人马向东北逃走。(同上)

(162) 周大娘说："孩子，**脱下这狗皮来**，跟我们走!"(李晓明《平原枪声》)

(163) 我纺线，摘棉花，掐谷，多付点辛苦，**积攒下钱来**。(梁斌《红旗谱》)

(164) (老神仙)倒出一银匙药面放进杯中调匀，对慧梅说这是另一种清血解毒散，照料她**吃下肚去**。(姚雪垠《李自成》)

(165) 他们手里拿着铁锨、扫帚、镰刀，都怔住向响枪的方向看着，**干不下活去了**。(雪克《战斗的青春》)

"V+出+O+来"多表达由无到有存在状态变化义，如例(166)；也可表达由内及外的空间位移义，如例(167)；也可表达由隐到显存在状态变化义，如例(168)。"V+出+O+去"则多表达由内及外的空间位移义，如例（169）。可见，"V+ 出 +O+ 去"语义类型明显少于"V+ 出 +O+ 来"。

（166）简方宁说，我**听出**你的意思**来**了，你不喜欢他。（毕淑敏《红处方》）

（167）谢莉从衣袋里**掏出**一个很大的印章**来**，另一条汉子帮她盖上印。（白桦《远方有个女儿国》）

（168）我这人好琢磨，从小就特美慕特崇拜那些演得让你**分不出**真假**来**的大明星。（王朔《千万别把我当人》）

（169）（张总督）随之带了一排士兵乘车**追出**城**去**。（陈忠实《白鹿原》）

"V+ 起 +O+ 来"多表达动作开始并持续的时间义，如例（170）b、c 句后接结果性小句；也可表达由低向高的空间位移义，如例（171）。"V+ 起 +O+ 去"未发现用例。这与"起"聚焦起点有关，使用"来"以使路径轨迹完整。"去"仍表达"离开"义，未完成虚化，一般不用作"起"的补语。

（170）a. 他说着话，铺好了纸，**写起**信**来**。（梁斌《红旗谱》）

b. 二妞的声音很洪亮，年纪虽少，**说起**话**来**却不急不慢的。（冯德英《山菊花》）

c. 这条山梁，**比起**周围的山梁**来**，算是又高又平的了。（杜鹏程《保卫延安》）

（171）他无声地笑着，**抬起**头**来**看着窗外，象有极深刻的考虑。（梁斌《红旗谱》）

"V+ 开 +O+ 来"多表达由拢到展的空间变化义，如例（172）；也可表达由闭到开的空间变化义，如例（173）。"V+ 开 +O+ 去"仅发现 1 例，表达由纠结到顺畅的状态变化，即例（174）。使用"来"以使路径轨迹完整，使用"去"多与人类非预期性有关。

（172）那条鱼忽然在盘子里**睁开**一只眼**来**！（李凖《黄河东流去》）

（173）**推开**门**来**，是父亲巨大的遗像，关切地俯视着我。（毕淑敏《红处方》）

（174）姚士杰不好意思地**抹开**脸**去**，嘴软地说："猪把屎拉到前院脏死人！……"（柳青《创业史》）

4.5.2 聚焦终点趋向补语（"上"例外）构成带"去"A 式分离式复合动趋式使用频率高

聚焦终点趋向补语（"上"例外）构成带"去"的 A 式分离式复合动趋式使用频率高于带"去"的 A 式分离式复合动趋式，即"V+ 到 +O+

去""V+ 进 +O+ 去""V+ 回 +O+ 去"的使用频率高于或不低于相应的带"来"的分离式复合动趋式。这是因为使用"去"表达背离叙说者向着终点移动,路径轨迹更完整。

"V+ 到 +O+ 来 / 去"多表达到达某处所的空间位移义,如例(175)。"V+ 到 + 哪里 + 去"结构具有较强的生成性,数量较多,如例(176)。

（175）a. 正说着,小王端着一笸箩准备择的草药,**回到**门房**来**了。(陈建功、赵大年《皇城根》)

b. 女神还爱上了何底古雪山,想**跑到**他身边**去**。(白桦《远方有个女儿国》)

（176）a. 胡文玉听了忙截住说:"看你**说到**哪里**去**了!"(雪克《战斗的青春》)

b. 沈若鱼变了脸说,方宁,你**想到**哪里**去**了?(毕淑敏《红处方》)

"V+ 进 +O+ 来"与"V+ 进 +O+ 去"的使用频率相差不大,后者略高于前者。"V+ 进 +O+ 来 / 去"多表达由外及内的空间位移义,作用力可以是返身的,也可以是外向的,分别如例(177)、例(178)。"去"与不可见有关,如例(179)。

（177）a. 杨妈轻手轻脚**走进**屋**来**,望望金一趟。(陈建功、赵大年《皇城根》)

b. 金一趟已经起身,**走进**东头内室**去**了。(同上)

（178）a. 这时随从兵**拿进**信**来**,说是有一位"故交"在公馆里等他,拆开信一看是冯贵堂。(梁斌《红旗谱》)

b. 汉奸又出来**拿进**一个烧红的烙铁**去**。(雪克《战斗的青春》)

（179）他把我大颗大颗的泪珠一下一下全都**吃进**肚子里**去**。(陈染《私人生活》)

"V+ 回 +O+ 来 / 去"多表达从某处到施动者处的空间位移义,作用力可以是返身的,也可以是外向的,分别如例(180)、例(181);也可表达从某处到受动者处,如例(182)。"V+ 回 +O+ 来"还可表达身体部位回转的空间位移义,如例(183)。使用"去"客观性高,其频率略高。

（180）a. 孝武在午饭后从山里**赶回**家**来**,探视父亲母亲的身体,……(陈忠实《白鹿原》)

b. 金枝笑着**跑回**自己的屋**去**了。(陈建功、赵大年《皇城根》)

（181）a. 想当年,我把你**抱回**府里**来**,也是为了行善。(陈建功、赵大

年《皇城根》)

    b. 凤钗是我的妻子，我要把她**接回家去**，一切由我负责。(刘绍棠《狼烟》)

(182) a. 她从被裹绑着**送回家来**以后，一直没有流泪。(张炜《秋天的愤怒》)

    b. 孟由由叫了出租车，和尹小跳一块儿把万美辰**送回家去**。(铁凝《大浴女》)

(183) (她)……赶紧**转回脸来**，强忍住自己的眼泪。(孙犁《风云初记》)

例外情况是，"V+上+O+来"的使用频率高于"V+上+O+去"，这是因为"V+上+O+来"的语义类别明显多于"V+上+O+去"。"V+上+O+来/去"多表达水平向前到达某处的空间位移义，"O"为方位词"前"的用例居多，如例(184)；"O"表达处所或实体，如"门""岸""堤"等，如例(185)。还可表达由低及高到达高处的空间位移义，如例(186)。除此之外，"V+上+O+来"还可表达留于某处的空间变化义，如例(187)；还可表达由无到有留于某处的存在状态变化义，如例(188)；还可表达由消极到积极的生理状态变化义，如例(189)。这些多与叙说者的视角有关。

(184) a. 黑眼镜旁若无人地**走上前来**。(李英儒《野火春风斗古城》)

    b. 明轩端直红缨枪**迎上前去**，认出了她是谁："你来做什么？快回去！"(冯德英《迎春花》)

(185) a. 即使我招了他惹了他，那也不是我找上门去，而是他**找上门来**的呀！(梁晓声《表弟》)

    b. 一千骑兵已经出发，子杰正在集合人马，收罗家伙，准备随后**赶上堤去**。(姚雪垠《李自成》)

(186) a. 过了一会，他把烟丢掉，一口气吹灭灯，**跳上炕来**。(冯德英《苦菜花》)

    b. 他们将木筏靠拢城墙，艰难地**爬上城去**。(姚雪垠《李自成》)

(187) 胖老婆嘴一咧，没敢出声，**端上饭来**。(冯德英《迎春花》)

(188) 大伯口水流拉老长，光指点洛玉，笑得**说不上话来**。(冯至《敌后武工队》)

(189) 徐海东笑得**喘不上气来**，赶紧插上鼻管吸氧。(张一弓《姨父：一位老八路军战士的传奇人生》)

4.6 B式分离式复合动趋式使用频率极低

统计发现，B式分离式复合动趋式使用频率极低，仅有23例。其中带"来"的B式分离式复合动趋式19例，带"去"的B式分离式复合动趋式4例。这些用例多用于祈使句中，多集中在使用"出来""回来"上，例如：

（190）a. 她不想让爸爸为了欺骗她，再**编**一个谎话**出来**，爸爸是个老实人，编谎对他是折磨。（毕淑敏《血玲珑》）

b. 吕志民给他叫懵了，眨巴着眼睛："怎么啦，怎么啦。""怎么啦**拿**一元钱**出来**！"（张洁《沉重的翅膀》）

c. 田守诚不能不保他，因为很多事都和自己有牵连，但不**拿**一个**出来**批，又好像自己对清查运动不积极。（张洁《沉重的翅膀》）

（191）a. 出门不象在家里，多留点神。跟着大人走，别想家。有机会**捎**封信**回来**，我也好放心。（冯德英《苦菜花》）

b. 妈，我一心想积存些钱，到乡间自己开个小门面，这样孝敬父母，比零星**寄**点钱**回来**好。（冯德英《山菊花》）

还发现"进去"2例，"进来""出去""下来""过去"各1例，未发现使用"上来/上去/回去/起来/起去/开来/开去"的用例。例如：

（192）a. 学堂过去是牛屋，**放**几张桌子**进去**，就成了学堂。（刘震云《一句顶一万句》）

b. 麦穗儿被晒得噼噼啪啪响着，**扔**一个火星**进去**，便能引起满场大火。（莫言《丰乳肥臀》）

（193）等等，给我**扔**块巧克力**进来**，我饿了。（刘恒《逍遥颂》）

（194）咱家也是军属呀！俺大姐牺牲最早，还是烈属哩！就为这，我不同意再**拿**粮食**出去**。咱那末点啦，还不够自个吃哩！（冯德英《迎春花》）

（195）你们喝过茶吗，那儿有云南沱茶，熬了好提神，我让她**扔**一块**下来**！（贾平凹《浮躁》）

（196）肖科平捡过李缅宁刚打出的一张"5饼"，放进自己牌中，把面前一行牌"啪"地按倒，指着三人："2，2，4！"李缅宁和韩丽婷各**扔**两元钱**过去**。（王朔《无人喝彩》）

由上分析，语言经济性原则、简单趋向补语的方向性特征、路径轨迹的完整性、叙说者的观察视角、句法结构与功能等是制约简单动趋式和复合趋式使用频率的重要因素。

5 小 结

本节讨论了简单动趋式与复合动趋式的对称与不对称, 主要有以下结论:

① 在空间域中, 简单动趋式与复合动趋式之间具有较强的对称性。受动者与环境参照体具有依附或领属关系时多使用简单动趋式, 环境参照体隐现或不言而喻时可使用合并式复合动趋式, 环境参照体足以容纳立足点时可使用分离式复合动趋式。使用"来/去"受到叙说者[可见]与[不可见]、[预期]与[非预期]的影响。

② 在空间域中, 不管是简单动趋式还是复合动趋式, 其句法自足性均较低, 多借助连动结构或其他结构实现其完句功能。其他结构包括加后续句(接续、结果、评价等), 前加能愿动词或否定词语, 用于持续后句(假设关系、并列关系、顺承关系、目的关系、转折关系等), 用于祈使句和疑问句, 用于强调句, 用做兼语谓语、定语、宾语、主语和补语。

③ 在空间域中, 复合动趋式的句法形式多于相应的简单动趋式。动趋式表达外向致使时, 复合动趋式主要使用"V+C1+C2+(O)""把+O+V+C1+C2""V+C1+O+C2"三种句法形式, 使用频率依次降低, 但差距不大, "V+O+C1+C2"用作动趋式使用频率极低; 简单动趋式使用"V+C+(O)""把+O+V+C"两种句法形式, 前者使用频率明显高于后者。动趋式表达返身致使时, 复合动趋式使用"V+C1+C2"和"V+C1+O+C2"两种句法形式, 前者比例明显高于后者; 简单动趋式只使用"V+C+(O)"。

④ 在时间域中, 简单动趋式与复合动趋式之间具有较强的不对称性。具体使用受到时间路径的制约。结束点较明确时一般不使用复合动趋式, 如"天又热上了""熬到半夜""吃过饭看电视""想过这个问题"。趋向补语"下""起"构成的时间变化使用复合动趋式的频率明显高于简单动趋式, 如"看不下书""看起书"等类使用频率较低。延展向"开"构成的时间变化使用简单动趋式的频率高于复合动趋式。使用"来/去"受到[立足终点]与[立足起点]的影响, 如"学下来-学下去""熬过来-熬过去""笑起来-*笑起去"。时间域中, 不同类别时间义的动趋式句法表现较固定。

⑤ 在状态域中, 简单动趋式与复合动趋式具有对称与不对称性。凸显实现目标时一般不构成复合动趋式。凸显变化的起始点与终结点时一般使用复合动趋式。使用"来/去"往往受到[预期]与[非预期]、[近向]

与［远向］的影响。状态域中动趋式完句功能较强，可不后接其他小句，且句法表现较固定。

⑥ 语言经济性原则、简单趋向补语的方向性特征、路径轨迹的完整性、叙说者的观察视角、句法结构与功能等是制约简单动趋式和复合动趋式使用频率的重要因素。带"去"分离式简单动趋式使用频率高于带"来"分离式简单动趋式。简单动趋式使用频率一般高于相应的复合动趋式（"起来"除外），合并式复合动趋式的使用频率一般高于分离式复合动趋式。带"来"的合并式复合动趋式使用频率一般高于带"去"的合并式复合动趋式（"V+ 上去"使用频率高于"V+ 上来"除外）。A式分离式复合动趋式使用频率情况则比较复杂，可聚焦起点 / 经过点趋向补语构成的带"来"分离式复合动趋式使用频率相对较高，聚点终点趋向补语（"上"例外）构成的带"去"分离式复合动趋式使用频率相对较高。B式分离式复合动趋式则使用频率极低，该类带"来"的使用频率高于带"去"的。

⑦ 复合动趋式的语义呈现依次受到趋向补语的方向性特征（五维量度）、隐喻投射及其主观化、"来 / 去"主观化（［近向］与［远向］、［可见］与［不可见］、［预期］与［非预期］）、受动者与环境参照体之间关系的制约。

第七章　动词的方向性特征及其小类研究 [1]

趋向动词可被看作动词方向性的外化标志，通过动趋组合可以更有效地验证动词的方向性特征。本章将借鉴认知语言学、词汇语义学等理论，依托《汉语动词用法词典》[2]和《汉语形容词用法词典》[3]，统计动词、形容词与趋向动词的搭配情况，详尽探讨动词、形容词的方向性特征，建立相应的动词词表和形容词词表。

第一节　趋向补语的方向性

根据认知域，我们可将方向分为空间方向、时间方向和状态方向。空间方向是指受动者在空间域中位移的方向，包括物理空间方向和抽象空间方向。时间方向是指实体或事件在时间域上的变化方向，空间方向隐喻为时间方向，如"下向"可通过隐喻扩展为由某一时间到叙说者所在的时间、由叙说者所在的时间到将来。状态方向是指受动者在状态域上的变化方向，空间方向可隐喻为状态方向，如"外向"可通过隐喻扩展为由隐到显存在状态变化，隐藏的在容器内，显现的在容器外，所以"由隐到显"也看作为一种"方向"。因此，"方向"可以是空间上的方向，也可以是时间上的方向，还可以是状态上的方向。

1　趋向补语的空间方向

第二章我们试图运用"五维量度"建立趋向补语的空间坐标。空间方

1　这里的"动词"是指广义动词，包含动词和形容词。

2　孟琮等编：《汉语动词用法词典》，北京：商务印书馆，1999 年。

3　郑怀德、孟庆海：《汉语形容词用法词典》，北京：商务印书馆，2003 年。

向的类别表示如下：

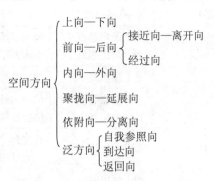

图 7-1-1　趋向补语的空间方向类别

上述空间方向的界定是通过动作引发所涉及的实体在空间中发生位移的情况总结而来的，这与王媛（2007）关于"对动作方向的认识就是要通过考察动作所涉及的事物在空间中的位移变化来获得"[1]的看法相一致。她认为位移变化是一种空间位移过程，这一过程自然表现出了一定的方向。因此，我们将"方向"定义为动态方向，而非静态方向，是动作引发实体发生位移的过程中表现出来的方向。只有这样，才能更好地探讨汉语中动词甚至形容词表现出来的各类方向，进而理解汉语动词及形容词的语义及功能。我们将从动作动词的概念意义入手，充分激发其语义框架，对其方向进行动态辨识。

下面表 7-1-1 归纳了空间方向与简单趋向补语的对应关系。

表 7-1-1　空间方向与简单趋向补语的对应关系

序号	空间方向		趋向补语	例　　句
1	垂直上向		上［聚焦终点］ 起［聚焦起点］	我跑上楼。 他从座位上跳起。
2	垂直下向		下［聚焦终点］ 下［聚焦起点］	他跳下河。 他跳下树。
3	水平 前向	接近向	上［聚焦终点］ 过［聚焦终点］	我赶上他了。 他接过一本书。
		经过向	过［聚焦经过点］	他跑过一座桥。

1　王媛：《现代汉语单音节动作动词的方向性研究》，北京语言大学博士学位论文，2007 年，第 16 页。

序号	空间方向		趋向补语	例 句
4	水平后向	离开向	下［聚焦起点］ 开［聚焦起点］	他走下场。 他走开了。
5	内向		进［聚焦终点］	他跑进教室。他跳进水里。
6	外向		出［聚焦起点］ 出［聚焦终点］	他跑出教室。 他把我推出门外。
7	聚拢向		起［聚焦终点］	我握起拳头。我要集中起精力完成这项任务。
8	延展向		开［聚焦起点］	他掰开一块西瓜。他铺开床。
9	依附向		上［聚焦终点］ 下［聚焦终点］	他穿上衣服。 他留下一张字条。
10	分离向		下［聚焦起点］ 开［聚焦起点］ 去［聚焦起点］	他脱下衣服。 他砸开门。 他脱去衣服。
11	泛方向	自我参照向	来［聚焦终点］ 去［聚焦终点］	他赶来上海。 他飞去北京。
12		到达向	到［聚焦终点］	他跑到教室里。
13		返回向	回［聚焦终点］	他跑回教室。

2 趋向补语的时间方向

时间域的动趋组合表现为虚拟变化。根据时间从开始、经历到结束的变化轨迹，可划分为开始并持续、延续、持续并完成、度过、经历、到达、实现和完成等 8 类时间意义。归纳总结如表 7-1-2 所示：

表 7-1-2 时间方向与趋向补语的对应关系

序号	时间方向	语义特征	趋向补语	例 句
1	开始并持续	［＋起始点明确，＋持续经过点，－结束点明确］［＋任何时间］［＋朝向/背离立足点］	起、起来开、开来、开去	他说起（来）这件事。 你怎么说开泄气话啦？ 他坐在桌子上唰唰地写开来了。 由这件事说开去，说到工作中的种种。
2	延续	［＋起始点明确，＋持续经过点，－结束点明确］［＋任何时间］［＋背离立足点］	下、下去	她在书桌前看不下书（去），心里烦躁不安。再困难也要坚持学下去。再这样穷下去，谁都受不了。

序号	时间方向	语义特征	趋向补语	例　　句
3	持续并完成	[－起始点明确,＋持续经过点,＋结束点明确][＋任何时间][＋朝向立足点]	下来、来	大部分人坚持学下来了。 听他说来这件事似乎是真的。
4	度过	[－起始点明确,＋度过经过点,－结束点明确][＋过去时/将来时]	过	他是怎么捱过这近二十年的光阴的。 灾民们都在担心怎么捱过这漫长的冬季。
		[－起始点明确,＋度过经过点,＋结束点明确][＋过去时/将来时][＋朝向立足点]	过来	这些天他是怎么熬过来的? 你要熬过来就好了。
		[＋起始点明确,＋度过经过点,＋结束点明确][＋过去时/将来时][＋背离立足点]	过去	多少苦日子都熬过去了。 他最终是熬不过去的。
5	经历	[－起始点明确,＋经历经过点,－结束点明确][＋过去时]	过	姑娘,这事情你可曾想过?
6	到达	[－起始点明确,－持续经过点,＋结束点明确][＋任何时间]	到	她只管写,一直写到东方发白。
7	实现	[＋起始点明确,－持续经过点,＋结束点明确][＋现在时]	上	没出两天又阴了,又下上了雨。
8	完成	[－起始点明确,＋度过经过点,＋结束点明确][＋过去时或将来时]	过	他吃过饭就回家了。

由上,垂直向"上、下、起",水平向"过、到、来",水平延展向"开"具有时间方向。这一点也进一步证明了时间可沿着垂直方向和水平方向运动,时间是有上下和前后的[1]。

1　Clark, H.H. *Space*, *Time*, *Semantics*, *and the Child*. In: Timonthy E.Moore. *Cognitive Development and the Acquisition of Language.* New York: Academic Press, 1973: 27—63. Lakoff, G. & Johnson, M. *Metaphors We Live by.* Chicago: The University of Chicago Press, 1980: 282—283.

趋向动词的虚化在于语义由实到虚、由具体到抽象，体现为功能扩大和句法位置的基本固定化[1]。当然，不同趋向补语时间义虚化程度也不同。我们认为，虚化程度与句法凝固度、句法限制度以及所搭配动词范围有关，也就是说，句法凝固度越高，语境依赖度越低，所搭配动词范围越广，词语的虚化程度越高。下面据此讨论不同趋向补语表时间义的虚化程度。

时间义"V+过"可表经历体和完成体，虚化程度高，是动态助词。该类不用于可能式，所搭配动词范围广，可轻读。如下面例（1）"过"是经历体，例（2）"过"是完成体，后加接续事件"又写"。

（1）几十年了，人家金家没人跟我**红过脸**，**摔过咧子**……（陈建功、赵大年《皇城根》）

（2）毛泽东继续哼了写，写了涂，涂了又哼，**哼过又写**。（权延赤《红墙内外》）

其他趋向补语表时间义是准动态助词，或者仍是动词。时间义"V+到/过/过来/过去"虚化程度最低，其中的趋向补语仍是动词，其时间义均可以单用，如例（3）。该类须通过时间词语突显时间义，趋向补语具有较强的动作性。如下面例（4）后接时间宾语"春节""下月初一"，例（5）后接时间宾语"七八天""今晚"；例（6）与时间词语"这半夜""这些折腾"相关，例（7）与时间词语"24小时""有人贴大字报"相关。句法上该类可用于可能式（否定式使用频率明显高于肯定式，下同）[2]，句法凝固度不够高，如下面例（4）～例（7）的 b 句。

（3）a. **到了**1959年，土地越来越瘦，收成越来越少，工分值越来越低，一个全劳力的工分只值两角钱。（白桦《淡出》）

b. 他的杀人罪行，是在他死后又**过了**很长一段时间，才有人敢于把他揭露出来的。（白桦《淡出》）

c. 半年**过来**，村里十有八九的人借了五爷的钱，五爷手里攥了几十张借条，算下来也有三五千元了。（乔典运《香与香》）

d. 但三天**过去了**，我还是没去医务室，一连五天我都没去。（白桦《远方有个女儿国》）

1　高顺全：《动词虚化与对外汉语教学》，《语言教学与研究》，2002年第2期。

2　关于这一点，刘月华（1980）就已提出。参见刘月华：《可能补语用法的研究》，《中国语文》，1980年第4期。

（4）a. 医生说，要是不过分劳累，估计能**熬到**春节。（柳建伟《突出重围》）

b. 再说，张道长也不过是说，等下一个日子再卜一卦。**熬不到**下月初一，不摇出个上上签儿来，他这颗心又怎么能踏实？（陈建功、皇城根《皇城根》）

（5）a. 刚开始，一切还好，我想**熬过**七八天，就重新投胎做人了。（毕淑敏《红处方》）

b. 东东，我……怕是**熬不过**今晚了。（CCL《读者》）

（6）a. 吃点东西，长一些精神、一些劲头，这半夜才能**熬过来**。（张炜《烟叶》）

b. 忙碌的生活、繁重的课业、单调的作息、短暂的睡眠，怕你**熬不过来**这些折腾，令我忧心忡忡。（CCL《读者》）

（7）a. 没想到，我连24小时也没**熬过去**，就把铁床拽动，挣扎着到了电话旁，拨响了英姊的电话。（毕淑敏《红处方》）

b. 这时有人贴大字报，说我是我父亲的小老婆，那会儿大字报想怎么写就怎么写，成心糟践我。有时实在**熬不过去**了，也想到死。（CCL冯骥才《这十年毁灭不了的，都能永恒》）

"V+起/起来/下来/下去"使用频率与虚化程度较高，但句法凝固度不够高，趋向补语"起/起来/下来/下去"仍是准动态助词。"V+起/起来"所搭配动词范围较广，多为自主持续动词，如例（8）、例（9）a句；"V+起来"还可以搭配动词短语，如例（9）b句。该类还用于后接评价性小句，如例（10）；"V+起来"在一定条件下也可用于可能式，如例（11）。

（8）我唱完第二段后，她便立刻**唱起**了第三段。（路遥《平凡的世界》）

（9）a. 韩丽婷端着碗自己坐到一边沙发上一五一十地**吃起来**，边吃还边跟肖科平聊天：……（王朔《无人喝彩》）

b. 我把饼拿给他，他就坐在铺上狼吞虎咽**起来**。（尤凤伟《中国一九五七》）

（10）"是发绿或发青的绸子吗？""雪白雪白的绸子。""**听起来**倒挺光滑。"（刘恒《逍遥颂》）

（11）a. 大路上到处都是部队，小吉普**跑不起来**。（刘白羽《第二个太阳》）

b. 父亲倒从不抱怨，可马锐看着他无论如何也**高兴不起来**。（王朔《我是你爸爸》）

"V+下来/下去"表时间义时所关涉对象往往不用作动词宾语，而是用在动词前面作主语，且可用于可能式。如下面例（12）"唱（不）下来"表达"从前面时间向着事件结束点变化"；例（13）"唱（不）下去"表达"背离事件起始点向着以后时间变化"。

（12）a. 难怪她几支歌**唱下来**，就拥有了成千上万的歌迷。（陈建功、赵大年《皇城根》）

b. 如果我写的歌，教战士三遍还**唱不下来**的话，我会毫不犹豫地撕掉重写。（CCL1994年报刊精选）

（13）a. 他们一支歌接一支歌地**唱下去**，唱遍了我们熟悉的每一首歌。（王朔《动物凶猛》）

b. "线儿依旧攥手里……"吴迪笑得**唱不下去**，"我不会唱这首歌，不会词儿……"（王朔《一半是火焰，一半是海水》）

时间义"V+下/上/来"语义虚化，但句法较受限，趋向补语"下/上/来"仍是准动态助词。"V+下"表时间义使用频率较低，用于可能式，所搭配动词多为"看、听、读、念"等感官类动词。"V不下"多后接宾语，如例（14）a、b句，b句使用带"去"的分离式动趋式。例（14）c句"看不下"已凝固成词，表达"形容场面或样子让人无法入目"，多使用"看不下去"。"V+上"表时间义多用于"又……了"结构中，一般不能后接宾语，不能用于可能式，如例（15）。"V+来"表时间义多后接评价性小句，所搭配动词多为感官类动词或思维计算类动词，且不能用于可能式，如例（16）。

（14）a. 他坐在书桌旁却**看不下**书，抚着额头若有所思。（杨沫《青春之歌》）

b. 有时事情确属欺人太甚，有群众替她忍不了，**看不下眼去**了，反映到领导这儿来。（梁晓声《冉之父》）

c. 他那不成器的儿子，我**看不下**！（路遥《人生》）

（15）a. 想不到，桃子为给丈夫和公爹治伤，去过两次鬼见愁冯子久的济仁堂，学会的一点粗浅的治伤方法，今儿又**使上**了；……（冯德英《山菊花》）

b. 也不知道她与小蒋好时，就与老尚好，还是她与小蒋断后，又与老尚**好上**了。（刘震云《一句顶一万句》）

（16）谁知道周围这些人里，有没有一个双料间谍？**看来**不是空穴来风，一惊一乍，赶快收兵。（张洁《无字》）

时间义"V+开/开来/开去"句法凝固度较高，但使用频率较低，趋向补语"开/开来/开去"是准动态助词。该类表"开始并持续"义,仍隐含带有较明显的空间延展义,使用频率明显低于"V+起/起来",不用于可能式。如下面例(17)a句中"吐开",例(17)b、c句中"侃开来""想开去",动词为言说类或思维类动词。

（17）a. 张有义不由得"哇"的一声又**吐开**了。(马烽《吕梁英雄传》)

b. 石岜这大扯子跟小杨**侃开来**。(王朔《浮出海面》)

c. 由一口痰**想开去**,与老马有了不共戴天之仇。(刘震云《一句顶一万句》)

由上,经历体和完成体"过"的虚化程度最高,是动态助词;"到/过来/过去"的虚化程度最低,仍是动词;"起/起来/下来/下去""下/上/来""开/开来/开去"的虚化程度居中,是准动态助词。

3　趋向补语的状态方向

状态域的动趋组合表现为状态变化,体现为由初始状态到终结状态的变化。实体的比较关系、领属关系、存在(有无、显隐、稳暂、糊清、梗畅)、数量、社会价值、生理/心理、行为能力、性质程度等8类属性隐喻位置移动。

下面表7-1-3是对状态方向与趋向补语对应关系的归纳,共分8大类,22小类。

表 7-1-3　状态方向与趋向补语的对应关系

序号	状态	具体方向	趋向补语	例　句
1	比较	超出	过/过去/去 出/出来/出去	他说不过小王。这件事影响不好,真说不(过)去。 这朵花比别的大出几倍。这批货进价,高出来(去)很多。
2	领属	由不拥有到拥有	下/下来 进/进来/进去 出/出来 回/回来/回去 过来 来	他买下(来)这块地。 他买进(来)一些设备。他把新的关系加进(去)。 他从图书馆借出(来)两本书。 他把阵地夺回(来/去)。 他把土地从地主手里夺过来。 这技术是从妈妈那里学来的。
		由拥有到不拥有	下去 出/出去 过去 去	他把任务分下去了。 这个项目他花出(去)一百万。 别把权给人家夺过去。 技术别让人偷走了。

续表

序号	状态	具体方向	趋向补语	例　句
3	存在	由无到有	上/上来 起/起来 下/下来 出/出来 来	她怀上了孩子。他一句话也说不上来。 他手上烫起了一层水泡。房子盖起来了。 他挣下（来）了买房的钱。 他吃出（来）一头汗。 这不知道是他几辈子修来的福气。
		由有到无	去	这碗汤花去了他十几块钱。
		由隐到显	起/起来 出/出来/出去	我想不起（来）她叫什么名字了。 我真没吃出（来）这是什么肉。 这个秘密请不要说出去。
		由显到隐	下/下来/下去 起/起来/起去 去	他把我的病瞒下（来/去）了。 他把我的诗稿藏起（来/去）了。 脸被帽子遮去大半。
		由暂到稳	下/下来	最近太浮躁，她总是静不下心（来）。他一口答应下来。
		由模糊到清晰	开/开来	要把这些地名区别开（开来）很不容易。
		由纠结到顺畅	开/开来	这件事你要看得开，想得开。 这件事说开来，就好了。
4	数量	到达预期数量	上/下	我要喝上它两碗。这个书包装不下这么多东西。
		到达某数量	到	房价竟然炒到了6万一平方米。
		完成某数量	过来 开	这里的饭馆多得数不过来。 房子小得摆不开一张写字桌。
5	生理/心理	由消极到积极	上/上来 过/过来 来	他累得喘不上气来。 他喝得连气也喘不上来。 他紧张得喘不过气（来）。他终于醒悟过来了。 他从睡梦中醒来。
		由积极到消极	过去 去	太阳晒得他差点晕过去。 他死去了。
		到达	上	他迷恋上了画画。
6	价值	到达	上	我当上了研究员。
		由不利到有利	过来 回/回来/回去	他好吃懒做的毛病一时改不过来。 要把损失挽回（来）。 名字还是改回去好。

序号	状态	具体方向	趋向补语	例　句
7	行为	具备（能力）	起来	这么贵的房子真是买不起。 这么多事儿，我可应付不来。
		达成支配（某实体）	到	他买到了那套房子。
8	性质	由低到高	上来／上去／起来／起去	这天气很快就热上来（去）了。他情绪烦躁起来。他嗓门高起去。
		由高到低	下来／下去	天暗下来（去）了。
		到达某程度	到	她的人品恶劣到叫人吃惊的地步。

4　小　结

本节讨论了趋向补语的方向性特征，主要得出以下结论：

① 趋向补语的方向除了狭义上的空间方向外，还有时间方向和状态方向。空间方向到时间方向、状态方向存在隐喻投射。三种方向有助于分析趋向补语的语义关联性。

② 趋向补语的空间方向可通过认知图式和五维量度建构。空间方向可区分出上向（"上、起"）和下向（"下"），接近向（"上、过"）和离开向（"下、开"），经过向（"过"），内向（"进"）和外向（"出"），聚拢向（"起"）和延展向（"开"），依附向（"上／下"）和分离向（"下／开／去"），还有泛方向，细分为自我参照向（"来／去"）、到达向（"到"）和返回向（"回"）。这14类空间方向是划分动词方向的重要类别。

③ 趋向补语的时间方向可根据五维量度在时间坐标轴上的体现分析。时间方向可划分为开始并持续（"起／起来／开／开来／开去"）、延续（"下／下去"）、持续并完成（"下来／来"）、度过（"过／过来／过去"）、经历（"过"）、到达（"到"）、实现（"上"）和完成（"过"）等8类时间意义。时间方向来自空间方向的隐喻投射。这些时间意义的虚化程度不同，只有表经历和完成的"过"成为动态助词，其他看作动词或准动态助词，仍或多或少带有一些实义。

④ 趋向补语的状态方向可根据五维量度在状态坐标轴上的体现分析。状态方向在比较域中表现为超出（"过／过去／去／出／出来／出去"）；在领属域中表现为由不拥有到拥有（"下／下来／进／进来／进去／出／出来／

回/回来/回去/过来/来")、由拥有到不拥有("下去/出/出去/过去/去");在存在域中表现为由无到有("上/上来/起/起来/下/下来/出/出来/来")、由有到无("去")、由隐到显("起/起来/出/出来/出去")、由显到隐("下/下来/下去/起/起来/起去/去")、由暂到稳("下/下来")、由模糊到清晰("开/开来")、由纠结到顺畅("开/开来");在数量域中表现为到达预期数量("上/下")、到达某数量("到")、完成某数量("过来/开");在生理/心理域中表现为由消极到积极("上/上来/过/过来/来")、由积极到消极("过去/去")、到达("上");在价值域中表现为到达("上")、由不利到有利("过来/回/回来/回去");在行为域中表现为具备能力("起/来")、支配某实体("到");在性质域中表现为由低到高("上来/上去/起来/起去")、由高到低("下来/下去")、到达某程度("到")。状态方向体现了初始状态端点到终结状态端点的位移,带有了叙说者的主观色彩,有些是正向的,有些是负向的,有些是中性的。中性、负向和正向基于人类对事物的认识,大、多、高、积极等为正,小、少、低、消极等为负,中间状态为中性。

第二节 动词方向性特征的提取

1 动词的方向性特征

动词具有方向性特征,学界已形成共识。正如张国宪(1999)认为从认知的角度看,空间性和时间性之间并不存在不可逾越的鸿沟。时间的存在和计量只能依靠事物的运动和变化来感知,而事物的运动变化则表现在三维空间的占有差异上。动词的时间性特征可用名词的空间性特征来说明,其典型表现是动向。与之相比,动作是动词的典型事件类型,动作虽然是在空间中进行的,但它受制于动向,空间的方向最终都可以从动向上得到解释[1]。王媛(2006)认为动作要在空间进行,因此也应该具有一定的空间特征,其中方向就是动作在空间展现时的一个重要特征;动作本身也是占据一定空间的,只是它与有形的实体事物相比,在空间中是一种抽象

---

1 张国宪:《动词的动向范畴》,载中国语文杂志社编:《语法研究和探索(第九辑)》,北京:商务印书馆,1999 年,第 176—189 页。

的存在体。我们完全有理由也有可能像观察其他事物一样去观察动作本身的方向特征，也就是说，我们对孤立的一个动作也会有方向的感知。完全有理由也有可能像观察其他事物一样去观察动作本身的方向特征[1]。

在此认识下，学者对动词的方向性特征进行了分类。孟琮（1988）认为不及物动词的方向是由人在地球表面的相对位置决定的，包括垂直方向（向上、向下）和水平方向（前、后、左、右）两类；及物动词的动作方向是以人体为中心，由人体及其四肢等器官的相对位置决定的，并且举例说明了类似垂直方向、向内和向外动作方向、反复动作、相对方向的两个力构成的动作[2]。齐沪扬（1993）将移动动词分为上向移动动词（如：上、举、抬、提），下向移动动词（如：下、压、掉、丢、扔），近向移动动词（如：来、拉、收、吸），远向移动动词（如：去、推、扔、吹）[3]。马庆株（1997）区分了内向动词（吃类、看类、插类、抱类）、外向动词（呼类、表达类、踹类），还提出了"不定向动词"的概念，认为不能确定动作方向的不定向动词在加上趋向动词以后就可以表示确定的方向[4]。谢质彬（2000）认为汉语动词具有方向性，如"托管"具有外向性，"接管"具有内向性，"管理"是个中性词。并列举了"出、入、上、下、进、退、仰、俯、推、拉、仆、偃"等动词方向，认为单音节动词和双音节动词的方向类别是相同的[5]。马庆株（2007）根据发话人与受话人的地位差异而形成的选词差异，将动词分为对上动词（如：乞求、请假）和对下动词（如：赐、发布）[6]。

以上研究多局限于例举，也未能较好地结合句法特征进行验证。张国宪（1999）提出了动向范畴和有向动词的概念，将进入"NP_1+ 向 + 处所 / 方位词 + ＿＿＿ +（NP_2）"格式的动词称为有向动词，并将有向动词分为单向动词和多向动词，前者包括纵向动词、横向动词和内外向动词[7]。王媛

1　王媛：《从"方向"的角度对现代汉语单音节动作动词分类》，《安阳工学院学报》，2006年第1期。

2　孟琮：《动词和动作的方向》，载第二届国际汉语教学讨论会编辑委员会编：《第二届国际汉语教学讨论会论文选》，北京：北京语言学院出版社，1988年，第350—357页。

3　齐沪扬：《现代汉语空间位置系统的理论框架》，载《现代汉语空间问题研究》，上海：学林出版社，1998年，第23—47页。

4　马庆株：《"V 来 / 去"与现代汉语动词的主观范畴》，《语文研究》，1997年第3期。

5　谢质彬：《"托管"兼谈动词的方向性》，《语文建设》，2000年第5期。

6　马庆株：《指人参与者角色关系趋向与汉语动词的一些小类》，载《汉语动词和动词性结构（第二编）》，北京：北京大学出版社，2007年，第2—5页。

7　张国宪：《动词的动向范畴》，载中国语文杂志社编：《语法研究和探索（第九辑）》，北京：商务印书馆，1999年，第176—189页。

（2007）区分动作的空间方向与动作的结构（图式）方向，前者表示动作发生时在空间中展示出的空间方向，后者可分为过程性方向（通过动作本身展示出的过程性方向表现出来）和关系化方向（动作的方向由一定关系中的相关项确立），并认为趋向动词做补语是最佳的外化手段，对现代汉语单音节动词进行了较为系统的分类[1]。邱广君（2007）认为汉语动词分为有向和无向动词，有向动词是指能够进入定义句式"V、R、来/去"位置上的动词，又可分为 V 向、R 向和来/去向；还提出了空间方向和时间方向概念，例如"摘、流"是移动动词，有空间方向意义；"流传、坚持、干、红"有时间上的意义；还根据动词方向有无明显的标志把动词分为显性方向动词与隐性方向动词两类[2]。上述研究为我们进一步探讨动词的方向性特征提供了借鉴。我们认为，趋向补语可被看作动词方向性的外化标志，通过动趋组合可以更有效地验证动词的方向性。

2　框架语义学的借鉴

我们认为，可以通过分析动词的概念义，来判断动词的方向性。张国宪（1999）认为"动向属于语义范畴，它是由动词的概念意义所决定的，意义的差异是句法形式差异的基础"[3]。要从动词的词汇语义来理解动词与趋向补语的句法搭配，框架语义学对此提供了很好的研究范式。框架语义学的主要观点有：

第一，框架语义学的核心思想是词的意义的描述须与语义框架联系[4]。框架将人类的经验知识和语言结构结合起来，为词在语言中的存在及话语的使用提供了背景和动力[5]。框架是理解和界定词义的基础，或者说，要理解系统中的任何一个概念都要先理解它所在的整体结构[6]。

第二，语义框架是在人类长期生活经验过程中形成并用于组织和解释

1　王媛：《从"方向"的角度对现代汉语单音节动作动词分类》，《安阳工学院学报》，2006 年第 1 期。王媛：《现代汉语单音节动作动词的方向性研究》，北京语言大学博士学位论文，2007 年，第 20—23 页。

2　邱广君：《现代汉语动词的方向体系》，载《中国语言学报（第九期）》，北京：商务印书馆，1999 年。

3　张国宪：《动词的动向范畴》，载中国语文杂志社编：《语法研究和探索（第九辑）》，北京：商务印书馆，1999 年，第 177—189 页。

4　冯志伟：《从格语法到框架网络》，《解放军外国语学院学报》，2006 年第 3 期。

5　潘艳艳：《框架语义学：理论与应用》，《外语研究》，2003 年第 5 期。

6　徐玉萍、李天贤：《框架语义学视角下英汉多义词的对比研究——以"水"为例》，《现代语文》，2012 年第 7 期。

经验的知识系统及概念工具。框架是一个认知概念系统，可视为具体统一的知识构架，或经验的系统图式化，具有较强的解释性[1]。

第三，语义框架的本质是原型和视角。框架不是在世界中真实存在的实体，而是一种原型，框架原型可解释词语使用和真实情景之间适应程度的复杂性，并受社会活动背景的影响。例如，对于"早餐"这个框架，在不同地域和文化中的框架原型和具体语用都不相同。国外可能认为，牛奶和面包是"早餐"这个框架的原型，中国南方则可能认为米粉和面条是该框架的原型，中国北方可能将豆浆、油条、饼和小米饭归入该框架的原型。视角（perspective）指说话人看问题的角度，在同一框架下，不同的词汇和句子其视角可能不同。同时，视角的选择遵循凸显原则。例如：

　　A. Carla bought the computer from Sally for $100.

　　B. Sally sold the computer to Carla for $100.

其中，A 句从买方的角度来描述交易过程，凸显买方的视角；B 句从卖方的角度描述同一个过程，卖方的视角得到凸显[2]。

第四，语义框架由框架元素组成。框架元素包括框架的参与者（participants）和框架的支撑者（props），是呈现图式化（schematic）情景的概念角色（conceptual roles），它们通过词与语义框架的联系，表示特定的语义及句法特征。如 Fillmore 建立的"商业交易框架"包括参与交易的 Buyer、Seller、Goods、Money 等框架元素。情景是：一方（购买者）通过给另一方（销售者）一定数额的货币，从后者那里得到某商品或拥有对某商品的控制权[3]。又如动词"写"可以描写下面的场景：一个人在某个物体的表面握着一个顶部尖锐的工具使其进行运动，在物体表面留下痕迹。在上述场景中有 4 个实体（即 4 个参与者）：发出这个行为的人、实施这个行为所凭借的工具、承受这个行为的物体表面、这个行为在物体表面留下的痕迹。这是在没有上下文时，单独一个动词"写"所描述的全部内容[4]。

第五，语义框架联系着场景，场景是语言之外的真实世界。如物体、事件、状态、行为、变化，以及人们对真实世界的记忆、感觉、知觉，等等。语言中的每一个词、短语、句子都是对场景的描述。场景必须通过语言使用者的透视才能进入语言，才能与语义发生联系。语义框架中的框架元素

1　陈忠平、白解红：《Fillmore 框架语义学认知观阐释》，《当代外语研究》，2012 年第 7 期。

2　谈鑫、胡东平：《框架语义学研究》，《南京工程学院学报（社会科学版）》，2012 年第 1 期。

3　潘艳艳：《框架语义学：理论与应用》，《外语研究》，2003 年第 5 期。

4　冯志伟：《从格语法到框架网络》，《解放军外国语学院学报》，2006 年第 3 期。

可分为中心框架元素和非中心框架元素，前者大体上相当于传统句法学中的论元，后者包括各种类型的外围修饰语（如事件或状态发生的时间、地点等）[1]。

3 动词方向性特征的呈现

3.1 动词的过程性方向与结果性方向

王媛（2011）将动作的方向分为现实方向和虚拟方向两类，现实方向又分动作的空间方向、动作的过程性方向和动作的关系化方向三类。动作的空间方向是受动作支配和影响的载体事物表现出的明确空间方向，如"举"的方向是"上向"。动作的过程性方向是受动作影响的载体事物通过动作的整个过程表现出的空间走向，如"摊"表现出"铺展"的过程。动作的关系化方向是与动作相关的多个事物之间的关系基础上表现出的空间方向，如"脱"表现动作受事与有附着关系的背景性事物之间的分离过程，可概括为"分离性方向"[2]。这种分类使得人们对动词的方向性研究更进一步。

我们根据是否凸显受动者与参照体之间的关系，可将动词的方向性特征分为以下两种：

第一种表现为运动过程中体现出来的方向，本身不凸显受动者与参照体之间的关系，称为"过程性方向"。如"跳$_{(1)}$"释义为"物体由于弹性而向上运动"，"上向"特征只是运动的过程，其最终运动结果则不确定。因此，具有过程性方向的动词除搭配具有相应方向性特征的趋向补语外，还可以搭配其他方向性特征的趋向补语，如可以说"他跳上床"，也可以说"他跳进屋""他跳出屋""他跳下河""他跳回屋""他跳过一条沟""他跳到河里"等。

第二种表现为运动的结果，凸显了受动者与参照体之间的关系，称为"结果性方向"。如"升$_{(1)}$"释义为"由低往高移动（跟'降'相对）"，"上向"特征是运动的结果，受动者与参照体之间的空间方向关系是"上向"。具有结果性方向特征的动词一般只能搭配相应方向性特征的趋向补语，而不搭配具有反义方向性特征的趋向补语，如可以说"飞机升上空了""飞机

1　冯志伟：《从格语法到框架网络》，《解放军外国语学院学报》，2006 年第 3 期。

2　王媛：《动词的方向性研究与趋向动词教学》，北京：北京语言大学出版社，2011 年，第15—25 页。

升起来了",不可以说"飞机升下空了"。

动词的过程性方向和结果性方向就体现在过程性变化之中,这一分类比王媛(2011)简洁,其提出的动作空间方向实质上是过程性方向,动作过程性方向、动作关系化方向实质上是结果性方向。细化过程性方向和结果性方向,要考察动词激发出来的位移事件的过程性变化。

3.2　动词方向性特征的复杂性

分析动词的方向性特征时,以下三点需要关注:

第一,不是所有的动词都可以通过动趋组合的原型搭配来验证。如"进$_{(1)}$、上$_{(4)}$、探$_{(2)}$"具有"前向"特征,"倒退、缩$_{(3)}$"具有后向特征,但不能添加"上""下"。

第二,不能将具体语境中的方向强加到动词头上。如"绑"的概念义为:用绳、带等缠绕或捆扎,其激发出来的框架为:施事用绳、带等将某实体缠绕或捆扎,包含动作发生者(施动者)、动作承受者(绳、带等,受动者)、动作后终点三个框架元素,移动者在动作作用后与终点具有依附关系,在句法上可搭配具有依附向的趋向动词,如"他身上绑上绳子了""你把这根绳子绑上去"。因此,"绑"具有"依附向"特征。至于"把那个奸细绑进来""从中间绑过来""我把他绑来"等,"绑"表达位移事件的方式,并不能说明"绑"具有内向、经过向、接近向。

第三,动词可能具有多个方向性特征。有的动词只有空间方向,如"吞$_{(1)}$"具有"内向"和"下向","吞$_{(1)}$"的概念义为"不嚼或不细嚼,整个儿的或成块的咽下去",着眼于受动者由容器外到容器内时,体现为"内向";着眼于受动者由上到下时,体现为"下向"。有的动词具有多个认知域的方向。如"关$_{(2)}$"具有"内向"和"由显到隐状态向",前者是空间方向的体现,后者是状态方向的体现。"关$_{(2)}$"的概念义"放在里面不使出来",其激发出来的框架为:施事将受事放在某容器里面(使其不出来),从空间方向来看,"关$_{(2)}$"具有"内向",可搭配表内向的"进",如"把他关进监狱""他是什么时候关进来的""把羊关进去";从状态方向来看,受动者的状态由显到隐,"关$_{(2)}$"具有"由显到隐状态向",如"把鸭子关起来"。

3.3　动词与趋向补语方向性特征的融合

动词方向越明确,与趋向补语的搭配越固定。

首先,在空间方向上。上向动词与下向动词相对,接近向动词与离开向动词相对,内向动词与外向动词相对,聚拢向动词与延展向动词相对,依附向动词与分离向动词相对，只能搭配相应的趋向补语类别，不能搭配相反的趋向补语类别。

上向动词"汇报"表达"综合材料向上级报告，也指综合材料向群众报告"，只能搭配上向趋向补语，可以说"下面的情况不能及时汇报上来"，不能说"下面的情况不能及时汇报下来"；下向动词"镇压"表达"用强力压制，不许进行政治活动"，只能搭配下向趋向补语，可以说"反革命暴乱很快就被镇压下去"，不能说"反革命暴乱很快就被镇压起来"。

接近向动词"靠$_{(2)}$"表达"挨近；接近"，只能搭配接近向趋向补语，可以说"你把五斗橱靠过来一点儿"，不能说"你把五斗橱靠去 / 开一点儿"；离开向动词"逃$_{(1)}$"表达"逃跑；逃走"，只能搭配离开向趋向补语，可以说"兔子一见着飞过来的老鹰就逃开了"，不能说"兔子一见着飞过来的老鹰就逃过去了"。

内向动词"抄$^2_{(3)}$"表达"两手在胸前相互插在袖筒里或握在身后"，只能搭配内向趋向补语，可以说"把手抄进袖筒里""把手抄进来就不冷了""把手抄进去暖和暖和"，不能说"把手抄出袖筒里"等。外向动词"摆脱"表达"脱离不良的情况"，只能搭配外向趋向补语，可以说"你一定要设法摆脱出来"，但不能说"你一定要设法摆脱进去"。

聚拢向动词"闭"表达"关；合"，只能搭配聚拢向趋向补语，可以说"闭起（上）嘴"，不能说"闭开嘴"；延展向动词"传$_{(3)}$"表达"传播"，只能搭配延展向趋向补语，可以说"关于他的事已经传开了"，"关于他已经传起来了"中"起来"是开始并持续的时间义。

依附向动词"写$_{(1)}$"表达"用笔在纸上或其他东西上做字"，只能搭配依附向趋向补语，可以说"再写上两行字""他在墙上写上（下）三个大字"，不能说"再写开 / 去两行字"；分离向动词"扣$_{(4)}$"表达"从原数额中减去一部分"，只能搭配分离向趋向补语，可以说"扣去房钱还剩四十元"，不能说"扣上房钱还剩四十元"，"扣下房钱还剩四十元"中的"下"是留于某处的空间变化义。

过程性动词除了搭配相应空间方向的趋向补语外，还可以搭配其他空间方向的趋向补语。如"穿$_{(2)}$"是经过向过程性动词，表达"通过[孔、隙、空地]等"，可搭配经过向趋向补语，可以说"穿过封锁线""从人群中穿过来""穿了半天，还是没穿过去"；也可搭配其他空间方向趋向补语，可以说"我眼花了，穿针都穿不上了""穿进城门洞""穿出桥洞，河面就宽了""他是从这道门穿出去的""我从小巷里穿回来了""他应该从树林里穿回去";搭配"起……来""开"表达时间义,如"他带着我们穿起小巷来""领着我们几个人穿开小胡同了"。

泛方向位移动词可搭配多类趋向补语,如"飞(1)"表达"[鸟、虫等]鼓动翅膀在空中活动",可以搭配"来/去/上/下/进/出/过/起/开/到/回"组趋向补语,可以说"飞来一只喜鹊""往南飞去一只老鹰""小鸟儿飞上树梢""从树上飞下一只麻雀""蚊子飞了进来""蝙蝠飞出来了""飞过了北京""一群麻雀飞起来了""放出去的鹰在天上飞开了""飞到房上了""八哥儿飞回来了"等。

其次,在时间方向上。"经历(消极事件)"义的动词搭配表达时间义的趋向补语较固定。如动词"熬(2)"表达"忍受(多指艰苦的生活)",语义关联消极事件,表达从某一点到以后时间,可搭配"过/过来/过去""下来/下去",可以说"那场大病他没熬过来""苦日子总算熬过去了""他的身体可熬不下来(自拟)""解放前父亲在老家实在熬不下去了,就跑到关外去了",一般不搭配表时间义的"上""开""起、起来"。

一些语义的动词搭配表达时间义的趋向补语范围较广。如"推广"在空间方向上是延展向动词,表达"扩大事物使用的范围或起作用的范围",在时间方向上可搭配开始并持续义趋向补语"起来、开、开来",可以说"他们的好经验在全国推广起来""这种节能措施已经推广开了""他创造的炼钢工艺已经在我们省推广开来",也可搭配延续义趋向补语"下去"、实现义趋向补语"上",可以说"改革的经验推广下去""各省都推广上普通话了"。又如动词"读(1)"表达"看着文字发出声音",是自主持续动词,可搭配多类趋向补语,如"你怎么又读上英语了""文章太长,他读不下来""就叫他读下去吧""语文老师的话音刚落,同学们就读起来了""他给我们读开童话了""怎么又读开报纸来了"等。

再次,在状态方向上。内向领属动词与外向领属动词相对,产生义动词与消失义动词相对,显现义动词与隐藏义动词相对,正向生理/心理状态动词与负向生理/心理状态动词相对,只能搭配相应方向的趋向补语类别,不能搭配相反的趋向补语类别。

外向领属动词"贡献""卖(1)"分别表达"拿出物资力量、经验等献给国家或公众""拿东西换钱(跟'买'相对)",只能搭配趋向补语"出/出来/出去",不搭配趋向补语"进/进来/进去",如"我要为祖国贡献出全部力量""卖不出好价钱"。内向领属动词"借(1)""吸收(2)"分别表达"暂时使用别人的钱、物或人力;借进""组织或团体接受某一个人成为自己的成员"，可搭配"进/进来/进去"，不搭配趋向补语"出/出来/出去"，如"先把小张借进来，以后有机会再调""把合格的青年及时吸收进来"。

产生义动词"改造₍₁₎""整理"分别表达"就原有的事物加以修改或变更，使适合需要""使有条理、有秩序；收拾"，只能搭配趋向补语"出、出来"，不可搭配趋向补语"去"，如"改造出三台机器""中国的古医书还没有全部整理出来"。消失义动词"扫₍₁₎""涂₍₃₎"分别表达"用扫帚或笤帚除去尘土、垃圾等""抹去"，可搭配趋向补语"去"，不可搭配趋向补语"出、出来"，如"扫去尘土""他涂去两个字"。

显现义动词"表达""流露"分别表达"表示［思想、感情］""［意思、感情］不自觉地表现出来"，可搭配趋向补语"出、出来"，不可搭配趋向补语"起来"，如"用言语表达出自己的感情""他要回北京的意思，早就流露出来了"。隐藏义动词"藏₍₁₎""掩盖₍₁₎"分别表达"躲藏，隐藏""隐藏；隐瞒"，可搭配趋向补语"起来"，不可搭配趋向补语"出、出来"，如"快把东西藏起来""他们总是把不和掩盖起来"。

正向生理/心理状态动词"醒₍₁₎""醒悟"分别表达"酒醉、麻醉或昏迷后神志恢复正常状态""在认识上由模糊而清楚，由错误而正确"，搭配趋向补语"过来"，不搭配趋向补语"过去、上"，可以说"刚做完手术，一时半会还醒不过来""这个人到现在还没醒悟过来"。负向生理/心理状态动词"昏迷""恨"分别表达"因大脑功能严重紊乱而长时间失去知觉""仇视；怨恨"，可搭配趋向补语"过去、上"，不搭配趋向补语"过来"，可以说"他又昏迷过去了""你是不是恨上我了"。

状态方向不明确的状态变化类动词可搭配多类趋向补语。如"安排"类动词状态方向不明确，可搭配多类趋向补语，如"他们已经安排出一个工作计划""时间太紧，任务恐怕一时安排不过来""要把时间安排开"等。"教育"表达"教导，启发"，状态方向不明确，可搭配趋向补语"过来"，也可搭配趋向补语"出、出来"，如"把犯错误的人教育过来""教育出合格的学生"；"考虑"表达"思索问题，以便做出决定"，状态方向不明确，可搭配趋向补语"出、出来""过来""到"，如"他考虑出一个完整的方案""办法你考虑出来了吗""这么多事，我实在考虑不过来""考虑到国家利益"。

3.4 动词方向性特征的提取路径

动词的方向性特征可通过动作本身的过程，或通过动作影响后受动者与环境参照体之间的关系（或者移动体与目标物之间的关系）决定。

第一，动词方向性特征的语义提取。动词概念义与语义框架相联系，这一点框架语义学阐释为：人们在某种语境下接触到某一语言形式，总会在头脑中激活特定的框架，并由该框架联系到与此联结的更多语言表达。一个词的意义只有参照包含经验、信仰或惯例的结构化背景才能被理解，这里的"结构化"背景就是经由框架而构组起来的背景知识[1]。通过动词的语义框架，可分析框架元素即参与者及其相互之间的关系，从而提取出动词的相关语义特征。哪些动词具有方向性，动词具有怎样的方向性，可通过动词所激发出来的框架来体现；当激发出来的框架体现为致移事件时，动词具有一定的方向性，具体可通过受动者（框架元素之一）与环境参照体（框架元素之一）之间的关系体现出来。当激发出来的框架不体现为致移事件时，动词不具有方向性，有时与趋向补语的搭配，则是受语境影响而产生的。

第二，动词方向性特征的句法验证。即在认知语义判断基础上，利用动趋组合的原型搭配来验证动词的方向性特征。可以在《汉语动词用法词典》动词释义[2]的基础上，结合动词激发出来的框架，判断动词的方向性特征，然后利用《汉语动词用法词典》中原型动趋组合[3]和经验基础上的自拟句来验证。如："升$_{(1)}$"的概念义为："由低往高移动（跟'降'相对）"，它激发出来的框架为：某实体由低往高移动的过程。这一框架包含受动者、环境参照体两个框架元素，关注受动者的动作过程，其方向性特征为"（受动者）（由低到高）上向"，例句有"我们那边还没砌完呢，你们怎么升上脚手架了""太阳升上来了""把红旗升上去""东方升起红太阳""五星红旗在天安门广场升起来了"等[4]。

对动词方向性特征的提取路径进行了总结，如图 7-2-1 所示：

图 7-2-1　动词方向性特征的提取路径

1　陈忠平、白解红：《Fillmore 框架语义学认知观阐释》，《当代外语研究》，2012 年第 7 期。

2　《汉语动词用法词典》选择了《现代汉语词典》中的 1223 个动词，共 2117 条义项。我们沿用其对义项的标记方式，用上标表示不同词语，用下标表示某一词语的具体义项。

3　不注"自拟句"的均为词典例句。

4　孟琮等编：《汉语动词用法词典》，北京：商务印书馆，1999 年。

3.5 动词的方向性特征及其所在认知域

动词的方向可以是实际位移方向，体现在物理空间域，对应的是具体位移动词，如"沉"是具体下向位移动词，"跑"是具体泛向自移动词，"搬"是具体泛向他移动词。也可以是虚拟位移方向，体现在抽象空间域和状态域，包括抽象空间方向和状态方向，对应的分别是抽象位移动词和状态变化动词，如"提拔"是抽象上向位移动词；"写$_{(2)}$"释义为"写作；描写"，是产生义动词，表现的是由无到有的状态变化，属于状态变化动词。

动趋组合在时间域中，动词本身没有时间方向性，而是在具体语境中体现出时间方向性。除表达经历过去的"过"以外，搭配趋向补语用于时间域中的动词具有自主性、持续性、非结果性。以下动词不搭配趋向补语。第一类是判断动词，如"标志着、等于$_{(1)}$、等于$_{(2)}$、是^1、是$^2_{(1)}$、是$^2_{(2)}$、是$^2_{(3)}$、是$^2_{(4)}$、属于、相等、相同、意味着"等。第二类是存现动词，如"具备、具有、没、没有$_{(1)}$、没有$_{(2)}$、没有$_{(3)}$、有$_{(1)}$、有$_{(2)}$、有$_{(3)}$、有$_{(4)}$、有$_{(5)}$、在$_{(1)}$、在$_{(2)}$、在$_{(3)}$、在$_{(4)}$"等。第三类是能愿动词，如"敢、敢于、会$^2_{(1)}$、会$^2_{(2)}$、可以$_{(1)}$、可以$_{(2)}$、能$_{(1)}$、能$_{(2)}$、能够$_{(1)}$、能够$_{(2)}$、情愿$_{(1)}$、情愿$_{(2)}$、愿意、允许"等。第四类是形式动词，如"给以、加以"等。第五类是结果或使役动词，如"毕业、闭幕、拆除、撤销、成$_{(1)}$、成$_{(2)}$、成$_{(3)}$、成$_{(4)}$、成立$_{(2)}$、充满、促进、促使、到达、到来、当 dàng$_{(1)}$、当 dàng$_{(2)}$、当做、得$_{(3)}$、得到$_{(1)}$、得到$_{(2)}$、断$_{(3)}$、断绝、粉碎、复员、改进、获得、记得、结婚、结束、解散$_{(1)}$、解散$_{(2)}$、禁止、警告、拒绝、开幕、开始、埋没$_{(1)}$、埋没$_{(2)}$、灭亡、抹杀、谋害、取得、取消、认得、认识、认为、失败、失去、实现、省得、使$_{(2)}$、使得、适合、适应、收获、说$_{(4)}$、说服、说明$_{(2)}$、停止、同意、投降、推翻$_{(1)}$、推翻$_{(2)}$、脱$_{(4)}$、完、完毕、完成、忘记、违反、误解、牺牲、瞎、缺$_{(2)}$、缺乏、消除、消化$_{(1)}$、消化$_{(2)}$、消灭$_{(1)}$、消灭$_{(2)}$、消失、晓得、形成、削弱、养成、引起、赢得、砸$_{(2)}$、增产、展开$_{(1)}$、展开$_{(2)}$、证明、值得$_{(1)}$、值得$_{(2)}$、组成"等。第六类是非自主动词，如"达到、打倒、打破、发现$_{(1)}$、发现$_{(2)}$、发生、感到、觉得$_{(1)}$、觉得$_{(2)}$、看 kàn$_{(4)}$、看 kàn$_{(6)}$、看 kàn$_{(7)}$、看见、碰见、任凭、丧失、显得、遇到、遇见"等。以上第二类、第五类和第六类在具体语境中可搭配表经历过去的"过"。

我们认为，搭配趋向补语用于时间域的动词越受限，说明趋向补语的时间义虚化程度越低。如"过来、过去"隐喻扩展到时间域，表达"经历"义，但其具有度过消极事件的意义，所搭配的动词为"忍受"类动词，如

"熬(2)、闯(2)、混(3)、活、活动(1)、讲(2)、忍、忍受、受(2)、挣扎"等搭配"过来","熬(2)、查(1)、查(3)、发(8)、翻(3)、搞、混(2)、混(3)、活、讲(2)、解释、介绍(3)、瞒、闹(2)、念(1)、泡(2)、忍、睡、托[1]、拖延、选(2)、掩盖、掩护、掩饰、演、隐瞒、应付"等搭配"过去"。"开"隐喻扩展到时间域,表达"开始"义,但其本身的扩散空间特征仍有所保留,所搭配的动词具有扩散或所关涉的事物具有数量多义,如"读(1)、读(2)、对抗、夺(1)、发(1)、发(8)、发表(2)、发挥(1)、发挥(2)、发行、发扬、发展、翻(6)、翻译、解释、介绍(1)、介绍(3)、拾掇(1)、拾掇(2)、使唤(2)、使用、推广、玩儿(1)、玩儿(3)、吓唬、写(1)、写(2)、研究(2)、应用"等。

由上分析,动词的方向性特征只涉及空间域和状态域。如图 7-2-2 所示:

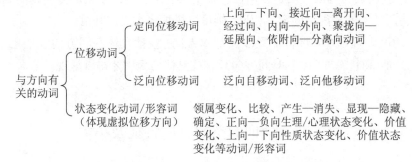

图 7-2-2 与方向有关的动词小类

传统意义上,动作动词下位具有位移动词。我们的分类突破了这一限制,将"位移"由物理空间的实际位移扩展到抽象空间、状态的虚拟变化。下面我们将对《汉语动词用法词典》和《汉语形容词用法词典》的动词和形容词的方向性进行统计分析,动词按义项共有 2194 条,形容词有 1341 条。我们将参考词典释义,考察动词的语义框架,判断其方向性特征,并利用词典中的例句和自拟句,通过动趋组合的原型搭配来验证。

4 小 结

本节讨论了如何通过趋向补语提取动词方向性特征的原则与方法。主要有以下结论:

① 动词具有方向性特征,已有共识,如何提取方向性特征,要将语义与句法特征相结合。趋向补语可看作动词方向性特征的外化标志,通过动趋组合可以有效地验证动词的方向性特征。

② 框架语义学理论为动词方向性特征的提取提供了借鉴。通过分析动词的语义框架，联系认知场景，关注受动者与参照体（框架元素）之间的关系，然后利用动趋组合的原型搭配来验证动词的方向性特征。

③ 在动词方向性特征提取过程中，需要注意的是动词可能具有多个方向性特征，甚至是跨认知域的方向性特征；不是所有的动词都可以通过动趋组合来验证方向性特征；不能将具体语境中的方向带入，而是要仔细辨别语义框架。

④ 动词可以根据是否凸显受动者与参照体之间的关系区分过程性方向与结果性方向，分别对应运动的过程或结果。结果性方向动词一般只能搭配相应方向的趋向补语，过程性方向则除了搭配相应方向的趋向补语外，还可以搭配其他方向的趋向补语。

⑤ 动词与趋向补语在方向性特征上具有融合性。动词的方向越明确，与趋向补语的搭配越固定。相反，则可以搭配多类趋向补语。

⑥ 动词的方向性特征只涉及空间方向（包括具体空间方向和抽象空间方向）和状态方向，其时间方向只有在具体语境中才得以呈现。

第三节　动词的空间方向特征及小类

动趋式最初体现在空间域中，其空间方向分为物理空间方向和抽象空间方向。例如：

（1）a. 他把脓**拔**出来了。

　　　b. 把妇女从繁重的家务中**解放**出来。

　　　c. 市代表你们**选举**出来了吗？

例（1）动趋组合表达外向致移。其中 a 句为物理空间位移，表达"他"通过"拔"使受动者"脓"由某容器里到外。b、c 句为抽象空间位移，b 句表达通过"解放"使受动者"妇女"从抽象容器"繁重的家务"出来；c 句表达通过"选举"使受动者"市代表"由群体容器中出来。a 句动词"拔(2)"释义为"吸出［毒气等］"，具有"外向"特征；b 句动词"解放"释义为"解除束缚，得到自由或发展；特指推翻反动统治"，含有"使某实体从某容器中出来"的意义，具有"外向"特征；c 句动词"选举"释义为"用投票或举手等表决方式选出代表或负责人"，含有"使代表或负责人从候选人容器中出来"的意义，具有"外向"特征。

1　上向动词和下向动词

1.1　上向动词

"上向动词"指具有由低向高义的动词,可搭配"上"组或"起"组趋向补语,不同的是前者聚焦终点,后者聚焦起点。具体分为三类:

第一类,空间位置由低向高的"上向动词",记为"搭$_{(5)}$"类动词。如"搭$_{(5)}$"释义为"共同抬起",表达受动者实际位置由低到高,例句有"把书柜搭上来""两个人搭起条凳就走"。该类包括(21个):搭$_{(5)}$、打$_{(12)}$、登$^1_{(1)}$、跳$_{(1)}$、举$_{(1)}$、升$_{(1)}$、抬$_{(1)}$、顶$_{(2)}$、顶$_{(6)}$、发$_{(6)}$、扶$_{(2)}$、立$_{(1)}$、搂$_{(2)}$lōu、冒$_{(1)}$、爬$_{(2)}$、欠^1、生长、树立、提$_{(1)}$、托^1、长$_{(1)}$。

第二类,社会地位或关系由低向高的"上向动词",记为"提拔"类动词,可搭配表上向的"上"组和"起"组趋向补语。如"提拔"释义为"挑选人员使担任更重要的职务",表达受动者的社会地位由低向高,例句有"把有觉悟有能力有知识的青年干部迅速提拔上来""他很快就被提拔起来"。该类包括(4个):反映$_{(2)}$、汇报、举$_{(2)}$、提拔。

第三类,情绪由低向高的"上向动词",记为"带$_{(6)}$"类动词,可搭配表上向的"上"组和"起"组趋向补语。如"带$_{(6)}$"释义为"带动",表达使情绪高涨或由低向高义,例句有"这个好消息把大家的情绪带上来了"(自拟)、"干部能起模范作用,就能把大家带起来"(自拟)。该类包括(5个):带$_{(6)}$、调动$_{(2)}$、动员、发动$_{(2)}$、鼓动。

不搭配趋向补语的"上向动词"有(7个):起$_{(1)}$、起$_{(2)}$、起来$_{(1)}$、起来$_{(2)}$、上$_{(1)}$、上$_{(3)}$、提高。

1.2　下向动词

"下向动词"指表达由高及低向下义的动词,可搭配"下"组趋向补语,可聚焦终点,也可聚焦起点。可分为三类:

第一类,位置由高到低的"下向动词",记为"沉"类动词。如"沉"释义为"[在水里]往下落(跟'浮'相对)。向下放(多指抽象事物)",表达受动者实际位置由高及低,例句有"石头沉下去了(自造句)""听了这句话他马上沉下脸跟我嚷嚷起来",也可表达受动者心理位置由高及低,如"念书要把心沉下来""我听到这个消息后,心都沉下去了",该类包括(36个):吃$_{(1)}$、沉、倒$^1_{(1)}$、滴、点$_{(5)}$、掉$^1_{(1)}$、掉$^1_{(3)}$、跌、蹲$_{(1)}$、跪、喝、减$_{(2)}$、降$_{(1)}$、降$_{(2)}$、降低、降落、浇$_{(1)}$、鞠躬、淋lín、漏$_{(1)}$、漏$_{(2)}$、落$_{(1)}$、落$_{(2)}$、趴$_{(1)}$、洒、摔(1)、摔(2)、塌(2)、退(3)、吞(1)、吞(2)、卸(1)、压(1)、咽、砸(1)、栽²。

第二类，社会地位或关系由高到低的"下向动词"，记为"撤(3)"类动词。如"撤(3)"释义为"降[级]；除去[职务]"，表达受动者的社会地位由高及低，例句有"他的局长职务被撤下来了""他干得不好就应该把他撤下去"。该类动词包括（15个）：撤(3)、传(1)、传(2)、传达、顶(8)、发(4)、分(2)、分配(1)、分配(2)、派、批(1)、批准、替、替换、通知。

第三类，使某实体（局面、速度、情绪等）不超出某范围（由高及低）的"下向动词"，记为"控制"类动词。如"控制"释义为"掌握住不使任意活动或越出范围；操纵"，例句有"对于整个局面还得控制下去""过高的生产增长速度不可能在短期内控制下来"。该类动词包括（4个）：放心、控制、忍、镇压。

不可搭配"下"组趋向补语的"下向动词"有（11个）：放(9)、掘、命令、塌(1)、下(1)、下(2)、下(3)、下(11)、下降、下来、下去。

2 接近向动词和离开向动词

"接近向动词"是使受动者水平前向逐渐接近参照体的动词，搭配"上""过/过来/过去"，记为"赶(2)"类动词、"挨(2)"类动词和"凑(3)"类动词。"赶(2)"释义为"加快行动，使不耽误时间"，例句有"你赶得上看电影吗?"，该类包括（6个）：传(5)、赶(2)、跟、跟随、跑(1)、追(1)。"挨(2)"释义为"靠近"，例句有"左边的同志应该再挨过来一点儿"，该类包括（5个）：挨(2)、采纳、靠(2)、靠(3)、压(4)。"凑(3)"释义为"接近"，例句有"往这边凑来一伙人"等，该类包括（24个）：奔 bèn(1)、采集、冲 chòng¹、传(1)、凑(3)、打(16)、打(18)、逮、逮捕、赶(1)、划 huá¹、还(1)、拉¹(1)、搂(3)lōu、扑(1)、取(1)、收(4)、套(4)、提(4)、吸引、招¹(2)、抓(3)、捉、追(1)。不搭配趋向补语的接近向动词（5个）：进(1)、靠近、前进、接受、上(4)。

"离开向动词"是使受动者水平后向远离参照体的动词，可搭配"下/下来""开/开来"。前者如"退(1)"，释义为"向后移动或使向后移动（跟'进'相对）"，例句有"他退下赛场""伤病员们都退下来了""年纪大的都退下去了"。该类包括（4个）：倒退、缩(3)、退(1)、退(2)。后者如"闪(1)"释义为"闪避"，具有"离开某处，躲避某人"的含义，如"地方小，闪不开"。该类包括（11个）：背 bèi(1)、避、挡(1)、滚(2)、逃(1)、逃(2)、逃避、闪(1)、脱(3)、脱离、走(3)。不搭配趋向补语的离开向动词包括（4个）：点(2)、出差、去¹(1)、下(7)。

3　经过向动词

"经过向动词"是使受动者水平向经过参照体的动词，搭配"过"组趋向补语，记为"翻$_{(4)}$"类动词和"掉$^2_{(1)}$"类动词。前者如"翻$_{(4)}$"，释义为"爬过；越过"，凸显经过点，如"翻过两道岭就到了"，该类包括（11 个）：抄$^2_{(2)}$、穿$_{(2)}$、翻$_{(4)}$、翻$_{(6)}$、翻译、划^2、绕$_{(3)}$、跳$_{(3)}$、通$_{(1)}$、抓$_{(2)}$、转 zhuǎn$_{(2)}$。后者如"掉$^2_{(1)}$"，释义为"回；转"，激发出来的语义框架为"某实体水平向发生由一边到另一边的位移"，如"大车还是掉不过头"，该类包括（6 个）：掉$^2_{(1)}$、回$_{(2)}$、磨 mò$_{(1)}$、扭$_{(1)}$、转 zhuǎn$_{(1)}$、转 zhuàn$_{(1)}$。不搭配趋向补语的经过向动词包括（5 个）：过$_{(1)}$、过$_{(2)}$、经过$_{(1)}$、经过$_{(2)}$、通过$_{(1)}$。

4　内向动词和外向动词

"内向动词"是使受动者由容器外到容器内的动词，可搭配"进"组趋向补语，记为"插$_{(1)}$"类动词和"介绍$_{(2)}$"类动词。"插$_{(1)}$"释义为"长形或片状的东西放进、挤入、刺进或穿入别的东西"，表达受动者进入某容器，如"像一把尖刀插进敌人的心脏"。"介绍$_{(2)}$"释义为"引进，带入［新的人或事物］"，表达受动者"人"进入机构容器，如"他把国外的先进设备介绍进来""你把小孙介绍进去吧"。内向动词包括（32 个）：参加、插$_{(1)}$、插$_{(2)}$、吃$_{(1)}$、吃$_{(4)}$、抽$^2_{(1)}$、放$_{(11)}$、搁$_{(1)}$、关$_{(2)}$、浇$_{(3)}$、叫$^1_{(3)}$、介绍$_{(2)}$、卷$_{(2)}$、塞、深入、收$_{(1)}$、收$_{(5)}$、算$_{(2)}$、听$_{(1)}$、听$_{(2)}$、投$_{(2)}$、投$_{(3)}$、投入、吞$_{(1)}$、吞$_{(2)}$、喂$_{(2)}$、吸$_{(1)}$、吸$_{(2)}$、吸收$_{(1)}$、咽、凿、装^2。不搭配趋向补语的内向动词有（9 个）：接收、进$_{(2)}$、入$_{(1)}$、入$_{(2)}$、听从、听见、听取、下$_{(4)}$、下$_{(6)}$。

"外向动词"是使受动者由容器内到容器外的动词，可搭配"出"组趋向补语，记为"拔$_{(2)}$"类动词和"开除"类动词。"拔$_{(2)}$"释义为"吸出［毒气等］"，例句有"拔出一个红印""把脓拔出来"。"开除"释义为"将成员除名使退出集体（如学校、机关、队伍、党团等）"，表达受动者"人"从机构容器中出来，例句有"把他从学会中开除出去"。外向动词包括（84 个）：拔$_{(1)}$、拔$_{(2)}$、摆脱、剥 bāo、抽$^1_{(1)}$、抽$^1_{(2)}$、抽$_{(4)}$、吹$_{(1)}$、吹$_{(2)}$、打$_{(13)}$、倒 dào$_{(2)}$、丢$_{(2)}$、发$_{(2)}$、发$_{(4)}$、放$_{(4)}$、放$_{(6)}$、挤$_{(3)}$、寄$_{(1)}$、交$_{(1)}$、缴$_{(1)}$、叫$^1_{(1)}$、解放、救、举$_{(3)}$、开$_{(11)}$、开除、砍$_{(2)}$、拉^2、捞$_{(1)}$、淋 lìn、领取、冒$_{(1)}$、攀、呕吐、拍$_{(3)}$、排^2、排除、排挤、抛$_{(2)}$、跑$_{(4)}$、跑$_{(5)}$、喷、批发、泼、起$_{(4)}$、起$_{(8)}$、清理、清洗$_{(2)}$、驱逐、让$_{(1)}$、撒 sǎ、散发、射、摔$_{(3)}$、送$_{(1)}$、送$_{(2)}$、弹$_{(1)}$、掏$_{(1)}$、淘$_{(1)}$、淘$_{(2)}$、腾、剔$_{(2)}$、提$_{(5)}$、挑$^1_{(1)}$、挑选、投$_{(1)}$、投$_{(4)}$、

投(5)、吐(1)tǔ、吐(2)tǔ、吐(1)tù、吐(2)tù、推(1)、推(5)、挖、望、挽救、吸(3)、选(1)、选(2)、选举、选择、邮、张望。不搭配趋向补语的"外向动词"包括（7个）：出(1)、出(3)、出差、出发、出来、出去、给。

5　聚拢向动词和延展向动词

"聚拢向动词"是使受动者由展到拢或由散到合的动词，搭配"起"组趋向补语，记为"关(1)"类动词和"编(2)"类动词。"关(1)"释义为"使开着的物体合拢"，例句有"把窗户关起来"，该类动词包括（7个）：闭、关(1)、合(1)、卷(1)、缩(2)、弯、围。"编(2)"释义为"把分散的事物按照一定的条理组织起来或按照一定的顺序排列起来"，具有"由散到合"特征，例句有"号码编起来了吗"，该类动词包括（26个）：编(2)、穿(3)、串(1)、凑(1)、存(2)、号召、合(2)、合(4)、积累、集合、集中、加(1)、接(1)、联合、联系、收(1)、收集、收拾(1)、搜集、统一、团结、扎、召集、综合、总计、组织。

"延展向动词"是使受动者由拢及展或由合到散的动词，搭配"开"组趋向补语，记为"放(7)"类动词和"掰"类动词。"放(7)"释义为"扩展"，例句有"放开一点儿就合适了"，该类动词包括（23个）：传(3)、传(5)、发展、放(7)、开展、扩充、扩大、流传、排[1](1)、排列、泼、铺、普及、洒、撒(1)、撒sǎ、散sàn、散布、伸、摊(1)、摊(2)、推广、宣传。"掰"释义为"用手把东西分开或折断"，例句有"他已经把馒头掰开了"，该类动词包括（32个）：掰、裁(1)、裁(2)、断(1)、分(1)、分裂、割、划、剪、锯、砍(1)、拉lá、离(1)、离(3)、裂、劈pī(1)、劈(1)pǐ、劈(2)pǐ、劈(3)pǐ、披(2)、破(2)、破(3)、破裂、掐(1)、切、松、撕、挑(2)tiǎo、咬(1)、铡、炸(2)、炸(3)。

6　依附向动词和分离向动词

"依附向动词"是使受动者依附于参照体的动词，搭配"上/上来/上去"或"下/下来"。前者具有"努力到达终点"特征，记为"挂(1)"类动词，"挂(1)"释义为"借助于绳子、钩子、钉子等使物体附着于高处的一点或几点"，例句有"春节前爸爸又把那张古画挂上了"。该类动词包括（142个）：挨(1)、安(2)、安(3)、安插、巴结、绑、包(1)、闭、补(1)、擦(2)、踩、挽[2]、缠、乘[1]、乘[2]、盛、吃、冲[2]、穿(4)、传(6)、传染、串(2)、存(1)、搭(3)、搭(4)、搭(6)、打(8)、打(10)、带(4)、戴、登[2](2)、点(1)、点(6)、盯、钉dīng(1)、顶(4)、钉dìng(1)、钉dìng(2)、顶(1)、堵、对(3)、对(5)、对(8)、缝、盖(1)、盖(2)、盖(4)、赶(5)、勾结、刮[1](2)、挂(1)、挂(4)、挂(5)、滚(3)、糊、寄存、加$_{(1)}$、加$_{(2)}$、加$_{(3)}$、浇$_{(2)}$、接$_{(1)}$、接$_{(2)}$、接$_{(5)}$、接洽、看 kàn$_{(1)}$、扣$_{(1)}$、扣$_{(2)}$、捆、联络、联系、晾、抹$_{(1)}$mǒ、抹 mò、趴$_{(2)}$、拍$_{(4)}$、泡$_{(1)}$、佩带、配$_{(2)}$、配$_{(3)}$、配$_{(4)}$、配$_{(5)}$、配合、捧$_{(1)}$、碰$_{(1)}$、碰$_{(2)}$、碰$_{(3)}$、披$_{(1)}$、拼^1、骑、牵扯、牵连、敲$_{(1)}$、亲、染$_{(1)}$、染$_{(2)}$、绕$_{(1)}$、晒、上$_{(7)}$、上$_{(8)}$、上$_{(9)}$、上$_{(10)}$、锁$_{(1)}$、锁$_{(2)}$、踏、摊$_{(2)}$、套$_{(1)}$、套$_{(2)}$、调 tiáo、贴$_{(2)}$、捅$_{(2)}$、涂$_{(1)}$、拖$_{(1)}$、围、吻、捂、压$_{(6)}$、淹$_{(1)}$、咬$_{(2)}$、依靠、依赖、印、应用、用$_{(1)}$、运用、砸$_{(1)}$、栽$^1_{(2)}$、沾、蘸、着 zháo$_{(1)}$、蒸、指$_{(4)}$、指望、种、煮、抓$_{(1)}$、装$^2_{(2)}$、撞$_{(1)}$、撞$_{(2)}$、撞$_{(3)}$、坐$_{(1)}$、坐$_{(2)}$、坐$_{(3)}$。不可搭配"上/上来/上去"的依附向动词（2 个）：上$_{(6)}$、压迫$_{(2)}$。

后者具有"（轻松）控制到达终点"特征，记为"放$_{(8)}$"类动词，如"放$_{(8)}$"释义为"搁置"，激发出来的语义框架为"将某实体放在某处"，例句有"先把这事放下""我们现在很忙，工作放不下来"。该类动词包括（17 个）：放$_{(8)}$、记录、扣$_{(3)}$、落 là$_{(1)}$、落 là$_{(2)}$、落 là$_{(3)}$、留$_{(1)}$、留$_{(2)}$、停$_{(1)}$、停$_{(2)}$、停$_{(3)}$、停顿$_{(1)}$、停顿$_{(2)}$、停留、遗留、站^2、住$_{(1)}$。

除此之外，"摆$_{(1)}$"类动词可表达使受动者努力依附于某处，或者控制使受动者停留在某处，如"摆$_{(1)}$"释义为"安放、陈列"，激发出来的语义框架为"将某实体放在某处或使其停留在某处"，例句有"这儿摆上盆花儿就好看了""地方太小，桌子摆不下"。该类动词包括（30 个）：安$_{(1)}$、安排$_{(1)}$、安置、熬$_{(1)}$、摆$_{(1)}$、布置$_{(1)}$、布置$_{(2)}$、盛$_{(2)}$、搭$_{(1)}$、搭$_{(2)}$、登$^1_{(2)}$、登记、搁$_{(1)}$、裹、挤$_{(1)}$、夹$_{(1)}$、交$_{(3)}$、落 luò$_{(4)}$、埋、描$_{(1)}$、签^2、签订、拴、躺、添、填$_{(1)}$、填$_{(2)}$、贴$_{(1)}$、腌、栽$^1_{(1)}$。

"分离向动词"是使受动者作为部分离开整体的动词，搭配"下"组趋向补语、"开"组趋向补语、"去"，记为"剁"类动词、"拆$_{(1)}$"类动词和"减$_{(1)}$"类动词。"剁"释义为"用刀向下砍"，例句有"剁下两个鸭腿""把树权剁下来""把菜根剁下去了"。该类动词包括（7 个）：掉$^1_{(1)}$、丢$_{(3)}$、剁、刮$^1_{(1)}$、揭$_{(1)}$、揭$_{(2)}$、啃。"拆$_{(1)}$"释义为"把合在一起的东西分开"，例句有"先把包裹拆开再说"，该类动词包括（4 个）：除$_{(2)}$、拆$_{(1)}$、解$_{(1)}$、开$_{(1)}$。"减$_{(1)}$"释义为"由原有数量中去掉一部分（跟'加'相对）"，例句有"五减去三等于二"。该类动词包括（43 个）：擦、采$_{(1)}$、铲、扯$_{(2)}$、撤$_{(1)}$、撤$_{(2)}$、撤$_{(4)}$、锄、打$_{(15)}$、掸、刮$^1_{(1)}$、减$_{(1)}$、扣$_{(4)}$、磨$_{(1)}$、磨$_{(2)}$、抹 mā$_{(1)}$、抹 mā$_{(2)}$、抹 mǒ$_{(2)}$、抹 mǒ$_{(3)}$、碾、抛$_{(1)}$、跑$_{(2)}$、抢^2、清洗$_{(1)}$、扔$_{(1)}$、扔$_{(2)}$、扫$_{(1)}$、刷、剔$_{(1)}$、剔$_{(3)}$、挑$_{(4)}$tiǎo、涂$_{(3)}$、褪 tuì、褪 tùn、脱$_{(1)}$、脱$_{(2)}$、洗$_{(1)}$、下$_{(5)}$、掀、卸$_{(1)}$、卸$_{(2)}$、卸$_{(3)}$、摘$_{(1)}$。

7　泛方向位移动词

　　不少动词具有显著的位移特征，但不凸显具体哪种方向，称为"泛向位移动词"，具体搭配哪类趋向补语要看具体语境，属于过程性动词。根据施动者与受动者是否同一，可分为泛向自移动词和泛向他移动词两类。泛向自移动词记为"跳$_{(2)}$"类一价动词，语义特征为[± 自主，± 可控，+ 持续，+ 动作]，如"跳$_{(2)}$"释义为"一起一伏的动"，位移方向不明确，可根据具体语境搭配不同的趋向补语，例句有"我的心都要跳出来了""心都快跳到嗓子眼儿了"。"流动$_{(1)}$"释义为"[液体或气体]移动"，位移方向不明确，不搭配趋向补语。该类动词包括（71 个）：包$_{(2)}$、包围、摆$_{(3)}$、蹦、闯$_{(1)}$、穿$_{(1)}$、搓、打$_{(1)}$、登^2、点$_{(4)}$、顶$_{(3)}$、翻$_{(1)}$、飞$_{(1)}$、飞$_{(2)}$、飞$_{(3)}$、拐^1、逛、滚$_{(1)}$、活动$_{(1)}$、挤$_{(2)}$、接$_{(4)}$、进攻、来$_{(1)}$、流、流动$_{(1)}$、流动$_{(2)}$、旅行、摸$_{(1)}$、挠、耪、爬$_{(1)}$、跑$_{(3)}$、漂、飘、飘扬、扑$_{(1)}$、扑$_{(2)}$、迁移、闪$_{(2)}$、闪$_{(4)}$、渗、送$_{(3)}$、掏$_{(2)}$、踢、跳$_{(1)}$、跳$_{(2)}$、透$_{(1)}$、拖$_{(1)}$、袭击、揉$_{(1)}$、揉$_{(2)}$、散步、扇 shān、上$_{(2)}$、上$_{(5)}$、梳、摔$_{(4)}$、涮$_{(1)}$、突击$_{(1)}$、旋转、轧、摇、摇晃、迎接、游、招^3、转 zhuàn$_{(2)}$、转移、钻$_{(2)}$、走$_{(1)}$、走$_{(2)}$。

　　泛向他移动词记为"搬$_{(1)}$"类二价动词，语义特征为[+ 自主，+ 可控，+ 持续，+ 动作]，如"搬$_{(1)}$"，释义为"移动物体的位置（多指笨重的或较大的）"，位移方向不明确，可根据具体语境搭配不同的趋向补语，例句有"把花盆搬上来""行李搬下来了""搬出不少书""他能搬起二百斤重的东西"等。该类动词包括（74 个）：搬$_{(1)}$、搬$_{(2)}$、搬$_{(3)}$、拌、抱$_{(1)}$、摆弄、背 bēi、拨$_{(1)}$、搀^1、扯$_{(1)}$、冲$^2_{(2)}$、打$_{(7)}$、带$_{(1)}$、带$_{(2)}$、带$_{(5)}$、倒 dǎo$^2_{(1)}$、倒 dǎo$^2_{(2)}$、倒 dào$_{(1)}$、递、颠倒、钓、发$_{(1)}$、翻$_{(2)}$、放$_{(1)}$、放$_{(3)}$、放$_{(10)}$、扶$_{(1)}$、俘虏、赶$_{(3)}$、赶$_{(4)}$、耕、攻击$_{(1)}$、刮^2、裹、划^1、还$_{(1)}$、换$_{(1)}$、换$_{(2)}$、换$_{(3)}$、活动$_{(2)}$、捡、交换、叫$^1_{(2)}$、卷$_{(1)}$、开$_{(6)}$、开$_{(7)}$、扛、磕、抠$_{(1)}$、拉$^1_{(2)}$、搂$_{(1)}$lōu、拿$_{(1)}$、捻、拧$_{(1)}$níng、拧$_{(2)}$níng、拧 nǐng、挪、牵、撬、绕$_{(2)}$、筛、捎、拾、输^1、抬$_{(2)}$、挑 tiāo^2、挑 tiāo$_{(1)}$、挑 tiǎo$_{(3)}$、捅$_{(1)}$、推动、驮、喂$_{(1)}$、运、钻$_{(1)}$。

8　无空间向动词

　　动词没有空间方向性特征，称为"无空间向动词"。共有三类：第一类，有些无向动词只可搭配表"到达向"的趋向补语"到"，这些动词具有较为明确的终止点，如"见$_{(1)}$"释义为"看到；看见"，语义框架为"目光到达某处"，如"今天见到王平了"等。该类有（90 个）：见$_{(1)}$、见$_{(2)}$、见$_{(5)}$、靠$_{(1)}$、夸$_{(1)}$、夸奖、连累、练习、量、了解$_{(2)}$、落$_{(3)}$、落$_{(5)}$、埋怨、摸$_{(3)}$、摸$_{(4)}$、拿$_{(3)}$、闹$_{(1)}$、念叨、弄$_{(2)}$、派遣、叛变、批判、欺负、欺骗、欺压、乞求、起$_{(3)}$、起$_{(7)}$、抢^{1}$_{(1)}$、抢劫、敲$_{(2)}$、侵占$_{(1)}$、侵占$_{(2)}$、热、伤、赊、试、收$_{(2)}$、受$_{(1)}$、数$_{(2)}$、思考、死、算$_{(3)}$、算计$_{(4)}$、缩小、摊$_{(3)}$、摊$_{(4)}$、探望$_{(1)}$、提$_{(3)}$、提$_{(6)}$、提$_{(7)}$、调整、投$_{(6)}$、透露、退还、拖$_{(2)}$、挖苦、玩儿$_{(1)}$、忘、威胁、闻、问$_{(1)}$、问$_{(2)}$、吸收$_{(2)}$、响、想$_{(1)}$、泄露、谢$_{(1)}$、学$_{(1)}$、养$_{(2)}$、隐藏、赢、影响、预料、遇、造$_{(2)}$、责备、掌握、招待、照$_{(1)}$、照顾$_{(1)}$、争夺、指定、指责、治$_{(1)}$、肿、注解、注意、钻$_{(3)}$、做$_{(2)}$。

第二类，有些无向动词在具体语境中可搭配不同趋向补语，如"喊$_{(1)}$"释义为"大声叫"，没有方向性，例句有"这么高的调子，你能喊上去吗？""他刚刚喊出一声就倒下了"等。该类有（91 个）：包括、办$_{(1)}$、办$_{(3)}$、办理、比$_{(1)}$、扯$_{(3)}$、抽^{2}$_{(2)}$、打$_{(3)}$、打$_{(4)}$、打$_{(17)}$、打$_{(21)}$、等$_{(1)}$、动$_{(1)}$、读$_{(1)}$、读$_{(3)}$、端、罚、翻$_{(3)}$、犯$_{(2)}$、该^{2}、搞、估计、挂$_{(1)}$、挂$_{(6)}$、拐^{2}、喊$_{(2)}$、哄 hòng、还$_{(1)}$、混$_{(1)}$、混$_{(2)}$、混$_{(3)}$、活动$_{(3)}$、活动$_{(4)}$、和 huò、积累、夹$_{(2)}$、考、考虑、咳嗽、拉^{1}$_{(5)}$、拉^{1}$_{(6)}$、拦、搂 lǒu、捏、弄$_{(1)}$、拍$_{(1)}$、拍$_{(2)}$、盼、骗、拼^{2}、请$_{(1)}$、劝、让$_{(2)}$、赛$_{(1)}$、杀、烧$_{(1)}$、拾掇$_{(1)}$、拾掇$_{(2)}$、使$_{(1)}$、使唤$_{(2)}$、数$_{(1)}$、睡、顺$_{(1)}$、说$_{(1)}$、说$_{(3)}$、搜查、算计$_{(1)}$、谈、烫$_{(1)}$、烫$_{(2)}$、淘汰、讨论、套$_{(3)}$、调剂、通过$_{(2)}$、通过、捅$_{(3)}$、突击$_{(1)}$、洗$_{(3)}$、吓唬、寻找、掩护、演、阴、怨、造$_{(1)}$、找^{1}、照$_{(2)}$、折腾$_{(1)}$、支使、织$_{(2)}$、总结。

第三类，有些无向动词不搭配空间向趋向补语，如"爱$_{(1)}$"释义为"对人或事物有很深的感情"，没有空间方向性特征，不可搭配空间向趋向补语。该类数量较多，多为心理动词、带有结果义的动词等，分别例如"爱$_{(1)}$、爱$_{(2)}$、爱$_{(3)}$、愁、发愁、反省、害怕、害羞、恨、后悔、怪、关心、怀疑$_{(1)}$、忌妒、羡慕、想$_{(2)}$、想$_{(5)}$、想念、心疼、信$_{(1)}$、信$_{(2)}$、信任""答应$_{(1)}$、答应$_{(2)}$、答复、端正、放松、丰富、改变$_{(1)}$、改变$_{(2)}$、改革、改造$_{(1)}$、改造$_{(2)}$、改正、减少、纠正、觉悟、弥补、明白、明确、模糊、衰亡、醒悟、修改、增加、增长、整顿、整理、制定、制造$_{(1)}$、制造$_{(2)}$"等。还有其他没有空间方向的动作动词，如"爱好、爱护、爱惜、帮、帮助、帮忙、道歉、捣乱、克服、忽视、打扮、担任、担心、耽误、抵抗、调查、动弹、逗、督促、

417

躲、躲避、躲藏、管理$_{(1)}$、管理$_{(2)}$、管理$_{(3)}$、贯彻、广播、规定、教训、教育、接待、接见、接近、揭$_{(3)}$、揭发、揭露、节约、结合、解$_{(2)}$、解决$_{(1)}$、解决$_{(2)}$、解释、检查$_{(1)}$、检查$_{(2)}$、检讨、检验、重视、主持、嘱咐、祝贺、转变、赚、组织、尊敬、尊重、遵守"等。以上动词可能具有状态方向，或搭配带有时间变化义的趋向补语。

9 小 结

本节讨论了动词的空间方向特征及其小类。我们参考《汉语动词用法词典》的动词释义和动趋组合例句，借鉴框架义学理论，通过分析语义框架，对其中动词的空间方向性特征进行了分析。

根据空间方向特征，动词可分为上向动词（搭配"上"组和"起"组趋向补语）和下向动词（搭配"下"组趋向补语）、接近向动词（搭配趋向补语"上/过/过来/过去"）和离开向动词（搭配趋向补语"下/下来/开/开来"）、经过向动词（搭配"过"组趋向补语）、内向动词（搭配"进"组趋向补语）和外向动词（搭配"出"组趋向补语）、聚拢向动词（搭配"起"组趋向补语）和延展向动词（搭配"开"组趋向补语）、依附向动词（搭配"上"组趋向补语和"下/下来"）和分离向动词（搭配"下"组、"开"组趋向补语和"去"），以及泛方向位移动词、无空间向动词等13类动词。其中，上向动词和下向动词体现为空间位置、社会地位或关系、情绪的由低向高、由高向低，前一者是具体空间位移，后二者是抽象空间位移。泛方向位移动词又可细分为泛方向自移动词（"跳"类一价动词）和泛方向他移动词（"搬"类二价动词）。无空间向动词有些可搭配到达向趋向补语"到"，有些可根据具体语境搭配不同的趋向补语，有些则不能搭配趋向补语。我们建立了关于空间方向的动词词表（包含了不搭配趋向补语的方向性动词），有助于分析动词与趋向补语的双向选择关系。

第四节 动词/形容词的状态方向特征及小类

1 领属变化动词

领属变化动词是使受动者领属权由一方到另一方变化的动词，搭配

"进""出""来/去/过来/过去"等,记为"采购"类动词、"拨$_{(2)}$"类动词和"侵占$_{(1)}$"类动词。

"采购"释义为"选择购买",具有内向领属变化特征,如"从外地采购进好多食品""你把咱们缺的商品都采购进来",该类动词包括(8个):采购、抄$^2_{(1)}$、得$_{(1)}$、借$_{(1)}$、捞$_{(1)}$、买、收$_{(2)}$、吸收$_{(2)}$。

"拨$_{(2)}$"释义为"分出一部分发给;调配",具有外向领属变化特征,如"一时拨不出那么多钱",该类动词包括(16个):拨$_{(2)}$、补$_{(2)}$、补充、处理$_{(2)}$、垫$_{(1)}$、关$_{(5)}$、贡献、借$_{(2)}$、开$_{(12)}$、卖、赔$_{(1)}$、赏、让$_{(3)}$、退$_{(4)}$、退还、找^2。

"侵占$_{(1)}$"释义为"非法占有别人的财产",具有水平向领属变化特征,如"这些东西都是他侵占过来的",该类动词包括(43个):霸占、包$_{(3)}$、抱$_{(2)}$、剥削、调、调动$_{(1)}$、夺$_{(1)}$、夺$_{(2)}$、夺取、兑换、雇、刮$^1_{(3)}$、拐^2、继承$_{(1)}$、搂$_{(3)}$lōu、买、拿$_{(3)}$、弄$_{(2)}$、叛变、剽窃、聘请、抢$^1_{(1)}$、抢劫、敲$_{(2)}$、敲诈、侵占$_{(1)}$、侵占$_{(2)}$、赊、贪污、讨$_{(1)}$、讨$_{(2)}$、偷$_{(1)}$、学$_{(1)}$、学习、要$_{(1)}$、引诱、赢、摘$_{(3)}$、招$^1_{(1)}$、争夺、争取$_{(1)}$、赚、租。

2　比较变化动词

一些动词如"比$_{(1)}$、比较、差chà$_{(2)}$、超过$_{(1)}$、超过$_{(2)}$、多$_{(1)}$、过$_{(1)}$、盖$_{(3)}$、赛$_{(2)}$、胜$_{(2)}$"等本身具有比较变化义,但大多数动词是在具体语境中才具有了这一语义。

3　产生义动词和消失义动词

产生义动词是使受动者由无到有产生的动词,多具有"制造、计算、创作"义,记为"编$_{(4)}$"类动词。"编$_{(4)}$"释义为"创作(歌词,剧本等)",如"一年编不出几首歌""剧本已经编出来了"。搭配"出/出来"的产生义动词有(142个):熬$_{(1)}$、办$_{(2)}$、编$_{(4)}$、编$_{(5)}$、变$_{(1)}$、变$_{(2)}$、变化、辩论、擦$_{(3)}$、猜、采$_{(2)}$、采$_{(3)}$、测、测量、测验、产生、抄$^1_{(1)}$、抄$^1_{(2)}$、抄写、唱$_{(1)}$、出版、创造、抽$^1_{(3)}$、刺激$_{(2)}$、打$_{(5)}$、打$_{(6)}$、打$_{(9)}$、打$_{(10)}$、打$_{(11)}$、打$_{(19)}$、得$_{(2)}$、点$_{(10)}$、读$_{(1)}$、发$_{(3)}$、发明、翻$_{(6)}$、翻译、分析、改造$_{(1)}$、耕、估计、观察、核对、画^1、画^2、回答、和huó、和huò、记$_{(1)}$、记$_{(2)}$、计算$_{(1)}$、煎$_{(1)}$、煎$_{(2)}$、开$_{(2)}$、开$_{(8)}$、开$_{(11)}$、开$_{(16)}$、开辟、抠$_{(2)}$、抠$_{(3)}$、拉$^1_{(3)}$、立$_{(2)}$、练、练习、炼、描$_{(1)}$、描$_{(2)}$、描写、拟定、捏造、培养$_{(1)}$、培养$_{(2)}$、气、签$^1_{(1)}$、签$^1_{(2)}$、惹$_{(1)}$、惹$_{(2)}$、烧$_{(2)}$、设计、审$_{(1)}$、审$_{(2)}$、审查、审问、

生(1)、生(2)、生(3)、生(4)、生产、生长、试验、收拾(2)、摔(3)、思考、算(1)、算计(1)、算计(2)、摊(2)、弹(2)、弹(3)、烫(1)、讨论、套(6)、疼(1)、别(1)、挑 tiǎo(4)、挑拨、吐 tǔ(2)、推测、下(10)、想(1)、协商、写(2)、修(1)、修(2)、修改、修理(1)、修理(2)、绣、印、造(1)、造(2)、炸(1)、长 zhǎng(1)、招[1](2)、蒸、整顿、整理、织(1)、织(2)、制定、制造(1)、制造(2)、赚、装[1]、凿、总结、钻(1)、钻(3)、琢磨(1)、作、做(1)。这类动词数量多,隐含由内及外的变化。搭配"上/上来"的产生义动词(3个):滚(3)、说(1)、写(1),隐含依附于某处的变化。搭配"来"的产生义动词(4个):讨(3)、惹(1)、惹(2)、惹(3),隐含泛方向的变化。搭配"起/起来"的产生义动词(11个):成立(1)、盖(4)、建立(1)、建立(2)、建设、砌、修(3)、招[1](3)、着 zháo(2)、肿、组织,隐含由低向高的上向变化。不搭配趋向补语的产生义动词有(4个):出(4)、出(5)、起(3)、起(7)。有些产生义动词还可搭配"下/下来",突显留于某处的变化,如办(1)、打(5)、盖(4)、画[2]、惹(1)、写(1)、赚等。

消失义动词是使受动者消失的动词,记为"扫(1)"类动词。"扫(1)"表达"用扫帚或笤帚除去尘土、垃圾等",如"扫去尘土",搭配"去"的消失义动词有(9个):扫(1)、剃、脱(1)、花、排[2]、省(2)、涂(3)、抹(3)mǒ、褪 tuì。

4 显现义动词和隐藏义动词

显现义动词是使受动者由隐到显变化的动词,记为"流露"类动词。"流露"表达"[意思、感情]不自觉地表现出来",例句有"他要回北京的意思,早就流露出来了"。搭配"出/出来/出去"的显现义动词有(100个):摆(2)、暴露、背 bèi(2)、标、表达、表决、表示(1)、表示(2)、表现(1)、表现(2)、表演(1)、表演(2)、查(1)、查(2)、查(3)、尝、陈述、称[2]、呈现、抽查、打听、带(3)、点(7)、点(8)、点(9)、调查、发(8)、发表(1)、发表(2)、发挥(1)、发挥(2)、发扬、反映(1)、飞(4)、分(3)、分别[2]、公布、广播、规定、喊(1)、回忆、汇报、检查(1)、检查(2)、检讨、检验、鉴别、校对(1)、校对(2)、讲(1)、讲(2)、交代(3)、叫[1]、揭(3)、揭发、揭露、介绍(3)、看 kàn(2)、看 kàn(5)、量、流露、骂、卖弄、念(1)、盘问、判断、品尝、区别、确定、嚷(1)、认(1)、散布、闪(4)、试、说(1)、坦白、探(1)、套(4)、提(2)、提(6)、提供、体会、体现、听(3)、透(2)、透(3)、透露、吐(3)tǔ、闻、问(1)、献(2)、想(2)、泄露、叙述、宣布、演、预料、招[2]、指(2)。搭配"起/起来"的显现义动词有(7个):回忆、记(1)、讲(1)、念叨、谈、谈论、想(2)。不搭配趋向补语的显现义动词有(4

个）：出$_{(6)}$、出现、声明、走$_{(5)}$。

隐藏义动词是使受动者由显到隐变化的动词，记为"掩盖$_{(1)}$"类动词。"掩盖$_{(1)}$"表达"隐藏；隐瞒"，例句有"他们总是把不和掩盖起来"。搭配"下""起/起来"或"去"的隐藏义动词有（31个）：藏$_{(1)}$、藏$_{(2)}$、存$_{(3)}$、存$_{(4)}$、挡$_{(2)}$、堵、躲、躲避、躲藏、盖$_{(1)}$、关$_{(2)}$、寄存、扣$_{(3)}$、扣留、埋、埋葬、瞒、塞、收$_{(1)}$、拴、锁$_{(1)}$、围、捂、掩盖$_{(1)}$、掩盖$_{(2)}$、掩护、掩饰、隐藏、隐瞒、抓$_{(3)}$、装$_{(1)}^{2}$。

5　确定义动词

确定义动词是使受动者由不确定到确定变化的动词，记为"承认"类动词，搭配"下/下来"。"承认"释义为"表示肯定、同意，认可。国际间肯定别国的存在"，如"这个错误你应该承认下来"。该类动词有（11个）：承认、答应$_{(2)}$、订$_{(1)}$、订$_{(2)}$、定、讲$_{(3)}$、决定、明确、确定、认$_{(2)}$、认$_{(3)}$。

6　正向生理/心理状态动词和负向生理/心理状态动词

正向生理/心理状态动词是受动者生理或心理状态由消极到积极变化的动词，记为"呼吸"类动词和"醒悟"类动词，搭配"过来"或"上"。"呼吸"释义为"生物体与外界进行气体交换"，搭配"过来"，例句有"天气太闷，呼吸不过来"（自拟）；"醒悟"释义为"在认识上由模糊而清楚，由错误而正确"，例句有"这个人到现在还没醒悟过来"。正向生理状态动词有（11个）：补$_{(3)}$、喘、呼吸、恢复、救、挽救、歇、醒$_{(1)}$、醒$_{(2)}$、休息、休养。正向心理状态动词有（9个）：爱$_{(1)}$、爱$_{(2)}$、关心、觉悟、明白、调解、醒$_{(3)}$、醒悟、琢磨$_{(1)}$。其中"爱$_{(1)}$""爱$_{(2)}$"搭配"上"。

负向生理/心理状态动词是生理或心理状态由积极到消极变化的动词，记为"昏迷"类动词和"恨"类动词分别搭配"过去"和"上"。如"昏迷"，释义为"因大脑功能严重紊乱而长时间失去知觉"，表达消极生理状态，例句有"他又昏迷过去了"。又如"恨"释义为"仇视；怨恨"，表达消极心理状态，例句有"你是不是恨上我了"。负向生理状态动词有（3个）：昏迷、死、吓。负向心理状态动词有（2个）：恨、忌妒。

7　价值变化动词

价值变化动词是使受动者价值状态正向变化的动词，记为"端正"类动词，搭配"过来"。"端正"释义为"摆平；摆正确"，具有"向好的方向变化"的语义特征,例句有"你待人的态度应该马上端正过来"。这类动词有(15个):端正、翻(3)、改(1)、改(2)、改(3)、改变(1)、改变(2)、改造(2)、改正、纠正、扭转、调整、修改、整顿、转变。

8 上向性质形容词和下向性质形容词

上向性质形容词是性质状态上向变化的形容词,搭配"起来"或"上来",多表示天气、环境、性格、情绪、外貌以及其他类型,可以是褒义的,如:安分、安静(1)、宝贵(1)、便宜、苍翠、敞亮、沉着、成熟、诚恳、聪明、大方(1)、大方(2)、发达、繁华、繁荣、肥沃、丰富、富、富强、富裕、高明、高兴、豁达等。可以是贬义的,如:暗淡、肮脏(1)、傲慢、霸道、暴躁、悲观、悲痛、笨重(1)、别扭、残暴、残酷、惭愧、苍白、草率、潮湿、沉(1)、沉(2)、沉闷、沉痛、沉重、粗暴、粗糙(1)、粗鲁、粗心、粗野、粗壮、脆弱、淡薄(2)、淡薄(3)、淡薄(4)、调皮、烦、烦琐、烦躁、疯狂、复杂、高傲、好强、好胜、坏(1)、坏(2)、荒诞、荒凉、荒唐(1)、荒唐(2)、慌张、惶恐、恍惚(1)、恍惚(2)、灰心、晦涩、昏黄、混乱、混浊、急促(1)、急促(2)、急躁(2)等。也可以是中性的,如:长 cháng、大(1)、多(1)、高(1)、红(1)、红(2)等。

下向性质形容词是性质状态下向变化的形容词,搭配"下来",多表示光线、精神、情感等,有22个:安定、安静(1)、安静(2)、暗、暗淡、沉寂、黑(2)、缓和、昏暗、寂静、静、冷静、冷清、慢(1)、平静、清静、软(2)、肃静、稳(2)、稳定、镇定、镇静。

9 小 结

本节讨论了动词的状态方向特征及其小类。我们参考《汉语动词用法词典》和《形容词用法词典》的动词/形容词释义和动趋组合例句,结合2500万字当代北方作家小说语料和北京大学CCL语料库,通过分析语义框架,对其中动词和形容词的状态方向特征进行了分析。根据状态方向特征,将动词分为领属变化动词(搭配趋向补语"进/出/来/去/过来/过去")、比较变化动词、产生义动词(搭配趋向补语"出/出来""起/起来""上/上来")和消失义动词(搭配趋向补语"去")、显现义动词(搭配趋向补语"出/出来/出去")和隐藏义动词(搭配趋向补语"下""起/起来""去")、确定义动词(搭配趋向补语"下/下来")、正向生理/心理状态动词(搭配趋向补语"过来""上")和负向生理/心理状态动词(搭配趋向补语"过去""上")、价值变化动词(搭配趋向补语"过来")、上向性质形容词(搭配趋向补语"起来""上来")和下向性质形容词(搭配趋向补语"下来")等12类。我们建立了关于状态方向的动词和形容词词表,有助于分析动词/形容词与趋向补语的双向选择关系。

第八章　动趋式特殊构式的表达功用分析

　　刘大为（2010）认为常规构式在一定动因下会向习语构式和关系构式方向发展。常规构式是具有高能产性以及构式义固化的完成形式；习语构式是形成习语的不具能产性的实体构式（如"看起来""看上去"等）或可进行框架提取的半实体构式（如"[ ]来[ ]去""[ ]得 / 不过来"等）；关系构式是经过框架提取和规则化形成的具有能产性的关系构式（如致使–施动构式）[1]。根据目前考察，动趋式特殊构式可分为四类："反复"类，包括"V 来 V 去、V 过来 V 过去、V 上 V 下、V 进 V 出"等；"顺序"类，包括介词框架[2]"从 / 由 + 开始起点 +V 起"、半实体构式"再 X 下去"、习语构式"接下来 / 去""话又说回来"等；"主观评价"类，包括"再 / 最 +adj.+ 不过、adj. 不到哪儿 / 里去[3]"等；"感知推断"类，包括"V 上去 / 起来 / 来 +AP/VP"构式。

　　本章重点讨论"V 上去 /V 起来 /V 来 +AP/VP""V 来 V 去""话又说回来"构式的表达功用[4]。研究思路是：首先，探讨动趋式特殊构式的语用功能，归纳总结汉语动趋式特殊构式所在认知域及其语境特征。构式义经历了由具体到抽象、由命题功能到话语功能、由客观意义到主观意义的变化

1　刘大为：《从语法构式到修辞构式（上 / 下）》，《当代修辞学》，2010 年第 3、4 期。

2　陈昌来（2002）指出，在现代汉语中有些固定格式，介词在前，其他词语如方位词、连词、名词、准助词等在后，介词所介引的对象被夹在中间，形成了一个框架，称之为"介词框架"。参见陈昌来：《介词与介引功能》，合肥：安徽教育出版社，2002 年；陈昌来：《现代汉语介词的内部差异及其影响》，《上海师范大学学报》，2002 年第 5 期。

3　吴为善、夏芳芳：《"A 不到哪里去"的构式解析、话语功能及其成因》，《中国语文》，2011 年第 4 期。研究认为该构式表达"说话者认为某个主体性状的程度不会超出某个有限量幅的评价"，其心理预设为"承认或认定 X，但说话者认为 X 的性状程度量有限"；在句法上与转折或让步关系表达形式相融，多引入比较对象；该构式原型为"V 不到哪里去"，经历了由空间域、数量域到性状域的隐喻扩展，如"跑不到哪里去""赢不到哪里去""赖不到哪里去"。

4　本章的研究按照由句法构式、半实体构式到实体构式的顺序。

过程。其次,讨论汉语动趋式特殊构式与内部词项(重点是动词小类)的互动关系。一方面,构式规定动词表示的事件类型以何种方式整合进构式表示的事件类型。另一方面,动词小类也会对构式义的隐喻扩展或引申产生重要的影响,说明构式的句法语义特征。再次,结合共时和历时探讨汉语动趋式特殊构式的演变路径和虚化机制。

第一节 "V 上去 / 起来 / 来 +AP/VP" 构式的表达功用

1 引 言

对 "V 上去 / 起来 / 来 +AP/VP" 的研究引起了学界较大的关注。请看下面的例子:

(1)a. 这桃子**摸上去**软软的。

b. 她的劝慰让小李**听上去**像是幸灾乐祸。

(2)a. 这辆车**安装起来**很麻烦。

b. 这句玩笑话,(让 / 在)他**听起来**很不舒服。

c. 他**跑起来**一阵风似的。

(3)a. 这事**说来**很奇怪。

b. 这个发现在他**看来**是个意外。

NP 是 V 的受事或施事,V 是动词,AP/VP 是形容词短语或动词短语。学界形成了两种分析思路:第一种是比对英语的中动结构进行考察。中动结构表达 NP 在 V-NP 的时候通常呈现出 AP 状态,隐含的施事具有通指性[1],要选择完成类事件动词和语义上不是由施事自主控制的副词或形容词[2]。因此,a 组是中动结构,b 组 /c 组不是中动结构。AP 语义指向 V 是典型的中动句[3],如例(2)a 句。AP 语义指向 "V" 相关的受事是非典型的中动句[4],如例(1)a 句和例(3)a 句。第二种是反驳中动结构说法,从话题句或构式角度进行考察。殷树林(2006)认为该结构是一般话题句,分出

---

1 曹宏:《论中动句的语义表达特点》,《中国语文》,2005 年第 3 期。

2 何文忠:《中动构句选择限制的认知阐释》,《外语研究》,2007 年第 1 期。

3 余光武、司惠文:《汉语中间结构的界定——兼论 "SNP+V- 起来 +AP" 句式的分化》,《语言研究》,2008 年第 1 期。

4 张德岁:《"VP+AP" 结构与中动句关系考察》,《汉语学习》,2011 年第 5 期。

"NP 由于 V 的实施而凸显出 AP"和"由于某种原因，V 支配 NP 是 AP 的"两种型式[1]，前者如例（1）和例（3），后者如例（2）。宋红梅（2008）认为该结构是有形式标记的话题句，NP 由"V 起来"的"起来"所具有的强话题性特征导致强制性移位[2]。吴为善（2012）认为该结构具有说话人对某种活动或现象的状态所引发的主观感受加以评述的构式义，其中通指性的命题建立在说话人主观意念上的，而非社会规约化共识基础上的；NP 更多的是定指或特指的，在具体语境中还会凸显 NP 的特征；这些特征均与英语中动结构有着显著的差异[3]。

我们赞同第二种观点，认为这些句子与英语中动句有着较大的差异，不宜简单对号入座。不管哪种观点，均对结构的性质特征进行了较为深入的分析。然而，研究仅限于就事论事，未能对表达功用的异同进行探讨，如 a 组、b 组与 c 组之间到底有哪些语义关联性？使用"V 上去 / 起来 / 来"在表达功用上有何异同？进入不同结构中的 V、AP/VP 有哪些句法语义特征的共性与个性？等等。本节将利用自建的 2500 万字当代北方作家小说语料、北京大学 CCL 语料库和中国基本古籍库，借鉴认知语言学理论，运用语料库统计分析方法，从共时和历时角度，试图对以上问题进行探讨。

2 "V 上去 / 起来 / 来 +AP/VP"构式的致使性语义基础

"V+ 上去 / 起来 / 来"基于驱动—路径图式，该图式整合了驱动链模式（Causal Chain Model）[4]和路径图式（Source-Path-Destination Schema）[5]，既关注力的作用，又关注物体在路径上的移动。"V 上去 / 起来 / 来"最初用于空间域，表达受动者在施动者驱动力的作用下发生路径的空间位移，包含施动者、受动者、驱动力和路径四个基本语义要素，具有一定的致使性。随着隐喻扩展，"V 起来 / 来"由空间域扩展到时间域，由实际位移到虚拟变化，致使性由强变弱。例如：

---

1 殷树林：《"S+NP（对象）+（状）+V+ 起来 +AP"格式与英语中动句的比较》，《语言教学与研究》，2006 年第 1 期。

2 宋红梅：《"V 起来"句作为有形态标记的话题句》，《外语研究》，2008 年第 5 期。

3 吴为善：《"V 起来"构式的多义性及其话语功能——兼论英语中动句的构式特征》，《汉语学习》，2012 年第 4 期。

4 Croft, W. *Syntactic Categories and Grammatical Relations：The Cognitive Organization of Information*. Chicago：The University of Chicago Press, 1991：26—48.

5 Lakoff, G. *Women, Fire and Dangerous Things：What Categories Reveal about the Mind*. Chicago：The University of Chicago Press, 1987：282—283.

（4）a. （王跑）又把老气和两个孩子**拉了上去**。（李準《黄河东流去》）

　　b. 忽然我看到窗户跟前有个闹钟，吓得一下**跳起来**。（王小波《绿毛水怪》）

　　c. 金国龙和几个打手**提来**几桶水。（路遥《惊心动魄的一幕》）

（5）a. 魏晓日这样说着，抽出卜绣文的病历**看起来**。（毕淑敏《血玲珑》）

　　b. 这觉后快乐是怎样的呢？且听我**唱来**。（《佛法修正心要》）

例（4）用于空间域，"拉上去"表达受动者"老气和两个孩子"在施动者"王跑"的驱动力"拉"的作用下发生离开立足点由低及高到达终点的路径变化，"跳起来"表达施动者（受动者）"我"在自身驱动力"跳"的作用下发生朝向立足点由低向高的路径变化，"提来"表达受动者"几桶水"在施动者"金国龙和几个打手"的作用下发生朝向立足点的路径变化。例（5）用于时间域，"看起来"表达动作"看"朝向立足点开始并继续的时间变化，"唱来"表达动作"唱"逐渐到达事件结束点的时间变化。

当"V 上去/起来/来"用于表达返身致使时，施动者通过自身的心理空间位移或时间变化体现对某一实体或事件的主观态度，往往后接小句 AP/VP。例如（认知对象用下划线表示，认知结果用波浪线表示，下同）：

（6）"刘云吗？我是王老师。"王教授本来就亲切的声音。在有意识地被强调后，**听上去**更亲切。（皮皮《比如女人》）

（7）枣园一带的敌伪军，是全县敌人里边最顽强的部队。……表面上**看起来**敌人是更厉害了，但是骨子里是更加虚弱了。（雪克《战斗的青春》）

（8）往后，她越唱越自如，难度极大的拖腔**唱来**也抑扬顿挫，有滋有味。（CCL《作家文摘》1994 年）

例（6）~（8）"V 上去/起来/来"后接 AP/VP。进入"V 上去 +AP/VP"中的"上去"具有空间义。进入"V 起来/来 +AP/VP"中的"起来/来"具有时间义。

"V 上去/起来/来 +AP/VP"是一个构式，表达在某认知条件（或情况）下认知对象（某实体或事件）状态特征被动引发认知者对其产生某认知结果，具有一定的致使性。这个构式包含四个基本要素：认知对象、认知者、认知条件和认知结果。

认知对象是产生认知结果的被动引发者，也是认知条件支配或关涉的对象，在句中往往体现其状态特征，以凸显被动引发作用。认知对象可以由 NP 充当，如例（8），其中带有修饰成分"难度极大"，用以说明"拖腔"的状态特征；也可以由小句或多个句子充当，如例（6）与"听上去"关涉的是"王教授的声音"，但通过修饰语"本来就亲切的"和小句"在有意识地被强调后"表现出其状态特征；例（7）认知对象通过小句"枣园一带的敌伪军，是全县敌人里边最顽强的部队"体现出其状态特征。

认知条件是认知结果产生的条件，由"V 上去 / 起来 / 来"承担，可理解为"在……的条件 / 情况下"。"V 上去 / 起来 / 来"的空间义或时间义由于受到后面小句的影响，变得模糊或者说不凸显，语义不断主观化，结构渐趋凝固化，不能用于可能式，具有了一定的认知义。但具体是哪种认知义，需要在具体语境中才能体现出来，这说明其本身的认知义仍未固定。如果认为"V 上去 / 起来 / 来"已经具有了预测、估计和评价义[1]，这是将构式义套在了局部成分上了。

认知者是认知结果的发出者，与认知对象相比，显著性较弱，在具体语境中常隐而不现，如例（6）～（8）。

认知结果通过"AP/VP"或小句来表示。如例（6）表达认知对象"王教授亲切的声音在有意识地被强调后"被动引发认知者"刘云"在认知条件"听"的情况下产生认知结果"更亲切"。例（7）表达认知对象"枣园一带的敌伪军是全县敌人里边最顽强的部队"被动引发认知者"许凤"在认知条件"看"的情况下产生认知结果"敌人是更厉害了"。例（8）表达认知对象"她难度极大的拖腔"被动引发认知者在认知条件"唱"的情况下产生认知结果"也抑扬顿挫，有滋有味"。

3 "V 上去 / 起来 / 来 +AP/VP" 构式的语义类别

3.1 受事型和施事型构式

3.1.1 受事型构式

当认知对象是"V"的受事时，构成受事型构式，表达认知对象（"V"的受事）引发认知者在某认知条件下产生某认知结果。进入其中的 V 均为二价自主、持续动词。认知者是"V"的施事，多隐含不现。也可出现，通过使役动词"使 / 令 / 让 / 叫"或者"在 / 对……"介词结构引入，均放在认知对象之后、"V 上去 / 起来 / 来"之前。这时"V 上去 / 起来 / 来"与"AP/

---

1 黄冬丽、马贝加：《"S+V 起来 +AP/VP" 构式及其来源》，《语文研究》，2008 年第 4 期。

VP"之间是述补关系[1]，一起充当述题，NP 之后有个明显的语音停顿。若去掉"V 上去/起来/来"，该类构式本身的致使义消失。例如（认知者用双下划线表示，下同）：

（9）有一片白云连绵在一起，由东向西飘荡着，看上去就像一条天河。（迟子建《额尔古纳河右岸》）

（10）马利华紧紧握住不撒手，狞笑着撕了一半又一半。那声音让她听起来倒是有了几分复仇的快意。（徐坤《热狗》）

（11）a. 母亲太热衷于穿裙子了，所以在我看来，母亲盼夏天来，并不是盼林中的花朵早点开放，而是为了穿裙子。（迟子建《额尔古纳河右岸》）

b. 这可怜的孩子，一点细微的响声在她听起来都像炸弹一样可怕，都可能是大难临头。（路遥《惊心动魄的一幕》）

例（9）"有一片白云连绵在一起，由东向西飘荡着"引发认知者"我们"在"看"的认知条件下产生"就像一条天河"的认知结果。其他亦是如此。例（9）隐含"V"的施事；例（10）、（11）分别通过使役结构"让她"、介词结构"在我/在她"凸显"V"的施事。例（10）构成连锁致使结构，例（11）介词结构"在我/在她"与"V 来/起来"构成修饰与被修饰的状中关系，"在我看来""在她听起来"与后面 AP/VP 之间关系较之前面例（9）、（10）变得松散，中间有了停顿，但仍然构成述补结构。

3.1.2　施事型构式

当认知对象是"V"的施事时，构成施事型构式，表达认知对象（"V"的施事）在"V"的认知条件下引发认知者产生某认知结果。进入其中的 V 均为一价自主、持续动词。这时认知者表现为叙说者，隐而不现。该构式仅限于"V 起来"，不能用于"V 上去/来"，这是因为进入"V 上去/来+AP/VP"的均是二价自主、持续动词。该构式认知对象与认知条件构成事件，充当作用者，其致使性可通过引入"使/令/让/叫+叙说者+觉得"体现，放在"V 起来"之后。"NP"与"V 起来"关系更密切，后面有较明显的语音停顿，构成主谓结构，共同作话题。"AP/VP"是对话题的陈述，充当谓语。该类构式若去掉"V 起来"，句子不成立或语义发生变化。例如：

（12）德强这时跑起来（使/令/让/叫叙说者觉得）很费力。（冯德英

1　熊仲儒：《评价性"V-起来"句的句法语义分析》，载中国语文杂志社编：《语法研究和探索（十五）》，北京：商务印书馆，2010 年，第 33—54 页。

《苦菜花》)

（13）整整一个下午镇子上一片沉寂，<u>粉丝大厂的工人**操作起来**</u>（使 /
令 / 让 / 叫叙说者觉得）<u>也悄无声息</u>。（张炜《古船》）

例（12）认知对象"德强"在其"跑"的认知条件下，引发叙说者产生
"很费力"的认知结果，或者使得叙说者对其进行"很费力"的感觉描述。
其他亦是如此。该类致使性相当弱，这是因为在语境中无法真正添加使役
结构凸显致使性。

3.2 空间型和时间型构式

"V 上去 +AP/VP"是空间型构式，关注视、听、嗅、味、触觉器官对认
知对象的作用。该构式最初表达在物理空间接触的认知条件下认知对象
引发认知者产生某一认知结果，后来在隐喻的作用下扩展到心理空间。该
构式多搭配感官类动词，如例（6）、（9）。

"V 起来 / 来 +AP/VP"是时间型构式，表达在时间变化的认知条件下
认知对象引发认知者产生某一认知结果。这时"V 起来""V 来"关注时间
推移性，前者注重时间的起始及持续性，后者注重时间的终点目标性。"V
起来"表达时间变化义比较成熟，使用范围也较广，除感官类动词外，还
用于其他自主动词，如例（12）、（13）。"V 来"表达时间变化义，同时隐
含着动作关涉对象的空间变化，其时间性较弱，使用范围也较窄，多用于
"看、说、听"等动词，例（11）a 句。

人类隐喻认知的过程是由空间结构引申到时间概念[1]。认知域越抽象，
致使性越弱。因此，空间型构式的致使性要比时间型构式强。

3.3 感知、评价和推断型构式

认知结果由感知、评价到推断，致使性越来越弱，主观化程度越来
越高。

3.3.1 感知型构式

当认知结果是感知时，构成感知型构式，表达认知对象引发认知者在
感官作用下产生感知性认知结果。这时"AP/VP"语义指向认知对象，用
于表达认知者对人的外貌、身体状况、年龄、行为举止、声音等和实体的
形状、新旧、数量、轻重、声音、色彩、温度、距离、范围、味道等的感知。
这时认知条件由"V 上去 / 起来"承担，"V"多为感官动词；"V 起来"中的
"V"也可以是动作动词或性质形容词。性质形容词进入该构式临时具有了

1　Lyons, J. *Semantics*（*Vol. 2*）. Cambridge：Cambridge University Press, 1977（2）：61—83.

动作性,成为一种认知条件。状态形容词"雪白、金黄、笔直、通红"等不具有程度变化义,不能进入该构式。例如:

(14)被吊着的人看上去只有二十多岁。(李晓明《平原枪声》)

(15)刚下过雨,空气特别清新,敌人的枪声,听起来也格外清脆。(杜鹏程《保卫延安》)

(16)他们的腿又细又长,跑起来不打弯,果然像没有膝盖的样子。(莫言《丰乳肥臀》)

(17)那雨像丝线一样细,像面粉一样轻,随着轻柔的春风,在天空中飘洒着、扬落着。有时候细起来像一阵薄雾,笼罩在柳林中、河面上、苇棵里。(李準《黄河东流去》)

例(14)~例(17)表达"V"的主体对认知对象的年龄、声音、形状等的感知。"看""听"是感官动词,"跑"是动作动词,"细"是性质形容词。除此之外,感觉之间彼此相通,互相影响,具有通感的特性。例如:

(18)这里有着与任何其他地方,甚至是医院门诊病房都不同的气氛,低温使所有器械看上去冷冷的。(皮皮《比如女人》)

(19)这熟悉的声音听起来十分遥远,几乎远在天边,而实际上却近在咫尺。(刘恒《逍遥颂》)

例(18)"看"是视觉,认知对象"所有器械"引发认知者产生触觉方面的认知结果——"冷冷的"。例(19)"听"是听觉,认知对象"这熟悉的声音"引发认知者产生视觉方面的认知结果——"十分遥远"。

3.3.2 评价型构式

当认知结果是评价时,构成评价型构式,表达认知对象引发认知者在思维作用下产生评价性认知结果。评价是在感知基础上产生的。这时"AP/VP"语义指向认知对象,用于表达认知者对其描述对象的身份、个性、情绪、态度、人际关系等和事件的难易、适宜与否等特征的思维评价。"V上去/起来/来"均可进入该构式,其中"V"多使用感官动词。例如:

(20)他结了婚——这四个字听上去多么简单。(史铁生《务虚笔记》)

(21)长长的眼睫毛护着一双水一般清澈的眼睛,看起来很单纯。(路遥《平凡的世界》)

(22)可是,他有个特点儿:表面看来,并不像猪头小队长那样凶狠残暴,比起一般的日本军官来也"文明"得多。(刘流《烈火金钢》)

例(20)~(22)是认知者在感知的基础上,通过简单思考得出的初步评价,分别是对认知对象难易、个性的评价。"听""看"都是感官动词。也

431

可以是言说动词，仅限于"V起来""V来"，表达认知者通过言说动作表达对认知对象的评价。例如：

（23）老尤来自开封，爱说些开封的典故，如开封的相国寺、龙亭、潘杨二湖、清明上河街、马市街等；还有开封的吃食，如开封的灌汤包、沙家牛肉、白家羊蹄、胡家罐焖鸡、汤家焖狗肉等，**说起来**也是一套一套的，把开封说成了天上人间。（刘震云《一句顶一万句》）

（24）这么多的敌人你怎么能够跑得了呢？谁说不是？要不怎么叫孩子呢？**说来**孩子跟孩子也不一样：有的孩子遇到这种情况就会哭，小虎则不然。（刘流《烈火金钢》）

例（24）的认知对象分别位于"说来"的前面和后面，前面是事件的背景，后面是具体说明事件，或者解释评价的原因。

也可以是动作动词和性质形容词，仅限于"V起来"。例如：

（25）我那时天真活泼，头脑简单，一身孩子气，但是**工作起来**还算机灵勤快。（权延赤《红墙内外》）

（26）从四九年以来，有多少老太太、街道积极分子、家庭妇女、退休工人、摆摊的拾破烂的，**积极起来**确实超过了某些共产党的老干部。（王蒙《狂欢的季节》）

3.3.3　推断型构式

当认知结果是推断时，构成推断型构式，表达认知对象引发认知者在思维作用下产生推断性认知结果。认知者在一命题的基础上通过独立思考推断出另一相关的命题。该类均为受事型构式。其中，"V上去"中的"V"为感官动词，"V起来/来"中的"V"是认知动词。例如：

（27）"因为作者过于孤芳自赏，完全忽视了或者不去管读者其实大都生活在与他不同的环境中，奉行的价值观也是千差万别，如果缺乏带领很难本来也没兴趣过多关注他的飘渺思绪和心理潜流。"
"听上去你也不觉得这本书好嘛。"（王朔《我是你爸爸》）

（28）咱们起义已经十来年啦，弟兄们死了不知有多少，老百姓遭殃更大，到如今还没有打出个名堂来，你抱定宗旨杀贪官污吏，可是贪官污吏越杀越多，**看起来**若非推倒明朝江山，来一个改朝换代，吏治是不会清明的。（姚雪垠《李自成》）

（29）他们都不肯明白说出自己的主张，**看来**只有老爷来作出决断了。

（姚雪垠《李自成》）

例（27）认知对象引发认知者在"听"的认知条件下产生某一推断性结果——"你也不觉得这本书好嘛"。例（28）、（29）中的"看"不再具有视觉动作动词的实义，演变为认知动词。

4　"V上去/起来/来+AP/VP"构式的语料统计及功用分析

4.1　受事型认知对象占主体

"V起来+AP/VP"受事型构式居多，812例，占83.3%，多搭配感官动词和言说动词。其中仅有25例通过使役动词或介词结构"在……/照……"引入"V"的施事，如例（30）、（31）。"说起来"在构式中的位置较灵活，多用于认知对象之后，也可以用于认知对象之前，占15.2%，如例（32）；除做谓语，43例用于定中结构中，如例（33）。

（30）纵然战死，浩气长存，让后世说起来也不丢人。（姚雪垠《李自成》）

（31）（他姐夫）说她是劳动模范，要大家向她学习，就没有提到她的缺点，照娘这么说起来，虽说她劳动很好，可也不该不尊重老人啊？（赵树理《传家宝》）

（32）说起来人和人是不一样的，有的人腰缠万贯不肯帮人，而有的人未见富豪念想着帮人。（尤凤伟《泥鳅》）

（33）吴为又下了一个听起来轰轰烈烈，实则不堪一击的决心。（张洁《无字》）

施事型构式有163例，占16.7%，这时搭配其他动作动词和性质形容词。例如：

（34）这同志工作起来简直是不顾命的。（雪克《战斗的青春》）

"V来+AP/VP"构式均为受事型，共158例。其中有40例通过介词结构"对/对于/在……"引入"V"的施事，如例（35）；31例"说来"位于句首，表现"说来+认知结果+认知对象"，如例（36）；前加修饰成分，构成"表面/如此/由此/这样/这么/一般/平静/实在/严格……V来"的有34例，如例（37）；除做谓语，4例用于定中结构中，如例（38）。

（35）外面的雪越下越大，天越阴越沉，屋子暗的像黑天一样，炉火映在屋顶，一片通红。这些，对于进行内线工作的人说来，是最好的谈心时刻。（李英儒《野火春风斗古城》）

（36）说来也言怪，首长们传下来这命令后，连那驮炮骡子、又踢又咬

的牡马，也都悄悄的不嘶叫了。（杜鹏程《保卫延安》）

（37）蚂蚁出洞的时候，一般**说来**，大地应该解冻了。（张一弓《远去的驿站》）

（38）那个对我**说来**变得比金屋还要宝贵的蜗牛壳，我后悔没有认真享用它，没有把它收拾得干干净净。（白桦《远方有个女儿国》）

"V 上去 +AP/VP"构式均为受事型，共 569 例。其中仅有 3 例直接引入施事，如例（39）；39 例构成连锁致使结构，如例（40）；除做谓语，31 例用于定中结构中，如例（41）。

（39）树撞了桶，桶把水撒在小路上，很滑，他一脚**踏上去**，像踩着一块西瓜皮。（莫言《透明的红萝卜》）

（40）酒色上了她的脸，使她**看上去**很有几分柔媚。（王朔《我是你爸爸》）

（41）远处**看上去**灯火辉煌的一条条大街也都空空荡荡，没有车驶过。（王朔《千万别把我当人》）

由上可见，受事型使用频率明显高于施事型，分别占 90.4%、9.6%；仅有 7.4% 引入了"V"的施事。这是因为"V"受事的引发性显著度高于"V"施事。"V 上去 +AP/VP""V 起来 +AP/VP""V 来 +AP/VP"的主观化程度体现在：（1）三者引入施事的比例分别为 1.8%、2.6%、25.3%，引入施事比例越高，结构越凝固，主观化就越强。（2）"V 来""V 起来"位置较灵活，可用于句首，分别占 19.6%、15.2%，且构成介词结构的比例分别为 25.3%、0.9%。"V 上去"则位置较固定，且不能构成介词结构。（3）三者认知对象由事件小句充当的比例分别为 35.1%、50.9%、81.6%，依次递增，其主观化也越来越高。这说明三者结构凝固度越来越高。

4.2　时间认知条件出现早、范围广

从构式出现时间来看，"V 来 +AP/VP"出现于宋代，"V 起来 +AP/VP"出现于明代，"V 上去 +AP/VP"出现于清末。前二者进入其中的动词最早是"看"，"说"次之。后一者进入其中的动词限于"看、望、听"等。

从共时使用频率来看，"V 起来 +AP/VP" > "V 上去 +AP/VP" > "V 来 +AP/VP"[1]，分别为 975 例、569 例、158 例。时间型构式占 66.6%，明显高于空间型构式。这可从进入动词的广泛度得到证明，分别有 126 个、9 个、3 个。进入其中的动词和性质形容词均具有自主性和持续特征。

1　">"表示"高于"，下同。

进入"V 起来 +AP/VP"的动词多为"看、说、听",分别有 336 例、169 例、148 例,共计 653 例,占 67.0%。进入其他动词或形容词的共有 322 例,占 33.0%。涉及感官动词"吃、喝、咀嚼、嚼、摸、闻",言说动词"讲、夸(1)、骂、商量(1)、谈(9)、提(6)、叙述(1)"[1],其他动作动词"办(5)、背 bèi、奔走、变(1)、藏匿(1)、操作(2)、唱、吵(1)、撤(1)、沉默(1)、抽[2](2)、冲动(1)、冲撞(1)、筹办(1)、出卖(1)、处理(1)、穿戴(1)、穿(1)、传(1)、打(3)、动(2)、动作、斗、读(2)、发作、改变(1)、改(2)、干(1)、搞、工作、拱(1)、挂(1)、归咎(1)、归纳(1)、活动(1)、叫[1](1)、接受(1)、解决(1)、解(1)、经营(1)、哭、流(1)、擦、闹(1)、念(3)、捏、凝结、排查(1)、跑(1)、批(1)、批准、认同(1)、烧(1)、升(1)、实行(1)、使(1)、使用(1)、收(1)、算(1)、提(1)、跳(1)、完成(2)、玩(4)、舞、吸、细究(1)、笑、写(4)、行动、行(2)、学(1)、训练(1)、验证(1)、咬(1)、用(1)、游(1)、找(1)、折合(1)、住(2)、追(1)、走动、走(1)、作(1)、做(1)",心理动词"分析、感觉(1)、回想、理解(3)、推测、推论、推敲、想、寻思(1)",性质形容词"笨(1)、调皮、恶(1)、饿、疯、规矩、好(1)、积极、激动(1)、灵(1)、瘸、疼(2)、细、凶(1)、严肃(1)、硬",共计 122 个动词或性质形容词,还有 1 个动词短语"穿脱"。其中双音节占 39.7%。

进入"V 上去 +AP/VP"的动词主要是感官动词"看、听",分别为 498 例、54 例,占 97.0%。感官动词还有"望、闻、摸",仅 11 例。也可以是与感知有关的动作动词"碰、睡、踏、躺",仅 6 例。

进入"V 来 +AP/VP"的动词主要有"看、说",分别为 55 例、102 例,占 99.4%,另有 1 例"听"。

可见,感官类动词"看、听"均可进入"V 上去 / 起来 / 来 +AP/VP"。非感官类动词和性质形容词不能进入"V 来 +AP/VP"。言说类动词、非感知类动词和性质形容词不能进入"V 上去 +AP/VP"。进入"V 起来 +AP/VP"的动词范围最大,使用频率也就最高。相反,进入"V 来 +AP/VP"的动词范围最小,使用频率也就最低。

4.3　认知结果与构式主观化成正相关

从认知结果出现比例来看,评价型认知结果占 50.4%。其中,"V 来 +AP/VP"主要表达评价义和推断义;"V 起来 +AP/VP"多表达评价义和感知义;"V 上去 +AP/VP"多表达感知义和评价义。从认知结果的主观化

1　动词小类参考了孟琮等编:《汉语动词用法词典》。右下角数字表示词的义项,右上角数字表示同形词在词典中的编号。

程度来看,"V 来 +AP/VP" > "V 起来 +AP/VP" > "V 上去 +AP/VP"。如表 8-1-1 所示:

表 8-1-1   "V 来 / 起来 / 上去 +AP/VP" 的认知结果对比

语义类别	感知义	评价义	推断义
V 来 +AP/VP	0	91(57.6%)	67(42.4%)
V 起来 +AP/VP	332(34.1%)	554(56.8%)	89(9.1%)
V 上去 +AP/VP	345(60.6%)	213(37.4%)	11(2%)
小　计	677(39.8%)	858(50.4%)	167(9.8%)

从 "V 来 / 起来 / 上去" 与 "AP/VP" 的依附关系来看。"V 来 / 起来 / 上去" 与 "AP/VP" 之间越紧密,结构的独立性越弱,认知条件的主观化程度越低。64 例 "V 来" 与 "AP/VP" 之间加逗号,占 40.5%,如例(42);20 例 "V 起来" 与 "AP/VP" 之间加逗号,占 2.1%,如例(43);7 例 "V 上去" 与 "AP/VP" 之间加逗号,占 1.2%,如例(44)。

(42)芳林嫂急切的盼着铁道游击队的到来,一天、两天、三天过去了,这对她说来,是多么难熬的时间啊! 怎么还不来呢?(刘知侠《铁道游击队》)

(43)都说你小白菜是个能人,今天看起来,连个小孩都不如。(冯德英《山菊花》)

(44)李缅宁无所事事地漫步街头,从背后看上去,他的双肩很宽很平很合适杠肩章。(王朔《无人喝彩》)

从进入的动词小类来看,"听""说""看"进入构式,主观化程度依次递增。"听来"只表评价义;"说来"多表评价义,占 79.8%;"看来"多表推断义,占 75%。"听起来"表评价义、感知义和推断义,分别占 58.8%、38.5%、2.7%;"说起来"表评价义和推断义,分别占 96.4%、3.6%;"看起来"表感知义、评价义和推断义,分别占 44.9%、33.6%、21.5%。可见,"听起来""说起来"到"看起来"推断义比例越来越高,主观化程度越来越高。"看上去""听上去"多表感知义和评价义,但前者使用频率明显高于后者,分别为 498 例、54 例,这是因为视觉与空间的关系更为密切。除此之外,"其他动词 + 起来"表达评价义高于感知义,分别占 59.3%、38.5%。"其他动词 + 上去 +AP/VP"均表感知义。

值得注意的是,"看"进入构式的比例最多,占 50%。"看上去""看起来""看来"使用频率较高，分别占 87.0%、31.9%、33.4%，已经词汇化[1]，"看"演变为认知动词。"看上去""看起来""看来"表感知义和评价义的比例递减，表推断义的比例递增。三者的主观化程度为：看来 > 看起来 > 看上去。其中，"看起来""看上去"用于对比或转折[2]，语料发现，该情况分别占 38.4%、17.1%。用于前句的情况（如例 45）明显多于用于后句（如例46），"看起来"分别为 32.1%、6.3%，"看上去"分别为 12.1%、5.0%。这是因为在语篇中主观感觉先于客观实际的情况更符合句尾焦点原则。

（45）a. 他一生谨慎，正是因为这谨慎，许多**看起来**毫无希望的事，最终还是被他一一解决。（张洁《无字》）

b. 你见过那种遭了电子的茄子吗？**看上去**也是紫色儿，**一摸上去**净是疤瘌。（王朔《修改后发表》）

（46）a. 他爸虽然没哭，但**看起来**比哭还难受。（路遥《人生》）

b. 他们刚刚五十多岁，可**看上去**至少有六十多了。（张炜《柏慧》）

4.4　感官或言说类认知条件下较易替换

感官或言说类动词进入"V 上去 / 起来 / 来 +AP/VP"构式的频率最高，在一定条件下可以替换。一是"V 起来 +AP/VP""V 上去 +AP/VP"构式表感知义和评价义，且"V"为感官动词时，"起来"与"上去"可互换。例如：

（47）贺家彬越说越兴奋，而对冯效先来说，什么企业管理、形而上学、唯心主义……**听起来（听上去）**实在吃力。（张洁《沉重的翅膀》）

（48）娟子的个子没再长，可也不矮了，和她母亲一般高，**看上去（看起来）**她更粗壮些，更饱满些。（冯德英《苦菜花》）

二是"V 起来 +AP/VP"与"V 来 +AP/VP"表评价义，且"V"为感官动词或言说动词，二者可以互换。例如：

（49）但是这些区别只有我才能够体会，**在外人看起来（看来）**我们俩都是一样的神秘兮兮。（王小波《红拂夜奔》）

（50）他注意了守卫人员的情况，守卫的都是高大成的护兵马弁，这是一群亡命徒，**一般说来（说起来）**都是反动的，但也有最坏的较坏的与坏中较好的区别。（李英儒《野火春风斗古城》）

1　刘楚群：《"看起来"与"看上去"、"看来"差异浅析——兼论趋向短语的语法化》，《江西师范大学学报（哲社版）》，2009 年第 4 期。

2　张谊生：《"看起来"与"看上去"——兼论动趋式短语词汇化的机制与动因》，《世界汉语教学》，2006 年第 3 期。

三是"看／说起来+AP/VP"在表达推断义时,"起来"可替换为"来",相反亦然。例如:

(51)这么**说起来(说来)**,咱们当防共保卫团,是给人家当了看门狗了吧?(赵树理《李家庄的变迁》)

(52)才躺下,马蹄声又响了起来,不过那声音越来越小,**看来(看起来)**骑马的人已经离开了。(迟子建《额尔古纳河右岸》)

虽然可以替换,但三者表达功用不尽相同。"V上去+AP/VP"多凸显感官作用。"V起来+AP/VP"还凸显时间的持续,以及非感官作用。"V来+AP/VP"还凸显时间的终结,更易表达对某事件的主观推断,不能用于对比或转折句中。

进入"V起来+AP/VP"构式的"V"也可以是非感官、言说类动词或性质形容词,"起来"不可替换为"上去""来",如例(16)、(17)、(25)、(26)。又如:

(53)这件事我琢磨了很长时间,真**做起来(*做上去／做来)**还是忍不住浑身哆嗦。(刘恒《苍河白日梦》)

5 "V上去／起来／来+AP/VP"构式的历时考察

5.1 "V来+AP/VP"构式的历时考察

"V来+AP/VP"构式产生于宋代,进入的动词主要是"看",在《朱子语类》中检得372例,表达推断义,可以引入认知者,如"某看来""以某看来""据某看来"等,如例(54)。宋代时,表达评价义的数量极少,如例(55)。

(54)若温公书仪所说堂室等处,贫家自无许多所在,如何要行得?**据某看来**,苟有作者兴礼乐,必有简而易行之理。(《朱子语类》卷九十)

(55)二时展钵开单。逐日屙屎送尿。万事与人一般。仔细**看来**好笑。既是万事与人一般。为什么称善知识。(《古尊宿语录》卷二十八)

清代"看来"评价义渐多,如例(56);表感官感受义的"看来"数量极少,如例(57)。

(56)邺天庆大败而回,本当斩首,然胜负乃兵家常事,不可因此一败,便丧一员猛将。而况邺天庆虽难辞咎,**在臣看来**情尚可原,若非张尔铣献计,陈如谋决策,邺天庆似不致大败如此。(《七剑

十三侠》第一百十六回）

（57）只见靠着后窗一张桌上，坐着一个青年，**看来**二十岁光景，生得
　　　粗眉狠目，身材雄壮，十分凶恶之相，赤着膊，独自畅饮。（《施
　　　公案》第二百一十五回）

"说来"宋代时出现表评价义用法，如例（58）。明代时出现了表推断
义用法，如例（59）。

（58）他人说得分明，便浅近，**圣人说来**却不浅近，有含蓄。所以分
　　　在上、下系，也无甚意义。（《朱子语类》卷七十四）

（59）兴哥道："你前夫陈大郎名字，可叫做陈商？可是白淳面皮，没
　　　有须，左手长指甲的么？"平氏道："正是。"蒋兴哥把舌头一伸，
　　　合掌对天道："**如此说来**，天理昭彰，好怕人也！"平氏问其缘故。
　　　（《喻世明言》卷一）

明清时代这两个用法渐多，但数量仍不及表不后接其他成分的"说
来"。表推断义的"说来"多用于"似此说来、如此说来、依你说来、这
样说来、照你说来、怎般说来"等，如例（60）；表评价义的"说来"多用
于"说来+AP/VP，+认知对象"，如例（61）；也可用于"认知对象+说来
+AP/VP"，如例（62）。

（60）劈头就是姜老星说道："小的是金莲宝象国一个总兵官，为国忘
　　　家，臣子之职，怎么又说道我该送罚恶分司去？**以此说来**，却不
　　　是错为国家出了力么？"（《三宝太监西洋记》第九十回）

（61）薛倩道："尊官盘问不过，不敢不说。其实**说来**可羞。我本好人
　　　家儿女，祖、父俱曾做官，所遭不幸，失身辱地。只是前生业债
　　　所欠，今世偿还，说他怎的！"（《二刻拍案惊奇》卷七）

（62）张果先对二灵官笑道："才在空中已闻妙论。二公所言鬼势滔
　　　天，人将学鬼，**这话说来**骇人，其实将来终当有这一天，不过还
　　　在千年之后罢了。……"（《八仙得道》第八十回）

明清时代，"V来+AP/VP"用法渐多，多表推断义，如例（63）；感官
感受义和评价义数量较少，如例（64）、（65）。

（63）安老爷道："如此**说来**，此时既不知他这仇人为何人，又不知他
　　　此去报仇在何地，他强然究竟是个女孩儿，千山万水，单人独
　　　骑，就轻轻儿的说到去报仇，可不觉得猛浪些？……"（《儿女英
　　　雄传》第十六回）

（64）卖瓜子、落花生、山里红、核桃仁的，高声喊叫着卖，满园子里

听来都是人声。(《老残游记》第二回)

（65）前日有个邻居妇女，被我们留住，大家要要罢了。且是弄得兴
头，不匡老无知，见他与我相好，只管吃醋拈酸，搅得没收场。
至今**想来**可惜。(《初刻拍案惊奇》卷二十六)

5.2 "V 起来 +AP/VP" 构式的历时考察

"V 起来 +AP/VP" 构式产生于明代，清代时用例渐多。"看起来"多表
推断义（检得 187 例），多使用"这等／这么／这样看起来、照／据／依……
看起来"等格式，如例（66）；也可表评价义（检得 49 例），如例（67）。

（66）李三道："实实不知谁人遗下，在草地上啼哭，小人不忍，抱了
回家。至于黄节夫妻之事，小人并不知道，是受刑不过屈招
的。"县官此时又惊又悔道："今日**看起来**，果然与你无干"(《二
刻拍案惊奇》卷三十八)

（67）只听得呼呼风响，满城中揭瓦翻砖，扬砂走石。**看起来**，真个好
风，却比那寻常之风不同也，但见——(《西游记》第四十五回)

"说起来"表评价义（捡得 125 例）和推断义（捡得 127 例）数量基本
持平，前者如例（68），后者如例（69）。

（68）长老道："你说溧水县城隍不姓纪的，怎么说?"那神说道："这
话儿**说起来**且是长哩!"长老道："但说不妨。"(《三宝太监西洋
记》第十一回)

（69）郑蕊珠道："那里是! 其时还有一个人下井，亲身救我起来的。
这个人好苦，指望我出井之后，就将绳接他，谁知钱家那厮狠
毒，就把一块大石头丢下去，打死了那人，拉了我就走。我彼时
一来认不得家里，二来怕他那杀人手段，三来他说道到家就做
家主婆，岂知堕落在此受这样磨难!"邻妈道："当初你家的与前
村赵家一同出去为商，今赵家不回来，前日来问你家时，说道还
在苏州，他家信了。**依小娘子说起来**，那下井救你吃打死的，必
是赵家了。……"(《二刻拍案惊奇》卷二十五)

清代时出现"听起来 +AP/VP"的用法，表推断义，如例（70）。民国时
才出现表感官感受义、评价义的"听起来"，如例（71）、（72）。

（70）"……凡是这等，我都要用他几文，不但不领他的情，还不愁他
不双手奉送。这句说话要明了，就叫那'女强盗'了。"公子说：
"姑娘言重。**据这等听起来**，虽那昆仑、怒古押衙、公孙大娘、
线娘等辈，皆不足道也! ……"(《儿女英雄传》第八回)

（71）那羊吊得难过，前面只两脚不住地在鼓面上乱搔，在外面**听起来**，倒也抑扬顿挫，像煞人敲的一样。（《汉代宫廷艳史》第七十六回）

（72）却说林英刚要上床睡觉，突然有一缕尖而且锐的声音，从隔壁传来，细**听起来**真个是如怨如诉。（同上，第八十回）

5.3　"V 上去 +AP/VP"构式的历时考察

明代时"看上去"做谓语，凸显动作主体，后接结果性小句做宾语，结果性小句语义不指向动作主体，而是指向其他实体。例（73）根据语境"愈觉美丽非常"语义指向"杨素梅"。

（73）新妆方罢，等龙香采花不来，开窗叫他，恰好与凤生打个照面。凤生**看上去**，愈觉美丽非常。（《二刻拍案惊奇》卷九）

清末才出现"V 上去 +AP/VP"构式，这时凸显动作的受事，感官感受义、思维评价义和推断义分别如例（74）、（75）、（76）。

（74）这位舅太太虽然已经年过三旬，却还很喜欢抹粉涂脂，画眉掠鬓；衣妆时世，体格风流，**看上去**也不过像个二十三四的样儿。（《九尾龟》第一百八回）

（75）商订条约，办理交涉，也就是这个样儿，一丝一毫都错不得的。比如你当个办交涉的人员，和洋人订一个条约，那条约里头的话儿**看上去**都是平平常常，并没有什么紧要的地方；……（同上，第一百四十五回）

（76）周老爷听了，心上一动，又说道："他们两个帮了子翁出了怎么一把力，一个捞不到，**看上去**怕没有如此容易了结呢！"（《官场现形记》第十一回）

进入的动词多限于"看、望、听"等，其他动词较少进入。例如：

（77）陶子尧是不认得洋文的，由他念着，**听上去**无甚出入，也无话说，随问魏翩仞："这个账就这么开吗？昨儿托的事怎么？"（《官场现形记》第八回）

6　小　结

本节基于语料库从致使性角度对"V 上去 / 起来 / 来 +AP/VP"构式的表达功用进行了探讨。该构式表达在某认知条件（某种情况）下认知对象（某实体或事件）状态特征被动引发认知者对其产生某认知结果，具有一定的致使性。主要得出以下结论：

① 根据认知对象充当"V"的受事或施事，分为受事型和施事型。前者结构关系为"话题 I+（使）V 上去 / 起来 +AP/VP"和"话题 I+（在 / 对……）V 来 / 起来 +AP/VP"，分别是述补结构充当述题和状中结构充当述题；后者只限于"V 起来"，结构关系为"NP+V 起来 I+AP/VP"，"NP+V 起来"是主谓结构充当话题。受事型使用频率明显高于施事型，多不引入"V"施事，这是因为"V"受事的引发性显著度高于"V"施事。

② 根据认知条件，可分为时间型和空间型。时间型使用频率明显高于空间型，这是空间型多限于感官接触。时间型体现为"V 起来 / 来 +AP/VP"，其中"V 来"动词主要限于感官动词和言说动词，而"V 起来"进入的动词还可以是动作动词、心理动词和形容词。空间型体现为"V 上去 +AP/VP"，多限于感官动词。

③ 根据认知结果，可分为感知型、评价型和推断型，主观化程度依次增加，致使性渐低。"V 上去 / 起来 / 来 +AP/VP"构式的主观化等级为：V 来 +AP/VP>V 起来 +AP/VP>V 上去 +AP/VP，致使性从左到右渐高。其中评价型和感知型使用频率明显高于推断型，这是因为推断型要经过复杂的心理过程。并通过"V 来 / 起来 / 上去"与"AP/VP"的依附关系、充当认知对象的小句成分、"V 上去 / 起来 / 来"能否构成介词结构等方面进行验证。感官或言说类认知条件较显著，使得"V 上去 / 起来 / 来 +AP/VP"构式之间具有一定的替换性。其他情况下替换性较差。

④ 从构式出现时间来看，V 来 +AP/VP>V 起来 +AP/VP>V 上去 +AP/VP（">"表示"早于"）。"V 来 +AP/VP"构式产生于宋代，进入的动词主要是"看、说"，评价义和推断义较早出现，感官感受义则出现较晚；明清时代该构式用例渐多，多表推断义。"V 起来 +AP/VP"构式产生于明代，"看起来 +AP/VP""说起来 +AP/VP"多表评价义和推断义。晚清时进入该构式的动词渐多，如"听、吃、讲、学、笑、跑、想"等。"V 上去 +AP/VP"构式出现得最晚，见于清代，多限于"看、望、听"等，感官感受义用例较多。

第二节 "V 来 V 去"构式的反复性特征

1 引 言

一般认为，"V 来 V 去"的核心语义是"反复"，如"走来走去""讨论来讨论去"等，学界进行了较多分析。吕叔湘（1984）、刘月华（1998）、陈前瑞（2002）、曾传禄（2008）、杨德峰（2012）[1] 均认为表示动作反复或交替反复。李晋霞（2002）、刘志生（2004）、张虹（2007）[2] 等认为"说来说去"类不再表示反复义，而具有归总义。如何界定反复，是探讨该结构变化的关键。反复是动作的重复[3]，还是动作不限次数的重复[4]？"看了三遍"中"三遍"动作次数确定，"看来看去"则动作次数不确定。我们研究的是后者。"V 来 V 去"是表达反复的套接词语对叠格式[5]。我们认为，"V 来 V 去"表达反复。"来 / 去"的往返位移性使得对叠框架"V 来 V 去"具有特有的表达效果，凸显了方式特征。方式是动作行为所采用的方法[6]，具体表现为方法、态度、语气、姿势、腔调等内容[7]，可通过"V"位移的方向或所关涉的内容体现出来。

　　本节我们利用自建的 2500 万字当代北方作家小说语料，并结合北大 CCL 语料库和中国基本古籍库，运用认知语言学理论，分析"V 来 V 去"的认知基础和句法、语义、语用制约条件，探讨其反复特征的表达功用，从而揭示其语法化规律。

2　"V 来 V 去"构式的认知根源

　　"V 来 V 去"表达往返位移事件的反复，蕴含动作行为的方式特征，具有"耗费较大劳力或心力"的意味，其整体语义不是部分语义之和，可看作一个构式。

2.1　"来 / 去"的往返位移性与方式的同范畴性

　　"来""去"最初意义是"朝向立足点的空间位移""背离立足点的空间

1　吕叔湘:《汉语语法论文集（增订本）》，北京：商务印书馆，1984 年，第 309 页。刘月华:《趋向补语通释》，北京：北京语言大学出版社，1998 年，第 61—62 页。陈前瑞:《汉语反复体的考察》,《语法研究和探索（十一）》，北京：商务印书馆，2002 年，第 20 页。曾传禄:《也谈"V 来 V 去"格式及其语法化》,《语言教学与研究》，2008 年第 6 期。杨德峰:《再议"V 来 V 去"及与之相关的格式——基于语料库的研究》,《世界汉语教学》，2012 年第 2 期。

2　李晋霞:《"V 来 V 去"格式及其语法化》,《语言研究》，2002 年第 2 期。刘志生:《近代汉语中的"V 来 V 去"格式考察》,《古汉语研究》，2004 年第 4 期。张虹:《谈"V 来 V 去"》,《山东师范大学学报（人文社科版）》，2007 年第 1 期。

3 5　李宇明:《论"反复"》,《中国语文》，2002 年第 3 期。

4　陈前瑞:《汉语反复体的考察》，载《语法研究和探索（十一）》，北京：商务印书馆，2002 年，第 20 页。

6　何洪峰:《语法结构中的方式范畴》,《语言研究》，2006 年第 4 期。

7　徐默凡:《现代汉语工具范畴的认知研究》，上海：复旦大学出版社，2004 年，第 97 页。

位移"，具有对立性，表达往返位移。"来 / 去"位移的往返性须搭配同语义范畴的方式，构成复合位移事件，不断反复。如图 8-2-1 所示：

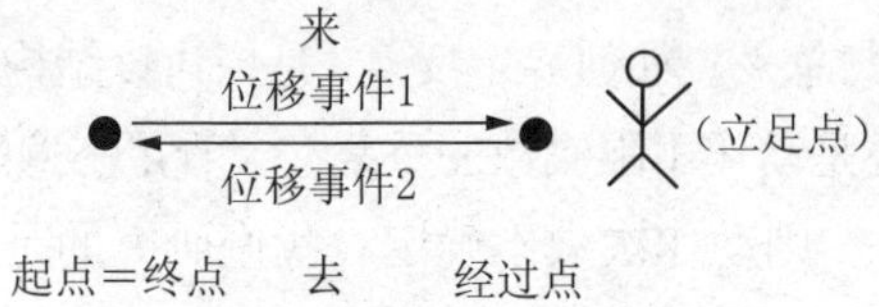

图 8-2-1 "来 / 去"位移的折返性

所谓"同语义范畴"是指具有共同语义特征或语法意义的范畴，映射到语言中，表现为同一小类的词语。可以是相同词语，标注为"V₁ 来 V₁ 去"，如"走来走去""跳来跳去""赶来赶去"等。也可以是不同词语，具有近义、反义和类义关系，标注为"V₁ 来 V₂ 去"。近义关系如"争来夺去""穿来梭去"等，其中有些可以构成双音节词，如"争夺""穿梭"等。反义关系如"出来进去""上来下去"等。类义关系如"蹦来跳去""丢来抛去"等。

"V 来"与"V 去"具有对叠性，以及"来 / 去"位移方向的折返性，凸显反复的方式特征，即以不同的方式往返。如"走来走去"表达同一动作"走"以不同的方向进行，"蹦来跳去"表达不同动作"蹦""跳"交替进行。

2.2 顺序、次第扫描与数量象似性

"来""去"的顺序受空间、时间和认知顺序制约。受空间顺序影响，可以说"走来走去"，也可以说"走去走来"，同时受认知顺序的影响，"走来走去"的使用频率明显高于"走去走来"。"来"在前、"去"在后的顺序较为常见，这是受人类"先积极后消极""先肯定后否定"的认知顺序和"以自我为中心"的认知特点[1]影响。

"V 来 V 去"构式还受到次第扫描与数量象似性认知原则的制约。次第扫描所得到的资料是依次得到而不是同时呈现的，这种扫描的结果定义出的是时间过程[2]。例如：

（1）保守治疗，哪里都一样，不必**跑来跑去**的。（毕淑敏《红处方》）

（2）然而那男孩却在大厅里**来回地跑**，高声叫喊着，他的父母都毫不在意，丝毫没有阻止他的意思。（CCL1995 年《作家文摘》）

例（1）"跑来跑去"是次第扫描。例（2）"来回地跑"是总括扫描，"来

1　沈家煊：《不对称和标记论》，南昌：江西教育出版社，1999 年，第 183—184 页。

2　张敏：《认知语言学与汉语名词短语》，北京：中国社会科学出版社，1998 年，第 108 页。

回"将动作"跑"的往返性进行了"重组"。次第扫描动态性更强,像是看电影,而总括扫描像是看一幅静止的图片[1]。

概念数量越大,概念越复杂,人们所用的语言单位数量越多。"V 来""V 去"表达位移或变化,次数是一,是有界的,如"(从那边)走来""(他)跑去上海"。"来/去"的往返方向与"V"的反复,使得"V 来 V 去"数量增加,具有了无界性。

2.3 自主性、持续性与无界性特征

"V 来"与"V 去"单独使用时,"V"一般为动词,可以是自主的,如"他朝我走来""他向县城走去",也可以是非自主的,如"他醒来/死去了"。然而,"V 来 V 去"一般具有较强的自主性。"死"本来是非自主的,但进入特定语境中具有了自主性,如例(3)在演戏中"死"是自主的。

(3)导演:(上前来)你怎么**死来死去**都死不了啊?(《周星驰喜剧剧本选·喜剧之王》)

"V 来 V 去"还具有持续性和无界性。如例(4)"挤来挤去"是对敌人动作的描述,后接小句是"挤来挤去"动作的目的。

(4)(敌人)端着枪,**挤来挤去**,想必是要从我军阵地侧后插上去,消灭我军。(杜鹏程《保卫延安》)

动作反复与"来/去"的折返方向,使"V 来 V 去"具有了折返动作数量的反复性。因此,"V 来 V 去"表达复合位移事件(动作折返)的反复。如果说"V 来"或"V 去"表达有界事件,那么构成"V 来 V 去"构式之后,将变为无界事件。如图 8-2-2 所示(虚线表示无限):

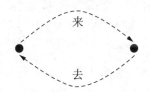

图 8-2-2 "V 来 V 去"表示复合位移事件的反复

3 "V 来 V 去"构式的认知域和语义类型

3.1 空间域:位移体在空间上往返位移的循环反复(A 类)

"V 来 V 去"用于空间域,表达位移体在两个空间点往返位移的反

---

1 张敏:《认知语言学与汉语名词短语》,北京:中国社会科学出版社,1998 年,第 108 页。

复，两个空间点互为起点或终点，强调空间的循环性，标为"A类"。"来/去"表达实际空间位移，"V"体现为位移动作行为的方式特征。如图8-2-3所示：

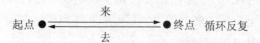

来
起点 ●←————————→● 终点 循环反复
去

图 8-2-3 空间域"V来V去"的意象图式

该类基于驱动—路径图式，具有一定的致使性。"V来V去"的方式特征通过V体现，V同一时，体现为同一动作不同方向的V，如"走来走去"；V不同一时，体现为不同动作不同方向的位移，如"奔来跑去"。

该类可表达返身致使，也可表达外向致使。前者搭配"跳(1)、爬(1)"类一价自移动词，如"摆(3)、蹦、踱、滚、跑(1)、扑(1)、游、走(1)、走(2)、钻(1)"等，包括表示视线移动的"划¹、划²、看(1)kàn、滤、瞄、瞟、扫(3)、睃"等，包括"上、下、进、出、回、过"等趋向动词；还可搭配"摸(1)、踩"类二价自移动词，如"蹭、倒(dào)、刮¹(1)、晃(头)、捋、揉(1)"等，动作使受动者或其自身部分发生位移，如"摸来摸去"表示手部发生空间位移。相应的"V₁来V₂去"，如"翻来覆去、悠来荡去、进来出去、上来下去"等。又如：

（5）后来，回忆中断了，他的眼前**飘来飘去**着一个个乳房。（莫言《丰乳肥臀》）

（6）白雪赶紧擦了眼泪，二婶却已进来了，抱过孩子**摸来摸去**，说娃娃长得亲，鼻子大大的，耳朵厚厚的……（贾平凹《秦腔》）

后者搭配"推(1)、抬(1)"类二价他移动词，如"传(1)、带(1)、弹(1)、赶(4)、夹(1)、拖(1)"等。相应的"V₁来V₂去"，如"推来搡去、揪来扯去、搬来运去、挥来舞去"等。又如：

（7）她会死的。把她从病床上挪下来，再搬到救护车上，**抬来抬去**，与病人极不相宜，她会……（毕淑敏《预约死亡》）

（8）一只看不见的大手把他和别人隔开，很冷酷地将他**推来搡去**。（刘恒《黑的雪》）

3.2 时间域：时间对象、动作方式或性质特征往返变化在时间轴上的持续反复（B类）

"V来V去"也可用于时间域，表达时间对象、动作方式或性质特征在时间轴上的持续反复，标为"B类"。这时"来/去"语义已经虚化，不再表示实际空间位移。如图8-2-4所示（框表示一组动作）：

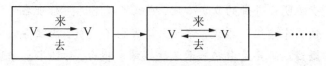

图 8-2-4 时间域"V 来 V 去"的意象图式

"来/去"语义虚化,不具有空间方向性,可以理解"这样 V""那样 V"。该类动作行为所关涉的方式有具体所指,可以是两种方式,也可以是不确定的多种方式,往往通过前文显示。例(9)"想来想去"表达动作"想"的方式在时间上发生往返变化的反复,动作方式在前文(用下划线表示,下同)中有具体所指,通过后续小句(用波浪线表示,下同)得出最终结果。

(9)如果明天能够突围出去,一切困难都会有法子解开;万一两天内突围不出去,大军给养怎么办?**想来想去**,只有明天不惜一切牺牲突破包围,才是出路。(姚雪垠《李自成》)

B 类"V 来 V 去"只表达返身致使,多搭配二价自主持续非结果性非位移动词,要求关涉事物论元。事物论元多样使得 V 具有多种方式,如"穿来穿去"可理解为"穿这件,穿那件……",或者理解为动作行为的方法或态势,如"感谢来感谢去"可理解为"以这样的方式感谢,以那样的方式感谢……"。也可搭配"剪、检查$_{(1)}$"类非位移动作动词,又如"穿$_{(4)}$、等、读$_{(1)}$、感谢、弄$_{(1)}$、嚷$_{(1)}$、挖、写$_{(1)}$、研究、找[1]、做",包括"吃$_{(1)}$、听$_{(1)}$"类感官动作动词(又如"喝$_{(1)}$、尝、品尝、闻、嗅")、"说$_{(1)}$、讲$_{(1)}$"类言说动作动词(又如"唠叨、劝、商量、谈论、讨论、争论、争议")等。还可搭配"想$_{(1)}$、猜"类心理动词等,又如"沉思、掂量、盘算、盼、思考、推敲、捉摸",如例(9)。相应的"V$_1$ 来 V$_2$ 去",如"呼来唤去、掐来算去、吆来喝去、说来道去、筛来选去、思来想去、思索来考虑去"等。例如:

(10)但是,我在拍摄商州最后一个猎人的照片时,照相机的灯光却怎么也不能闪,我以为是电量不够,摆弄着对着别的地方试照,灯光却好好的,又以为是灯光的接触不好,**检查来检查去**,并没有什么毛病呀,可就是对着他无法闪灯。(贾平凹《怀念狼》)

(11)这里的"吃"又分两种,一种是"吃公款",一种是"吃大款"。"吃公款"的是淋漓尽致,前呼后拥、豪气冲天;"吃大款"的是一掷千金,却又散兵游勇、躲躲闪闪。**吃来吃去**,"吃公款"的到底光荣些、体面些,它吃成了一条街,这就是民间广为流传的"白吃一条街"。(李佩甫《羊的门》)

（12）少平明白哥哥的真实心理，他叹了口气说：“你现在还没必要拿钱买个虚名。再说，你什么情况也不了解，就准备到电视台去赚钱？而要是白扔一两万块钱给电视台，你还不如拿这钱给咱双水村办个什么事……”“拿一两万块钱白给村里人办事？”“那又怎样？你不是也准备白扔给人家电视台吗？”“我还准备赚它电视台的钱呢！”“赚不了呢？”“那只怪运气不好！”少平笑了：“**说来说去**，你这个财主看来并不是像你说的那样，想给社会疏点财……要是白给村里人办事，还不如把这钱咱们一家人分了！”（路遥《平凡的世界》）

李晋霞（2002）、曾传禄（2008）认为类似例（12）中“说来说去”有“说到底、总之”的归总义，表示下文将对上文的言谈事件或所评说内容进行总结[1]。我们认为，例（12）“说来说去”凸显“说”的方式，可从前文找出来，具有一定的概念意义。“归总”义其实是由其所在的结构尤其是后续小句所带来的，不是其本身的语义。例（9）～（12）“想来想去”“检查来检查去”“吃来吃去”后续小句也具有“归总”义。

也可搭配一价自主持续、非结果性、非主谓/非动宾式动词，如“挣扎、忙、哼”等，此类较少，如例（13）“挣扎来挣扎去”可理解为“这样挣扎，那样挣扎……”。“刮风、下雨、分手、见面”等具体事件动词一般不进入“V来V去”中。

（13）一个堂堂的男人家，一个极力想摆脱身处困境的他，为的是不满这种丑恶的由田家、巩家织起的州河上的关系网，没想自己**挣扎来挣扎去**反倒堕入网中，竟要去做田中正的女婿了！（贾平凹《浮躁》）

由上可见，进入 B 类“V来V去”的动词为自主非位移动词，范围较广，其语义发生了虚化。

4 “V来V去”构式的语篇依附性连续统

由空间域（A类）到时间域（B类），“V来V去”构式的语篇依附性越来越强。下面我们将从句法成分、前铺小句、后续小句等三个方面进行分析。1759 例“V来V去”，A 类 1249 例，占 71.0%；B 类 510 例，占 29.0%。

1　曾传禄：《也谈“V来V去”格式及其语法化》，《语言教学与研究》，2008 年第 6 期。李晋霞：《“V来V去”格式及其语法化》，《语言研究》，2002 年第 2 期。

4.1 "V来V去"充当的句法成分

表 8-2-1 "V来V去"构式在各类认知域中的句法成分数量及所占比例

句法 认知域	独用	一般主谓 句谓语	其余结构 中谓语	定语	状语	补语	主语	宾语	小计
空间域	54	936	55	114	85	4	1	0	1249
时间域	156	331	15	6	1	0	0	1	510
总计	210	1267	70	120	86	4	1	1	1759
比例	11.9%	72.0%	4.0%	6.8%	4.9%	0.2%	0.1%	0.1%	100.0%

"V来V去"独用,如例(9)～例(12);"V来V去"做谓语,多附其他成分,如带宾语,如例(5);或用作"把/将"字句谓语,如例(8)。"V来V去"还可做定语、状语和补语,多用于A类,分别如例(14)、(15)、(16)。B类较少,如例(17)、(18),未见有补语情况。

(14)在呼国庆看来,她就像是一只黑色的银狐,一条**游来游去**的美人鱼。(李佩甫《羊的门》)

(15)接着,小成找来老乡一个葫芦,用刀子**刮来刮去**地练习理发。(杜鹏程《保卫延安》)

(16)关在屋中的黄狗,目睹了这一场惊心动魄的生人场面,急得在炕下**转来转去**。(贾平凹《浮躁》)

(17)……他急切地需要你的渺小你的温馨你的软弱你的对于时代的疏离来平衡小说的趣味,来安慰**变来变去**的教授与副教授们的趋时心理,并装扮小说以或缺的亲切随意。(王蒙《狂欢的季节》)

(18)若不是她拦腰系着白围裙**忙来忙去**的淘米切菜,你不会认为她是家庭主妇,倒像是一位盛装的客人。(李英儒《野火春风斗古城》)

"V来V去"构式做主语和宾语的情况极少。例如:

(19)原来他们**跑来跑去**都是蒙着来的!(张洁《无字》)

(20)何况胡秉宸从小就显示出叛逆精神,喜欢**想来想去**。(张洁《无字》)

A类到B类,独用比例明显提高,由4.3%到30.6%。可见,B类的虚化程度高于A类。

4.2 "V 来 V 去"构式的前铺与后续小句

前铺小句是与"V 来 V 去"语义相关联的前附成分。A 类不需前铺小句即可自足,这是因为空间位移仅与施动者有关,如例(5)～例(8)。B 类均需要前铺小句,这是因为"来 / 去"的往返变化除了施动者外要通过"V"所关涉的内容或方式特征体现出来的,如例(9)～(13)。

"V 来 V 去"是无界的,多须后接小句才能自足。统计发现,后续小句的使用频率依次为结果、伴随、目的、评价、接续、原因和解释。与杨德峰(2012)[1]不同的是,目的型多于评价型,还有接续、原因和解释三种类型的后续小句。这是因为后续小句语义类型由左到右,正是实现"V 来 V 去"自足性语义条件的依次减弱。当然,在一定语境中也可不后接小句。如表8-2-2 所示:

表 8-2-2 "V 来 V 去"构式在各类认知域中的后续小句数量及其所占比例

后续小句\\认知域	结果	伴随	目的	评价	接续	原因	解释	小计	后接小句比例	无后接小句
空间域	331	200	124	85	28	2	2	772	61.8%	477
时间域	464	7	3	5	6	2	0	487	95.5%	23
总计	795	207	127	90	34	4	2	1259	71.6%	500
比例	45.2%	11.8%	7.2%	5.1%	2.0%	0.2%	0.1%			

"V 来 V 去"后接小句的平均比例为 71.6%,其中 A 类后接小句与不后接小句分别占 61.8%、38.2%,B 类分别占 95.5%、4.5%,可见,由 A 类到 B 类,后接小句的比例提高,说明"V 来 V 去"构式对语境的依附越来越强。

在 A 类后接小句中,结果型占 42.9%,如例(21)。还有"伴随型""目的型""评价型",分别占 25.9%、16.1%、11.0%,分别如例(22)、(23)、(24)。还有"接续型""原因型""解释型",共占 4.1%,分别如例(25)、(26)、(27)。

(21)街上没有行人,他在门前**走来走去**,门还是闭得紧紧。(梁斌《红旗谱》)

(22)她的脚**跳来跳去**的,那条蛇在她手里也跳来跳去的。(迟子建

---

1 杨德峰:《再议"V 来 V 去"及与之相关的格式——基于语料库的研究》,《世界汉语教学》,2012 年第 2 期。

《额尔古纳河右岸》)

（23）十三号一早，就在我家附近的几个商店**跑来跑去**，为的是给妈那个合同医院的两位大夫购买礼物。(张洁《世界上最疼我的那个人去了》)

（24）韩文举的小眼睛在金狗的脸上**瞄来瞄去**，那是十分的显夸和得意!(贾平凹《浮躁》)

（25）他**看来看去**，突然对着一棵离他有五十米远的小树发出微微的一笑。(曲波《林海雪原》)

（26）镇头儿将他**唤来唤去**，因为每人都是新官上任三把火，少不了将良子急三火四喊到镇上大屋，三两下拉开他的裤腰，又扒下他的鞋子。(张炜《刺猬歌》)

（27）他一个人，在关东的草原上**走来走去**：在长白山上挖参，在黑河里打鱼，在海兰泡淘金，当了淘金工人。(梁斌《红旗谱》)

在 B 类后接小句中，结果型占 95.3%，如例（9）~（13）。也可后接伴随、评价、接续、目的与原因小句，只占 4.7%。分别例如：

（28）他举了举两只手，摩着天灵盖，**沉思来沉思去**，骨突着嘴不说什么。(梁斌《红旗谱》)

（29）"你们都快住嘴吧。"小林叫着，"都是俗人，谁能比谁雅多少?就这么个古老而又庸俗的破话题。就引得你们**吵来吵去**，真够俗气的。"(徐坤《白话》)

（30）其实不过是送一本花卉种植方面的书而已，却要被那个大院的门岗和门卫**问来问去**，然后被小院的人盘问一番，这才得以进入——进入首长的家。(张炜《刺猬歌》)

（31）你那点鬼心思以为我看不出来，你和我**磨来磨去**就谋算那两把椅子呀?!(贾平凹《秦腔》)

（32）真拿俺草粪不值呀!**说来说去**是因为门户急窄，人口单薄，才受这样的欺侮。(梁斌《红旗谱》)

A 类、B 类不后接小句的比例分别为 38.2%、4.5%，这说明 A 类对无界性具有一定的容忍度，而 B 类对无界性容忍度较低。A 类和 B 类不后接小句除充当定语、状语、补语、主语和宾语外，需前加其他修饰语，或者用于连动句第二谓语。例如：

（33）既然我们都会摊上那个结局，没有必要**说来说去**。(毕淑敏《预约死亡》)

（34）于是全班的男生都这样叫起来，高声笑着**叫来叫去**。（史铁生《务虚笔记》）

不管是 A 类，还是 B 类，"V 来 V 去"本身只是对往返位移或变化事件反复的客观描述，不管后接小句是未实现预期、实现预期还是实现非预期，如下面例（35）。该框架不具有主观评定性，也不具有"不如意"主观色彩。

（35）a. 我找你，**找来找去**找不到，料着你在朱老忠家里，我在门口上等着来。（梁斌《红旗谱》）

b. 于是李猛便吩咐一定要在绝壁岩上找道，**找来找去**被李猛发现了一处地方。（曲波《林海雪原》）

c. 老孙前后左右找原因，**找来找去**，又找到老张头上，准是自己要提升，……（刘震云《单位》）

5 "V 来 V 去"构式的历时演变

"V 来 V 去"的产生来源于"V 来"与"V 去"在惯常语境中的不断整合。所谓惯常性语境是指习惯性或规律性行为在较长时间内出现的语境[1]。

六朝时，表空间位移义动趋式"V 来""V 去"较成熟，如"走来、出来、下来、发来、载来、飞来、召来""拔去、拨去、刮去、剪去、扫去、洗去、凿去、择去、摘去"等，促动了"V 来 V 去"的使用。这时发现 A 类"V 来 V 去"，数量极少，如例（36）惯常性语境为"有如昔日"。

（36）因太祖出行，常四时使人馈遗，又私迎之，延以正坐而己下之，**迎来送去**，有如昔日。（《三国志·魏书·后妃传》）

唐五代时，A 类"V 来 V 去"动词多为趋向动词，开始出现于非惯常性语境中，即在特定的时间范围内动作行为不限次数的重复，如例（37）；也有一些动作动词，如例（38）。

（37）师到石霜，将锹子向法堂前**过来过去**。霜云："作什摩？"师云："觅先师灵骨。"（《祖堂集》卷六，渐源和尚）

（38）此日遨游邀美女，此时歌舞入娼家。娼家美女郁金香，**飞来飞去**公子傍。（刘希夷《公子行》，《全唐诗》卷 82，3/885）

南宋 A 类已较成熟，其中《朱子语类》中发现 46 例，动词例如：动、

---

1 孙佳音：《日语中的"反复"与"惯常"》，《华西语文学刊》，2013 年第 9 辑。

飞、滚、看、推、旋、移、趱、走、钻，多后接其他成分。例如：

（39）圣人教人，只是致知、格物，不成真个是有一个物事，如一块水银样，**走来走去**那里。（《朱子语类》卷一百一十三）

（40）圣人做出许多文章制度礼乐，**颠来倒去**，都只是这一个道理做出来。（同上，卷六十四）

这时 B 类"V 来 V 去"出现，《朱子语类》中发现 58 例，动词如缠、等、读、改、救、磨、弄、求、添、学、寻、养、择、撞、捉、做。又如：

（41）今识得大纲统体，正好熟看。如吃果实相似，初只恁地硬咬嚼。待**嚼来嚼去**，得滋味，如何便住却！（《朱子语类》卷十四）

（42）又问："先生尝云：'性不可以物譬。'明道以水喻性，还有病否？"曰："若**比来比去**，也终有病。只是不以这个比，又不能得分晓。"（同上，卷九十五）

（43）"诸葛武侯不死，与司马仲达相持，终如何？"曰："少间只管**算来算去**，看那个错了便输。输赢处也不在多，只是争些子。"（同上，卷一百三十六）

（44）夫子教人，零零星星，**说来说去**，**合来合去**，合成一个大物事。（同上，卷十九）

明清时代"V 来 V 去"构式使用频率越来越高。我们统计了《水浒全传》《西游记》《喻世明言》《醒世恒言》《警世通言》《初刻拍案惊奇》《二刻拍案惊奇》《东周列国志》《金瓶梅》《红楼梦》《聊斋志异》《老残游记》《孽海花》《官场现形记》《二十年目睹之怪现状》《儒林外史》《隋唐演义》《封神演义》等 18 部明清作品，共得到 189 例，其中 A 类 118 例，如例（45）；B 类 71 例，如例（46）、（47）。

（45）女孩儿自入去了，范二郎在门前一似失心疯的人，盘旋**走来走去**，直到晚方才归家。（《醒世恒言》卷十四）

（46）真个是观于海者难为水，虽是花成队，柳作行，**选来选去**，竟无出色的奇姿。（《隋唐演义》第二十回）

（47）宝玉听了，知道赵姨娘心术不端，合自己仇人似的，又不知他说些什么，便如孙大圣听见了紧箍咒一般，登时四肢五内一齐皆不自在起来。**想来想去**，别无他法，且理熟了书预备明儿盘考。（《红楼梦》第七十三回）

从出现顺序来看，A 类出现早于 B 类，由 A 类可演变为 B 类，这是由空间域隐喻至时间域造成的。

6 "V来V去"构式与"V过来V过去"构式的比较

与"V来V去"构式相近的如"V过来V过去"。"V过来V过去"表达折返位移事件的反复，在2500万字当代北方作家小说语料中搜索到82例"V过来V过去"。具体统计如表8-2-3所示：

表8-2-3 "V过来V过去"构式所在认知域及句法统计

	认知域			充当的句法成分			后接小句					
	空间	领属	时间	谓语	状语	定语	结果	伴随	目的	评价	接续	不后接小句
数量	72	2	8	68	13	1	24	16	7	3	2	30
比例	87.8%	2.4%	9.8%	82.9%	15.9%	1.2%	29.3%	19.5%	8.5%	3.7%	2.4%	36.6%

"V过来V过去"凝固程度较高的有66例，占80.5%，如例（48）。中间加逗号、加"又"、加"你、我"分别为6例、9例、1例，占19.5%，分别如例（49）、（50）、（51）。

（48）原来他在本镇上德顺饭馆当伙计，这个饭馆最初是伪警备队长高凤岐的，后来被抗日政府没收，几年来这个镇子就是八路军和敌人**夺过来夺过去**，饭馆一直存在着，老华也一直当着伙计，八路军拿他作了地下关系；……（刘流《烈火金刚》）

（49）为了制止青蛙的叫声，战士要不停地在田埂上"齐步走"，**走过来，走过去**。（张一弓《姨父：一位老八路军战士的传奇人生》）

（50）以后，我**想过来又想过去**，怎么想都觉得妈这三句话，可能把她想说的全都包容进去了。（张洁《世界上最疼我的那个人去了》）

（51）她和婆婆在家具堆里转，你**转过来我转过去**。（铁凝《玫瑰门》）

搜索北大CCL语料库古汉语语料，共找到12例"V过来V过去"，这说明古代"V过来V过去"的使用频率明显低于"V来V去"。"V过来V过去"元代有1例，明清时代有6例，民国时期有5例。其中A类10例，如例（52）~（55）；B类2例，如例（56）。多后接结果小句6例，如例（52）；评价小句2例，如例（53）；伴随小句1例，如例（54）；不后接小句3例，如例（55）。8例结构松散，如例（52）、（53）、（56）；4例结构紧凑，如例（54）、（55）。

（52）那行者在里边，东张张，西望望，**爬过来，滚过去**，莫想看见一些光亮。（《西游记》第六十五回）

（53）一个个抢盆夺碗，占灶争床，**搬过来，移过去**，正是猴性顽劣，

再无一个宁时，只搬得力倦神疲方止。（同上，第一回）

（54）您别看碧霞心眼挺细，**翻过来调过去**<u>掂着分量</u>，把金牌揣起来。（《雍正剑侠图》第七十四回）

（55）许多乡里人三五成群，背着酒坛，穿着一身花衣，画得一副脸青红紫绿，无色不备，故意装出几分醉态，在堤趔趔趄趄的**偏过来倒过去**。（《留东外史》第二十九章）

（56）他见了人，请安磕头，低心小胆儿，咱们高了兴，**打过来，骂过去**，他还得没说强说没笑强笑的哄着咱们。（《儿女英雄传》第三十二回）

"V 来 V 去"出现早于"V 过来 V 过去"，前者的凝固程度或虚化程度高于后者，主要表现在：第一，"V 来 V 去"构式前后部分黏合紧密，对插入成分的接受度较低，而"V 过来 V 过去"构式前后部分较松散，可插入标点符号或"又""你我"。第二，"V 来 V 去"构式中"V 来"与"V 去"的顺序不能颠倒，而"V 过来 V 过去"则可以接受"V 过去 V 过来"的顺序，搜索北大 CCL 语料库现代汉语语料部分，共有 19 例。例如：

（57）晚上、早上、中午，就听见他急促的脚步声**走过去，走过来**。（CCL《福尔摩斯探案集》译文）

（58）即使开短会、集体办公，如果一件事情老是**议过去议过来**，那也不得了。（CCL《邓小平文选》）

"V 过来 V 过去"与水平位移图式有关，"从一端到一端"的位移过程隐含其中，相比"V 来 V 去"，增加了位移过程的复杂性。可以说，"V 来 V 去"的语用功能基本同于"V 过来 V 过去"，两者可以互换，如例（59）、（60）。然而，受经济性原则作用，"V 来 V 去"使用频率比较高。

（59）朱老忠站在坡上，抽着烟看着这群满腔心事的孩子们，动了深思：**想过来想过去**，深沉地琢磨了一会子。（梁斌《红旗谱》）

（60）一个青年人，他正求学心切，革命心盛的时候，一想到要离开知识的摇篮心里发起酸来。可是，**想来想去**，都是因为经济压迫，日月急窄。（同上）

7　小　结

对叠框架"V 来 V 去"表达往返位移或变化事件的反复，包括循环反复和持续反复，具有较强的方式特征，本身不具有评价或归总性，其语义结构为：［前铺小句］+"V 来 V 去"+［后续小句］，后续小句并不带有色彩倾向性。

"V来V去"的语法化主要表现为：①"来/去"表达往返位移或变化，"V"具有同范畴性，受顺序象似性、次第扫描与数量象似性原则制约，"V来"与"V去"对叠整合成为"V来V去"，产生了带有方式特征的反复义，本身具有自主、持续与无界性。②"V来""V去"对叠整合成为"V来V去"是在惯常性语境中完成的，框架不断凝固，后扩展到非惯常性语境。③"V来V去"最早用于空间域（A类），后隐喻扩展至时间域（B类）。A类到B类，语篇依附性越来越强，句法上表现为：做定语、状语和补语数量由多到少；对前铺小句和后续小句的依赖性越来越强；结果型后接小句比例渐高。④"V"最初是位移动词，后来扩展至非位移动词。⑤"来/去"由位移动词逐渐虚化为趋向动词、附着性动词。⑥方式特征更好地说明了"V来V去"的表达功用。反驳了"说来说去"类不具有反复义的观点，该类实际上表达动作方式在时间轴上的持续反复，动作方式通过前接成分表现出来。⑦"V来V去"构式在唐五代时期开始萌芽，出现A类；宋代获得了大发展，出现了B类；明清时代A类渐趋成熟，B类数量仍较少。

与"V来V去"构式相近的是"V过来V过去"构式，该构式来源自水平位移图式，强调"从一端到另一端"，其结构凝固度和使用频率比"V来V去"低，这符合人类使用语言的经济性原则。对叠框架"左V右V""东V西V"等也表达带有方式特征的反复义，统计用例为191、417条，使用频率远不及"V来V去"，进入"V来V去"的词语范围最广，这是因为"来/去"作为主观方向，立足点与叙说者有关，具有语义模糊性。

第三节 "话（又，再）说回来"构式的表达功用

李胜梅（2004）[1]将"话说回来"作为回说自述短语，认为可以增加话语的前后语义连贯性，但没有说明该构式的产生机制。本节将从共时和历时角度探讨该构式的产生机制和表达功用。

1 "话（又，再）说回来"构式的语义背景

"V+回来"表示"受动者朝向立足点发生回转位移"。"说"的动作具有

---

1 李胜梅:《"话说回来"的语用分析》,《修辞学习》, 2004年第3期。

时间性,而时间是按线性顺序发展的,具有单向性,并不会出现返回。"回来"前面加上言语行为动词"说"之后,能把"话"说到原来的位置上,其实质是信息的传递,属于空间位移义的虚化。在整个位移过程中,凸显的是施动者试图把话题转移到原来的话题或另起新话题这一目的上。语言作为一种符号系统,是人类特有的一种能力,因此"话说回来"的施动者一定是有生命的人,作用于其自身发出的"话",达到说话者"重提原来的意思或另起新话题"的意图。

"话说回来"一般用于语篇中段,对前后语段进行衔接。"回来"位移图式的特点决定了在位移过程中必然存在位移源点和终点,所以"话说回来"在语篇中无法单独使用,其前面必然存在一个前项引出话题,其后面也必定存在一个后项,对原话题进行承接,这样才可能完成回转。例如:

（1）这猫也像他一样老,连自己行走都不敏捷了,更谈不上让它去捉老鼠。<u>话说回来</u>,这娇东西一天好吃好喝,也懒得再去费那神。
（路遥《平凡的世界》）

例（1）前项说明猫很老,已经不捉老鼠了,后项说明这只猫不捕捉老鼠的原因。句中的前项和后项通过"话说回来"进行了衔接,从另一个角度说明"猫"不捉老鼠的原因,使两个话题的过渡更加平顺。

因此,"话（又,再）说回来"构式表达"话语（朝向立足点）回转源点进行"。该构式一定存在一个前项,指叙说者对某一话题在某一方向上的阐述,引发了某一看法、想法或说法,但这一看法、想法或说法不完善、不严密、不全面,因此,叙说者从回转的角度进一步阐述对某一话题的看法、想法或说法,从而达到更完善、严密、全面地认识某一话题的意图。其中"回来"是朝向立足点方向变化,说明其阐述是符合叙说者预期的。该构式不能使用"回去",这是因为"去"是背离立足点方向变化,具有不可见性和非预期性,不符合该构式的出现语境。"话（又,再）说回来"的意象图式如图 8-3-1 所示（括号表示隐含）:

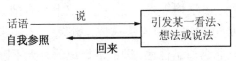

图 8-3-1　"话（又,再）说回来"的意象图式

根据语料,我们总结得出其语义背景:叙说者在某一话题上展开叙说（前项）,引发某一看法、想法或说法（在句中往往隐含）,在此基础上,叙说者又从回转的角度进一步阐述对某一话题的看法、想法或说法，从而使得对某一话题的看法、想法或说法更加完善全面。使用"话（又，再）说回来"使得逻辑推理更加严密，思维更加缜密。可用图 8-3-2 表示：

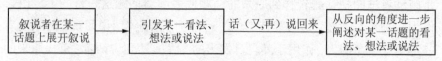

图 8-3-2 "话（又，再）说回来"的语义背景

若去掉"话（又，再）说回来"，前项与后项之间的反向关系得不到凸显，在一定程度上影响了人们对话语的理解，因此，"话（又，再）说回来"可看作具有回转义的短语。下面前项、后项用下划线表示。

（2）他比在学校时几乎像变了一个人，又老又瘦，三十几岁居然像个小老头似的。要不是鼻梁上还架着那副标志着知识的眼镜，就完全是一个农民形象。**可话说回来**，我们现在不是农民又是什么？甚至连农民都不如的。（尤凤伟《中国一九五七》）

（3）小水说："你老人家说的这些，我们怎的不作想过？可雷大空他是犯了国法的，金狗在这一点，是让我放心的。**话说回来**，没有雷大空，怕巩家、田家现在也倒不了的。"（贾平凹《浮躁》）

例（2）前项表达"他变样了，简直成了农民"，引发一种看法"他应该不是个农民"，通过"话说回来"，联结后项，表达"现在是农民，甚至连农民都不如"，这是叙说者最终的表达意图。例（3）前项表达"雷大空犯了国法，不值得放心"，引发一种看法"雷大空不好"，通过"话说回来"，联结后项，表达"没有雷大空，巩家、田家现在倒不了"，从而说明"雷大空"在某一方面还是好的。

"话说回来"是否可看作是话语标记呢？所谓话语标记[1]（discourse marker），也称话语联系语（discourse connectives），是指序列上划分言语单位的依附成分。话语标记的基本特征[2]主要包括：①语音上具有可识别性，可以通过停顿、语气词等来识别；②句法上具有独立性，经常出现在句首，不与相邻成分构成任何语法单位，删除它们不会导致句子不合语法；③语义上具有非真值条件性，即话语标记的有无不影响我们对句子的理解，但不排除它是理解句子的重要线索；④功能上具有连接性。以上

---

1 董秀芳：《词汇化与话语标记的形成》，《世界汉语教学》，2007 年第 1 期。

2 郑娟曼、张先亮：《"责怪"式话语标记"你看你"》，《世界汉语教学》，2009 年第 2 期。

例（1）~（3）删掉"话说回来"，只是拿掉后前后话题的过渡稍显生硬、不通顺。可见，"话说回来"的作用是对前后两个话题进行衔接，作为独立的小句出现在句中，可以看作话语标记。本节我们把它作为实体构式来分析。

2　"话（又，再）说回来"构式的形式与功能变体

"话说回来"的形式变体有"（这）话又（得）说回来（了/啦）""话再说回来""话（还）得说回来"。如表 8-3-1 所示：

表 8-3-1　"话（又，再）说回来"构式的形式变体

	形式变体		数量	比　例	
1	（话）说回来（了）	话说回来	49	50.6%	52.6%
		话说回来了	1	1.0%	
		说回来	1	1.0%	
2	（这）话又（得）说回来（了/啦）	话又说回来	24	24.8%	39.1%
		话又说回来了	11	11.3%	
		话又说回来啦	1	1.0%	
		这话又得说回来	1	1.0%	
		这话又说回来	1	1.0%	
3	话再说回来		5	5.2%	
4	话（还）得说回来	话得说回来	1	1.0%	3.1%
		话还得说回来	2	2.1%	
小　计			97		

"话说回来"中间加入表示接续的"又""再"，也说明了"话说回来"前项与后项之间具有逻辑顺序。在这些变体中，"话说回来"的使用频率是最高的，比例达到 50.6%。因此，我们可以把"话说回来"作为这些变体的基本式。在这些变体中，有许多是在"话"和"说回来"之间插入了"再""又""还"等副词来表示状态的持续，这些副词与"回"的位移图式——回转位移一致，因此更能展现"话说回来"从终点到源点的变化，表现了说话人希望将原来的话题继续下去的意愿。例如：

（4）"愿意不愿意吃白面？"又是一片赞成的声音。"那好！今天发饷，
　　　明天出发到匪区抢麦子，哪团哪营超额完成计划，我保证发双

馅。不过得注意点，八路军也是刺儿头。碰到劲头上，大家得显显本事，卖两手。谁要贪生怕死揪屁股夹尾巴，我独角龙的眼里可容不下沙子。**这话又得说回来**，我就是一只眼，单看你们能不能抢回小麦；至于打了胜仗，弟兄们想干点旁的外快，我也想管，可那只眼就不管事啦！"（李英儒《野火春风斗古城》）

例（4）中说话人主要说了大家"显本事"一事，而后用"话又得说回来"从另一个角度对原有的话题切入，指出"单看你们能不能抢回小麦"。

在"话说回来"构式中还发现了一种变体，即"话+X+回来"构式，如"话退回来""话收回来""话拉回来"等。"退、收、拉"等动词都属于动作动词，并不属于言说动词，但是却能够进入"话+V+回来"结构。这些动词本身就具有位移性和回转性，"V+回来"被隐喻扩展到言语空间后，施动者通过言语行为对受动者产生作用。以下例句中的"拉、收、退"等作用力的传递者一定是人，人发出动作作用于抽象事物——话，使"话"发生抽象位移，回到原来施动者所叙说的话题上。例如：

（5）徐伯贤把话儿**拉回来**："好，就说明天的事儿——金秀来过电话，叫我再给诸位提个醒儿：明天上午，金老爷子举行仪式，把再造金丹的秘方儿正式传给全义和我，请在座诸位都要参加！"（陈建功、赵大年《皇城根》）

（6）徐韵秋把牌子摆出来以后，杨书兴就赶快把话**收回来**，生怕自己的饭碗被这个老婆踢了。（李準《黄河东流去》）

（7）金狗说："福运哥，你不要太难受，这事大空是做得有些过火，但**话退回来**说，也应该，甭说剁断一个脚指头，就是打折他的脊梁骨也不解恨。你们错就错在当时没将他扭起来，让仙游川的人都知道了，那他就不敢这么以权抓人！"（贾平凹《浮躁》）

3 "话（又，再）说回来"构式的转折特征与语境类型

3.1 "话（又，再）说回来"与转折词语相融

由于前项与后项之间的回转关系，"话（又，再）说回来"带有了一定的转折意味，前面可加"不过、可（是）、但"等转折连词，在2500万字语料中共有39例添加了转折连词，占40.2%，其中"可"14例，"可是"9例，"不过"8例，"但"5例，"但是"3例。例如：

（8）孩子有了名字，四人就商议"看十天"的事，小水说："你们的心思我全领了，我想福运要是地下有灵，他也不亏和你们好过

一场，也能瞑目了。**可话说回来**，福运毕竟死了，家里也没操持的人，你们又是大忙人，这'看十天'也就罢了去，难道过'看十天'孩子就一定长得好，不过'看十天'就不好吗?"（贾平凹《浮躁》）

（9）"我哪会搞工作!"老太太谦虚地微笑后，话儿密了。"家住在边沿区，除非夜间才有咱们的人活动，白天净受鬼子汉奸的辖制，啥事也不好办，啥话也不敢说，这次，姓肖的派人找到我，说外边人手不方便，要我帮助送封信。起初，我觉得自己有年岁的人了，拙嘴笨腮，又没心计儿。他们都说:'儿子搞地下工作，妈妈当联络，最好掩护。'还说苏联的什么书上也有妈妈同儿子一块闹革命的故事。其实，咱们这土里土气满脑袋高粱花子的人，还敢比古! **不过话又说回来**，孩子有胆量，敢在敌人枪尖底下挺着胸脯搞工作，当娘的还能缩脖子打退堂鼓?再说俺娘俩上次见面，儿子要求我给他捎书传信的时候，我也答应过。"看到银环对她的话满有兴趣，心里感到喜悦，尽量地讲开了。（李英儒《野火春风斗古城》）

（10）怎么说呢? 他那个北大女生媳妇邵宝娟，身材高高壮壮，面部线条硬朗，一看就是"男人婆"的气质，两口子站在一起，整个乾坤颠倒，黎曙光倒显得温柔俊逸女里女气的。那些暗中喜欢他的女人就不由感叹:唉! 可惜了! 可惜了!

但是，话又说回来了，爱情这玩意儿，跟别的事情不同，不能照顾大多数，而只是从当事人一己之审美意愿和性取向出发，无非是各取所需，王八看绿豆——双方对眼儿就成。（徐坤《八月狂想曲》）

在整个语篇中，"话说回来"结构本身并不带有转折意味，转折意味依然是"但是、可是"等词语赋予的。如果没有"话说回来"结构，语篇的句义也是通畅的，但是加上"话说回来"后能够对说话者思维过程的转化进行主观上的凸显，在思维上进行回转位移，转向对立面，表明说话者更侧重于后段观点的表述。

3.2 "话（又，再）说回来"的语境类型

根据后项对前项所起的作用，可分为三类:补充说明类、转换话题类与重启话题类。根据2500万字语料，共检得97例"话（又，再）说回来"，以上三类的分布情况如表8-3-2所示:

表 8-3-2 "话（又，再）说回来"的语境类型分布情况

序号	类型	数量	比例
1	补充说明类	79	81.4%
2	转换话题类	13	13.4%
3	重启话题类	5	5.2%

补充说明类占 81.4%。这与"话（又，再）说回来"的语义来源有关：先向着某个方向进行叙说，然后回转进行叙说，回转方向与原来方向具有让步关系。转换话题类占 13.4%，表示不再沿着某一话题继续下去，而是回转阐述相关的另一话题，通常是事件最根本的问题，以使叙述或话语接续进行下去。重启话题类占 5.2%，表示重新提起前面提过的某一话题，这也是回转的一种表现。这三种类型体现了前项与后项之间的关系渐疏，补充说明类着眼于前项与后项所体现的事件之间的逻辑关系，转换话题类和重启话题类着眼于前项与后项所体现的话题之间的逻辑关系。下面具体分析之。

3.2.1 补充说明类

所谓补充说明类，是指叙说者从让步的角度对某一话题已形成的看法、想法或说法进行补充说明。前项与后项之间具有让步关系，有时凸显表示让步关系的标记词语"就是、即使、如果没有、毕竟、还是、要不"等，如下面例（11）、（12）；有时不凸显，如下面例（13）、（14）。例（12）"可是话说回来"用于第二个段落开头。

（11）画家那张关不住门的嘴还惹得于队长不高兴，一次于队长视察打井工地，看着大地雪景感叹说一片白"恺恺"的雪啊。略有点文化水平的人都会听出皑皑之误，何况是些念过大学和教过大学的人。**可话说回来**，即使学问再高也难免有认错字的时候，用不着大惊小怪的。画家不识时务，纠正于队长是白皑皑的雪不是白恺恺的雪。于队长那份赏雪的好心境一下子变坏了，撅腿走了。画家不是有意出队长的丑，客观上却起到这个作用。（尤凤伟《中国一九五七》）

（12）责任的确是重大啊！他在上任前就充分估计到了这里工作面临的困难性。但一进入实际环境，困难比想象到的更为严峻。**可是话说回来**，如果没有困难，此地一片歌舞升平，那要他乔伯年来干啥？党不是叫他来吃干饭的，而是叫他来解决困难的！

（路遥《平凡的世界》）

　　例（11）前项说明"于队长读错字"，隐含着"于队长学问不高"，后项退一步说明"即使学问再高也难免认错字"，从而说明"画家纠正于队长读错字不识时务"。例（12）前项说明"困难比想象到的更为严峻"，隐含着"不应该来到这里工作"，后项退一步说明"没有困难，不会让乔伯年来"，从而更说明"乔伯年的责任重大"。

　　（13）老汉卷起一支旱烟，眯缝着眼睛说："唉哟，让人拿走东西时那<u>个惨呀，孩子叫老婆哭，原来差不离家家养狗，现在你进这镇子还能听到一声狗叫么</u>？"老汉自问自答着，"<u>再也没有了。**话又说回来**，现在养狗也没用了，狗是看家的东西，家里只剩下喘气的人，还有什么东西可看呢</u>？"老汉捶胸顿足地说，"去年春天上头派下来了扶贫队，家家户户找人谈话，让他们别赔了，说这里离城近，多种些菜运到城里就穷不着。大多数人还真听了，咳，谁曾想老天爷不争气，夏天来场冰雹，毁了不少庄稼，好不容易熬到秋天的那点菜又让大水给淹了。咳。"（迟子建《原野上的羊群》）

　　（14）等老三抽着了烟，三嫂理把鬓边，神情镇静，语气深沉，望着丈夫说："世道逼着，不往上靠也得靠。共产党的章程好，多少人都为这个死的死，逃的逃，世章哥的事咱更清楚。<u>难道人家都没家没业，没老没小？单单咱怕？**话又说回来**，怕有么用呢</u>？今儿我把话挑明，不光咱二女婿是共产党，大女婿也是啦，咱不护他们，他们叫官府杀了，两个闺女都落得孤身。你说吧，怎么办？你把程先生报官领赏？"（冯德英《山菊花》）

　　例（13）前项阐述"原来家家养狗，现在没有狗叫的声音了"，隐含着"这是国家政策"，通过"话又说回来"引出后项，从退一步的角度阐述"现在养狗也没用了"，从而全面说明"为什么人们不养狗了"，是因为"（赌钱）被人拿走东西，人们的生活非常差，没法儿再养狗了"。例（14）前项通过反问"单单咱怕"隐含着"我们不怕"，通过"话又说回来"引出后项，从退一步的角度表达"怕没有用"，从而全面说明"怕不是解决问题的办法"。

3.2.2　转换话题类

　　所谓转换话题类，是指叙说者从前一话题转向另一相关话题，起到转换话题的作用，往往具有刨根究底的意味。例如：

　　（15）朱老忠说："俺又不是第二师范的学生。"店掌柜说："<u>碰上军、警、稽查，说'你不是第二师范的学生，你是第二师范学生的</u>

爹！'张嘴罚你钱，谁怕钱扎手，你有什么法子？**话又说回来**，你为什么不上咱这儿来，吃饭喝水有多么方便，住房现摆着，光自碰了一鼻子灰！"(梁斌《红旗谱》)

（16）"你是一时痛快了，气象万千了，闹得我们孩子也不服管了。我一说她，她就回嘴：你瞧人家马锐的爸爸，净拿你来压我们，搞得我们两口子暴君似的。我早对你有意见了。这么干不行。一家之内要没个规矩，不分尊卑长幼，那还不乱了套？怎么样，你现在也尝到苦头了吧？孩子真跟你没大没小的拿你当他的小朋友一样对待你也感到不舒服了吧？你这叫咎由自取——**话说回来**，你们到底为什么吵得这么厉害我还没闹清呢？"(王朔《我是你爸爸》)

例（15）前项说明"张嘴要罚钱"，后项转向另一话题，说明"可以上这儿来"，使话语推向深入。例（16）前项说明"孩子不服管，这是你咎由自取"，通过"话说回来"引出后项，转向另一话题，即"你们为什么吵得这么厉害？"。

3.2.3　重启话题类

所谓重启话题类，是指叙说者停止对前面某一话题的推进，而是重新提起之前已经叙说过的某一话题，起到提醒的作用。采用的是先叙说某一话题、然后重新提起某一话题的叙说方式。例如：

（17）徐太太把两捆钞票放到桌上："吴胖子，便宜你了，数数吧。"

"不数啦，不数啦！嫂夫人经手的钱还会错？"吴老板伸手拿钱，没承想又被徐伯贤拦住。

"慢着。按规矩，你给我写个收据。"

……

徐太太敲敲边儿了："放心，没人害你。要告你现在就告了，还给你两万块钱干吗呀？**可是话说回来**，你也得给我写完这个收据吧。"(陈建功、赵大年《皇城根》)

（18）"大贵，出了什么事情，黑更半夜的来敲门？"大贵说："咳！甭提了，咱的脯红给猫吃了，快去看看吧！"

……大贵看运涛半天不言语，更摸不着头绪，眼里噙着泪珠说："大哥！这可怎么办，困难年头，说什么我也赔不起你呀！"

……忠大伯吩咐大贵二贵搬出坐凳，叫运涛和江涛坐下。忠大伯也坐在阶台上，叫贵他娘点了根火绳，抽着烟。这时就有后半夜了，天凉下来，星群在天上闪着光亮，鸡在窝里做着梦，咯咯地叫着。忠大伯又说："在北方那风天雪地里，我老是想着咱的老家近邻，想着小时候在一块的朋友们的苦难，才跑回家来。<u>你父子们帮助我安家立业，我一辈子也忘不了……</u>"

这时，严志和也走了来，立在一边看着。听到这里，一下子从黑影里闪出来，说："**话又说回来**，<u>这一只鸟儿算了什么，孩子们！你们要记住，咱穷人把住个饭碗可不是容易，你们要为咱受苦人争一口气，为咱穷人整家立业吧！</u>"（梁斌《红旗谱》）

例（17）前项说明"没人害你"，通过"可是话说回来"引出后项，重新提起前面提过的话题"写收据"，以提醒对方。例（18）前项说明"忘不了运涛和江涛父子的恩情"，后项重新提起之前的话题"一只鸟儿算不了什么"，以提醒对方。

4　"话（又，再）说回来"构式的产生

"话（又，再）说回来"构式产生于清末民初。北大 CCL 语料库中我们共检得 14 例，出现"话"的有 6 例。补充说明类 12 例，如例（19）、（20）。转换话题类 2 例，如例（21）。未发现重启话题类。

（19）邓九公听见道："姑娘，你几天儿就回来，这些东西难道回来就都用不着了？叫个人在这里看着就得了，何必这等。"十三妹道："不然，一则这里头有我的鞋脚儿，不好交在他们手里。**再说回来**，<u>难道我一个人儿，还在这山里住不成？自然是跟了你老人家去。那时候短甚么要甚么，还怕你老人家不给我弄么？</u>"（《儿女英雄传》第十七回）

（20）至若哥哥要想作官，真是在那里作梦！且想想，我们而今是什么门第？不自羞辱，还要想做官儿咧！**话又说回来**，<u>做官原不当论门第，但是才学两个字，是万万离不了的。须要有了政治上的才学，才不愧做官啦！</u>哥哥胸无点墨，目不识丁，怎能做官呢？（《宋代十八朝宫廷艳史》第五十七回）

（21）陶荣双竖大指："二位贤侄，众位英雄，你们敢到北京大内，做出这样惊天动地，撼岳摇山，轰动武林的大事，实令老夫钦佩，真是长江后浪推前浪，一代新人超旧人。幼年时只听说过有位前辈赛毛遂杨香武，畅春园三盗九龙玉杯，威振绿林道，还有一位绍兴府飞镖黄三太黄老前辈，在海子红门镖打猛虎，沙滩放

响马劫过银辇，惊动九门，了不起呀！哈哈哈，陶某实在羡慕！唉，**话可又说回来啦**，罗贤弟，我可觉着不大对劲儿，听说童林这个人衣不惊人，貌不压众，并不是什么高一头的英雄，也不过是我等之辈。二位少庄主，虽在盛怒之下，也该找他理论，怎能惊动万岁？要知道天威难测呀！一旦发怒，牵扯多人，盗来国宝总要还朝，二位少庄主一时使气，后果如何？人无远虑，必有近忧。因小失大，智者不为也！"（《雍正剑侠图》第十二回）

例（19）后项"我一个人儿不能住在这山里"补充说明前项"鞋脚儿不好交在他们手里"，从而较为全面地说明"不需要这些东西了"。例（20）前项肯定"没有好的门第不能做官儿"，后项退一步说明"哥哥没有才学"，从而从两个方面说明"哥哥不能做官"。例（21）前项说明"陶某羡慕后辈"，后项转为另一话题"应找童林理论，不要惊动万岁，应归还国宝"。

5 小 结

"话（又，再）说回来"构式产生于清末民初，数量较少，现当代时才逐渐发展起来。该构式表达"话语（朝向立足点）向着相反的方向进行"，其语义背景：叙说者在某一话题上展开叙说（前项），引发某一看法、想法或说法，在此基础上，叙说者又从回转的角度进一步阐述对某一话题的看法、想法或说法，从而使得对某一话题的看法、想法或说法更加完善全面。"话说回来"的形式变体有"（这）话又（得）说回来（了/啦）""话再说回来""话（还）得说回来"。根据后项对前项所起的作用，"话（又，再）说回来"构式的语境类型可分为三类：补充说明类、重启话题类与转换话题类，其中补充说明类占相当比例，这与"话（又，再）说回来"的回转图式有关；"话（又，再）说回来"与转折词语相融，具有一定的转折意味。

第九章 结 语

本书以认知语言学理论为指导,将动趋式置于致使性句法语义连续统中,运用意象图式、隐喻、转喻、原型范畴、主观性和语义泛化、虚化等理论方法,对动趋式的认知语义类别、对称与不对称、动词小类、特殊构式等进行了较为系统全面的分析和解释,以期总结出动趋式致使性语义类型的关联性规律以及动词与趋向动词之间的双向组合原则,厘清动趋式泛化、虚化机制和对称与不对称性制约性因素等,进而推动汉语动词及动词性结构的基础理论研究。

1 本书的创新点

1.1 将动趋式置于致使认知语义框架之中

动趋式基于驱动—路径图式,是致移情景在语言中的映射,表达致使义。驱动—路径图式是人类对客观世界中物理空间移动关系理解和推理的一种完形结构:在力的作用下物体发生物理空间上的位置移动,包含驱动事件和位移事件,涉及施动者(力的来源)、受动者(力的作用对象)、作用力(施动者对受动者的驱动力)、参照体(包括环境参照体和自我参照体)和移动路径等基本要素,还有施动者凭借的工具这一可有要素。致移情景投射到语言中体现为运动事件和抽象变化事件,前者发生在空间域,后者发生在时间域和状态域,可分为时间变化事件和状态变化事件。在此基础上,界定了趋向补语的判定标准,即[＋位置移动]、[＋垂直/水平方向]、[＋受作用力作用]、[＋相对自我参照]等四个语义特征,可做谓语(多带处所宾语)、可做补语、可带"来/去"等三个句法特征,得出了27个趋向补语。

通过主客观变量描写和分析动趋式的句法语义类型,客观变量包括移动路径的类型、作用力传递的方向和作用力传递的意图,主观变量包括观察视角、扫描方式、图形—背景顺序、归因方式。并提出移动路径的三大类型是动趋式语义与句法研究的主线,移动路径的方向性、作用力传递的意图与方向是划分语义小类的重要依据,主观变量是研究句法功能的重要依据,从而有助于理解动趋式的共性与个性。动趋式存在从强致使、弱致使到非致使的连续统,可通过三个层次来分析:在不同认知域中,体现为认知域、作用力的动作性强弱、移动路径的显明性、作用力的过程性;在相同认知域中,体现为作用力传递的意图、作用力传递的方向;在相同客观致移情景下,体现为距离象似性原则、生命度和句式因素等。

1.2 以致移情景所在认知域和移动路径的五维量度为纲

通过致移情景所在的认知域,将移动路径分为空间路径、时间路径和状态路径。这样的做法打破了前人关于趋向义、结果义和状态义三分的局限。我们认为,趋向义、结果义和状态义都是结果的表现,从人类的认知经验出发对趋向补语的语义进行分类,可能更有助于人们理解与认识动趋式,因此提出空间义、时间义与状态义三分的意义体系。

移动路径在形状变化、远近距离、移动方向、起止标点和移动视角上具有形量、距量、向量、标量和参量等"五维量度"特征,依此进行意义细分类。"五维量度"为趋向补语在认知域上从空间向时间、状态的隐喻映射指明了方向,可以系统而全面地定位不同趋向补语的方向坐标,并通过动词小类与趋向补语意义的相融性,以及句法特征,进一步阐述趋向补语空间义、时间义与状态义三分的意义体系。

1.3 从趋向补语入手探讨动词的方向性特征及小类

与路径相对应,驱动也往往具有一定的方向性,二者之间具有双向选择性。动词具有方向性已成为学界共识。本书从趋向补语入手,探讨动词的方向性特征及其小类。趋向补语的"方向"可以是空间上的方向,也可以是时间上的方向、状态上的方向。动词的方向具有过程性方向和结果性方向,我们借鉴框架语义学理论,结合动趋组合句法验证,分析动词的结果性方向及其小类。依此分出位移动词和状态变化动词(包含部分性质形容词)两大类与方向特征有关的动词,并细分为若干小类。这一研究有助于动词小类的基础性研究。

2 本书的主要研究成果

2.1 基于驱动—路径图式阐释动趋式致使性的泛化与虚化

简单动趋式根据移动路径标量特征分为聚焦终点型(V+到/上/来/进/回)、聚焦经过点+终点型(V+过)、聚焦终点+起点型(V+下)、聚焦起点＋终点型（V+出/去/起）、聚焦起点型（V+开）五类。分析了各类动趋式的方向性特征，包括空间方向、时间方向和状态方向。空间方向可分为上向/下向、经过向、接近向/离开向、内向/外向、聚拢向/延展向、依附向/分离向、泛方向（自我参照向、到达向、返回向）。时间方向可分为开始并持续、延续、持续并完成、度过、经历、到达、实现和完成等。状态方向可分为比较关系变化、领属关系变化、由无到有/由有到无/由暂到稳/由隐到显/由显到隐/由暂到稳/由模糊到清晰/由纠结到顺畅的存在状态变化、数量状态变化、由积极到消极/由消极到积极生理/心理变化、价值状态变化、行为状态变化、上向/下向性质变化等。

运用驱动—路径图式和隐喻、转喻机制，采用共时和历时相结合的方法，探讨简单动趋式的认知语义类型及其泛化、虚化过程，并分析相应的动词小类。隐喻过程伴随着认知域由具体到抽象、范畴特征由多到少、主观性由弱到强等方面的变化。在共时平面上，进行语义分类描写，并根据认知域的抽象化程度，进行语义演变之间的假设或构想；再从历时平面，寻找各语义的产生时代及其关联性，调整共时平面假设的偏差。

2.2 以认知域为主线分析制约动趋式对称与不对称的因素

探讨空间域、时间域和状态域中具有近义或反义的简单动趋式、立足点不同的复合动趋式、复合动趋式与相应简单动趋式的句法语义对称与不对称。研究表明制约因素主要有：认知域、语言经济性原则、"来/去"的主观性特征（近向/远向、可见/不可见、预期/非预期等）、驱动-路径图式特征（简单趋向补语的方向性、路径轨迹的完整性、动词的方向性和参照体）。认知域越抽象，致使性越弱，不对称性越强。认知域越抽象，动趋式所在小句的完句功能越强，动趋式的句法呈现越固定。受语言经济性原则制约，简单动趋式使用频率一般高于相应的复合动趋式（"V+起来"除外），合并式复合动趋式的使用频率一般高于分离式复合动趋式。受人类预期性影响，带"来"的合并式复合动趋式使用频率一般高于带"去"的合并式复合动趋式（"V+上去"使用频率高于"V+上来"除外）。受路径轨迹的完整性特征制约带"来"与带"去"分离式复合动趋式使用频率情况则比较复杂，可聚焦起点/经过点趋向补语构成的带"来"分离式复合动趋式使用频率相对较高，聚点终点趋向补语（"上"例外）构成的带"去"分离式复合动趋式使用频率相对较高或不低。受路径轨迹完整性特征和叙说者视角影响，带"去"分离式简单动趋式使用频率高于带"来"分离式简单动趋式。动词的方向性特征与趋向补语具有较强的匹配性，如[（使

靠近）并接触] 义动词只能搭配"上"，[（使）脱离] 义动词、[（使）停留 /
存留] 义动词只能搭配"下"。参照体具有不可见性和疑问特征时，多使用
"去"，如"吃下肚去""吃进去""上哪儿去"等。

2.3　借鉴框架语义学探讨动词的结果方向性特征及其小类

动词具有方向性特征，趋向补语是方向性的外化标志。借鉴框架语
义学理论，通过动词的语义框架，关注受动者与参照体之间的关系，提取
动词的方向性特征。动词的方向性可以是过程性方向，也可以是结果性方
向。趋向补语的方向分为空间方向、时间方向和状态方向，依此进行动词
或形容词结果性方向的研究，统计《汉语动词用法词典》和《汉语形容词
用法词典》，列出相关动词或形容词词表。在空间方向上可分出上向 / 下向
动词、接近向 / 离开向动词、经过向动词、内向 / 外向动词、聚拢向 / 延展
向动词、依附向 / 分离向动词和泛方向位移动词，属于位移动词。在状态
方向上可分出领属变化动词、比较变化动词、产生义 / 消失义动词、显现
义 / 隐藏义动词、确定义动词、正向 / 负向生理 / 心理状态动词、价值变化
动词、上向 / 下向性质形容词等，属于状态变化动词或形容词。动词本身
多不具有明确的时间方向性。

2.4　运用构式语法理论分析动趋式特殊构式的表达功用

探讨"V 上去 /V 起来 /V 来 +AP/VP""V 来 V 去""话又说回来"构式
的虚化机制、语用功能及其动词项小类。认知域及其隐喻扩展是语义分类
的重要依据，并将共时与历时相结合。"V 上去 / 起来 / 来 +AP/VP"构式表
达认知对象（某实体或事件）引发认知者在某认知方式（某种情况）下对
其产生某认知结果，认知对象具有被动引发性，使构式本身具有了一定的
致使性；从感官感受、思维评价到推断，主观化程度越来越高，致使性越
来越弱。"V 来 V 去"构式表达往返位移事件的反复，由空间域隐喻扩展到
时间域，由循环反复到持续反复，对后续小句和前铺小句的依赖性越来越
强。"话（又，再）说回来"构式表达"话语（朝向立足点）回转源点进行"，
可与转折词语相融，具有补充说明、重启话题与转换话题三类语境类型，
具有使逻辑推理更严密的作用。

3　本书的不足及进一步研究的课题

3.1　本书的不足之处

第一，本书力图运用统一的理论框架对动趋式的语义关联性、动趋双
向组合关系进行分析和解释，而使得动趋式之间的比较分析不够深入。第

四～六章重点探讨简单动趋式语义类型及其泛化、虚化机制，简单动趋式之间、复合动趋式之间、简单动趋式与复合动趋式之间的对称与不对称，是本书的研究重点。为了便于细致的分析与描述，体现每个趋向补语在理论框架下的分析结论，我们采取的是逐一探讨、微观分析的方法，这样的铺排也许繁冗，但更加实用。

第二，本书从认知语义入手，寻求形式的验证，但空间义、时间义与状态义并没有整齐划一的句法形式标志。如"如果是我的亲生女儿，早就一巴掌抽上了"中的"上"是表"开始"的时间义还是表"依附"的空间义，语义似比较模糊。该类多不后接宾语，也需配合语境判断。我们认为，此句更关注的是表"开始"的时间义，是开始"抽"的动作，也隐含了"巴掌接触到亲生女儿脸部"的空间义，这一空间义只作为背景出现，不是表达的重心。

3.2 进一步研究的课题

第一，动趋式的比较研究。本书将简单趋向补语进行了重新分类，根据移动路径标量特征，分出聚焦终点型、聚焦经过点＋起点型、聚焦终点＋起点型、聚焦起点＋终点型、聚焦起点型五类，对11个简单动趋式的语义泛化与虚化进行了较为细致的研究。由于框架与时间局限，趋向补语之间未进行充分的比较研究，如"上"与"到"都是聚焦终点型趋向补语，它们之间的区别有待进一步阐述等等。

第二，动趋式历时演变研究。本书对动趋式致使性的语义类型的历时出现及其隐喻机制进行了探讨，但仍较偏重于共时平面的分析，未能充分地将历时层面出现的复杂情况一一展示。

参考文献

（一）主要参考论著

［1］北京语言学院语言教学研究所编：《现代汉语补语研究资料》，北京：北京语言学院出版社，1992年。

［2］蔡玲：《动觉感官意象图式——通感隐喻的认知模式》，《黔南民族师范学院学报》，2009年第5期。

［3］蔡瑱：《论"下来""下去"趋向意义上的不对称》，《现代语文》，2006年第10期。

［4］蔡瑱：《论动后复合趋向动词和处所名词的位置》，《暨南大学华文学院学报》，2006年第4期。

［5］蔡瑱：《与"下去"相关的不对称问题研究》，上海师范大学硕士学位论文，2004年。

［6］曹广顺：《近代汉语助词》，北京：语文出版社，1995年。

［7］曹宏：《中动句的语用特点及教学建议》，《汉语学习》，2005年第5期。

［8］曹宏：《论中动句的语义表达特点》，《中国语文》，2005年第3期。

［9］曹宏：《论中动句的层次结构和语法关系》，《语言教学与研究》，2004年第5期。

［10］曹宏：《论中动句的句法构造特点》，《世界汉语教学》，2004年第3期。

［11］曹宏：《中动句对动词形容词的选择限制及其理据》，《语言科学》，2004年第1期。

［12］曹娟：《表开始体"起来"的核心意义》，《首都师范大学学报（社科版）》，2000年增刊。

［13］曾传禄：《现代汉语位移空间的认知研究》，北京：商务印书馆，

2014 年。

[14] 曾传禄：《"过来"、"过去"的用法及其认知解释》，《西华师范大学学报（哲社版）》，2009 年第 2 期。

[15] 曾传禄：《障碍图式与"V 得（不）过来 / 过去"》，《燕山大学学报（哲社版）》，2009 年第 1 期。

[16] 曾传禄：《也谈"V 来 V 去"格式及其语法化》，《语言教学与研究》，2008 年第 6 期。

[17] 曾小红：《论"V 上 / 下"》，广西师范大学硕士学位论文，2001 年。

[18] 陈本源：《〈世说新语〉中的趋向动词"来"、"去"》，《苏州教育学院学报》，1988 年第 2 期。

[19] 陈昌来：《介词与介引功能》，合肥：安徽教育出版社，2002 年。

[20] 陈昌来：《现代汉语介词的内部差异及其影响》，《上海师范大学学报》，2002 年第 5 期。

[21] 陈昌来：《论现代汉语的致使结构》，《井冈山师范学院学报》，2001 年第 3 期。

[22] 陈昌来：《论动后趋向动词的性质——兼谈趋向动词研究的方法》，《烟台师范学院学报（哲社版）》，1994 年第 4 期。

[23] 陈昌来：《动后趋向动词性质研究述评》，《汉语学习》，1994 年第 2 期。

[24] 陈纪德、李川：《位移与变形》，《现代物理知识》，2000 年增刊。

[25] 陈建军：《"动词 + 来 / 去"结构带宾语时的时体运筹机制》，《唐山师范学院学报》，2006 年第 3 期。

[26] 陈建民：《"拿出一本书来"的同义句式》，《汉语学习》，1980 年第 2 期。

[27] 陈乐平：《位移动词"来""去"语用含义分析》，《韶关学院学报（社科版）》，2005 年第 1 期。

[28] 陈明舒：《表示起始义的"开始 V"与"V 起来"研究》，《湖南大学学报（社科版）》，2010 年第 5 期。

[29] 陈前瑞：《现时相关性与复合趋向补语中的"来"》，载吴福祥、洪波主编：《语法化与语法研究（一）》，北京：商务印书馆，2003 年。

[30] 陈前瑞：《汉语反复体的考察》，中国语文杂志社编《语法研究和探索（十一）》，北京：商务印书馆，2002 年。

[31] 陈先达、杨耕：《马克思主义哲学原理（第 3 版）》，北京：中国人

民大学出版社，2013年。

[32] 陈贤：《现代汉语动词"来、去"的语义研究》，复旦大学博士学位论文，2007年。

[33] 陈忠：《复合趋向补语中"来/去"的句法分布顺序及其理据》，《当代语言学》，2007年第1期。

[34] 陈忠：《认知语言学研究》，济南：山东教育出版社，2006年。

[35] 陈忠：《"起来"的句法变换条件及其理据》，《山东社会科学》，2006年第2期。

[36] 陈忠平、白解红：《Fillmore框架语义学认知观阐释》，《当代外语研究》，2012年第7期。

[37] 陈重瑜：《"动性"与"动态"的区别：汉语与英语的状态动词比较》，载徐杰主编：《汉语研究的类型学视角》，北京：北京语言大学出版社，2005年。

[38] 程莉维：《汉语儿童趋向动词习得个案研究》，首都师范大学硕士学位论文，2009年。

[39] 程琪龙：《致使概念语义结构的认知研究》，《现代外语》，2001年第2期。

[40] 储泽祥：《汉语口语里性状程度的后置标记"去了"》，《世界汉语教学》，2008年第3期。

[41] 储泽祥、徐朝晖、贺福凌、黄春平、尹戴忠：《近代汉语的"V出+N外"格式——兼说该式现代为什么不多见》，《古汉语研究》，1999年第4期。

[42] 崔达送：《中古汉语位移动词研究》，合肥：安徽大学出版社，2005年。

[43] 崔奉春：《动词"来"的运动方向和有关的动态意义》，《汉语学习》，1986年第4期。

[44] 崔山佳：《趋向动词"起来"二题》，《汉语学习》，1994年第2期。

[45] 崔希亮：《汉语介词结构与位移事件》，崔希亮主编《汉语言文字学论丛》，北京：北京语言大学出版社，2008年。

[46] 崔希亮：《汉语空间场景与论元的凸显》，《世界汉语教学》，2001年第4期。

[47] 崔振华：《湘方言中的"起去"已经语法化》，《汉语学报》，2007年第3期。

［48］戴耀晶：《现代汉语时体系统研究》，杭州：浙江教育出版社，1997年。

［49］戴昭铭：《动词情状成分"下去₃"的形式特征、语法功能和分布规律》，载中国语文杂志社编：《语法研究和探索（九）》，北京：商务印书馆，2000年。

［50］单宝顺：《现代汉语处所宾语研究》，北京：中国社会科学出版社，2011年。

［51］邓思颖：《形式汉语句法学》，上海：上海教育出版社，2010年。

［52］丁力：《安康方言中的"V开（NP）了"与"V起（NP）了"句式》，《汉中师范学院学报（社科版）》，1998年第1期。

［53］丁力：《安康方言中的"V开（NP）了"结构》，《湖北大学学报（哲社版）》，1995年第6期。

［54］丁声树等：《现代汉语语法讲话》，北京：商务印书馆，1961年。

［55］董淑慧、刘娜：《"过来/过去"的语法化及其在对外汉语教学中的应用》，《理论语言学研究》，2008年第2期。

［56］董淑慧：《"V+过类"准动趋结构的自主性问题》，《天津师大学报（社科版）》，1999年第4期。

［57］董秀芳：《词汇化与话语标记的形成》，《世界汉语教学》，2007年第1期。

［58］董秀芳：《述补带宾句式中的韵律制约》，《语言研究》，1998年第1期。

［59］杜轶：《"V到"格式的语义关系演变》，上海师范大学《对外汉语研究》编委会编：《对外汉语研究》（第八期），北京：商务印书馆，2012年。

［60］段业辉：《论"V+上/下"结构中的"上"和"下"》，《南京师大学报（社科版）》，1990年第2期。

［61］范继淹：《动词和趋向性后置成分的结构分析》，《中国语文》，1963年第2期。

［62］范立轲：《"V来"和"V到"的替换条件及认知动因》，《汉语学习》，2012年第1期。

［63］范晓：《论"致使结构"》，载中国语文杂志社编：《语法研究和探索（十）》，北京：商务印书馆，2000年。

［64］范晓：《"V上"及其构成的句式》，《营口师专学报》，1991年第1期。

［65］方经民：《汉语空间方位参照的认知结构》，《世界汉语教学》，1999

年第 4 期。

［66］方绪军：《"V 向……" 和 "V 往……"》，《语言教学与研究》，2004年第 2 期。

［67］房玉清：《"起来" 的分布和语义特征》，《世界汉语教学》，1992 年第 1 期。

［68］费多益：《寓身认知心理学》，上海：上海教育出版社，2010 年。

［69］封帆：《趋向补语 "起来" 的语义初探》，《长春师范学院学报（人文社科版）》，2010 年第 1 期。

［70］冯军伟：《动趋式述补结构的自主性考察及认知分析》，《湖州师范学院学报》，2008 年第 6 期。

［71］冯志伟：《从格语法到框架网络》，《解放军外国语学院学报》，2006年第 3 期。

［72］高顺全：《对外汉语教学探新》，北京：北京大学出版社，2005 年。

［73］高顺全：《复合趋向补语引申用法的语义解释》，《汉语学习》，2005年第 1 期。

［74］高顺全：《动词虚化与对外汉语教学》，《语言教学与研究》，2002 年第 2 期。

［75］高顺全：《体标记 "下来"、"下去" 补议》，《汉语学习》，2001 年第 3 期。

［76］高艳：《复合趋向补语不对称现象研究》，首都师范大学硕士学位论文，2007 年。

［77］高艳：《趋向补语 "来" "去" 使用不对称的语用考察》，《晋中学院学报》，2007 年第 2 期。

［78］高怡：《趋向动词 "上" 和 "起" 及相关动趋式的比较研究》，上海交通大学硕士学位论文，2012 年。

［79］葛显娇：《对称与不对称：上来 / 上去、下来 / 下去之比较研究》，安徽大学硕士学位论文，2010 年。

［80］葛旭媚：《现代汉语 "NP（受事）+V 起来 +AP" 句式研究》，上海师范大学硕士学位论文，2010 年。

［81］耿京茹：《汉语趋向补语与法语相关表述的比较》，《汉语学习》，2005 年第 3 期。

［82］弓月亭：《"现代汉语研究语料库" 趋向补语统计研究》，《河池学院学报》，2008 年第 6 期。

[83] 猴瑞隆:《从对外汉语教学谈"动+上/下"结构的若干问题》,《郑州大学学报(哲社版)》,2006年第2期。

[84] 猴瑞隆:《方位词"上""下"的语义认知基础与对外汉语教学》,《语言文字应用》,2004年第4期。

[85] 谷向伟:《林州方言的"V来/V上来"和"V来了/V上来了"》,《语文研究》,2007年第2期。

[86] 管燮初:《〈左传〉句法研究》,合肥:安徽教育出版社,1994年。

[87] 郭春贵:《复合趋向补语与非处所宾语的位置问题补议》,《世界汉语教学》,2003年第3期。

[88] 郭家翔:《视点取向与"上来、上去"的使用》,《湖北教育学院学报》,2006年第3期。

[89] 郭家翔、陈仕平、朱怀:《说"上来"》,《语言研究》,2002年特刊。

[90] 郭俊:《"V起O来"格式的多角度研究》,广西师范大学硕士学位论文,2010年。

[91] 郭锐、叶向阳:《致使表达的类型学和汉语的致使表达》,第一届肯特岗国际汉语语言学圆桌会议(KRIRCCL-1)论文,新加坡国立大学,2001年。

[92] 郭锐:《过程和非过程——汉语谓词性成分的两种外在时间类型》,《中国语文》,1997年第3期。

[93] 郭锐:《汉语动词的过程结构》,《中国语文》,1993年第6期。

[94] 郭珊珊:《论汉语"出"类趋向补语的语法意义》,《湖南科技大学学报(社科版)》,2011年第3期。

[95] 郭珊珊、朱乐红:《准成事标记"V出"及其与"V成"的比较分析》,《长春工程学院学报(社科版)》,2010年第4期。

[96] 郭珊珊:《"V出"及其相关问题考察》,上海师范大学硕士学位论文,2009年。

[97] 郭熙煌:《情感隐喻的动力图式解释》,《天津外国语学院学报》,2005年第2期。

[98] 郭霞:《现代汉语动趋构式的句法语义研究:认知构式语法视野》,成都:四川大学出版社,2013年。

[99] 郭晓麟:《对外汉语教材语法教学示例的基本原则——以趋向结构为例》,《语言教学与研究》,2010年第5期。

[100] 郭秀艳、杨治良:《基础实验心理学》,北京:高等教育出版社,

2005 年。

［101］韩大伟：《"路径"含义的词汇化模式》，《东北师大学报（哲社版）》，2007 年第 3 期。

［102］韩蓉：《"下来""下去"语法化过程考察》，北京语言大学硕士学位论文，2004 年。

［103］韩树英主编：《马克思主义哲学纲要（修订本）》，北京：人民出版社，2004 年。

［104］何乐士：《〈史记〉语法特点研究——从〈左传〉与〈史记〉的比较看〈史记〉语法的若干特点》，载程湘清主编：《两汉汉语研究》，济南：山东教育出版社，1992 年。

［105］何洪峰：《语法结构中的方式范畴》，《语言研究》，2006 年第 4 期。

［106］何天祥：《兰州方言里的"上"与"下"》，《兰州大学学报（社科版）》，1987 年第 4 期。

［107］何文忠：《中动构句条件》，《外语教学》，2007 年第 2 期。

［108］何文忠：《中动构句选择限制的认知阐释》，《外语研究》，2007 年第 1 期。

［109］何文忠：《中动结构的界定》，《外语教学》，2005 年第 4 期。

［110］贺阳：《动趋式"V 起来"的语义分化及其句法表现》，《语言研究》，2004 年第 3 期。

［111］胡盼：《商业广告语中通感隐喻的意义构建——动力意象图式视角》，燕山大学硕士学位论文，2012 年。

［112］胡晓慧：《汉语趋向动词语法化问题研究》，桂林：广西师范大学出版社，2012 年。

［113］胡裕树、范晓主编：《动词研究综述》，太原：山西高校联合出版社，1996 年。

［114］胡裕树主编：《现代汉语》，上海：上海教育出版社，1962 年。

［115］黄宝生：《〈聊斋志异〉中的趋向动词》，《汉中师院学报（哲社版）》，1991 年第 4 期。

［116］黄伯荣、廖序东主编：《现代汉语》，兰州：甘肃人民出版社，1980 年。

［117］黄春妮：《兴山方言中的"X 不过"结构分析》，《群文天地》，2011 年第 8 期。

［118］黄冬丽、马贝加：《"S+V 起来 +AP/VP"构式及其来源》，《语文研

究》，2008 年第 4 期。

［119］黄冬丽：《论"起来"做插入语标记的语法功能的产生过程》，《忻州师范学院学报》，2010 年第 6 期。

［120］黄河：《表行为动作体验的"V 起来"》，《胜利油田职工大学学报》，1999 年第 3 期。

［121］黄锦章：《汉语格系统研究——从功能主义的角度看》，上海：上海财经大学出版社，1997 年。

［122］黄锦章：《汉语中的使役连续统及其形式紧密度问题》，《华东师范大学学报（哲学社会科学版）》，2004 年第 5 期。

［123］黄路阳：《认知心理学对感知觉的新理解》，《安康师专学报（综合版）》，1997 年第 2 期。

［124］黄玉花：《韩国留学生汉语趋向补语习得特点及偏误分析》，《汉语学习》，2007 年第 4 期。

［125］黄育红：《"V 进 / 到、在 NP 里"格式的比较分析》，《衡阳师范学院学报（社科版）》，2004 年第 2 期。

［126］黄育红：《现代汉语"V 进 NP 里"格式》，《湖南社会科学》，2004年第 2 期。

［127］黄月华：《汉语趋向动词的多义研究》，湖南师范大学博士学位论文，2011 年。

［128］黄月华、白解红：《趋向动词与空间移动事件的概念化》，《语言研究》，2010 年第 3 期。

［129］黄月华、李应洪：《汉英"路径"概念词汇化模式的对比研究》，《外语学刊》，2009 年第 6 期。

［130］江蓝生：《吴语助词"来""得来"溯源》，《中国语言学报（第五期）》，北京：商务印书馆，1995 年。

［131］蒋国辉：《"来"、"去"析——兼论话语的第二主体平面》，《求是学刊》，1988 年第 6 期。

［132］蒋华：《趋向动词"上"语法化初探》，《东方论坛》，2003 年第 5 期。

［133］蒋冀骋、吴福祥：《近代汉语纲要》，长沙：湖南教育出版社，1997 年。

［134］教育部社会科学研究与思想政治工作司编：《马克思主义哲学原理》，北京：高等教育出版社，2003 年。

［135］金立鑫：《关于"时"的定位和"体"的类型的一点意见》，载上

海高校比较语言学 E-研究院《东方语言学》编委会：《东方语言学（第五辑）》，上海：上海教育出版社，2009 年。

[136] 竞成：《补语的分类及其教学》，《世界汉语教学》，1993 年。

[137] 居红：《汉语趋向动词及趋向短语的语义和语法特点》，《世界汉语教学》，1992 年第 4 期。

[138] 康锦涛：《"V 上 / 下"中"上 / 下"的分析与比较研究》，吉林大学硕士学位论文，2011 年。

[139] 孔令达：《关于动态助词"过 1"和"过 2"》，《中国语文》，1986 年第 4 期。

[140] 孔令达：《动态助词"过"和动词的类》，《安徽师范大学学报》，1985 年第 3 期。

[141] 匡蔷：《基于动力意象图式理论的通感隐喻研究》，湖南农业大学硕士学位论文，2012 年。

[142] 黎姐：《"起来"与宾语同现情况考察》，东北师范大学硕士学位论文，2006 年。

[143] 黎锦熙：《新著国语文法》，北京：商务印书馆，1924 年。

[144] 李斌：《含"进、出"类趋向词的动趋式研究》，上海师范大学硕士学位论文，2005 年。

[145] 李崇兴：《〈祖堂集〉中的助词"去"》，载蒋绍愚、江蓝生编：《近代汉语研究（二）》，北京：商务印书馆，1999 年。

[146] 李冠华：《"V 去了"说略》，《汉语学习》，1991 年第 3 期。

[147] 李冠华：《谓宾动趋结构初探》，《安徽教育学院学报（社科版）》，1986 年第 2 期。

[148] 李冠华：《由"上、下、进、出"充当的趋向补语对处所宾语的语义制约》，《汉语学习》，1985 年第 6 期。

[149] 李冠华：《处宾动趋结构初探》，《安徽师范大学学报（人文社科版）》，1985 年第 4 期。

[150] 李国南：《英语动词过去时的隐喻认知模式》，《外语教学与研究》，2004 年第 1 期。

[151] 李华：《〈红楼梦〉中"趋向动词 + 来法"结构》，《牡丹江师范学院学报（哲社版）》，2005 年第 6 期。

[152] 李娇枝：《动力意象图式下的轻动词语义研究》，南京师范大学硕士学位论文，2013 年。

［153］李晋霞：《"V 来 V 去"格式及其语法化》，《语言研究》，2002 年第
　　　 2 期。

［154］李婧崴：《"A+下来"格式的句法语义特点研究》，东北师范大学
　　　 硕士学位论文，2006 年。

［155］李敏：《论"V 起来"结构中"起来"的分化》，《烟台师范学院学
　　　 报（哲社版）》，2005 年第 3 期。

［156］李圃：《趋向动词"下来"的语义特点及相关问题研究》，《新疆大
　　　 学学报（哲社版）》，2009 年第 4 期。

［157］李倩：《浅论复合趋向补语"起来"——兼谈"起来"与"起去"
　　　 的不对称》，《哈尔滨学院学报》，2011 年第 6 期。

［158］李倩：《词义演变研究的理论基础和研究取向》，《华南师范大学学
　　　 报（社科版）》，2006 年第 2 期。

［159］李胜梅：《"话说回来"的语用分析》，《修辞学习》，2004 年第 3 期。

［160］李淑红：《留学生使用汉语趋向补语的情况调查及分析》，《民族教
　　　 育研究》，2000 年第 4 期。

［161］李顺周：《"动词＋进/出"的句法语义属性及其不对称研究》，上
　　　 海师范大学硕士学位论文，2009 年。

［162］李思旭、于辉荣：《从共时语法化看"V 上"与"V 下"不对称的
　　　 实质》，《语言教学与研究》，2012 年第 2 期。

［163］李妍：《汉语完成体"过"研究》，北京语言大学硕士学位论文，
　　　 2006 年。

［164］李银美：《语法化与主观化："起来"和"起去"的不对称分布》，
　　　 《社会科学论坛（学术研究卷）》，2007 年第 5 期。

［165］李瑛：《容器图式和容器隐喻》，《西南民族大学学报·人文社科
　　　 版》，2004 年第 5 期。

［166］李永：《语法义素的凸显与动词的语法化》，《山东师范大学学报》，
　　　 2005 年第 5 期。

［167］李宇明：《论"反复"》，《中国语文》，2002 年第 3 期。

［168］李宇明：《汉语量范畴研究》，武汉：华中师范大学出版社，2000 年。

［169］李振营、杜平：《基于认知的英汉致使移动结构对比分析》，《西华
　　　 师范大学学报（哲社版）》，2009 年第 3 期。

［170］梁红丽：《几何重建皮亚杰——儿童守恒观的空间发展》，《湖南广
　　　 播电视大学学报》，2000 年第 3 期。

［171］梁宁建：《心理学导论》，上海：上海教育出版社，2011 年。

［172］梁晓波、孙亚：《致使概念的认知观》，《外国语》，2002 年第 4 期。

［173］梁银峰：《汉语趋向动词的语法化》，上海：学林出版社，2007 年。

［174］梁银峰：《汉语动补结构的产生与演变》，上海：学林出版社，2006 年。

［175］梁银峰：《时间方位词"来"对事态助词"来"形成的影响及相关问题》，《语言研究》，2004 年第 2 期。

［176］廖秋忠：《空间词和方位参照点》，《中国语文》，1989 年第 1 期。

［177］林加蕾：《"V 起来"的小句语法化过程》，北京语言大学硕士学位论文，2006 年。

［178］铃木裕文：《日本的汉语动趋式研究综述》，《湖南人文科技学院学报》，2005 年第 1 期。

［179］刘楚群：《汉语动趋结构入句研究》，武汉：华中师范大学出版社，2012 年。

［180］刘楚群：《动趋结构中动、宾的双向选择》，《江西科技师范学院学报》，2010 年第 1 期。

［181］刘楚群：《"看起来"与"看上去"、"看来"差异浅析——兼论趋向短语的语法化》，《江西师范大学学报（哲社版）》，2009 年第 4 期。

［182］刘楚群：《"把 NV 起来"句式的成活机制》，《三峡大学学报（人文社科版）》，2007 年第 2 期。

［183］刘楚群：《现代汉语中的预转语"看起来"》，《汉语学报》，2006 年第 3 期。

［184］刘楚群：《论连动句式"V 起来 +VP"》，《华中科技大学学报（社科版）》，2005 年第 6 期。

［185］刘大为：《从语法构式到修辞构式（上 / 下）》，《当代修辞学》，2010 年第 3/4 期。

［186］刘大为：《流行语的隐喻性语义泛化》，《汉语学习》，1997 年第 4 期。

［187］刘丹青：《"唯补词"初探》，《汉语学习》，1994 年第 3 期。

［188］刘道锋：《"来""去"的位移阐释与"起来""起去"的不对称》，《巢湖学院学报》，2003 年第 6 期。

［189］刘芳、苏晚利：《"上去"的语法化历程》，《吉首大学学报（社科

版）》，2010 年第 3 期。

[190] 刘芳：《几组趋向动词演变研究》，福建师范大学博士学位论文，
2009 年。

[191] 刘公望：《〈老乞大〉里的"来"》，《延安大学学报（社科版）》，
1988 年第 4 期。

[192] 刘广和：《说"上 2、下 2……起来 2"》——兼谈趋向补语、动趋
式》，《汉语学习》，1999 年第 2 期。

[193] 刘国辉：《当代语言学理论与应用研究》，北京：中国社会科学出
版社，2010 年。

[194] 刘宏珍：《"V 来 V 去"的语法意义浅释》，《读与写杂志》，2009 年
第 1 期。

[195] 刘厚伟：《论"V 上"的核心语义特征——接触的认知图式》，河北
师范大学硕士学位论文，2010 年。

[196] 刘坚、江蓝生、白维国、曹广顺：《近代汉语虚词研究》，北京：
语文出版社，1992 年。

[197] 刘建刚：《从"上下图式"到"等级图式"——空间方位关系在语
言世界的映射》，《浙江工业大学学报（社会科学版）》，2005 年第
2 期。

[198] 刘俊莉：《认知模式的差异对"上""下"二词使用的影响》，《湖北
社会科学》，2006 年第 1 期。

[199] 刘俊莉：《试论主导"上""下"二词使用发展的认知原型特征》，
《江西科技师范学院学报》，2006 年第 1 期。

[200] 刘玲玲：《山西离石话助词"来"、"得来"的特殊用法》，《吕梁高
等专科学校学报》，2009 年第 2 期。

[201] 刘叔新：《试论趋向范畴》，载中国语文杂志社编：《语法研究和探
索（第三辑）》，北京：北京大学出版社，1985 年。

[202] 刘勋宁：《〈祖堂集〉"去"和"去也"方言证》，《古汉语语法论
集》，北京：语文出版社，1998 年。

[203] 刘燕君：《"使"字句与"把"字句的动力意象图式比较》，北京语
言大学硕士学位论文，2007 年。

[204] 刘月华、潘文娱、故韡：《实用现代汉语语法（增订本）》，北京：
商务印书馆，2004 年。

[205] 刘月华：《趋向补语通释》，北京：北京语言大学出版社，1998 年。

［206］刘月华：《汉语语法论集》，北京：现代出版社，1989 年。

［207］刘月华：《动态助词"过₂过₁了₁"用法比较》，《语文研究》，1988 年第 1 期。

［208］刘月华：《几组意义相关的趋向补语语义分析》，《语言研究》，1988 年第 1 期。

［209］刘月华：《表示状态意义的"起来"与"下来"之比较》，《世界汉语教学》，1987 年第 1 期。

［210］刘月华：《可能补语用法的研究》，《中国语文》，1980 年第 4 期。

［211］刘月华：《关于趋向补语"来"、"去"的几个问题》，《语言教学与研究》，1980 年第 3 期。

［212］刘志生：《近代汉语中的"V 来 V 去"格式考察》，《古汉语研究》，2004 年第 4 期。

［213］刘子瑜：《〈朱子语类〉述补结构研究》，北京：商务印书馆，2008 年。

［214］卢福波：《"来"、"去"趋向义的不对称现象》，《对外汉语教学语法研究》，北京：北京语言大学出版社，2004 年。

［215］卢华岩：《由"到"义动词"上 / 下"构成的动宾组合》，《语言教学与研究》，2001 年第 3 期。

［216］卢莉：《趋向补语"下"的语法化过程及相关句法语义问题研究》，上海师范大学硕士学位论文，2006 年。

［217］卢英顺：《"进"类趋向动词的句法、语义特点探析》，《语言教学与研究》，2007 年第 1 期。

［218］卢英顺：《"下来"的句法、语义特点探析》，《宁夏大学学报（人文社科版）》，2006 年第 5 期。

［219］卢英顺：《"上去"句法、语义特点探析》，《安徽师大学报（社科版）》，2006 年第 4 期。

［220］卢英顺：《认知图景与句法、语义成分》，《复旦学报（社科版）》，2005 年第 3 期。

［221］卢英顺：《语言理解中的邻近原则》，《安徽师范大学学报（人文社科版）》，2004 年第 4 期。

［222］卢英顺：《现代汉语的"延续体"》，《安徽师范大学学报（人文社科版）》，2000 年第 3 期。

［223］陆俭明：《动词后趋向补语和宾语的位置问题》，《世界汉语教学》，2002 年第 1 期。

［224］陆俭明：《"V 来了"试析》，《中国语文》，1989 年第 3 期。

［225］陆俭明：《关于"去 +VP"和"VP+ 去"句式》，《语言教学与研究》，1985 年第 4 期。

［226］罗昕如、龚娜：《湘方言中的"V+X+ 趋向补语"结构——兼与晋方言比较》，《语文研究》，2010 年第 1 期。

［227］吕叔湘：《现代汉语八百词》(增订本)，北京：商务印书馆，1999 年。

［228］吕叔湘：《汉语语法分析问题》，北京：商务印书馆，1979 年。

［229］吕晓军：《汉语趋向动词——"起来"的多义性认知研究》，《中南民族大学学报（人文社科版）》，2007 年 S1。

［230］马彪：《从"看出了神"的语义语法分析说起》，中国语文杂志社编：《语法研究和探索（九）》，北京：商务印书馆，2000 年。

［231］马超：《从标记理论看复合趋向补语的习得》，《德州学院学报》，2008 年第 5 期。

［232］马春红：《儿童空间表征参照系的研究综述》，《现代教育科学（普教研究）》，2010 年第 1 期。

［233］马克冬：《〈搜神记〉动趋式述补结构研究》，《重庆文理学院学报（社科版）》，2009 年第 3 期。

［234］马庆株：《指人参与者角色关系趋向与汉语动词的一些小类》，《汉语动词和动词性结构（第二编）》，北京：北京大学出版社，2007 年。

［235］马庆株：《汉语动词和动词性结构（一编）》，北京：北京大学出版社，2005 年。

［236］马庆株：《"V 来 / 去"与现代汉语动词的主观范畴》，《语文研究》，1997 年第 3 期。

［237］马晓琴：《陕西方言中"起去"的用法——兼说"起去"在普通话中不可说》，《陕西教育学院学报》，2007 年第 1 期。

［238］马玉汴：《趋向动词的认知分析》，《汉语学习》，2005 年第 6 期。

［239］马云霞：《汉语路径动词的演变与位移事件的表达》，北京：中央民族大学出版社，2008 年。

［240］孟琮、郑怀德、孟庆海、蔡文兰编：《汉语动词用法词典》，北京：商务印书馆，1999 年。

［241］孟琮：《动词和动作的方向》，载《第二届国际汉语教学讨论会论文选》，北京：北京语言学院出版社，1988 年。

［242］孟琮：《动趋式语义举例》，载中国社会科学院语言研究室编：《句

型和动词》，北京：语文出版社，1987 年。

［243］孟建安：《"V 向（了）N"中的"向"》，《固原师专学报（社科版）》，1999 年第 5 期。

［244］孟艳华：《事件建构与现代汉语结果宾语句研究》，北京语言大学博士学位论文，2009 年。

［245］缪韵笛：《现代汉语"V 上去"与"V 起来"的对比研究》，上海师范大学硕士学位论文，2009 年。

［246］牟炜民、张侃、杨姗：《自我中心结构中的空间方位效应》，《心理科学》，1999 年第 4 期。

［247］木霁弘：《"过"字虚化的历史考察》，《思想战线》，1989 年第 2 期。

［248］牛顺心：《汉语中致使范畴的结构类型研究》，天津：南开大学出版社，2014 年。

［249］潘海峰：《动后"上"的语法化过程和"V 上"结构的句法语义问题研究》，上海师范大学硕士学位论文，2005 年。

［250］潘虎：《趋向动词"起来"的篇章功能研究》，《信阳师范学院学报（哲社版）》，2010 年第 4 期。

［251］潘艳艳：《框架语义学：理论与应用》，《外语研究》，2003 年第 5 期。

［252］潘允中：《汉语语法史概要》，郑州：中州书画社，1982 年。

［253］裴蓓、孙鹏飞：《"V 开"结构中"开"的语法化探索》，《石河子大学学报（哲社版）》，2008 年第 3 期。

［254］裴文：《语言时空论》，北京：商务印书馆，2012 年。

［255］彭兰玉：《安福方言的"起去"》，《语文学刊》，2006 年第 8 期。

［256］彭湃、彭爽：《与"V 得起"和"V 不起"相关的问题》，《海南大学学报（人文社科版）》，2004 年第 1 期。

［257］彭睿：《共时关系和历时轨迹的对应——以动态助词"过"的演变为例》，《中国语文》，2009 年第 3 期。

［258］齐沪扬：《现代汉语现实空间的认知研究》，北京：商务印书馆，2014 年。

［259］齐沪扬：《动词移动性功能的考察和动词的分类》，载中国语文杂志社编：《语法研究和探索（十）》，北京：商务印书馆，2002 年。

［260］齐沪扬：《现代汉语空间问题研究》，上海：学林出版社，1998 年。

［261］齐沪扬：《位移句中 VP 的方向研究》，袁毓林、郭锐主编《现代汉语配价语法研究（第二辑）》，北京：北京大学出版社，1998 年。

［262］齐沪扬：《空间位移中主观参照"来/去"的语用含义》，《世界汉语教学》，1996 年第 4 期。

［263］钱旭菁：《日本留学生汉语趋向补语的习得顺序》，《世界汉语教学》，1997 年第 1 期。

［264］乔全生：《晋方言表空间位移的"V+X+来/去"结构》，《现代中国语研究》，2006 年第 8 期。

［265］邱广君：《现代汉语动词的方向体系》，载《中国语言学报（第九期）》，北京：商务印书馆，1999 年。

［266］邱广君：《谈"V 下+宾语"中宾语的类、动词的类和"下"的意义》，《语文研究》，1997 年第 4 期。

［267］邱广君：《谈"V 上"所在句式中的"上"意义》，《汉语学习》，1995 年第 4 期。

［268］邱天：《论"程度副词+名词"和"名词+起来"之比较》，《内蒙古民族大学学报》，2009 年第 6 期。

［269］全立波：《现代汉语"V 出 O 来"研究》，广西师范大学硕士学位论文，2004 年。

［270］人教社中学汉语编辑室：《〈暂拟汉语教学语法系统〉简述》，载《语法和语法教学》，北京：人民教育出版社，1956 年。

［271］任鹰、于康：《从"V 上"和"V 下"的对立与非对立看语义扩展中的原型效应》，《汉语学习》，2007 年第 4 期。

［272］商务印书馆辞书研究中心修订：《古代汉语词典（第 2 版）》，北京：商务印书馆，2014 年。

［273］尚国文：《语言理解的感知基础》，《外语学刊》，2011 年第 4 期。

［274］邵敬敏、张寒冰：《制约移动动词"来"的会话策略及其虚化假设》，《暨南学报（哲学社会科学版）》，2012 年第 1 期。

［275］邵敬敏：《"V 一把"中 V 的泛化与"一把"的词汇化》，《中国语文》，2007 年第 1 期。

［276］邵敬敏：《"语义语法"说略》，《暨南学报（人文科学与社会科学版）》，2004 年第 1 期。

［277］邵敬敏：《动宾组合中的制约与反制约关系——以"进 NP"结构分析为例》，《暨南大学华文学院学报》，2004 年第 1 期。

［278］邵敬敏：《现代汉语通论》，上海：上海教育出版社，2001 年。

［279］邵敬敏：《论汉语语法的语义双向选择性原则》，邵敬敏著：《汉语

语法的立体研究》，北京：商务印书馆，2000 年。

[280] 沈家煊：《"语法隐喻" 和 "隐喻语法"》，载中国语文杂志社编：《语法研究和探索（十二）》，北京：商务印书馆，2006 年。

[281] 沈家煊：《说 "不过"》，《清华大学学报（哲社版）》，2004 年第 5 期。

[282] 沈家煊：《语言的 "主观性" 和 "主观化"》，《外语教学与研究》，2001 年第 4 期。

[283] 沈家煊：《不对称和标记论》，南昌：江西教育出版社，1999 年。

[284] 沈家煊：《"语法化" 研究综观》，《外语教学与研究》，1994 年第 4 期。

[285] 沈力：《汉语的基本事象与体貌标记》，《现代中国语研究》，2006 年第 8 期。

[286] 沈敏、郭珊珊：《"V 出" 的方向价及 "V 出" 位移句的句法语义分析》，《汉语学习》，2009 年第 6 期。

[287] 沈阳：《现代汉语 "V+ 到 / 在 NP$_L$" 结构的句法构造及相关问题》，《中国语文》，2015 年第 2 期。

[288] 施春宏：《词义结构的认知基础及释义原则》，《中国语文》，2012 年第 2 期。

[289] 施春宏：《动结式致事的类型、语义性质及其句法表现》，《世界汉语教学》，2007 年第 2 期。

[290] 石毓智：《肯定和否定的对称与不对称》，北京：北京语言大学出版社，2001 年。

[291] 石毓智：《语法的形式和理据》，江西：江西教育出版社，2001 年。

[292] 史锡尧：《动词后 "上"、"下" 的语义和语用》，《汉语学习》，1993 年第 4 期。

[293] 史锡尧：《使用动性语素 "上"、"下" 的心理基础》，《世界汉语教学》，1989 年第 4 期。

[294] 史有为：《"下来" 还是 "进来"？》，《汉语学习》，1994 年第 3 期。

[295] 史有为：《"来"、"看" 小补》，《汉语学习》，1986 年第 5 期。

[296] 史有为：《"东、西、南、北" 与趋向》，《汉语学习》，1982 年第 5 期。

[297] 史忠植：《认知科学》，北京：中国科学技术大学出版社，2008 年。

[298] 束定芳：《认知语义学》，上海：上海外语教育出版社，2008 年。

［299］宋国明：《句法理论概要》，北京：中国社会科学出版社，1997 年。

［300］宋红梅：《"V 起来"句作为有形态标记的话题句》，《外语研究》，2008 年第 5 期。

［301］宋丽珏：《动力图式视角下的情态表达》，《齐齐哈尔大学学报（哲学社会科学版）》，2013 年第 6 期。

［302］宋文辉：《"来"和"去"的语法化：对称与不对称》，吴福祥、张谊生主编：《语法化与语法研究》第五辑，北京：商务印书馆，2011 年。

［303］宋文辉：《现代汉语动结式的认知研究》，北京：北京大学出版社，2007 年。

［304］宋文辉：《自动动结式的使动化》，载中国语文杂志社编：《语法研究和探索（十二）》，北京：商务印书馆，2006 年。

［305］宋玉柱：《说"起来"及与之有关的一种句式》，《语言教学与研究》，1980 年第 1 期。

［306］孙斐、定远：《九十年代以来的趋向动词研究述评》，《柳州职业技术学院学报》，2004 年第 1 期。

［307］孙佳音：《日语中的"反复"与"惯常"》，《华西语文学刊》，2013 年第 9 辑。

［308］孙娟娟：《表凸显结果的"V 出 O 来"构式考察》，《安庆师范学院学报（社科版）》，2010 年第 8 期。

［309］孙立新：《户县方言的趋向动词》，《唐都学刊》，2007 年第 3 期。

［310］孙鹏飞：《"V 开"的句法语义分析及"开"的虚化探索》，上海师范大学硕士学位论文，2008 年。

［311］孙淑娟、黄国华：《"V+O+下去"格式演变的历时考察——兼谈"V+O+复合趋向动词"格式在现代汉语普通话中少见的原因》，《佳木斯大学社会科学学报》，2007 年第 4 期。

［312］孙锡信：《汉语历史语法要略》，上海：复旦大学出版社，1992 年。

［313］孙绪武：《趋向动词的范围及意义》，《湖南科技大学学报（社会科学版）》，2004 年第 1 期。

［314］孙宜春：《"NP+V- 起来 +AP（VP）"句式考察》，安徽师范大学硕士学位论文，2007 年。

［315］谈鑫、胡东平：《框架语义学研究》，《南京工程学院学报（社会科学版）》，2012 年第 1 期。

［316］覃盛发:《略说趋向动词"起去"》,《广西民族学院学报(哲社版)》,1987 年第 2 期。

［317］覃远雄:《试析"A+趋向补语"格式》,《广西民族学院学报(哲社版)》,1993 年第 3 期。

［318］谭洁:《现代汉语"V 来 V 去"格式的多角度研究》,暨南大学硕士学位论文,2008 年。

［319］唐正大:《关中方言趋向表达的句法语义类型》,《语言科学》,2008 年第 2 期。

［320］唐正大:《从独立动词到话题标记——"起来"语法化模式的理据性》,载沈家煊、吴福祥、马贝加主编:《语法化与语法研究(二)》,北京:商务印书馆,2006 年。

［321］田宇贺:《对"动+趋+名"结构的初步考察》,《广西社会科学》,2002 年第 1 期。

［322］田宇贺:《动趋式研究述略》,《零陵师范高等专科学校学报》,2001 年第 1 期。

［323］全国斌:《动趋式粘合式结构与位移事件表达》,《殷都学刊》,2009 年第 2 期。

［324］全国斌:《现代汉语粘合式结构范畴化研究》,合肥:安徽大学出版社,2009 年。

［325］童小娥:《从事件的角度看补语"上来"和"下来"的对称与不对称》,《世界汉语教学》,2009 年第 4 期。

［326］童小娥:《从认知表征看补误"下来"、"下去"的不对称》,《湖南文理学院学报(社科版)》,2007 年第 4 期。

［327］宛新政:《现代汉语致使句研究》,杭州:浙江大学出版社,2005 年。

［328］汪翔、农友安:《近五年外国学生汉语趋向补语习得研究述评》,《广西教育学院学报》,2011 年第 2 期。

［329］王灿龙:《"起去"的语法化未完成及其认知动因》,《世界汉语教学》,2004 年第 3 期。

［330］王迪:《"V 感+起来／上去"结构研究》,华东师范大学硕士学位论文,2010 年。

［331］王迪:《试论"摸起来"与"摸上去"》,《井冈山学院学报(哲社版)》,2008 年第 7 期。

［332］王国栓:《趋向问题研究》,北京:华夏出版社,2005 年。

［333］王国栓：《"动＋将＋趋"式中"将"的性质》，《语文研究》，2004年第3期。

［334］王寒娜：《现代汉语"起来"及其语法化》，扬州大学硕士学位论文，2007年。

［335］王红旗：《动趋式述补结构配价研究》，载袁毓林、郭锐主编：《现代汉语配价语法研究（第二辑）》，北京：北京大学出版社，1998年。

［336］王吉辉：《意义泛化的性质和方式》，《汉语学习》，1995年第3期。

［337］王力：《中国现代语法》，北京：商务印书馆，1943年。

［338］王丽彩：《"来"、"去"充当的趋向补语和宾语的次序问题》，《广西社会科学》，2005年第4期。

［339］王丽红：《"过₂"语法化的语义基础和视点模式考察》，北京语言大学硕士学位论文，2008年。

［340］王莉：《民族学生汉语简单趋向补语习得研究》，新疆大学硕士学位论文，2004年。

［341］王林哲：《"着"与"下去"的时间指向分析》，《宁波大学学报（人文科学版）》，2011年第1期。

［342］王林哲：《"下来"、"下去"相关问题研究》，上海师范大学硕士学位论文，2006年。

［343］王平：《汉语"动＋将＋趋"格式也作连动式》，《西南民族大学学报（人文社科版）》，2009年第6期。

［344］王平：《"V来V去"格式的认知分析》，四川大学硕士学位论文，2007年。

［345］王小玲：《汉语体标记"起来"的句法语义分析》，北京语言大学硕士学位论文，2000年。

［346］王昕：《汉语"接下来"和"接下去"及其语法化研究》，河南大学硕士学位论文，2011年。

［347］王宜广：《趋向的"向度"和"实指、虚指"问题——以"V开来/开去"的语义分析为例》，《宁夏大学学报（人文社科版）》，2011年第6期。

［348］王宜广、邵敬敏：《"A到O"结构的语义类型及认知模式》，《暨南学报（哲学社会科学版）》，2010年第2期。

［349］王轶群：《日汉路径移动动词的对比研究》，《日语学习与研究》，2010年第3期。

［350］王寅：《构式语法研究（上卷）：理论思索》，上海：上海外语教育出版社，2011年。

［351］王寅：《构式语法研究（下卷）：分析应用》，上海：上海外语教育出版社，2011年。

［352］王永鹏：《"NP+V起来+AP"格式研究》，上海师范大学硕士学位论文，2008年。

［353］王媛：《动词的方向性研究与趋向动词教学》，北京：北京语言大学出版社，2011年。

［354］王媛：《汉语动词方向性研究综述》，《安阳学院学报》，2009年第3期。

［355］王媛：《现代汉语单音节动作动词的方向性研究》，北京语言大学博士学位论文，2007年。

［356］王媛：《跟趋向动词有关的偏误分析》，《云南师范大学学报（对外汉语教学与研究版）》，2006年第5期。

［357］王媛：《从"方向"的角度对现代汉语单音节动作动词分类》，《安阳工学院学报》，2006年第1期。

［358］王哲林：《"下来"、"下去"相关问题研究》，上海师范大学硕士学位论文，2006年。

［359］魏经会：《V、"来"、N相互搭配的格式及V项的考察》，《华中师范大学学报（哲社版）》，1989年第6期。

［360］魏丽君：《也谈动趋式的产生》，《古汉语研究》，1996年第4期。

［361］魏在江：《隐喻的主观性与主观化》，《解放军外国语学院学报》，2007年第2期。

［362］魏兆惠：《论两汉时期趋向连动式向动趋式的发展》，《语言研究》，2005年第1期。

［363］魏兆惠：《〈左传〉的趋向连动式及其与动趋式的关系》，《西安电子科技大学学报（社科版）》，2004年第4期。

［364］芜菘：《也谈动词的方向性——与谢质彬兄商榷》，《阜阳师范学院学报（社科版）》，2002年第5期。

［365］吴锋文：《"NP+V–起来+AP"格式句法语义分析》，《华中师范大学研究生学报》，2006年第4期。

［366］吴福祥：《汉语方言里与趋向动词相关的几种语法化模式》，《方言》，2010年第2期。

［367］吴怀仁：《谈陇东方言中"得来"、"得"的用法》，《河西学院学报》，2004 年第 1 期。

［368］吴纪梅：《动趋式"V+出来"与宾语同现情况的语用分析》，《广西民族大学学报（哲学社会科学版）》，2008 年第 1 期。

［369］吴洁敏：《谈谈非谓语动词"起来"》，《语言教学与研究》，1984 年第 2 期。

［370］吴丽君：《日本学生汉语习得偏误研究》，北京：中国社会科学出版社，2002 年。

［371］吴玲玲：《"NP（对象）+V+起来 +AP"句式考察及教学建议》，北京语言大学硕士学位论文，2007 年。

［372］吴念阳、徐凝婷、张琰：《空间图式加工促进方向性时间表述的理解》，《心理科学》，2007 年第 4 期。

［373］吴为善：《"V 起来"构式的多义性及其话语功能——兼论英语中动句的构式特征》，《汉语学习》，2012 年第 4 期。

［374］吴为善、夏芳芳：《"A 不到哪里去"的构式解析、话语功能及其成因》，《中国语文》，2011 年第 4 期。

［375］吴锡根：《〈金瓶梅词话〉中的"起来"句》，《杭州师范学院学报（人文社科版）》，2001 年第 4 期。

［376］吴云：《"过"引申用法的认知分析》，《汕头大学学报》，2004 年第 3 期。

［377］项开喜：《汉语双施力结构式》，《语言研究》，2002 年第 2 期。

［378］项开喜：《使因动词的"反及物化"及其句法成果》，第十二次现代汉语语法学术讨论会论文（湖南长沙），2002 年。

［379］肖奚强、周文华：《外国学生趋向补语句习得研究》，《汉语学习》，2009 年第 1 期。

［380］肖秀妹：《"动＋来＋名"和"动＋名＋来"两种句式的比较》，《语言教学与研究》，1982 年第 1 期。

［381］萧国政、邢福义：《同一语义指向的"动 / 趋来"》，《华中师范学院研究生报》，1984 年第 3 期。

［382］萧佩宜：《论汉语趋向动词"上"和"下"的语法化和语义不对称性》，《暨南大学华文学院学报（华文教学与研究）》，2009 年第 1 期。

［383］谢白羽、齐沪扬：《复合趋向补语"过来"和"过去"的语义分析》，陆俭明主编：《面临新世纪挑战的现代汉语语法研究》，济

南：山东教育出版社，1999 年。

[384] 谢质彬：《动词的方向性和方向的一致性原则》，《语文建设》，2001 年第 1 期。

[385] 谢质彬：《"托管"兼谈动词的方向性》，《语文建设》，2000 年第 5 期。

[386] 辛承姬：《趋向动词教学的前提工程：趋向动词"上"的语义特征考察》，上海师范大学《对外汉语研究》编委会编：《对外汉语研究》(第二期)，北京：商务印书馆，2006 年。

[387] 辛承姬：《汉语趋向动词系统》，《汉语学报》，2000 年第 1 期。

[388] 辛承姬：《连动结构中的"来"》，《语言研究》，1998 年第 2 期。

[389] 邢福义：《〈西游记〉中的"起去"与相关问题思辨》，《古汉语研究》，2005 年第 3 期。

[390] 邢福义：《"起去"的语法化与相关问题》，《方言》，2003 年第 3 期。

[391] 邢福义：《有关"起去"的两点补说》，《方言》，2002 年第 3 期。

[392] 邢福义：《"起去"的普方古检视》，《方言》，2002 年第 2 期。

[393] 邢福义：《形容词动态化的趋向态意义》，《湖北大学学报（哲社版）》，1994 年第 5 期。

[394] 邢向东：《神木话的结构助词"得来 / 来"》，《中国语文》，1994 年第 3 期。

[395] 熊学亮、梁晓波：《论典型致使结构的英汉表达异同》，《外语教学与研究》，2004 年第 2 期。

[396] 熊哲宏：《皮亚杰理论与康德先天范畴体系研究》，武汉：华中师范大学出版社，2002 年。

[397] 熊仲儒：《评价性"V-起来"句的句法语义分析》，载中国语文杂志社编：《语法研究和探索（十五）》，北京：商务印书馆，2010 年。

[398] 熊仲儒：《动结构式的致事选择》，《安徽师大学报》，2004 年第 4 期。

[399] 熊仲儒：《现代汉语中的致使句式》，合肥：安徽大学出版社，2004 年。

[400] 徐静茜：《也谈"V 得来""V 不来"》，《汉语学习》，1986 年第 2 期。

[401] 徐静茜：《也论"·下来""·下去"的引申用法》，《汉语学习》，1985 年第 4 期。

［402］徐静茜：《说"・来、・去"》，《语言教学与研究》，1983 年第 1 期。

［403］徐静茜：《趋向动词应归属何种词类？》，《湖州师范学院学报》，1982 年第 2 期。

［404］徐静茜：《"・起"和"・上"》，《汉语学习》，1981 年第 6 期。

［405］徐默凡：《现代汉语工具范畴的认知研究》，上海：复旦大学出版社，2003 年。

［406］徐玉萍、李天贤：《框架语义学视角下英汉多义词的对比研究——以"水"为例》，《现代语文》，2012 年第 7 期。

［407］许慎：《说文解字》，北京：中华书局，1963 年。

［408］许刚：《对趋向动词"起来"及其语法化的研究》，安徽师范大学硕士学位论文，2006 年。

［409］许丽：《"A 起来"结构的语义、语法分析》，内蒙古大学硕士学位论文，2004 年。

［410］彦晶：《从"上"和"下"的不对称窥视反义词的不平衡发展》，河北师范大学硕士学位论文，2010 年。

［411］杨德峰：《再议"V 来 V 去"及与之相关的格式——基于语料库的研究》，《世界汉语教学》，2012 年第 2 期。

［412］杨德峰：《〈现代汉语词典〉（第 5 版）趋向动词释义献疑》，《辞书研究》，2009 年第 6 期。

［413］杨德峰：《"时间顺序原则"与"动词＋复合趋向动词"带宾语形成的句式》，《世界汉语教学》，2005 年第 3 期。

［414］杨德峰：《VC1C2 带宾语的位置及形成的句式》，载北京大学对外汉语教育学院主办：《汉语教学学刊（第 1 辑）》，北京：北京大学出版社，2005 年。

［415］杨德峰：《汉语的结构和句子研究》，北京：教育科学出版社，2004 年。

［416］杨德峰：《日语母语学习者趋向补语习得情况分析——基于汉语中介语语料库的研究》，《暨南大学华文学院学报》，2004 年第 3 期。

［417］杨德峰：《20 世纪 80 年代中期以来的动趋式研究述评》，《语言教学与研究》，2004 年第 2 期。

［418］杨德峰：《朝鲜语母语学习者趋向补语习得情况分析——基于汉语中介语语料库的研究》，《暨南大学华文学院学报》，2003 年第

4 期。

［419］杨德峰：《英语母语学习者趋向补语的习得顺序——基于汉语中介语语料库的研究》，《世界汉语教学》，2003 年第 2 期。

［420］杨德峰：《用于将来的"动＋了＋趋"初探》，《语言研究》，2002年第 2 期。

［421］杨德峰：《"动＋趋＋了"和"动＋了＋趋"补议》，《中国语文》，2001 年第 4 期。

［422］杨德峰：《趋向述补结构的自由和粘着》，《语文研究》，1988 年第4 期。

［423］杨桦：《试论"V 出"结构及其句式》，《乐山师范学院学报》，1990年第 3 期。

［424］杨建国：《补语式发展初探》，载《现代汉语补语研究资料》，北京：北京语言学院出版社，1992 年。

［425］杨凯荣：《论趋向补语和宾语的位置》，《汉语学报》，2006 年第2 期。

［426］杨石泉：《趋向补语及其引申意义——说补语（二）》，《逻辑与语言学习》，1986 年第 1 期。

［427］杨瑜：《"给力"的隐喻性语义泛化及其语境意义构建》，《琼州学院学报》，2012 年第 1 期。

［428］杨瑜：《"雷"的隐喻性语义泛化及其认知阐释》，《长春理工大学学报（社科版）》，2010 年第 5 期。

［429］杨月蓉：《"V＋去／来"结构辨析》，《贵州教育学院学报（社科版）》，1992 年第 1 期。

［430］杨子、淡晓红：《"上"、"下"的动词性组合搭配的认知优选机制》，《语言科学》，2010 年第 4 期。

［431］杨子、王明：《"上"、"下"动词性组合的不对称性解析——缘何不能说"下厕所"与"上馆子"》，《语言科学》，2009 年第 1 期。

［432］姚婷：《"起来"与助词"了"的同现情况考察》，《九江学院学报》，2008 年第 1 期。

［433］姚肖莺：《汉语三种致使句的致使性等级考察》，载张旺熹主编：《汉语语法的认知与功能探索》，北京：世界图书出版公司，2007 年。

［434］姚占龙：《动后复合趋向动词的动性考察》，《上海师范大学学报（哲社版）》，2006 年第 4 期。

［435］杨永龙:《"朱子语类"完成体研究》,河南:河南大学出版社,
　　　2001 年。

［436］叶南:《趋向补语方向的多维性与宾语位置的关系》,《西南民族大
　　　学学报（人文社科版）》,2005 年第 6 期。

［437］殷树林:《"NP（对象）+（状）+V+ 起来 +AP"格式的句法构
　　　造》,《语言科学》,2006 年第 2 期。

［438］殷树林:《"NP（对象）+（状）+V+ 起来 +AP"格式与英语中动
　　　句的比较》,《语言教学与研究》,2006 年第 1 期。

［439］尹喜艳:《"V 开"语义分析》,《和田师范专科学校学报（汉文综合
　　　版）》,2007 年第 2 期。

［440］尹阳霜:《现代汉语"V 来 V 去"格式研究》,上海外国语大学硕
　　　士学位论文,2009 年。

［441］尹玉:《趋向补语的起源》,《中国语文》1957 年第 9 期。

［442］于辉荣:《"V 上"及其相关问题研究》,上海师范大学硕士学位论
　　　文,2010 年。

［443］于萍:《"V 过"结构的原因解释功能》,载张旺熹主编:《汉语语法
　　　的认知与功能探索》,北京:世界图书出版公司,2007 年。

［444］于善志、王文斌、罗思明、刘晓林:《英汉趋向义及其层级结构对
　　　比研究》,《外国语文》,2010 年第 2 期。

［445］余光武、司惠文:《汉语中间结构的界定——兼论"NP+V– 起来
　　　+AP"句式的分化》,《语言研究》,2008 年第 1 期。

［446］余华:《趋向义"V 起来"入句研究》,江西师范大学硕士学位论
　　　文,2008 年。

［447］玉柱《〈"V 得来""V 不来"〉小补》,《汉语学习》,1986 年第 5 期。

［448］玉柱:《"V 得来""V 不来"》,《汉语学习》,1985 年第 6 期。

［449］岳中奇:《"V 去 O"和"VO 去"的语义、语用分析》,《汉语学
　　　习》,1994 年第 4 期。

［450］赵琪:《从极性程度的表达看修辞构式形成的两条途径》,《当代修
　　　辞学》,2012 年第 1 期。

［451］张伯江、方梅:《汉语功能语法研究》,南昌:江西教育出版社,
　　　1996 年。

［452］张伯江:《动趋式里宾语位置的制约因素》,《汉语学习》,1991 年
　　　第 6 期。

[453] 张达球：《体界面假设与汉语运动事件结构》，《语言教学与研究》，2007 年第 2 期。

[454] 张德岁：《"VP+AP"结构与中动句关系考察》，《汉语学习》，2011 年第 5 期。

[455] 张发明：《趋向动词"来""去"新议》，《四平师院学报（哲社版）》，1981 年第 3 期。

[456] 张凤、高航：《语义研究中的认知观》，《中国俄语教学》，2001 年第 1 期。

[457] 张光明：《忻州方言的"起去"》，《语文研究》，2004 年第 4 期。

[458] 张国宪：《现代汉语形容词的功能与认知研究》，北京：商务印书馆，2006 年。

[459] 张国宪：《延续性形容词的续段结构及其体表现》，《中国语文》，1999 年第 6 期。

[460] 张国宪：《动词的动向范畴》，载中国语文杂志社编：《语法研究和探索（第九辑）》，北京：商务印书馆，1999 年。

[461] 张国宪：《语言单位的有标记与无标记现象》，《语言教学与研究》，1995 年第 4 期。

[462] 张国宪：《现代汉语的动态形容词》，《中国语文》，1995 年第 3 期。

[463] 张国宪、齐沪扬：《试说连说"来"》，《淮北煤炭师院学报（哲社版）》，1986 年第 3 期。

[464] 张国珍：《论运动、变化和发展三范畴的区别》，《湖南师范大学社会科学学报》，1994 年第 6 期。

[465] 张虹：《谈"V 来 V 去"》，《山东师范大学学报（人文社科版）》，2007 年第 1 期。

[466] 张华：《"上／下"语义演化的认知考察》，华中科技大学硕士学位论文，2004 年。

[467] 张辉、卢卫中：《认知转喻》，上海：上海外语教育出版社，2010 年。

[468] 张惠芬：《复合趋向补语中宾语的几种位置》，载北京语言大学汉语学院编：《语言文化教学研究集刊（第三辑）》，北京：华语教学出版社，1999 年。

[469] 张慧：《"V 过来"的句法语义分析》，上海师范大学硕士学位论文，2009 年。

[470] 张积家、陆爱桃：《汉语心理动词的组织和分类研究》，华南师范

大学学报（社会科学版），2007 年第 1 期。

［471］张健：《关于带 "了" 的动趋结构》，《汉语学习》，1991 年第 2 期。

［472］张金圈：《"复合动趋式＋宾语" 语序演变的动因与机制》，《宁夏大学学报（人文社科版）》，2010 年第 5 期。

［473］张静：《"V 起" 的句法、语义及语法化研究》，河南大学硕士学位论文，2010 年。

［474］张凯、陈秀清：《"V 不上" 和 "V 不下" 的对立和非对立——"上／下" 原型义及其引申义对 "V 不上／下" 的影响》，《渤海大学学报（哲社版）》，2009 年第 5 期。

［475］张黎：《汉语位移句的语义组合》，《现代中国语研究》，2006 年第 8 期。

［476］张敏：《"上／下" 对称和不对称的历史考察》，河南大学硕士学位论文，2007 年。

［477］张敏：《认知语言学与汉语名词短语》，北京：中国社会科学出版社，1998 年。

［478］张清源：《成都话的 "V 起来、V 起去" 和 "V 起 xy"》，《方言》，1998 年第 2 期。

［479］张帅帅：《"V＋起来" 的多角度研究》，上海外国语大学硕士学位论文，2007 年。

［480］张旺熹：《汉语特殊句法的语义研究》，北京：北京语言大学出版社，1999 年。

［481］张晓玲：《试论 "过" 与 "了" 的关系》，《语言教学与研究》，1986 年第 1 期。

［482］张谊生：《试论当代汉语新兴的补语标记 "到"》，《当代修辞学》，2014 年第 1 期。

［483］张谊生：《"看起来" 与 "看上去"——兼论动趋式短语词汇化的机制与动因》，《世界汉语教学》，2006 年第 3 期。

［484］张幼冬：《趋向补语 "过来"、"过去" 引申义的语义分析》，《吉林师范大学学报（人文社科版）》，2010 年第 4 期。

［485］张豫峰：《现代汉语致使态研究》，上海：复旦大学出版社，2014 年。

［486］张志公主编：《汉语知识》，北京：人民教育出版社，1959 年。

［487］张志公主编：《汉语》第三册，北京：人民教育出版社，1956 年。

［488］张志公：《汉语语法常识》，北京：中国青年出版社，1953 年。

[489] 赵新:《"不过"补语句的历史考察》,《语言研究》,2000 年第 2 期。

[490] 赵艳芳:《认知语言学概论》,上海:上海外语教育出版社,2001 年。

[491] 赵莹:《"V 上 / 下"中"上 / 下"的意义及相关习得情况考察》,复旦大学硕士学位论文,2010 年。

[492] 赵元任:《汉语口语语法》,北京:商务印书馆,1979 年。

[493] 赵志强、王冬梅:《由"起"到"起来"——趋向动词"起来"的语法化》,《河北科技师范学院学报(社会科学版)》,2006 年第 3 期。

[494] 郑怀德、孟庆海:《汉语形容词用法词典》,北京:商务印书馆,2003 年。

[495] 郑娟曼、张先亮:《"责怪"式话语标记"你看你"》,《世界汉语教学》,2009 年第 2 期。

[496] 郑娟曼:《从"V 出 + 宾语"的构件关系看语义的双向选择原则》,《暨南大学华文学院学报(华文教学与研究)》,2009 年第 2 期。

[497] 郑娟曼:《〈红楼梦〉中的"下去"句探析》,《荆门职业技术学院学报》,2005 年第 2 期。

[498] 中国社会科学院语言研究所词典编辑室编:《现代汉语词典》(第 5 版),北京:商务印书馆,2010 年。

[499] 周迟明:《来和去》,《山东大学学报》,1959 年第 2 期。

[500] 周迟明:《汉语的连动性复式动词》,《语言研究》1957 年第 2 期。

[501] 周红:《从动趋组合看动词的空间方向性特征》,《新疆大学学报(哲学·人文社会科学版)》,2019 年第 1 期。

[502] 周红:《从驱动-路径图式看"V+ 过"的语义类别及其泛化、虚化》,《对外汉语研究》,2018 年第 17 辑。

[503] 周红:《"V+ 起"的两种方向特征及其语义演变》,《语言研究集刊》,2017 年第 18 辑。

[504] 周红:《从驱动-路径图式看"V 开"结构的语义》,《语言研究》,2017 年第 1 期。

[505] 周红:《对叠框架"X 来 X 去"的语法化和修辞化》,《当代修辞学》,2017 年第 1 期。

[506] 周红:《从致使性看"V 上去 / 起来 / 来 +AP/VP"构式的表达功用——基于语料库的研究》,《新疆大学学报(哲学·人文社会科

学版）》，2016 年第 4 期。

［507］周红：《从驱动-路径图式看"V+上/下"的对称与不对称》，《新疆大学学报（哲学·人文社会科学版）》，2015 年第 6 期。

［508］周红、鲍莹玲：《复合趋向结构"V+过来/过去"的对称与不对称》，《语言教学与研究》，2012 年第 3 期。

［509］周红：《现代汉语致使范畴研究》，上海：复旦大学出版社，2005 年。

［510］周敏莉：《新邵湘语的极性程度助词"不过"》，《牡丹江大学学报》，2013 年第 10 期。

［511］周宁：《类固定短语"X 来 X 去"格式考察》，上海师范大学硕士学位论文，2008 年。

［512］周永惠：《复合趋向补语的趋向意义》，《四川师范大学学报（社科版）》，1991 年第 2 期。

［513］周云珍：《暂拟语法系统修订要点讨论·趋向词组初探》，《汉语学习》，1982 年第 6 期。

［514］朱德熙：《语法讲义》，北京：商务印书馆，1982 年。

［515］朱巨器：《日汉趋向动词的词义辨析》，《日语学习与研究》，2003 年第 1 期。

［516］朱玲君：《新邵陈家坊镇话程度副词"不过"比较研究》，湖南师范大学硕士学位论文，2008 年。

［517］朱滢主编：《实验心理学（第二版）》，北京：北京大学出版社，2000 年。

［518］祝建军：《近代汉语动词"打"的语义泛化》，《烟台大学学报（哲社版）》，2002 年第 3 期。

［519］资中勇：《语言学中的"V 过"结构研究》，《求索》，2008 年第 12 期。

［520］宗守云：《补语"透"语义的泛化和虚化》，《汉语学习》，2010 年第 6 期。

［521］邹立志、周琳、程莉维：《普通话早期儿童趋向动词习得个案研究——以"上、下"两组趋向动词为例》，《世界汉语教学》，2010 年第 3 期。

［522］邹文洁：《现代汉语动词的方向分类及解释》，上海外国语大学硕士学位论文，2008 年。

［523］左双菊：《位移动词"来/去"带宾能力的历时、共时考察》，华中

师范大学博士学位论文，2007 年。

［524］［韩］朴珍玉：《对"V 上"之再考察——基于韩国学习者偏误类型的分类》，《延边大学学报（社科版）》，2009 年第 4 期。

［525］［美］J.H. 弗拉维尔、P.H. 米勒、S.A. 米勒著，邓赐平、刘明译：《认知发展》，上海：华东师范大学出版社，2002 年。

［526］［美］约翰·D. 布兰思福特、安·L. 布朗、罗德尼·R. 科金等编著，程可拉、孙亚玲、王旭卿译：《人是如何学习的——大脑、心理、经验及学校》，上海：华东师范大学出版社，2002 年。

［527］［日］安本真弓：《趋向性可能补语的语义生成条件》，载上海高校比较语言学 E- 研究院：《东方语言学》编委会编：《东方语言学（第二辑）》，上海：上海教育出版社，2007 年。

［528］［日］古川裕：《关于动词"来"和"去"选择的问卷调查报告》，北京大学对外汉语教育学院主办：《汉语教学学刊（第 1 辑）》，北京：北京大学出版社，2005 年。

［529］［日］古川裕：《〈起点〉指向和〈终点〉指向的不对称及其认知解释》，《世界汉语教学》，2002 年第 3 期。

［530］［日］今井敬子：《现代汉语趋向结构的层次》，《山西大学学报》，1987 年第 2 期。

［531］［日］木村秀树著，王志译：《汉语方位补语"来"、"去"的两个功能》，《徐州师范大学学报（哲社版）》，1987 年第 3 期。

［532］［日］杉村博文：《试论趋向补语"·下"、"·下来"、"·下去"的引申用法》，《语言教学与研究》，1983 年第 4 期。

［533］［日］鹈殿伦次：《汉语趋向性复合动词与处所宾语》，载大河内康宪、施光亨主编：《日本近、现代汉语研究论文选》，北京：北京语言学院出版社，1993 年。

［534］［日］俞光中、植田均：《近代汉语语法研究》，上海：学林出版社，1999 年。

［535］邱质朴、［英］Lsbel Tasker & Merag Deans: *A Comparison of Ways of Expressing Direction in the Verb Phrase in Chinese and English*，《语言教学与研究》，1980 年第 1 期。

［536］［瑞士］J. 皮亚杰、B. 英海尔德著，吴福元译：《儿童心理学》，北京：商务印书馆，1981 年。

［537］Adele E.Goldberg 著，吴海波译：《构式论元结构的构式语法研究》，

北京：北京大学出版社，2007 年。

[538] Bowdle B. & Gentner, D. *The Career of Metaphor. Psychological Review*, 2005, 112（1）: 193—216.

[539] Clark, H.H. *Space, Time, Semantics, and the Child*. In: Timonthy E.Moore. *Cognitive Development and the Acquisition of Language*. New York: Academic Press, 1973: 27—63.

[540] Croft. W. *Syntactic Categories and Grammatical Relations: The Cognitive Organization of Information*. Chicago: The University of Chicago Press, 1991.

[541] Croft, W. & Cruse, D.A. *Cognitive Linguistics*. Cambridge: Cambridge University Press, 2004.

[542] Croft, W. & Wood, E. *Construal Operations in Linguistics and Artificial Intelligence*. Amsterdam and Philadelphia: John Benjamins, 2000.

[543] Goddard, C. *Semantic Analysis: A Practical Introduction*. Oxford: Oxford University Press, 1998.

[544] Heine, B. et al. *Grammaticalization: A Conceptual Framework*. Chicago: The Chicago University Press, 1991.

[545] Kelly, H.H. *Attribution theory in social psychology*, Levine D. *Nebraska symposium on motivation*. Lincoln: University of Nebraska Press, 1967.

[546] Klatzky R.L. *Allocentric and Egocentric Spatial Representations: Definitions, Distinctions, and Interconnections*. In: Freksa C, Habel C, Wender K.（Eds.）*Spatial Cognition: An Interdisciplinary Approach to Representing and Processing Spatial Knowledge*. Berlin: Springer-Verlag, 1998. 1—17.

[547] Lakoff, G. & Johnson, M. *Philosophy in the Flesh: the Embodied Mind and Its Challenge to Western Thought*. New York: Basic Books, 1999.

[548] Lakoff, G. & Johnson, M. *Metaphors We Live by*. Chicago: The University of Chicago Press, 1980.

[549] Lakoff, G. *Women, Fire and Dangerous Things: What Categories Reveal about the Mind*. Chicago: The University of Chicago Press,

1987：282—283.

[550] Langacker，R.W. *Foundations of Cognitive Grammar*，*Vol.1*. Stanford：Stanford University Press，1988.

[551] Lyons J. *Semantics*（*Vol.2*）. Cambridge：Cambridge University Press，1977（2）.

[552] Miller，G.A. & Johnson-Laird P.N. *Language and Perception*. Cambridge，Massachusetts：The Belknap Press of Harvard University Press，1976.

[553] Murphy G.L. *On Metaphoric Representation. Cognition*，1996，60（2）：173—204.

[554] Newcombe N.S. *Spatial Cognition*. In：Medin D.（Ed.）*Cognition Volume*，*Stevens Handbook of Experimental Psychology*（3rd Edition）. New York：John Wiley，2002：113—163.

[555] Talmy，L. *Force Dynamics in Language*. Papers from the Twenty First Regional Meeting of the Chicago Linguistic Society，1985.

[556] Talmy，L. *Toward a Cognitive Semantics. Volume I*：*Concept Structuring Systems*. Cambridge，Mass：MIT Press，2000.

[557] Talmy，L. *Toward a Cognitive Semantics. Volume II*：*Topology and Process in Concept Structuring*. Cambridge，Mass：MIT Press，2000.

[558] Talmy，L. *Force Dynamics in Language and Cognition. Cognitive Science*，1988（12）.

[559] Wilson M. *Six Views of Embodied Cognition. Psychological Bulletin and Review*，2002，9（4）：625—636.

（二）引用书目

[560] 皮锡瑞撰，盛冬铃、陈抗点校：《今文尚书考证》，北京：中华书局，1989 年版。

[561] 程俊英译注：《诗经译注》，上海：上海古籍出版社，1985 年版。

[562] 左丘明著，上海师范大学古籍整理组校点：《国语》，上海：上海古籍出版社，1978 年版。

[563] 杨伯峻注：《春秋左传注》，北京：中华书局，1981 年版。

[564] 刘尚慈译注：《春秋公羊传译注》，北京：中华书局，2010 年版。

[565] 孟轲著，杨伯峻注：《孟子译注》，北京：中华书局，1960 年版。

［566］彭林译注：《仪礼》，《中华经典名著全本全注全译丛书》，北京：中华书局，2012年版。

［567］屈原著，聂石樵注：《楚辞新注》，上海：上海古籍出版社，1980年版。

［568］刘向集录：《战国策》，上海：上海古籍出版社，1978年版。

［569］司马迁著，宋裴骃集解，张守节正义：《史记》，北京：中华书局，1959年版。

［570］荀悦著：《汉纪》，袁宏著：《后汉纪》，张烈点校：《两汉纪》，北京：中华书局，2002年版。

［571］王充著，北京大学历史系《论衡》注释小组：《论衡注释》，北京：中华书局，1979年版。

［572］应劭著，王利器校注：《风俗通义》，北京：中华书局，1981年版。

［573］班固著，唐颜师古注：《汉书》，北京：中华书局，1962年版。

［574］王明编：《太平经合校》，北京：中华书局，1960年版。

［575］陶潜撰：《搜神后记》，北京：中华书局，1981年版。

［576］常璩撰，刘琳校注：《华阳国志校注》，成都：巴蜀书社，1984年版。

［577］葛洪著：《抱朴子》，诸子集成本，香港：中华书局香港分局，1978年版。

［578］干宝著，汪绍楹校注：《搜神记》，北京：中华书局，1979年版。

［579］陈寿著，裴松之注：《三国志》，北京：中华书局，1959年版。

［580］陶渊明著，逯钦立校注：《陶渊明集》，北京：中华书局，1979年版。

［581］贾思勰著，缪启愉校释：《齐民要术》，北京：农业出版社，1982年版。

［582］尊者僧伽斯那撰，萧齐天竺三藏求那毗地译：《百喻经译注》，北京：中华书局，2012年版。

［583］刘勰著，周振甫注：《文心雕龙注释》，北京：人民文学出版社，1981年版。

［584］刘义庆著，徐震堮校笺：《世说新语校笺》，北京：中华书局，1984年版。

［585］房玄龄等著：《晋书》，北京：中华书局，1974年版。

［586］玄奘撰，章撰点校：《大唐西域记》，上海：上海人民出版社，1977年版。

［587］彭定求编，中华书局编辑部点校：《全唐诗》，北京：中华书局，

1960 年版。

[588] 杜佑著:《通典》(五册),北京:中华书局,1988 年版。

[589] [日] 圆仁著:《入唐求法巡礼行记》,上海:上海古籍出版社,1986 年版。

[590] 潘重规校注:《敦煌变文集新书》,台北:台湾文津出版社,1994 年版。

[591] 静、筠二禅师编:《祖堂集》,上海古籍出版社,1994 年版。

[592] 李昉等编:《太平广记》,北京:中华书局,1981 年版。

[593] 沈括撰,金良年点校:《梦溪笔谈》,北京:中华书局,2017 年版。

[594] 柳永著,谢桃坊导读:《柳永词集》,上海:上海古籍出版社,2009 年版。

[595] 朱熹著,黎靖德编,王星贤点校:《朱子语类》,中华书局,1986 年版。

[596] 赜藏主辑,萧蹇父、吕有祥点校:《古尊宿语录》,北京:中华书局,1994 年版。

[597] 普济著,苏渊雷点校:《五灯会元》,北京:中华书局,1984 年版。

[598] 臧懋循编:《元曲选》,杭州:浙江古籍出版社,1998 年版。

[599] 徐征、张月中、张圣洁、奚海主编:《全元曲》(全十二卷),石家庄:河北教育出版社,1998 年版。

[600] 唐圭璋编:《全宋词》(五册),北京:中华书局,1965 年版。

[601] 吴晓铃、范宁、周妙中选注:《话本选》(上/下),北京:人民文学出版社,1984 年版。

[602] 罗贯中著:《三国演义》,北京:人民文学出版社,1973 年版。

[603] 罗懋登著,陆树仑,竺少华校点:《三宝太监西洋记通俗演义》,上海:上海古籍出版社,1985 年版。

[604] 施耐庵著:《水浒全传》,北京:人民文学出版社,1975 年版。

[605] 空谷道人编次,田藻校点:《续英烈传》,北京:宝文堂书店,1986 年版。

[606] 戚继光著,葛业文译注:《纪效新书》,北京:中华书局,2017 年版。

[607] 吴承恩著:《西游记》,北京:人民文学出版社,1980 年版。

[608] 许仲琳著:《封神演义》,北京:中国书店,1990 年版。

[609] 凌蒙初著:《初刻拍案惊奇》,上海:上海古籍出版社,1982 年版。

[610] 凌蒙初著,章培恒整理:《二刻拍案惊奇》,上海:上海古籍出版

社，1983 年版。

[611] 冯梦龙著，蔡元放改编：《东周列国志》，北京：人民文学出版社，1955 年版。

[612] 兰陵笑笑生著，王汝梅、李昭恂、于凤树校点：《金瓶梅》，济南：齐鲁书社，1987 年版。

[613] 方汝浩著：《东度记》，北京：华夏出版社，2012 年版。

[614] 西周生著，黄肃秋校注本：《醒世姻缘传》，上海：上海古籍出版社，1981 年版。

[615] 褚人获著：《隋唐演义》，上海：上海古籍出版社，1981 年版。

[616] 蒲松龄著，张友鹤释校：《聊斋志异》，上海：上海古籍出版社，1978 年版。

[617] 吴敬梓著：《儒林外史》，北京：人民文学出版社，1977 年版。

[618] 曹雪芹著：《红楼梦》，北京：人民文学出版社，1996 年版。

[619] 夏敬渠著：《野叟曝言》，吉林：时代文艺出版社，2011 年版。

[620] 文康撰：《儿女英雄传》，上海：上海书店，1981 年版。

[621] 文康著：《侠女奇缘》，南宁：广西人民出版社，1980 年版。

[622] 佚名著，张玉枝校点：《施公案》，河南：中州古籍出版社，1997 年版。

[623] 阮元校勘本：《十三经注疏》，北京：中华书局，1980 年版。

[624] 杨尔曾等撰：《八仙得道》，长沙：岳麓书社，1994 年版。

[625] 魏文中撰：《绣云阁》，北京：中华书局，1989 年版。

[626] 石玉昆编，田松青校点：《七侠五义》，上海：上海古籍出版社，2005 年版。

[627] 贪梦道人著：《彭公案》，上海：上海古籍出版社，2005 年版。

[628] 石玉昆著，陆树仑，竺少华标点：《小五义》，上海：上海古籍出版社，1993 年版。

[629] 郭广瑞、贪梦道人著：《康熙侠义传》，西安：三秦出版社，1994 年版。

[630] 刘鹗著，陈翔鹤校，戴鸿森注：《老残游记》，人民文学出版社，1982 年版。

[631] 李宝嘉著，张友鹤校注：《官场现形记》，北京：人民文学出版社，1957 年版。

[632] 吴趼人著，宋世嘉校点：《二十年目睹之怪现状》，上海：上海古

籍出版社，2005 年版。

［633］郭小亭著，石仁和校点：《济公全传》，西安：三秦出版社，2012 年版。

［634］曾朴著：《孽海花》，上海：上海古籍出版社，1979 年版。

［635］坑馀生著：《续济公传》，长沙：岳麓书社，1998 年版。

［636］曾国藩著：《曾国藩家书》，河南，中州古籍出版社，1994 年版。

［637］唐芸洲著：《七剑十三侠》，南昌：江西人民出版社，1988 年版。

［638］漱六山房著：《九尾龟》，武汉：荆楚书社，1989 年版。

［639］汪维辉编：《朝鲜时代汉语教科书丛刊》，北京：中华书局，2005 年版。

［640］张杰鑫著：《三侠剑》，北京：北京十月文艺出版社，2004 年版。

［641］平江不肖生（向恺然）著：《留东外史》，长沙：岳麓书社，1988 年版。

［642］陆士谔著：《清朝秘史》，北京：大众文艺出版社，2001 年版。

［643］李鑫荃著，尹明编：《雍正剑侠图》，天津：天津古籍出版社，1994 年版。

［644］曹绣君编：《古今情海》，上海：上海文艺出版社，1991 年版。

［645］蔡东藩著：《唐史演义》，上海：上海文化出版社，1980 年版。

［646］徐哲身著：《汉代宫廷艳史》，北京：大众文艺出版社，2000 年版。

［647］李逸侯著：《宋代十八朝宫廷艳史》，呼和浩特：内蒙古人民出版社，2003 年版。

［648］许啸天著：《清代宫廷艳史》，北京：大众文艺出版社，2000 年版。

（三）引用语料[1]

序号	作家	小　说	字数
1	白　桦	《呦呦鹿鸣》《啊！古老的航道》《蓝铃姑娘》《淡出》《远方有个女儿国》	299696
2	毕淑敏	《预约死亡》*、《女人之约》《墙上不可挂刀》《翻浆》《血玲珑》《红处方》	544638
3	陈建功	《皇城根》*	316704
4	陈　染	《破开》《无处告别》《私人生活》《一个人的战争》	297729

1　表格中带＊号的为北大语料库资源。

续表

序号	作家	小　说	字数
5	陈忠实	《白鹿原》	462270
6	迟子建	《原野上的羊群》《岸上的美奴》《额尔古纳河右岸》	227997
7	邓友梅	《在悬崖上》*、《我们的军长》*、《话说陶然亭》*、《双猫图》*、《寻访"画儿韩"》*、《那五》*、《烟壶》*、《别了，濑户内海》*	208583
8	杜鹏程	《保卫延安》	274280
9	冯德英	《苦菜花》《迎春花》《山菊花》	1204135
10	冯苓植	《猫腻》《雪驹》	181059
11	冯志	《敌后武工队》	285052
12	浩然	《新媳妇》*、《夏青苗求师》*、《苍生》	351298
13	贾平凹	《怀念狼》《浮躁》《废都》《秦腔》	1219866
14	蒋子龙	《赤橙黄绿青蓝紫》*	55029
15	李存葆	《高山下的花环》	68156
16	李佩甫	《羊的门》	288862
17	李晓明	《平原枪声》	321309
18	李英儒	《野火春风斗古城》	302628
19	李準	《李双双小传》《黄河东流去》	451787
20	梁斌	《红旗谱》	293377
21	梁晓声	《京华闻见录》*、《表弟》*、《冉之父》*、《钳工王》*、《一个红卫兵的自白》*、《激杀》*	287228
22	刘白羽	《第二个太阳》	249689
23	刘恒	《狗日的粮食》《贫嘴张大民的幸福生活》《伏羲伏羲》《黑的雪》《逍遥颂》《苍河白日梦》	522171
24	刘连群	《根》*	2019
25	刘流	《烈火金刚》	360472
26	刘绍棠	《娥眉》《蒲柳人家》《运河的桨声》《狼烟》《地火》	392809
27	刘震云	《头人》《一地鸡毛》*、《官场》《官人》《单位》《故乡相处流传》《故乡天下黄花》《一句顶一万句》	772661
28	刘知侠	《铁道游击队》	333587
29	柳建伟	《突出重围》	365881
30	柳青	《创业史》	277633

续表

序号	作家	小　说	字数
31	陆步轩	《屠夫看世界》	179226
32	路　遥	《在困难的日子里》《惊心动魄的一幕》《人生》《平凡的世界》	991293
33	马　烽	《吕梁英雄传》	259023
34	马　原	《冈底斯的诱惑》	29320
35	莫　言	《蝗虫奇谈》《师傅越来越幽默》《透明的红萝卜》《红高粱》《红树林》《丰乳肥臀》	370919
36	皮　皮	《渴望激情》《比如女人》	432389
37	乔典运	《香与香》*	17500
38	曲　波	《林海雪原》	338358
39	权延赤	《红墙内外》	145982
40	史铁生	《我的遥远的清平湾》《奶奶的星星》《务虚笔记》	351682
41	孙　犁	《风云初记》	217366
42	铁　凝	《树下》《哦，香雪》《寂寞嫦娥》《门外观球》*、《小黄米的故事》*、《大浴女》《玫瑰门》	543572
43	王　蒙	《风筝飘带》《组织部来了个年轻人》《名医梁有志传奇》《坚硬的稀粥》*、《海的梦》、《夜的眼》*、《短篇小说之谜》*、《杂色》《蝴蝶》《狂欢的季节》	392568
44	王　朔	《浮出海面》*、《空中小姐》*、《永失我爱》*、《一半是火焰，一半是海水》*、《过把瘾就死》*、《动物凶猛》*、《橡皮人》*、《许爷》*、《我是"狼"》*、《玩儿的就是心跳》*、《给我顶住》*、《无人喝彩》*、《刘慧芳》*、《我是你爸爸》*、《人莫予毒》*、《懵然无知》*、《顽主》*、《一点正经没有》*、《你不是一个俗人》*、《痴人》*、《千万别把我当人》*、《修改后发表》*、《谁比谁傻多少》*、《枉然不供》*、《看上去很美》*	1392098
45	王小波	《2015》*、《白银时代》*、《未来世界》*、《黄金时代》*、《红拂夜奔》*、《变形记》*、《阴阳两界》*、《寻找无双》*、《革命时期的爱情》*、《歌仙》*、《万寿寺》*、《绿毛水怪》*	305811
46	魏润身	《顶戴钩沉》《挠攘》	27838
47	徐　坤	《遭遇爱情》《热狗》《厨房》《白话》《八月狂想曲》	252857
48	雪　克	《战斗的青春》	358936
49	杨　沫	《青春之歌》	380969

序号	作家	小　　说	字数
50	姚雪垠	《李自成》	2837686
51	尤凤伟	《月亮知道我的心》《石门夜话》*、《金龟》《泥鳅》《中国一九五七》	569433
52	张承志	《晚潮》《凝固火焰》《胡涂乱抹》《辉煌的波马》《顶峰》《春天》《绿夜》《美丽瞬间》《雪路》《大阪》《北望长城外》《九座宫殿》《北方的河》*、《心灵史》《黑骏马》*	528205
53	张　洁	《漫长的路》*、《谁生活得更美好》《爱，是不能忘记的》《世界上最疼我的那个人去了》《沉重的翅膀》《无字》	952695
54	张郎郎	《金豆儿》*	5702
55	张　平	《十面埋伏》	415150
56	张　炜	《美妙雨夜》*、《烟叶》*、《海边的雪》*、《怀念黑潭中的黑鱼》*、《秋天的愤怒》*、《柏慧》*、《刺猬歌》《古船》	844508
57	张一弓	《黑娃照相》《赵镢头的遗嘱》*、《姨父：一位老八路军战士的传奇人生》《远去的驿站》	439537
58	张正隆	《雪白血红》	365711
59	赵树理	《李有才板话》《传家宝》《小二黑结婚》《锻炼锻炼》《李家庄的变迁》《三里湾》	247982
60	宗　璞	《熊掌》《鲁鲁》《红豆》	32515
总　　计			25439869

附录

汉语动趋式研究述评

1 引 言

动趋式是"动词 + 趋向动词"构成的结构，最早由吕叔湘（1980）提出[1]。动趋式语义类型丰富，句法类别多样，引起了学界的关注。动趋式研究经历了一个由描写到解释逐渐深化的过程。到目前为止，我们可以将动趋式研究分为三个阶段：第一阶段从《新著国语文法》到 20 世纪 80 年代，侧重对动趋式的性质、范围及其多义性等进行描述与归纳。研究基于结构主义框架，多从形式入手进行描写，解释较少。这一阶段的研究比较零散。第二阶段从 20 世纪 90 年代到 21 世纪初期，在深入描写的同时，关注"来／去"的立足点、趋向意义的类别、动词与宾语的语义类别、动趋式的语义特征和句法顺序等。研究转向认知语义框架，注重对比分析。第三阶段从 21 世纪中期至今，关注动趋式的词汇化和语法化、对称与不对称性、语义关联性和动趋式特殊构式的语用功能特征等，以求解释动趋式各语义的产生机制及句法语义差别。研究更加侧重认知语义和语用功能分析，并运用语法化、配价、标记、认知和习得等理论和方法进行探索，取得了不少成果。

为了对动趋式的研究有一个更为详细清楚的了解和把握，我们将分六个专题进行介绍：一、动趋式的性质、范围与类别；二、趋向补语的意义归纳；三、动趋式的句法、语义和功能研究；四、动趋式特殊构式研究；五、动趋式的多角度研究；六、动趋式的语义演变。

1　吕叔湘:《现代汉语八百词》，北京：商务印书馆，1980 年，第 10 页。

2 动趋式的性质、范围与类别

2.1 动趋式的性质

动趋式具有复杂性和多重性,对其性质存在较大分歧:

(一)"复合动词"或"短语式动词"说,黎锦熙(1924)[1]、赵元任(1979)[2]、吕叔湘(1979)[3]认为动词和趋向动词关系密切,加入"得/不"前后两部分不能扩展。我们认为动趋式具有很强的生成性和非凝固性,如果算作词,那么词典中的词条将被无限制地扩大,这样得不偿失。

(二)"合成谓语"说,张志公(1959)认为趋向动词作为动词的附类,动趋式界定为趋向合成谓语[4]。实际上汉语中并没有合在一起不能分开的谓语即合成谓语。20世纪80年代以后,这一说法已渐渐取消。

(三)"动补结构"说,王力(1943)[5]、丁声树等(1961)[6]、朱德熙(1982)[7]认为动词同趋向动词构成使成式或述补结构。这种观点流传了下来,但有的趋向补语不表趋向义,名跟实有矛盾,于是出现了两种解决思路:一是提出"趋向补语"的引申用法(或引申意义),如杨石泉(1986)提

---

1 黎锦熙:《新著国语文法》,北京:商务印书馆,1924年,第110—113页。书中指出:"'送给'结合成一个同义并行或两动相属的复合动词,又如'寄给、发给、供给、赠与、授与、给与'等。同理,'送进'、'投入'也可当作'两动相属的复合动词'。"

2 赵元任:《汉语口语语法》,北京:商务印书馆,1979年,第205页。书中指出:"属于可带中缀的V-R复合词,这是介乎凝固的和可扩展的之间的中间型,只能在中间插入'得'和'不',不能插入别的。"

3 吕叔湘:《汉语语法分析问题》,北京:商务印书馆,1979年,第41页。书中指出"把趋向动词提出来作为一个小类是有理由的,因为它附在别的动词之后构成复合动词(短语词)比单独用的时候还要多"。

4 张志公主编:《汉语知识》,北京:人民教育出版社,1959年,第80—84页。书中指出:趋向动词用在另一个主要动词后边,表示动作的趋向,这样用的时候,它们读轻声,主要动词同趋向动词一起组成合成谓语。

5 王力:《中国现代语法》,北京:商务印书馆,1943年,第78页。书中指出:有时候,末品补语是"进、出、上、下、来、去、起、过"等字,这是表示行为的趋向的:"进"是向内,"出"是向外,"上"是向上,"下"是向下,"来"是向近处,"去"是向远处,"起"是离位上升,"过"是离位向近或向远,等等。但是,也可以说它们是行为的结果,所以也可认为是使成式。例如:A.一面传人挑进蜡烛。("挑"的结果是"进"。)B.可巧那日是我拿去的。("拿"的结果是"去"。)还可带"来"或"去"构成三合使成式。

6 丁声树等:《现代汉语语法讲话》,北京:商务印书馆,1961年,第57—58页。书中指出:表示趋向的动词作补语叫趋向补语,有简单的和复合的两种。

7 朱德熙:《语法讲义》,北京:商务印书馆,1982年,第128页。书中指出:由趋向动词"来、去、进、出、上、下、回、过、起、开"等充任的补语叫趋向补语,例如"走进、跳出、爬上、滑下、拿来、送回、飞过、撑起、打开"等,趋向补语总是读轻声。

出"广义的趋向"说,将其概括为动作、行为和状态发展变化的趋向[1]。二是将趋向补语并入结果补语,如张旺熹(1999)[2]。这两种思路都将动后趋向成分看作对主要动词的补充说明,这种看法目前已得到共识。

2.2 动后趋向成分的性质

(一)"实词说",认为动后趋向成分具有实义,表动作的趋向或方向,归入助动词或趋向动词。如张志公(1953)[3]、《暂拟系统》(1956)[4]。"实词说"用于归纳"他跑进教室来"之类较为合适,但用于说明"笑起来、昏过去、住上大房子"之类显然较牵强,因为正如徐静茜(1982)提出这种附加意义只是前面动词状态特征的一种标志,并不是通常实词所具备的那种独立的词汇意义[5]。

(二)"虚词说",认为动后趋向成分不表示实义,表动作的情态,归入副词、词尾、形态词或动态助词。如陆志韦(1956)将表示变化方向的"上、下、去、下来、上来"等称作副词[6];黎锦熙(1924)[7]、刘广和(1999)[8]将一些没有趋向含义的趋向动词看成动词词尾;刘叔新(1985)把起形态作用的虚词看作外部形态或定为形态词[9];徐静茜(1982)认

1　杨石泉:《趋向补语及其引申意义——说补语(二)》,《逻辑与语言学习》,1986年第1期。

2　张旺熹:《汉语特殊句法的语义研究》,北京:北京语言大学出版社,1999年,第192页。

3　张志公:《汉语语法文集》,《汉语语法常识》,北京:中国青年出版社,1953年,第140页。书中指出:动词里头有这样部分:它们原本都是动词,可是在句子里有时不作主要的动词用,只是放在另一个动词或形容词的前头或后头,帮助那个词表示趋向或趋势,合成的这个整体共同作句子的谓语。像这种辅助性的动词就叫作助动词。助动词有两类,一类大都是放在动词或形容词的后头表示趋向的,如来/去、上/下、上来/下去等、住、着、了;一类总是放在动词或形容词的前头表示趋势的,如能、能够等,该、应该等,不要、不用等,敢、肯等,配、值得等。

4　人教社中学汉语编辑室:《〈暂拟汉语教学语法系统〉简述》,载《张志公汉语语法教学论著选》,太原:山西教育出版社,1997年,第369—372页。

5　徐静茜:《趋向动词应归属何种词类?》,《湖州师范学院学报》,1982年第2期。

6　陆志韦:《北京单音词汇》,北京:科学出版社,1956年,第42—45页。书中指出:假若意义改变的程度不能决定,还不如凭一个词的各个不同的地位来说话。那末,一个形容词要是占据了副词的地位,就不得不当副词看待。表示变化的方向的附加在动词后面,随后又可以加上受动的或是类乎受动的格式,如"派出一个人去"中"出"是副词。

7　黎锦熙:《新著国语文法》,北京:商务印书馆,1924年,第127页。书中指出:后附动词不表趋向时意思就捉摸不定,造句时都是附着动词,不能分立,更类似西文的"动词词尾"。

8　刘广和:《说"上2、下2……起来2"——兼谈趋向补语、动趋式》,《汉语学习》,1999年第2期。

9　刘叔新:《试论趋向范畴》,载中国语文杂志社编:《语法研究和探索(第3辑)》,北京:北京大学出版社,1985年,第212页。

为趋向动词具备轻声和粘着性，表动作的进程和状态特征，跟动态助词"·着/·了"同属一个范畴[1]。我们认为，英语中有动词和副词构成的短语动词，如"put on your coat"，但与汉语中副词常用于动词前的分布特征不一致，不宜将副词的分布扩大到"后附副词"上；汉语中一般将动词重叠、着/了/过、词缀等作为形态标记，而动后趋向成分仍保留着或多或少的词汇意义，并没有完全虚化；统一归入动态助词也抹杀了意义间的关联性。

（三）"多重说"，即同一趋向成分可表达不同的意义，具有不同的性质。如赵元任（1979）提出"多重的词类成员资格"的可能性，把"飞起来"和"哭起来"中的"起来"分别看作趋向动词和动态后缀[2]。吴洁敏（1984）将"起来"分化为趋向动词、情态动词和助词[3]。陈昌来（1994）认为"上"可表趋向义、结果义和动态义，性质为趋向动词、构词语素和动态助词[4]。这种观点触及到了动趋式的本质。

我们认为，与其正名，不如切实分析趋向成分的句法、语义与功能特征。刘月华（1998）提出对趋向补语的研究有两种处理方法：第一种是表示不同意义时是不同的词，如区分起来₁、起来₂、起来₃、起来₄等；第二种是虽然表示不同意义，但仍然是一个词。他认为两种方法在理论上都站得住脚，在教学上后一种方式更可取[5]。因此，我们将动后趋向成分统一叫作"趋向动词"。

2.3　动趋式的判定标准

趋向动词一般分为简单趋向动词和复合趋向动词，得到共识的有22个：来、去、上、下、进、出、回、起、过，上来、上去、下来、下去、进来、进去、出来、出去、回来、回去、起来、过来、过去。存在争议的主要有11个：开、拢、到、走₂、开来、开去、拢来、拢去、到……来、到……去、起去（列表1如下）。覃盛发（1987）、邢福义（2002）认为"起去"也是现代汉语中的趋向动词[6]。

1　徐静茜：《趋向动词应归属何种词类？》，《湖州师范学院学报》，1982年第2期。

2　赵元任：《汉语口语语法》，北京：商务印书馆，1979年，第230页。

3　吴洁敏：《谈谈非谓语动词"起来"》，《语言教学与研究》，1984年第2期。

4　陈昌来：《论动后趋向动词的性质——兼谈趋向动词研究的方法》，《烟台师范学院学报（哲社版）》，1994年第4期。

5　刘月华：《汉语语法论集》，北京：现代出版社，1989年，第29—76页。

6　覃盛发：《略说趋向动词"起去"》，《广西民族学院学报（哲学社会科学版）》，1987年第2期；邢福义：《"起去"的普方古检视》，《方言》，2002年第2期。

表 1　趋向动词范围表

	开	开来	开去	到	到……来	到……去	走₂	拢	拢来	拢去
赵元任[1]	○	○						○	○	
吕叔湘[2]	○	○		○	○	○				
刘月华[3]	○	○	○		○	○				
孙绪武[4]	○	○	○	○	○	○	○	○	○	○

（注："○"标记表示认定的趋向动词，未有"○"标记表示不被认定的趋向动词）

　　为弄清楚趋向动词的范围，人们开始探究趋向动词的判定标准，主要有三条研究路子：

　　（一）"语义特征"判定法。孙绪武（2004）提出趋向动词的三个语义特征：[＋位移][＋方向][±立足点]，得出 33 个趋向动词[5]，这是目前较大范围的趋向动词。然而仅凭语义特征来确定，容易引起争议。

　　（二）"意象图式"判定法。马玉汴（2005）提出用意象图式理论观察趋向动词，简单趋向动词"上／下／进／出／回／过"表述运动图式与所处环境的关系，"来、去"表述运动图式与观察主体的关系，复合趋向动词表述运动图式与环境、观察主体二者的关系，由此得出 18 个原型趋向动词，其他如"起、开"不具有原型性，"起来／起去／开来／开去"更是为了趋向动词系统的相对匀整而产生的[6]。这种方法具有一定的说服力，但没有明确的句法验证。

　　（三）"语义句法"判定法。辛承姬（2000）认为语义上是否具有位移趋向性特征是辨别趋向动词的基础性条件，并提出五个检测条件："能不能用在 V 的后面，作表示趋向的补语""能不能构成复合趋向动词""能不能带方所宾语"、动趋式"能不能带方所宾语"和复合趋向结构"能不能带宾语，并且带宾语的时候，它的语序只有三种情况"等。依此得出典型趋向动词 20 个（"来、去、上、下、进、出、过、回"以及相应的复合趋向动词）、准趋向动词 2 个（"开、起"）和趋向义非趋向动词（"到、往、退、拉"等）[7]。

　　1　赵元任：《汉语口语语法》，北京：商务印书馆，1979 年，第 233—237 页。

　　2　吕叔湘：《现代汉语八百词》，北京：商务印书馆，1980 年，第 10—11 页。

　　3　刘月华：《趋向补语通释》，北京：北京语言大学出版社，1998 年，第 30—32 页。

　　4　5　孙绪武：《趋向动词的范围及意义》，《湖南科技大学学报（社会科学版）》，2004 年第 1 期。

　　6　马玉汴：《趋向动词的认知分析》，《汉语学习》，2005 年第 6 期。

　　7　辛承姬：《汉语趋向动词系统》，《汉语学报》，2000 年第 1 期。

这种观点强调形式和意义相结合的分类标准，更有说服力。但如何更准确地界定趋向动词的内涵与外延仍需进一步探讨。

2.4　趋向补语的分类研究

（一）"上／下"类、"来／上来／下来"类和"去／上去／下去"类。持这一主张的有丁声树（1961）[1]、黄伯荣（1980）[2]，但没有解释分类的原因。这一分类关注的是"来""去"分别加入简单趋向动词后产生的语言变异，如马庆株（1997）在分析"来／去"的主观趋向义基础上，提出区分"来"类和"去"类趋向动词，根据动词与它们的搭配情况可为动词划分小类[3]。

（二）"来／去"类、"上／下"类和"上来／上去"类。持这一主张的有张志公（1956）[4]、胡裕树（1962）[5]、范继淹（1963）[6]、居红（1992）[7]、齐沪扬（1998）[8]，其中胡先生认为"上"类以人以外的事物或位置为着眼点，"来／去"是以人的位置为着眼点，第三类兼有前两类的特点。齐沪扬（1998）在分析"上／下"的位移时，提出垂直方向的位移（上向／下向）、水平方向的位移（近向／远向）和复合方向的位移（上向＋近／远向、下向＋近／远向）三类。这一分类关注的是"上／下"类简单趋向动词加上"来／去"之后的语言变异。

（三）将简单趋向补语及其相应复合趋向补语归为一类，这是着眼于空间方位的趋向补语分类研究。如刘月华（1988）分析了"上"组、"下"组、"起"组、"开"组内部各种意义之间的联系以及各组之间的语义关系，说明趋向补语是一个内部具有极强规律性的系统[9]。卢英顺（2007）考察了"进"类趋向动词的句法语义差别[10]。

（四）将与同一类型处所宾语相匹配的趋向补语归为一类。鹈殿伦次（1993）根据所带处所名词的意义，分出两类：表示"到达点"的"到／进／

1　丁声树等：《现代汉语语法讲话》，北京：商务印书馆，1961年，第57页。

2　黄伯荣、廖序东主编：《现代汉语》，兰州：甘肃人民出版社，1980年，第15页。

3　马庆株：《"V来／去"与现代汉语动词的主观范畴》，《语文研究》，1997年第3期。

4　张志公：《张志公汉语语法教学论著选》，太原：山西教育出版社，1997年，第30—32页。

5　胡裕树主编：《现代汉语》，上海：上海教育出版社，1962年，第286—287页。

6　范继淹：《动词和趋向性后置成分的结构分析》，《中国语文》，1963年第2期。

7　居红：《汉语趋向动词及趋向短语的语义和语法特点》，《世界汉语教学》，1992年第4期。

8　齐沪扬：《现代汉语空间问题研究》，上海：学林出版社，1998年，第32页。

9　刘月华：《几组意义相关的趋向补语语义分析》，《语言研究》，1988年第1期。

10　卢英顺：《"进"类趋向动词的句法、语义特点探析》，《语言教学与研究》，2007年第1期。

回 / 上 / 下 ₁"和表示"途径、出发点"的"过 / 出 / 起 / 下 ₂" [1]。单宝顺(2011)将趋向动词分为凸显起点处所("出"类、"下"类)、凸显终点处所("上"类、"下"类、"进"类、"回"类、"到"类、"来"类)、凸显途点处所("过"类)、凸显原点处所("在"类)四类 [2]。

(五)根据物体与参考位置之间的关系分类。齐沪扬(1998)分出远离参考位置(出)、靠近参考位置(回、进)、经过参考位置(过)、垂直于参考位置(上、下、起)四类 [3]。黄月华(2011)提出不同参照框架下人类对空间关系的概念化,分出相对参照框架下的"来、去"、绝对参照框架下的"上、下、起"组、内在参照框架下的"进、出、到、过"组、反身参照下的"开"、以另一个移动事件为潜在的第二参照的"回" [4]。王媛(2011)分出表示明确空间方向意义的"上、下、进、出"、具有关系化方向意义的"来、去"、过程性方向意义的"过、回、开"三类 [5]。

(六)将具有反义关系的趋向补语作为一类。如李斌(2005)考察了"进 / 出"类趋向动词呈现出的相反相对的意义,及其在用法上的不对称性 [6]。

以上分类具有不同的研究目标,有助于加深人们对动趋式复杂性的认识。

3　趋向补语的意义归纳

3.1　整体趋向补语的意义归纳

(一)结果 / 状态义"二分法"。提出者是孟琮(1987),他认为趋向补语表动作的结果和状态,并将结果义分析为"趋向、得到、呈现、脱离、接触、附着、完成、容纳、成功、持续、超过"等11类 [7]。但一些义项并不是趋向补语的意义,如"你知道这镯子他是从哪儿弄来的?"中的"来"解释为

1　[日]鹈殿伦次:《汉语趋向性复合动词与处所宾语》,载大河内康宪、施光亨主编:《日本近、现代汉语研究论文选》,北京:北京语言学院出版社,1993年,第197—217页。

2　单宝顺:《现代汉语处所宾语研究》,北京:中国社会科学出版社,2011年,第23—26页。

3　齐沪扬:《现代汉语空间问题研究》,上海:学林出版社,1998年,第35页。

4　黄月华:《汉语趋向动词的多义研究》,湖南师范大学博士学位论文,2011年。

5　王媛:《动词的方向性研究与趋向动词教学》,北京:北京语言大学出版社,2011年,第30—32页。

6　李斌:《含"进、出"类趋向词的动趋式研究》,上海师范大学硕士学位论文,2005年。

7　孟琮:《动趋式语义举例》,载中国社会科学院语言研究室编:《句型和动词》,北京:语文出版社,1987年,第242—266页。

"得到",这割裂了与趋向义的语义关联性。

（二）趋向/结果/状态义"三分法"。提出者是刘月华（1988、1998），他提出从趋向义到结果义再到状态义不断虚化，并把结果意义分为基本结果意义与非基本结果意义，前者作为自然结果与其趋向意义有内在的联系；后者与实现动作结果的主观条件与客观条件有关[1]。这种分法得到了学界的认同。

（三）空间方位义"七分法"。提出者是周永惠（1991），他将复合趋向补语分为七类：人或事物通过动作由低处向高处（上来/上去/起来）、由高到低（下来/下去）、从外面到里面（进来/进去）、由里向外（出来/出去）、改变位置或方向（过来/过去）、从其他地方到原来的地方（回来/回去）、动作使人或事物分开或使事物展开（开来）[2]。

3.2　具体趋向补语的意义归纳

吕叔湘（1980）[3]和刘月华（1998）[4]较为全面细致地考察了趋向动词的义项归类。从具体趋向补语来看，意义归纳大致可分为以下四种思路：

第一种是从动趋式整体结构入手归纳趋向补语的意义。如杉村博文（1983）认为"下"具有"脱离、遗弃、遗留、决定、停止"5个意义，"下来"具有"脱离、继续、完成、遗留、决定、停止、变化"7个意义，"下去"具有"继续、变化、消失"3个意义[5]；史锡尧（1993）认为"上"具有"趋向、添加、完成、闭合、达到和开始"6个义项，"下"具有"趋向、消除、完成、脱离和容纳"5个义项[6]。这些研究多例举，未分析意义关联性。又如归纳"起来"的义项时，宋玉柱（1980）将"写起来比较得心应手"之类句子中的"起来"释为"当……的时候"[7]。吴洁敏（1984）将"下起雪来，我们可以去捕鸟"中的"起来"释为"做某事或产生某种状态的时候"[8]。陈忠（2006）将"下起雨来、机器发动起来、说起话来滴水不漏、捆起来"中的"起来"分

1　刘月华：《几组意义相关的趋向补语语义分析》，《语言研究》，1988年第1期；刘月华：《趋向补语通释》，北京：北京语言大学出版社，1998年，第16—18页。

2　周永惠：《复合趋向补语的趋向意义》，《四川师范大学学报（社科版）》，1991年第2期。

3　吕叔湘：《现代汉语八百词》，北京：商务印书馆，1980年。

4　刘月华：《趋向补语通释》，北京：北京语言大学出版社，1998年。

5　杉村博文：《试论趋向补语"·下"、"·下来"、"·下去"的引申用法》，《语言教学与研究》，1983年第4期。

6　史锡尧：《动词后"上"、"下"的语义和语用》，《汉语学习》，1993年第4期。

7　宋玉柱：《说"起来"及与之有关的一种句式》，《语言教学与研究》，1980年第1期。

8　吴洁敏：《谈谈非谓语动词"起来"》，《语言教学与研究》，1984年第2期。

别释为"从静态转换为动态起始、从静态进入动态的运作状态、处于某种特定状态下、从松散的自由状态到集中或约束状态"4个意义[1]。又如归纳"来/去"义项时,徐静茜(1983)认为"来/去"可分化为"动作的动向或动态,表完成"(如传来、擦去)、"动作即将进行"(如快拿大木盆来、看着壶去)2个意义[2]。

第二种是从动趋式中动词语义特征入手归纳趋向补语的意义。如房玉清(1992)根据动词的趋向和非趋向特征,将"起来"分为趋向义和动态义,还提出"动词(如看、听、算、闻、吃、做等)+起来"后加谓词性成分时往往表示估计或推断[3];唐正大(2006)将"V起来"分为"有确定方向的空间位移动词+起来""无确定方向性的空间位移动词+起来""抽象行为动词+起来""动词+表时体意义的'起来'""动词+作为话题标记的'起来'"五类[4]。邢福义(2002)认为"起去"可表具体趋向和抽象趋势,取决于不同的动词[5]。

第三种是从动词与其所搭配宾语的语义关系入手归纳趋向补语的意义。如邱广君(1995、1997)根据"V+上/下"与所带宾语的语义关系来确定"上/下"的语义,得出"上"具有"强调时间的持续量及其结束点、强调空间的持续量及其结束点"等7个意义[6],"下"具有"施事离开处所或其边缘向下运动、客体离开处所或其边缘向下运动"等17个意义[7]。

第四种是从认知图式入手归纳趋向补语的意义。郭家翔等(2002)将"上来"的语义归纳为"动作在垂直空间上由低到高向说话人运动、从无到有的产生过程、在水平空间上动作由远到近、时间上的开始、某一动作完成、某种状态的正向发展趋向"等8个意义,在此基础上,分析了语义引申过程中认知因素的渗透,如淡化直至丢掉"朝着说话人"的要素、淡化直至丢掉"动作向上"的要素、视点选择的不同造成了丰富的语义等[8]。卢

---

1 陈忠:《"起来"的句法变换条件及其理据》,《山东社会科学》,2006年第2期。

2 徐静茜:《说"·来、·去"》,《语言教学与研究》,1983年第1期。

3 房玉清:《"起来"的分布和语义特征》,《世界汉语教学》,1992年第1期。

4 唐正大:《从独立动词到话题标记——"起来"语法化模式的理据性》,载沈家煊、吴福祥、马贝加主编:《语法化与语法研究(二)》,北京:商务印书馆,2006年,第252—266页。

5 邢福义:《"起去"的普方古检视》,《方言》,2002年第2期。

6 邱广君:《谈"V上"所在句式中的"上"意义》,《汉语学习》,1995年第4期。

7 邱广君:《谈"V下+宾语"中宾语的类、动词的类和"下"的意义》,《语文研究》,1997年第4期。

8 郭家翔、陈仕平、朱怀:《说"上来"》,《语言研究》,2002年特刊。

英顺（2006）认为"上去"的典型特征可分解为［趋上］、［空间］、［位移］和［到达］，"上去"三类意义的获得与对认知图景中不同方面的凸显有关："趋上"义凸显认知图景中客体位移的过程和方向，"趋近"义凸显客体位移的方向和目标之间的关系，"接触"义凸显位移客体处于目标处这一侧面[1]。曾传禄（2009）认为"过来/过去"基于运动图式，基本意义分别是"位移体从别处向说话人所在位置移动""位移体离开或经过说话人所在位置向别处移动"，前者凸显终点，后者凸显起点或经过点；通过隐喻映射到时间、领属、数量、心理、状态和事件等抽象认知域，具有了不同的意义[2]。

　　不管哪条思路，力求做到意义和形式相结合是有效的途径。如陈昌来（1994）分析了趋向、结果和动态义"上"的形式特征：能否构成可能式、句法替换形式和宾语搭配情况等[3]；刘月华（1998）也考察了不同义项之间的句法差异：表趋向意义时，句中可以出现或可以加上表示移动起点、终点的处所状语，句中可以出现或加上表示位移起点、终点的处所宾语，可以结合的动词有限；表结果意义时，动词前可以有处所词，不能与处所宾语同现，部分可用于"把"字句，大部分可构成可能式；表状态意义时，一般不与表示动作起点和终点的状语、宾语同现，通常不用于"把"字句，不用于可能式[4]。蒋华（2003）运用能否与"下"替换、否定式、"上"的语义指向、能否变为"把"字句、能否删略等方法勾画了"上"的语义虚化情况：表示趋向、结果、时态、轻松的语气，他把"痛痛快快地玩上一天"中的"上"归为"轻松的语气"[5]，这是把句子的语境义加在趋向动词上面了。朴珍玉（2009）认为"上"有实词义和虚词义，前者具有"由低处到高处、接触/增添、达到/达成"三种意义，后者具有"提示新变化、量标记"两种意义，并通过句法变换、插入可能补语、提问等形式进行了对比分析[6]。

3.3　趋向补语"来/去"的参照意义研究

（一）"说话人"及其立足点的理解。刘月华（1980、1988）认为"来/

1　卢英顺：《"上去"句法、语义特点探析》，《安徽师大学报（社科版）》，2006 年第 4 期。

2　曾传禄：《"过来"、"过去"的用法及其认知解释》，《西华师范大学学报（哲社版）》，2009 年第 2 期。

3　陈昌来：《论动后趋向动词的性质——兼谈趋向动词研究的方法》，《烟台师范学院学报（哲社版）》，1994 年第 4 期。

4　刘月华：《趋向补语通释》，北京：北京语言大学出版社，1998 年，第 13—30 页。

5　蒋华：《趋向动词"上"语法化初探》，《东方论坛》，2003 年第 5 期。

6　朴珍玉：《对"V 上"之再考察——基于韩国学习者偏误类型的分类》，《延边大学学报（社科版）》，2009 年第 4 期。

去"的立足点用"说话人的位置"确定不全面,应有三种立足点,即以说话时或叙述时说话人或正在叙述的人物、处所的位置来确定;他还区分了"立足点"与"着眼点",认为表趋向义时有立足点问题,表示结果义时有着眼点问题[1]。居红(1992)也认为"说话人"应包括说话人和叙述者,"说话人的位置"可以是说话人的客观地理位置,也可以是说话人的主观心理位置。在此基础上,"来/去"的使用完全取决于说话人怎么看待自身同所叙述的人物、地点之间的关系[2]。居文简化了分析方法,提高了分析效率,得到了学界的共识。

（二）参照物的理解与分类。张发明(1981)将"来/去"的参照物分为主观位置参照物和客观位置参照物,前者是说话人以自己的位置或假定某位置为参照物,后者是客观存在的明确位置为参照物[3]。郭家翔等(2002)在分析"上来"时提出了以说话人的位置(本体参照)、说话人以外的位置(外部参照)、动作客体的位置(客体参照)、某种标准或情况(理念参照)、主体的心理(内部参照)为视点或参照[4]。张文和郭文的分析非常细致,但"来/去"的控制变量太多,规律性较差。蒋国辉(1988)看到了这一问题,他认为根源在于在话语的第一主体平面上寻找同"来/去"的方向相对应的事物,这样对参照物的解释难免带有主观因素;由此他提出"第二主体平面"和"空间参照点"两个概念,前者指说话人对话语叙述对象的主观评价,后者指说话人在想象中将自己放在同动作有关的某个位置,并认为"来/去"表示动作对于第二主体平面中给出的空间参照点所呈现的特殊性质,是"朝着(背离)空间参照点的相对运动"[5]。蒋文已经开始考虑到说话人的主观评价和虚拟位置,具有很强的借鉴意义,可以说是"来/去"主观参照观的萌芽。

（三）"来/去"的主观参照观。马庆株(1997)从分析动词的主观范畴入手,认为动词可搭配主观方向,用"来/去"表示;说话人主观上觉得是否可以看到或者感觉到决定了对"来/去"的选择:凡是动作造成可见结果的动词,搭配"来"或"X来",反之,搭配"去"或"X去"[6]。齐沪扬(1998)认为主观参照"来/去"所显示的语用意义受三个因素影响,即空间位移

1 刘月华:《关于趋向补语"来"、"去"的几个问题》,《语言教学与研究》,1980年第3期;刘月华:《几组意义相关的趋向补语语义分析》,《语言研究》,1988年第1期。
2 居红:《汉语趋向动词及动趋短语的语义和语法特点》,《世界汉语教学》,1992年第4期。
3 张发明:《趋向动词"来""去"新议》,《四川师院学报(哲社版)》,1981年第3期。
4 郭家翔、陈仕平、朱怀:《说"上来"》,《语言研究》,2002年特刊。
5 蒋国辉:《"来"、"去"析——兼论话语的第二主体平面》,《求是学刊》,1988年第6期。
6 马庆株:《"V来/去"与现代汉语动词的主观范畴》,《语文研究》,1997年第3期。

的物体与说话人的关系、说话时间与空间位移时间的关系、说话人与听话人的关系，依此提出实在位置和虚拟位置、当前位置和遥远位置、自身位置和他身位置三对参照概念[1]。高顺全（2005）则提出造成"来/去"参照位置主观性的原因在于人类在认知上总是倾向于以自我为感知中心，认为"来"表示动作变化朝着说话人选择的参照位置，"去"表示动作变化背离说话人选择的参照位置[2]。

除此之外，邵敬敏、张寒冰（2012）分析了不同语体中"来/去"的会话策略：遵循说话人的"心理视角策略"，会话语体决定于"主观视角"，叙述语体决定于"客观视角"，后者又可以分为"行为主体视角"与"处所NP客体视角"两种。此外，还有三种补充性策略"前后一致照应策略""语用含义理解策略"以及"保持中性平衡策略"[3]。

以上研究加深了人们对"来/去"参照意义及其使用规律的认识，但错综复杂的语言事实背后的认知机制仍需进一步探讨。而"来/去"的主观性与各类复合趋向补语的语义呈现及句法分布的关系，将是今后动趋式研究的重要突破点。

3.4 趋向补语体意义研究

趋向补语"起来/下来/下去/上/开"有无体意义，表达怎样的体意义。主要观点有：

（一）状态或情态意义观。刘月华（1988）认为"起来/上/开""下来/下去"与动词或形容词结合时都可以表示状态意义，前者表示人或物体从静态到动态或从负向到正向，后者表示人或物体从动态到静态或从正向到负向，这些状态意义分别与"从低到高"与"从高到低"的趋向意义相对应[4]。邢福义（1994）分析了"起来/下来/下去"的趋向态："A+起来"是兴发态，即事物由于时点或地点移位而兴发某种性状；"A+下来"是垂临态，包括"回归性垂临（事物性状由高涨面向低沉面采取降势回归）"和"变移性垂临（事物性状由高涨面向低沉面发生降势变移）"；"A+下去"是延展态，即事物性状已经往低沉面逐渐延展[5]。该文分析细腻，形式和意义相结

---

1 齐沪扬：《现代汉语空间问题研究》，上海：学林出版社，1998 年，第 187—202 页。

2 高顺全：《对外汉语教学探新》，北京：北京大学出版社，2005 年，第 86—102 页。

3 邵敬敏、张寒冰：《制约移动动词"来"的会话策略及其虚化假设》，《暨南学报（哲社版）》，2012 年第 1 期。

4 刘月华：《几组意义相关的趋向补语语义分析》，《语言研究》，1988 年第 1 期。

5 邢福义：《形容词动态化的趋向态意义》，《湖北大学学报（哲社版）》，1994 年第 5 期。

合,具有较强的说服力。戴昭铭(2000)认为"下去₃"是表示动词继续意义的情状成分,可加在持续动词后表示继续时态,加在某些静态动词和瞬时动词之后具有一种持续和继续的情状[1]。

(二)体意义观。戴耀晶(1997)主张"起来"是起始体标记,"下去"是继续体标记,也指出它们的虚化程度比"了、过、着"低,还保留了一定的词汇意义[2]。戴文将体意义与事件结合起来,对认识趋向补语的体意义有着重要的借鉴作用。张国宪(1995、1999)从事件表述的观察点和状态变化的动向分析了延续性形容词的续段结构,建立了延续性形容词的体系统:方始、前续、中续和后续四种结构,分别选择体标记"起来""下来""着"和"下去"表示起始体、继续体、持续体和延续体;负向性等级为:下去>下来>起来[3]。张文对深入探讨形容词与体意义之间的关联性具有较强的说服力。卢英顺(2000)认为"下来"与"下去"都是延续体,"延续"包含"行为或状态的持续"和"行为动作的反复进行"两层意思,"下来"着眼于从"开始"后到"现在"的延续,"下去"着眼于从"现在"到"将来"的延续[4]。高顺全(2001)分析了体标记"下来""下去"的认知语义差异:"下来"的终点可以预见,"下去"的终点是不可预见的;"下来"可以表示终点和结果,"下去"则不能;使用"下来"还是"下去"受到说话人对状态认识的影响[5]。

以上两种观念都在一定程度上看到了趋向补语"起来/下来/下去"的虚化及其在句中的情状表现,但它们的句法语义条件及其背后的认知理据仍待进一步研究。除此之外,趋向补语"上/开"也表时间,其状态意义与情状、体的关系是怎样的,如"刚好了两天,他们俩又吵上了""不一会儿教室里就吵开了"中的"上""开"是如何区别的。

4 动趋式的句法、语义和功能研究

4.1 动趋式句法语义类别

(一)动趋式句法结构的分类。如陆俭明(1989)认为"V来了"有述

1 戴昭铭:《动词情状成分"下去₃"的形式特征、语法功能和分布规律》,载中国语文杂志社编:《语法研究和探索(九)》,北京:商务印书馆,2000年,第56—69页。
2 戴耀晶:《现代汉语时体系统研究》,杭州:浙江教育出版社,1997年,第94—104页。
3 张国宪:《现代汉语的动态形容词》,《中国语文》,1995年第3期;张国宪:《延续性形容词的续段结构及其体表现》,《中国语文》,1999年第6期。
4 卢英顺:《现代汉语的"延续体"》,《安徽师范大学学报(人文社科版)》,2000年第3期。
5 高顺全:《体标记"下来"、"下去"补议》,《汉语学习》,2001年第3期。

宾、述补和连动等三种句法关系,"V 来了"的语法层次是"V 来 / 了"还是"V/来了",与所搭配动词的语义特征有关[1]。李冠华(1991)根据"去"的义项将表述补关系的"V 去了"分成三类:背离某个立足点进行位移(如"走去了")、从原来的地方消失(如"擦去了")和动作完成(如"花去了"),只有第一类有对应的"V 来了"[2]。杨月蓉(1992)认为"V 来/去"可以是动补结构,也可以是连动结构,取决于"来 / 去"在句中的功能,这又与四个条件有关:V 是否具有移动义,V 能否表示"来 / 去"的目的或方式,与 V 的音节数目有关,当 V 是具有移动义的及物动词时受事在句中的位置[3]。

(二)动趋式语义结构分类。一是根据形式特征和语义意义差异分类。最值得关注的是范晓(1991)分出动趋式、准动趋式、动结式和动态式四类[4],这一分类体现了动趋义语义演变的连续统,具有较强的解释力。董淑慧(1999)将趋向补语引申义构成的结构为"准动趋结构",认为"V+过类"准动趋结构少数是自主的,多数是非自主的,可从与否定词组合、构成祈使句上体现自主性差异[5]。

二是根据能否带处所宾语分类,如李冠华(1985)根据是否能带处所宾语,将动趋式分为位移结构和非位移结构两类,前者又可分为联系施事、受事和处所的位移结构(如"她把手风琴放进琴盒")以及联系施事和处所的位移结构(如"他走进屋")[6]。

三是根据语义指向分类,如今井敬子(1987)认为"V 出"分为四类:(S+V)(S+O)、(S+V+O)(O+出)、(S+V+O)(S+出)(O+出)、(S+V+O′)(O+出),分别如"诗人的口中流出血来""他说出一句来""把脸盆搬出来""邻桌的人看出便宜来",最后一句可理解为"邻桌的人看情况,从情况里便宜出来"[7]。杨桦(1990)将"V 出"分为主语是施事的"V 出"(如"他拿出一本书")、"V 出"的数量宾语与前指是部分与全体或定指与不定指的关系(如"三套题我们才做出一套")、主语是处所词语的"V 出"(如"墙上贴出了一张布告")[8]。李冠华(1986)将谓宾动趋结构分为表示感知、

1　陆俭明:《"V 来了"试析》,《中国语文》,1989 年第 3 期。

2　李冠华:《"V 去了"说略》,《汉语学习》,1991 年第 3 期。

3　杨月蓉:《"V+去 / 来"结构辨析》,《贵州教育学院学报(社科版)》,1992 年第 1 期。

4　范晓:《"V 上"及其构成的句式》,《营口师专学报》,1991 年第 1 期。

5　董淑慧:《"V+过类"准动趋结构的自主性问题》,《天津师大学报(社科版)》,1999 年第 4 期。

6　李冠华:《处宾动趋结构初探》,《安徽师范大学学报(人文社科版)》,1985 年第 4 期。

7　[日]今井敬子:《现代汉语趋向结构的层次》,《山西大学学报》,1987 年第 2 期。

8　杨桦:《试论"V 出"结构及其句式》,《乐山师范学院学报》,1990 年第 3 期。

心理活动的 A 类结构和其他意义的 B 类结构，前者分为"内知"（如"看出她在哭，就随在后面"）和"外示"（如"无法说出金四把到底唱得怎样"），后者分为"遇到""结束""容纳"和"存余"等类别 [1]。

四是运用致使性分析内部差异。如全国斌（2009）认为动趋式表达位移事件结构，分析了四类动趋式结构的黏合度和规约性，认为 V 不及物 + 上 $_2$ 类（状态意义）>V 及物 + 上 $_1$ 类（原因 / 方式）>V 及物 + 上 $_2$ 类（方式 / 原因）>V 不及物 + 上 $_1$ 类（趋向意义），其中"上 $_1$"类为及物，"上 $_2$"类为不及物，说明意义越虚化，黏合度越高，非规约性越强。在此基础上，用"致使性"的强弱做出统一的解释：自动性强，致使性就弱；致动性强，致使性就强，得出了位移事件结构致使性强弱序列：强自动 > 弱自动 > 弱致动 > 强致动（按"弱→强"排序），相对应的四种事件结构的致使性强弱序列为：可控位移句 > 非可控位移句 > 弱致使性位移句 > 强致使性位移句 [2]。该文建立了动趋式致使性强弱连续统，思路新颖，具有较强的借鉴意义。

五是从配价角度分析。如齐沪扬（1998）认为动趋式有一价、二价和三价，其句法语义框架为：绝对位移句、相对位移句和伴随位移句 [3]。王红旗（1998）认为动趋式配价受述语动词的配价结构、补语趋向动词的配价结构及这两个配价结构中论元的复合关系三个因素制约 [4]。两文分歧在于：齐文认为删除后不影响句子合法性的可移处所元不计算在价数内，而王文则将其计算在内。

六是从认知构式语法角度探讨。如郭霞（2013）认为动趋式认知理据源自汉民族对客观世界中运动事件的体验和认知，由此形成的事件认知域，是构式语义凸显的关键原因。依据动趋构式所蕴涵的事件域类型分为"移动义""结果义"和"状态义"三种语义类型 [5]。

另外，冯军伟（2008）全面考察了动趋式内部构造的自主性，认为动趋式的自主性受到述语动词和趋向动词自主性的影响，并从认知角度对自

1　李冠华：《谓宾动趋结构初探》，《安徽教育学院学报（社科版）》，1986 年第 2 期。

2　全国斌：《动趋式粘合式结构与位移事件表达》，《殷都学刊》，2009 年第 2 期。

3　齐沪扬：《动词移动性功能的考察和动词的分类》，载中国语文杂志社编：《语法研究和探索（十）》，北京：商务印书馆，2002 年，第 73—84 页。

4　王红旗：《动趋式述补结构配价研究》，载袁毓林、郭锐主编：《现代汉语配价语法研究（第二辑）》，北京：北京大学出版社，1998 年，第 252—270 页。

5　郭霞：《现代汉语动趋构式的句法语义研究：认知构式语法视野》，成都：四川大学出版社，2013 年。

主性的差异进行解释：动趋式是次第扫描形成的位移事件，当趋向动词对位移方向可控时，典型的动趋式是自主的；另一方面，趋向动词容易发生语义弱化和语义虚化现象，趋向动词趋向动作义弱化，动作发出者就无法对趋向动词表示的动作进行控制，因此非典型的动趋式是非自主的[1]。安本真弓（2007）分析了动趋式（V+D）向动可式转换的条件：V（＋自主）D（（＋方向）or（＋结果）or（＋停止）or（＋持续）），不可转换条件是 V（－自主）or V（自身运动）D（"上"类、"来"）or V（＋自主）D（（＋开始）or（＋中动）），并提出动可式"V 得／不 D"是对动趋式"VD"实现的可能性的判定，判定条件有两个：确认施事是不是有能力做出"V"这个动作；确认"V"做出以后，能不能出现"D"这种结果[2]。

（三）动趋式入句结构研究。刘楚群（2012）探讨了动趋式的入句特征，认为动趋式入句比单独的动词入句要复杂，除能充当谓语、定语、状语、补语等常见句子成分外，还可以充当小谓语、独立语等特殊句法成分；还分析了动趋谓语"被"字句、"把"字句、隐现句、连动句的句法、语义与语篇功能，并通过语料统计，得出了一些较有说服力的结论[3]。

4.2　趋向补语"来／去"与宾语的次序研究

4.2.1　动词、"来／去"和名词的搭配研究

搭配主要构成三种句式：V 来／去 N（甲式）、VN 来／去（乙式）、NV 来／去（丙式）。

（一）句法、语义与语用特征。肖秀妹（1982）认为甲式是简单趋向补语句，常用于陈述句，表示已然动作；乙式可分化为简单趋向补语句（如"带照相机来"）和连动句（如"坐汽车来"），一般用于命令式（如"拿钱来"），表未然动作，有时也可用于陈述句（如"他从商店买了一个录音机来"），表已然动作[4]。魏经会（1989）认为甲式和丙式是客观地描述一种事实，注重情形、状态，而乙式表示祈使，注重祈使某一结果；还分析了进入格式中的动词类型，包括动点动词和动程动词（自动动程动词和他动动程

1　冯军伟：《动趋式述补结构的自主性考察及认知分析》，《湖州师范学院学报》，2008 年第6 期。

2　[日]安本真弓：《趋向性可能补语的语义生成条件》，载上海高校比较语言学 E- 研究院《东方语言学》编委会：《东方语言学（第二辑）》，上海：上海教育出版社，2007 年，第46—56 页。

3　刘楚群：《汉语动趋结构入句研究》，武汉：华中师范大学出版社，2012 年。

4　肖秀妹：《"动＋来＋名"和"动＋名＋来"两种句式的比较》，《语言教学与研究》，1982 年第 1 期。

汉语动趋式的认知语义研究

动词）[1]。岳中奇（1994）认为甲式强调受事宾语，属于焦点范畴；乙式强调指示的趋向，属于口气范畴，还可以带有命令、要求、意愿、劝诫、号召等轻微的祈使语气[2]。

（二）认知语义解释。木村秀树（1987）认为甲式和乙式存在着结果貌和动作貌的对立，对应着跟方式状语、祈使意义和数量成分搭配的句法差异，并通过语用学中的"说话环境"和"指示"来证明：甲式体现一种间接的或"遥远"的联系，乙式相关行为与说话环境直接相连；甲式归为"动结结构"，乙式归入行为或过程句[3]。王丽彩（2005）从动词位移性与宾语语义类别角度分析了甲、乙式中"来／去"的位置及使用条件，认为当出现施事宾语或非位移动词时只能使用"来"；位移动词和受事宾语并现时甲、乙皆可；位移动词和施事宾语并现时只能使用甲式；位移动词和处所宾语并现时，或者出现非位移动词时，只能使用乙式；她还运用距离象似性原则和信息结构进行了解释[4]。

4.2.2 复合趋向补语与宾语的次序研究

张伯江（1991）将动词后复合趋向补语和宾语的共现格式码化为四种：VC_1C_2O（A式）、VC_1OC_2（B式）、VOC_1C_2（C式）、把OVC_1C_2（D式）[5]。这四种格式的使用条件是什么，有哪些制约因素，在学界引起了较大的关注。

（一）句法语义制约因素。陈建民（1980）认为名词性成分在A、B、C三式中的出现情况，跟名词性成分的性质（施事、受事还是处所，带不带数量成分）、动词的时态和句型都有关系[6]。张伯江（1991）则从动词和宾语的角度考察了四种句式的制约因素，认为当O为小句时，一般采用A式；及物C_1只能出现在B式；当及物C_1要求事物宾语时，或多项VC_1C_2并列出现时，或谓语里有总括性谓词"都"等时，必须使用D式[7]。陆俭明（2002）认为趋向补语和宾语的位置，受多种因素制约，既跟动词的性质有

1　魏经会：《V、"来"、N 相互搭配的格式及 V 项的考察》，《华中师范大学学报（哲社版）》，1989 年第 6 期。

2　岳中奇：《"V 去 O" 和 "VO 去" 的语义、语用分析》，《汉语学习》，1994 年第 4 期。

3　［日］木村秀树著，王志译：《汉语方位补语 "来"、"去" 的两个功能》，《徐州师范大学学报（哲社版）》，1987 年第 3 期。

4　王丽彩：《"来"、"去" 充当的趋向补语和宾语的次序问题》，《广西社会科学》，2005 年第 4 期。

5 7　张伯江：《动趋式里宾语位置的制约因素》，《汉语学习》，1991 年第 6 期。

6　陈建民：《"拿出一本书来" 的同义句式》，《汉语学习》，1980 年第 2 期。

关，也跟动词所带的趋向补语的性质有关，既跟宾语的性质有关，而且也跟动词带不带"了"有关，有时还跟语境有关[1]。郭春贵（2003）认为复合趋向补语与非处所宾语的三种位置决定于施事或受事、有定或无定、动作是已然或未然[2]。

（二）语义语用制约因素。张伯江、方梅（1996）认为趋向义可进入四种格式，结果义进入 C 式很困难，而状态义则只限于 B 式；A、B 式倾向用于引入新信息的场合，O 倾向于采用不定指或无指形式；C 式带有较强的祈使味道；D 式倾向于表示旧的信息，其中 O 倾向于采用定指形式；A 式有排斥较短宾语的强烈倾向，B 式倾向于排斥较长宾语[3]。陈前瑞（2003）通过考察 A、B 式所带后续句数量、主语种类和语义种类，得出 A 式有明显的话题转折性，倾向于引入新的话题，而 B 式有较强的话题启后性，倾向于延展同一话题。并提出趋向词语语序前后的变化也反映了"来/去"的变化，由核心动词的体貌成分发展成为全句的体貌成分，由表达事件客观意义变为表达说话人的主观态度[4]。

（三）认知语义制约因素。一是探讨格式的认知方式。杨德峰（2005）从共时和历时两个方面证明这些格式都反映了"时间顺序原则"；认知差异反映在扫描上，A 式是总括扫描，C 式是次第扫描，B、D 式有总括扫描，也有次第扫描[5]。陈忠（2006）认为"起来"的分离型（B 式）和合并型（A 式）句法形式的对立体现了"起来"不同的观察视角及其视窗——起始、过程和终结点的对立；"起来"合并型只能表示空间位移的结果，不能表示时间上的终结，分离型则都可以；并认为分离型对应连续扫描方式，合并型对应瞬时扫描方式[6]。

二是不同宾语句法位置差异的认知语义原因，主要有杨凯荣（2006）、叶南（2005）、蔡瑱（2006）和陈忠（2007）。杨凯荣提出两条原因：第一，其他趋向动词 DV 比"来/去"对处所宾语需求度更高，"来/去"作为指

---

1 陆俭明：《动词后趋向补语和宾语的位置问题》，《世界汉语教学》，2002 年第 1 期。

2 郭春贵：《复合趋向补语与非处所宾语的位置问题补议》，《世界汉语教学》，2003 年第 3 期。

3 张伯江、方梅：《汉语功能语法研究》，南昌：江西教育出版社，1996 年，第 91—111 页。

4 陈前瑞：《现时相关性与复合趋向补语中的"来"》，载吴福祥、洪波主编：《语法化与语法研究（一）》，商务印书馆，2003 年，第 43—59 页。

5 杨德峰：《"时间顺序原则"与"动词 + 复合趋向动词"带宾语形成的句式》，《世界汉语教学》，2005 年第 3 期。

6 陈忠：《"起来"的句法变换条件及其理据》，《山东社会科学》，2006 年第 2 期。

示性方向，以说话人为视点而不出现客观的处所作为其宾语，而事物宾语不受限制；第二，带事物宾语的 A、B、C 三种格式语义不同[1]。叶南将宾语分为定位宾语和不定位宾语两类，其语义对立特征是说话人的位置点和宾语的移动性；并认为"以自我为中心"和"像似原则"等认知方式是趋向补语与宾语位置关系形成的原因[2]。蔡琪认为动趋式中的处所名词是广义处所词，"来 / 去"不能赋予广义处所词的强处所性含义，而由其他趋向动词赋予，因此只能使用 B 式，这样也更符合距离象似性原则[3]。陈忠认为位移动作的参照对象有处所和观察者所在的位置两种，前者由其他趋向动词和处所宾语表示，后者由"来 / 去"表示，它们分别是位移路径图式的内参成分和外参成分，内参成分较外参成分与处所宾语语义距离近[4]。

（四）语序演变的历时考察。张金圈（2010）分析认为 C 式首先出现并在初期得到一定发展，这是因为动补结构来源于可分离式动补组合；复合趋向补语的部分前移又直接导致了 B 式的发展；当复合趋向补语在多种因素的作用下被迫前移到动词之后时，产生了 A 式，由于韵律制约，A 式的宾语大都是音节数比较多的小句甚至是复句；随着"把"字句的发展和表达需要，D 式得到了空前的发展[5]。

4.3　动词与宾语的语义类别

4.3.1　动趋式中动词的句法语义类别

动趋式中动词的句法语义类别主要从两个角度分析：一是从动趋式的宾语入手。如邱广君（2007）认为带起点或终点宾语、部位宾语、容量宾语、客体宾语"V 下"对应的动词为移动动词、体态动词、容量动词和客体动词四类[6]。郑娟曼（2009）运用变换分析法将宾语分为源点、范围宾语、终点宾语、受事宾语、施事宾语、部位宾语、中介宾语、结果宾语和数量宾语八类，根据所带宾语的类别，将动词分为驱赶类、行走类、取舍

1　杨凯荣：《论趋向补语和宾语的位置》，《汉语学报》，2006 年第 2 期。

2　叶南：《趋向补语方向的多维性与宾语位置的关系》，《西南民族大学学报（人文社科版）》，2005 年第 6 期。

3　蔡琪：《论动后复合趋向动词和处所名词的位置》，《暨南大学华文学院学报》，2006 年第 4 期。

4　陈忠：《复合趋向补语中"来 / 去"的句法分布顺序及其理据》，《当代语言学》，2007 年第 1 期。

5　张金圈：《"复合动趋式＋宾语"语序演变的动因与机制》，《宁夏大学学报（人文社科版）》，2010 年第 5 期。

6　邱广君：《谈"V 下＋宾语"中宾语的类、动词的类和"下"的意义》，《语文研究》，1997 年第 4 期。

类、感知类、存现类和制作类动词六类[1]。刘楚群（2010）认为同源宾语一般使用"V 起 N 来"格式，普通宾语一般使用"把 NV 起来"，在此基础上，对进入"把 NV 起来"格式中的动词进行了句法语义分类，包括"提"类、"喊"类、"藏"类、"绑"类、"调动"类、"集合"类和"比较"类等七类[2]。

二是从动趋式的语义类型入手。如萧国政、邢福义（1984）提出动词是趋向补语的方式、目的、性质、状态或原因，据此分出四类动词[3]。贺阳（2004）根据"V 起来"的位移义、结果义和体貌义提出对应的动词语义特征为［＋向上位移］、［＋聚拢］［＋隐存］［＋使凸起］、［＋动态持续］[4]。齐沪扬（2002）在位置句和位移句（包含动趋式）的框架下考察了动词的移动性功能及其强弱体现出来的语义特征［±状态］、［±指向］、［±自移］，得出了与移动性功能有关的动词分类系统，主要有非位移动词、非他移动词、非伴随动词和伴随动词四大类[5]。

4.3.2 动趋式中宾语的句法语义类别

不同动趋式对宾语有着不同的要求。如李冠华（1985）认为"V＋上／下"要求处所宾语必须体现一个有形的二维的平面或抽象的范围，一般不能带显示空间意义的方位词；"V＋进／出"要求处所宾语必须体现一个有形的三维的空间或抽象的范围，可带显示空间意义的方位词[6]。鹈殿伦次（1993）认为趋向补语表示接近和离开处所名词，将处所名词分为到达点、途径或出发点两类，前者以动宾结构出现，后者多以介词结构出现[7]。黄育红（2004）认为"V 进"具有空间指向性，其后宾语可分为可容性和不可容性两类：前者指有自然边界的三维或二维实体，具有一定的空间容量或范围，可以容纳人或物；后者指借助"里"可转化为可容性事物，如"走进月

---

1 郑娟曼：《从"V 出＋宾语"的构件关系看语义的双向选择原则》，《暨南大学华文学院学报（华文教学与研究）》，2009 年第 2 期。

2 刘楚群：《动趋结构中动、宾的双向选择》，《江西科技师范学院学报》，2010 年第 1 期。

3 萧国政、邢福义：《同一语义指向的"动／趋来"》，《华中师范学院研究生报》，1984 年第 3 期。

4 贺阳：《动趋式"V 起来"的语义分化及其句法表现》，《语言研究》，2004 年第 3 期。

5 齐沪扬：《动词移动性功能的考察和动词的分类》，载中国语文杂志社编：《语法研究和探索（十）》，北京：商务印书馆，2002 年，第 73—84 页。

6 李冠华：《由"上、下、进、出"充当的趋向补语对处所宾语的语义制约》，《汉语学习》，1985 年第 6 期。

7 ［日］鹈殿伦次：《汉语趋向性复合动词与处所宾语》，载大河内康宪、施光亨主编：《日本近、现代汉语研究论文选》，北京：北京语言学院出版社，1993 年，第 197—217 页。

光里"的"月光里"[1]。

5 动趋式特殊构式研究

5.1 "V+起来/上去/来+AP/VP"研究

该类构式如"这辆车开起来很快""这桃子摸上去软软的""这事说来很奇怪",其中 NP 处于主语位置上,但它是 V 的支配对象。这类构式的表达功能引起了学界的较大关注。目前主要有五种观点:

第一种是中动句观。将该构式比对英语的中动句,但在中动句的理解与范围上明显存在差异。曹宏(2004a、2005a、2005b)将其看作中动句,即 NP 在 V–NP 的时候通常呈现出 AP 状态,整个句子表达情状类型的状态性特点和命题的通指性特点[2];句首 NP 具有通指性特征,充当话题,提供言谈的出发点,"VP+AP"针对话题做出评论[3];中动短语 VP 具有传信功能,表示说话人做出评论的根据和信息来源[4]。何文忠(2005)认为中动结构表述虚拟事件,具有恒时性,功能是聚焦事件的被动参与者对事件发生所发挥的积极作用,可表由于主语内在的特性而使得动作的发生呈现出某种性状,可采用[NP+V+起来+Adj];并认为难易句与中动句不同,不排斥动词补语,如"塑料轮胎磨平起来很不容易"[5]。余光武、司惠文(2008)认为 AP 语义指向 V 的格式是典型的中动句,表示的是主语的内在属性,而且主语要对谓语感官感受的事件具有致使性,如"这本书读起来很容易",排除了 AP 语义指向 NP 和 AP 语义指向隐含施事的情况,如"这本书看起来很不错""这本书读起来很轻松"[6]。

中动句的语义限制条件主要集中在:①施事论元的隐含问题。如宋国明(1997)运用约束理论分析了中动句的形成,认为施事论元隐含出现在动词旁,并吸收动词的格,造成受事论元名词组移位,变成表层结构的主语[7]。曹宏(2005a)赞同宋国明关于中动句的理解,认为中动词隐含的施事在语义指称上的任指性特点,隐含的施事出现只能通过介词和轻动词"使/

---

1 黄育红:《现代汉语"V进NP里"格式》,《湖南社会科学》,2004年第2期。

2 曹宏:《中动句对动词形容词的选择限制及其理据》,《语言科学》,2004年第1期。

3 曹宏:《论中动句的语义表达特点》,《中国语文》,2005年第3期。

4 曹宏:《中动句的语用特点及教学建议》,《汉语学习》,2005年第5期。

5 何文忠:《中动结构的界定》,《外语教学》,2005年第4期。

6 余光武、司惠文:《汉语中间结构的界定——兼论"NP+V–起来+AP"句式的分化》,《语言研究》,2008年第1期。

7 宋国明:《句法理论概要》,北京:中国社会科学出版社,1997年,第273—282页。

让/叫"的引导，或者包含在AP中，一般不能以主语的身份独立出现[1]。何文忠（2007a）则认为隐含施事论元不能作为中动结构的界定标准，实际上动词的逻辑主语的论旨角色并不一定是施事[2]。②NP的语义功能问题。曹宏（2005a）认为NP有时是定指的，但这并不影响句子整体上的通指性[3]。何文忠（2005）认为中动句除了满足体式条件（动词为完成类事件动词）外，还要同时满足广义责任条件（被动参与者对事件的发生负责而具有认知显要性），主语可以由工具、处所等事件的外围参与者充当，还可以是方式、对象等其他角色[4]。③V与AP的语义限制问题。曹宏（2004a）分析认为V都必须是及物的自主动词；形容词必须是在语义上指向中动词的受事的形容词，或者是在语义上指向中动词的施事的非自主形容词，而不能是自主形容词[5]。何文忠（2007b）提出进入中动构句的选择限制是选择满足体式条件的事件动词和选择语义上不是由施事自主控制的副词或形容词[6]。

汉语中动句的句法构造与类别研究，如曹宏（2004b、2004c）认为中动句的层次构造为NP|（VP+AP），中动短语VP是状语、其后面的成分AP是谓语核心[7]；后附成分"起来"具有评价义，"来"是起始义"起来"的紧缩形式，"上去"具有附着义[8]。曹宏（2004c、2005b）根据中动短语VP在中动句中可能的位置，分可前置型中动句和不可前置型中动句；根据中动短语删除后剩下的NP+AP能否成立，分可删除型中动句和不可删除型中动句[9]；还分析了从典型的受事做主语的中动句发展到工具和处所做主语的中动句的过程[10]。余光武、司惠文（2008）将"NP+V–起来+AP"分化为三种：AP指向句子主语NP（A式），AP指向V的施事（B式），AP指向动词V（C式），并可通过是否可删去"V起来""V起来"是否可移至句首NP前、是否可变为NP+AP+V、是否可补上施事等句法测试来比较三种句式，认为C式是典型的中动句，表示的是主语的内在属性，而且主语要对谓语描述的事件具有致使性[11]。张德岁（2011）将"VP+AP"结构细分为三个

---

1 3　曹宏：《论中动句的语义表达特点》，《中国语文》，2005年第3期。

2　何文忠：《中动构句条件》，《外语教学》，2007年第2期。

4　何文忠：《中动结构的界定》，《外语教学》，2005年第4期。

5　曹宏：《中动句对动词形容词的选择限制及其理据》，《语言科学》，2004年第1期。

6　何文忠：《中动构句选择限制的认知阐释》，《外语研究》，2007年第1期。

7 9　曹宏：《论中动句的层次结构和语法关系》，《语言教学与研究》，2004年第5期。

8　曹宏：《论中动句的句法构造特点》，《世界汉语教学》，2004年第3期。

10　曹宏：《中动句的语用特点及教学建议》，《汉语学习》，2005年第5期。

11　余光武、司惠文：《汉语中间结构的界定——兼论"NP+V-起来+AP"句式的分化》，《语言研究》，2008年第1期。

小类:"VP+AP"式典型中动句,AP语义指向VP,即把VP所代表的动作行为作为谈话的主题,AP是对这一主题做出的评论,如"跑起来非常快";"VP+AP"式非典型中动句,AP语义指向跟VP相关的施事、受事等,V的意义具体、实在,是非典型的主谓结构,如"她生来苗条纤细,看上去弱不禁风";"VP+AP"式非中动句,VP用作独立成分,V的语义高度虚化,AP指向语境中省略的施事或受事,如"这种方法看起来还不错"[1]。

汉语中动句的语用特征。曹宏(2005b)根据话题结构和传信范畴等理论分析了中动句的信息结构特点,认为句首NP充当话题,提供了言谈的出发点;"VP+AP"充当说明、针对这个话题做出评论;中动短语VP具有特定的传信功能,表示说话人做出评论(NP具有AP这种性状)的根据和信息来源[2]。

第二种是话题句观。以殷树林、宋红梅为代表。殷树林(2006a、2006b)认为"NP(对象)+(状语)+V起来+AP/VP"是最常见的一般话题句:NP充当句子的话题,"V起来+AP/VP"是对话题的评述,"V起来"起附加说明的作用,看作全句的状语。与英语中动句的不同之处在于:可不表实体的性质,而表示其他条件的变化对动作造成的影响,如"以后你们的车存起来就方便了";隐含的施事也可以是特指的;可否定AP;排斥动词补语。并从底层结构上进行了区别:语义指向NP的"V起来"虽可去掉,但它具有概念和人际功能,是固有性质AP的凸显手段,可以给句子添加主体意识,根本不涉及内论元升格等操作;语义指向V的格式中NP为实现话题化而前移至句首,受韵律影响V后加上"起来"[3]。并认为"NP(对象)+(状语)+V+起来+AP"可分析为"话题/主语+状语+谓语中心语"和"话题+主语+谓语",前者表达"NP由于V的实施而凸现出AP的性质",后者表达"由于某种原因,V支配NP是AP的",分别例如"这件夹克穿起来有点大""语言课教起来特别困难"[4]。宋红梅(2008)认为"这个面包吃起来很香"之类的格式不是中动句,原因有二:"这个面包"是"吃"的客体,也是"很香"的主体,这与中动句主体名词背景化不同;"吃起来"

---

1 张德岁:《"VP+AP"结构与中动句关系考察》,《汉语学习》,2011年第5期。

2 曹宏:《中动句的语用特点及教学建议》,《汉语学习》,2005年第5期。

3 殷树林:《"NP(对象)+(状)+V+起来+AP"格式与英语中动句的比较》,《语言教学与研究》,2006年第1期。

4 殷树林:《"NP(对象)+(状)+V+起来+AP"格式的句法构造》,《语言科学》,2006年第2期。

不是谓语中心，这与中动句是相对于主动和被动而言的说法也不一致。她认为这类格式也不是一般的话题句，而是有形态标记的话题句：强制性的 NP 移位是由于"V 起来"中的"起来"所具有的强话题性特征所致[1]。

第三种是述补结构观。熊仲儒（2010）以"V-得"句为基础从语义指向和结构上的平行性竭力证明"V-起来 +AP"是个述补结构：都指向名词短语与动词；主语前可以有"是不是"正反重叠；主动词不能采用"A 不 A"式正反重叠；补语成分都可以有"A 不 A"/"是不是"式正反重叠；否定词出现在补语部分；否定词"不"不能出现于主动词之前；"V-得"与"V-起来"之间不能插入任何成分；NP 与其后的成分之间有语音停顿，并可增添语气词。"V-得"句与"V-起来 +AP"句不同的是：前者描述的是状态变化，是有界事件；后者描述的是主语的永恒属性或命题的通指性[2]。

第四种是构式观。吴为善（2012）将"NP+V 起来 +AP/VP"看作构式，具有即说话人对某种活动或现象的状态所引发的主观感受加以评述的构式义，并认为不是中动句：该构式命题虽然具有通指性，是建立在说话人主观意念上的，而非社会规约化共识基础上的；NP 更多的是定指或特指的，在具体语境中还会凸显 NP 的特征（说明理由）；"V 起来"肯定不是谓语核心；AP 多是以形容词为中心构成的词组，是真正的谓语[3]。

第五种是中立观。避开"S+V 起来 +AP/VP"格式是中动句的争议，着眼于格式本身的句法语义特征。吴峰文（2006）根据句首 NP 与动词的施受关系将"NP+V-起来 +AP"分化为两类，其中受事是广义受事，还包含工具、处所、结果等；V 绝对排斥述补式的动词、V 不能是心理感官类的动词、V 的时态具有不确定性；还具有句首 NP 的通指性、动词 V 的无界性、施事的隐含性、格式的非事件性等句式特征[4]。黄冬丽、马贝加（2006）将其分为三类：S 为施事型的、S 为受事型的和 S 为当事型的，并认为"V 起来"表达预测、估计和评价义，具有较强的主观性，含有预设背景[5]。

1　宋红梅：《"V 起来"句作为有形态标记的话题句》，《外语研究》，2008 年第 5 期。

2　熊仲儒：《评价性"V-起来"句的句法语义分析》，载中国语文杂志社编：《语法研究和探索（十五）》，北京：商务印书馆，2010 年，第 33—54 页。

3　吴为善：《"V 起来"构式的多义性及其话语功能——兼论英语中动句的构式特征》，《汉语学习》，2012 年第 4 期。

4　吴锋文：《"NP+V-起来 +AP"格式句法语义分析》，《华中师范大学研究生学报》，2006 年第 4 期。

5　黄冬丽、马贝加：《"S+V 起来 +AP/VP"构式及其来源》，《语文研究》，2008 年第 4 期。

5.2 "V来V去"研究

学界均认为"反复"是该构式的核心语义。吕叔湘(1984)[1]、刘月华(1998、2004)[2]均认为"V来V去"表动作的多次反复。陈前瑞(2002)更是认为该构式是反复体的一种[3]。然而,李晋霞(2002)[4]、刘志生(2004)[5]分出[+行为义,+向度义](A类)、[+行为义,-向度义](B类)和[-行为义,-向度义](C类),认为"想来想去"类具有持续义,"说来说去"类具有归总义。对此,曾传禄(2008)认为不管V是否持续动词,该格式都表动作行为的反复[6]。杨德峰(2012)批驳了李晋霞(2002)提出"动作的持续进行或重复发生"的说法,认为这抹杀了"来/去"的作用[7]。张虹(2007)则认为反复是持续的,区分了空间位置和非空间位置持续、反复的变化[8]。

对进入该构式的动词小类多从持续与瞬间[9]、单音节与多音节[10]、动作与心理[11]等角度进行说明,但未能很好地分析格式与动词之间的互动关系。对该格式后续成分的考察,李晋霞(2002)A类后接"目的型"和"评价型",B类后接"结果型"[12];曾传禄(2008)认为A类还有"结果型"和"伴随型"[13];杨德峰(2012)则通过统计发现出现频率为结果型>伴随型>评价型>目的型[14]。

对于该构式语法化过程,存在差异。李晋霞(2002)认为A、B类元代时出现,两者之间没有语法化关系,C类是由B类语法化而来的[15]。刘志生(2004)[16]和曾传禄(2008)[17]则认为A、B、C类具有演变的渐次关系,即A类→B类→C类。

对该构式语用功能的理解存在差异。张虹(2007)认为该构式具有主观评定的功能[18]。王平(2007)认为该构式表反复纠缠,很难使动作者或相关的人感到满意,多带有"不如意"的主观色彩,还可用于具有[+小巧]

---

1 吕叔湘:《汉语语法论文集(增订本)》,北京:商务印书馆,1984年,第309页。

2 刘月华:《趋向补语通释》,北京:北京语言大学出版社,1998年,第62—62页;刘月华、潘文娱、故韡:《实用现代汉语语法(增订本)》,北京:商务印书馆,2004年,第167页。

3 陈前瑞:《汉语反复体的考察》,载中国语文杂志社编:《语法研究和探索(十一)》,北京:商务印书馆,2002年,第18—34页。

4 9 12 15 李晋霞:《"V来V去"格式及其语法化》,《语言研究》,2002年第2期。

5 16 刘志生:《近代汉语中的"V来V去"格式考察》,《古汉语研究》,2004年第4期。

6 13 17 曾传禄:《也谈"V来V去"格式及其语法化》,《语言教学与研究》,2008年第6期。

7 10 14 杨德峰:《再议"V来V去"及与之相关的格式——基于语料库的研究》,《世界汉语教学》,2012年第2期。

8 11 18 张虹:《谈"V来V去"》,《山东师范大学学报(人文社科版)》,2007年第1期。

特征的被移者的活动[1]。杨德峰(2012)则认为A、B类用于对动作进行描述或陈述,不带感情色彩;B类后续小句表示的结果可以是积极的,也可以是消极的,但没有倾向性[2]。

5.3 带"了/将"的动趋式研究

(一)"动+趋+了"和"动+了+趋"。范继淹(1963)[3]和杨德峰(2001)[4]分析了二者的句法功能差异,如能否带宾语、动量和时量,构成疑问句和命令句,能否单独提问或回答问题,能否做主语、动词宾语,能否出现其他否定副词,进入其中的趋向动词差异等。张健(1991)和杨德峰(2001)分析了二者的语义差异,张文提出前者强调趋向动词的"结果意义",后者强调趋向动词的"存在意义"。当"存在意义"和"结果意义"同时成为强调意义时,可用"动+了+趋+了",而带上宾语后,只能用"动+趋+宾+了"[5];杨文则认为前者表达重心在动词或趋向动词上,而后者表达重心在动词上,有突出行为动作的作用[6]。

杨德峰(2002)分析了"动+了+趋"表示将来发生的动作或情况时的句法语用条件:动词一般为单音节的常用动词;趋向动词多表示本义,主要为"来/去";多用于祈使句和陈述句,基本不用作疑问句;并认为这种用法基本上退出了现代汉语的原因是"动+趋"的竞争和带结果补语的述补结构的出现[7]。

(二)"动+将+趋"。王国栓(2004)认为"动+将+趋"式中"将"不表语法意义,是音节助词[8]。王平(2009)认为近代汉语的"动+将+趋"格式可以是动补式,也可以是连动式,前者"将"是补语标志,后者"将"表动作的持续,后被"着"替代[9]。

5.4 其他动趋式特殊格式及固定短语研究

(一)动趋式特殊格式研究,如"V+得/不+来""V+得/不+起""名

---

1 王平:《"V来V去"格式的认知分析》,四川大学硕士学位论文,2007年。

2 杨德峰:《再议"V来V去"及与之相关的格式——基于语料库的研究》,《世界汉语教学》,2012年第2期。

3 范继淹:《动词和趋向性后置成分的结构分析》,《中国语文》,1963年第2期。

4 6 杨德峰:《"动+趋+了"和"动+了+趋"补议》,《中国语文》,2001年第4期。

5 张健:《关于带"了"的动趋结构》,《汉语学习》,1991年第2期。

7 杨德峰:《用于将来的"动+了+趋"初探》,《语言研究》,2002年第2期。

8 王国栓:《"动+将+趋"式中"将"的性质》,《语文研究》,2004年第3期。

9 王平:《汉语"动+将+趋"格式也作连动式》,《西南民族大学学报(人文社科版)》,2009年第6期。

词 / 拟声词 + 起来""V 得（不）过来 / 过去"等。宋玉柱（1985、1986）分析了"这样的文章我写得（不）来"之类的格式，其中"来"是动词后缀，表示 V 得 / 不了（liǎo）[1]。徐静茜（1986）则认为这类格式表示"有无能力完成某事"，在吴方言中普遍存在，由表"能 / 会 / 成"的动词"来"语义虚化而来，吸收进普通话中动词只限于"谈、合、处"等少数几个，表"融洽"义[2]。史有为（1986）认为"得 / 不来"是表能力的合成助词，"融洽"义只是"能力"的引申[3]。彭湃、彭爽（2004）分析了表趋向义、表开始义和表够得上、经受得住或够不上、经受不住的"V 得 / 不起"语法化过程，认为第三类意义形成了"对得 / 不起、看得 / 不起、瞧得 / 不起"之类格式，这类格式是非自主的，多带人称宾语[4]。

邱天（2009）分析了"程度副词 + 名词"和"名词 + 起来"的异同，认为只有具有显著描写性语义特征的名词如"草根""流氓"等才能进入格式中，前者表示属性特征所达到的深度，后者表示属性特征状态上的变化、置换和持续[5]。封帆（2010）则认为除了动词、形容词加"起来"可表开始、持续义外，还提出"名词 / 拟声词 + 起来"也可表开始、持续义，如"你今天怎么突然'绅士'起来了？""感冒发烧以后，耳朵也嗡嗡起来了"等[6]。

曾传禄（2009b）认为"V 得（不）过来 / 过去"常常以"障碍图式"为其内在隐喻基础映射到抽象空间。"V 得（不）过来"表示有无能力周遍完成，而"V 得（不）过去"发生了分化，有的表示某人或某事可能或不可能通过某种"障碍"，有的表示某物或某种行为事件是否符合一般的标准、情理，是否能为人所接受[7]。曾文运用意象图式解释结构的多义性，说服力较强，具有一定的借鉴作用。

吴为善、夏芳芳（2011）认为"A 不到哪里去"构式表达说话者认为某

1　玉柱：《"V 得来""V 不来"》，《汉语学习》，1985 年第 6 期；玉柱《〈"V 得来""V 不来"〉小补》，《汉语学习》，1986 年第 5 期。

2　徐静茜：《也谈"V 得来""V 不来"》，《汉语学习》，1986 年第 2 期。

3　史有为：《"来"、"看"小补》，《汉语学习》，1986 年第 5 期。

4　彭湃、彭爽：《与"V 得起"和"V 不起"相关的问题》，《海南大学学报（人文社科版）》，2004 年第 1 期。

5　邱天：《论"程度副词 + 名词"和"名词 + 起来"之比较》，《内蒙古民族大学学报》，2009 年第 6 期。

6　封帆：《趋向补语"起来"的语义初探》，《长春师范学院学报（人文社科版）》，2010 年第 1 期。

7　曾传禄：《障碍图式与"V 得（不）过来 / 过去"》，《燕山大学学报（哲社版）》，2009 年第 1 期。

个主体性状的程度不会超出某个有限量幅的评价，并分析了该构式评述性的理据、构式的隐喻扩展及其语境适切性[1]。

（二）动趋式固定短语的研究，主要涉及"看上去""看起来""看来""话说回来"等，研究不断关注动趋式固定短语的词汇化过程及表达功用，扩大了动趋式研究的视野。张谊生（2006）从句法分布和表达功用上分析了"看起来"和"看上去"由动趋式短语虚化为评注性准副词的词汇化过程，分析了"看起来"与"看上去"在搭配关系、表达功用、观察视角和虚化程度等方面的不同[2]。刘楚群（2009）认为"看上去""看起来"和"看来"的虚化程度不断加强："看上去"更倾向于现象观察的结果，体现出某种评价意义；"看来"更倾向于逻辑推理的结果，体现出某种推测意义；"看起来"则居于二者之间，既可表推测，也可表评价[3]。刘楚群（2006）将语义虚化的固化语"看起来"作为预转语，可联结转复句，其基本语义特征是主观判断，可体现现象和本质的对立，前后分句间的语义关系可分为相斥性对立和相容性对立两类[4]。李胜梅（2004）将"话说回来"作为回说自述短语，由"前项＋回说自述短语（"话说回来"）＋后项"构成，前项是所表达的主要观点，后项是换一个角度补充说明；"话说回来"增加了话语的前后语义连贯性，一般出现在摆事实讲道理阐明自己观点时，使对某一特定话题的阐述更全面客观，更具有可接受性[5]。

6　动趋式的多角度研究

6.1　动趋式的对称性分析

（一）归纳句法语义上的异同。如徐静茜（1981）举例描述了趋向补语"起"和"上"语义上的异同点：都可以表示人或事物随动作由下方向上方、表示动作完成、表示事物随动作的形成而出现、表示动作开始并持续、表示够不够标准等；不同点主要有：前者指动作在同一个地点从下方升高，后者指从一处（低处）移到另一处（高处）；前者地点总不外乎"地

1　吴为善、夏芳芳：《"A 不到哪里去"的构式解析、话语功能及其成因》，《中国语文》，2011年第 4 期。

2　张谊生：《"看起来"与"看上去"——兼论动趋式短语词汇化的机制与动因》，《世界汉语教学》，2006 年第 3 期。

3　刘楚群：《"看起来"与"看上去"、"看来"差异浅析——兼论趋向短语的语法化》，《江西师范大学学报（哲社版）》，2009 年第 4 期。

4　刘楚群：《现代汉语中的预转语"看起来"》，《汉语学报》，2006 年第 3 期。

5　李胜梅：《"话说回来"的语用分析》，《修辞学习》，2004 年第 3 期。

面""桌面"或其他水平面，后者则不受限制；前者强调动作开始，后者则没有这样的强调；前者强调事物出现，后者强调动作完成；前者表动作完成只限于"收、做、藏"等少数动词，后者则相当普遍等[1]。刘月华（1987）比较了表示状态意义的"起来"与"下来"的句法语义差异：第一，"起来"可搭配正向和负向形容词，可表合乎常规的变化，也可表不合乎常规的变化；"下来"只能搭配负向形容词，只表合乎常规的变化；第二，"下来"可表示新状态的开始，也可表示新状态达到的终点，如"铃声响过几分钟，教室里才完全安静下来"；"起来"只能表示进入新的状态，不能表示状态达到终点[2]。卢福波（2004）认为"来/去"用于动词后，意义虚化，表示趋向或背离说话人或叙述人的方向性标志，前者凸显起点，可带来源宾语，后者凸显终点，带终点宾语[3]。萧佩宜（2009）认为"上"和"下"在宾语语义角色上存在不对称现象：与"上"连用的宾语是目标含义，而与"下"连用的宾语则可以是带有目标或来源含义的词[4]。

（二）探讨对称性的认知机制。如缑瑞隆（2006）认为"V上/下"的隐喻引申机制为："上"有"施控是上"的隐喻，"下"有"受控是下"的隐喻；"V上/下"存在着"接触/不接触""附着/不附着""参照点"的语义对立[5]。任鹰、于康（2007）认为"上"和"下"的映射方式不同：第一，"上"终点常为得到凸显的前景化信息，到达终点引申出使某物附着于某物或某处；"下"原点常为得到凸显的前景化信息，离开原点引申出使某物脱离某物或某处。第二，"上"是"附着""由低至高"，是一种正向移动；"下"是"脱离""由高至低"，是一种负向移动。第三，"上"由低至高的移动易转化为心理上的目标的达成，"下"由高至低的移动易转化为对某一事物的占有[6]。李思旭、于辉荣（2012）系统地探讨了"V上/下"在表趋向义、结果义和时体义时所体现出的不对称现象，并利用"原型效应"和"凹凸原则"

1　徐静茜：《"·起"和"·上"》，《汉语学习》，1981年第6期。

2　刘月华：《表示状态意义的"起来"与"下来"之比较》，《世界汉语教学》，1987年第1期。

3　卢福波：《"来"、"去"趋向义的不对称现象》，《对外汉语教学语法研究》，北京：北京语言大学出版社，2004年，第118—133页。

4　萧佩宜：《论汉语趋向动词"上"和"下"的语法化和语义不对称性》，《暨南大学华文学院学报（华文教学与研究）》，2009年第1期。

5　缑瑞隆：《从对外汉语教学谈"动+上/下"结构的若干问题》，《郑州大学学报（哲社版）》，2006年第2期。

6　任鹰、于康：《从"V上"和"V下"的对立与非对立看语义扩展中的原型效应》，《汉语学习》，2007年第4期。

进行了认知解释,还分析了"V 下"双指向性和"V 上"单指向性的原因[1]。童小娥(2009)从事件角度分析"V 上来 / 下来"的对称与不对称:表达时间位移事件时,只有"述 + 下来"结构,没有"述 + 上来"结构;不对称性与物理空间的上下位移事件密切相关:由物理空间的上下位置关系投射到不同认知域中,可衍生出"动态为上,静态为下""时间较早为上,时间较晚为下""高量度的状态位置为上,低量度的状态位置为下""动态为上,静态为下""前为上,后为下""靠近观察者为上,远离观察者为下""不知道为上,知道为下"等抽象位置关系[2]。胡晓慧(2012)认为"V 上"与"V 下"核心语义差异在于:"上"是持续性的,"下"是瞬间性的;"上"含有"高尚"义,"下"含有"低下"义;"V 来"凸显位移的终点,"V 去"凸显位移的起点;"V 来"的位移终点是可预知信息,"V 去"的位移终点是不可预知信息[3]。这些研究对动趋式的对称与不对称进行了认知解释,使得研究进一步深化。

6.2 动趋式的语言类型研究

6.2.1 汉外对比研究

由于第二语言教学的需要,学者们开始关注动趋式跟其他语言中相对应的表达形式,通过对比分析找寻其中的对应关系,以有助于教学。主要为与英语、日语、法语的对比。居红(1992)比较了"上 / 下"类、"进 / 出"类和"回"类动趋式与英语中相对应的形式,英语中使用"VP+up/down""V+into/out of""VP+in/out""VP+back"方式,或者使用"V+up+to+N、V+down+from+N""V+in+to+N、V+out+from+N""V+back+to+N"方式表示,其中 up/down、into/out of、in/out、back 指明方向,to/from 指明起点和终点[4]。于善志等(2010)认为汉语趋向义有三种表达方式:趋向义自含性动词、VP- 内趋向动词或介词性附加趋向成分、VP- 外趋向动词,并有内驱力与外驱力之分;英语趋向义则只通过趋向义自含性动词或介词短语来体现,如 "He is climbing the mountain""She put it in

---

1 李思旭、于辉荣:《从共时语法化看"V 上"与"V 下"不对称的实质》,《语言教学与研究》,2012 年第 2 期。

2 童小娥:《从事件的角度看补语"上来"和"下来"的对称与不对称》,《世界汉语教学》,2009 年第 4 期。

3 胡晓慧:《汉语趋向动词语法化问题研究》,桂林:广西师范大学出版社,2012 年,第 72—92 页。

4 居红:《汉语趋向动词及动趋短语的语义和语法特点》,《世界汉语教学》,1992 年第 4 期。

the bag"[1]。朱巨器（2000）比较了汉语的"来""去"和日语的"来る""行く"在基本词义和引申词义上的差别，动趋式体现在 vcv 型、vpc 型、vg 型、vpg 型、gpv 型等[2]。耿京茹（2005）分析了汉语趋向补语与法语中不同类型完成体动词之间存在的对应关系，如法语中有些动词的意义较宽泛，可对应于"V+来"和"V+去"；汉语动词只能表示动作行为本身，而法语中的有些完成体动词可表动作行为，还可表结果等。二者句法表现也不尽相同：汉语用动词（形容词）+趋向补语，法语通常用"一个动词"或"动词+副词"的形式来表示；汉语趋向补语句中宾语的位置复杂多样，法语句中由名词充任的宾语位置比较简单，或者位于动词后，或者位于介词后[3]。这些文章多限于列举，缺少一定的解释。

6.2.2　方言中的趋向补语研究

趋向补语"起去"一般认为在普通话中少见，可在不少方言中却出现频率较高，使用范围较广。主要研究有：马晓琴（2007）认为陕西方言"起去"在动词、形容词后面作补语时只表趋向意义，没有引申意义[4]。张光明（2004）认为晋语忻州方言"V 起去"可与名词、代词和形容词组合表示动作或动作的趋向，还可用"不/没+V 起来"或"V+不+起去"表否定义[5]。张清源（1998）认为成都话有"V 起去"，表人或物在水平方向由近而远的移动，也可表制造出某种成果或结果，"V 起"表示"去"的伴随状态，"去了"表示说话人对事态的一种强调；还有"V 起 xy"复杂形式，xy 即除"起来、起去、开来、开去"之外的复合趋向动词，如"把箱子搬起上去"[6]。彭兰玉（2006）认为江西安福方言"V 起去"可表示人或物向上离开原来所处的着落处，也表用于受人操控的物件的动向，也有类似忻州方言的否定形式，还有"Q 去去"和"Q 来去"形式，中间的"来/去"表示位移与说话人所处位置的关系，末尾"去"表示离开[7]。崔振华（2007）认为湘方言中的"起去"由动作动词表示位移，到作趋向动词表示位移，再到作趋向动词表

1　于善志、王文斌、罗思明、刘晓林：《英汉趋向义及其层级结构对比研究》，《外国语文》，2010 年第 2 期。

2　朱巨器：《日汉趋向动词的词义辨析》，《日语学习与研究》，2003 年第 1 期。

3　耿京茹：《汉语趋向补语与法语相关表述的比较》，《汉语学习》，2005 年第 3 期。

4　马晓琴：《陕西方言中"起去"的用法——兼说"起去"在普通话中不可说》，《陕西教育学院学报》，2007 年第 1 期。

5　张光明：《忻州方言的"起去"》，《语文研究》，2004 年第 4 期。

6　张清源：《成都话的"V 起来、V 起去"和"V 起 xy"》，《方言》，1998 年第 2 期。

7　彭兰玉：《安福方言的"起去"》，《语文学刊》，2006 年第 8 期。

示动作行为、性质状态的继续，其词汇意义逐步虚化，语法意义逐步凸显，已经完成了语法化[1]。

其他趋向补语的研究，主要有：何天祥（1987）描述了兰州方言里的"上"和"下"，认为用"V上／下"可表示说话者的不同立场，如"东西不错，价钱不贵，买上吧。——好，买下"；在两个动词之间也使用"上／下"表示两个动作的同时或连续，如"他唱上走了"，"V下"可表状态或结果，且含有否定的、不幸的意味，如"他把祸闯下着"[2]。丁力（1995、1998）将安康方言中的"V开（NP）了"结构分为两种：表示事件已完成和表示事件业已开始且持续进行，并分析了二者的句法语义差异[3]。谷向伟（2007）认为林州方言趋向动词可以和动词"来"组合，但非趋向动词却不能说"V来"，要说成"V上来"[4]。罗昕如、龚娜（2010）分析了湘方言中的"V+X+趋向补语"结构的句法语义特征，其中V多为单音节动词或性质形容词，X是动态助词，表动态或动向；该结构常用于祈使句与陈述句中，前者不能使用表完成的"X""咖"或"哩"，后者"X"的各种形式都可使用，表义有所不同[5]。

方言中趋向动词的语法化研究。吴福祥（2010）概括出与趋向动词相关的四个语法化模式：从趋向动词到比较标记、从趋向动词到傀偏补语或能性助词、从趋向动词到补语标记、从趋向动词到空间／时间／与格介词，认为尽管不同方言里"上／下／来／去／起／过／落"等语法成分具体语法功能和演化路径不同，但最终均可追溯到趋向动词[6]。

方言中趋向表达的句法语义类型研究。唐正大（2008）将关中方言位移事件分为两类：一类是路径动词表达位移事件，包括"直指性路径动词（来）+背景名词"和"非直指性路径动词（上／下……）+背景名词"；另一类是趋向补语表达位移事件，包括终点位移事件、起点或途径的位移事件

1　崔振华：《湘方言中的"起去"已经语法化》，《汉语学报》，2007年第3期。

2　何天祥：《兰州方言里的"上"与"下"》，《兰州大学学报（社科版）》，1987年第4期。

3　丁力：《安康方言中的"V开（NP）了"结构》，《湖北大学学报（哲社版）》，1995年第6期；丁力：《安康方言中的"V开（NP）了"与"V起（NP）了"句式》，《汉中师范学院学报（社科版）》，1998年第1期。

4　谷向伟：《林州方言的"V来／V上来"和"V来了／V上来了"》，《语文研究》，2007年第2期。

5　罗昕如、龚娜：《湘方言中的"V+X+趋向补语"结构——兼与晋方言比较》，《语文研究》，2010年第1期。

6　吴福祥：《汉语方言里与趋向动词相关的几种语法化模式》，《方言》，2010年第2期。

表达和使役性位移事件,分别如"张三爬着/到那一座山上去咧""长虫打窝窝里岸钻出来咧""张三打井上面往井里面扔下去一个/个绳"。关中方言在位移表达上属更彻底的"卫星框架式"类型[1]。

6.3 动趋式习得偏误研究

6.3.1 动趋式偏误研究

杨德峰(2003a、2003b、2004)发现英语、朝鲜语和日语母语学习者习得趋向补语时的主要问题是宾语类推泛化、搭配错误、立足点错误和错把表示引申意义的趋向动词当作动词来使用等,并指出这些错误既有语内迁移的影响,也有语际负迁移的影响[2]。李淑红(2000)认为趋向补语与英语动介结构的差异性越小,留学生对趋向补语的掌握就越容易,趋向补语体现的时空知觉越具有独特性,留学生对趋向补语的掌握就越难;并提出在对外汉语教学与教材编写上应强调汉语趋向补语的空间知觉和时间知觉[3]。吴丽君(2002)认为日本学生学习趋向补语的偏误主要集中在该用简单趋向补语的地方用了复杂趋向补语和回避使用引申义的趋向补语两个方面[4]。黄玉花(2007)分析得出韩国留学生中高级汉语学习者偏误在于趋向补语的残缺、动趋式带宾语时宾语的错位、趋向补语的混用等,影响习得的主要因素有趋向动词的语法化增加了习得难度、动趋式使用频率与趋向补语习得成正比、趋向动词组合能力与趋向补语使用频率成正比、母语干扰作用、教材编写与课堂教学等[5]。

6.3.2 动趋式习得研究

外国学生习得动趋式研究,主要研究有:钱旭菁(1997)通过统计日本留学生的作文和问卷调查中初、中、高三个阶段趋向补语的准确度顺序,分析得出日本留学生趋向补语的习得顺序:动词不带宾语的简单趋向补语、

1　唐正大:《关中方言趋向表达的句法语义类型》,《语言科学》,2008 年第 2 期。

2　杨德峰:《英语母语学习者趋向补语的习得顺序——基于汉语中介语语料库的研究》,《世界汉语教学》,2003 年第 2 期;杨德峰:《朝鲜语母语学习者趋向补语习得情况分析——基于汉语中介语语料库的研究》,《暨南大学华文学院学报》,2003 年第 4 期;杨德峰:《日语母语学习者趋向补语习得情况分析——基于汉语中介语语料库的研究》,《暨南大学华文学院学报》,2004 年第 3 期。

3　李淑红:《留学生使用汉语趋向补语的情况调查及分析》,《民族教育研究》,2000 年第 4 期。

4　吴丽君:《日本学生汉语习得偏误研究》,北京:中国社会科学出版社,2002 年,第 93—109 页。

5　黄玉花:《韩国留学生汉语趋向补语习得特点及偏误分析》,《汉语学习》,2007 年第 4 期。

动词不带宾语的复合趋向补语、"起来"表示开始（不带宾语）、动词带一般宾语的趋向补语、动词带处所宾语的趋向补语、"出来"表示暴露、"起来"表示评价、"过来"表示恢复和"过去"表示失去、"下来"表示开始、"起来"表示集中和"起来"引申带宾语[1]。杨德峰（2003a、2003b、2004）分析得出了不同母语习得者的共性与个性："动词＋复合趋向补语（引申义）"和"动词＋复合趋向补语＋宾语"较难习得，"动词＋简单趋向补语"和"动词＋趋$_1$＋宾语＋趋$_2$（引申义）"较易习得；"动词＋复合趋向补语"对朝鲜语母语学习者来说比较难习得，而对日语母语学习者和英语母语学习者来说就不是那么难；同样，对英语母语学习者来说，"动词＋复合趋向补语（引申义）＋宾语"不太难，但对日语母语学习者和朝鲜语母语学习者来说却很难[2]。肖奚强、周文华（2009）探讨了外国学生习得趋向补语句的情况，首先将趋向补语句划分为7类句式14个下位句式（分本义和引申义），其次对比了汉语母语者使用情况，分析了外国学生在不同阶段各句式的使用情况和偏误情况，得出的结论主要有：外国学生汉语趋向补语总的使用频率只占到了汉语母语者使用频率的一半多一点；趋向补语句的总体使用频率是随着学习阶段的上升而递增的，正确率总体上是随着学习阶段的提高而递增的[3]。

儿童习得动趋式研究，主要有：邹立志等（2010）探讨了普通话儿童"上、下"两组共六个趋向动词习得的时间序列、产出频率、语义发展规律等，认为谓语用法习得先于补语用语，单音节习得先于双音节，单音节产出频率高于双音节，"上"的产出频率高于"下"，"来"组高于"去"组，"上"作补语的频率远高于"下"；语义习得基本遵循"趋向义→结果义→状态义"的发展趋势，但只有"上"例外，"上"的结果义先于趋向义出现，这是由"上"的基本语义和语用频率决定的，"上"侧重于运动的终点，易脱离原始意义而产生隐喻意义，导致使用频率和充当体标记能力远强于语义上与之相对的反义词"下"[4]。

1　钱旭菁：《日本留学生汉语趋向补语的习得顺序》，《世界汉语教学》，1997 年第 1 期。

2　杨德峰：《朝鲜语母语学习者趋向补语习得情况分析——基于汉语中介语语料库的研究》，《暨南大学华文学院学报》，2003 年第 4 期；杨德峰：《日语母语学习者趋向补语习得情况分析——基于汉语中介语语料库的研究》，《暨南大学华文学院学报》，2004 年第 3 期；杨德峰：《英语母语学习者趋向补语的习得顺序——基于汉语中介语语料库的研究》，《世界汉语教学》，2003 年第 2 期。

3　肖奚强、周文华：《外国学生趋向补语句习得研究》，《汉语学习》，2009 年第 1 期。

4　邹立志、周琳、程莉维：《普通话早期儿童趋向动词习得个案研究——以"上、下"两组趋向动词为例》，《世界汉语教学》，2010 年第 3 期。

7 动趋式的语义演变

7.1 动趋式的演变历程

探讨汉语趋向补语产生和发展规律较为系统全面的是王国栓（2005），他提出补语分两条途径产生的看法：不及物动词在汉代产生补语的用法，及物动词在南北朝产生补语的用法；宾语的三个位置具有历史层次：V+O+趋→V+趋1+O+趋2→V+趋+O；复趋补的引申用法都是从空间位移义直接引申而来；"V+来/去"中"来/去"不断语法化，开始虚化成助词[1]。

趋向连动结构向动趋式的发展演变，讨论较多的是魏兆惠（2005）和梁银峰（2007）。魏文认为西汉时期动词和后面的趋向动词之间的插入成分大大减少，使二者的结合更为紧密；同时，后带宾语的情况也大大增加；东汉时期"动词+趋向动词+施事宾语"形式标志着动趋式的真正出现[2]。梁文认为汉语趋向补语结构产生于中古时期（六朝至唐），趋向连动式演变为单趋式的机制是重新分析，双趋式的衍生机制则是类推。汉语趋向补语的语义演变呈现出"趋向意义>结果意义（>时体意义）"的规律性路径，演变的机制是隐喻。并认为受事主语句"S（无生名词）+V+来/去""V+来/去+O（无生名词）"格式的产生标志着趋向补语作为一种专门表示位移方向的语法范畴正式确立[3]。

具体趋向动词的语义演变研究。邢福义（2003）提出"起去"从表示实义"起而去"到表示抽象的背移性趋向，经历了语法化过程，"去"已经成了帮助表示背移性趋向的一个附着成分[4]。王灿龙（2004）认为"起去"未完成语法化的原因在于"起去"的"目标"是非凸显的，难以感知的，不具有关联性，而"起来"的"目标"是凸显的，可以直接感知的，表现出最大关联性[5]。马云霞（2008）运用Talmy的词汇化模式理论描述了路径动词和路径卫星成分的演变过程，认为趋向类路径成分"上、下、出、入、还、回、起、过、开、到、来、去"是从路径动词而来的，可表达自移意义和致移意

1　王国栓：《趋向问题研究》，北京：华夏出版社，2005年。

2　魏兆惠：《论两汉时期趋向连动式向动趋式的发展》，《语言研究》，2005年第1期。

3　梁银峰：《汉语趋向动词的语法化》，上海：学林出版社，2007年，第1—71页。

4　邢福义：《"起去"的语法化与相关问题》，《方言》，2003年第3期。

5　王灿龙：《"起去"的语法化未完成及其认知动因》，《世界汉语教学》，2004年第3期。

义[1]。胡晓慧（2012）分析了"V 上 / 下 / 来 / 去"的语法化过程及其演变机制，从趋向意义、空间域引申义、非空间域引申义（包括关系域、时间域、数量域和性状域）和时体意义四个方面进行阐述，认为"V 上 / 下 / 来 / 去"均是由趋向连动结构发展而来[2]。

7.2　动趋式的断代研究

先秦作品中的动趋式研究。如魏兆惠（2004）分析了《左传》中的趋向连动式及其与动趋式的关系，他认为部分趋向连动式已经初步具备了语法化为动趋式的条件；但是从动词之间的关系来看，真正的动趋式还没有产生[3]。

魏晋南北朝至宋元作品中的动趋式研究。如陈本源（1988）认为《世说新语》中"来 / 去"已较为频繁地出现在其他动词后面，出现了"动 + 来 / 去、动 + 去 + 宾、动 + 宾 + 来 / 去"三种形式，可表动作趋向和动作完成，这说明在魏晋南北朝时期趋向动词"来""去"已经真正形成[4]。刘公望（1988）认为《老乞大》中"来"时可位于主要动词之后或单一式或复合式作趋向补语，动词、宾语和补语等成分语序灵活多样，这种句式尚在演化之中而未定型，并且认为及物动词后的趋向补语"来"是陈述受事的，只有不及物动词所带的趋向补语才陈述施事[5]。马克冬（2009）提出先秦时期无动趋式，动趋式述补结构在两汉已经产生，《搜神记》中已出现"V+趋"式动补短语，尚未出现"V+V 趋 +O 施"格式，《敦煌变文》中出现"V+将 + 来 / 去"结构[6]。

明清作品中的动趋式研究。如黄宝生（1991）描述了《聊斋志异》中10 个趋向动词的句法语义特征，它们位于动词后可表趋向，还有"开始、继续或延续、收束、扩散、完成、结束"等九种引申义，用在形容词之后还可表某种情状[7]。邢福义（2005）认为近代白话作品《西游记》中"起去"入句后有三种配置：独用、直接后附、隔"将"后附，这决定了双音趋向动词 AB 在结合上的三种松紧倾向：亦离析、可离析和不可离析，并认为"起

1　马云霞：《汉语路径动词的演变与位移事件的表达》，北京：中央民族大学出版社，2008 年。
2　胡晓慧：《汉语趋向动词语法化问题研究》，桂林：广西师范大学出版社，2012 年。
3　魏兆惠：《〈左传〉的趋向连动式及其与动趋式的关系》，《西安电子科技大学学报（社科版）》，2004 年第 4 期。
4　陈本源：《〈世说新语〉中的趋向动词"来"、"去"》，《苏州教育学院学报》，1988 年第 2 期。
5　刘公望：《〈老乞大〉里的"来"》，《延安大学学报（社科版）》，1988 年第 4 期。
6　马克冬：《〈搜神记〉动趋式述补结构研究》，《重庆文理学院学报（社科版）》，2009 年第 3 期。
7　黄宝生：《〈聊斋志异〉中的趋向动词》，《汉中师院学报（哲社版）》，1991 年第 4 期。

去"是一个超弱势趋向动词,语法化程度没有"起来"高[1]。

7.3 动趋式的共时解释

语义演变还可从共时平面进行认知解释:一是对整体趋向补语的研究。如马云霞(2008)运用 Talmy 的词汇化模式理论描述了路径动词和路径卫星成分的演变过程,认为趋向类路径成分"上、下、出、入、还、回、起、过、开、到、来、去"是从路径动词而来的[2]。黄月华、白解红(2010)认为汉语趋向动词是对空间移动事件的描写,其趋向概念的形成基于不同的空间移动经验、不同的参照结构以及对不同空间移动要素的凸显[3]。李燕(2012)认为趋向补语空间位移表达的核心概念是"矢量"和"方向",前者指物像在移动过程中所具有的动态的、阶段性的特征,即"离开"和"到达";后者指物像在空间中的方位取向,即垂直、水平、回转和聚散,从而对趋向补语的运动特征进行了较为系统的概括[4]。

二是对复合趋向补语的研究,如高顺全(2005)运用隐喻理论对复合趋向补语的引申用法做了比较系统的解释,"非空间位移动词 +X 来 / 去"不同的引申意义是"X"和"来 / 去"共同作用的结果。"X 来 / 去"的引申意义跟与空间有关的容器隐喻、障碍隐喻和时间隐喻有关:"来"表示一种新状态、新情况的出现,可以表示结果;"去"则可以表示说话人对自己以外参照位置上事物的评价[5]。姚占龙(2006)认为复合趋向补语的虚化程度的高低主要体现在动作性、位移性和方向性的消长上[6]。

三是针对具体趋向补语的研究,如王灿龙(2004)认为"起去"未完成语法化的原因在于"起去"的"目标"是非凸显的,难以感知的,不具有关联性,而"起来"的"目标"是凸显的,可以直接感知的,表现出最大关联性[7]。胡晓慧(2012)从趋向意义(空间域)、空间域引申义、非空间域引申义(包括关系域、时间域、数量域和性状域)和时体意义(时间域)等方面阐述了"V 上 / 下 / 来 / 去"的语法化[8]。

---

1 邢福义:《〈西游记〉中的"起去"与相关问题思辨》,《古汉语研究》, 2005 年第 3 期。

2 马云霞:《汉语路径动词的演变与位移事件的表达》,北京:中央民族大学出版社, 2008 年。

3 黄月华、白解红:《趋向动词与空间移动事件的概念化》,《语言研究》, 2010 年第 3 期。

4 李燕:《现代汉语趋向补语范畴研究》,天津:南开大学出版社, 2012 年,第 21—25 页。

5 高顺全:《复合趋向补语引申用法的语义解释》,《汉语学习》, 2005 年第 1 期。

6 姚占龙:《动后复合趋向动词的动性考察》,《上海师范大学学报(哲社版)》, 2006 年第 4 期。

7 王灿龙:《"起去"的语法化未完成及其认知动因》,《世界汉语教学》, 2004 年第 3 期。

8 胡晓慧:《汉语趋向动词语法化问题研究》,桂林:广西师范大学出版社, 2012 年。

8 结 语

动趋式是汉语中的重要结构,学者们对其进行了较多深入细致的研究,取得了不少研究成果。但目前仍存在不少问题:一是对动趋式的本质还缺乏一个清楚深刻的认识,如动趋式与动结式的联系与区别、动趋式的认知根源、动趋式各组成要素的特征及其关系、制约动趋式结构的因素等还未作充分研究。二是还缺乏严格的判定标准,趋向动词的界定与范围还不明确,如"开、开来、开去""到、到……来、到……去"等能不能归入趋向动词。三是对动趋式的意义研究还不够系统深入,目前对动趋式意义的描写缺乏关联性,分类过细失去划分的意义,或者太过笼统,抹煞了个性。四是描写较多,解释还嫌不足。如动趋式是一个怎样的认知语义类别系统,"来/去"的主观化对各类复合趋向动词语义呈现有怎样的影响等问题仍需进一步探讨。五是动趋式的对比研究不够。如动趋式句法语义以及语用功能上的对称与不对称是怎样产生的,动趋句式之间有什么样的语义联系,不同动趋式的表达功用如何等问题待进一步分析。六是动趋式系统性研究不够,如未能较为系统全面地归纳动趋式的双向组合关系,即哪些动词与趋向补语搭配产生哪些语义,动词与哪些趋向补语搭配产生哪些语义,对出现在不同趋向补语前的动词研究显得单薄,不成体系。动趋式的隐喻或转喻扩展机制是什么,"V 来 V 去""V 上去/起来/来 +AP/VP"等构式的虚化机制与语用功能等问题均需进一步探讨。

今后动趋式深入研究的重点是:一是加强动趋式的认知语义研究,探究动趋式的认知根源和语义泛化、虚化过程,寻求动趋式的判定标准,揭示动趋式的本质。二是加强动趋式的句法语义研究,包括动词小类、趋向补语的分类、制约各类复合趋向动词语义句法呈现的因素等。三是加强动趋式的语义关联性研究,探究不同动趋式的语义与功能分工。四是加强动趋式的动词小类及构式研究,探求动趋式从致使到非致使的认知语义连续统。

后　记

　　本书是作者申请的国家社会科学基金课题"现代汉语动趋式致使性研究"（立项号：11CYY045）的研究成果。

　　选题来自对外汉语教学实践。2004年，华东师范大学中文系汉语言文字学专业现代汉语语法方向博士毕业后，我进入上海财经大学国际文化交流学院工作，从事对外汉语教学。在高年级汉语教学中，一道用趋向补语填空的语法题目引起了我的注意，"她热得晕＿＿了""他醒＿＿了""我吃不＿＿这是什么味道""这件事你不能泄露＿＿""这件衣服我买不＿＿""你穿＿＿这件衣服试试""包里盛不＿＿这么多东西"等，学生做错了很多，也表示很难。确实如此，这些均是趋向补语的引申意义。如何让学生更好地掌握这些表达方式，我翻阅了很多文献，前人对意义的归纳与关联性分析仍存在较大争议，也往往就事论事，没有从范畴角度给予关注，这说明汉语动趋式仍有较大的研究空间。当时就想，如果能够建构一个系统全面的方位坐标，让每个趋向补语每个意义都能找到相应的坐标，那可能有利于留学生理解。经过一段思考，我选择了一个小的切入点，就是复合趋向结构"V+过来／过去"的对称与不对称。我认为可以将其放在致使到非致使的连续统中，重点讨论动趋式的意象图式和认知语义类别。2009年，我与学生一起完成了这篇论文的撰写，后来发表在《语言教学与研究》上。2011年，我将几年来对于汉语动趋式研究的一些想法写出来，申报了题为"现代汉语动趋式致使性研究"的国家社科基金课题。幸运的是，课题获得了立项。

　　立项后，我丝毫不敢懈怠，在繁重的对外汉语教学任务外，努力抽出时间开展研究。2012年完成了文献整理、语料统计与框架设计。在此要感谢我的师兄南开大学郭昭军老师，他独立开发的中文文本语料检索系统（TCS）为语料检索提供了支撑。

　　从语言共性（语义范畴）出发探讨语言的个性（结构形式），有助于语言对比，也有助于语言学习。然而，从人类认知经验出发，探求语义结构，最终落脚到形式，这一研究思路中容易为人诟病的是缺乏句法验证。邵敬敏先生提出的语义语法，为我们指出了很好的解决方案，即遵循"语义的决定性、句法的强制性、语用的选择性以及认知的解释性"。移动路径在形状变化、远近距离、移动方向、起止标点和移动视角上表现出来的"量度"特征有助于系统而全面地定位不同趋向补语的方向坐标，并从空间域隐喻映射到时间域、状态域，产生了诸多意义。这些意义统一在空间义、状态义和时间义三分的意义体系中，句法上对应了复旦大学范晓提出的动趋式、准动趋式、动结式和动态式的句法语义连续统。同一认知域下的意义更是体现不同小类认知域的语义泛化。具体表达方式的选用受到语用影响，如"在银行里存上一笔钱""在银行里存下一笔钱"均可以说，这与"上／下"的语用表达有关，即前者重难达成性，后者重易控制性，运用驱动—路径图式可以对"上／下"的差异进行认知解释。课题正是在语义语法指导下进行的汉语语法分析，也希望有助于动趋式的横向对比分析和致移表达的不同语言的纵向对比分析。

　　有了大致的研究框架，如何撰写课题报告，是只挑一些有代表性的动趋式，还是全部的动趋式进行分析？是重理论框架的搭建，还是语言细节的分析？一番思考后，我决定既关注理论指导，又关注细节分析，将理论框架的搭建与语言细节的分析结合起来，对所涉及的全部动趋式按照认知语义类别重新进行分析，从而对动趋式做一个较为系统全面的考察。这个决定使得课题工作量加大，需要更多的时间与精力投入。2012年，我拿到了国家留学基金委全额资助的公派出国访学项目。2013年2月，我在杨岚博士的支持下来到了英国利兹大学东亚语言与文化学院访学。访学一年期间，我终于可以静下心来开展研究，并得到了与外国学者交流的机会，可谓收获颇多。课题写作过程中，我参加了在英国谢菲尔德大学、南京大学、上海大学举办的学术会议，会议上宣读了课题研究的阶段性成果，得到了与会专家的一些意见与建议。最终课题结项，获得"良好"等第。在此基础上，我发表了相关学术论文，并开始修订报告，希望成书出版。

　　本书的顺利完成和我的两位导师分不开。暨南大学中文系邵敬敏先生是我在华东师范大学就读博士时的第一位导师，他语言观察敏锐，分析细腻，是我进行现代汉语语法研究的领路人。复旦大学刘大为先生是我在华东师范大学就读博士时的第二位导师，他理论见长，使我在进行研究时时刻关注理论支撑的重要性。两位导师给予了指导，解惑答疑，给我学术上的支撑。在此特别向我的两位敬爱的导师表示最诚挚的感谢。

还要感谢诸位专家和老师。上海师范大学齐沪扬老师、上海财经大学汪如东老师和刘焱老师通读了课题报告初稿，提出了一些意见和建议。上海师范大学张谊生老师受邀来上海财经大学讲学，他系统讲授了汉语研究方法，对本书修订有着很大的帮助。上海财经大学黄锦章老师是国内最早研究格语法问题的学者之一，与他的沟通交流，使我获益匪浅。同门暨南大学中文系赵春利老师、复旦大学梁银峰老师为书稿修改提出了宝贵建议。美国印第安纳大学布卢明顿分校鲍莹玲老师，她完成了本书的中文提要英语翻译工作，并提出了一些修订意见。

我还要感谢我的父母、丈夫和女儿，有了他们的鼓励和支持，我才有充足的时间做课题，才有信心完成课题，最终成书。尤其是我婆婆，她非常体谅我工作的艰辛，主动随我一起赴英照顾我和女儿。在此，向我的家人表示最诚挚的感谢！

本书获得上海财经大学"中央高校建设世界一流大学学科和特色发展引导专项资金"和"中央高校基本科研业务费"资助出版，感谢上海财经大学的经费支持！特别感谢上海人民出版社的鼎力支持！

当然，本书还存在不少不足之处，恳切希望得到专家和读者的批评指教！

周红
2019 年 3 月

图书在版编目(CIP)数据

汉语动趋式的认知语义研究/周红著. —上海:
上海人民出版社,2019
ISBN 978 - 7 - 208 - 15710 - 1

Ⅰ. ①汉… Ⅱ. ①周… Ⅲ. ①汉语-语义学-研究
Ⅳ. ①H13

中国版本图书馆 CIP 数据核字(2019)第 022888 号

责任编辑 陈佳妮
封面设计 陈 酌

汉语动趋式的认知语义研究

周 红 著

出 版 上海人民出版社
　　　　(200001 上海福建中路 193 号)
发 行 上海人民出版社发行中心
印 刷 上海商务联西印刷有限公司
开 本 720×1000 1/16
印 张 36
插 页 2
字 数 576,000
版 次 2019 年 5 月第 1 版
印 次 2019 年 5 月第 1 次印刷
ISBN 978 - 7 - 208 - 15710 - 1/H·114
定 价 128.00 元